de Gruyter Lehrbuch

Grundkurs Strafrecht

Allgemeine Strafrechtslehre

von

Harro Otto

7., neu bearbeitete Auflage

De Gruyter Recht · Berlin

Dr. jur., Dr. h. c. HARRO OTTO, o. Professor an der Universität Bayreuth

Zitiervorschlag: Otto, Grundkurs Strafrecht, AT, 7. Aufl. 2004, § 8 Rdn. 74

♾ Gedruckt auf säurefreiem Papier,
das die US-ANSI-Norm über Haltbarkeit erfüllt

ISBN 3-89949-139-4

Bibliografische Information der Deutschen Bibliothek

Die Deutsche Bibliothek verzeichnet diese Publikation in der Deutschen Nationalbibliografie; detaillierte bibliografische Daten sind im Internet über http:/dnb.ddb.de abrufbar.

Printed in Germany

Datenkonvertierung/Satz: WERKSATZ Schmidt & Schulz, 06773 Gräfenhainichen
Druck und Bindearbeiten: Kösel GmbH & Co., 87435 Kempten
Umschlaggestaltung: Hansbernd Lindemann, 10785 Berlin

Vorwort

Der Grundkurs ist ein Angebot, mitdenkend zu lernen, und daher nicht auf bloße Informationsweitergabe angelegt, sondern auf eine Beteiligung des Lesers an der Erarbeitung des Verständnisses für die Grundlagen und systematischen Zusammenhänge des Strafrechts. Der Leser soll nicht nur über aktuelle Problemlösungen informiert, sondern mit den Problemstellungen und den – unter jeweils bestimmten Prämissen – möglichen Lösungswegen vertraut gemacht werden, damit er nicht darauf angewiesen ist, Ansichten anderer zu übernehmen, sondern eigene entwickeln kann. Daneben hat seit der 2. Auflage die Informationsvermittlung einen breiteren Raum erhalten, und die Möglichkeiten des Lesers, an der aktuellen Auseinandersetzung um die sachgerechte Lösung einzelner Probleme des Allgemeinen Teils teilzunehmen, sind erweitert worden. Im Übrigen sind Methode und Darstellungsweise in einzelnen Problemen modifiziert, nicht aber grundsätzlich geändert worden.

1. Die Problementfaltung erfolgt – von klar herausgestellten Prämissen ausgehend – schrittweise, so dass erkennbar wird, wie ein Schritt dem anderen folgt und zugleich über ihn hinausführt. Die in den Text eingebauten Möglichkeiten, Wissen und Problemverständnis jeweils zu kontrollieren und die Technik der Problemlösung zu üben, sollen der bloß passiven Aufnahme des Stoffes entgegenwirken.

2. Problementfaltung und relevante Aufbautechnik sind in der Darstellung eng miteinander verbunden, damit die wechselseitigen Bezüge zwischen der Sicht des Sachproblems, den Prämissen, die sich in seiner Lösung konkretisieren, und der Technik, der Problematik beizukommen, erkennbar werden. Das handwerkliche Können, das begriffliche Potenzial, ist unabdingbare Voraussetzung juristischer Tätigkeit, erschöpft diese jedoch nicht. – Der Jurist muss lernen zu erkennen, wo das eigene Normensystem mit anderen Normensystemen konkurriert und wo es an deren Regelungen anknüpft, wo innerhalb der juristischen Arbeit die normative durch eine mehr faktische Betrachtungsweise zu ergänzen ist. Die Aufnahme dieses interdisziplinären Aspekts in die eigene Arbeit erweitert das Problemverständnis und macht es z. B. möglich, fruchtbare Ansätze der soziologischen Systemtheorie und der Ethnomethodologie oder auch psychologische Erkenntnisse der letzten Jahre in die Lösung rechtlicher Probleme einzubringen, ohne damit die juristische Methode gegen ein schlicht willkürliches Vorgehen auszutauschen.

3. Damit der Vorstellungshorizont sowohl im juristischen als auch im interdisziplinären Bereich nicht allein durch Schlagworte und Namen abgesteckt wird, sind Auszüge aus einschlägigen Arbeiten in die Darstellung aufgenommen worden. Sie sollen den Einstieg in die Vertiefung der Probleme erleichtern, so dass nicht Mangel an Information, sondern Lust zur eingehenderen Auseinandersetzung zu weiterer Literatur greifen lässt.

4. Abgesehen wurde von der Darstellung der Rechtsfolgen (Strafen, Maßregeln). Der ihr verbleibende Raum hätte den Anschein erweckt, als handele es sich hier um einen bloßen Anhang zur Lehre von der Straftat. Diese Vorstellung aber ist genauso unrichtig wie diejenige, dass die strafrechtliche Ausbildung sich in erster Linie mit den Rechtsfolgen zu befassen habe, die „nur" juristische Lehre von der Straftat aber vernachlässigen könne.

Vorwort

5. Gegenüber der Vorauflage ist der Umfang erweitert worden. Diese Erweiterung wurde zum einen durch die Aktualisierung der Darstellung und die Aufnahme neuer Aspekte, z. B. der Europäisierung des Strafrechts nötig, zum anderen aber durch die sich in der Diskussion abzeichnende Konkretisierung und Modifizierung grundlegender Problemstellungen, z. B. der Bedeutung eigenverantwortlicher Selbstgefährdungen und Selbstschädigungen für die Unterbrechung des Zurechnungszusammenhangs und der konstituierenden Elemente des Fahrlässigkeitsdelikts, sowie die Erörterung überkommener Problemstellungen unter neuen Aspekten. Stichwortartig sind hier z. B. zu nennen: die wesentliche und unwesentliche Abweichung des realen vom vorgestellten Kausalverlauf, die „Nothilfe durch Folter", die „Tötung des Haustyrannen", die hypothetische Einwilligung, die Ingerenzhaftung aus Deliktsverwirklichung durch positives Tun, die Bestrafung des untauglichen Versuchs des unechten Unterlassungsdelikts, das „berufsadäquate" und „neutrale" Beihilfeverhalten und die rechtliche Bewertungseinheit im Rahmen der Idealkonkurrenz.

6. Meinen Assistenten, den Herren Stefan Arnold, Hagen Christmann und Andreas Leest danke ich sehr herzlich für ihre Mitarbeit sowie meiner Sekretärin, Frau Gabriele Krampf, für die Erstellung der Druckvorlage.

Bayreuth, April 2004   *Harro Otto*

VI

Inhaltsverzeichnis

Inhaltsverzeichnis

Inhaltsverzeichnis

Inhaltsverzeichnis

Inhaltsverzeichnis

Inhaltsverzeichnis

Schrifttum zum Studium des Strafrechts, Allgemeiner Teil

Der Bezug auf den GRUNDKURS STRAFRECHT, B.T., betrifft den GRUNDKURS STRAFRECHT, Die einzelnen Delikte, 6. Aufl. 2002.

I. Älteres Schrifttum

1. Lehrbücher und Grundrisse

BELING	Grundzüge des Strafrechts, 11. Aufl. 1930
BINDING	Handbuch des Strafrechts, Bd. I, 1885
BINDING	Grundriß des Deutschen Strafrechts, Allgemeiner Teil, 8. Aufl. 1913, Nachdruck 1975
BINDING	Die Normen und ihre Übertretung, Bd. I (4. Aufl. 1922), Bd. II (2. Aufl. 1914–1916), Bd. III (1918), Bd. IV (1919)
BLEI	Strafrecht I, Allgemeiner Teil, 18. Aufl. 1983
BOCKELMANN/VOLK	Strafrecht, Allgemeiner Teil, 4. Aufl. 1987
GERLAND	Deutsches Reichsstrafrecht, 2. Aufl. 1932
V. HIPPEL, ROBERT	Deutsches Strafrecht, Bd. I (1925), Bd. II (1930)
V. LISZT/SCHMIDT	Lehrbuch des deutschen Strafrechts, Bd. I, Allgemeiner Teil, 26. Aufl. 1932
MAYER, H.	Das Deutsche Strafrecht, 2. Aufl. 1953
MAYER, H.	Strafrecht, Allgemeiner Teil, 1967
MAYER, M. E.	Der Allgemeine Teil des deutschen Strafrechts, 2. Aufl. 1923
MEZGER	Strafrecht, Ein Lehrbuch, 3. (unv.) Aufl. 1949
SAUER	Allgemeine Strafrechtslehre, 3. Aufl. 1955
SCHMIDHÄUSER	Strafrecht, Allgemeiner Teil, 2. Aufl. 1975
SCHMIDHÄUSER	Strafrecht, Allgemeiner Teil, Studienbuch, 2. Aufl. 1984
WELZEL	Das deutsche Strafrecht, 11. Aufl. 1969

2. Kommentare

FRANK, R.	Das Strafgesetzbuch für das Deutsche Reich, 18. Aufl. 1931 mit Nachtrag 1936 (Schäfer/v. Dohnanyi)
KOHLRAUSCH/LANGE	Strafgesetzbuch mit Erläuterungen und Nebengesetzen, 43. Aufl. 1961
V. OLSHAUSEN	Kommentar zum Strafgesetzbuch für das Deutsche Reich, Bd. I, 12. Aufl. 1942/1943
PFEIFFER/MAUL/SCHULTE	Strafgesetzbuch, Kommentar an Hand der Rechtsprechung des Bundesgerichtshofes, 1969
PREISENDANZ	Strafgesetzbuch, Lehrkommentar, 30. Aufl. 1978

II. Neueres Schrifttum

1. Einführungen in das Strafrecht

HASSEMER	Einführung in die Grundlagen des Strafrechts, 2. Aufl. 1990
NAUCKE	Strafrecht, Eine Einführung, 9. Aufl. 2000

ROXIN/ARZT/	Einführung in das Strafrecht und Strafprozeßrecht,
TIEDEMANN	3. Aufl. 1994
SCHMIDHÄUSER	Einführung in das Strafrecht, 2. Aufl. 1984

2. Lehrbücher und Grundrisse

BAUMANN/WEBER/	Strafrecht, Allgemeiner Teil, 11. Aufl. 2003
MITSCH	
EBERT	Strafrecht, Allgemeiner Teil, 3. Aufl. 2001
ESER/BURKHARDT	Strafrecht, Bd. 1: Allgemeine Verbrechenselemente, 4. Aufl. 1992
ESER	Strafrecht, Bd. 2: Fahrlässigkeit, Unterlassung, Versuch, Teilnahme, 3. Aufl. 1980
FREUND	Strafrecht, Allgemeiner Teil, 1998
GROPP	Strafrecht, Allgemeiner Teil, 2. Aufl. 2000
HAFT	Strafrecht, Allgemeiner Teil, 8. Aufl. 1998
HAUF	Strafrecht, Allgemeiner Teil, 2. Aufl. 2001
HRUSCHKA	Strafrecht nach logisch-analytischer Methode, 2. Aufl. 1988
JAKOBS	Strafrecht, Allgemeiner Teil, 2. Aufl. 1991
JESCHECK/WEIGAND	Lehrbuch des Strafrechts, Allgemeiner Teil, 5. Aufl. 1996
KIENAPFEL	Strafrecht, Allgemeiner Teil, 5. Aufl. 1994
KÖHLER	Strafrecht, Allgemeiner Teil, 1997
KREY	Deutsches Strafrecht, AT, Bd. 1, 2001
	Deutsches Strafrecht, AT, Bd. 2, 2002
KÜHL	Strafrecht, Allgemeiner Teil, 4. Aufl. 2002
MATT	Strafrecht, Allgemeiner Teil, 1996
MAURACH/ZIPF	Strafrecht, Allgemeiner Teil, Tbd. 1, 8. Aufl. 1992
MAURACH/GÖSSEL/ZIPF	Strafrecht, Allgemeiner Teil, Tbd. 2, 7. Aufl. 1989
PUPPE	Strafrecht, Allgemeiner Teil im Spiegel der Rechtsprechung, Bd. 1, 2002.
ROXIN	Strafrecht, Allgemeiner Teil, Bd. I, Grundlagen, Aufbau der Verbrechenslehre, 3. Aufl. 1997
	Strafrecht, Allgemeiner Teil, Bd. II, Besondere Erscheinungsformen der Straftat, 2003
SCHLÜCHTER	Strafrecht, Allgemeiner Teil in aller Kürze, 3. Aufl. 2000
STRATENWERTH	Strafrecht, Allgemeiner Teil I, Die Straftat, 4. Aufl. 2000
WESSELS/BEULKE	Strafrecht, Allgemeiner Teil, 33. Aufl. 2003

3. Kommentare

JOECKS	Studienkommentar StGB, 4. Aufl. 2003
KINDHÄUSER	Strafgesetzbuch Lehr- und Praxiskommentar, 2002
LACKNER/KÜHL	Strafgesetzbuch mit Erläuterungen, 24. Aufl. 2001
LEIPZIGER	Großkommentar zum Strafgesetzbuch,
KOMMENTAR (LK)	11.Aufl. 1992ff, hrsg. v. Jähnke, Laufhütte und Odersky
MÜNCHENER KOMMENTAR (MK)	zum Strafgesetzbuch Bd. 1, Redaktion: v. Heintschel-Heinegg, 2003
NOMOS KOMMENTAR (NK)	zum Strafgesetzbuch, hrsg. v. Neumann, Puppe und Schild, Stand: Nov. 2003

SCHÖNKE/SCHRÖDER	Strafgesetzbuch, bearb. von Lenckner, Eser, Cramer, Stree, Heine, Perron, Sternberg-Lieben, 26. Aufl. 2001
SYSTEMATISCHER KOMMEN-TAR (SK I)	zum Strafgesetzbuch, bearb. von Rudolphi, Horn, Günther, Hoyer, Wolters, Allgemeiner Teil, Stand April 2003
TRÖNDLE/FISCHER	Strafgesetzbuch und Nebengesetze, 51. Aufl. 2003

4. Kommentare zu strafrechtlichen Nebengesetzen

DALCKE/FUHRMANN/ SCHÄFER	Strafrecht und Strafverfahren, 37. Aufl. 1961
ERBS/KOHLHAAS	Strafrechtliche Nebengesetze (Loseblattsammlung)

III. Strafrechtswissenschaftliche Zeitschriften

Goltdammer's Archiv für Strafrecht (GA)
Monatsschrift für Kriminologie und Strafrechtsreform (MschrKrim)
Neue Zeitschrift für Strafrecht (NStZ)
Strafverteidiger (StV)
Zeitschrift für Wirtschaft, Steuer, Strafrecht (wistra)
Zeitschrift für die gesamte Strafrechtswissenschaft (ZStW)

IV. Verzeichnis der im Text angeführten Festschriften/Gedächtnisschriften

BAUMANN, JÜRGEN	Festschrift zum 70. Geburtstag, 1992, Bielefeld
BENGL, KARL	Festschrift, 1984, München
BGH	Festgabe aus der Wissenschaft, 50 Jahre BGH, 2000, München
BGH	Festschrift aus Anlass des 50jährigen Bestehens von Bundesge-richtshof, Bundesanwaltschaft und Rechtsanwaltschaft beim Bundesgerichtshof, 2000, Köln
BLAU, GÜNTER	Festschrift zum 70. Geburtstag, 1985, Berlin
BOCKELMANN, PAUL	Festschrift zum 70. Geburtstag, 1979, München
BRUNS, HANS-JÜRGEN	Festschrift zum 70. Geburtstag, 1978, Köln
BUNDESGERICHTSHOF	Festschrift zum 25-jährigen Bestehen, „25 Jahre Bundesge-richtshof", 1975, München
COING, HELMUT	Festschrift zum 70. Geburtstag, 1982, München
DEUTSCHER JURISTENTAG	Festschrift zum 100-jährigen Bestehen, 1960, Karlsruhe
DREHER, EDUARD	Festschrift zum 70. Geburtstag, 1977, Berlin
DÜNNEBIER, HANNS	Festschrift zum 75. Geburtstag, 1982, Berlin
ENGISCH, KARL	Festschrift zum 70. Geburtstag, 1969, Frankfurt
GAGNÉR, STEN	Festschrift zum 70. Geburtstag, 1991, München
GALLAS, WILHELM	Festschrift zum 70. Geburtstag, 1973, Berlin
GEERDS, FRIEDRICH	Festschrift zum 70. Geburtstag, 1995, Lübeck
v. GLEISPACH, WENZEL	Festschrift zum 60. Geburtstag, 1936, Berlin
GÖSSEL, KARL-HEINZ	Festschrift zum 70. Geburtstag, 2002, Heidelberg
GOLTDAMMER'S ARCHIV	Festschrift zum 140-jährigen Bestehen, 1993, Heidelberg
GRÜNHUT, MAX	Erinnerungsgabe, 1965, Marburg
GRÜNWALD, GERALD	Festschrift zum 70. Geburtstag, 1999, Baden-Baden
HANACK, ERNST WALTER	Festschrift zum 70. Geburtstag, 1999, Berlin

HEINITZ, ERNST	Festschrift zum 70. Geburtstag, 1972, Berlin
HENKEL, HEINRICH	Festschrift zum 70. Geburtstag, 1974, Berlin
HIRSCH, HANS JOACHIM	Festschrift zum 70. Geburtstag, 1999, Berlin
HOLLERBACH, ALEXANDER	Festschrift zum 70. Geburtstag, 2001, Berlin
HONIG, RICHARD M.	Festschrift zum 80. Geburtstag, 1970, Göttingen
JESCHECK, HANS-HEINR.	Festschrift zum 70. Geburtstag, 1985, Berlin
KAUFMANN, ARMIN	Gedächtnisschrift, 1989, Köln
KAUFMANN, HILDE	Gedächtnisschrift, 1986, Berlin
KELLER, ROLF	Gedächtnisschrift, 2003, Tübingen
KERN, EDUARD	Festschrift zum 80. Geburtstag, 1968, Tübingen
KLEINKNECHT, THEODOR	Festschrift zum 75. Geburtstag, 1985, München
KLUG, ULRICH	Festschrift zum 70. Geburtstag, 1983, Köln
KOHLMANN, GÜNTER	Festschrift zum 70. Geburtstag, 2003, Köln
KOHLRAUSCH, EDUARD	Festschrift zum 70. Geburtstag, 1944, Berlin
KRAUSE, FRIEDRICH W.	Festschrift zum 70. Geburtstag, 1990, Köln
LACKNER, KARL	Festschrift zum 70. Geburtstag, 1987, Berlin
LANGE, HEINRICH	Festschrift zum 70. Geburtstag, 1990, München
LANGE, HERMANN	Festschrift zum 70. Geburtstag, 1992, Stuttgart
LANGE, RICHARD	Festschrift zum 70. Geburtstag, 1976, Berlin
LAMPE, ERNST-JOACHIM	Festschrift zum 70. Geburtstag, 2003, Berlin
LEFERENZ, HEINZ	Festschrift zum 70. Geburtstag, 1983, Heidelberg
LENCKNER THEODOR	Festschrift zum 70. Geburtstag, 1998, München
LORENZ, WERNER	Festschrift zum 80. Geburtstag, 2001, München
LÜDERSSEN, KLAUS	Festschrift zum 70. Geburtstag, 2002, Baden-Baden
MANGAKIS, GEORGIOS ALEXANDROS	Festschrift, Strafrecht – Freiheit – Rechtsstaat, 1999, Athen
MARTENS, WOLFGANG	Gedächtnisschrift, 1987, Berlin
MAURACH, REINHART	Festschrift zum 70. Geburtstag, 1972, Karlsruhe
MAYER, HELLMUTH	Festschrift zum 70. Geburtstag, 1966, Berlin
MESSNER, JOHANNES	Festschrift zum 85. Geburtstag, 1976, Berlin
MEURER, DIETER	Gedächtnisschrift, 2002, Berlin
MEYER, KARLHEINZ	Gedächtnisschrift, 1990, Berlin
MEYER GOSSNER, LUTZ	Festschrift zum 65. Geburtstag, 2001, München
MEZGER, EDMUND	Festschrift zum 70. Geburtstag, 1954, München
MIYAZAWA, KOICHI	Festschrift, 1995, Baden-Baden
MOOS, REINHARD	Festschrift zum 65. Geburtstag, 1997, Wien
MÜLLER-DIETZ, HEINZ	Festschrift zum 70. Geburtstag, 2001, München
NISHIHARA, HARUO	Festschrift zum 70. Geburtstag, 1998, Baden-Baden
NOLL, PETER	Gedächtnisschrift, 1984, Zürich
OBERLANDESGERICHT CELLE	Göttinger Festschrift zum 250-jährigen Bestehen, 1961, Göttingen
OEHLER, DIETRICH	Festschrift zum 70. Geburtstag, 1985, Köln
PETERS, KARL	Festschrift zum 70. Geburtstag, 1974, Tübingen
PFEIFFER, GERD	Festschrift zum Abschied aus dem Amt als Präsident des Bundesgerichtshofes, 1988, Köln
REBMANN, KURT	Festschrift zum 65. Geburtstag, 1989, München
RITTLER, THEODOR	Festschrift zum 80. Geburtstag, 1957, Aalen
ROXIN, CLAUS	Festschrift zum 70. Geburtstag, 2001, Berlin

Schrifttum

SALGER, HANNSKARL	Festschrift zum Abschied aus dem Amt als Vizepräsident des BGH, 1995, Köln
SARSTEDT, WERNER	Festschrift zum 70. Geburtstag, 1981, Berlin
SCHAFFSTEIN, FRIEDR.	Festschrift zum 70. Geburtstag, 1975, Göttingen
SCHLÜCHTER, ELLEN	Gedächtnisschrift, Köln, 2002
SCHMIDT, EBERHARD	Festschrift zum 70. Geburtstag, 1961, Göttingen
SCHMID, NIKLAUS	Festschrift zum 65. Geburtstag, 2001, Zürich
SCHMITT GLAESER, WALTER	Festschrift zum 70. Geburtstag, 2003, Berlin
SCHREIBER, HANS-LUDWIG	Festschrift zum 70. Geburtstag, 2003, Heidelberg
SCHRÖDER, HORST	Gedächtnisschrift, 1978, München
SCHÜLER-SPRINGORUM, HORST	Festschrift zum 65. Geburtstag, 1993, Köln
SCHWINGE, ERICH	Festschrift zum 70. Geburtstag, 1973, Köln
v. SIMSON, WERNER	Festschrift zum 75. Geburtstag, 1983, Baden-Baden
SPANN, WOLFGANG	Festschrift zum 65. Geburtstag, 1986, Berlin
SPENDEL, GÜNTER	Festschrift zum 70. Geburtstag, 1992, Berlin
SPINELLIS, DIONYSIOS	Festschrift, Die Strafrechtswissenschaften im 21. Jahrhundert, 2001, Athen
STOCK, ULRICH	Festschrift zum 70. Geburtstag, 1966, Würzburg
STREE, WALTER/ WESSELS, JOHANNES	Festschrift zum 70. Geburtstag, 1993, Heidelberg
TRECHSEL, STEFAN	Festschrift zum 65. Geburtstag, 2002, Zürich
TRIFFTERER, OTTO	Festschrift zum 65. Geburtstag, 1996, Wien u.a.
TRÖNDLE, HERBERT	Festschrift zum 70. Geburtstag, 1989, Berlin
UNIVERSITÄT HEIDELBERG	Festschrift der Juristischen Fakultät zur 600-Jahr-Feier, 1986, Heidelberg
WALTER, ROBERT	Festschrift zum 60. Geburtstag, 1991, Wien
WASSERMANN, RUDOLF	Festschrift zum 60. Geburtstag, 1985, Darmstadt
v. WEBER, HELMUTH	Festschrift zum 70. Geburtstag, 1963, Bonn
WEISSAUER, WALTHER	Festschrift zum 65. Geburtstag, 1986, Berlin
WELZEL, HANS	Festschrift zum 70. Geburtstag, 1974, Berlin
WOLF, ERNST	Festschrift zum 70. Geburtstag, 1985, Köln
WOLFF, ERNST AMADEUS	Festschrift zum 70. Geburtstag, 1998, Berlin
WÜRTENBERGER, THOMAS	Festschrift zum 70. Geburtstag, 1977, Berlin
ZIPF, HEINZ	Gedächtnisschrift für Heinz Zipf, 1999, Heidelberg

Erster Teil
Einführung

§ 1: Die Straftat

Lernziel: Kenntnis der Grundbegriffe, der Funktionen und der Aufgaben des Strafrechts. Erster Einblick in das Strafgesetz und in die Struktur der Straftat.

I. Die Formaldefinition der „Straftat"

Schlagzeilen: Sparkassenräuber erbeutet 100.000,– €. – Lieferfrist überschritten, jetzt droht Vertragsstrafe. – Frau übergoss Mann mit Benzin, dann ein Streichholz ... – Beamter bummelte, nun sitzt er auf halbem Gehalt. – Mörder um Erbschaft betrogen. – Vulkanausbruch: Strafe des Himmels? – Geisteskranker läuft Amok: 3 Tote. – Falsches Parken wird teuer. – 10 Sekunden gepennt: 300.000,– € Schadensersatz. – Betrüger verurteilt, weil er Betrüger betrogen hat.

Die Frage, was ist das, die Straftat, scheint nur rhetorisch von Belang zu sein. Ein jeder weiß **1** von zahlreichen Straftaten. Schilderung und Erörterung einzelner Straftaten gehören zum selbstverständlichen Bestand öffentlicher Diskussion und privater Unterhaltung. Wird die Frage nach der Straftat jedoch präzisiert dahin, welche Merkmale eine Tat zu einer strafbaren machen, so wird deutlich, dass die Kenntnis einzelner Straftaten keine sichere Antwort verbürgt. Eher schon lässt sich aus der Umkehr der Frage eine vorläufige Antwort geben: Eine Straftat ist eine Tat, die mit Strafe bedroht ist, und zwar, da es sich hier um eine höchst irdische Angelegenheit handelt, eine Tat, die durch staatliche Strafgesetze mit Strafe bedroht ist.

Diese *Formaldefinition der Straftat* lässt sich unmittelbar auch aus Art. 103 Abs. 2 GG, **2** mit dem § 1 StGB wörtlich übereinstimmt, erschließen: „Eine Tat kann nur bestraft werden, wenn die Strafbarkeit gesetzlich bestimmt war, bevor die Tat begangen wurde."

1. Straftat und Strafgesetz

Das *Strafrecht,* d. h. die Summe der das Strafrecht konstituierenden Rechtsnormen, hat aller- **3** dings weder umfassend Aufnahme in das *Strafgesetzbuch* gefunden, noch enthält das StGB ausschließlich Strafrechtsnormen: Der Besondere Teil des StGB, §§ 80–358, beschreibt – von einigen Ausnahmen abgesehen – Straftaten, die zum „*Kernbereich*" des materiellen Strafrechts gehören. Der Allgemeine Teil des StGB, §§ 1–79 b, enthält die Beschreibung der Merkmale der Straftat in den §§ 13–37, die der Rechtsfolgen der Straftat in den §§ 38–76a. Die §§ 1–10 haben Strafrechtsanwendungsrecht zum Inhalt, in den §§ 11–12 finden sich Legaldefinitionen und in den §§ 77–79 b Prozessvoraussetzungen, d. h. Strafprozessrecht.

Strafrechtsnormen, denen durchaus grundlegende Bedeutung zukommt, die aber aus **4** gesetzestechnischen Gründen – z. B. enger sachlicher Zusammenhang mit anderen Vorschriften – nicht in das StGB aufgenommen worden sind, finden sich z. B. im Grundgesetz – Art. 102, 103 Abs. 2 GG –, im Jugendgerichtsgesetz, im Wirtschaftsstrafgesetz, in der Abgabenordnung (Steuerstrafrecht), im Straßenverkehrsgesetz und im Wehrstrafgesetz. Diese Strafgesetze werden vielfach im Gegensatz zu den Vorschriften des StGB als „*Nebenstrafrecht*" bezeichnet. Damit ist jedoch die Gefahr begründet, ihre praktische Relevanz zu unterschätzen. Es wird daher vorgeschlagen, jene Gesetze, die nach Art und Gewicht ihres Inhalts zum Kernbereich des Strafrechts gehören, aber nicht in das StGB aufgenommen worden sind, als *strafrechtliche Hauptgesetze* zu benennen und den Begriff *Nebenstrafrecht* jenen Vorschriften vorzubehalten, deren praktische Bedeutung nur gering ist.

5 Auch diese Differenzierung birgt natürlich – wenn auch in geringerem Umfang – die Gefahr, bestimmtes kriminelles Unrecht, nur weil es selten verwirklicht wird, in seiner Bedeutung abzuwerten. Der Schritt, von der praktischen Bedeutungslosigkeit auf die sozialethische Irrelevanz zu schließen, ist leicht getan. Jedoch auch die Idee, Kern- und Nebenstrafrecht derart zu unterscheiden, dass als Kernstrafrecht nur jene Normen angesehen werden, bei deren Verletzung dem rechtlichen ein sittliches Schulderlebnis entspricht, überzeugt nicht. Zu leicht ist damit die Gefahr begründet, Nebenstrafrecht und *Bagatellstrafrecht* gleichzusetzen.

6 Schließlich hat die Unterteilung nach der sozialethischen Relevanz nur begrenzten Wert. Es ist zwar möglich, Kernstrafrecht als das Strafrecht zu definieren, das auf den Schutz des Individuums zugeschnitten ist, und unter der Bezeichnung Nebenstrafrecht jene Normen zusammenzufassen, die überwiegend auf den Schutz der Gesellschaftsordnung und ihrer Ziele bezogen sind. Dem historischen Verständnis dieser Begriffe widerspricht diese Definition: Zum Kernstrafrecht wurden seit je z. B. die Staatsschutzdelikte gezählt. Die mit dieser Differenzierung verbundene Akzentuierung in der Relevanz dürfte zudem ein schiefes Bild von der Bedeutung des so verstandenen „Nebenstrafrechts" geben.

7 Die Meinungsverschiedenheiten über die begriffliche Unterscheidung der einzelnen Strafgesetze berühren die *Formaldefiniton* der Straftat jedoch nicht: *Straftaten sind Verhaltensweisen, die in staatlichen Gesetzen beschrieben (Tatbestand) und mit Strafe bedroht (Rechtsfolge) sind.*

2. Rechtsfolgen der Straftat

8 Mit der Strafe als Rechtsfolge der Tat wird dem Täter *wegen* seines strafbaren Verhaltens ein Übel zugefügt.[1] Die Strafe ist daher – unabhängig von ihren general- und spezialpräventiven Aspekten – Vergeltung für begangenes Unrecht und damit zugleich bewusste und gewollte Missbilligung der Tat und des Täters. Das unterscheidet die Kriminalstrafe von anderen Sanktionen der Rechtsordnung auf unerwünschtes Verhalten.

9 a) *Zivilrechtlicher Schadensersatz* – gleichgültig ob als Folge einer Vertragsverletzung oder einer unerlaubten Handlung – und *zivilrechtliche Vertragsstrafen* – vgl. §§ 339 ff BGB – können den Einzelnen härter treffen als eine Kriminalstrafe. Ihnen fehlt aber genau wie der Geldbuße als Ahndung einer *Ordnungswidrigkeit*, den *Zwangs- und Beugemaßnahmen* der Prozessgesetze – vgl. § 70 Abs. 2 StPO, § 390 Abs. 2 ZPO – und den *Disziplinarmaßnahmen* der „Ernst der staatlichen Strafe", das Element der sozialethischen Missbilligung des Verhaltens.

BVerfGE 27 S. 33: „Zwar wirken sich die Geld*strafe* und die Geld*buße* finanziell gleichermaßen nachteilig für den Betroffenen aus. Sie unterscheiden sich jedoch dadurch, daß nach allgemeiner Anschauung mit der Verhängung einer Kriminalstrafe ein ehrenrühriges, autoritatives Unwerturteil über eine Verhaltensweise des Täters, der Vorwurf einer Auflehnung gegen die Rechtsordnung und die Feststellung der Berechtigung dieses Vorwurfs verbunden sind. Demgegenüber wird die an eine Ordnungswidrigkeit geknüpfte Geldbuße lediglich als eine nachdrückliche Pflichtenmahnung angesehen und empfunden, die keine ins Gewicht fallende Beeinträchtigung des Ansehens und des Leumundes des Betroffenen zur Folge hat, mag sie dessen Vermögen auch ebenso stark belasten wie eine vergleichbare Geldstrafe. Ihr fehlt der Ernst der staatlichen Strafe."[2]

10 b) Strafen im Sinne des Gesetzes sind nur die Freiheitsstrafe, § 38, die Geldstrafe, § 40, sowie – als Nebenstrafe – das Fahrverbot, § 44.

11 c) Als *Nebenfolge* einer Freiheitsstrafe wegen eines Verbrechens von mindestens einem Jahr tritt der Verlust der Amtsfähigkeit, der Wählbarkeit und des Stimmrechts ein, §§ 45 ff.

12 d) Außerdem kennt das Strafrecht nichtvergeltende *Maßnahmen*, insbesondere die *Maßregeln der Besserung und der Sicherung*. Diese sind nicht auf Vergeltung strafwürdigen Ver-

---

1 Vgl. dazu SCHMIDHÄUSER Der Begriff der Strafe in der deutschen Strafrechtswissenschaft der Gegenwart, 1987, S. 11 ff, 16.
2 Vgl. auch BVerfGE 21 S. 403 f; BVerfG NJW 1997 S. 929, 932; BVerfG NJW 1998 S. 443.

haltens gerichtet, sondern sollen weiterem sozialschädlichen Verhalten des Täters vorbeugen, indem sie entweder auf seine Besserung abzielen oder ihn sichern, d. h. an weiterer Tatbegehung hindern.

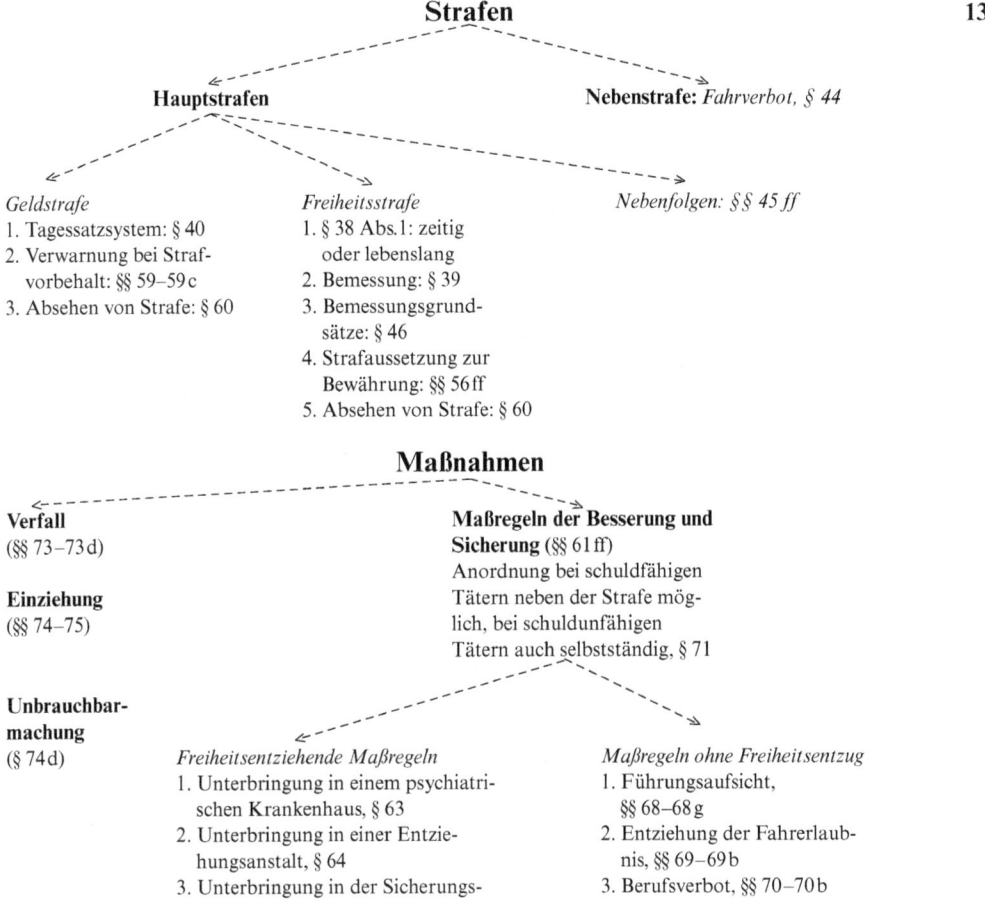

Strafen 13

Hauptstrafen

Nebenstrafe: *Fahrverbot, § 44*

Geldstrafe
1. Tagessatzsystem: § 40
2. Verwarnung bei Strafvorbehalt: §§ 59–59 c
3. Absehen von Strafe: § 60

Freiheitsstrafe
1. § 38 Abs. 1: zeitig oder lebenslang
2. Bemessung: § 39
3. Bemessungsgrundsätze: § 46
4. Strafaussetzung zur Bewährung: §§ 56 ff
5. Absehen von Strafe: § 60

Nebenfolgen: §§ 45 ff

Maßnahmen

Verfall
(§§ 73–73 d)

Einziehung
(§§ 74–75)

Unbrauchbarmachung
(§ 74 d)

Maßregeln der Besserung und Sicherung (§§ 61 ff)
Anordnung bei schuldfähigen Tätern neben der Strafe möglich, bei schuldunfähigen Tätern auch selbstständig, § 71

Freiheitsentziehende Maßregeln
1. Unterbringung in einem psychiatrischen Krankenhaus, § 63
2. Unterbringung in einer Entziehungsanstalt, § 64
3. Unterbringung in der Sicherungsverwahrung, § 66

Maßregeln ohne Freiheitsentzug
1. Führungsaufsicht, §§ 68–68 g
2. Entziehung der Fahrerlaubnis, §§ 69–69 b
3. Berufsverbot, §§ 70–70 b

3. Die verschiedenen Straftaten

Nach der Höhe der angedrohten Freiheitsstrafe unterscheidet das Gesetz *Vergehen* und *Verbrechen*, § 12. 14

a) *Verbrechen* sind die Straftaten, die im Mindestmaß mit Freiheitsstrafe von einem Jahr 15 oder darüber bedroht sind, § 12 Abs. 1, *Vergehen* jene, die im Mindestmaß mit einer geringeren Freiheitsstrafe oder mit Geldstrafe bedroht sind, § 12 Abs. 2. Maßgebend für die Unterscheidung ist das abstrakt angedrohte Mindestmaß der Strafe.

Beispiel: A wird wegen Diebstahls, § 242, zu 3 Jahren Freiheitsstrafe verurteilt. – Da es nicht auf die konkret verwirkte, sondern auf die abstrakt angedrohte Strafe ankommt und § 242 Freiheitsstrafe bis zu fünf Jahren oder Geldstrafe vorsieht, hat er ein Vergehen begangen.

16   aa) *Benannte Strafänderungsgründe* können den Deliktscharakter ändern. Sie liegen vor, wenn ein gesetzlicher Tatbestand, an den eine bestimmte Rechtsfolge geknüpft ist – Grundtatbestand –, um weitere genau beschriebene Merkmale erweitert wird mit der Konsequenz einer geänderten Rechtsfolge – bei verminderter Strafe: *Privilegierung*, bei verschärfter Strafe: *Qualifizierung* –.

Vgl. § 212 sodann § 216; § 235 Abs. 1 sodann § 235 Abs. 4.

Selbstverständlich muss die Modifizierung eines Tatbestandes durch einen benannten Strafänderungsgrund nicht die Grenzen zur anderen Deliktsart überschreiten. – Vgl. § 223 sodann § 224; § 242 sodann § 244.

17   bb) Ist die Änderung des Strafmaßes eines Deliktstatbestandes nur allgemein beschrieben, z. B. mit den Worten: „in minder schweren Fällen ...“ oder „in besonders schweren Fällen ...“, so dass der richterlichen Wertung die Ausfüllung des Begriffs im konkreten Fall überlassen ist, so ist ein *unbenannter Strafänderungsgrund* gegeben.

Nach der Rechtsprechung des BGH ist ein Fall als minder oder besonders schwer zu beurteilen, wenn das gesamte Tatbild einschließlich aller subjektiven Momente und der Täterpersönlichkeit vom Durchschnitt der erfahrungsgemäß gewöhnlich vorkommenden Fälle in einem Maße abweicht, dass die Anwendung des Ausnahmestrafrahmens geboten erscheint. Für die Prüfung dieser Frage ist eine Gesamtbetrachtung erforderlich, bei der alle Umstände heranzuziehen und zu würdigen sind, die für die Wertung der Tat und des Täters in Betracht kommen, gleichgültig, ob sie der Tat selbst innewohnen, sie begleiten, ihr vorausgehen oder nachfolgen.[3]

Unbenannte Strafänderungsgründe ändern die Deliktsnatur in keinem Fall, § 12 Abs. 3, 2. Alt.

Vgl. § 226 Abs. 1 sodann § 226 Abs. 3; § 249 Abs. 1 sodann § 249 Abs. 2; § 212 Abs. 1 sodann § 212 Abs. 2.

18   cc) Um unbenannte Strafänderungsgründe handelt es sich auch bei den sog. *Regelbeispielen*, mit denen der Gesetzgeber Beispiele für besonders schwere Fälle gibt; vgl. z. B. §§ 243, 253 Abs. 4, 263 Abs. 3, 267 Abs. 3. Ihnen kommt nur die Bedeutung eines Indizes für das Vorliegen eines besonders schweren Falles zu.[4]

„Die indizielle Bedeutung eines Regelbeispiels kann durch andere Strafzumessungsfaktoren kompensiert werden mit der Folge, daß auf den normalen Strafrahmen zurückzugreifen ist. Das ist der Fall, wenn diese Faktoren jeweils für sich oder in ihrer Gesamtheit so gewichtig sind, daß sie bei der Gesamtabwägung die Regelwirkung entkräften. Es müssen in dem Tun oder in der Person des Täters Umstände vorliegen, die das Unrecht seiner Tat oder seine Schuld deutlich vom Regelfall abheben, so daß die Anwendung des erschwerten Strafrahmens als unangemessen erscheint“.[5]

19   dd) Gleichfalls ohne Bedeutung für die Deliktsnatur sind *Strafänderungsgründe nach den Vorschriften des Allgemeinen Teils:* § 12 Abs. 3, 1. Alt.

Vgl. §§ 13 Abs. 2, 27 Abs. 2, 28 Abs. 1, 30 Abs. 1, 35 Abs. 2, jeweils in Verbindung mit § 49.

20   b) Die Unterscheidung zwischen Vergehen und Verbrechen hat erhebliche praktische Bedeutung.

Der Versuch eines Verbrechens ist stets strafbar, der eines Vergehens nur, wenn es das Gesetz ausdrücklich bestimmt (§ 23 Abs. 1). Ausschließlich bei Verbrechen ist der Versuch der Beteiligung strafbar (§ 30). Die Ver-

---

3 BGH bei Holtz, MDR 1983 S. 91. – Krit. zur Gesamtbetrachtungsmethode: FRISCH/BERGMANN JZ 1990 S. 944 ff.

4 Im Einzelnen zur Problematik der Regelbeispiele: KRAHL Tatbestand und Rechtsfolge, 1999, S. 146 ff; MAIWALD NStZ 1984 S. 433 ff; MONTENBRUCK NStZ 1987 S. 311 ff; WESSELS Lackner-FS, S. 423 ff; ZIESCHANG Jura 1999 S. 561 ff.

5 BGH JZ 1987 S. 366.

folgungsverjährung ist bei Verbrechen und Vergehen verschieden bemessen (§ 78). Bedrohung (§ 241) ist nur strafbar, wenn mit der Begehung eines Verbrechens gedroht wird. Eine Verfahrenseinstellung durch Staatsanwaltschaft oder Gericht kommt nur bei Vergehen in Betracht (§ 153 StPO).

II. Der sachliche Gehalt der „Straftat"

Die Definition der Straftat als menschliche Verhaltensweise, die von der Rechtsordnung mit Strafe bedroht ist, hat für die Erkenntnis der Straftat nur begrenzten Wert. – So gesehen ist eine Tat nämlich nicht strafbar, weil sie Verbrechen, sondern Verbrechen, weil sie strafbar ist. Die Frage nach dem *sachlichen Gehalt der Straftat*, nach dem Wesen der Straftat, lässt sich aus der formellen Definition der Straftat nicht beantworten. Dieser Gehalt kann jedoch aus der Funktion des Strafrechts in der Rechtsgesellschaft erschlossen werden. **21**

1. Strafrecht ist Schutzrecht

Die Rechtsgesellschaft will durch Androhung und Realisierung der angedrohten Strafe die angemessene Entwicklung der Einzelnen in der Rechtsgesellschaft wie auch die des gesamtgesellschaftlichen Sozialgefüges sicherstellen. Geschützt werden die Grundlagen der Rechtsgesellschaft, indem bestimmte elementare Güter (Rechtsgüter) vor bestimmten Angriffen gesichert werden, damit Einzelne und Rechtsgesellschaft sich in dem ihnen gewährten Raum entfalten können. Strafe ist somit soziale Institution zum Zwecke der Erhaltung eines bestimmten Sozialgefüges. **22**

Diesen Schutz könnte das Strafrecht jedoch nicht gewähren, wenn es lediglich – eng an den Wortlaut der einzelnen Tatbestände (§ 212: „Wer einen Menschen tötet, … wird bestraft") angelehnt – als bloße Bewertungs- und damit nur als „Vergeltungsordnung" verstanden würde, die an bestimmte Sachverhalte (Straftaten) eine bestimmte Rechtsfolge (Strafe) knüpft. „Das Gesetz also und die Vollziehung desselben, die Strafe, sind wesentlich auf die Zukunft gerichtet, nicht auf die Vergangenheit" (SCHOPENHAUER). Die Strafrechtsordnung bewertet nicht nur, sie verpflichtet vielmehr und will bestimmen, insofern ist sie als „Pflichtenordnung" anzusehen. Sie beschreibt verpönte Verhaltensweisen und verpflichtet den Einzelnen, derartiges Verhalten nicht zu verwirklichen. § 212 ist demgemäß zu lesen: „Du sollst keinen Menschen töten …, tust Du es dennoch, so wirst Du bestraft". **23**

Die Bedeutung des Gegensatzes in der Einschätzung der Strafgesetze als Bestimmungs- oder Bewertungsnormen sollte allerdings nicht überschätzt werden, da auch diejenigen, die den imperativen Charakter der Strafrechtsnormen betonen, anerkennen, dass die Schaffung von Strafvorschriften eine Wertentscheidung des Gesetzgebers vorausgeht.[6] **24**

Durch Verpflichtung zu einem bestimmten Verhalten realisiert die Strafrechtsordnung ihre Schutzfunktion, und zwar, indem sie bestimmte *Rechtsgüter* gegen bestimmte Angriffe durch Begründung von Verboten und Geboten schützt. **25**

2. Herkunft und Bedeutung des Begriffs „Rechtsgut"

Die Feststellung des in den verschiedenen Tatbeständen des Besonderen Teils des StGB geschützten „Rechtsguts" scheint zunächst unproblematisch zu sein. In § 212 z. B. scheint das **26**

---

6 Dazu DORNSEIFER Rechtstheorie und Strafrechtsdogmatik Adolf Merkels, 1979, S. 102 ff; im Übrigen vgl. BRAMMSEN Die Entstehungsvoraussetzungen der Garantenpflichten, 1986, S. 95 ff; GALLAS Bockelmann-FS, S. 158; JESCHECK/WEIGEND A. T., § 24 II 2 m. w. N.; KÜHL A. T., § 3 Rdn. 5 f; RENZIKOWSKI Restriktiver Täterbegriff und fahrlässige Begehung, 1997, S. 238 f; ROXIN A. T. I, § 10 Rdn. 93.

Leben, in § 223 die körperliche Unversehrtheit und in § 303 die Unversehrtheit bestimmter Sachen des jeweiligen Opfers der Tat geschützt zu sein. Doch schon erstes Nachdenken führt zu der Erkenntnis, dass dies nicht richtig sein kann. Die konkreten Güter des konkreten Tatopfers können nicht gemeint sein, obwohl der strafwürdige Angriff unmittelbar gegen diese Güter geführt wird. Auch die Summe der jeweiligen Güter aller potenziellen Tatopfer, d. h. das Leben oder die körperliche Unversehrtheit aller Rechtsgenossen, ist sicher nicht in den Tatbeständen erfasst, wenngleich derartige Vorstellungen wohl den Ausgangspunkt der Lehre vom Rechtsgut bildeten.

27　　Die durch die Aufklärung geprägten Rechtslehren des beginnenden 19. Jahrhunderts stellten den Schutz des subjektiven Rechts in den Mittelpunkt des Strafrechts. „Hab und Gut" des Rechtssubjekts sollten durch das Mittel des Strafrechts geschützt werden. Weiter sollten die legitimen Aufgaben des Strafrechts nicht reichen.

28　　BIRNBAUM, der im Jahre 1834 den Begriff des subjektiven Rechts in diesem Bereich durch den des „Guts" ersetzte,[7] argumentierte ganz in diesem Verständnishorizont. Er setzte Akzente anders, eine grundlegende Neubestimmung der Aufgaben des Strafrechts lag ihm fern.

29　　Und in der Tat drängt sich die Vorstellung auf, dass von einem Gut nur sinnvoll gesprochen werden kann, wo das Rechtssubjekt Verfügungsmacht über ein Objekt, ein Gut, innehat, wenn man den Blick auf die üblicherweise im Strafrecht geschützten Güter lenkt, wie z. B. auf Eigentum, körperliche Integrität, Freiheit der Willensbetätigung.

30　　Jedoch: schutzwürdig ist das Rechtssubjekt nicht nur in dem, was es hat, schutzwürdig ist es auch in dem, was es wird, nämlich in der Entfaltung von Möglichkeiten in seiner Entwicklung zum mündigen Rechtsgenossen. Der status negativus, um den der Liberalismus kämpfte, ist durch den status positivus zu ergänzen. Entfaltung der Persönlichkeit setzt nicht nur ungestörten Genuss bestimmter Güter voraus, sie ist auch das Hineinwachsen in das Bewusstsein menschlicher Würde, Achtung vor dem Mitmenschen und die Identifizierung mit bestimmten Werten. Der strafrechtliche Schutz der Möglichkeit, in diese Werte problemlos hineinzuwachsen, erscheint demnach auch als legitime Aufgabe des Strafrechts.

3. Konsequenzen für die Definition des Begriffs „Rechtsgut"

31　　a) Mit Anerkennung des Postulats, dass es auch im Strafrecht um den Schutz der Person geht, die sich in der Beziehung zu bestimmten Gegebenheiten entfaltet, ist eine Beschränkung auf Objekte derart, dass jemand diese Objekte als „seine eigenen haben", d. h. über sie verfügen können müsse, uneinsichtig. Zum anderen wird deutlich, dass das Rechtsgut eine *geistige Realität* darstellt, die durch Gefährdung und Verletzung bestimmter konkreter Güter (Angriffsobjekte) beeinträchtigt werden kann. – Das Rechtsgut selbst als gedankliches Gebilde wird dadurch materiell nicht beschädigt. Verletzung ist vielmehr die Beeinträchtigung des Rechtsguts durch Beeinträchtigung des Vertrauens, dass der Einzelne sich in der Rechtsgesellschaft innerhalb bestimmter, geschützter Beziehungen entfalten kann.

32　　b) Definition: *Rechtsgut ist eine bestimmte, in den einzelnen Tatbeständen näher beschriebene, reale Beziehung der Person zu konkreten von der Rechtsgemeinschaft anerkannten Werten – „sozialen Funktionseinheiten" –, in der sich das Rechtssubjekt mit Billigung durch die Rechtsordnung personal entfaltet.*

---

7 Archiv des Criminalrechts, Neue Folge, 1834 S. 149 ff. – Zu modernen Versuchen, das Verbrechen als Rechtsverletzung zu erfassen, vgl. ALTENHAIN Das Anschlußdelikt, 2002, S. 295 ff; HARZER Die tatbestandsmäßige Situation der unterlassenen Hilfeleistung (§ 323 c StGB), 1999, S. 173 ff; KÖHLER A. T., S. 20 ff; E. A. WOLF ZStW 97 (1985) S. 786 ff.

Inhaltlich bestimmt wird diese Beziehung durch die Art des jeweiligen Gutes, seine Eignung zur Befriedigung menschlicher Interessen und den Schutzumfang, den der Gesetzgeber der Entfaltung der Persönlichkeit durch diese Interessenbefriedigung gewährt. Je nachdem, ob bestimmte Güter vorrangig der Entfaltung der Persönlichkeit einzelner oder aller Mitglieder der Rechtsgesellschaft dienen, werden sie als *Individualrechtsgüter* (z. B. Leben, körperliche Unversehrtheit, persönliche Freiheit) oder *Universalrechtsgüter* bzw. *soziale Rechtsgüter* (Bestand des Staates, Vertrauen in die Rechtspflege, Vertrauen in den Beweisverkehr mit Urkunden) bezeichnet.

Die Werte – die sozialen Funktionseinheiten – selbst sind nicht vorgegebene und der Kritik entzogene Fakten, sondern Gegebenheiten, die steter kritischer Prüfung ausgesetzt und mit dem Wandel der Zielvorstellungen und dem des Selbstverständnisses der Rechtsgesellschaft gleichfalls einem Wandel unterworfen sind.   **34**

TIEDEMANN Tatbestandsfunktionen im Nebenstrafrecht, 1969, S. 115f: „Nicht ein Gegenstand und nicht   **35**
(allein) ein objektives Werturteil, sondern die (bewertete) Beziehung von Menschen zu Interessen ist das dem Begriff des Rechtsgutes zugrunde liegende Substrat. Das Rechtsgutmodell erfährt damit Veränderungs- und Entwicklungstendenzen, welche im mehrdeutigen Wesen des Begriffs angelegt und im Verlauf der neueren Dogmengeschichte immer stärker spürbar geworden sind. Sie können schlagwortartig als Relativierung und als Abstrahierung bezeichnet werden.

(a) Die Relativierung des Rechtsgutes gründet in der Erkenntnis, daß das Rechtsgut ein gedankliches Gebilde darstellt, das unter rechtlichen Gesichtspunkten geformt und „nur unter bestimmten Gesichtspunkten ein Gut" ist: Das Eigentum etwa kann zwar auf einer vorrechtlichen Stufe real gedacht werden, ist aber als Rechtsgut von der jeweiligen rechtlichen Ausgestaltung seiner Gewährleistung abhängig ...

Die Entwicklung der Lehre von den Rechtfertigungsgründen, vorab die Güterabwägungstheorie, hat gezeigt, daß ein strafrechtliches Gut immer nur in bestimmter Weise und nicht absolut geschützt ist, daß darüber hinaus nicht nur der Rechtsschutz, sondern das rechtliche Interesse überhaupt in bestimmten Fällen weichen muß. Diese durch seine Beziehungsstruktur bedingte Relativierung des Rechtsgutes ist auch kriminalpolitisch unumgänglich. Die klassisch liberale Vorstellung vom Rechtsgut als einem (erreichten) fixen Zustand vermag die rationale Funktion des Strafrechts als Rechtsgüterschutz nicht zu erklären, da die konkrete Straftat, an welche die strafrechtliche Dogmatik ebenso wie die Kriminalpolitik gebunden ist, diesen Zustand bereits verletzt hat, das Strafrecht also sozusagen „zu spät kommt". Dem kann in unserem Zusammenhang weder durch ein Ausweichen in einen nur zusätzlich präventiven Charakter des Strafrechts noch durch ein Überspielen der konkreten Straftat mittels der abstrakten Tatbestandlichkeit des Strafrechts oder des (nur) kategorialen Wesens der Rechtsgüter Rechnung getragen werden. Eine zutreffende (und keineswegs auf Gesinnungsabhängigkeit der Rechtsgüter beschränkte) Erfassung der kriminalpolitischen Güterschutzaufgabe des Strafrechts ist vielmehr nur möglich, wenn die Güter nicht als (statische) Zustände, sondern als zwar reale, aber doch durch Verwirklichung bedürftige und insofern dynamische Werte begriffen werden, welche „nicht einfach da" sind, sondern ihr Dasein in dem „In-Funktion-Sein" finden. Nur mit dieser Anschauung sind die Rechtsgüter auch im dogmatischen Sinne mehr als bloß theoretische Modelle von fiktiver Reinheit.

(b) Die Abstrahierung des Rechtsgutes ergibt sich zunächst aus der Trennung von konkretem Angriffs- oder Handlungsobjekt (Tatobjekt) und geschütztem Rechtsgut."

c) Ob die Beziehung einer Person zu bestimmten Werten als „Gut", d. h. als soziales bonum,   **36**
anerkannt wird, ist eine von der Rechtsordnung unabhängige Entscheidung. Maßgeblich sind hier die Normensysteme im sozialen Raum unterhalb der Rechtsordnung, z. B. die Sozialethik. Sie ermöglichen die Bewertung der Realisierung bestimmter Beziehungen als „gut für das soziale Ganze", als sozial-angemessen oder gesellschaftlich nützlich, deren Störung hingegen als sozialwidrig, sozialgefährlich oder sozialschädlich. Der Rechtsordnung kommt in diesem sozialen Gefüge stabilisierende, Sicherheit gewährende und selektive, damit aber auch wertsetzende Funktion zu.

Indem die Rechtsordnung das „Gut" in ihre Regelungen einbezieht, wird dies zum   **37**
Rechtsgut, seine normwidrige Verletzung vom sozialwidrigen zum rechtswidrigen Verhalten. Der Unwert des Verhaltens wird nun auf das Rechtsnormensystem bezogen. Rechtswidriges

Verhalten ist daher stets sozialwidrig, nicht jedes sozialwidrige Verhalten ist hingegen rechtswidrig. Die Pönalisierung bestimmter – sozialgefährlicher – Verhaltensweisen ist zwar an die formell-gesetzliche Fixierung gebunden, Art. 103 Abs. 2 GG, der Grund der Pönalisierung liegt jedoch in der Sozialschädlichkeit des Verhaltens.

38 d) In der Regel hat der Einzelne über die ihm zukommenden Individualrechtsgüter Verfügungsmacht. Zu beachten ist jedoch, dass auch die Rechtsgüter des Einzelnen einen Bezug auf das soziale Ganze haben, indem diese Güter dem Einzelnen zugestanden werden, weil die durch sie vermittelte Persönlichkeitsentfaltung als „gut" empfunden wird für den Einzelnen *und* für die Gesamtheit. Insofern kann auch eine Verfügungsbeschränkung über – im übrigen – private Rechtsgüter des Einzelnen geboten sein.
Vgl. § 212 und § 216; § 223 und § 228.

4. Konsequenzen aus der Definition des Begriffs „Rechtsgut"

39 a) Der hier beschriebene Rechtsgutsbegriff[8] kann sicherlich nicht dazu dienen, auf Grund schlichter Subsumtion zweifelsfrei Antwort auf die Frage nach der Legitimität einer Vorschrift zu gewähren. Dafür ist der Begriff zu weit. Seine Aufgabe liegt vielmehr darin,

40 aa) einen kritischen Maßstab für Strafgesetze zu geben und damit den Gesetzgeber zu zwingen, mit rational nachprüfbaren Argumenten den Beweis zu führen, dass er ein sozial wichtiges bonum durch den Deliktstatbestand schützt und dass sich dieser Strafrechtsschutz mit dem Gefüge der Wertentscheidungen der Rechtsgesellschaft in Einklang hält;

41 bb) leitende Hinsicht für die Auslegung eines Tatbestandes zu sein. – Kenntnis des jeweils geschützten Rechtsguts ist daher nötig, wenn es darum geht, das in einzelnen Gesetzestatbeständen beschriebene Verhalten zu erfassen und die Grenzen einzelner Tatbestände zu bestimmen.

42 b) Streng zu unterscheiden sind Angriffsobjekt (Handlungsobjekt) und Rechtsgut (Schutzobjekt).
§ 242: *Angriffsobjekt:* eine bestimmte Sache. *Rechtsgut:* die umfassende Sachherrschaftsposition einer Person über eine Sache.
§ 153: *Angriffsobjekt:* die Wahrheitsfindung in einem konkreten Verfahren. *Rechtsgut:* das Vertrauen der Mitglieder der Rechtsgesellschaft in das Funktionieren der Rechtspflege.
§ 267: *Angriffsobjekt:* eine konkrete Urkunde, z. B. das Testament einer bestimmten Person. *Rechtsgut:* das Vertrauen in den Beweisverkehr mit Urkunden.

---

8 Im Einzelnen zur Diskussion um den Rechtsgutsbegriff: AMELUNG Rechtsgüterschutz und Schutz der Gesellschaft, 1972; DERS. in: Hefendehl/v. Hirsch/Wohlers (Hrsg.), Die Rechtsgutstheorie, 2003, S. 155 ff; DEMKO Zur „Relativität der Rechtsgutsbegriffe" in strafrechtlichen Tatbeständen, 2002, S. 145 ff; FRISCH Stree/Wessels-FS, S. 71 ff; GÖSSEL Oehler-FS, S. 97 ff; HASSEMER Theorie und Soziologie des Verbrechens, 1973; DERS. NK, Vor § 1 Rdn. 255 ff, 285 ff; HEFENDEHL Kollektive Rechtsgüter im Strafrecht, 2002, S. 5 ff; KORIATH GA 1999 S. 561 ff; KREY A. T. 1, Rdn. 7; LAMPE Welzel-FS, S. 151 ff; MARX Zur Definition des Begriffs „Rechtsgut", 1972; OTTO Rechtsgutsbegriff und Deliktstatbestand, in: Strafrechtsdogmatik und Kriminalpolitik, herausgeg. von Müller-Dietz, 1971, S. 1 ff; RÖNNAU Willensmängel bei der Einwilligung im Strafrecht, 2001, S. 22 ff; ROXIN A. T. I, § 2 Rdn. 9 ff; SCHÜNEMANN, in: Hefendehl/v. Hirsch/Wohlers (Hrsg.), Die Rechtsgutstheorie, 2003, S. 133 ff; L. SCHULZ in: Ökologische Ethik und Rechtstheorie, herausgeg. von Nida-Rümelin/v.d. Pforden, 1995, S. 270 ff; SIEBER Computerkriminalität und Strafrecht, 2. Aufl. 1980, S. 254 ff; STRATENWERTH Lenckner-FS, S. 388 ff; TIEDEMANN Tatbestandsfunktionen im Nebenstrafrecht, 1969, S. 115 f.

c) Wird das „Rechtsgut" als geistige Realität erfasst, die als Schutzobjekt von der Straf-   **43**
rechtsordnung anerkannt ist, so ermöglicht die Feststellung der Rechtsgutsbeeinträchtigung
allein noch keinen Schluss auf die Rechtswidrigkeit des beeinträchtigenden Verhaltens. Die
Mitteilung, A hat den B erschlagen, enthält dann die Feststellung, dass das – auch vom
Recht – geschützte Gut „Leben" beeinträchtigt wurde. Die Entscheidung, ob das Rechtsgut
rechtswidrig beeinträchtigt wurde, erfordert jedoch weitere Tatsachenkenntnis.

d) Wird hingegen als Rechtsgut der von einem Gut ausgehende, auf eine konkrete Situation   **44**
bezogene Achtungsanspruch angesehen,[9] so fehlt es bereits an einer Beeinträchtigung des
Rechtsguts, wenn die Beziehung einer Person zu einem Gemeinschaftswert verletzt wird,
jedoch nicht auf Grund einer Missachtung des Wertes.

Fall: Ein Feuerwehrmann kann ein Kind vor dem sicheren Flammentod nur dadurch retten, dass er es aus   **45**
dem brennenden Hause in ein Sprungtuch wirft, obwohl die Gefahr besteht, dass es sich das Genick bricht,
wenn es unglücklich aufschlägt. Die drohende Gefahr realisiert sich. Das Kind kommt zu Tode.
SCHMIDHÄUSER A. T., 8/120: Keine Rechtsgutsbeeinträchtigung, daher keine Tötung i. S. des § 212. – Hingegen
WELZEL Lb., § 14 IV: Rechtsgutsbeeinträchtigung i. S. des § 212 liegt vor, aber Feuerwehrmann handelt nicht
rechtswidrig. – Dazu weiter: § 6 Rdn. 4, 66 Fall 5 und § 8 Rdn. 183.

e) In gleicher Weise wesentliche Konsequenzen treten auf, wenn als Rechtsgut nicht die   **46**
abstrakte Wertbeziehung der Person zu einem Wert verstanden wird, auf deren Schutz die
konkrete Rechtsperson bei Individualrechtsgütern im Einzelfall verzichten kann, sondern die
Verfügungsmacht über das Rechtsgut als konstitutives Element des Rechtsguts selbst begriffen wird.

Fall: Der Chirurg A führt mit Einwilligung der B bei dieser eine Schönheitsoperation aus.

Bildet die Verfügungsmacht der konkreten Person über ihr Rechtsgut „körperliche Unversehrtheit" ein konsti-   **47**
tutives Element dieses Rechtsguts, so fehlt es bereits an der Rechtsgutsbeeinträchtigung.

Werden „Rechtsgut" als schutzwürdige Beziehung der Person zu einem bestimmten Wert und „Verfügungsmacht über den Strafrechtsschutz" als unterschiedliche Sachverhalte scharf getrennt, so liegt eine Rechtsgutsbeeinträchtigung vor, doch ist diese gerechtfertigt durch die Einwilligung. – Eingehend zu dieser Problematik:
unten § 8 Rdn. 123 ff.

5. Strafwürdigkeit und Strafbedürftigkeit

Nicht jede Beeinträchtigung eines Rechtsguts wird von der Rechtsgesellschaft bereits als   **48**
strafwürdig angesehen. – Weil in der Kriminalstrafe eine bewusste und gewollte Missbilligung der Tat und des Täters zum Ausdruck kommt, d. h. ein sozialethisches Unwerturteil,
und weil die Vollstreckung der Strafe darüber hinaus einen schweren Eingriff in Freiheit,
Persönlichkeitsentwicklung und Würde des Bestraften darstellt, darf Strafe nicht schranken-
los als Mittel sozialer Kontrolle und Lenkung eingesetzt werden. Die grundgesetzlich ver-
bürgte Achtung der Freiheit und Würde des Betroffenen, aber auch schon der Grundsatz der
Verhältnismäßigkeit erfordern es, Strafe nur dort als Reaktion zuzulassen, wo sie unerlässlich
ist, um den Rechtsfrieden zu gewährleisten. Nur in diesem Rahmen ist Strafe als Mittel
sozialer Erwartungssicherung und Verhaltenssteuerung zulässig.[10]

---

9 Dazu SCHMIDHÄUSER A. T., 2/34.
10 Zur Strafwürdigkeit und Strafbedürftigkeit: BVerfGE 6 S. 433 ff; 27 S. 28 f; 39 S. 47 f; ALTPETER Strafwürdigkeit und Straftatsystem, 1990, S. 239 ff; ALWART Strafwürdiges Versuchen, 1982, S. 55 ff; BLOY Die dogmatische Bedeutung der Strafausschließungs- und Strafaufhebungsgründe, 1976, S. 242 ff; DA COSTA AND-
   RADE in: Coimbra-Symposium, herausgeg. von Schünemann/Figueiredo Dias, 1995, S. 129 ff; FRISCH
   Stree/Wessels-FS, S. 76 f, 79 ff, 85 ff; GALLAS ZStW 67 (1955) S. 1 ff; GÜNTHER Strafrechtswidrigkeit und
   Strafunrechtsausschluß, 1983, S. 236 ff; HANACK Gutachten zum 47. Dt. Juristentag, 1968, A 28 ff; HAS-

49 *Strafwürdig* ist demnach nur ein Verhalten, das deshalb sozialethisch zu missbilligen ist, weil es geeignet ist, die sozialen Beziehungen innerhalb der Rechtsgesellschaft erheblich zu gefährden oder zu schädigen. Bloß lästige oder unerwünschte Verhaltensweisen erreichen diesen Grad der Sozialgefährlichkeit oder Sozialschädlichkeit nicht, es muss sich vielmehr um *gravierende Rechtsgutsbeeinträchtigungen* handeln. – Die Schwere der Rechtsverletzung kann sich einmal aus der Bedeutung des beeinträchtigten Rechtsguts ergeben (z. B. grundgesetzlich geschützte Rechtsgüter), zum anderen aus der besonderen Sozialgefährlichkeit des Angriffs (z. B. Täuschung, Vertrauensmissbrauch, Gewalt) folgen. Allerdings ist nicht jedes strafwürdige Verhalten auch strafbar. Die Strafrechtsordnung hat fragmentarischen Charakter. Nur dort, wo ein strafwürdiges Verhalten auch *strafbedürftig* erscheint, ist Strafe angemessen. Die Strafnorm stellt gewissermaßen die „ultima ratio" im Instrumentarium des Gesetzgebers dar.

50 *Strafbedürftigkeit* bedeutet, dass die Strafe unerlässliches Mittel ist, um die Gesellschaft vor strafwürdigen Rechtsgutsbedrohungen oder -verletzungen zu schützen und die Rechtsordnung zu bewähren. Während die Strafwürdigkeit wesentlich durch die Wertung der Sozialschädlichkeit eines Verhaltens bestimmt wird, umfasst die Strafbedürftigkeit daher vorrangig das Zweckmoment staatlicher Strafe. Dieses Zweckmoment in der Strafe steht schon der Strafbarerklärung eines strafwürdigen Verhaltens entgegen, wenn andere, weniger gravierende Eingriffe als die Pönalisierung des Verhaltens, die einen besseren oder zumindest den gleichen Erfolg versprechen, zur Verfügung stehen. – Es kann aber auch – wie z. B. in den Fällen der §§ 59, 60 – dazu führen, dass von der Verhängung einer verwirkten Strafe abgesehen wird.

6. Der Strafgrund (Problem der Legitimation der Strafe)

51 Die Beschreibung der strafwürdigen Rechtsgutsbeeinträchtigung erschöpft den sachlichen Gehalt der Straftat jedoch nicht. Hier würde nur der Schaden in den Blick genommen, nicht aber der Schädiger als Täter der Straftat. Er ist mehr als der bloße Verursacher der Straftat, an dem die Straftat vergolten wird.

52 Mit der Verhängung der Strafe wird ein dem Täter zurechenbares, grob sozialwidriges Verhalten durch den Staat und seine Institutionen an Stelle des Verletzten geahndet, der das Unrecht erlitten hat. Weil der Täter – und nicht ein anonymes Es, der Weltgeist oder Urvater – persönlich verantwortlich ist für einen sozialen Schaden, wird er bestraft, d. h. weil er schuld ist an einer bestimmten Verschlechterung der sozialen Lage. „Schuld haben" heißt also verantwortlich sein für einen sozialen Schaden. Insofern ist Schuld dann aber auch der Grund dafür, dass etwas dem Täter vorgeworfen wird: Weil eine Person Grund geworden ist für einen Mangel (Unrecht) im Dasein anderer, wird ihr dieses Unrecht vorgeworfen. Grund für einen Mangel im Dasein anderer ist jemand aber, weil er einer Pflicht nicht nachkam, obwohl er es nach seinen Fähigkeiten hätte tun können. Deshalb ist er für das normwidrige Verhalten verantwortlich.

53 Das bedeutet: Es wird mit der Strafe nicht *„Schuld vergolten", sondern Unrecht, jedoch nur in den Grenzen der persönlichen Verantwortlichkeit des Täters.* „Schuld" gibt damit die Mög-

---

SEMER NK, Vor § 1 Rdn. 183 ff; KREY A. T. 1, Rdn. 17 ff; LACKNER Gallas-FS, S. 118; LANGER Das Sonderverbrechen, 1972, S. 327 ff; MAIWALD Maurach-FS, S. 9 ff; MÜLLER-DIETZ Strafe und Staat, 1973, S. 32 ff; OTTO Schröder-GedS, S. 53 f; PROBST ÖRiZ 1979 S. 109 ff; SAX in: Die Grundrechte, herausgeg. von Bettermann/Nipperdey/Scheuner, Bd. III 2, 2. Aufl. 1972, S. 923 ff; DERS. JZ 1976 S. 9 ff, S. 80 ff; DERS. JZ 1977 S. 332 f; ZIPF Kriminalpolitik, 2. Aufl. 1980, S. 108 ff.

lichkeit, das Maß der Freiheit, sich sozialgemäß verhalten zu können, zur Strafhöhe in Beziehung zu setzen. Sie setzt als Bezugsgegenstand ein grob sozialwidriges Verhalten voraus und knüpft an die Fähigkeit des einzelnen Rechtssubjekts an, sich normgemäß verhalten zu können.

Das damit in das Blickfeld kommende Problem der Entscheidungsfreiheit ist dennoch **54** zum einen kein primäres Problem des Schuldbegriffs, zum anderen begründet es keineswegs die Notwendigkeit, auf den schon klassischen Streit über ein deterministisches oder indeterministisches Weltbild in aller Breite einzugehen:

a) Die Interpretation der Strafrechtsnorm als Pflichtnorm („Du sollst …") beruht bereits auf **55** der Voraussetzung, dass dem angesprochenen Subjekt verschiedene Bestimmungen seines Verhaltens möglich sind. Ginge der Gesetzgeber davon aus, dass der Normadressat keine Entscheidungsfreiheit hat, sich demnach auf Grund irgendwelcher Kausalzusammenhänge nach der Norm richten *muss*, so wäre der Sollenssatz nichts als unredliche Vorspiegelung einer nicht vorhandenen Entscheidungsfreiheit.

HARDWIG MschrKrim 1973 S. 293: „Wäre der Mensch in seinem Verhalten an Ursachen notwendig gebunden, dann wäre ein solcher Sollenssatz sinnlos, und zwar auch dann, wenn dieser Satz selbst als Ursachenfaktor mit einkalkuliert würde; denn wäre er ein Faktor, so wäre er doch immer nur ein Faktor unter vielen. Und würde der Angesprochene sich nicht gemäß diesem Satz verhalten, dann wäre dies auf eine gegebene Ursachenkonstellation zurückzuführen, der sich der Mensch nicht hätte entziehen können. Abgesehen davon, daß dieser Sollenssatz selbst wieder das notwendige Ergebnis einer Ursachenkonstellation wäre, wäre ein Richtsatz, der keine eigene Richtkraft hat, der Ausspruch eines Irrsinnigen, der zwar weiß, daß der Mond sich nicht nach ausgesprochenen Richtsätzen verhält, der aber solche Richtsätze gleichwohl mit biedermännischem Ernst ausspricht."

Vom Adressaten der Norm wiederum wird vorausgesetzt, dass er in der Lage ist, die gefassten **56** Entschlüsse durch Einsatz geeigneter Mittel zu realisieren. Hier nimmt das Strafrecht unmittelbaren Bezug auf Art. 1 des Grundgesetzes. Der Normadressat wird als Person verstanden, d. h. als Wesen, dem Würde zukommt, weil es der Anlage nach sich seiner selbst in seiner Eigenart bewusst ist, in Freiheit über sich bestimmen, seine Umwelt gestalten und mit anderen Menschen Gemeinschaft bilden kann.

Menschliche Würde beruht auf Freiheit und Vernunft. Freiheit und Vernunft wiederum **57** sind notwendig aufeinander bezogen: Entscheidungsfreiheit ohne Bezug auf die Vernunft ist bloße richtungs- und wertlose Willkür, Vernunft ohne Freiheit, d. h. Einsicht, ohne Fähigkeit nach der Einsicht handeln zu können, die Überlieferung der Person ins Sinnlose.

ARTHUR KAUFMANN JZ 1967 S. 560: „Frei nennen wir den, der sich kraft seiner Vernunft einsichtig entscheidet."

b) Soweit es daher um die grundsätzliche Möglichkeit von Freiheit in der Entfaltung der **58** Persönlichkeit geht, kann der Entscheidung zwischen Determinismus und Indeterminismus nicht ausgewichen werden, und zwar auch dann nicht, wenn man davon absieht, den Täter wegen einer individuellen sittlichen Verfehlung zu tadeln, sondern nur einen sozialen Tadel gegen ihn erhebt, weil er hinter sozialen Verhaltensanforderungen zurückgeblieben ist.[11] Nicht in dem Normensystem, auf das Bezug genommen wird, liegt das Problem, sondern in der Frage, *ob* die Person sich für und gegen ein normgemäßes Verhalten entscheiden kann oder nicht.

Aber selbst wenn man die Möglichkeit dieser Entscheidung bejaht, kommt es nicht dar- **59** auf an, einen zwingenden naturwissenschaftlichen Beweis für den Indeterminismus zu

---

11 Eingehender zu dieser Problematik: § 12 Rdn. 25 f.

führen, sondern darauf, darzulegen, warum es sachgerecht und legitim ist, grundsätzlich ein indeterministisches Weltbild der Rechts- und Sozialordnung zugrunde zu legen, auch wenn vorausgesetzt wird, dass absolute Entscheidungsfreiheit nicht stets verwirklicht werden kann. – Die Freiheit der Entscheidung, die hier vorausgesetzt wird, ist nämlich nicht die absolute Freiheit im indeterministischen Sinne. Sie kann im konkreten Einzelfall fehlen, weil der Täter anlagebedingt nicht in der Lage ist einzusehen, was rechtens ist, oder sich nach der vorhandenen Einsicht zu richten. Sie kann aber auch aus Gründen fehlen, für die „die anderen" innerhalb einer Rechtsgesellschaft verantwortlich sind. Die Stellung des Einzelnen zur Gesellschaft wird wechselseitig geprägt. Was der Einzelne ist, ist er stets auch, weil er in einer bestimmten Gesellschaft aufgewachsen ist. Die konkreten Erlebnisse im Vollzug des sozialen Lebens prägen die Persönlichkeit. Der Lebenslauf des Täters, seine Erlebnisse mit Eltern, Nachbarn, Lehrern, Freunden usw. spielen daher für sein Verhalten eine erhebliche Rolle. Die konkrete Möglichkeit, sich für das Gute, und das heißt in diesem Zusammenhang, für ein rechtmäßiges Verhalten zu entscheiden, wird erheblich beeinträchtigt, wenn der Einzelne selbst nur Böses von den anderen erfahren hat. Gerade derjenige, der von einer Einzelschuld ausgeht, muss zugestehen, dass auch die Gesellschaft jeweils schuldig ist an der Straftat des Einzelnen.

60 c) Unabhängig davon: Die Frage nach der Verantwortlichkeit, d. h. nach der Schuld einer bestimmten Person für ein bestimmtes Ereignis, ist keine spezifisch juristische Frage. Sie stellt sich nicht nur für rechtlich relevantes Verhalten, sondern für alle – auch die unbedeutendsten – Handlungen einer Person. Willensfreiheit ist ein Stück Lebenswirklichkeit.

61 Hundertfache Erfahrungen eines jeden Alltags vermitteln dem Menschen das Bewusstsein, dass er zu vernünftigen Entscheidungen fähig ist und dass er in einer realen Welt gemeinsam mit anderen lebt. Er erlebt sich als frei und empfindet dementsprechend die Negierung seines Freiheitsanspruchs als Missachtung seiner Person. – Gleichwohl lässt sich dem entgegenhalten, dass die Richtigkeit dieses Bewusstseins zweifelhaft ist. Das Erlebnis der Entscheidungsfreiheit, so lässt sich argumentieren, ist ein rein subjektives Erlebnis, das über eine objektive Gegebenheit nichts aussagt. Ob wir wirklich in einer uns umgebenden realen Welt leben, ist durch nichts beweisbar. Das, was wir für die objektiv vorgegebene Wirklichkeit halten, kann eine solipsistisch konstruierte Traumwelt von Erscheinungen sein. Und die anderen, mit denen wir uns intersubjektiv das Welterlebnis teilen, mögen Gestalten unserer irrealen Vorstellung sein, die mit der Realität nichts gemein haben. Zwingend sind derartige Annahmen mit naturwissenschaftlichen Methoden genauso wenig zu widerlegen wie die gegenteiligen Auffassungen beweisbar sind. Verblüffend ist allerdings, dass die Begründer derartiger Ideengebäude sich im Alltag bewegen, indem sie ihre alltäglichen Erfahrungen nutzen und von ihnen ausgehen. Hier werden philosophische Berge gleichsam zu Maulwurfshügeln reduziert.

62 So reizvoll die Auseinandersetzung mit denkmöglichen Weltmodellen auch sein mag, zu beachten ist: *Überleben ist eine Selektion erfolgreicher Weltbilder.* Nur dasjenige System hat Bestand, das erfolgreich auf die Realität reagiert. Das setzt eine Übereinstimmung mit dieser voraus und fordert eine Entwicklung des Soziallebens auf der Grundlage der realen Erfahrungen im täglichen Vollzug des sozialen Lebens.[12]

Auch eine Rechtsordnung, die an der Wirklichkeit nicht vorbeigehen, sondern sie effektiv gestalten will, muss an die im täglichen praktischen Vollzug bewährten Grundprämissen sozialen Lebens anknüpfen. Damit ist es aber legitim, nicht nur eine Welt als objektiv gegen-

---

12 Dazu R. Riedl Biologie der Erkenntnis, 3. Aufl. 1981.

wärtig anzunehmen, sondern eine Welt, zu der wir fortwährend Zugang haben kraft unserer Erfahrung, die wir kraft unserer Vernunft gestalten und in der wir andere erkennen, die die Welt in ähnlicher Weise erfahren und gestalten, und mit denen wir gemeinschaftlich planen und gestalten können, so dass Erfahrung und Vernunft uns das Erlebnis der Gemeinsamkeit vermitteln. Die im täglichen Miteinander stets vorausgesetzte und unmittelbar erfahrene *kommunikative Freiheit* ist das Fundament eines jeden Soziallebens. Sie ist denknotwendige Voraussetzung für den Versuch, Wissen über die Welt zu erlangen, einen sozialen Raum mit anderen zu gestalten, und erst ihre Anerkennung lässt die Gestaltung des sozialen Raumes durch ethische Forderungen oder eine Rechtsordnung sinnvoll erscheinen.[13] Die ethische Beurteilung des Menschen als Person ist in der Selbsterfahrung als selbstständig wahrnehmendes, handlungsfähiges, rational entscheidungsfähiges und verantwortliches Wesen begründet, das den sozialen Raum mit anderen, insoweit aber gleichen Wesen teilt. Diese täglich wiederholte Erfahrung legitimiert damit aber auch Vernunft, Freiheit, Verantwortung und Schuld hinreichend als Grundlagen der Strafrechtsordnung. Wer diese Grundlagen bestreitet, setzt an die Stelle der Idee der Verantwortung „das Faktum der Kontrollierbarkeit als technisch realisierte *Fremdbestimmung*, vor der die Ideen von Freiheit und Menschenwürde zum illusionären Schein vormoderner Gesellschaftsformationen herabsinken" (M. Riedel).

Die neuesten Erkenntnisse der Hirnforschung ändern – abgesehen von der Tatsache, dass **63** sie keineswegs zu neuen Befunden zu Langzeitprozessen im Hirn geführt haben – daran nichts. Wenn G. Roth – Das Gehirn und seine Wirklichkeit, 5. Aufl. 1996 = Suhrkamp Taschenbuch Nr. 1275, 1999, S. 310 – darlegt:

„Die Autonomie menschlichen Handelns ist nicht im subjektiv empfundenen Willensakt begründet, sondern in der Fähigkeit des Gehirns, aus innerem Antrieb Handlungen durchzuführen. Das Gehirn oder besser: der ganze Mensch ist also das autonome System, nicht das empfundene Ich. Diese Autonomie beruht darauf, daß das Gehirn alles, was es tut, durch das limbische System bewertet und das Resultat dieser Bewertung im Gedächtnis niederlegt. Gedächtnissystem und Bewertungssystem steuern unser Verhalten in Zusammenarbeit mit dem präfrontalen Cortex als Zentrum bewußter Handlungsplanung. Alle drei Systeme wirken auf die subcorticalen Zentren (Basalkerne, thalamische Kerne, Kleinhirn) ein, die dann die eigentliche Entscheidung treffen und das aktuelle Verhalten auslösen. Da dies seit unserer Geburt passiert (z. T. schon vorher), sammelt sich im Gedächtnis ein ungeheurer Vorrat an Erfahrungen an. Neben den wenigen strikt angeborenen Verhaltensweisen bestimmen diese erfahrungsabhängigen Gedächtnisinhalte unser Verhalten. Entsprechend dieser Erfahrung sind wir dann in der Lage, zum Teil sehr unterschiedlich auf dieselben Umweltereignisse zu reagieren."

So ist dazu mit H.-L. Körber – Neurotransmitter 2004 S. 74 festzustellen:

„Und wenn denn das limbische System tatsächlich die große Festplatte aller emotional geladenen biografischen Erfahrungen ist: Wer hat denn dann diese Festplatte beschrieben? ... Dass unsere Entscheidungen auf einer materiell faßbaren biologischen Grundlage erfolgen, besagt noch nichts darüber, ob es freie Entscheidungen sind, und entsprechend auch nichts über die strafrechtliche Verantwortlichkeit. Wir sind strafrechtlich verantwortlich, wenn wir imstande sind, unsere Entscheidungen von vernünftigen Erwägungen abhängig zu machen, wenn wir also imstande sind, unsere Wünsche kritisch zu bewerten."

d) Konsequenzen für die Bestimmung des sachlichen Gehalts der Straftat: *Sachlich ist die* **64** *Straftat zu bestimmen als ein strafwürdiges, sozialschädliches Verhalten (Unrecht), das dem Täter persönlich vorgeworfen wird (Schuld).*

---

13 Zur Freiheit als Voraussetzung der Erfassung von Wirklichkeit sowie zur „kommunikativen Freiheit": Forschner Fundamenta Psychiatrica 1988 S. 136ff; Griffel ARSP 1983 S. 340ff; ders. GA 1996 S. 457f; Luthe Verantwortlichkeit, Persönlichkeit und Erleben, 1981, S. 39ff; M. Riedel Freiheit und Verantwortung, in: Prinzip Freiheit, herausgeg. von H. M. Baumgartner, 1979, S. 201ff; Schild Der Strafrichter in der Hauptverhandlung, 1983, S. 21ff, 35ff; Schünemann in: Grundfragen des modernen Strafrechtssystems, herausgeg. von Schünemann, 1984, S. 163ff.

7. Die Strafzwecke (Problem der Ausgestaltung der Strafe)

65 Streng vom Strafgrund sind die Strafzwecke zu trennen. *Grund* der Strafe ist das sozialgefährliche Verhalten des Täters, das aber nur in den Grenzen seiner Schuld vergolten wird. Innerhalb dieser Grenzen werden jedoch durch die Art der Ausgestaltung der Strafe verschiedene – z. T. einander widersprechende – *Zwecke* verfolgt. – Zu unterscheiden sind:

66 a) *Warnfunktion:* Motivation zu sozialgemäßem Verhalten durch Bedrohung mit einem Übel für den Fall der Verletzung der Norm.

67 b) *Rechtsbewährung* (Generalprävention): Hat der Täter ein sozial unerträgliches Beispiel gegeben, so bekundet die Sozietät durch Verhängung der Strafe, dass sie nicht gewillt ist, dieses Verhalten zu dulden. Die anderen Rechtsgenossen werden damit gewarnt (abgeschreckt), diese – auch ihnen u. U. willkommen erscheinende – Problemlösung anzuwenden. Dadurch wird die Rechtsordnung zum einen gestärkt, zum anderen aber wird der soziale Schaden, den der Täter durch das schlechte Beispiel in der Rechtsgesellschaft begründet hat, ausgeglichen. Generalprävention ist demnach immer mehr als bloße Statuierung eines abschreckenden Exempels. Sie bedeutet Vergeltung der Tat durch ein abschreckendes Übel, aber nur in dem durch Tat und Täter selbst gesteckten Rahmen.

68 Als generalpräventive Aspekte der Strafe lassen sich danach zwei Gesichtspunkte unterscheiden: (1) Die Abschreckung anderer, die in Gefahr sind, ähnliche Straftaten zu begehen (*negative Generalprävention*), und (2.) die Erhaltung und Stärkung des Vertrauens in die Bestands- und Durchsetzungskraft der Rechtsordnung *(positive Generalprävention)*.[14]

69 c) *Sicherungsfunktion:* Die Gesellschaft wird vor dem gefährlichen Täter geschützt.

70 d) *Resozialisierung* des Täters (Spezialprävention): Mit dem Vollzug der Strafe und der Anwendung der sog. Maßnahmen der Besserung wird angestrebt, den Täter im Wege der Sozialisierung (wieder) in die Gesellschaft zu integrieren. Auch die Strafe hat daher in diesem Bereich Maßnahmecharakter. In der Verbesserung der Einsichtsmöglichkeit des Täters und der Möglichkeiten, seiner Einsicht zu folgen, liegt die zukunftsträchtige Chance der Strafe. In der spezialpräventiven Ausgestaltung der Strafe gewährt die Rechtsgesellschaft dem Straftäter jene Hilfe, die sie ihm schuldet, weil auch ihr Verantwortung an der Straftat zukommt.[15]

8. Der Streit zwischen absoluten und relativen Straftheorien

71 Weil Rechtsgrund und Realzweck staatlichen Strafens nicht hinreichend scharf voneinander getrennt wurden, kam es zu dem Streit zwischen den Anhängern der absoluten (klassischen Schule) und den der relativen (modernen Schule) Straftheorien.

---

14 Dazu BVerfGE 45 S. 255f; BGHSt 24 S. 44f; DÖLLING ZStW 102 (1990) S. 1ff; HASSEMER NK, Vor § 1 Rdn. 429ff; SCHMIDHÄUSER E. A. Wolf-FS, S. 443ff; SCHWIND Blau-FS, S. 582ff; STRENG ZStW 92 (1980) S. 642ff, 666ff. – In der neueren Diskussion wird der Aspekt der positiven Generalprävention besonders betont und damit gleichsam verselbstständigt. Dabei wird zum einen davon ausgegangen, dass die Strafe die Einstellung der Individuen beeinflusst, sich rechtens zu verhalten – vgl. HASSEMER Einführung in die Grundlagen des Strafrechts, 2. Aufl. 1990, S. 324ff; SCHÜNEMANN GA 1986 S. 349f –, zum andern auf die Funktion der Strafe, das Vertrauen des Einzelnen in die Geltung des Normensystems zu festigen – vgl. z. B. JAKOBS A. T., 1/4ff; LESCH Der Verbrechensbegriff, 1999, S. 184ff. – Kritisch demgegenüber BOCK ZStW 103 (1991) S. 636ff; CALLIES NJW 1989 S. 1339ff; HÖRNLE/v. HIRSCH GA 1995 S. 261ff; SCHMIDHÄUSER E. A. Wolff-FS, S. 447ff; WOLFF ZStW 97 (1985) S. 786ff; – Zum Diskussionsstand: SCHÜNEMANN/v. HIRSCH/JAREBORG (Hrsg.), Positive Generalprävention, 1998.

15 Vgl. dazu auch ROXIN Gagnér-FS, S. 342ff.

a) *Absolute Theorien:* Die staatliche Strafe darf nicht irgendwelchen praktischen Zwecken **72** dienen, sondern wird allein der Vergeltung wegen verhängt.

KANT Metaphysik der Sitten, Ausg. Vorländer, 4. Aufl. 1945, S. 158: „Richterliche Strafe (poena forensis), die von der natürlichen (poena naturalis), dadurch das Laster sich selbst bestraft und auf welche der Gesetzgeber gar nicht Rücksicht nimmt, verschieden, kann niemals bloß als Mittel, ein anderes Gute zu befördern, für den Verbrecher selbst oder für die bürgerliche Gesellschaft, sondern muß jederzeit nur darum wider ihn verhängt werden, *weil er verbrochen hat.*"

b) *Relative Theorien:* Strafrechtspflege ist ein Mittel sozialer Kontrolle, d. h. Mittel der staat- **73** lichen Steuerung des Verhaltens der Mitglieder der Rechtsgesellschaft. Die Strafe dient allein der Prävention, und zwar je nach den Bedürfnissen im Einzelfall der General- oder Spezial-prävention.

FRANZ VON LISZT Der Zweckgedanke im Strafrecht, ZStW 3 (1883) S. 33: „Die Strafe ist Zwang. Sie wendet sich gegen den Willen des Verbrechers, indem sie die Rechtsgüter verletzt oder vernichtet, in welchen der Wille Verkörperung gefunden hat. Als Zwang kann die Strafe doppelter Natur sein.

(a) Indirekter, mittelbarer, psychologischer Zwang oder Motivation. Die Strafe gibt dem Verbrecher die ihm fehlenden Motive, welche der Begehung von Verbrechen entgegen zu wirken geeignet sind, und die vorhande-nen Motive vermehrt und kräftigt sie. Sie erscheint als künstliche Anpassung des Verbrechers an die Gesell-schaft und zwar entweder

– durch Besserung, d. h. durch Einpflanzung und Kräftigung altruistischer, sozialer Motive;

– oder durch Abschreckung, d. h. durch Einpflanzung und Kräftigung egoistischer, aber in der Wirkung mit den altruistischen zusammenfallender Motive.

(b) Direkter, unmittelbarer, mechanischer Zwang oder Gewalt. Die Strafe ist Sequestrierung des Verbrechers; vorübergehende oder dauernde Unschädlichmachung, Ausstoßung aus der Gesellschaft oder Internierung in derselben. Sie erscheint als künstliche Selektion des sozial untauglichen Individuums. Die Natur wirft denjeni-gen, der sich gegen sie vergangen hat, aufs Bett, der Staat wirft ihn ins Gefängnis! Besserung, Abschreckung, Unschädlichmachung: das sind demnach die unmittelbaren Wirkungen der Strafe; die in ihr liegenden Trieb-kräfte, durch welche sie den Schutz der Rechtsgüter bewirkt."

c) Die Erkenntnis, dass absolute und relative Straftheorien unterschiedliche Bezugsgegen- **74** stände hatten, findet heute durchaus Beachtung.[16]

GEERDS Einzelner und Staatsgewalt im geltenden Strafrecht, 1969, S. 16: „Die Vertreter der klassischen und der modernen Schule mußten schon deshalb aneinander vorbei reden, weil die ‚Klassiker' immer nur nach dem Rechtsgrund staatlichen Strafens fragten und diese Legitimation ohne weiteres mit dem tatsächlichen durch Strafen verfolgten Zweck identifizierten. Dagegen haben sich die ‚Modernen' niemals ernsthaft um die juristische Legitimation der Strafe gesorgt, sondern allein auf deren Realzwecke abgestellt, die aber als solche noch keine Eingriffe in die Sphäre des Bürgers rechtfertigen. Der vielgepriesene Dualismus von Strafe und Maßregel ist infolgedessen nicht nur ein vom Burgfrieden eben jener langwierigen Strafrechtsreform bewirkter, sondern auch in der Sache selbst wenig überzeugender Kompromiß, weil beide Seiten zunächst von der Ausschließlichkeit der Strafen- oder Maßregelkonzeption ausgegangen sind."

d) In der derzeitigen kriminalpolitischen Diskussion sind Legitimation und Bedeutung der **75** einzelnen Straftheorien und ihr Verhältnis zueinander jedoch nach wie vor heftig umstritten, wobei vor allem versucht wird, Aspekte der verschiedenen Theorien in der Legitimation der Strafe zu vereinen. Grundsätzlich aber besteht weithin Einigkeit darüber, dass die Schuld des Täters Grundlage der Zumessung der Strafe ist; innerhalb des Rahmens schuldangemes-sener Strafe können jedoch die verschiedenen Strafzwecke berücksichtigt werden (Vereini-gungstheorie)[17]. Darüber hinaus wird zum einen von den Vertretern des sog. Abolitionis-

---

16 Dazu auch GALLAS ZStW 67 (1955) S. 1ff; GÖSSEL Pfeiffer-FS, S. 1, 22ff; KREY A.T. 1, Rdn. 134; MÜL-LER-DIETZ Strafbegriff und Strafrechtspflege, 1968, S. 109ff; SCHILD ARSP 1984 S. 72ff.

17 Vgl. im Einzelnen: JESCHECK/WEIGEND A.T., § 8 V; KORIATH Jura 1995 S. 625ff, 634f; KREY A.T. 1, Rdn. 142ff; LAMPE Roxin-FS, S. 47ff; ROXIN A.T. I, § 3 Rdn. 1ff; DERS. Müller-Dietz-FS, S. 701ff;

mus[18] die Berechtigung freiheitsentziehender und spezialpräventiver Maßnahmen grundsätzlich bestritten, zum anderen versucht die „Theorie der positiven Generalprävention" – dazu oben Rdn. 67f – die Verantwortung des Täters für den sozialen Schaden und seine Wiedergutmachung in der Idee und der Realität der Strafe zu verwirklichen. – Das Verhältnis der Straftheorien zueinander ist daher noch keineswegs ausdiskutiert.

III. Straftat und Strafrechtsordnung

76 Innerhalb des hier entwickelten Verständnisses von Straftat und Strafe ist die Strafrechtsordnung als differenzierte Verhaltens- und Pflichtenordnung zu verstehen. Sie verpflichtet zu bestimmtem Verhalten und bedroht pflichtwidriges Verhalten – und nur dieses – mit Strafe. An die Pflichtverletzung knüpfen sich Strafausspruch und Strafvollstreckung, weil Strafe als schärfstes Mittel staatlichen Zwanges und als stärkster Ausdruck sozialer Missbilligung aufgefasst wird. Das Strafrecht ist demnach, wie das Zivilrecht und das öffentliche Recht, aber auch wie Verhaltensordnungen außerhalb des Rechts, z. B. gesellschaftliche Konventionen und die Regeln des Alltagshandelns, ein Ordnungssystem[19], das Grenzen und Selektionsweisen der Gesellschaft definiert. Es zielt ab auf Erwartungssicherung und Verhaltenssteuerung, doch ist sein Einsatz abhängig vom Grad der Schwere der zu bekämpfenden Gefährdungen oder Verletzungen des Sozialgefüges sowie vom Grade der Verantwortlichkeit des Straftäters.

IV. Gegenstand der Lehre von der Straftat

77 Gegenstand der Lehre von der Straftat sind:
1. Die Merkmale der Straftat (Unrechtstatbestand, Schuld).
2. Die Stufen der Straftat (Vollendung, Versuch, Vorbereitung).
3. Die Formen der Verwirklichung einer Straftat (Täterschaft und Teilnahme).
4. Das Verhältnis mehrerer Straftaten zueinander (Konkurrenzen).

Wiederholungsfragen
1. Wie unterscheiden sich Straftaten, Ordnungswidrigkeiten und Disziplinarmaßnahmen? – Dazu Rdn. 3 ff, 8 ff.
2. Nenne Gesetze neben dem StGB, die Strafrechtsnormen enthalten. – Dazu Rdn. 4.
3. Handelt es sich um die Beschreibung von Vergehen oder von Verbrechen in den §§ 185, 212, 213, 217 Abs. 2, 242, 244, 249? – Dazu Rdn. 15 ff.
4. Der Angeklagte ist wegen Diebstahls zu einer Freiheitsstrafe von 3 Jahren verurteilt worden. – Hat er ein Vergehen oder ein Verbrechen begangen? – Dazu Rdn. 15.
5. Sind die Strafgesetze als Bewertungs- oder als Bestimmungsnormen aufzufassen? – Dazu Rdn. 23 ff.
6. Wie ist es konstruktiv erklärbar, dass u. U. die Verletzung eines sog. individuellen Rechtsguts, z. B. des Lebens, trotz Einwilligung des Rechtsgutsträgers strafbar ist? – Dazu Rdn. 38.
7. Worin liegt der Unterschied zwischen „Rechtsgut" und „Angriffsobjekt" eines Straftatbestandes? – Dazu Rdn. 42.
8. Welchen Inhalt haben die Begriffe „Strafwürdigkeit" und „Strafbedürftigkeit"? – Dazu Rdn. 48 ff.
9. Welche Bedeutung hat die persönliche Verantwortung für die Strafe? – Dazu Rdn. 51 ff.
10. Was versteht man unter „Generalprävention", was unter „Spezialprävention"? – Dazu Rdn. 67 f, 70.

SCHMIDHÄUSER Vom Sinn der Strafe, 2. Aufl. 1971, S. 18 ff, 43 ff. – Zur Bedeutung der Strafzwecke für die *gerechte Strafe:* EBERT Das Vergeltungsproblem im Strafrecht, in: Geisteswissenschaften – wozu?, herausgeg. von H.-H. Krummacher, 1988, S. 35 ff; ARTHUR KAUFMANN H. Kaufmann-GedS, S. 425 ff.
18 Zum „Abolitionismus": KAISER Lackner-FS, S. 1027 ff.
19 Zur Rechtsordnung als Ordnungssystem: LUHMANN Rechtssoziologie 1, 1972, S. 134.

§ 2: Strafrecht und Strafrechtsdogmatik

Lernziel: Einblick in die Methode strafrechtlicher Rechtsanwendung und Rechtsfindung. – Begründung der Möglichkeit, die eigene Tätigkeit bei der strafrechtlichen Rechtsanwendung und Rechtsfindung kritisch zu reflektieren.

I. Das Programm des Art. 103 Abs. 2 GG

Eine Rechtsordnung, die durch Begründung von Pflichten die soziale Realität gestalten will und die Verletzung dieser Pflicht mit Strafe, d. h. mit einem schweren Eingriff in Existenz und Persönlichkeit des Betroffenen sanktioniert, muss – schon formal – gewissen Anforderungen entsprechen, wenn ihre Pflichtansinnen dem Einzelnen wirklich Handlungsspielräume eröffnen und ihn nicht unerträglich in seiner Entfaltung beschränken sollen. Diese Mindestvoraussetzungen, denen ein Strafgesetz entsprechen muss, hat der Gesetzgeber in Art. 103 Abs. 2 GG zusammengefasst. Die dort beschriebene Garantie gewährt dem Einzelnen ein „echtes" Grundrecht. **1**

1. Der Bestimmtheitsgrundsatz

Straftatbestand und Strafdrohung müssen *gesetzlich bestimmt* sein. Der *Gesetzgeber* hat die Voraussetzungen der Strafbarkeit so konkret zu umschreiben, dass Tragweite und Anwendungsbereich der Straftatbestände zu erkennen sind und sich durch Auslegung ermitteln lassen. Diese Verpflichtung dient einem doppelten Zweck: Zum einen wird der rechtsstaatliche Schutz des Normadressaten gewährleistet, der vorhersehen kann, welches Verhalten verboten und mit Strafe bedroht ist. Zum anderen wird sichergestellt, dass der Gesetzgeber selbst über die Strafbarkeit entscheidet. **2**

a) *Dehnbare, inhaltlich konturenlose Begriffe* sind bei der Beschreibung des strafbaren Verhaltens zu vermeiden, die Spannweite der Strafrahmen muss sich in überschaubarer Breite halten. Nur dann garantiert das Gesetz die Durchsetzung des Willens des Gesetzgebers und beugt richterlicher Willkür vor. **3**

BVerfGE 45 S. 371 f: „Das Gebot der Gesetzbestimmtheit gilt sowohl für den Straftatbestand (Tatbestandsbestimmtheit – nullum crimen sine lege) als auch für die Strafandrohung (nulla poena sine lege) ... Das Gebot der Bestimmtheit des Gesetzes darf nicht übersteigert werden: die Gesetze würden sonst zu starr und kasuistisch und könnten der Vielgestaltigkeit des Lebens, dem Wandel der Verhältnisse oder der Besonderheit des Einzelfalles nicht mehr gerecht werden. Diese Gefahr läge nahe, wenn der Gesetzgeber stets jeden Tatbestand bis ins letzte ausführen müßte. Das Strafrecht kann deshalb nicht darauf verzichten, allgemeine Begriffe zu verwenden, die formal nicht allgemeingültig umschrieben werden können und mithin in besonderem Maße einer Deutung durch den Richter bedürfen. Das Gebot der Gesetzesbestimmtheit bedeutet also nicht, daß der Gesetzgeber gezwungen ist, sämtliche Straftatbestände ausschließlich mit rein deskriptiven, exakt erfaßbaren Tatbestandsmerkmalen zu umschreiben. Generalklauseln oder unbestimmte, wertausfüllungsbedürftige Begriffe im Strafrecht sind deshalb nicht von vornherein verfassungsrechtlich zu beanstanden. Gegen die Verwendung derartiger Klauseln oder Rechtsbegriffe bestehen jedenfalls dann keine Bedenken, wenn sich mit Hilfe der üblichen Auslegungsmethoden, insbesondere durch Heranziehung anderer Vorschriften desselben Gesetzes, durch Berücksichtigung des Normzusammenhangs oder auf Grund einer gefestigten Rechtsprechung eine zuverlässige Grundlage für die Auslegung und Anwendung der Norm gewinnen läßt, so daß der Einzelne die Möglichkeit hat, den durch die Strafnorm geschützten Wert sowie das Verbot bestimmter Verhaltensweisen zu erkennen und die staatliche Reaktion vorauszusehen."[1]

---

1 Dazu vgl. auch BVerfGE 71 S. 114; 75 S. 341 ff; 78 S. 381 f; BVerfG wistra 2000 S. 379; BGHSt 28 S. 73 f; BGH NJW 1978 S. 652. – Zu den verschiedenen Versuchen, das Bestimmtheitsgebot inhaltlich zu konkretisieren, vgl. ROXIN A.T. I, § 5 Rdn. 70 ff.

4 Auf Grund einer Häufung unbestimmter Rechtsbegriffe in neueren Tatbeständen, insbes. des Wirtschaftsstrafrechts, durch den Gesetzgeber, die von der höchstrichterlichen Praxis akzeptiert wird[2], ist Kritik dahin geübt worden, dass dem Bestimmtheitsgrundsatz in der Rechtspraxis kaum noch Bedeutung zukommt[3].

5 b) Besondere Bedeutung hat der Bestimmtheitsgrundsatz für sog. *Blankettstraftatbestände*, d. h. für Vorschriften, die hinsichtlich ihres Verbotsinhalts auf andere Normen (Ausfüllungsnormen) verweisen. Zu differenzieren ist zwischen echten und unechten Blankettstraftatbeständen.

6 *Echte Blankettstraftatbestände* – z. B. §§ 184 d, 315a Abs. 1 Nr. 2 – sind dadurch charakterisiert, dass sie durch rechtsetzende Tätigkeit anderer legislatorischer oder auch administrativer Stellen ausgefüllt werden müssen. Sie selbst enthalten die Strafdrohung (Sanktionen), während die Ausfüllungsnorm anderen Stellen überlassen bleibt. Der vollständige Tatbestand ergibt sich aus der Verbindung von Sanktions- und Ausfüllungsnorm. Diese Verbindung begründet zugleich die besondere Problematik im Hinblick auf den Bestimmtheitsgrundsatz, wenn es sich z. B. bei den ausfüllenden Normen um eine Verordnung oder einen Verwaltungsakt handelt, denn Art. 103 Abs. 2 GG fordert, dass die möglichen Fälle der Strafbarkeit schon hinreichend sicher der Sanktionsnorm zu entnehmen sind, nicht aber erst der ausfüllenden Norm. Die ausfüllende Norm darf die Sanktionsnorm lediglich weiter präzisieren.

BVerfGE 78 S. 374, 383: „Wird der Tatbestand eines Blankettgesetzes, das Freiheitsstrafe androht, durch eine Rechtsverordnung ergänzt, muß die Verbotsmaterie jedenfalls in ihren Grundzügen in einem förmlichen Gesetz hinreichend umschrieben sein. Dem Gesetzgeber dürfen lediglich gewisse Spezifizierungen des Tatbestandes überlassen bleiben. Entsprechendes hat zu gelten, wenn ein solcher Straftatbestand in einem förmlichen Gesetz an den Verstoß gegen Verhaltenspflichten anknüpft, die durch einen Verwaltungsakt begründet werden: Auch hier muß der Gesetzgeber grundsätzlich selbst festlegen, welches Verhalten mit Freiheitsstrafe bedroht sein soll".

7 Bei den *unechten Blankettstraftatbeständen* – z. B. §§ 331 ff HGB, §§ 399 ff AktG, § 370 AO – nimmt der Gesetzgeber auf Vorschriften des gleichen Gesetzes oder auf eines seiner anderen Gesetze Bezug, daher stellt sich hier nicht das Bestimmtheitsproblem als *besonderes* Problem der Sanktionsnorm. Weil aber Sanktionsnorm und Ausfüllungsnorm zusammen gelesen werden müssen, ist die Gefahr der Normspaltung in diesem Verfahren begründet: Die Gesamtnorm ist die relevante Strafrechtsnorm. Ihre – gesamten – Tatbestandsmerkmale sind demgemäß unter strafrechtlichen Gesichtspunkten und nach den Maßstäben zu würdigen, die für die Auslegung von Strafgesetzen, nicht aber nach denen, die für die Auslegung von Zivilrechtsgesetzen gelten, auch wenn die Ausfüllungsnorm – in dem ihr eigenen Zusammenhang gesehen – selbst einen zivilrechtlichen Sachverhalt regelt.[4]

2. Das Rückwirkungsverbot

8 Der zeitliche Geltungsbereich der Strafgesetze wird festgelegt durch das Rückwirkungsverbot. Die Strafbarkeit muss gesetzlich bestimmt gewesen sein, *bevor* die Tat begangen wurde. Unzulässig sind *rückwirkende Strafgesetze*, die die *Strafbarkeit begründen oder verschärfen*, und zwar gilt das Rückwirkungsverbot für alle Voraussetzungen der materiellrechtlichen

---

2 Vgl. z. B. BGHSt 30 S. 285 mit krit. Anm. Lampe JR 1982 S. 430ff.

3 Dazu Krahl Die Rechtsprechung des Bundesverfassungsgerichts und des Bundesgerichtshofs zum Bestimmtheitsgrundsatz im Strafrecht (Art. 103 Abs. 2 GG), 1986, insbes. S. 411f. Als Gebot „relativer Bestimmtheit" interpretiert Schmidhäuser – Martens-GedS, S. 231, 244f – den Grundsatz.

4 Vgl. dazu BVerfGE 48 S. 48, 60f; 41 S. 314, 319f; BVerfG NJW 1985 S. 1767.

Strafbarkeit. Daher ist auch eine rückwirkende Begrenzung oder Aufhebung von Rechtfertigungsgründen unzulässig.[5] – Formelle Vorschriften (Prozessrecht) werden hingegen vom Rückwirkungsverbot nicht erfasst.

a) Im Einzelnen gilt:

aa) Strafe und Nebenfolgen bestimmen sich nach dem Gesetz, das zur Zeit der Tat gilt, § 2   **9**
Abs. 1.

bb) Wird die Strafdrohung während der Begehung der Tat geändert, so ist das Gesetz anzuwenden, das bei Beendigung der Tat gilt, § 2 Abs. 2.

cc) Wird das Gesetz, das bei Beendigung der Tat gilt, vor der Entscheidung geändert, so ist das mildeste Gesetz anzuwenden, § 2 Abs. 3.

dd) Ein Gesetz, das nur für eine bestimmte Zeit gelten soll, ist auf Taten, die während seiner Geltung begangen sind, auch dann anzuwenden, wenn es außer Kraft getreten ist. Dies gilt nicht, soweit ein Gesetz etwas anderes bestimmt, § 2 Abs. 4.

ee) Für Verfall, Einziehung und Unbrauchbarmachung gelten Abs. 1–4 entsprechend, § 2 Abs. 5.

ff) Über Maßregeln der Besserung und Sicherung ist, wenn gesetzlich – wie z. B. in Art. 302 ff EGStGB – nichts anderes bestimmt ist, nach dem Gesetz zu entscheiden, das zur Zeit der Entscheidung gilt, § 2 Abs. 6.

b) Rückwirkungsverbot im Grenzbereich von materiellem und formellem Recht

Um die Verfolgung der Kriegs- und Menschlichkeitsverbrechen aus der Zeit vor 1945 über   **10**
die im Jahre 1965 ablaufende Verjährungsfrist hinaus zu ermöglichen, bestimmte das sog. BerechnungsG vom 13. 4. 1965, dass die Verjährung von Verbrechen, die mit lebenslanger Freiheitsstrafe bedroht sind, vom 8. 5. 1945–31. 12. 1949 geruht hat. Das 9. StÄG vom 4. 8. 1969 verlängerte die Verjährungsfrist für diese Taten auf 30 Jahre. Durch das 16. StÄG v. 16. 7. 1979 wurde die Verfolgungsverjährung für Mord ausgeschlossen.

Streit entstand nun über die Rechtsnatur der Prozessvoraussetzungen und insbes. die der   **11**
Verjährungsfristen. Diejenigen, die die Prozessvoraussetzungen als schlicht prozessuale Institute ansahen, verneinten die Anwendung des Art. 103 Abs. 2 GG, diejenigen, die diesen Vorschriften auch materiellrechtlichen Gehalt beimaßen, wandten Art. 103 Abs. 2 GG an.[6]

BVerfGE 25 S. 287: „Die Strafbarkeit einer Tat ist Voraussetzung für deren Verfolgbarkeit. Eine Handlung   **12**
darf nur dann strafrechtlich geahndet werden, wenn ihre Strafbarkeit bereits vor der Begehung gesetzlich bestimmbar war. Mit der Strafbarkeit entfällt die Verfolgbarkeit, nicht hingegen mit der Verfolgbarkeit die Strafbarkeit. Eine einmal begangene strafbare Handlung verliert ihren Unrechtscharakter nicht dadurch, daß sie aus tatsächlichen oder rechtlichen Gründen nicht verfolgt wird oder nicht verfolgt werden kann. Art. 103 Abs. 2 GG bestimmt die Voraussetzungen, unter denen ein Verhalten für strafbar erklärt werden kann. Verjährungsvorschriften regeln, wie lange eine für strafbar erklärte Tat verfolgt werden soll. Da sie lediglich die Verfolgbarkeit betreffen, die Strafbarkeit hingegen unberührt lassen, fallen sie aus dem Geltungsbereich der Art. 103 Abs. 2 GG heraus; eine Verlängerung oder Aufhebung von Verjährungsfristen kann deshalb nicht gegen diesen Verfassungssatz verstoßen."[7]

---

5 Vgl. dazu BVerfGE 95 S. 96 (für gesetzlich geregelte Rechtfertigungsgründe); BGHSt 39 S. 1, 27 f; ERB ZStW 108 (1996) S. 296 f; HIRSCH BGH-FG, S. 232 f; PAEFFGEN NK, Vor § 32 Rdn. 60 m. w. N.
6 Zur Auseinandersetzung vgl. einerseits DANNECKER Das intertemporale Strafrecht, 1993, S. 323 ff; PFEIFFER DRiZ 1979 S. 11 ff; andererseits SCHÜNEMANN JR 1979 S. 177 ff.
7 Vgl. auch BVerfGE 81 S. 132, 135; BVerfG NStZ 1998 S. 455, 456; BVerfG NJW 2000 S. 1554, 1555.

13   *Zur Kritik:* Die formale Betrachtungsweise des BVerfG geht an der Sache vorbei. Ansatzpunkt der Argumentation kann nicht die Bestimmung des Begriffs „Strafbarkeit" sein, unabhängig von der Möglichkeit der Realisierung dieser Strafbarkeit. Ausgangspunkt der Betrachtung muss die Frage nach dem Grund für die Verjährungsvorschriften sein. Dieser aber liegt offenbar darin, dass der Gesetzgeber nach bestimmtem Zeitablauf Zweifel an der Gerechtigkeit eines jeglichen Strafurteils hegte. – Der Täter ist nach 20 Jahren nicht mehr derselbe wie zur Tatzeit. Die Vergeltung von Unrecht und Schuld trifft daher eine Person, in der der Ausgleich von Unrecht und Schuld dubios wird. Insofern kommt hier eine Verletzung des Schuldgrundsatzes in Betracht, der als verfassungsrechtliches Prinzip [8] verstanden wird.

c) Rechtsprechungsänderung und Rückwirkungsverbot

14   Ändert die höchstrichterliche Rechtsprechung eine bisherige ständige Rechtsprechung, so kann das faktisch für den Betroffenen dieselben Folgen haben wie eine Gesetzesänderung. – Gleichwohl ist das Verbot der Rückwirkung von Strafgesetzen nicht auf die Rechtsprechung anzuwenden.

15   BayObLG NJW 1990 S. 2833: A fuhr im September 1989 mit einer Blutalkoholkonzentration von 1,21‰ einen Pkw auf öffentlicher Straße. Zu dieser Zeit nahm die Rechtsprechung absolute Fahruntüchtigkeit erst bei 1,3‰ an. Am 28.6.1990 legte der BGH den Grenzwert der absoluten Fahruntüchtigkeit neu mit 1,1‰ BAK fest.

BayObLG: Der neu festgelegte Grenzwert gilt grundsätzlich auch für Strafverfahren, die im Zeitpunkt der Änderung der Rechtsprechung noch anhängig sind.

16   *Zur Überlegung:* Solange richterliche Rechtsfindung noch Konkretisierung des Gesetzes, nicht aber Änderung des Gesetzes ist, kann auch die Anerkennung der richterlichen Rechtsfortbildung nicht zur Anwendung des Art. 103 Abs. 2 GG auf die Erkenntnisse der oberen Bundesgerichte führen. Diese sind in der Entstehung und Bedeutung dem formellen Gesetz nicht vergleichbar. Die Möglichkeiten des Gerichts zu einer „geläuterten Erkenntnis" können nicht formal eingeschränkt werden, denn damit würde die Änderung und Modifizierung derartiger Erkenntnisse unzuträglich erschwert. Die Konkretisierung des Gesetzeswillens kann nicht auf eine bestimmte richterliche Erkenntnis festgeschrieben werden, denn gerade wenn der Gesetzgeber ausfüllungsbedürftige Begriffe verwendet, will er möglichen Entwicklungen und Änderungen wissenschaftlicher Erkenntnisse Raum geben.

17   Eine andere Frage ist es jedoch, ob nicht der Vertrauensgrundsatz eine vorherige Ankündigung des Abgehens von einer ständigen und auch der Öffentlichkeit bekannten Rechtsprechung fordert. In den seltenen Fällen einer ständigen und in der Öffentlichkeit allgemein bekannten höchstrichterlichen Rechtsprechung könnte dieses Vorgehen das Rechtsbewusstsein fördern. [9]

d) „Alttaten" auf dem Gebiet der ehemaligen DDR

18   Nach dem Vollzug der deutschen Einheit am 3. Oktober 1990 erstreckt sich das bundesdeutsche Strafrecht grundsätzlich auch auf das Gebiet der ehemaligen DDR. *Unproblematisch* ist daher die Geltung des bundesdeutschen Strafrechts in den neuen Bundesländern nach dem Zeitpunkt der Einigung. *Problematisch* hingegen ist die Anwendung des Strafrechts auf Taten, die *vor* dem 3.10.1990 begangen, aber am 3.10.1990 noch nicht abgeurteilt worden waren.

19   aa) Nach dem neu eingefügten Art. 315 EGStGB gelten hier die Regeln des *intertemporalen Strafrechts*, so dass für Alttaten zunächst DDR-Strafrecht die Beurteilungsgrundlage bildet, § 2 Abs. 1. Jedoch ist eine dem bundesdeutschen Rechtsfolgensystem angepasste Strafdrohung maßgeblich – Art. 315 Abs. 1–3 EGStGB –, wenn nicht Normen des StGB als vorrangig *milderes* Recht Anwendung finden, § 2 Abs. 3. – Eine Ausnahme hiervon macht § 315

---

8 Vgl. BVerfGE 25 S. 285.
9 Vgl. einerseits TRÖNDLE Dreher-FS, S. 117ff, andererseits NEUMANN ZStW 103 (1991) S. 331ff. – Zusammenfassend: HETTINGER/ENGLÄNDER Meyer-Goßner-FS, S. 145ff; OTTO BGH-FG, S. 112ff.

Abs. 4 EGStGB, wonach ausschließlich bundesdeutsches Strafrecht anzuwenden ist, wenn die Tat auch schon vor dem Wirksamwerden des Beitritts nach dem Recht der Bundesrepublik Deutschland strafbar war. Das war insbesondere hinsichtlich der in § 5 Nr. 6 genannten Straftatbestände der Fall.

bb) Soweit nach der Staatspraxis der DDR die Anwendung und Auslegung von Rechts- **20** vorschriften *Verletzungen allgemein geltender und anerkannter Menschenrechte* ermöglichten, gehen BGH und ein Teil der Literatur davon aus, dass diese Staatspraxis weder einen Rechtfertigungsgrund für die entsprechenden Verhaltensweisen, noch einen berechtigten Vertrauensschutz auf Nichtbestrafung begründen konnte. – Dieses gilt insbesondere für die vorsätzlichen Tötungen von sog. Republikflüchtlingen.

BGHSt 41 S. 101, 105: „Ein Rechtfertigungsgrund, der einer Durchsetzung des Verbots, die DDR zu verlassen, Vorrang vor dem Lebensrecht von Menschen gab, indem er die vorsätzliche Tötung unbewaffneter Flüchtlinge gestattete, ist wegen offensichtlichen unerträglichen Verstoßes gegen elementare Gebote der Gerechtigkeit und gegen völkerrechtlich geschützte Menschenrechte unwirksam. Der Verstoß wiegt hier so schwer, daß er die allen Völkern gemeinsamen, auf Wert und Würde des Menschen bezogenen Rechtsüberzeugungen verletzt; in einem solchen Fall muß das positive Recht der Gerechtigkeit weichen (sogenannte „*Radbruch'sche* Formel"). Diese Grundsätze werden durch Dokumente des internationalen Menschenrechtsschutzes konkretisiert ...

... Würde ein gesetzlicher Rechtfertigungsgrund unter Mißachtung dieser Grundsätze ausdrücklich die (bedingt oder unbedingt) vorsätzliche Tötung von Menschen gestatten, die nichts weiter wollen, als unbewaffnet und ohne Gefährdung anerkannter Rechtsgüter die innerdeutsche Grenze zu überschreiten, so müßte er bei der Rechtsanwendung unbeachtet bleiben. Der Bestrafung stände dann Art. 103 II GG nicht entgegen. Denn der Rechtfertigungsgrund hätte wegen der Offensichtlichkeit des in ihm verkörperten Unrechts niemals Wirksamkeit erlangt."

Diese Auffassung ist konsequent, wenn die Geltung allgemein anerkannter Menschenrechte **21** vorausgesetzt wird. Vorschriften oder eine Auslegung von Vorschriften, die diese Rechte negieren, sind dann nichtig. Eine andere Situation ergibt sich hingegen, wenn dem Staat das Recht zuerkannt wird, nach eigener Willkür über das Leben seiner Bürger zu verfügen. Vorschriften des positiven Gesetzes oder deren Auslegung, die dieses ermöglichen und entsprechende Verhaltensweisen rechtfertigen, sind dann im Rahmen des Art. 103 Abs. 2 GG zu berücksichtigen. BVerfG und EGMR bestätigten die Auffassung des BGH.[10]

cc) Zur Strafverfolgungsverjährung der „Alttaten" vgl. § 315a EGStGB.[11] **22**

3. Das Analogieverbot

Das strafbare Verhalten muss *gesetzlich* bestimmt sein. Eine *Strafbegründung oder Straf-* **23** *schärfung* mit dem Argument, das Verhalten des Täters stehe einem bestimmten im Gesetz beschriebenen Unrecht gleich, ist unzulässig. – Die Straftatbestände sind in den Strafgeset-

---

10 BVerfGE 95 S. 96, 130 ff mit Anm. AMBOS StV 1997 S. 39 ff, ARNOLD JuS 1997 S. 400 ff, CLASSEN GA 1998 S. 215 ff, KRAJEWSKI JZ 1997 S. 1054 f, STARCK JZ 1997 S. 147 ff; EGMR NJW 2001 S. 3035 und S. 3042 mit Anm. WERLE S. 3001 ff, und RAU S. 3008 ff. – Zur Entwicklung der Rechtsprechung des BGH und zum Streitstand in der Literatur vgl. die Angaben in BGHSt 41 S. 101, 107; ferner: AMELUNG GA 1996 S. 54 f; BUSDORF NJW-Sonderheft f. G. Schäfer, 2002, S. 1 ff; DANNECKER/STOFFERS JZ 1996 S. 490 ff; DREIER JZ 1997 S. 421 ff; EBERT Hanack-FS, S. 501 ff; FISCHER Grünwald-FS, S. 133 ff; GROPP Triffterer-FS, S. 103 ff; PAPIER/MÖLLER NJW 1999 S. 3291 f; L. SCHULZ ARSP – Beiheft 65 (1996) S. 180 ff; STARCK JZ 2001 S. 1102 ff; WILLNOW JR 1997 S. 224. – Zur Rechtsbeugung durch DDR-Richter vgl. BVerfG NStZ 1998 S. 347. – Zur sog. *Radbruch'schen Formel*: ARTHUR KAUFMANN NJW 1995 S. 81 ff.

11 Eingehend zur Entwicklung der Regelung des § 315a EGStGB: OTTO Jura 1994 S. 611 ff.

zen abschließend aufgeführt. Mit der Begründung, der Unrechtsgehalt einer im Gesetz nicht beschriebenen Verhaltensweise entspreche dem eines im Gesetz vertypten Unrechts, darf der Richter weder den Bestand der Straftaten erweitern noch auf eine in bestimmter Weise strafbare Tat einen schärferen Strafrahmen anwenden. In gleicher Weise ist es unzulässig, neue Straftaten zu erfinden.

Zur Verdeutlichung:

24   Nach § 303 ist das Zerstören und Beschädigen einer Sache strafbar.

Fall 1: A schmilzt eine wertvolle Goldmünze des B ein: Sachbeschädigung, § 303.

Fall 2: A versteckt die Münze im Hause des B so, dass B sie nicht mehr finden kann: Sachentziehung, von § 303 nicht erfasst.

25   Nach h. M. gilt das Analogieverbot zu Ungunsten des Täters für den Allgemeinen Teil des StGB in gleicher Weise wie für den Besonderen Teil, während die Gegenmeinung das Analogieverbot nur auf den Besonderen Teil bezieht.[12]

26   Diese Auseinandersetzung führt jedoch an den wirklichen Sachproblemen vorbei. Mit der Erstreckung des Analogieverbots auf die Regelungen des Allgemeinen Teils des StGB ist die Problematik nicht erschöpft. Richtig und allgemein anerkannt ist nämlich, dass auch im Allgemeinen Teil des StGB nicht den Täter begünstigende Regelungen mit Hilfe des Analogieschlusses im konkreten Fall beseitigt oder Regelungen zu Lasten des Täters begründet werden dürfen. Zu beachten ist aber, dass die Regeln, nach denen dem Täter eine Tat als eigene, rechtswidrig und schuldhaft verwirklichte Tat zugerechnet wird, im Allgemeinen Teil nicht abschließend ausformuliert sind. Sie sind nur in Teilstücken gesetzlich geregelt und werden im Übrigen als Grundsätze der Zurechnung sozialen Verhaltens vom Gesetzgeber vorausgesetzt. Rechtsprechung und Lehre kommt daher in weiten Bereichen die Aufgabe zu, diese Regeln aufzudecken, auszuformulieren und ihre Vereinbarkeit mit den schon gesetzlich fixierten Regeln nachzuweisen.

Damit werden die vorhandenen Regeln nicht analog angewendet, die relevanten Zurechnungsregeln werden vielmehr entfaltet und ihre Bedeutung als Grundsätze strafrechtlicher Zurechnung im Einklang mit den gesetzlich ausformulierten Regelungen nachgewiesen.[13]

4. Der Ausschluss des Gewohnheitsrechts

27   *Gesetz* i. S. des Art. 103 Abs. 2 GG ist nur das *geschriebene Recht.* Dazu gehören Gesetze im formellen Sinne, die Rechtsverordnungen und die autonomen Satzungen, nicht aber das Gewohnheitsrecht. – Als Grundlage einer *Freiheitsstrafe* kommt überdies gemäß Art. 104 Abs. 1 GG immer nur ein förmliches Gesetz in Betracht.

28   a) Unzulässig ist daher eine *gewohnheitsrechtliche Begründung* oder *Verschärfung* von Straftatbeständen oder Strafen. Die allgemeine Überzeugung, ein Verhalten sei strafwürdig, ersetzt den geschriebenen Gesetzestatbestand nicht.

---

12 Vgl. zur h.M. BAUMANN/WEBER/MITSCH § 9 Rdn. 100; FINCKE Das Verhältnis des Allgemeinen zum Besonderen Teil des Strafrechts, 1975, S. 13; JESCHECK/WEIGEND A.T., § 15 III 2c; KRATZSCH GA 1971 S. 68 ff; KREY Studien zum Gesetzesvorbehalt im Strafrecht, 1977, S. 228 ff; PAEFFGEN ZStW 97 (1985) S. 522ff; ROXIN A.T. I, § 5 Rdn. 41; RUDOLPHI SK I, § 1 Rdn. 24; SCH/SCH/ESER § 1 Rdn. 26.
Zur Gegenmeinung vgl. HARDWIG ZStW 78 (1966) S. 8; MAURACH JZ 1964 S. 536f; SUPPERT Studien zur Notwehr und „notwehrähnlichen Lage", 1973, S. 297ff; GRIBBOHM LK, § 1 Rdn. 73.

13 Dazu eingehender JÄHNKE 50-Jahre-BGH-FS, S. 400; JAKOBS Nishihara-FS, S. 106, Fn. 3; OTTO Jura 1986 S. 430 f; PAEFFGEN NK, Vor § 32 Rdn. 63 m. N.

b) Umstritten hingegen ist, wieweit allgemeine Zurechnungsregeln auf einer gewohnheits- **29** rechtlichen Geltung basieren können.[14] Jedoch auch hier geht es letztlich nicht um die gewohnheitsrechtliche Begründung einer Regelung zu Lasten des Täters, sondern um die bereits im Zusammenhang mit dem Analogieverbot behandelte Problematik der Entfaltung von Zurechnungsregeln neben den gesetzlich ausformulierten Regeln der Zurechnung strafbaren Verhaltens.[15]

5. Zur Herkunft des Grundsatzes von der „Gesetzesbestimmtheit der Strafe"

Art. 103 Abs. 2 GG wird heute allgemein als negatives Abwehrrecht des Bürgers gegen den Staat verstanden **30** und ist insofern den klassischen Freiheitsrechten verwandt. Seiner Herkunft nach unterscheidet es sich jedoch von diesen grundsätzlich. – Nicht der Idee, dem Bürger einen Freiheitsraum zu garantieren, ihn vor richterlicher Willkür, vor unklaren und auslegungsbedürftigen Gesetzen zu schützen, dankt es seine Entstehung, sondern dem Bemühen der säkularisierten Naturrechtslehren (PUFENDORF, THOMASIUS, CHRISTIAN WOLFF) um einen klaren Gesetzesbegriff und der Erkenntnis des aufgeklärten Absolutismus, dass der Landesherr mit dem positiven Gesetz ein vorzügliches Hilfsmittel in der Hand hat, das Staatsleben nach den eigenen Staatszielen auszurichten. Von diesem Standpunkt aus musste richterliche Freiheit gegenüber dem Gesetz geradezu als Anmaßung erscheinen. Wenn der Herrscher absoluten Gehorsam forderte, dann war es notwendig, dass seine Befehle (= Gesetze) so klar und genau wie möglich waren, damit ihm einerseits überhaupt strikter Gehorsam geleistet werden konnte, andererseits aber auch schnell und leicht feststellbar war, wer diesen Gehorsam verweigerte.[16] – Seine klassische Formulierung erhielt der Grundsatz durch ANSELM RITTER VON FEUERBACH.[17]

II. Die Realisierung des Programms des Art. 103 Abs. 2 GG

Gängige Vorurteile: Wozu eine eigene Meinung, wenn man die Ansicht der Rechtsprechung kennt. In der Pra- **31** xis entscheidet doch nur das Urteil des jeweils höheren Gerichts. Ist zu einem Problem keine höchstrichterliche Entscheidung auffindbar, so garantiert die herrschende Lehre den erstrebten Erfolg. – Dogmatik ist ein Verfahren zur Produktion von Ergebnissen, die die Macht der Herrschenden stützen. Ihr kommt keine Funktion für die Herstellung von rechtlichen Entscheidungen zu, sie dient nur dazu, überholte Wertvorstellungen zu vermitteln und den Juristen davon abzuhalten, die politischen, ökonomischen, technologischen und sozialen Grundlagen seiner Entscheidung zu reflektieren. – Eine Analyse der Dogmatik würde mühelos die Sinnlosigkeit der dogmatischen Tätigkeit entlarven.

1. Gesetzeswortlaut, Sachverhalt und Subsumtion

Die grundrechtliche Garantie des Art. 103 Abs. 2 GG scheint mit hinreichender Sicherheit **32** Gewähr dafür zu bieten, dass nur derjenige bestraft wird, der eine im Gesetz beschriebene Straftat begangen hat. Die Feststellung wiederum, ob ein bestimmtes Verhalten dem im Gesetz beschriebenen entspricht, scheint die Subsumtionstechnik mühelos zu ermöglichen:

Sachverhalt: A schlägt dem B mit der Faust ins Gesicht, weil er sich über ihn geärgert hat.

Tatbestand: § 223: Wer eine andere Person körperlich misshandelt ...

Subsumtion:

(1.) „Wer": der A

---

14 Vgl. z. B.: GRIBBOHM LK, § 1 Rdn. 71; JESCHECK/WEIGEND A. T., § 12 IV 1; MAURACH/ZIPF A. T. 1, § 8 Rdn. 40, 41; SCH/SCH/ESER § 1 Rdn. 15; STRATENWERTH A. T. I, § 3 Rdn. 25; WELZEL Lb., § 5 II 2.

15 Vgl. dazu oben Rdn. 23ff., sowie HASSEMER NK, § 1 Rdn. 67ff; ROXIN A. T. I, § 5 Rdn. 46ff.

16 *Zur Vertiefung:* BURIAN Der Einfluß der deutschen Naturrechtslehre auf die Entwicklung der Tatbestandsdefinition im Strafgesetz, 1970; SCHREIBER Gesetz und Richter, 1976; SCHÜNEMANN Nulla poena sine lege?, 1978.

17 Lehrbuch des Gemeinen in Deutschland gültigen Peinlichen Rechts, 1. Aufl. 1801, § 24.

(2.) „eine andere Person": den B

(3.) „körperlich misshandelt", d. h. den Körper übel unangemessen behandelt, so dass das körperliche Wohlbefinden oder die körperliche Unversehrtheit nicht unerheblich beeinträchtigt wird. – Ein Faustschlag ins Gesicht ist ein schwerer, übler Eingriff in die körperliche Integrität einer anderen Person, der das Wohlbefinden erheblich beeinträchtigt.

Ergebnis: A hat den objektiven Tatbestand des § 223 erfüllt.

2. Die Grenze der bloßen Subsumtion

33 Auf den ersten Blick scheint hier bewiesen, dass sich der Akt der Rechtsanwendung in einem Subsumtionsvorgang erschöpft. Und in der Tat, wenn der Gesetzgeber durch sein Gesetzeswerk ein für alle Male die eindeutigen Voraussetzungen geschaffen hat, die im Rechtsraum auftretenden Probleme zu lösen, muss sich die Rechtsanwendung und damit die gesamte sog. Dogmatik auf die Subsumtion des konkreten Falles unter eine gegebene allgemeine Rechtsnorm beschränken. – Dies war die Auffassung des Rechtspositivismus des 19. Jahrhunderts und der Jahrhundertwende.

RYFFEL Grundprobleme der Rechts- und Staatsphilosophie, Luchterhand Verlag, 1969, S. 53–54: „Der Rechtspositivismus des 19. Jahrhunderts und der Jahrhundertwende war der Auffassung, daß die Rechtsanwendung in der Subsumtion des konkreten Falles unter die gegebene allgemeine Rechtsnorm bestehe, und daß dieses Subsumtionsverfahren keinen grundsätzlichen Schwierigkeiten begegne. Deshalb erscheint hier die Rechtsordnung als lückenloses und geschlossenes System, das eine logisch begründbare Lösung aller Fälle erlaubt, es sei denn, daß der Fall dem „rechtsleeren Raum" zuzuweisen sei. Danach läßt sich durch einwandfreie und von jedermann nachvollziehbare Operationen der konkrete „Fall" (der Sachverhalt S) unter den abstrakt und allgemein gefaßten Tatbestand (T) subsumieren, so daß der Fall mit der ebenfalls abstrakt und allgemein umschriebenen Rechtsfolge (R) problemlos verknüpft werden kann. Die Subsumtion stellt sich so als ein Syllogismus dar, mittels dessen aus dem Obersatz (für T gilt R) und dem Untersatz (S = T) die Schlußfolgerung (für S gilt R) ohne weiteres gewonnen wird. Soweit die Subsumtion nicht ausreichte, wurden scheinbar unproblematische formale Regeln angewendet (wie argumentum e contrario, lex specialis derogat legi generali, a maiore ad minus, u. ä.). Die Frage nach der Richtigkeit wurde nicht gestellt und brauchte in aller Regel auch nicht gestellt zu werden, solange man glaubte, mit jenen logischen Mitteln auf Grund der gegebenen Rechtsnormen alle Probleme lösen zu können."

VIEHWEG Positivismus und Jurisprudenz, in: Positivismus im 19. Jahrhundert, herausgeg. von J. Blühdorn und J. Ritter, 1971, S. 109–110: „Die erheblichen sozialen Spannungen, die im Laufe des 19. Jahrhunderts immer spürbarer wurden, weckten bei der Rechtswissenschaft offenbar Immunisierungstendenzen. Die Trennung von Recht und Politik wurde zum anerkannten Programm und förderte das, was man in möglichst enger Anlehnung an das Gesetz Gesetzespositivismus nennt. Man hoffte, die Ansicht vertreten zu können, daß man als Jurist mit außerordentlich vielen Gedanken, die im politischen Raum von Bedeutung sind, nichts zu tun habe. Das ist für die weitere Entwicklung sehr wichtig gewesen. Zur Erhellung ist Laband heranzuziehen, der ja eine sog. „reine" Rechtsdogmatik entwickelte und versicherte, daß für die spezifisch juristische Konstruktion, jetzt wörtlich, „alle historischen, politischen und philosophischen Betrachtungen ... ohne Belang" sind. Juristischer Positivismus ist eben dadurch gekennzeichnet, daß man derartige Betrachtungen wegläßt, mit der Behauptung, dies sei möglich und erforderlich. Wer mit Juristen verkehrt, weiß, daß ihr Bewußtsein nicht selten von dieser Ansicht geprägt ist. Sie sind in diesem Sinne „Positivisten."

34 Schon eine genauere Betrachtung des Subsumtionsbeispiels gibt jedoch unmittelbaren Anlass, an der Möglichkeit einer auf den Subsumtionsautomatismus beschränkten Rechtsanwendung zu zweifeln: Wieso ist eine körperliche Misshandlung eine üble unangemessene körperliche Behandlung, die das körperliche Wohlbefinden oder die körperliche Unversehrtheit einer anderen Person nicht unerheblich beeinträchtigt? Das Gesetz selbst ist erheblich knapper formuliert! Doch kann man sich hier – vielleicht – noch mit dem Gedanken trösten, das verstehe jeder verständige Mensch unter einer körperlichen Misshandlung. Ob dem wirklich so ist, mag dahinstehen, denn dieser Trost reicht nicht sehr weit. Um das „allgemeine Verständnis" eines Begriffsinhalts ist es oft arg bestellt:

Ausgangsfall: Der Arzt A operiert lege artis ein Furunkel des B, obwohl B seine Einwilligung verweigert. Der **35** Eingriff gelingt, nach wenigen Tagen deutet nur noch eine kleine Narbe auf das einst gefährliche Geschwür.

Frage: Hat A den B körperlich misshandelt i.S. des § 223?

Vertretbare Meinungen:

a) Es kommt nicht auf den endgültigen Zweck des Eingriffs an, sondern nur auf den unmittelbaren Eingriff. Dieser stellt aber als Verletzung der Körperintegrität eine körperliche Misshandlung dar, die freilich gerechtfertigt sein kann durch Einwilligung des Patienten oder durch rechtfertigenden Notstand.

b) Ein lege artis durchgeführter Heileingriff ist keine tatbestandsmäßige Körperverletzung, denn es liegt keine „üble unangemessene Behandlung des Körpers" vor, weil dieser Eingriff auf Besserung des körperlichen Zustandes abzielt.

c) Nur der *gelungene*, zur Heilung führende, de lege artis durchgeführte Heileingriff ist keine Körperverletzung.

d) Nur der Heileingriff, der zum Substanzverlust führt, ist tatbestandsmäßige Körperverletzung.

Für welche Ansicht soll die Entscheidung getroffen werden? Dem Gesetz ist dieses durch **36** bloßes Lesen seines Wortlauts und durch schlichte Subsumtion der einzelnen Begriffe mit Sicherheit nicht zu entnehmen. Erkennbar aber wird hier ein Spannungsverhältnis zwischen Gesetzeswortlaut und Sachverhalt.

SCHMIDHÄUSER Henkel-FS, S. 229: „Die Aufgabe des Richters liegt in jenem eigentümlichen Spannungsfeld von Bindung und Freiheit, in dem sich jede Rechtsverwirklichung vollzieht. Immer geht es um den Schritt vom Allgemeinen der abstrahierenden und generalisierenden Rechtsregel zum Besonderen ihrer Anwendung auf den einzelnen Fall. Die Bindung an das Allgemeine findet ihre Grenzen an der Besonderheit des einzelnen Sachverhalts, über den zu entscheiden ist; die Freiheit in der Anerkennung des Besonderen findet ihre Grenze an der Allgemeinheit der Rechtsregel, die die Reduktion des einzelnen Sachverhalts auf die für die Rechtsregel wesentlichen Momente notwendig macht.

Im Laufe der geschichtlichen Entwicklung sind – wie wir wissen – die Akzente unterschiedlich gesetzt worden. Zu manchen Zeiten hatte der Richter, aus heutiger Sicht gesehen, zu wenig gesetzliche Bindung; die Rechtsprechung entartete in Willkür. Zu anderen Zeiten war er zu fest gebunden; die Rechtsprechung verkümmerte in formalem Schematismus. Das heutige Bild der Strafrechtsanwendung durch den Strafrichter kann, wenn wir die Dinge über größere Zeiträume hinweg sehen, in mancher Hinsicht noch immer als die Ablösung einer allzu engen Bindung begriffen werden."

Abstrakt lässt sich das Spannungsverhältnis leicht lösen, nämlich in der Entscheidung für die **37** *richtige*, die dem Gesetz entsprechende Meinung. Kenntnis des „allgemeinen Wortsinns" und Subsumtionstechnik garantieren diese Entscheidung jedoch nicht, sie sind nur Hilfsmittel auf dem Wege zur Entscheidung.

REICHEL Gesetz und Richterspruch, 1915, S. 65–66: „Niemals, in keinem Falle entscheidet der Wortlaut des Gesetzes für sich allein. Der Wortlaut des Gesetzes entscheidet für die Rechtsprechung so wenig als im täglichen Leben die Worte eines Menschen für sich allein über das Verhalten entscheiden, das wir ihm gegenüber einnehmen. Die Sprachforschung, insbesondere die psychologische Wortforschung hat uns belehrt, daß es keinen Wortsinn an und für sich selbst gibt, sondern daß die Worte, dem Chamäleon gleich, ihre Bedeutung wechseln je nach der Umgebung und Beziehung, in der sie gebraucht werden. Absolut eindeutige Worte gibt es vielleicht überhaupt nicht. Bei Ermittlung der Bedeutung eines Wortes kommt es sonach stets auf die Umgebung, den Zusammenhang, die begleitende Geste und hundert andere Umstände an. Der Ton macht die Musik; das Unausgesprochene bestimmt den Sinn des Wortes."

3. Rechtsanwendung und Auslegung

Die moderne Rechtstheorie hat nachgewiesen, dass das Gesetz nichts Fertiges ist, sondern als **38** Möglichkeit, nicht aber Wirklichkeit von Recht der *Auslegung* dahin bedarf, ob ein bestimmter zur Beurteilung anstehender Lebenssachverhalt dem vom Gesetzgeber Gemeinten entspricht. Das „Hin- und Herwandern des Blickes zwischen Norm und Lebenssachverhalt"

(ENGISCH) ist gerichtet auf ein Verstehen der zwischen ihnen bestehenden Entsprechung. Das Verständnis selbst beruht auf einer analogen Denkweise, die eine doppelte Analyse sozialer Sachverhalte voraussetzt: Zunächst gilt es, durch Deutung der einzelnen Begriffe einer Norm deren Inhalt durch *Auslegung* zu ermitteln, sodann ist zu prüfen, ob ein konkreter Lebenssachverhalt (soziale Konfliktsituation) jenem Sachverhalt entspricht, den der Gesetzgeber durch seine gesellschaftspolitische Entscheidung in bestimmter Weise regeln wollte. Abweichungen des tatsächlichen Sachverhalts vom gesetzlich typisierten Sachverhalt sind in sorgfältiger Analyse aufzuzeigen und auf ihre Relevanz hin zu untersuchen.

39　　Das vom Gesetzgeber Gemeinte ist jedoch nicht allein der Summe der Begriffe eines gesetzlichen Tatbestandes zu entnehmen. Die Interpretation einer Rechtsnorm, unabhängig von der sozialen Wirklichkeit, geht an der Funktion der Rechtsnorm – soziale Probleme zu lösen, Handlungsräume zu definieren – vorbei. Soziale Realität und Gesetz sind vielfältig aufeinander bezogen. Norm und Realität können nicht als isolierte Bereiche verstanden werden, die sich allein dadurch berühren, dass die Realität unter die Norm gezwängt wird. In der Auslegung ist vielmehr zu versuchen, die einem Konflikt angemessenste entsprechende Regelung aufzudecken. Zu beachten ist dabei, dass Normen, die eine bestimmt strukturierte soziale Realität beeinflussen wollen, mit dem Wandel dieser Realität einer Sinnänderung unterliegen. Mit der Änderung der sozialen Verhältnisse werden Normen überflüssig, andere ändern ihren Anwendungsbereich oder ihren Inhalt, ohne dass dies zunächst der Rechtsgesellschaft bewusst wird. Das ist zu beachten, wenn die einzelnen Begriffe einer Gesetzesvorschrift ausgelegt, d. h. auf das vom Gesetz angestrebte Ziel – *Schutz* eines bestimmten Rechtsgutes gegen bestimmte Angriffe, Erfassung eines strafwürdigen Unrechts –, befragt werden. – Richtig ist diejenige Auslegung, die den Sinn der gesetzlichen Regelung optimal verwirklicht.

40　　Die Ermittlung dieses Sinns nennt man Auslegung. Sie steht immer unter einer *leitenden Hinsicht*, die entscheidet, unter welchem Gesichtspunkt ein Gegenstand betrachtet werden soll. Bei der Gesetzesauslegung ist es der konkrete Norminhalt, der durch die Auslegung ermittelt werden soll.[18]

4. Die Technik der Auslegung

a) Die grammatische Auslegung

41　　Ausgangspunkt aller Auslegung ist der *Gesetzeswortlaut* (philologische oder grammatische Auslegung). Sein Sinn ist zunächst nach dem allgemeinen Sprachgebrauch zu ermitteln. Der *mögliche* Wortsinn des Gesetzes markiert die äußerste Grenze der Auslegung strafrechtlicher Bestimmungen zum Nachteil des Angeklagten.[19]

42　　Zu beachten ist bei der Auslegung aber, ob der Gesetzgeber bestimmten Ausdrücken einen speziellen Sinn gegeben hat.

---

18 *Zur Vertiefung:* BYDLINSKI Juristische Methodenlehre und Rechtsbegriff, 2. Aufl. 1991, S. 428 ff; ENGISCH Einführung in das juristische Denken, 9. Aufl. 1997, hrsg. v. Würtenberger/Otto, S. 83 ff; FIKENTSCHER Methoden des Rechts, Bd. IV, 1977, S. 356 ff; HRUSCHKA Das Verstehen von Rechtstexten, 1972; ARTHUR KAUFMANN Jura 1992 S. 297 ff, 346 ff; LARENZ/CANARIS Methodenlehre der Rechtswissenschaft, 4. Aufl. 2001, S. 133 ff; PAWLOWSKI Methodenlehre für Juristen, 3. Aufl. 1999, Rdn. 359 ff; SCHAPP Hauptprobleme der juristischen Methodenlehre, 1983; ZIPPELIUS Juristische Methodenlehre, 7. Aufl. 1999, S. 42 ff.

19 BVerfGE 82 S. 269: „Art. 103 Abs. 2 GG schließt jede Rechtsanwendung aus, die über den Inhalt einer gesetzlichen Sanktionsnorm hinausgeht. Auslegungen, die den möglichen Wortsinn überschreiten, sind danach mit Art. 103 Abs. 2 GG unvereinbar". – Vgl. auch BGHSt 43 S. 237, 238 m. w. N.

Beispiel: Nach § 257 wird bestraft, wer einem anderen, der eine *rechtswidrige* Tat begangen hat, in bestimmter Weise Hilfe leistet. „Rechtswidrige Tat" kann nach dem allgemeinen Sprachgebrauch jedes rechtswidrige Verhalten sein, unabhängig davon, ob es einen Straftatbestand erfüllt oder – z. B. im Falle eines Vertragsbruchs – rechtswidrig ist, weil es gegen Normen der Zivilrechtsordnung verstößt. In § 11 Abs. 1 Nr. 5 hat der Gesetzgeber diesen Sprachgebrauch jedoch beschränkt: Rechtswidrige Tat im Sinne des Strafgesetzbuches ist nur ein rechtswidriges Verhalten, das den Tatbestand eines Strafgesetzes verwirklicht.

Zum Ausgangsfall (ärztlicher Heileingriff): Je nachdem, ob isoliert auf die Tatsache des körperlichen Eingriffs   **43** oder umgreifend auch auf den Zweck dieses Eingriffes gesehen wird, ist es vertretbar, den ärztlichen Heileingriff als körperliche Misshandlung zu definieren oder nicht. Auch modifizierte Stellungnahmen sind durch eine Verlagerung des wesentlichen Aspekts nicht ausgeschlossen. – Die Ermittlung des Wortsinnes führt daher noch zu keiner endgültigen Stellungnahme.

b) Die historische Auslegung

Zur weiteren Klärung kann sodann der Wille des historischen Gesetzgebers herangezogen   **44** werden (historische Auslegung). – Mit der Entscheidung für eine Auslegung, die den Gesetzeswortlaut danach befragt, welche Interpretationen unter den konkreten sozialen Bedingungen – nicht aber denen zur Zeit des Erlasses des Gesetzes – den Sinn der gesetzlichen Regelung optimal verwirklicht, ist die Entscheidung allerdings schon gegen die sog. *historische Auslegung* gefallen. Diese stellt als allein verbindlich auf den Willen des historischen Gesetzgebers ab, während die sog. *objektive Auslegung* das Gesetz nach der sozialen Angemessenheit einer Problemlösung im gegenwärtigen Zeitpunkt befragt. Maßgeblich ist der „Wille des Gesetzes", nicht aber der „Wille des Gesetzgebers".

BVerfGE 1 S. 299–300: „Maßgebend für die Auslegung einer Gesetzesbestimmung ist der in dieser zum Ausdruck kommende objektivierte Wille des Gesetzgebers, so wie er sich aus dem Wortlaut der Gesetzesbestimmung und dem Sinnzusammenhang ergibt, in den diese hineingestellt ist. Nicht entscheidend ist dagegen die subjektive Vorstellung der am Gesetzgebungsverfahren beteiligten Organe oder einzelner ihrer Mitglieder über die Bedeutung der Bestimmung. Der Entstehungsgeschichte einer Vorschrift kommt für deren Auslegung nur insofern Bedeutung zu, als sie die Richtigkeit einer nach den angegebenen Grundsätzen erhaltenen Auslegung bestätigt oder Zweifel behebt, die auf dem angegebenen Weg allein nicht ausgeräumt werden können."

BGHSt 10 S. 159–160: „Kein Gesetz verträgt eine starre Begrenzung seiner Anwendbarkeit auf solche Fälle, die der vom Gesetzgeber ins Auge gefaßten Ausgangslage entsprechen; denn es ist nicht toter Buchstabe, sondern lebendig sich entwickelnder Geist, der mit den Lebensverhältnissen fortschreiten und ihnen sinnvoll angepaßt weitergelten will, solange dies nicht die Form sprengt, in die er gegossen ist."

Der Jurist beraubt sich damit nicht wertvoller Hilfsmittel bei der Auslegung, z. B. der Mate-   **45** rialien eines Gesetzes. Diese binden ihn jedoch *nicht*, sondern werden als „Ansichtsäußerungen mehr oder minder intimer Sachkenner" (REICHEL) bewertet.

Beispiel: Beim Erlass des StGB kannte der Gesetzgeber noch keine sog. Anwartschaftsrechte. – Werden diese dennoch vom Schutz des Betrugstatbestandes erfasst, wenn es sich um wirtschaftlich bedeutsame Anwartschaftsrechte handelt?

Wäre der Wille des historischen Gesetzgebers maßgebend: Nein! – Ist der objektive Sinn des Gesetzes entscheidend: Ja, denn § 263 will das Vermögen umfassend vor betrügerischen Beeinträchtigungen schützen.

Zum Ausgangsfall (ärztlicher Heileingriff): Den Gesetzesmaterialien ist keinerlei Entscheidungshilfe zu ent-   **46** nehmen.

c) Die systematische Auslegung

Der nächste Schritt auf dem Weg vom Gesetzeswortlaut zum Norminhalt knüpft an die   **47** Erkenntnis an, dass ein Gesetz eine Einheit bildet, die einzelnen Normen daher nicht isoliert, sondern in ihrem Gesetzeskontext gesehen werden müssen (systematische Auslegung). Unter mehreren, dem Wortsinn nach möglichen Bedeutungen erhält diejenige den Vorzug, die sich am besten in den Gesetzeszusammenhang einpassen lässt.

Beispiel: Nach § 250 Abs. 1 Nr. 1 a, 1. Alt. wird der am Raub Beteiligte mit Freiheitsstrafe nicht unter 3 Jahren bestraft, wenn er oder ein anderer Beteiligter am Raub eine Waffe bei sich führt.

Frage: Kann eine ungeladene Pistole eine Waffe in diesem Sinne sein?

Überlegung: Nein, denn der Vergleich mit § 250 Abs. 1 Nr. 1 a, 2. Alt. (gefährliches Werkzeug) und Nr. 1 b (Beisichführen eines Werkzeugs oder Mittels, um den Widerstand einer anderen Person in bestimmter Weise zu brechen) zeigt, dass das qualifizierende Element der Waffe im Sinne des § 250 Abs. 1 Nr. 1 a in der spezifischen Gefahr liegt, die einer einsatzfähigen Waffe eigen ist. Fehlt es an dieser spezifischen Gefahr, so ist der Waffenbegriff nicht erfüllt.

48 **Zum Ausgangsfall** (ärztlicher Heileingriff): Die Betrachtung der im 17. Abschnitt des StGB erfassten Vorschriften lässt erkennen, dass in keiner einzigen ausdrücklich ein Fall erfasst ist, in dem es dem Täter durch Eingriff in den Körper seines Opfers um die Besserung gerade des Zustandes dieses Körpers geht. Zwar lässt sich ohne weiteres aus dem Fehlen von Differenzierungen nach dem Motiv der Körperverletzung schließen, dass das Gesetz der unterschiedlichen Motivation für den Tatbestand keine Relevanz beimisst – Körperverletzung ist daher auch die körperliche Züchtigung, mit der eine Besserung der „Seele" erreicht werden soll –, doch geht das Gesetz offenbar davon aus, dass der Körper jedenfalls durch den Eingriff nicht in einen besseren Zustand gelangt als zuvor. – Das gibt ein weiteres Indiz dafür her, dass der Heileingriff nicht unter den Begriff der körperlichen Misshandlung fällt.

d) Die teleologische Auslegung

49 aa) Schließlich gilt es bei der Auslegung die Tatsache nicht aus dem Auge zu verlieren, dass jede Rechtsnorm einen praktischen Zweck (griech. Télos, daher teleologische Auslegung) erfüllen soll. Sie ist darauf gerichtet, soziale Probleme zu lösen, widerstreitende Interessen auszugleichen und soziales Miteinander zu ermöglichen. Insofern verbergen sich hinter dem teleologischen Element der Auslegung zahlreiche Argumente, z. B. Rechtssicherheit, Rechtsgleichheit, Rechtseinheitlichkeit und nicht zuletzt die Idee einer gerechten Lösung eines sozialen Konflikts.

REICHEL Gesetz, S. 67: „Der oberste Grundsatz aller Gesetzesauslegung lautet: eine Gesetzesbestimmung ist so auszulegen, daß sie sich als möglichst taugliches Mittel zur Erreichung des mit ihr verfolgten gesetzgeberischen Zweckes darstellt."

50 Eine Norm kann in ihrem Inhalt und in ihren Grenzen nur dann zutreffend erkannt werden, wenn man sich Klarheit darüber verschafft, welche rechtspolitische Entscheidung gerade mit *dieser* konkreten Norm getroffen werden sollte. Maßgeblich ist dabei auf den vom Gesetzgeber erkennbar gewollten, hilfsweise den aus dem Inhalt der Regelung vernünftigerweise zu entnehmenden Zweck, abzustellen.

REICHEL Gesetz, S. 66: „Es kann daher ein Gesetz seinem Wortlaut nach anscheinend noch so klipp und klar sein, und dennoch können wir die Pflicht haben, es gegen diesen Wortlaut auszulegen. Ich erinnere an das oft berufene Beispiel: „Es ist verboten, Hunde auf den Bahnhof zu bringen." Nichts scheint unzweideutiger als dies. Was Hund, was Bahnhof ist, weiß jedes Kind. Und doch, wenn dieses Verbot nach dem „klaren" Wortlaut ausgelegt würde, so ergäbe es einen Sinn, der offenbar Unsinn wäre. Denn danach wäre es einerseits statthaft, Bären und Löwen in den Wartesaal zu bringen; während andererseits die reglementsmäßige Bahnbeförderung von Hunden überhaupt unzulässig wäre; denn man kann einen Hund nicht mit der Bahn befördern, ohne ihn auf den Bahnhof zu bringen."

51 In einer so verstandenen teleologischen Auslegung sind allerdings zwei Gefahren begründet.[20] Zum einen kann eine bestimmte ideologisch bedingte Zwecksetzung als vernünftige, richtige Zwecksetzung ausgegeben und dem Gesetzgeber damit ein bestimmter kriminalpolitischer Zweck unterschoben werden, zum anderen führt das Bestreben, die *richtige* Zwecksetzung auch zu realisieren, leicht über die Grenzen des Wortlautes hinaus. Gegen beide Gefah-

---

20 Kritisch zur teleologischen Auslegung: HERZBERG NJW 1990 S. 2525 ff.

ren bietet allein die Offenlegung der Zwecksetzung in der Argumentation einen Schutz, denn damit wird diese nachvollziehbar und rational nachprüfbar.

Zum Ausgangsfall (ärztlicher Heileingriff): Zweck der Körperverletzungsdelikte ist es, die Schädigung des **52** Körpers eines anderen durch den Täter zu verhindern, nicht aber die Besserung seiner körperlichen Situation. Das spricht dafür, den de lege artis durchgeführten erfolgreichen Heileingriff nicht unter die körperliche Misshandlung zu subsumieren. – Erfolgt ein solcher Heileingriff allerdings gegen den Willen des Patienten, so liegt eine rechtswidrige Willensbeeinträchtigung vor, die vielleicht als Nötigung strafbar ist. Sollte hier ein allgemeines kriminalpolitisches Bedürfnis nach Schutz durch das Strafrecht bestehen, so müsste der Gesetzgeber eine entsprechende Vorschrift schaffen.

bb) Bei der inhaltlichen Bestimmung einzelner Begriffe, die auch im Zivilrecht oder im **53** öffentlichen Recht Anwendung finden, kann sich die Frage stellen, ob die strafrechtliche Regelung an einen zivilrechtlich oder öffentlich-rechtlich normierten Sachverhalt anknüpft oder aber unabhängig von dieser Normierung unmittelbar auf jene Gegebenheit selbst zurückgreift, die – u. U. nur in einem begrenzten Bereich – zivilrechtlich oder öffentlich-rechtlich normiert ist. Problematisch ist also, ob die außerstrafrechtliche Normierung im Strafrecht bindet oder ob hier eine *tatsächliche oder wirtschaftliche Betrachtungsweise* möglich ist. Diese Frage lässt sich jedoch nicht grundsätzlich beantworten, sondern je nach dem Sinn und Zweck der einzelnen Norm, denn die sog. *tatsächliche oder wirtschaftliche Betrachtungsweise* ist keine eigenständige Auslegungsmethode des Strafrechts. Sie ist *ein* Element innerhalb der teleologischen Auslegung von Strafrechtsnormen, mit dem Inhalt und Grenzen dieser Normen konkretisiert werden.

Beispiel: Gemäß § 283 Abs. 1 Nr. 5 ist strafbar, wer unter bestimmten Umständen Handelsbücher nicht führt, zu deren Führung er gesetzlich verpflichtet ist. – Gesetzlich verpflichtet zur Führung der Handelsbücher einer GmbH ist der Geschäftsführer.

Problem: Ist Geschäftsführer in diesem Sinne nur der nach Handelsrecht wirksam bestellte und in das Handelsregister eingetragene Geschäftsführer oder auch der sog. faktische Geschäftsführer, der mit Duldung der zuständigen Gesellschaftsorgane die Geschäfte der Gesellschaft führt?[21]

5. Vereinbarkeit mit höherrangigem Recht

a) Das Gebot verfassungskonformer Auslegung

Da die Verfassungsnormen allen anderen Rechtsnormen des nationalen Gesetzgebers im **54** Rang vorgehen, ist eine Regelung des einfachen Gesetzesrechts, die mit einer Verfassungsnorm oder zu einem Rechtsprinzip mit Verfassungsrang in Widerspruch steht, ungültig. Das ist auch bei der Auslegung der Gesetze zu beachten. Das Gebot verfassungskonformer Auslegung verlangt, eine verfassungswidrige Auslegung auszuschließen und im Falle mehrerer nach dem Wortsinn möglicher Auslegungen derjenigen den Vorzug zu geben, die vor der Verfassung Bestand hat.

b) Der europarechtliche Bezug der Auslegung; die Bedeutung der Richtlinien des Rates der EG

Rechtsakte des Gemeinschaftsrechts der EG gehen den Regelungen des nationalen Rechts **55** vor. Der nationale Richter ist verpflichtet, nationale Rechtsnormen, die er anzuwenden beabsichtigt, auf ihre Vereinbarkeit mit dem Gemeinschaftsrecht zu überprüfen. Das gilt nicht nur für Gesetze, sondern auch für die Regelungen der Richtlinien.

---

21 Dazu BGHSt 31 S. 118; Bruns JR 1984 S. 133 ff; Cadus Die faktische Betrachtungsweise, 1984; Otto Jura 1989 S. 328 ff; Tiedemann Dünnebier-FS, S. 525 ff.

56 aa) *Richtlinien* sind eine dem Gemeinschaftsrecht eigene Rechtsinstitution: „Die Richtlinie ist für jeden Mitgliedsstaat, an den sie gerichtet wird, hinsichtlich des zu erreichenden Ziels verbindlich, überlässt jedoch den innerstaatlichen Stellen die Wahl oder Form der Mittel", Art. 249 Abs. 3 EGV, 189 Abs. 3 EWGV.

57 Die Richtlinie richtet sich nicht unmittelbar an die Bürger der EG, sondern an die Mitgliedsstaaten. Sie bindet die Organe der Rechtssetzung wie auch die Organe der Rechtsanwendung.[22] Für die nationalen Gerichte ist damit die Pflicht begründet, im Rahmen ihrer Zuständigkeit zu gewährleisten, dass dem Gemeinschaftsrecht widersprechenden nationalen Maßnahmen die Wirksamkeit versagt bleibt. Die Richtlinie ist daher zunächst *Auslegungsmaßstab* für das nationale Recht. Das nationale Recht ist im Lichte des Wortlauts und des Zweckes der Richtlinie auszulegen.[23]

58 bb) Auch Normen im Regelungsbereich einer Richtlinie, die noch nicht umgesetzt ist, deren Umsetzungsfrist aber abgelaufen ist, sind nach Auffassung des EuGH, der sich der BGH angeschlossen hat, zu Gunsten betroffener Bürger in Übereinstimmung mit der Richtlinie auszulegen. Ist dabei eine richtlinienkonforme Interpretation nicht möglich, so hat das Gericht die betreffende Norm als dem Gemeinschaftsrecht entgegenstehend unangewendet zu lassen. Der Richtlinie kommt danach unmittelbare Wirkung zu, wenn ihre konkrete Bestimmung den einzelnen begünstigt, der Inhalt unbedingt, hinreichend genau und deshalb unmittelbar anwendbar ist.

BGHSt 37 S. 168, 175 mit Anm. OTTO JK 91, StGB § 1/12: „Zwar dienen Richtlinien im Rahmen der Rechtsordnung der Europäischen Gemeinschaften dazu, den einzelnen Mitgliedstaaten den Inhalt einer Norm verbindlich vorzugeben, während ihre konkrete Umsetzung und Ausformung in nationaler Zuständigkeit erfolgt (Artikel 189 Abs. 3 EWGV). Grundsätzlich entfaltet die Richtlinie gegenüber dem einzelnen Marktbürger keine unmittelbare Wirkung, sondern wendet sich ausschließlich an die Mitgliedstaaten. Diese sind allerdings verpflichtet, ihr nationales Recht an die Bestimmungen der Richtlinien anzupassen. Erfolgt die Umsetzung der Richtlinie nicht innerhalb der vorgesehenen Frist, so kann sich nach ständiger Rechtsprechung des Gerichtshofes der Europäischen Gemeinschaften auch ein einzelner davon betroffener Marktbürger auf die Bestimmungen einer Richtlinie berufen, wenn diese so klar umrissen sind, daß sie auch ohne Durchführungsmaßnahmen des nationalen Gesetzgebers angewendet werden können. Die Rechtsprechung des Gerichtshofes der Europäischen Gemeinschaften zur Rechtsnatur und zur unmittelbaren Wirkung der Richtlinien haben die nationalen Verwaltungen und Gerichte bei ihrer Rechtsanwendung zu berücksichtigen. Rechtsakte des Gemeinschaftsrechts verdrängen entgegenstehendes nationales Recht".[24]

6. Auslegung und Analogie

59 a) Analogie ist die Übertragung einer gesetzlichen Regelung auf einen im Gesetz überhaupt nicht oder nur scheinbar erfassten Fall. Dieser Übertragungsakt vollzieht sich in drei Schritten:

---

22 Grundsätzlich zur Rechtswirkung der EG-Richtlinien: GÖTZ NJW 1992 S. 1849 ff; JARASS NJW 1990 S. 2420 ff; SCHERZBERG Jura 1993 S. 225 ff; CHR. SCHRÖDER Europäische Richtlinien und deutsches Strafrecht, 2002; SIEBER ZStW 103 (1991) S. 96 ff; STREINZ Europarecht, 6. Aufl. 2003, Rdn. 394 ff.

23 Vgl. dazu EuGH Urt. v. 10.4.1984, Rs. 14/33 „von Colson", Slg. 1984, 1891, 1909; BGHSt 37 S. 333, 336 mit Anm. FRANZHEIM/KRESS JR 1991 S. 402 ff; DANNECKER Jura 1998 S. 84 f; GÖTZ NJW 1992 S. 1853 f; SCHERZBERG Jura 1993 S. 229 ff; THOMAS NJW 1991 S. 2233 ff.

24 Vgl. dazu auch EuGH Slg. 1974 S. 1337, 1348; EuGH Slg. 1986 S. 1651, 1691; CLASSEN EuZW 1993 S. 84 ff; EISELE JZ 2001 S. 1157 ff; GÖTZ NJW 1992 S. 1855 f; HUGGER NStZ 1993 S. 421 ff; SCHERZBERG Jura 1993 S. 227 ff. – Zu den Richtlinienvorschriften als mildestes Gesetz im Sinne des § 2 Abs. 3 vgl. GLESS GA 2000 S. 231 ff.

(1.) Feststellung einer Gesetzeslücke im Wege der Auslegung:

(a) Eine bestimmte Problemkonstellation ist im Gesetz nicht geregelt.

(b) Damit wollte der Gesetzgeber auch nicht zum Ausdruck bringen, dass seine Regelung nicht auf diese Konstellation anwendbar sein soll.

(2.) Bildung des Obersatzes: Nachweis, dass das Gesetz ähnliche Problemkonstellationen kennt und ihnen ein bestimmtes Regelungsprinzip derartiger Fälle entnehmbar ist (übliche Terminologie: Ähnlichkeit der nicht geregelten mit einer geregelten Konstellation liegt vor), und zwar liegt eine sog. Rechtsanalogie vor, wenn dieses Prinzip in zahlreichen Vorschriften zum Ausdruck kommt, eine sog. Gesetzesanalogie, wenn nur eine einzelne Vorschrift auf den nicht geregelten Fall anwendbar ist.

(3.) Subsumtion.

b) Da Art. 103 Abs. 2 GG die Analogie *zu Ungunsten des Täters* im Strafrecht verbietet, **60** muss zwischen Analogie und Auslegung im Strafrecht unterschieden werden, obwohl ein *rechtstheoretischer Unterschied* zwischen einer Analogie und der weiten – extensiven – Auslegung eines Begriffes nicht besteht. Geht nämlich – wie oben gezeigt – Auslegung auf Erkenntnis der bestehenden Entsprechung zwischen Norm und Sachverhalt, so liegt der Auslegung selbst bereits eine analoge Denkweise zugrunde. Auslegung aber sollte durch Art. 103 Abs. 2 GG keineswegs verboten werden. Der Konflikt, der Forderung des Art. 103 Abs. 2 GG einerseits zu entsprechen und die Analogie zu Ungunsten des Täters zu unterlassen, ohne andererseits in der Lage zu sein, Analogie und Auslegung rechtstheoretisch voneinander unterscheiden zu können, ist dennoch nicht unlösbar. Seine Lösung liegt in der Erkenntnis: Art. 103 Abs. 2 GG verbietet eine bestimmte Art der Auslegung, nämlich jene, die den möglichen Wortsinn des Gesetzes überschreitet: *„Der mögliche Wortsinn des Gesetzes markiert die äußerste Grenze zulässiger richterlicher Interpretation".*

Verboten ist danach jene Analogie, mit der die durch Wortlaut und Begrifflichkeit gesetzte **61** Autorität des Gesetzes durch eine andere „entsprechende" Autorität ersetzt wird[25]; dazu vgl. die Beispiele oben Rdn. 24.

7. *Rechtsdogmatik als Verfahren der Rechtsanwendung und Rechtsfindung*

Schon der Ausgangsfall der Auslegungsbemühungen, die Einordnung des ärztlichen Heilein- **62** griffs, hat gezeigt, dass die Auslegung keineswegs immer zu einem eindeutigen Ergebnis führt. Es lassen sich in zahlreichen Fällen Argumente für eine bestimmte Lösung sammeln, doch werden andere Lösungen damit noch nicht zwingend ausgeschlossen.

Beispiele:

a) A erschlägt den nichts Böses ahnenden B, nachdem er sich heimlich von hinten an ihn herangeschlichen hat.

A ist als Mörder nach § 211 zu bestrafen, wenn „heimtückisch" als „Ausnutzung der Arg- und Wehrlosigkeit des Opfers" zu interpretieren ist, nicht aber, wenn ein heimtückisches Verhalten den „Missbrauch eines Vertrauensverhältnisses" voraussetzt.

b) Student A nimmt die Leiche des B aus der Anatomie weg.

A hat eine Sache weggenommen, wenn auch eine Leiche als schlicht körperlicher Gegenstand angesehen, nicht hingegen, wenn die Leiche als „Persönlichkeitsrückstand" betrachtet wird.

Diese Diskrepanz trotz Verwendung logischer Hilfsmittel, trotz philologischer, historischer, **63** systematischer und teleologischer Auslegung ist keineswegs ungewöhnlich, noch beunruhi-

---

25 *Zur Vertiefung:* BVerfG wistra 2004 S. 99; ARTHUR KAUFMANN Analogie und „Natur der Sache", 2. Aufl. 1982; KREY Studien zum Gesetzesvorbehalt im Strafrecht, 1977, S. 127ff; DERS. JZ 1978 S. 364ff; LACKNER Universität Heidelberg-FS, S. 39ff; OTTO JR 1981 S. 82ff.

gend. Sie ist vielmehr selbstverständlich, denn – unabhängig vom historischen Wandel in der Bestimmung einzelner Begriffe und der Sicht einzelner sozialer Probleme – kommen in jeder Falllösung Prämissen zum Tragen, die nicht jeweils ausdrücklich genannt werden, die jedoch implizite bestätigt oder in Frage gestellt werden.

64   Da jedoch weder die genauen Grenzen des vom Gesetzgeber erstrebten Normzwecks noch die in jeder Falllösung mitenthaltenen Prämissen des Strafrechts unstreitig feststehen, noch immer konsequent verfolgt werden, kommt es zu erheblichen Auseinandersetzungen über die sachgerechte Konkretisierung verschiedener Prämissen in bestimmten Instituten des Strafrechts, über die richtige Auslegung oder Definition einzelner Begriffe oder die Überzeugungskraft einer Einzelfalllösung bei Anwendung dieser Prämissen oder Begriffe.

65   Dieser Streit, der allein auf unterschiedlichen Ansichten verschiedener Autoritäten über die Richtigkeit bestimmter Problemlösungen beruht, wird gemeinhin im Strafrecht als *„Theorienstreit"* bezeichnet, obwohl es allein um die Richtigkeit oder Sachgerechtigkeit abweichender Meinungen und überhaupt nicht um die Tragfähigkeit irgendwelcher Theorien im begriffstechnischen Sinne geht.

66   Die große Zahl derartiger „Theorienstreitigkeiten" im Strafrecht verunsichert den jungen Juristen nur allzu oft. Durch Auswendiglernen der Meinungen irgendwelcher Autoritäten (z. B. BGH, sog. herrschende Meinung) hofft er, Sicherheit zu gewinnen, und verliert letztlich endgültig den Boden unter den Füßen. Bei der Beurteilung der verschiedenen Meinungen zur Lösung eines Problems geht es nämlich nur selten um die Feststellung der Richtigkeit oder Unrichtigkeit dieser Meinungen an Hand eines vorgegebenen, einheitlichen Maßstabs. Die unterschiedlichen Auffassungen sind vielmehr in unterschiedlichen Prämissen, einer abweichenden Sicht der kriminalpolitischen Problemstellung oder in verschiedenen Bewertungen der Konsequenz einer bestimmten Entscheidung begründet. Den Gründen, auf denen ein bestimmtes Ergebnis beruht, ist nachzuspüren, nicht allein das Ergebnis zu beurteilen. Die Tragfähigkeit dieser Gründe entscheidet allein über den Wert einer Argumentation. *Rechtsdogmatik* als ein auf rechtliche Entscheidung sozialer Konflikte gerichtetes Verfahren, in dem eigene Meinung, Subsumtion und Auslegung eng aufeinander bezogen sind, vermag nicht *richtige Ergebnisse* gleichsam automatisch zu produzieren. Rechtsdogmatik ist vielmehr darauf gerichtet, Vorurteile in Frage zu stellen, den Blick für die in einer gesetzlichen Regelung verborgenen Möglichkeiten zu öffnen, Zwang auszuüben dahin, eine Entscheidung nicht willkürlich, sondern verantwortlich zu treffen, sowie die Gründe der Entscheidung und damit diese selbst transparent zu machen und auf diese Weise methodisch nachprüfbar zu gestalten.

67   Vorverständnis von der Richtigkeit der Lösung eines bestimmten sozialen Konflikts und methodische Auslegung eines Textes sind damit nicht verschiedene Sachverhalte, vielmehr vollzieht sich jede Auslegung auf der Grundlage eines Vorverständnisses, mit dem der Auslegende an das Auslegungsprojekt herangeht. Schon das Lesen dessen, „was dasteht", begründet eine Meinung darüber, „was dasteht". Ihre Richtigkeit gilt es in der rechtlichen Argumentation nachzuweisen.

68   Richtigkeit und Effektivität einer rechtlichen Entscheidung sind elementare Probleme dieser Tätigkeit, die um wissenschaftliche Begründung ihrer Entscheidungen bemüht ist. Rechtsdogmatik ist daher als ein auf die Rechtspraxis ausgerichtetes, hermeneutisches Verfahren zu verstehen, und zwar derart, dass Theorie und Praxis notwendig gegenseitig aufeinander bezogene Elemente eines einheitlichen, auf die „Richtigkeit" einer Entscheidung zielenden Verfahrens sind.

RYFFEL Grundprobleme, S. 48: „Die nähere Prüfung zeigt, daß die Rechtsdogmatik, wie übrigens auch die Rechtspraxis, vor allem zwei meist stillschweigende Voraussetzungen macht, die das Wesen des Rechts und im Zusammenhang damit des Staates betreffen und zentrale Probleme aufwerfen. Diese Probleme sind, wie sich ergeben wird, stets gegenwärtig, auch wenn sie nicht explizit und jedenfalls nicht eigenes Thema werden, es sei denn, daß wir in die Philosophie fortschreiten. Die Rechtspraxis setzt nämlich voraus, (1) daß den von ihr angewandten juristisch gültigen Rechtsnormen Effektivität zukommt, d. h. daß sie in einem gewissen Ausmaß wirklich befolgt und von den staatlichen Behörden zur Geltung gebracht werden, und (2) daß sie Anspruch auf praktische Richtigkeit erheben. Mit „Richtigkeit" ist gemeint, daß die Rechtsnormen „gerecht", „sachangemessen", „zweckmäßig", „sinnvoll", „befriedigend" oder „vertretbar", nicht aber „ungerecht", „unangemessen", „unzweckmäßig", „sinnlos" bzw. „sinnwidrig", „unbefriedigend" oder „unvertretbar", nicht willkürlich beliebig oder sonstwie unrichtig, sondern eben richtig sein sollen. Zusammenfassend formuliert: Der Rechtsdogmatik liegt eine meist nicht explizierte Auffassung vom Wesen des Rechts zugrunde, wonach dieses einen Inbegriff von juristisch gültigen, sowohl effektiv befolgten und durchgesetzten als auch richtigen Normen darstellt."

Weil die als hermeneutisches Verfahren verstandene dogmatische Tätigkeit jedoch „richtige" **69** Entscheidungen nicht garantieren kann, kommt der rational nachvollziehbaren Begründung der einzelnen Entscheidung besondere Bedeutung zu. Sie eröffnet nämlich die Möglichkeit einer Kontrolle daraufhin, ob in der Entscheidung verallgemeinerungsfähige Interessen zur Geltung gebracht werden und damit jener Interessenausgleich zwischen der Gesellschaft und ihren Mitgliedern angestrebt wird, der soziale Gemeinsamkeit ermöglicht.

Otto Dogmatik als Aufgabe der Rechtswissenschaft, in: Internationales Jahrbuch für interdisziplinäre For- **70** schung, Bd. 2, 1975, S. 142f: „Dieser Wirklichkeitsbezug erfordert in der dogmatischen Tätigkeit die Ergänzung von normativer und tatsächlicher Betrachtung. Das soll nicht bedeuten, daß der Jurist zum umfassenden „Schmalspursozialwissenschaftler" – möglichst unter Verkürzung der bisherigen Studienzeit – ausgebildet werden soll. Der Jurist muß aber lernen, sich der sozialwissenschaftlichen Aspekte seiner Tätigkeit bewußt zu sein. Die tatsächliche Betrachtung kann sich nämlich nur dann erkenntnisfördernd auswirken, wenn der gleichsam interdisziplinäre Wechsel der Ebenen nicht willkürlich erfolgt, sondern seinen Platz in einem streng disziplinierten juristischen Vorgehen erhält. Führt der Wechsel der Betrachtungsweise hingegen dazu, die Rechtsordnung nicht juristisch-normativ, sondern soziologisch-tatsächlich als ein in der Gesellschaft wirksames Faktum anzusehen, so tritt an die Stelle der „richtigen" Entscheidung die politisch relevante Entscheidung. Diese findet ihre Legitimation allein durch die in der Gesellschaft herrschende Macht, die sie geradezu dem Versuch des Machtmißbrauchs aussetzt. Das Fehlen einer anerkannten umfassenden Theorie der Gesellschaft macht es nämlich möglich, Tatsachenzusammenhänge nach den erwünschten Wirkungen hin zu manipulieren. Besonders anfällig für derartige Manipulationen sind jene Rechtsordnungen, die das Verhältnis Individuum-Gesellschaft nicht durch absolute Setzungen klären, sondern im Rahmen gewisser Grundentscheidungen offen sind für den ständigen dynamischen Wandel dieses Verhältnisses. Sie lassen sich mühelos durch Betonung des kollektiven Moments als dem Individuum feindlich denunzieren und umgekehrt. Das dogmatische Verfahren kann diesen Mißstand nicht verhindern. Es eröffnet jedoch Einblick in das Gefüge, in das eine bestimmte Entscheidung eingebaut ist, und macht damit transparent, ob eine Entscheidung dadurch legitimiert ist, daß sie darauf abzielt, verallgemeinerungsfähige Interessen zur Geltung zu bringen, damit aber auf jenen Gesamtinteressenausgleich zwischen der Gesellschaft und ihren Mitgliedern gerichtet ist, der soziale Gemeinsamkeit ermöglicht. Insofern kommt in der Tat in einer „richtigen", weil „gerechten" Entscheidung die Idee der Gemeinschaft in der Gesellschaft zum Tragen."

Der Jurist als Dogmatiker ist daher in keinem Moment seiner Tätigkeit auf bloße Tradierung **71** fremder Meinungen in einem formalen Verfahren verwiesen. Nimmt er den Auftrag des Grundgesetzes ernst, so wird er in jeder rechtlichen Entscheidung seine Meinung zur „richtigen" Lösung eines sozialen Konflikts vortragen und in der Begründung seiner Entscheidung den Beweis antreten, dass er sich seiner Bindung an Recht und Gesetz bewusst ist. Die rechtsdogmatische Argumentation ist daher eine genuin demokratische Tätigkeit: Sie zielt auf Überzeugung anderer durch rationale Argumentation. Mit seinen Argumenten wirbt der Rechtsdogmatiker für seine Entscheidung. Je schärfer und sorgfältiger die Auslegung und Subsumtion geraten, um so größer wird der Spielraum für die eigene verantwortliche Entscheidung. Diese braucht allerdings nicht stets neu gefunden zu werden. Wird eine fremde Meinung aber nicht nur übernommen, sondern nachvollzogen, so begründet dieser Nachvollzug die eigene Stellungnahme, die damit zugleich von anderen Stellungnahmen abgehoben wird.

III. Exkurs: Der Geltungsbereich des deutschen Strafrechts

Auf welche Straftaten deutsches Strafrecht anwendbar ist, regeln die §§ 3 ff StGB.

1. Das Territorialitätsprinzip

72   Grundsätzlich gilt das Territorialitätsprinzip: Dem deutschen Strafrecht unterliegen alle im Inland begangenen Straftaten, § 3. Die Staatsangehörigkeit des Täters oder des Betroffenen ist irrelevant.

73   a) Zum Begehungsort bestimmt § 9: Begangen ist die Tat an jedem Ort, an dem der Täter gehandelt hat oder im Falle des Unterlassens hätte handeln müssen oder an dem der zum Tatbestand gehörende Erfolg eingetreten ist oder nach der Vorstellung des Täters eintreten sollte, § 9 Abs. 1. Die Teilnahme ist sowohl an dem Ort begangen, an dem die Tat begangen ist, als auch an jedem Ort, an dem der Teilnehmer gehandelt hat oder im Falle des Unterlassens hätte handeln müssen oder an dem nach seiner Vorstellung die Tat begangen werden sollte. Hat der Teilnehmer an einer Auslandstat im Inland gehandelt, so gilt für die Teilnahme das deutsche Strafrecht, auch wenn die Tat nach dem Recht des Tatorts nicht mit Strafe bedroht ist, § 9 Abs. 2.

74   b) Eine Tat ist zu der Zeit begangen, zu welcher der Täter oder der Teilnehmer gehandelt hat oder im Falle des Unterlassens hätte handeln müssen. Wann der Erfolg eintritt, ist nicht maßgebend, § 8.

2. Durchbrechungen des Grundsatzes

a) Das Flaggenprinzip

75   Das deutsche Strafrecht gilt, unabhängig vom Recht des Tatorts, für Taten, die auf einem Schiff oder Luftfahrzeug begangen werden, das berechtigt ist, die Bundesflagge oder das Staatszugehörigkeitszeichen der Bundesrepublik Deutschland zu führen, § 4.

b) Das Personalitätsprinzip

76   aa) Das *aktive* Personalitätsprinzip: Dem deutschen Strafrecht sind unter bestimmten Umständen Straftaten Deutscher unterworfen, auch wenn sie im Ausland begangen wurden, § 5 Nr. 3a, 5b, 8, 9, 12, § 7 Abs. 2 Nr. 1, 1. Alt.

bb) Das *passive* Personalitätsprinzip: Das deutsche Strafrecht gilt für Auslandstaten, die sich gegen einen Deutschen richten, wenn die Tat am Tatort mit Strafe bedroht ist oder der Tatort keiner Strafgewalt unterliegt, § 7 Abs. 1.

c) Das Schutz- oder Realprinzip

77   Dem inländischen Strafrecht sind bestimmte Auslandstaten unterworfen, die sich gegen inländische Interessen richten, § 5 Nr. 1, 2, 3b, 4, 5a, 6, 7, 10, 11, 13, 14.

d) Das Universal- oder Weltrechtsprinzip

78   Bestimmte Taten unterfallen dem inländischen Strafrecht schlechthin, § 6.

e) Das Prinzip der stellvertretenden Strafrechtspflege

79   Das Prinzip der stellvertretenden Strafrechtspflege garantiert, dass flüchtige Straftäter in bestimmten Fällen nicht straflos ausgehen, § 7 Abs. 2 Nr. 1, 2. Alt., Nr. 2.

3. Vertiefungshinweise

a) WERLE/JESSBERGER Grundfälle zum Strafanwendungsrecht, JuS 2001 S. 35 ff., 141 ff.

b) Zur Geltung des deutschen Strafrechts bei der Verbreitung strafbarer Inhalte im Internet vgl. BGHSt 46 S. 212 (Auschwitzlüge), BGHSt 47 S. 55 (Pornographie).

Wiederholungsfragen

1. Inwiefern könnten Bedenken gegen einen Straftatbestand mit folgendem Wortlaut begründet sein: „Wer **80** die öffentliche Ordnung stört, wird … bestraft"? – Dazu Rdn. 2 ff.
2. Wäre Art. 103 Abs. 2 GG verletzt, wenn § 52 Abs. 1 Nr. 3 StPO für bestimmte Delikte eingeschränkt würde und A nunmehr auf Grund der Zeugenaussage seiner Tochter wegen einer Tat verurteilt würde, die er vor der Gesetzesänderung begangen hat? – Dazu Rdn. 8.
3. Gilt das Rückwirkungsverbot auch für eine Änderung der Rechtsprechung? – Dazu Rdn. 14 ff.
4. Nach § 3 Abs. 1 Nr. 6 des Preußischen Gesetzes betr. den Forstdiebstahl (PrFDG) wird die Regelstrafe für den Forstdiebstahl geschärft, „wenn zum Zwecke des Forstdiebstahls ein bespanntes Fuhrwerk … mitgebracht ist". A verwendet zur Ausführung des Forstdiebstahls einen Lkw. Hat er sich gem. § 3 Abs. 1 Nr. 6 PrFDG strafbar gemacht? – Dazu Rdn. 60.
5. Verstößt die Anerkennung der Einwilligung als Rechtfertigungsgrund gegen den Ausschluss des Gewohnheitsrechts? – Dazu Rdn. 27 ff.
6. Welche Herkunft hat der Grundsatz der Gesetzesbestimmtheit? – Dazu Rdn. 30.
7. Welche Grenzen hat die Subsumtionstechnik? – Dazu Rdn. 33 ff.
8. Welche Auslegungstechnik ist Ausgangspunkt jeder Gesetzesinterpretation? – Dazu Rdn. 41.
9. Welche Bedeutung haben Gesetzesmaterialien innerhalb der historischen und innerhalb der objektiven Auslegung? – Dazu Rdn. 44 f.
10. An welche Erkenntnis knüpft die systematische Auslegung an? – Dazu Rdn. 47.
11. Welche Bedeutung kommt dem Zweck einer gesetzlichen Regelung für die Auslegung zu? – Dazu Rdn. 49 ff.
12. Welche Bedeutung hat das Analogieverbot im Strafrecht, wenn ein rechtstheoretischer Unterschied zwischen extensiver Auslegung und Analogie bestritten wird? – Dazu Rdn. 60.
13. Welche Funktion hat die Rechtsdogmatik? – Dazu Rdn. 62 ff.
14. Wie ist das Verhältnis von Norm und Realität im Rahmen der Rechtsdogmatik zu sehen? – Dazu Rdn. 62 ff.
15. Welches Prinzip gilt grundsätzlich für den örtlichen Geltungsbereich des deutschen Strafrechts? Welche Ausnahmen bestehen? – Dazu Rdn. 72 ff.; 75 ff.

Zur Einübung

BGHSt 1 S. 1: A schüttete der B Salzsäure ins Gesicht, um diese körperlich zu verletzen. **81**

Hat A die Körperverletzung mittels einer „Waffe" i. S. des § 224 begangen?

a) Versuche eine grammatische, systematische und teleologische Auslegung des Begriffes „Waffe".

b) Vergleiche anschließend die eigenen Überlegungen mit denen des BGH. – Dabei ist zu beachten, dass der heutige § 224 zur Zeit der Entscheidung als § 223 a galt.

§ 3: Geschichte und Zukunft des Strafrechts

Lernziel: Bewusstsein, dass das gegenwärtige Strafrecht keine in seiner derzeitigen Gestalt unabänderliche Institution ist, sondern mit dem Wandel des gesellschaftlichen Gefüges gleichfalls Änderungen unterliegt.

I. Zur Geschichte des Strafrechts

CONRAD Deutsche Rechtsgeschichte, Bd. 1, 2. Aufl. 1962, Bd. 2, 1966; ROBERT VON HIPPEL Deutsches Strafrecht, Bd. 1, 1925, S. 38–375; HIS Strafrecht des deutschen Mittelalters, Bd. I, 1920, Bd. II, 1935; DERS. Geschichte des deutschen Strafrechts bis zur Karolina, 1928; RÜPING Grundriß der Strafrechtsgeschichte, 3. Aufl. 1998; SCHILD Alte Gerichtsbarkeit, 1980; EB. SCHMIDT Einführung in die Geschichte der deutschen Strafrechtspflege, 3. Aufl. 1965.

1 *Hinweis:* Der Grundriss von RÜPING vermittelt eine verständnisvolle Einführung in die historischen Zusammenhänge, in den Lehrbüchern von MAURACH/ZIPF, SCHMIDHÄUSER und
WELZEL findet sich eine – bis zum äußersten Maß gestraffte – Darstellung der Strafrechtsgeschichte. Ein weiter gekürzter Abriss wäre nicht mehr vertretbar, eine eingehende Schilderung der hier relevanten Zusammenhänge würde hingegen den Rahmen sprengen. Zur Anregung einer u. U. sogar vertieften Auseinandersetzung mit der Strafrechtsgeschichte und zur
Kontrolle des Erfolgs werden *Stichworte* gegeben. Die Kenntnis des Sinngehalts, der hinter
ihnen verborgen ist, gehört zum absoluten Minimum strafrechtshistorischen Wissens.

1. Germanische Frühzeit (etwa bis 500 n. Chr.)

2 Haus- und Sippengemeinschaft, Strafgewalt des Hausherrn und Sippenoberhaupts gegen
Hausgenossen und Gesinde. – Sippenfehden, Sühneverträge, Urfehde-Eid. – Kultische Verbrechen, Kriegsverrat, Friedloslegung.

2. Frühes Mittelalter (bis 900)

3 Sog. Volksrechte: Lex Salica, Lex Ribuaria, Lex Baiuvariorum. – Beschränkung des Fehde-
rechts, Bußtaxen, öffentliche Strafen, insbes. Leibesstrafen mit Aufkommen der „Unfreien".

3. Hoch- und Spätmittelalter (bis 1500)

4 Geschwächte Zentralgewalt, Raubrittertum, Fehde, Fehdeverbote, Land- und Reichsfrieden.
– Ewiger Landfriede von Worms 1495. – Peinliche Strafen in großem Umfang. – Rechts-
bücher: Sachsenspiegel des EIKE VON REPGOW (um 1230), Schwabenspiegel (1274), Kulmer
Handfeste (1232).

4. Neuzeit: Reichsgesetzgebung und Gemeines Recht

5 Rezeption. – Halsgerichtsordnungen: Constitutio Criminalis Bambergensis (1507), Constitutio Criminalis Carolina (1532). – Reichspolizeiordnungen (von 1530, 1548, 1577). Strafrechtswissenschaft: Klagspiegel, Laienspiegel. – BENEDICT CARPZOV Practica nova Imperialis
Saxonica rerum criminalium (1635). – J. S. F. BOEHMER Meditationes in Constitutionem Cri-
minalem Carolinam (1770).

5. Aufklärung (18. Jahrhundert)

6 Säkularisierung des Strafrechts. – Freiheitsstrafen. – Partikularrechte: Preußische Criminal-
ordnung v. 1717, Codex juris Bavarici criminalis, Constitutio criminalis Theresiana. – Jose-
phina. – Allgemeines Landrecht für die Preußischen Staaten.

6. Bürgerlicher Liberalismus (19. Jahrhundert)

7 a) Code Pénal (1810); Bayerisches StGB (1813); Preußisches StGB (1851).
b) FEUERBACH, MITTERMAIER.

7. Das 20. Jahrhundert: Die Strafrechtsreform

8 Strafrechtsreformbewegungen seit 1905. – NS-Strafrecht. – E 1962. – Alternativentwurf. –
Strafrechtsreformgesetze.

II. Die Zukunft des Strafrechts

1. Tendenz der Strafrechtsentwicklung

Das Strafrecht als letztes und schärfstes Mittel der Gesellschaft zum Schutze ihres Bestandes **9** und ihrer Mitglieder wird in dem Umfang überflüssig, in dem andere gleich oder sogar besser wirksame Mittel mit geringerem oder fehlendem Übelcharakter die Strafe ersetzen. Ein von rationaler Kriminalpolitik getragenes Strafrecht ist daher stets auf dem Wege zur Überwindung seiner selbst. Ob es aber jemals am Ende dieses Weges ankommt, bleibt zweifelhaft.

Die bloße Umbenennung der Strafe in Maßnahmen, die ihrerseits Übelcharakter haben, **10** ist überhaupt kein Schritt vorwärts auf diesem Wege, sondern allein Kaschierung des Stillstandes. – Der Versuch, an die Gefährlichkeit des Täters anknüpfend, diesen ohne Rücksicht auf seine eigene Schuld, d. h. Verantwortung, zu „normalisieren", ist – abgesehen vom kranken Täter im medizinischen Sinne – ein Rückfall in die Zeit vor der Aufklärung. Ihr nämlich ist die „Schuldidee" zu danken, die der „Behandlung" des Straftäters allein nach Maßgabe seiner Gefährlichkeit ein Ende setzte.

Dass ein Kranker mit der Strafe nicht heilbar ist, bedarf keiner Erklärung. Ihm gegen- **11** über ist Strafvollzug ein Unrecht. – In der Behauptung, jeder Straftäter sei ein Kranker und müsse daher behandelt werden, kommt hingegen die dreiste Anmaßung des sich selbst als „normal" verstehenden Bürgers zum Ausdruck, die sozialethisch unerträgliche Züge erhält, wenn die „Behandlung" auf pharmakologische, operative oder psychologisch angelegte Änderung der Persönlichkeitsstruktur des Täters geht. Die Gesellschaft, und das ist in diesem Falle die Gruppe innerhalb der Gesellschaft, die ihre Ziele und Zwecke definiert, hat keinerlei Recht zu Eingriffen, die das Individuum durch Veränderung seiner Persönlichkeitsstruktur an die „Normalen" anpassen. Die Straftat stellt – in gewissem Rahmen – ein kalkulierbares Risiko dar. Dieses Risiko kann die Gesellschaft hoch halten, um den Schutz ihrer selbst und ihrer Mitglieder zu gewährleisten, den Preis der „angepassten Persönlichkeit" darf sie dafür nicht erheben. Dass jemand von den Regeln der Allgemeinheit abweicht, macht ihn noch nicht zum Kranken. Genauso wenig wie die Vorstellung zutraf, jeder Straftäter sei ein Asozialer, genauso wenig ist die Identifizierung des Straftäters mit einem Kranken sachgerecht, auch wenn der hinter der Identifizierung verborgene Abschirmungsmechanismus gegenüber dem Straftäter genauso gut funktionieren könnte.

2. Praktische Versuche, die Strafe zu beseitigen

a) Das dänische Kriminalgesetzbuch für *Grönland* vom 5. 3. 1954 kennt die Freiheitsstrafe **12** nicht mehr, sondern begnügt sich mit zehn Maßnahmen (§ 85): Verwarnung, Geldbuße, Schutzaufsicht, Anweisung oder Verbot des Aufenthaltes an bestimmten Orten, Zwangsarbeit, Zwangsausbildung, Arzt- oder Anstaltsbehandlung, Verwahrung, andere Beschränkungen der Handlungsfreiheit und Einziehung. – Auch wenn dem spezialpräventiven Zweck hier eindeutig ein Vorrang eingeräumt ist, so ist der Strafcharakter der „Maßnahmen" keineswegs überwunden. Im Übrigen aber beruht das Normensystem auf geographischen, sozialen, wirtschaftlichen und kulturellen Voraussetzungen besonderer Art. Die Bevölkerung Grönlands bildet sog. Primärgruppen. Der Rechtsbrecher und seine Lebensbedingungen sind bekannt, eine Überwachung ist auch ohne Isolation durchführbar.[1]

---

1 Dazu Marcus ZStW 67 (1955) S. 323ff.

13 b) Die *UdSSR* hatte im Strafgesetzbuch von 1926 den Begriff „Strafe" gestrichen und nur „Maßnahmen des sozialen Schutzes" als spezialpräventive Reaktion auf „gesellschaftsgefährdendes Verhalten" vorgesehen. Die Maßnahmen wurden jedoch de facto als Strafen, d. h. nach der Schwere des Vorwurfs gesellschaftswidrigen Verhaltens in generalpräventiver Absicht verhängt. Als im Strafgesetzbuch von 1960 der Begriff „Strafe" wieder aufgenommen und die Generalprävention neben der Spezialprävention als Strafzweck genannt wurde, war dies nur noch eine Klarstellung der tatsächlichen Gegebenheiten.[2]

14 c) Ein weitgehend spezialpräventiv ausgerichtetes Sanktionensystem enthält das Jugendstrafrecht der Bundesrepublik.[3]

3. Die „défense sociale"

15 Die 1947 von dem Genueser Rechtsanwalt FILIPPO GRAMATICA gegründete kriminalpolitische Bewegung der „défense sociale" hat ursprünglich unter Hinweis auf die Unfreiheit des menschlichen Willens und die spezialpräventiven Bedürfnisse die Abschaffung der Strafe und ihre Ersetzung durch spezialpräventive Maßnahmen zu ihrem Programm erhoben. Generalpräventive Erwägungen wurden nicht angestellt. Inzwischen haben aber auch im Programm der „défense sociale" generalpräventive Erwägungen Platz gefunden. Der Bewegung geht es nunmehr, genau wie der modernen Strafrechtslehre, um ein maßvolles, der Menschenwürde und der persönlichen Verantwortung angepasstes, spezialpräventiv orientiertes Strafrecht.[4]

III. Materialien zum Nachdenken

16 1. ARNO PLACK Plädoyer für die Abschaffung des Strafrechts, 1974, S. 380f: „Das Strafrecht abschaffen – das kann in einer hochkomplizierten Massengesellschaft nicht einfach heißen, es mit allen seinen Paragraphen ersatzlos zu streichen. Gewiß, auf die Pönalisierung von Triebregungen, die nicht durch Gewalt qualifiziert sind, könnte verzichtet werden, ohne daß andere Unrechtsfolgen dafür erdacht werden müßten. Es ist, wie schon Jacob Burckhardt sagte, „eine Ausartung und philosphisch-bureaukratische Überhebung, wenn der Staat direkt das Sittliche verwirklichen will, was nur die Gesellschaft kann und darf". Diese Erkenntnis ist nur nicht geraden Weges auf die Rechtswirklichkeit anzuwenden, weil sie durch mannigfaches Vorurteil im Volk gebrochen wird. Aufklärung muß immer der erste Schritt zur Reform sein.

Endgültig abgeschafft aber wäre das Strafrecht, wenn dreierlei sich durchgesetzt hätte:

(1.) ein *ersatzloses Streichen* von Tatbeständen, deren sozialfeindlicher Sinn nur in den Augen autoritärer, weil lustlos dahinlebender Menschen besteht, die noch die überkommene repressive Moral auf ihrer Seite wissen.

(2.) für alle sonst heute pönalisierten Verhaltensweisen ein Ersetzen des Schuldprinzips durch das *Prinzip der sozialen Gefährlichkeit* (Konsequent angewendet, müsste es auf die Gesetzgebung zurückwirken, derart, daß die auch von einem Maßnahmerecht formulierten Tatbestände nicht zu duldenden Verhaltens noch außerhalb der Sexualsphäre sich weiter verringerten).

(3.) für das nicht zu duldende sozialfeindliche Verhalten eine Ablösung des Sühne- und Vergeltungsgedankens durch den Grundsatz der *Wiedergutmachung*."

17 2. SCHMIDHÄUSER Vom Sinn der Strafe, 2. Aufl. 1971, S. 61ff: „Bevor nach der Tauglichkeit der Strafe für diesen Resozialisierungsvorgang gefragt wird, sei zunächst die Ex-Sozialisierung betrachtet, die als Entsprechung

---

2 Dazu SCHROEDER Die Grundsätze der Strafgesetzgebung der UdSSR und der Unionsrepubliken, 1960, S. 66ff; DERS. Grundsätze der Strafgesetzgebung, Staatsschutz- und Militärstrafrecht der UdSSR, 1975, S. 9ff, 24ff.

3 Dazu ALBRECHT Jugendstrafrecht, 2. Aufl. 1993, §§ 14ff; SCHAFFSTEIN/BEULKE Jugendstrafrecht, 13. Aufl. 1998, §§ 10ff.

4 Dazu JESCHECK Blau-FS, S. 425ff. – Zu den derzeitigen Entwicklungstendenzen des Strafrechts: HASSEMER Schlüchter-GedS, S. 133ff.

von einer derart reell verstandenen Resozialisierung vorausgesetzt wird. Wie also sehen die Täter dieser Gruppe aus? Man wird hier gewiß Leute finden, die man als ausgesprochen asozial bezeichnen kann, die also eine gesellschaftsfeindliche Sonderexistenz führen und sozusagen keinen Zugang zur Gesellschaft mehr haben. Aber in der Regel werden Voraussetzung und Notwendigkeit einer „Resozialisierung" schon dann bejaht werden, wenn der Täter seinen Platz durchaus innerhalb der Gesellschaft hat und sich lediglich in einer und der anderen Hinsicht nicht an ihre Verbote und Gebote hält. Sehen wir die Fakten doch einmal ganz nüchtern und nicht etwa durch die Brille einer Straftheorie! (Wir Juristen laufen ohnehin Gefahr, im Strafurteil den Menschen und sein Dasein nur durch die Gucklöcher unserer strafgesetzlichen Tatbestände zu betrachten.) Solch ein Täter mag z.b. durch Jahre hindurch ein tüchtiger Beamter gewesen sein, und nun stellt sich plötzlich heraus, daß er seit Jahren Unterschlagungen beging; er mag ein guter, in seinem Betrieb geschätzter Arbeiter sein, und niemand hätte ihm je zugetraut, daß er nachts öfter auf Diebestour ging; er mag durch Jahre hindurch als ein geschätzter Kollege die Stufenleiter im Polizeidienst hinter sich gebracht haben (dies ist ein konkretes Beispiel aus Hamburg aus dem Jahre 1968), da wird er plötzlich bei einem Bankrauüberfall gefaßt und als der erkannt, der schon Jahre hindurch derartige schwere Delikte begangen hat; er mag schon 15 Jahre als hervorragender Buchhalter und als Familienvater und Mitbürger allseitig geschätzt sein, da kommt heraus, daß er zu Zeiten des nationalsozialistischen Staates an grausamen Tötungen von Konzentrationslagerhäftlingen beteiligt war; ein anderer leitet jahrelang einen Rundfunkkinderchor zur allgemeinen Freude, da stellt sich heraus, daß er die ganze Zeit hindurch in einer auch für großzügige Auffassung unverantwortlichen Weise sexuelle Handlungen mit Kindern und Jugendlichen vorgenommen hat. Diese Beispiele zeigen, wie wenig die spezialpräventive Theorie die Realitäten im Blick behält, wenn sie den zu behandelnden Rechtsbrecher als einen Ex-Sozialisierten voraussetzt, der nun der Resozialisierung bedarf. Es handelt sich bei dieser Ex-Sozialisation meist um nichts anderes als eben die Tatsache, daß der Täter eine Reihe von Rechtsbrüchen begangen hat (Rechtsbrüche, wie sie – aus der Annahme der Dunkelziffer zu erschließen – auch viele andere nicht gefaßte und damit nicht der „Resozialisierung" zugeführte Rechtsbrecher begehen).

Und wenn gar von der „Schädlichkeit" solcher Täter die Rede ist, sollte man vorsichtig sein! Schon der Terminus „Schädlichkeit" (oder „Gefährlichkeit"), der auf Tiere besser als auf Menschen paßt, stimmt skeptisch; aber die spezialpräventive Theorie neigt ja dazu, an die Stelle der Schuld als Voraussetzung der Strafe die Begriffe von Schädlichkeit und Gefährlichkeit zu setzen. Doch versuchen wir einmal, ungeachtet dieser Bedenken die Schädlichkeitsbetrachtung nachzuvollziehen: Auch wer hundert Betrügereien begangen hat, mag nebenher noch so viel anderes getan haben, das recht erfreulich ist; und wer sich laufend durch Erpressung bereichert, hat vielleicht auch den Mut, unter Gefahr für das eigene Leben mehrere Kinder aus einem brennenden Haus zu retten. (Dies letztere ist jedenfalls vor einigen Jahren über einige Ganoven der New Yorker Unterwelt berichtet und mir inzwischen – veranlaßt durch die erste Auflage dieses Buches – aus New York bestätigt worden.) Wollte man die Bilanz eines Menschenlebens nach Nützlichkeit und Schädlichkeit für die Gesellschaft aufstellen, so könnte man wohl zu überraschenden Vergleichen zwischen manchem Verbrecher und manchem gesetzestreuen Staatsbürger gelangen; oder sollten drei vor dem Tode gerettete Kinder per saldo in dieser Nützlichkeitsbetrachtung nicht dreißig Erpressungen aufwiegen?"

IV. Europäisierung des Strafrechts

Ausgehend vom Schutz der finanziellen Interessen der Europäischen Gemeinschaften und **18** von der Einsicht in das Erfordernis eines einheitlichen Wirtschaftsstrafrechts in der europäischen Union nehmen Tendenzen zu einem Europäischen Strafrecht in den letzten Jahren konkrete Gestalt an. Diese Tendenzen entwickeln sich letztlich in Richtung auf ein gemeinsames Strafrecht der EU, da mehrere Strafrechtsordnungen in den einzelnen Mitgliedsstaaten kaum auf Dauer miteinander verträglich sind.[5] – Besondere Bedeutung kommt in diesem

---

5 Dazu: HUBER (Hrsg.), Das Corpus Juris als Grundlage eines europäischen Strafrechts, 2000; TIEDEMANN (Hrsg.), Wirtschaftsstrafrecht in der Europäischen Union, 2002. – Im Einzelnen vgl. auch: BAUM JZ 2000 S. 493ff; DANNECKER SchwZStR 2003 S. 280ff; JUNG in: Bauer (Hrsg.), Felder der Rechtsentwicklung: Geistiges Eigentum, Familie, Kapital, Kriminalität, 2003, S. 119ff; KLIP NStZ 2000 S. 626ff; OTTO Jura 2000 S. 98ff; SATZGER ZRP 2001 S. 549ff; SIEBER Schlüchter-GedS, S. 107ff; SCHÜNEMANN GA 2002

Rahmen Art. III – 172 des Entwurfs des Vertrages über eine Verfassung für Europa zu[6], der vorsieht, dass durch Europäische Rahmengesetze Mindestvorschriften zur Festlegung von Straftaten und Strafen in Bereichen besonders schwerer Kriminalität festgelegt werden können.

§ 4: Einteilung der Straftaten

Lernziel: Überblick über die verschiedenen Möglichkeiten strafbaren Verhaltens. – Weiterer Einblick in die Regelungen des Strafgesetzbuches. – Erweiterung des begrifflichen Repertoires.

1   Die in den Straftatbeständen des Besonderen Teils des StGB und den anderen Strafrechtsgesetzen beschriebenen Verhaltensweisen lassen sich nach verschiedenen Gesichtspunkten gruppieren:

I. Verbrechen und Vergehen

2   Wiederhole oben § 1 Rdn. 15.

II. Begehungs- und Unterlassungsdelikte

3   1. Delikte können durch positives Tun verwirklicht werden (Begehungsdelikt).

Beispiel 1: A erschlägt den B mit der Axt.

Tatbestand: § 212: A hat den B getötet.

Beispiel 2: Gegen den Willen des B betritt A die Wohnung des B.

Tatbestand: § 123 Abs. 1, 1. Alternative: A ist in die Wohnung des B widerrechtlich eingedrungen.

4   2. Möglich ist aber auch eine Deliktsverwirklichung durch Unterlassen (Unterlassungsdelikt).

5   a) Sog. *echte* Unterlassung (Omissivdelikt): Der Tatbestand beschreibt das relevante Verhalten als Unterlassung, gebietet daher ein Tun.

Beispiel 1: A erfährt zufällig, dass X den B ermorden will. Da er meint, ihn gehe das nichts an, zeigt er das geplante Verbrechen nicht an.

Tatbestand: § 138: A hat von dem Vorhaben eines Mordes glaubhaft Kenntnis erhalten und es unterlassen, die Behörde oder den Bedrohten rechtzeitig davon zu unterrichten.

Beispiel 2: A ist bei B zu Gast. Als A sich flegelhaft aufführt, weist B ihn hinaus. A geht jedoch nicht, ihm gefällt es in der Wohnung besser als draußen.

Tatbestand: § 123 Abs. 1, 2. Alternative: A hat sich auf die Aufforderung des Berechtigten nicht aus der Wohnung entfernt.

6   b) Sog. *unechte* Unterlassung (Kommissivdelikt durch Unterlassen): Der Tatbestand der Erfolgsdelikte – z. B. Totschlag, § 212, Sachbeschädigung, § 303 – kann nicht nur durch ein Tun, sondern auch durch ein Unterlassen verwirklicht werden.

7   Bei den Tatbeständen, die – im Gegensatz zu den echten Unterlassungsdelikten – das Unterlassen nicht ausdrücklich beschreiben, ist die Bestimmung des Täters ungleich schwieriger. Nicht jeder, der es unterlässt, einen tatbestandlichen Erfolg – z. B. Tötung eines ande-

---

S. 501 ff; Tiedemann Spinellis-FS, S. 1097 ff; Vogel GA 2002 S. 517 ff; ders. GA 2003 S. 314 ff; Wattenberg StV 2000 S. 95 ff; Zieschang ZStW 113 (2001) S. 255 ff; Zuccalà Schlüchter-GedS, S. 117 ff.

6 Vom Europ. Konvent im Konsensverfahren angenommen am 13. Juni und 10. Juli 2003.

ren, Verletzung des Körpers eines anderen, Beschädigung einer fremden Sache – abzuwenden, obwohl ihm die Abwendung möglich wäre, wird damit schon zum Täter eines Totschlags, einer Körperverletzung oder einer Sachbeschädigung. Als Straftäter kommen nur Personen in Betracht, die auf Grund besonderer Pflichten *Garanten* sind für den Nichteintritt eines Schadens. Voraussetzung einer sog. *unechten Unterlassung* ist daher eine besondere Pflichtenstellung des Unterlassenden.

Beispiel 1: A sieht, dass B zu ertrinken droht. Obwohl er ihn retten könnte, tut A nichts. – Strafbarkeit des A: § 323 c, da A keine Garantenstellung gegenüber B innehat.

Beispiel 2: Der Vater A sieht, dass sein kleiner Sohn B zu ertrinken droht. Obwohl er ihn retten könnte, tut er nichts. – Strafbarkeit des A: § 212 (u. U. § 211).

III. Erfolgs- und schlichte Tätigkeitsdelikte

1. *Erfolgsdelikte* sind Delikte, bei denen der Tatbestand über das bloße Tun oder die pflichtwidrige Unterlassung hinaus einen bestimmten „Erfolg" verlangt. **8**

Beispiele: § 212: Tod eines Menschen; § 223: Körperverletzung; § 303: Beschädigung einer Sache.

Eine Sonderform der Erfolgsdelikte bilden die *erfolgsqualifizierten Delikte*. Bei ihnen sieht das Gesetz eine Strafschärfung vor, wenn durch die Verwirklichung eines bestimmten Grunddelikts (z. B. vorsätzliche Körperverletzung) eine weitere, zumindest fahrlässig herbeigeführte „besondere Folge der Tat" eintritt. **9**

Beispiele: § 227: Körperverletzung mit Todesfolge; § 251: Raub mit Todesfolge.

2. Bei den *schlichten Tätigkeitsdelikten* genügt ein Tun oder Unterlassen, unabhängig vom Erfolg dieses Verhaltens. **10**

Beispiele: § 154: Meineid, ob der Eid einen bestimmten Erfolg hat (Verurteilung eines anderen o. Ä.), ist gleichgültig. – § 323 c: Unterlassene Hilfeleistung, ob das Opfer des Unglücksfalles endgültig gerettet werden kann, ist irrelevant.

IV. Verletzungs- und Gefährdungsdelikte

1. Bei den *Verletzungsdelikten* gehört zur Vollendung des Delikts die Verletzung eines bestimmten Angriffsobjekts. **11**

Beispiele: § 212: Verletzung des Lebens eines anderen; § 223: Verletzung des Körpers einer anderen Person; § 303: Beschädigung einer fremden Sache.

2. *Gefährdungsdelikte* hat der Gesetzgeber dort formuliert, wo er den Strafrechtsschutz möglichst früh gewähren will. Die Gefährdung eines Rechtsguts wird mit Strafe bedroht, um die Verletzung zu verhindern. – Zu unterscheiden sind: **12**

a) *Konkrete Gefährdungsdelikte:* Der Tatbestand fordert, dass durch das verpönte Verhalten eine *konkrete* Gefahr für bestimmte Sachen oder Personen entstanden ist, d. h. die Sicherheit eines bestimmten Rechtsguts muss so stark beeinträchtigt sein, dass es aus der Sicht eines Beobachters der Situation allein zufallsbedingt ist, wenn es nicht zu einer Rechtsgutsbeeinträchtigung kommt.[1] **13**

Vgl. §§ 315 a–c.

---

1 Dazu BGH StV 1985 S. 415; BGH NJW 1996 S. 329 f; WOLTER JuS 1978 S. 748 ff.

14   b) *Abstrakte Gefährdungsdelikte:* Ein typischerweise gefährliches Verhalten wird verpönt, unabhängig davon, ob im konkreten Fall eine konkrete Gefahr eingetreten ist oder nicht. Der Gesetzgeber will durch Bestrafung derartiger Verhaltensweisen einerseits dem gefährlichen Zufall vorbeugen und ihn damit gleichsam beherrschen[2], andererseits den Schutz von Institutionen und Ordnungen gewährleisten, die personale Entfaltung ermöglichen.

Vgl. einerseits §§ 306, 316; andererseits §§ 267, 153 ff.

V. Zustands- und Dauerdelikte

15   1. Bei den *Zustandsdelikten* ist die deliktische Tätigkeit mit der Herbeiführung des rechtswidrigen Zustandes abgeschlossen.

Vgl. §§ 223, 303.

16   2. Bei den *Dauerdelikten* verwirklicht nicht nur die Herbeiführung eines rechtswidrigen Zustandes den Deliktstatbestand, sondern auch das Fortdauernlassen dieses Zustandes.

Vgl. §§ 123 Abs. 1, 2. Alt., 239.

VI. Allgemein begehbare Delikte und Sonderdelikte

17   1. *Allgemein begehbare Delikte* sind diejenigen Tatbestände, deren Ver- oder Gebote sich an jedermann richten: „Wer ..., wird bestraft".

Vgl. §§ 211, 213, 242, 249, 252, 257, 259, 263, 303.

18   2. Bei den *Sonderdelikten* werden besondere Eigenschaften des Täters verlangt. Zu unterscheiden sind:

19   a) *Echte Sonderdelikte:* Strafbar ist nur derjenige als Täter, der die besondere Eigenschaft aufweist.

Vgl. §§ 288 (Schuldner), 331 (Amtsträger), 356 (Anwalt oder Rechtsbeistand).

20   b) *Unechte Sonderdelikte:* Die besonderen Eigenschaften des Täters führen zu einer Modifizierung der Strafe.

Vgl. § 223 und § 340; § 246 Abs. 1 und § 246 Abs. 2.

VII. Eigenhändige Delikte

21   Grundsätzlich ist Täter eines Delikts, wer den Tatbestand selbst oder durch einen anderen verwirklicht, dessen Verhalten er „beherrscht".

Ausnahmsweise kann Täter nur sein, wer den Tatbestand selbst unmittelbar verwirklicht, z. B. beim Meineid nur derjenige, der den Eid selbst schwört, vgl. § 154.

---

2 Dazu GALLAS Heinitz-FS, S. 171 ff; HOYER JA 1990 S. 183 ff; KRATZSCH Verhaltenssteuerung und Organisation im Strafrecht, 1985, S. 277 ff.

Zweiter Teil
Die Merkmale der Straftat

Erstes Kapitel
Der Unrechtstatbestand

Erster Abschnitt
Begriffliche Klarstellung

§ 5: Die Lehre vom Tatbestand

Lernziel: Einblick in den Aufbau des Delikts. – Erste Vorstellung von der praktischen Relevanz der jeweiligen Entscheidung für einen bestimmten Deliktsaufbau.

I. Gesetzeswortlaut und Tatbestand

1. Ausgangspunkt

Die einführende Analyse des Begriffs „Straftat" in § 1 des Grundkurses hatte zu der Erkennt- **1** nis geführt:

a) Die Straftat ist *formal* zu bestimmen als in staatlichen Gesetzen beschriebene (Tatbestand) mit Strafe bedrohte (Rechtsfolge) Verhaltensweise.

b) *Sachlich* beschreibt ein gesetzlicher Straftatbestand strafwürdiges sozialschädliches Verhalten (Unrecht), das einem Täter persönlich vorgeworfen wird (Schuld).

c) Derartige Verhaltensbeschreibungen finden sich im Besonderen Teil des StGB, in strafrechtlichen Haupt- und Nebengesetzen.

2. Feststellungen

Werden die einzelnen gesetzlichen Tatbeschreibungen am Erfordernis des sachlichen Gehalts **2** der Straftat gemessen, so fällt ein eigenartiger Mangel auf: Auch um das Vorsatzelement ergänzt – dazu § 15 StGB –, erscheinen die Aussagen der einzelnen Tatbestände, z. B. die des § 212: „Wer einen Menschen vorsätzlich tötet, wird ... bestraft", oder die des § 223: „Wer eine andere Person vorsätzlich körperlich misshandelt oder an der Gesundheit beschädigt, wird ... bestraft", unrichtig, weil viel zu weit. – Nicht jede vorsätzliche Tötung oder Körperverletzung kann als strafwürdiges sozialschädliches Verhalten erfasst, nicht jede sozialschädliche Tötung oder Körperverletzung einem Täter persönlich vorgeworfen werden.

Beispiele: Als X die Y mit einem Messerstich ermorden will, schießt der zufällig hinzukommende Polizist P dem X in den Arm, um den Mord zu verhindern. – Der unzurechnungsfähige U ersticht den harmlosen Passanten Z.

Ohne dass hier Einzelheiten der juristischen Konstruktion erörtert werden müssen, leuchtet **3** ein, dass z. B. derjenige sich nicht sozialschädlich verhält, der einen anderen in Notwehr/ Nothilfe verletzt, und dass der Unzurechnungsfähige für seine Tat nicht bestraft wird.

3. Konsequenzen

4 Das bedeutet: Als *Beschreibung sozialschädlichen Verhaltens* muss der Tatbestand mehr enthalten als die bloße Beschreibung eines bestimmten Verhaltens. Er muss die Merkmale erfassen, die das Urteil begründen, der Täter habe sich rechtswidrig verhalten. Als *Beschreibung des strafbaren Verhaltens* wiederum muss der Tatbestand jene Voraussetzungen enthalten, unter denen einem Täter das Verhalten als schuldhaftes zugerechnet wird.

5 Damit aber zeigt sich, daß der Begriff „Tatbestand", je nachdem wie weit er gefasst wird, unterschiedliche Inhalte hat. Es ist daher zwischen verschiedenen Tatbestandsbegriffen zu differenzieren.

II. Die verschiedenen Tatbestandsbegriffe

1. Der Gesetzestatbestand

6 Als Gesetzestatbestand ist die Tatbeschreibung in den einzelnen Paragraphen des Besonderen Teils des StGB sowie der strafrechtlichen Haupt- und Nebengesetze zu verstehen. Er erfasst das tatbildmäßige Verhalten. Als bloße Beschreibung des geschützten Rechtsguts, der Modalitäten des Angriffs und seiner Realisierung in der Rechtsgutsgefährdung oder -beeinträchtigung durch den Täter ist er *wertfrei* insofern, als ihm nur ein vorläufiges, nämlich ein unvollständiges Urteil über verwirklichtes Unrecht entnommen werden kann. *Wertbehaftet* ist er hingegen insofern, als er Verhaltensweisen erfasst, denen dann, *wenn sie rechtswidrig verwirklicht* werden, nicht nur „soziale Erheblichkeit" oder „soziale Auffälligkeit" zukommt, sondern die als sozialgefährlich, sozialschädlich zu beurteilen sind. – *Der Gesetzestatbestand beschreibt daher strafwürdiges Unrecht unter der Voraussetzung, dass es im konkreten Fall Unrecht ist.* Er gibt an, welche Verhaltensweisen, wenn sie rechtswidrig und schuldhaft verwirklicht werden, Tötungsunrecht, Körperverletzungsunrecht usw. darstellen, d. h. er gibt Auskunft darüber, was die konkrete Tat zum Totschlag, zur Körperverletzung usw. macht. Ob der Täter hingegen das Unrecht eines Totschlags, einer Körperverletzung usw. verwirklicht hat, kann erst festgestellt werden, wenn feststeht, dass er rechtswidrig gehandelt hat.[1] Der Tatbestand des § 212 lautet in diesem Sinnverständnis: „Wer einen anderen Menschen vorsätzlich tötet", der des § 223: „Wer eine andere Person vorsätzlich körperlich misshandelt oder an der Gesundheit beschädigt".

2. Der Unrechtstatbestand

7 Wird der Tatbestand nicht nur als *Bezeichnung des Typus* des u. U. verwirklichten Unrechts verwendet, sondern als *Beschreibung des spezifischen Unrechts*, so kommt damit zum Ausdruck, dass er jene Elemente umfasst, die das Verhalten als sozialschädliche oder sozialgefährliche, d. h. als rechtswidrige Tat kennzeichnen, unabhängig von der Schuld des Täters.

a) Die Elemente des Unrechtstatbestandes

8 Als rechtswidrig kann man das Verhalten einer Person nicht bezeichnen, solange nur feststeht, dass sie ein tatbestandlich geschütztes Gut in der in dem Tatbestand beschriebenen Weise verletzt hat. Dieses Urteil ist vielmehr erst dann möglich, wenn erwiesen ist, dass die Person durch ihr Verhalten gegen eine *Rechtspflicht* verstoßen hat, *die Verletzung des geschützten Guts zu vermeiden (Vermeidepflicht).*

---

1 Eingehender dazu Otto Jura 1995 S. 473f m. N.

Das bedeutet: Als Kennzeichnung einer rechtswidrigen Verhaltensweise bedarf der Geset- **9** zestatbestand automatisch der Ergänzung. Er muss enthalten: die Beschreibung des *geschützten Rechtsguts* und des unter Strafe gestellten *Angriffs* auf dieses Rechtsgut sowie die Beschreibung der *Vermeidepflichtverletzung*, d. h. jener objektiven und subjektiven Gegebenheiten, die das Urteil begründen, die Verwirklichung des tatbestandsmäßigen Angriffs auf das geschützte Rechtsgut erfolgte rechtspflichtwidrig. Erst derart ergänzt wird der Tatbestand zur Beschreibung von Unrecht, d. h. der Gesetzestatbestand wird zum *Unrechtstatbestand*.[2]

b) Die Vermeidepflichtverletzung

Als Beschreibung sozialschädlichen rechtswidrigen Verhaltens muss der Unrechtstatbestand **10** demnach über die konkrete Beschreibung des gerade in diesem Gesetzestatbestand vertypten Verhaltens („Wiebeschaffenheit des Verhaltens") hinaus die allgemeinen Merkmale enthalten, die für jede Beurteilung eines Verhaltens als rechtspflichtwidrig konstitutiv sind: *Die Rechtspflicht, die Rechtsgutsbeeinträchtigung zu vermeiden, die Möglichkeit der Befolgung dieser Pflicht und die – gedachte – Verletzung dieser Pflicht.* – Die Voraussetzungen im Einzelnen:

aa) Die auf ein *bestimmtes Verhalten gerichtete Rechtspflicht,* die dem als Imperativ verstan- **11** denen gesetzlichen Tatbestand zu entnehmen ist (Du sollst ...).

bb) Die Möglichkeit, der Rechtspflicht zu genügen. – Jede Pflicht ist begriffsnotwendig nur **12** auf ein *menschenmögliches Verhalten* gerichtet, denn ein Ansinnen, dem kein Mensch nachkommen kann, ist Willkür und nicht geeignet, eine Verpflichtung zu begründen. – Daraus folgt, dass jede *Pflicht situationsbezogen* ist, denn was menschenmöglich ist und was nicht, welche Möglichkeiten überhaupt bestehen, kann nicht abstrakt, sondern nur unter Berücksichtigung der Gegebenheiten der konkreten Situation festgestellt werden.

cc) Die *Rechtspflicht kann* unterhalb des tatsächlich Möglichen im konkreten Fall *normativ* **13** *begrenzt* sein, denn der Gesetzgeber verpflichtet nicht zu jedem möglichen Verhalten. So trifft z. B. die Erfolgsabwendungspflicht beim unechten Unterlassungsdelikt nur den Garanten, und die Rechtfertigungsgründe begrenzen die Pflicht, bestimmte deliktstypische Rechtsgutsbeeinträchtigungen zu vermeiden, indem sie diese in der bestimmten Situation erlauben, vgl. z. B. § 32.

dd) Die *gedankliche Folgerung,* dass das deliktstypische Verhalten *die Rechtspflicht objektiv* **14** *und subjektiv verletzt* hat.

Diese *positiven* Merkmale konstituieren das Unrecht. Keineswegs wird die Rechtswidrig- **15** keit durch das Fehlen von Rechtfertigungsgründen begründet. Liegen die positiven Merkmale des Unrechtstatbestandes vor, so fehlen zwar Rechtfertigungsgründe, das aber ist die *logische Folge* des Vorliegens der positiven Merkmale, denn der Begriff der Rechtswidrigkeit schließt aus, dass ihm ein gerechtfertigtes Verhalten unterfällt.

Den Unrechtstatbestand eines Tötungsdelikts z. B. hat der Täter demnach verwirklicht, **16** wenn er die Pflicht, den Tod anderer Menschen zu vermeiden, verletzt hat, d. h. wenn er trotz tatsächlicher Möglichkeit sowie objektiv und subjektiv rechtlich nicht begrenzter Pflicht, den

---

2 Dazu Hardwig ZStW 68 (1956) S. 34f.; Otto Jura 1995 S. 474f. – Demgegenüber wird diese inhaltliche Differenzierung durch die Gleichsetzung von Gesetzes- und Unrechtstatbestand verfehlt; vgl. aber Jescheck LK, Vor § 13 Rdn. 42; Lackner/Kühl Vor § 13 Rdn. 17; Maurach/Zipf A. T. 1, § 24 Rdn. 7ff; Sch/Sch/Lenckner Vorbem. §§ 13ff Rdn. 47ff; Welzel Lb., § 10 V.

Tod eines anderen zu vermeiden, diesen getötet hat. – Handelte der Täter hingegen in Notwehr, so liegt keine Pflichtverletzung vor, weil die Pflicht, den Tod anderer zu vermeiden, in der Notwehrsituation begrenzt ist.

17 Die Rechtfertigungsgründe sind auch nicht als sog. *negative Tatbestandsmerkmale* zu erfassen. – Bei der praktischen Prüfung, ob eine bestimmte Rechtsgutsbeeinträchtigung rechtswidrig geschah oder nicht, wird man sich zwar oft mit der Feststellung begnügen, dass kein oder ein bestimmter Rechtfertigungsgrund vorliegt. Dieses Vorgehen ist durchaus angemessen, wenn offensichtlich kein Anhaltspunkt für eine rechtfertigende Situation gegeben ist oder nur ein ganz bestimmter Rechtfertigungsgrund in Betracht kommt. Die Voraussetzungen der Rechtfertigungsgründe werden damit aber nicht zu *sog. negativen Tatbestandsmerkmalen.*

18 Dass etwas fehlt, kann niemals Merkmal eines Begriffs sein, sondern lediglich konkretisierender Hinweis auf einen bereits bekannten Sachverhalt. So ist die Aussage, dass jemand Stuhl und Schrank aus einem Zimmer entfernt hat, für denjenigen, der weiß, dass zuvor Stuhl, Schrank und Tisch in dem Zimmer waren, hinreichend zur Begründung seines Wissens, dass jetzt noch der Tisch im Zimmer ist. Weiß er dieses nicht, so erhält er durch den Hinweis, dass Stuhl und Schrank aus dem Zimmer entfernt wurden, keinerlei Wissen über das Vorhandensein des Tisches. In gleicher Weise wird der Begriff der Rechtswidrigkeit nicht dadurch konstituiert, dass Rechtfertigungsgründe fehlen. Grundsätzlich gilt: Es ist nicht eine Eigenschaft eines Seienden, nicht ein anderes Seiendes zu sein. Jedes Seiende ist, was es ist, und das „Nicht-ein-Anderes-zu-sein" gehört nicht zu seinen Eigenschaften. – Das Fehlen eines Rechtfertigungsgrundes ist daher nicht Voraussetzung der Rechtswidrigkeit, sondern – wie oben dargelegt – logische Folge der positiv festgestellten Rechtswidrigkeit: per definitionem kann Unrecht nicht sein, wo Unrecht ausgeschlossen ist.

19 Unabhängig von diesen logischen Überlegungen ist zu beachten, dass die anerkannten Rechtfertigungsgründe nicht abschließend die Situationen beschreiben, in denen eine strafgesetzlich erfasste Rechtsgutsbeeinträchtigung nicht rechtswidrig ist. Dem Täter ist daher die Rechtswidrigkeit seines Verhaltens nachzuweisen. Der Hinweis auf das Fehlen eines anerkannten Rechtfertigungsgrundes entledigt den Richter nicht der Aufgabe, zu prüfen, ob das Verhalten des Täters wirklich rechtswidrig ist, d. h. ob die Rechtsgesellschaft sein Verhalten missbilligt, weil er unerlaubt Risiken für die Rechtsgüter anderer begründet hat.[3] – Dazu weiter unten § 8 Rdn. 2ff.

3. Der Gesamt- oder Garantietatbestand

20 Als Zusammenfassung der Summe der Merkmale, an die das Gesetz die Rechtsfolge der Strafe knüpft, umfasst der Begriff „Tatbestand" als Garantietatbestand jene Merkmale, auf die sich die Garantie des Art. 103 Abs. 2 GG, § 1 StGB bezieht. Tatbestandsmerkmale in diesem Sinne sind die einzelnen Elemente, die das rechtswidrige, gesetzlich vertypte Verhalten beschreiben (Unrechtstatbestand) und jene Voraussetzungen, unter denen dem Täter dieses Verhalten als schuldhaftes zugerechnet wird (Schuldtatbestand).

21 *Hinweis:* Ähnlich wie bei der Verwendung der Begriffe „Gesetzes-" und „Unrechtstatbestand" werden auch die Begriffe „Gesamt-" bzw. „Garantietatbestand" in der Literatur mit verschiedenem Inhalt gebraucht.

---

3 Zur Lehre von den negativen Tatbestandsmerkmalen vgl. ENGISCH ZStW 70 (1958) S. 600; ARTHUR KAUFMANN Lackner-FS, S. 187, 194ff; ROXIN A. T. I, § 10 Rdn. 13; SCHAFFSTEIN OLG Celle-FS, S. 182ff; SCHÜNEMANN GA 1985 S. 347ff; DERS. Coimbra-Symposium, hrsgeg. von Schünemann/Figueiredo Dias, 1995, S. 175ff. – Zur Kritik: GALLAS ZStW 67 (1955) S. 18f, 27; HARDWIG Grundprobleme der Allgemeinen Strafrechtslehre, 1984, S. 21; JESCHECK/WEIGEND A.T., § 25 III 2; HIRSCH Die Lehre von den negativen Tatbestandsmerkmalen, 1960, S. 347; ARMIN KAUFMANN Welzel-FS, S. 396ff; LIPPOLD Reine Rechtslehre und Strafrechtsdoktrin, 1989, S. 365; OTTO Jura 1995 S. 473; SCHMIDHÄUSER Engisch-FS, S. 438. Zu beachten ist allerdings, dass die Kritik z. T. von anderen Prämissen in der Verbrechenslehre (dreistufiger Deliktsaufbau, dazu sogleich unter Rdn. 25ff) ausgeht, wobei unterstellt wird, der Unrechtstatbestand im hier vertretenen Sinn lasse sich nur auf die Lehre von den negativen Tatbestandsmerkmalen gründen. Das ist unrichtig. Die zutreffende Einsicht in die Struktur des Unrechtstatbestandes ist nicht an die konstruktive Krücke der sog. Lehre von den negativen Tatbestandsmerkmalen gefesselt.

4. Tatbestand als Synonym für Sachverhalt

Gebräuchlich, insbesondere im Zivilprozess, ist die Bezeichnung „Tatbestand" für den zur **22** Entscheidung stehenden Sachverhalt. Dieser Bedeutung des Begriffs „Tatbestand" kommt im Strafrecht jedoch keine Relevanz zu.

III. Dogmatische Konsequenzen aus dem Verständnis des Tatbestandsbegriffs

1. Sachlicher Verbrechensaufbau und Prüfungsschemen im konkreten Fall

Bei der *Prüfung*, ob *im konkreten Fall* ein bestimmtes Verhalten dem im Strafgesetz beschrie- **23** benen entspricht, erweist es sich durchaus als *zweckmäßig*, die Prüfung in Tatbestand, Rechtswidrigkeit und Schuld zu untergliedern. Das folgt bereits daraus, dass im Strafrecht nur ein tatbestandsmäßiges Verhalten relevant ist, das der Täter zudem rechtswidrig und schuldhaft verwirklicht haben muss. Unabhängig von diesen praktischen Vorgaben aber ist die Frage, ob sich hinter diesen drei Prüfungsschritten zwei oder drei Wertungsstufen verbergen. Diese Frage verweist auf die Problematik des zwei- bzw. dreistufigen Verbrechensaufbaus.

2. Der sog. zweistufige Verbrechensaufbau

Wird der Gesetzestatbestand als Beschreibung der Rechtsgutsbeeinträchtigung und der **24** Modalitäten der Angriffshandlung erfasst, so erfolgt eine erste Wertung dieses Verhaltens auf der Stufe der Rechtswidrigkeit, d. h. im Unrechtstatbestand, die zweite Wertung bei der Prüfung der Schuld. Auch wenn daher bei der praktischen Prüfung eines Verhaltens vom Gesetzestatbestand ausgegangen wird, so gibt es innerhalb der Deliktsprüfung doch nur *zwei Wertungsstufen:* Die Rechtswidrigkeitsprüfung und die Schuldprüfung. – Unrechtstatbestand und Verantwortlichkeit (Schuld) des Täters sind dann die beiden Elemente der Straftat, daher: *zweigliedriger (zweistufiger) Verbrechensaufbau.* – Tatbestandsmäßigkeit und Rechtswidrigkeit bilden eine *einheitliche Wertungsstufe* im Unrechtstatbestand.[4]

3. Der sog. dreistufige Verbrechensaufbau

Demgegenüber wird die Ansicht vertreten, Tatbestand, Rechtswidrigkeit und Schuld seien **25** sachlich voneinander getrennte, völlig abgeschlossene und je eigener Wertung unterliegende Komplexe. Diese Prämisse führt zum sog. *dreigliedrigen (dreistufigen) Verbrechensaufbau.*[5]

Grundsätzlich aufbauend auf BELING[6], für den der Tatbestand allerdings nur das wert- **26** freie Kausalgeschehen umfasste – z. B. bei § 212 die Tötung eines Menschen durch einen anderen –, wird behauptet, der Tatbestand, zu dem auch die sog. subjektiven Unrechts-

---

4 Dazu ENGISCH DJT-FS I, S. 401; ARTHUR KAUFMANN JZ 1956 S. 354ff; LESCH Der Verbrechensbegriff, 1999, S. 269; ROXIN Offene Tatbestände, S. 173ff; RUDOLPHI SK I, § 16 Rdn. 10; SCHAFFSTEIN ZStW 72 (1960) S. 386ff; SCHLEHOFER MK, Vor § 32 Rdn. 33ff; SCHÜNEMANN GA 1985 S. 348ff; WOLTER Objektive und personale Zurechnung von Verhalten, Gefahr und Verletzung in einem funktionalen Straftatsystem, 1981, S. 143; DERS. in Wolter/Freund (Hrsg.), Straftat, Strafzumessung und Strafprozeß im gesamten Strafrechtssystem, 1996, S. 4, 13ff.
5 Einen dreistufigen Verbrechensaufbau vertreten u. a.: BAUMANN/WEBER/MITSCH A. T., § 16 Rdn. 24ff; BOCKELMANN/VOLK A. T., § 10; GALLAS Beiträge zur Verbrechenslehre, 1968, S. 32ff, 41ff; JESCHECK/WEIGEND A. T., § 31 I; ARMIN KAUFMANN JZ 1955 S. 37f; KREY A. T. 1, Rdn. 214ff; LACKNER/KÜHL Vor § 13 Rdn. 15; MAURACH/ZIPF A. T. 1, § 14 Rdn. 15ff; ROXIN A. T. I, § 10 Rdn. 19ff; SCHMIDHÄUSER A. T., 8/3ff; SCH/SCH/LENCKNER Vorbem. §§ 13ff Rdn. 12; WELZEL Lb., § 10; WESSELS/BEULKE A. T., Rdn. 129.
6 Die Lehre vom Verbrechen, 1906.

elemente und der Vorsatz gezählt werden, umschreibe ein *sozial vorgewertetes*, ein normwidriges Verhalten, dessen Vorliegen die Rechtswidrigkeit *indiziere*. Der Nachweis der behaupteten Normwidrigkeit und ihrer Indizwirkung ist jedoch – trotz vielfältiger Versuche – bisher nicht gelungen.

27   Ausgangspunkt der Begründung der Normwidrigkeit der Tatbestandsverwirklichung ist die durchaus zutreffende Auffassung des Gesetzestatbestandes als Deliktstypus. Unzutreffend jedoch ist die daran geknüpfte Folgerung, die Beschreibung des Deliktstypus enthalte zugleich die kategoriale Aufstellung eines Verbots, das im konkreten Fall durch einen Rechtfertigungsgrund aufgehoben werden könne.[7] Es gibt keine verbindliche Rechtspflicht, niemanden zu töten. Das Recht kennt Ausnahmen! Daher kann der Gesetzestatbestand auch kein vorläufiges Unwerturteil enthalten, während die Rechtswidrigkeit die konkrete Sozialschädlichkeit des einmaligen Geschehens, des Einzelfalles, betrifft. Wann immer es um die Feststellung der Tatbestandsmäßigkeit geht, bedeutet das nichts anderes als eine Aussage über einen konkreten Einzelfall, nämlich die Aussage, dass ein konkreter individueller Sachverhalt einen bestimmten Tatbestand erfüllt. – Es mag dem Gesetzestatbestand darüber hinaus eine sozialpädagogische Appellfunktion zukommen, indem z. B. das Tötungsverbot in Erinnerung gebracht wird. Eine Bewertung eines konkreten Verhaltens als normwidrig ermöglicht dieser Appell jedoch gerade nicht. – Genauso wenig lässt sich das Normwidrigkeitsurteil durch Interpretation des gesetzestatbestandsmäßigen Verhaltens als eines wertverletzenden Verhaltens begründen. Zwar kann bei der Rettung eines höheren Wertes – Leben eines Menschen – ein niederer Wert – fremde Sache – beschädigt werden. Das berührt die Wertung des Verhaltens als wert-, bzw. normgemäß aber keineswegs, weil die Werte bei der Beurteilung sozialen Verhaltens nicht isoliert, sondern in einer Hierarchie gesehen werden. Deshalb kann das Recht sogar verpflichten, „Werte zu vernichten", wenn z. B. ein Polizist das Leben eines Bürgers nur durch eine Körperverletzung retten kann. Die Existenz rechtlicher Pflichten, „normwidrig zu handeln", erweist damit hinlänglich, dass auf *diese* Normwidrigkeit keinerlei rechtliches Unwerturteil gestützt werden kann. – Schließlich führt der Bezug auf außerpositive Verhaltensnormen nicht weiter. Zwar lässt sich die Sanktionsnorm: „Wer einen Menschen tötet, wird bestraft", als Verhaltensnorm: „Du sollst keinen anderen Menschen töten", lesen. Sowie dieser Verhaltensnorm aber ein über die positivierte Rechtsnorm hinausweisender Inhalt zuerkannt wird, wird Bezug genommen auf Normen, die mit diesem Inhalt jedenfalls in der Rechtsgesellschaft nicht verbindlich gelten und damit kein rechtsrelevantes Unwerturteil begründen können.[8]

28   Darüber hinaus ist zu bestreiten, dass Gesetzestatbestand und Rechtswidrigkeit zwei strukturell verschiedene Elemente der Straftat sind. Auch wenn der Gesetzestatbestand als Beschreibung der Rechtsgutsbeeinträchtigung und ihrer Modalitäten – wie ausgeführt – keine selbständige Wertungsstufe bildet, so zeigen doch verschiedene Tatbestände des geltenden Rechts, dass der Gesetzgeber ohne weiteres Wertungselemente in den Gesetzestatbestand aufnehmen kann, die in anderen Gesetzestatbeständen dem Bereich des Rechtswidrigkeits-

---

7 Im Einzelnen dazu BOCKELMANN/VOLK A.T., § 10; GALLAS ZStW 67 (1955) S. 23; JAKOBS A.T., 6/51 f; JESCHECK/WEIGEND A.T., § 25 III 2a; KREY A.T. 1, Rdn. 215 ff; LACKNER/KÜHL Vor § 13 Rdn. 17; MAURACH/ZIPF A.T. 1, § 24 Rdn. 1; ROXIN A.T. I, § 10 Rdn. 20f; RUDOLPHI SK I, Vor § 1 Rdn. 34, 37; SCHLÜCHTER JuS 1993 S. 15; SCH/SCH/LENCKNER Vor § 13 Rdn. 12ff; STRATENWERTH A.T. I, § 7 Rdn. 9; TRÖNDLE/FISCHER Vor § 13 Rdn. 8;WESSELS/BEULKE A.T., Rdn. 119ff.

8 Eingehend dazu OTTO Jura 1995 S. 468ff; vgl. auch KINDHÄUSER StGB, Vor § 13 Rdn. 29; PUPPE NK, Vor § 13 Rdn. 8. – Auch der Versuch vom MIR PUIG – GA 2003 S. 872ff, 878 – das Unwerturteil an die Rechtsgutsbeeinträchtigung zu binden, geht fehl, denn ob die Rechtsgutsbeeinträchtigung rechtlich negativ zu beurteilen ist, entscheidet sich erst in der Rechtswidrigkeitsprüfung.

urteils zugeordnet sind, ohne dass das Wesen des Gesetzestatbestandes dadurch geändert würde. So schließt z. B. die Einwilligung des „Opfers" bei der Vergewaltigung unstreitig den Tatbestand aus, bei der kosmetischen Operation hingegen nur die Rechtswidrigkeit der Körperverletzung. – Ein kaum erklärbares Phänomen, wenn Gesetzestatbestand und rechtliche Wertung des gesetzestatbestandlichen Verhaltens wirklich strukturell verschiedene, eigener Wertung unterliegende Komplexe wären. Hingegen ein durchaus akzeptables Phänomen, wenn Gesetzestatbestand und die das Rechtswidrigkeitsurteil konstituierenden Elemente innerhalb des Unrechtstatbestandes als sachliche Einheit gesehen werden. Die Aufnahme von Wertungselementen in den Gesetzestatbestand neben der Beschreibung der Rechtsgutsbeeinträchtigung und ihrer Modalitäten erscheint in diesem Denkschema als zwar unübliches, aber sachlich ohne weiteres zulässiges Verfahren, da der Gesetzestatbestand sowieso Teil eines Ganzen ist, in dem auch Wertungselemente ihren Platz haben. Es erweist sich damit lediglich: „Nicht immer spiegelt das Verhältnis von Tatbestand und Rechtswidrigkeit einen Sachverhalt wider, bei dem die Rechtsgutsverletzung auch in den gerechtfertigten Fällen ein soziales Unwerturteil erlaubt; die Entscheidung des Gesetzgebers, den Tatbestand einzuschränken oder aber bei uneingeschränktem Tatbestand einen Rechtfertigungsgrund vorzusehen, ist unter Umständen nur technischer Natur"[9].

4. Konsequenzen aus der unterschiedlichen Interpretation des Tatbestandes als Wertungsstufe

Auf die Konsequenzen aus dem unterschiedlichen Tatbestandsverständnis wird im Laufe der Darstellung eingegangen. Im Vorgriff, um die praktische Bedeutung der Problematik zu erhellen, nur ein Ausblick, zu dessen Verständnis die später im Einzelnen begründete Prämisse vorausgesetzt wird, dass die Rechtspflicht durch objektive und subjektive Merkmale (z. B. Vorsatz, Fahrlässigkeit) gekennzeichnet ist und dementsprechend auch die Begrenzung der Rechtspflicht durch Rechtfertigungsgründe auf objektive und subjektive Merkmale gegründet ist. So setzt z. B. Notwehr, § 32, objektiv einen gegenwärtigen rechtswidrigen Angriff voraus und ermöglicht die erforderliche Verteidigung gegen diesen Angriff, während subjektiv die Kenntnis der Notwehrlage (Verteidigungswille) erforderlich ist. 29

Beispielsfall: Der Förster F will den Wilderer W töten. Eines Tages sieht er ihn hinter einem Busch sitzen. Er reißt die Flinte hoch und schießt. W wird tödlich getroffen. – Später stellt sich heraus, dass W seinerseits den F erschießen wollte. Er hatte gerade angelegt, als F schoss. Hätte F auch nur eine Sekunde gewartet, wäre er selbst erschossen worden. – Dies wusste F im Augenblick des Schusses aber nicht. 30

Ergebnis: Da die objektiven Voraussetzungen der Notwehr vorlagen, hat F nicht objektiv rechtspflichtwidrig gehandelt, als er den Schuss abgab. Danach handelte F zwar objektiv und subjektiv gesetzestatbestandsmäßig, aber objektiv nicht rechtswidrig. Ein für die Verletzung der Rechtspflicht konstitutives Element – das Vorliegen der objektiven Rechtspflichtverletzung – lag nicht vor, der Unrechtstatbestand eines vollendeten Vorsatzdelikts ist nicht erfüllt. Da aber der Täter den Plan gefasst hatte, (rechtswidrig) ein Delikt zu verwirklichen, und dieser Plan nach der Vorstellung des Täters auch ins Werk gesetzt wurde, liegt die Situation eines Deliktsversuchs nach § 22 StGB vor; eingehender dazu unter § 18 Rdn. 46 ff.

Macht man hingegen ernst mit der Aussage, die Verwirklichung des Gesetzestatbestandes indiziere die Rechtswidrigkeit, wenn kein Rechtfertigungsgrund vorliegt, so muss man zur Annahme eines vollendeten Tötungsdelikts kommen, denn ein Rechtfertigungsgrund – Notwehr – liegt nicht vor, weil eines seiner konstitutiven Elemente – Verteidigungswille – fehlt. – 31

---

9 BGHSt 39 S. 1, 28; vgl. dazu auch ENGLÄNDER Rechtstheorie 1997 S. 462; JAKOBS GA 1994 S. 12, Fn. 34; RENZIKOWSKI ARSP 1995 S. 345; SCHÜNEMANN Coimbra-Symposium, S. 163; L. SCHULZ ARSP, Beiheft 65, 1996, S. 189.

Verblüffenderweise wird dieser Konsequenz von zahlreichen Anhängern des sog. dreistufigen Verbrechensaufbaus ausgewichen; eingehender dazu § 18 Rdn. 46 ff.

IV. Tatbestand und Handlungsbegriff

32 Werden Gesetzestatbestand, Unrechtstatbestand und Garantietatbestand als je nach ihrem Umfang unterschiedliche Tatbestandsbegriffe erkannt, so ergibt sich – vgl. dazu bereits Rdn. 23 – für die *praktische* Prüfung, ob ein bestimmtes Verhalten als strafbares Verhalten einer bestimmten Person anzusehen ist, eine konsequente Prüfungsfolge von selbst: Mit dem Gesetzestatbestand ist zu beginnen, daran schließt sich die Erörterung der Rechtswidrigkeit und sodann die Prüfung der Schuld an, denn ein Verhalten, das nicht einmal unter einen Gesetzestatbestand des Besonderen Teils fällt, bedarf nicht der Prüfung, ob es rechtswidrig und schuldhaft verwirklicht wurde. Außerhalb des gesetzlich vertypten Verhaltens darf gemäß Art. 103 Abs. 2 GG, § 1 StGB nicht gestraft werden.

33 Gleichwohl beginnt die herrschende Lehre die Deliktsprüfung nicht mit der Erörterung der Rechtsgutsbeeinträchtigung und der Modalitäten der gesetzlich bestimmten Angriffshandlung, sondern mit der Frage, ob überhaupt eine „Handlung" vorliegt. Nach dieser Vorstellung soll nämlich jedes Delikt durch eine „Handlung" verwirklicht werden, gleichgültig, ob es sich um ein Begehungs- oder Unterlassungsdelikt handelt. Damit hätte der Handlungsbegriff zwei fundamentale Funktionen: Er wäre zum einen der oberste Begriff des strafrechtlichen Systems, dem die Eigenschaften der Straftat, „tatbestandsmäßig", „rechtswidrig" und „schuldhaft", nur noch attributiv zuzuordnen wären. Zum anderen würde es möglich, mit seiner Annahme oder Ablehnung von vornherein strafbare Verhaltensweisen (= Handlungen) von nicht strafbaren Verhaltensweisen (= Nichthandlungen) zu trennen, ohne dass überhaupt weiter in die Tatbestandsprüfung eingedrungen werden müsste. – Streitig ist allerdings, wie ein so verstandener Handlungsbegriff zu definieren ist.

1. Die verschiedenen Handlungslehren und ihre Grenzen

34 a) *Kausale Handlungslehren*: Handlung ist jede äußerlich sichtbare – die äußere Welt verändernde – Willensbetätigung.[10]

Kritik: Das Unrecht des Unterlassungsdelikts ist von einer derartigen Definition der Handlung her nicht sachgerecht zu erfassen.

35 b) *Finale Handlungslehre*: Handlung ist die durch den Willen überdeterminierte – zweckgerichtete – Ingangsetzung von Kausalverläufen.[11]

Kritik: Soll dieser Handlungsbegriff als wesentlichen Bestandteil die Steuerung eines Geschehens erfassen, so versagt er gleichfalls bei den Unterlassungsdelikten, aber auch in Fällen unbewusster Fahrlässigkeit. – Geht es ihm jedoch lediglich darum, nicht willensgetragene Verhaltensweisen als strafrechtlich irrelevant auszuscheiden, so bedarf es dazu keiner eigenständigen Handlungslehre; dazu sogleich unter Rdn. 37 ff.

36 c) *Soziale Handlungslehren*: Nur die im Sozialraum erhebliche – aus dem üblichen sozialen Geschehen herausfallende – Handlung ist auch rechtserheblich.[12]

---

10 Dazu BELING Die Lehre vom Verbrechen, 1906, S. 8 ff; GRAF ZU DOHNA ZStW 27 (1907) S. 332 ff.
11 Dazu WELZEL ZStW 51 (1931) S. 703 ff; DERS. Um die finale Handlungslehre, 1949; MAURACH/ZIPF A. T. 1, § 16 Rdn. 38 ff; SCHAFFSTEIN ZStW 72 (1960) S. 369 ff; STRATENWERTH Welzel-FS, S. 289 ff.
12 Dazu ENGISCH Kohlrausch-FS, S. 141 ff; HAUF Strafrecht, A. T., S. 20 f; JESCHECK Eb. Schmidt-FS,

Kritik: Die soziale Handlungslehre ist zur Abgrenzung strafrechtlich relevanter Handlungen von „Nichthandlungen" unbrauchbar, denn sie definiert den Begriff der Handlung überhaupt nicht. Die Aussage wiederum, dass nur sozialerhebliches Verhalten strafrechtlich von Bedeutung sein kann, ist inhaltsleer, denn ob ein Verhalten sozialerheblich ist oder nicht, soll die Prüfung des Unrechtstatbestandes beweisen. Eine vorweggenommene Globalbetrachtung erspart oder vereinfacht diese Prüfung nicht.

2. Konsequenzen aus der Diskussion um die Handlungslehren

Wenn die Diskussion um die verschiedenen Handlungslehren auch nicht zu dem gesuchten systematischen Oberbegriff geführt hat, so ist doch deutlich geworden, dass strafrechtlich relevantes Verhalten stets nur ein Verhalten ist, das der Willenssteuerung der Person zugänglich ist.   **37**

Dieser Nachweis ist auch das grundsätzliche Anliegen der Vertreter des sog. negativen Handlungsbegriffs –   **38** Handeln ist „das Unterlassen der gebotenen Gegensteuerung" bzw. „das vermeidbare Nichtvermeiden in Garantenstellung".[13]

Zur Begründung der Notwendigkeit möglicher Willenssteuerung strafrechtlich relevanten   **39** Verhaltens bedarf es jedoch nicht der Entwicklung einer eigenständigen Handlungslehre. Sie folgt bereits zwingend aus dem – unter Rdn. 7 ff – entwickelten Verständnis des sozialschädlichen Verhaltens (Unrecht) als pflichtwidrigem Verhalten. Die Pflicht setzt im Gegensatz zur bloßen Willkür die Möglichkeit der Befolgung der Pflicht durch den Adressaten voraus: *Die Möglichkeit der Person, das verpönte Verhalten zu vermeiden, ist die Voraussetzung der Verbindlichkeit jeder Strafrechtsnorm, unabhängig davon, ob es sich um eine Gebots- oder Verbotsnorm handelt, d. h. ob ein Tun oder Unterlassen gefordert wird.* – Sachgerecht ist es daher durchaus, die Begriffe Verhalten – Handlung (Tun) – Unterlassen in einem ursprünglichen, schlichten Sinn strafrechtsdogmatisch zu nutzen, wie SCHMIDHÄUSER vorschlägt. Dem Begriff des Verhaltens unterfallen dann als unterschiedliche – der Willenssteuerung zugängliche – Verhaltensweisen Handlung (Tun) und Unterlassung. Jedoch handelt es sich hier nicht um vortatbestandliche Begriffe, sondern um Elemente des Unrechtstatbestandes.[14]

Um das berechtigte Anliegen durchzusetzen, der Grundvoraussetzung strafrechtlicher   **40** Haftung, der möglichen Willenssteuerung des Verhaltens, auch im Aufbau der Straftat Beachtung zu verschaffen, bedarf es daher keiner vortatbestandlichen Handlungslehre. Bei der Prüfung der Voraussetzungen des konkreten Tatbestands ist vielmehr jeweils darzutun, ob der Täter durch willensgesteuertes Verhalten die Möglichkeit hatte, den konkreten zum Erfolg führenden Kausalverlauf zu beeinflussen. Dies ist der Ausgangspunkt der Erörterung, nicht aber die Prüfung einer Handlung unabhängig vom konkreten tatbestandlichen Verhalten:

S. 139 ff; ARTHUR KAUFMANN H. Mayer-FS, S. 79 ff; KIENAPFEL Das erlaubte Risiko im Strafrecht, 1966, S. 22 ff; MAIHOFER Eb. Schmidt-FS, S. 156 ff; EB. SCHMIDT Engisch-FS, S. 339 ff.

13 Dazu BEHRENDT Die Unterlassung im Strafrecht, 1979, S. 143 ff; HERZBERG GA 1996 S. 1, 9 ff; JAKOBS Der strafrechtliche Handlungsbegriff, 1992, S. 44 ff. – Zur Kritik SCHMIDHÄUSER GA 1996 S. 303 ff.

14 Insoweit übereinstimmend HERZBERG GA 1996 S. 8; SCHMIDHÄUSER Armin Kaufmann-GedS, S. 131 ff, 147 f; DERS. Müller-Dietz-FS, S. 778: Sachlich in der Bedeutung weitgehend übereinstimmend die Interpretation der Handlung als Persönlichkeitsäußerung durch ROXIN A.T. I, § 8 Rdn. 42 ff und M. HEINRICH Rechtsgutzugriff und Entscheidungsträgerschaft, 2002, S. 114. – Hingegen geht der Handlungsbegriff von JAKOBS – Der strafrechtliche Handlungsbegriff, 1992, S. 44 – „Begriff von denjenigem Verhalten, das Strafe notwendig macht", zu weit. Hier werden bereits die Merkmale der gesamten Straftat erfasst; vgl. auch SCHILD GA 1995 S. 110.

a) Der Schlafwandler A stößt bei einem nächtlichen Ausflug auf das Dach einen Schornstein um. Dieser fällt dem B auf den Kopf. B stirbt.

b) Der Dachdeckermeister D wird plötzlich von einem Schwindel gepackt. Er stürzt vom Dach, dem X auf den Kopf. X wird schwer verletzt.

41 Sicher lässt sich in diesen Fällen im Augenblick des unmittelbar zum Schaden führenden Geschehens das Fehlen einer Handlung begründen, aber auch ohne vortatbestandliche Handlungslehre führt die Prüfung der Möglichkeit des Täters, im Tatmoment den Erfolg zu vermeiden, zur problemlosen Ablehnung des Tatbestandes. Sodann aber wird sich die strafrechtliche Erörterung der Frage zuwenden, ob der Täter sich dadurch pflichtwidrig verhielt, dass er – Fall a) – keine Vorkehrungen gegen die nächtlichen Ausflüge traf oder – Fall b) – z. B. trotz wiederholter Schwindelanfälle auf das Dach stieg. – Bei der Entscheidung dieser Fragen leisten die Handlungslehren jedoch keine Hilfe. Die sachgerechte Tatbestandsprüfung führt allein weiter.[15]

3. Zum Streitstand

42 Die Einsicht, dass einem Handlungsbegriff im Verbrechensaufbau nicht die Funktion einer obersten Systemkategorie zukommt, sondern dass er nur auf die zwingende Voraussetzung verweist, dass strafbar allein ein Verhalten sein kann, das der Willenssteuerung durch den Täter unterliegt, setzt sich allmählich in der Lehre durch.[16]

43 Wiederholungsfragen

1. Welchen Sachverhalt erfasst der Gesetzes- und welchen der Unrechtstatbestand? – Dazu Rdn. 6f.
2. Den Tatbestand i.S. welcher Definition (Garantie-, Unrechts-, Gesetzestatbestand) hat der Täter in den folgenden Fällen jeweils verwirklicht?
   a) Der A erschlägt den Y in Notwehr. – Dazu Rdn. 6.
   b) Der B erschlägt den Y, um ihn zu berauben. – Dazu Rdn. 20.
   c) Der schuldunfähige C erschlägt den Y im Verfolgungswahn. – Dazu Rdn. 7.
3. Welche Prämissen führen zum zwei- bzw. dreistufigen Verbrechensaufbau? – Dazu Rdn. 23f.
4. Ist der Satz richtig: „Es ist gesetzlich verboten, einen Menschen zu töten", oder bedarf er der Ergänzung bzw. der Begrenzung, um als Rechtspflicht anerkannt zu werden? – Dazu Rdn. 27.
5. Ist die Tötung eines anderen Menschen unter den Voraussetzungen der Notwehr
   a) Tötung i.S. des Gesetzestatbestandes des § 212?
   b) Erfüllt das Verhalten den Unrechtstatbestand des § 212?
   c) Liegen die Voraussetzungen des Gesamttatbestandes (Garantietatbestandes) vor? – Dazu Rdn. 6ff.
6. Auf welchen Prämissen beruht die Lehre von den negativen Tatbestandsmerkmalen? – Dazu Rdn. 17ff.
7. Was versteht man unter der sog. Indizwirkung des Gesetzestatbestandes? – Dazu Rdn. 26.
8. Welchen Standort und welche Funktion hat die Frage nach einer „Handlung" im Deliktsaufbau der h. M.? – Dazu Rdn 32f.
9. Benenne einige der vertretenen „Handlungslehren" und skizziere sie kurz. – Dazu Rdn. 34ff.
10. Bedarf es überhaupt einer vortatbestandlichen „Handlungslehre"? – Fasse kurz die im Grundkurs aufgezeigte Position zusammen. – Dazu Rdn. 37ff.

---

15 Vgl. auch HERZBERG GA 1996 S. 1ff, 9; KINDHÄUSER StGB, Vor § 13 Rdn. 64.
16 Vgl. auch BRAMMSEN JZ 1989 S. 72ff; GALLAS ZStW 67 (1955) S. 14; GIMBERNAT ORDEIG Armin Kaufmann-GedS, S. 159ff; ARMIN KAUFMANN Strafrechtsdogmatik zwischen Sein und Wert, 1982, S. 21ff; KINDHÄUSER StGB, Vor § 13 Rdn. 64; KREY A.T. 1, Rdn. 250; KÜHL A.T., § 2 Rdn. 3; OTTER Funktionen des Handlungsbegriffs im Verbrechensaufbau?, 1973, S. 198ff; SCH/SCH/LENCKNER Vorbem. §§ 13ff Rdn. 40; WOLTER 140 Jahre GA-FS, S. 283f. – Zur Verteidigung der Handlungslehren dagegen: BLOY ZStW 90 (1978) S. 609ff; HIRSCH ZStW 93 (1981) S. 831ff; MAIWALD ZStW 86 (1974) S. 626ff. Dass im Übrigen die strafrechtlichen Handlungslehren nur einen Teilaspekt des strafrechtlichen Handlungsbegriffes ausmachen, zeigt SCHILD Messner-FS, S. 241ff.

Zweiter Abschnitt
Das vorsätzliche Begehungsdelikt

§ 6: Die objektive Zurechnung eines Erfolges zur Person des Täters: Das „Risikoerhöhungsprinzip"

Lernziel: Kenntnis jenes Zusammenhangs, der einen bestimmten Erfolg (Rechtsgutsbeeinträchtigung oder -gefährdung) als Werk einer ganz bestimmten Person erscheinen lässt.

I. Einführung

Die Frage, ob eine als Täter ins Auge gefasste Person den Tatbestand eines bestimmten **1** Delikts verwirklicht hat, erweist sich bei den schlichten Tätigkeitsdelikten als grundsätzlich unproblematisch. Die relevante – tatbestandsmäßige – Tätigkeit ist genau beschrieben, so dass allein zu prüfen ist, wer in der beschriebenen Weise tätig geworden ist. Den objektiven Tatbestand des § 153 StGB z. B. verwirklicht, wer als Zeuge vor Gericht eine falsche Aussage macht. Mag daher der Inhalt einzelner Begriffe des Tatbestandes – Zeuge, falsche Aussage – auch streitig sein, so ergibt sich doch keine über die Klärung dieser Begriffsinhalte hinausgehende Problematik bei der Prüfung, ob jemand sich so verhalten hat, wie es im Tatbestand beschrieben ist.

In gleicher Weise stellt sich die Problematik bei den Erfolgsdelikten, in denen der Gesetz- **2** geber das zum Erfolg führende Verhalten im Tatbestand genau umschrieben hat oder Lehre und Rechtsprechung einzelne Begriffe so konkretisiert haben, dass das *tatbestandsmäßige Verhalten* anschaulich erfasst wird. So kommt man bei der Prüfung der Frage, ob jemand einem anderen eine Sache i. S. des § 242 StGB weggenommen hat, wohl kaum auf die Idee, diese Frage auf die Kurzformel zu reduzieren, ob die betreffende Person „für die Wegnahme der Sache kausal war". Es wird geprüft, ob jemand den Gewahrsam eines anderen gebrochen und neuen Gewahrsam begründet hat. Selbstverständlich ist, dass „wegnehmen" nicht identisch ist mit „kausal sein für eine Wegnahme". Augenfällig ist, dass hier schon im sprachlichen Ausdruck unterschiedliche Inhalte bezeichnet sind.

Anders verhält es sich jedoch bei den *Erfolgsdelikten, die die Strafe schlicht an die Erfolgs-* **3** *herbeiführung knüpfen,* wie z. B. die §§ 212, 222, 223, 229, 303 StGB, ohne dass der Gesetzgeber diese Erfolgsherbeiführung näher tatbestandsmäßig beschrieben oder Lehre und Rechtsprechung die zur Erfolgsherbeiführung nötigen Handlungsvollzüge eingehender umschrieben haben. Hier stellt sich in aller Schärfe das grundsätzliche Problem, wann *einer Person der Erfolg,* die im Tatbestand erfasste Rechtsgutsbeeinträchtigung, unabhängig von Fragen der subjektiven Zurechnung (Vorsatz, Fahrlässigkeit) gerade *als ihr Werk* zuzurechnen ist. – Diese Feststellung ist gleichsam die Grundvoraussetzung der strafrechtlichen Haftung als Täter, denn schon die Differenzierung zwischen Opfer und Täter geht davon aus, dass auch dann, wenn mehrere Personen an einem Geschehen beteiligt sind, eine unterschiedliche Zurechnung möglich und nötig ist. Noch brisanter aber stellt sich die Zurechnungsfrage, wenn mehrere Personen in unterschiedlichen Rollen bei der Verwirklichung eines Geschehens zusammenwirken.

Fallgruppe 1:

Ist A der Tod bzw. die Verletzung des Opfers objektiv zuzurechnen?   **4**

Fall 1: A stößt den B bei einem Segeltörn über Bord. B ertrinkt.

Fall 2: B ist rechtskräftig verurteilt worden und soll auf dem elektrischen Stuhl hingerichtet werden. Als der Henker den Arm hebt, stößt A ihn beiseite und drückt selbst auf den Knopf.

Fall 3: BGHSt 37 S. 106: A verkaufte dem B ein Lederspray. Als B dieses benutzte, wurde er von Atembeschwerden, Übelkeit, Schüttelfrost und Fieber befallen. Es war nicht festzustellen, welche konkrete Substanz dieses bewirkt hatte. Andere Ursachen als die Verwendung des Sprays konnten jedoch ausgeschlossen werden.

Fall 4: B will X einen Bierkrug auf den Kopf hauen. A gelingt es nicht, ihn von seinem Vorhaben abzubringen. Er kann jedoch in einem unbeobachteten Augenblick den heilen Maßkrug gegen einen, dessen Henkel einen Sprung hat, vertauschen. Da der Henkel bei dem Schlag abbricht, erleidet X nur leichte Verletzungen.

Fall 5: Der Feuerwehrmann A kann das Kind B vor dem sicheren Flammentod dadurch retten, dass er B aus dem brennenden Haus in ein Sprungtuch wirft, obwohl die Gefahr besteht, dass B das Genick gebrochen wird, wenn B unglücklich aufschlägt. Die drohende Gefahr realisiert sich. B kommt zu Tode.

Fall 6: Wie Fall 1, aber C wirft dem B einen Rettungsring zu. Gerade als B diesen ergriffen hat, zerstört D den Ring. B ertrinkt.

Fall 7: BGH NJW 1966 S. 1823f: Die A schlug dem B mit einer schweren Bratpfanne dreimal auf den Hinterkopf. Dann lief sie fort. Anschließend führte C noch mindestens einen, später wiederum A einen weiteren Schlag aus. B starb. – Ob die ersten Schläge schon den Tod herbeiführten oder einer der späteren, war nicht auszumachen. – A und C handelten nicht auf Grund eines vorher gefassten gemeinsamen Tatplanes.

Fall 8: A und B wohnen in einem Heidedorf. Da A dem B übel will, bittet er ihn eines Tages, als gerade ein Gewitter aufzieht, ihm einen Brief in das nächste Heidedorf zu bringen. Obwohl B die Gefahr sieht, geht er los. Er wird vom Blitz erschlagen. Dies hatte A beabsichtigt.

Fall 9: Wie im Fall 8, aber A schickt nicht den B, sondern den erst 7jährigen C los.

Fall 10: BGHSt 32 S. 262: H hatte sich Heroin besorgt und wollte sich dieses injizieren. Da er als Heroinkonsument bekannt war, gelang es ihm nicht, eine Spritze zu erwerben. Auf seine Bitte hin besorgte ihm A die Spritze. Die sodann von H vorgenommene Injektion führte zu seinem Tode. – H war voll zurechnungsfähig.

Fall 11: BGHSt 39 S. 322: A hat das Haus des B angezündet. In dem Gebäude befindet sich auch C, der Sohn des B. Als D, ein Bruder des C, dieses erfährt, stürzt er sich trotz aller Warnungen in das brennende Gebäude, um C zu retten. – D stirbt an einer Rauchvergiftung, C kann sich selbst retten.

Fall 12: OLG Stuttgart NStZ 1997 S. 190: A, der ein Mehrfamilienhaus renovierte, lagerte brennbare Abfälle, die bei den Arbeiten anfielen – Tapetenreste, Teppichbodenabfälle, Kartonagen u. a. – in dem mit einer Holztreppe ausgestatteten, nicht verschlossenen Treppenhaus. Dies sah zufällig der H. Er zündete die Abfälle an. Bei dem Brand kamen 7 Menschen ums Leben.

Fall 13: A hatte in nicht fahrtüchtigem Zustand ein Kraftfahrzeug geführt und den B angefahren. B wurde in die nächste Klinik gebracht und operiert. Der operierende Arzt war kurzfristig abgelenkt. Daher kam es zu einem Kunstfehler, der zum Tode des B führte.

Fall 14: Der Jäger A bewahrte seine Schusswaffe nicht verschlossen und gesichert auf, sondern ließ sie ungesichert in der Wohnstube stehen. Dort sah sie C bei einem Besuch, nahm sie in die Hand, um sie näher zu betrachten. Dabei löste sich ein Schuss, der den auf der Straße stehenden B tödlich traf.

Fall 15: A hatte den B bei einer Auseinandersetzung versehentlich lebensgefährlich verletzt. B war bewusstlos. – Um seine Tat zu verdecken, steckte A das Haus in Brand. Dabei kam B zu Tode.

II. Die objektive Zurechnung

1. Grundsätzliche Fragestellung

5   Die zentrale Frage der Erfolgszurechnung ist die Frage danach, wer für einen Erfolg verantwortlich ist: Wem kann ein Erfolg als *sein Werk* zugerechnet werden? Diese Frage konzentriert sich im Strafrecht auf die beiden Grundfragen:

a) Ist die im Tatbestand beschriebene Rechtsgutsbeeinträchtigung eingetreten?

b) Ist dieser Erfolg dem Täter als sein Werk zuzurechnen?

An die Frage, wem ein Erfolg als sein Werk zuzurechnen ist, knüpft sich im Verbrechensauf-   **6**
bau sodann die weitere Frage, ob der Erfolg dem Täter als sein *rechtswidriges Werk* zuzurechnen ist, weil er auf der Verletzung einer Vermeidepflicht durch den Täter beruht. – Die
Feststellung des Erfolgseintritts und die objektive Erfolgszurechnung betreffen den *Gesetzestatbestand*, die Feststellung des dabei verwirklichten Unrechts die *Rechtswidrigkeit* des Verhaltens.

2. Grundlagen der objektiven Zurechnung eines Erfolges

Die Prüfung der Verantwortlichkeit einer Person für einen bestimmten tatbestandlich ver-   **7**
pönten Erfolg wird, von der in dem als Verbotsnorm interpretierten Gesetzestatbestand
(„Du sollst ...") normierten *Pflicht, den Erfolg zu vermeiden,* ausgehend, die *Möglichkeit der
Person* feststellen, *diesen Erfolg zu vermeiden,* und sich sodann der *Verletzung der Verpflichtung* durch diese Person zuwenden.

a) Mit der Statuierung der Pflicht, bestimmte Erfolge zu vermeiden, wendet sich der Gesetz-   **8**
geber in seiner Rechtsnorm unmittelbar an die *Fähigkeit der Person, ein Kausalgeschehen in
bestimmter Weise zu steuern,* d. h. den eigenen Willen den Geboten oder Verboten der Rechtsordnung entsprechend – final – einzusetzen. „Werk einer Person ist das Produkt *ihrer* Freiheit."[1] Dem *Prinzip der Steuerbarkeit* des Verhaltens kommt demgemäß im Rahmen der
Erfolgszurechnung zentrale Bedeutung zu: Die Grenzen des Willens markieren auch die
Grenzen der strafrechtlichen Haftung. Nur in diesem Rahmen kann das faktische Geschehen
einer Person rechtlich zugerechnet werden.

Da mit der *Person,* der ein Erfolg als ihr Werk zugerechnet wird, zugleich der Täter der   **9**
Deliktsverwirklichung beschrieben ist, lässt sich die Lehre von der Zurechnung durchaus als
Teil der Täterlehre verstehen. Sie beschreibt den durch die Handlungsherrschaft gekenn-
zeichneten Alleintäter.[2]

b) *Rechtspflichtwidrig* – dazu weiter unter § 8 – ist das Verhalten des Täters, wenn er für das   **10**
geschützte Rechtsgut eine über das erlaubte Maß hinausgehende Gefahr (Risiko) begründet
oder erhöht hat, die sich in der Rechtsgutsbeeinträchtigung realisiert.

Mit der Erörterung der Frage, ob der Täter eine über das erlaubte Maß hinausgehende Gefahr begründet hat,   **11**
wird die Frage nach der Erfolgszurechnung zur Frage nach der *Unrechtserfolgszurechnung* erweitert; dazu weiter unter § 8 Rdn. 2 ff.

III. Die einzelnen Elemente der objektiven Erfolgszurechnung

Die Steuerbarkeit setzt zunächst die faktische Möglichkeit, einen Kausalverlauf zu beeinflus-   **12**
sen voraus, jedoch wird nicht jeder Erfolg, den eine Person faktisch vermeiden kann, dieser
Person als ihr Werk zugerechnet. Unter rechtlichen Aspekten interessiert nicht die Feststellung irgendeines – u. U. zufälligen – tatsächlichen Zusammenhangs zwischen „Täter" und
Erfolg, sondern relevant ist nur der Zusammenhang, für den *der Täter als Person verantwort-*

---

1 JAKOBS Hirsch-FS, S. 53 f. – Zur Vermeidbarkeit als Tatbestandsvoraussetzung vgl. auch OLG Düsseldorf
   NJW 1988 S. 1337; BEHRENDT Jescheck-FS, Bd. 1, S. 303 ff; GÖSSEL Oehler-FS, S. 100 ff; KINDHÄUSER GA
   1982 S. 490 ff.
2 Vgl. dazu LESCH ZStW 105 (1993) S. 271 ff; MURMANN Die Nebentäterschaft im Strafrecht, 1993, S. 154 ff;
   OTTO Jura 1992 S. 91; RENZIKOWSKI Lenckner-FS, S. 250; SCHILD Täterschaft als Tatherrschaft, 1994,
   S. 30.

lich ist und dessen Begründung ihm daher als *sein Werk* zugerechnet wird. – *Die Erfolgs-zurechnung verlangt demgemäß die Feststellung eines faktischen und eines normativen Zusammenhangs zwischen Tathandlung und Erfolg.*

1. Die Steuerbarkeit des Geschehens: Der faktische Zusammenhang zwischen Tathandlung und Erfolg

a) Die Bedingungs- oder Äquivalenztheorie

13　Einigkeit besteht in Lehre und Rechtsprechung gemeinhin darüber, dass der *faktische Zusammenhang* zwischen Tathandlung und Erfolg der Kausalzusammenhang ist. Dieser wurde lange Zeit weitgehend übereinstimmend nach der von STÜBEL[3] begründeten und von M. v. BURI[4] weiterentwickelten *Bedingungs- oder Äquivalenztheorie* ermittelt. Nach dieser Theorie ist ein Erfolg dann durch eine Handlung des Täters *verursacht, wenn die Handlung des Täters nicht hinweggedacht werden kann, ohne dass der Erfolg in seiner konkreten Gestalt mit an Sicherheit grenzender Wahrscheinlichkeit entfiele.* Die Handlung muss demnach *Conditio-sine-qua-non* für den Erfolg gewesen sein.[5]

14　Diese Theorie ist streng genommen keine Kausaltheorie, sondern eine Bedingungstheorie, denn nicht nur Ursachen im naturwissenschaftlichen Sinne, sondern auch logische Bedingungen werden von ihr erfasst.

Ursache i. S. der causa efficiens: A schießt dem B eine Kugel in den Kopf. B stirbt. – A ist kausal geworden für den Tod des B.

Logische Bedingung: B, der nicht schwimmen kann, ist in den Fluss gefallen. Glücklicherweise treibt ein aufgepumpter Autoreifen auf ihn zu. Diesen könnte er mit Sicherheit ergreifen und sich retten. A durchlöchert den Reifen mit einem Pistolenschuss. Dieser ist damit als Rettungsring unbrauchbar. B ertrinkt. – Causa efficiens: das Eindringen des Wassers in die Lunge. – Bedingung i. S. der Äquivalenztheorie: auch der Schuss des A.

15　Alle Bedingungen eines Erfolges werden als gleichwertig angesehen.

Beispiel: A leiht sich das Kraftfahrzeug des B für eine Fahrt. Als vor ihm C unachtsam über die Straße geht, will A bremsen. Die Bremsen versagen, weil D sie nach einer Reparatur sachwidrig zusammengesetzt hatte. C wird tödlich überfahren.

Kausal im Sinne der Äquivalenztheorie für den Tod des C: A auf Grund des Fahrens; B dadurch, dass er dem A das Fahrzeug lieh; D durch die unsachgemäße Reparatur; C selbst dadurch, dass er die Straße betrat.

16　In den letzten Jahrzehnten sind die Mängel der Äquivalenztheorie allgemein bewusst worden. Konsens besteht darüber, dass die Theorie einerseits zu weit, andererseits zu eng ist, und daher gar nicht die für die Erfolgszurechnung relevanten Bedingungen erfasst, darüber hinaus aber auch keine Aussage über einen Kausalzusammenhang ermöglicht, da sie diesen vielmehr voraussetzt.

aa) Regressus ad infinitum

17　Zu weit ist die Theorie, da die Zahl der Bedingungen, die nach ihrer Aussage mit einem Erfolg verknüpft sind, theoretisch unendlich ist (regressus ad infinitum).

---

3 Ueber den Thatbestand der Verbrechen, 1805, §§ 96, 137, 153.
4 Ueber Causalität und deren Verantwortung, 1873; Die Causalität und ihre strafrechtlichen Beziehungen, 1885.
5 Vgl. RGSt 1 S. 374; 44 S. 244; 54 S. 349; 77 S. 18; BGHSt 1 S. 333; 7 S. 112; 11 S. 3; BAUMANN/WEBER/MITSCH A. T., § 14 Rdn. 8; EBERT/KÜHL Jura 1979 S. 563; JESCHECK/WEIGEND A. T., § 28 II 1; KORIATH Kausalität, Bedingungstheorie und psychische Kausalität, 1988, S. 111f m. w. N.; KÜHL A. T., § 4 Rdn. 9; TRÖNDLE/FISCHER Vor § 13 Rdn. 16; WELZEL Lb., § 9 II. – Krit. zum „Erfolg in seiner konkreten Gestalt": PUPPE A. T. I, § 1 Rdn. 2ff.

Beispiel: Im Falle des von A überfahrenen C, für dessen Tod A, B, D und C selbst Bedingungen gesetzt haben, die nicht hinweggedacht werden können, ohne dass der Erfolg mit an Sicherheit grenzender Wahrscheinlichkeit entfiele, waren auch der Hersteller und der Verkäufer des Kraftfahrzeugs im Sinne der Äquivalenztheorie kausal für den Tod des C.

bb) Hypothetische und alternative Kausalität

Als zu eng erweist sich die Theorie in Fällen, in denen derselbe Erfolg durch eine andere Bedingung herbeigeführt worden wäre, wenn der Täter nicht gehandelt hätte (hypothetische Kausalität). **18**

Beispiel: A tötet den B, der an einer Elektroleitung arbeitet, indem er die Sicherung einschaltet. Hätte A die Sicherung nicht eingeschaltet, so hätte C dieses in der gleichen Sekunde getan.

Die Äquivalenztheorie müsste zu dem Ergebnis führen: A war nicht kausal für den Tod des B. – Dieses Ergebnis wird vermieden, indem postuliert wird, dass hypothetische Ersatzbedingungen bei der Feststellung des Kausalzusammenhangs nicht hinzugedacht werden dürfen. Das ist sicher richtig, da die tatsächliche Ursachenkette nicht bedeutungslos wird, weil eine gedachte Ursachenkette an ihre Stelle hätte treten *können*, aber nicht getreten ist. Der Wortlaut der Formel selbst aber gibt diese Einschränkung nicht her.

Gleiches gilt für die Fälle, in denen der Erfolg durch zwei oder mehr gleichzeitig und unabhängig voneinander wirksame Bedingungen herbeigeführt wurde (alternative Kausalität). **19**

Beispiel: Unabhängig voneinander geben A und C jeweils eine tödliche Menge des gleichen Giftes in die Suppe des B. B isst die Suppe und stirbt. Die doppelte Giftmenge hat den Tod des B nicht beschleunigt.

Nach der Äquivalenztheorie ist weder A noch C kausal für den Tod des B gewesen.

Unproblematisch unter Kausalitätsgesichtspunkten sind hingegen die Fälle kumulativer Kausalität, in denen zwei unabhängig voneinander gesetzte Bedingungen erst durch ihr Zusammentreffen zum Erfolg führen. **20**

Beispiel: A und B geben dem C unabhängig voneinander Gift ein. Jede der beiden Mengen wäre allein nicht tödlich gewesen. Jetzt aber führt die Gesamtmenge zum Tode des E.

An der Wirksamkeit der einzelnen Bedingungen für den Erfolg ist in diesen Fällen nicht zu zweifeln. Die Problematik liegt hier in der Frage, wie weit einem Täter nicht vorhergesehene Abweichungen des geplanten Kausalverlaufs zugerechnet werden können; dazu weiter § 7 Rdn. 82 ff. **21**

cc) Die Untauglichkeit der Bedingungstheorie zum Nachweis eines Kausalzusammenhangs

Die Mängel, die einerseits in der Weite, andererseits in der Enge der Bedingungstheorie angelegt sind, mögen als Ausnahmen noch tolerabel erscheinen. Sie können darüber hinaus z. T. vermieden werden, wenn die Fragestellung streng auf den real abgelaufenen Kausalverlauf beschränkt wird und hypothetische Ersatzbedingungen aus dem Frageprogramm ausgeschlossen werden. *„Zu fragen ist demnach nicht, ob der Erfolg auch ohne die Handlung eingetreten wäre, sondern ob die konkrete Handlung im konkreten Erfolg tatsächlich wirksam geworden ist"*[6]. Doch gerade auf diese Frage gibt die Theorie keine Antwort, wenn der Wirkungszusammenhang nicht schon – aus anderen Gründen – bekannt ist. **22**

Den Einwand, dass die Äquivalenztheorie gar nicht das leisten kann, was sie zu leisten vorgibt, nämlich die Auffindung von Kausalzusammenhängen, hat ENGISCH bereits im Jahre 1930 eingehend begründet. Er legte dar, dass durch das Hinwegdenken irgendeines Geschehnisses überhaupt kein Kausalzusammenhang ermittelt werden kann. Wird ein Umstand hinweggedacht, auf den zeitlich ein anderer Umstand gefolgt ist, so gibt das Hinwegdenken allein über die Verknüpfung der beiden Umstände keine Auskunft. Erst dann und wenn **23**

---

6 SCH/SCH/LENCKNER Vorbem. §§ 13 ff Rdn. 75.

bekannt ist, ob zwischen dem Ereignis „a" und dem ihm zeitlich nachfolgenden Ereignis „b"
ein Kausalzusammenhang besteht oder nicht, lässt sich die Frage beantworten, ob ohne „a"
das Ereignis „b" entfallen wäre.

Beispiel: A hat dem B eine „Substanz" in die Suppe geschüttet. 2 Stunden nachdem er die Suppe gegessen hat,
ist B gestorben.

Lösung: Erst wenn bekannt ist, ob die „Substanz" ein tödliches Gift oder ein harmloses Gewürz war, und wie
die „Substanz" wirkte, lässt sich die Frage beantworten, wie die „Substanz" auf den B gewirkt hat. Diese
Frage aber ist nicht mit Hilfe der Conditio-sine-qua-non-Formel zu beantworten, sondern mit Hilfe des medizinischen Sachverständigen, der hier sein oder allgemein bekanntes Erfahrungswissen anwendet.

24   *Die Äquivalenztheorie ist daher untauglich, Auskunft über – bisher – nicht bekannte Kausal-*
zusammenhänge zu geben. Die Antwort auf die Frage, ob eine Handlung „a" in einem Erfolg
„b" wirksam war, weil sie für diesen Erfolg kausal war, lässt sich nicht durch Hinwegdenken
der Handlung „a" finden, sondern ergibt sich aus dem Nachweis eines gesetzlichen Zusammenhangs zwischen der Handlung „a" und dem Erfolg „b". Diese Erkenntnis kann heute,
insbesondere nach eingehender Erörterung der entsprechenden Problematik im sog. Contergan-Verfahren[7], „als Allgemeingut des strafrechtlichen Schrifttums bezeichnet werden"[8].

25   Im sog. Contergan-Verfahren ging es um die entscheidende Frage, ob bei zahlreichen neugeborenen Kindern
vorhandene Missbildungen durch das Arzneimittel Thalidomid verursacht worden waren, das ihre Mütter
während der Schwangerschaft eingenommen hatten. Da im Zeitpunkt des Prozesses unbekannt war, ob überhaupt ein Kausalgesetz existierte, demzufolge die Missbildungen auf die Einnahme des Arzneimittels zurückzuführen waren, vermochten die Richter in dem Verfahren weder durch Hinwegdenken noch durch Hinzuden-
ken der Thalidomideinnahme irgendeine Antwort auf die Frage zu finden, ob die Thalidomideinnahme die
Missbildungen verursacht hatte. Sie versuchten daher – durchaus sachgerecht – mit Hilfe von Sachverständigen zu ermitteln, ob nach dem bisher bekannten Erfahrungswissen ein gesetzmäßiger Zusammenhang zwischen der Thalidomideinnahme und den Missbildungen nachweisbar war.

26   Relevanz kommt der Conditionen-Formel daher nur dort zu, wo es darum geht, aus einer
bereits festgestellten kausalen Erklärung ein bestimmtes Ereignis hinwegzudenken, um zu
überprüfen, ob die Erklärung ohne dieses *noch schlüssig ist,* und damit die Feststellung zu
ermöglichen, ob eine bestimmte Bedingung im Hinblick auf den Erfolg auch eine notwendige
Bedingung war.[9]

27   In diesen Fällen kommt eine wertende Beurteilung der relevanten Problematik allerdings
zu gleichen Ergebnissen und vermeidet zudem falsche Aussagen in Fällen alternativer Kausalzusammenhänge.

Beispiel: A hat dem B eine tödlich wirkende Menge Arsen in die Suppe gegeben. C hat sodann – unabhängig
von A – gleichfalls ein wenig Arsen, das aber allein keine tödliche Wirkung entfalten kann, in die Suppe getan.
B stirbt nach dem Genuss der Suppe, ohne dass das Gift des C den Todeseintritt auch nur beschleunigt hat.

Beurteilung: Hier ist es akzeptabel, den C nicht für den Totschlag verantwortlich zu machen, weil seine Handlung keine *hinreichende* Bedingung in dem notwendigen Kausalzusammenhang darstellt. – Dieses lässt sich

---

7 LG Aachen JZ 1971 S. 507.

8 Maiwald Kausalität und Strafrecht, 1980, S. 5. – Grundlegend: Engisch Die Kausalität als Merkmal der
   strafrechtlichen Tatbestände, 1931, S. 18 ff. – Darüber hinaus vgl. BGHSt 37 S. 106, 111 ff; LG Frankfurt
   NStZ 1990 S. 512 f; Hoyer GA 1996 S. 162 f, 167 f; Jescheck/Weigend A. T., § 28 II 4; Armin Kaufmann
   JZ 1971 S. 574; Arthur Kaufmann Eb.-Schmidt-FS, S. 210; Koriath Grundlagen strafrechtlicher Zurechnung, 1994, S. 488; Lackner/Kühl Vor § 13 Rdn. 10; Lampe Armin Kaufmann-GedS, S. 189; Mau-
   rach/Zipf A. T. 1, § 18 Rdn. 45; Otto Jura 1992 S. 92 f; Roxin A. T. I, § 11 Rdn. 11 ff; Rudolphi SK I, Vor
   § 1 Rdn. 40; Schmidhäuser A. T., 8/59; Sch/Sch/Lenckner Vorbem. §§ 13 ff Rdn. 74; Wessels/Beulke
   A. T., Rdn. 156.

9 Dazu Puppe SchwZStR 107 (1990) S. 141 ff, 151; Rothenfusser Kausalität und Nachteil, 2003, S. 13 ff.

aber sowohl mit Hilfe der Conditio-sine-qua-non-*Formel begründen, als auch mit der wertenden Beurteilung, dass eine relevante* Wirksamkeit des Giftes des C im Tode des B nicht nachzuweisen ist.

Die Conditio-sine-qua-non-Formel ist daher untauglich zur Feststellung kausaler Zusam- **28** menhänge, ermöglicht aber den Rückgriff auf Erfahrungswissen über Zusammenhänge, die in ihren Einzelheiten gerade nicht bekannt sind. Sie erweist sich damit als „eines jener Instrumente, die der Jurist hinterher anwendet, um für eine mit anderen Mitteln gewonnene Erkenntnis logisch-mathematische Exaktheit vorzutäuschen".[10]

b) Die Adäquanz- und die Relevanztheorie

Versucht wurde, den Mängeln der Äquivalenztheorie normativ zu begegnen. Es wurde zum **29** einen vorgeschlagen, die Äquivalenztheorie unter *Adäquanzgesichtspunkten* zu begrenzen und nur solche Folgen einer Tat als verursacht anzusehen, mit deren Eintritt nach allgemeiner menschlicher Lebenserfahrung vom Standpunkt eines kundigen, nachträglich urteilenden Betrachters gerechnet werden konnte.[11] Zum anderen wurde eine Begrenzung der Kausalfaktoren auf relevante Faktoren – *Relevanztheorie* – nach Sinn und Zweck der einzelnen Tatbestände angestrebt.[12]

Diese Begrenzungen der Äquivalenztheorie sind jedoch nicht geeignet, die Mängel der **30** Theorie zu beheben. Die *Adäquanztheorie* steht nicht im Gegensatz zur Äquivalenztheorie, sondern setzt vielmehr die Ergebnisse voraus, welche die Anwendung der Äquivalenztheorie liefert, und ist damit den gleichen Einwänden ausgesetzt wie diese Theorie. Sie vermag aus festgestellten Kausalverläufen diejenigen auszuschließen, die in atypischer Weise zu einer Rechtsgutsbeeinträchtigung führten, sie vermag aber – genau so wenig wie die Äquivalenztheorie – Kausalverläufe festzustellen. – Die *Relevanztheorie* kann durchaus als Lehre von der objektiven Zurechnung interpretiert werden, wenn man erkennt, dass die Bestimmung der „relevanten Causa" mehrere Faktoren erfordert.

c) Die Lehre von der gesetzmäßigen Bedingung

Den Mangel der Conditio-sine-qua-non-Formel, keine Aussage über eine kausale Beziehung **31** zwischen zwei Ereignissen zu ermöglichen, hat ENGISCH in der Formel von der „gesetzmäßigen Bedingung" auszugleichen versucht: „Ein Verhalten – wir denken zunächst nur an positives Tun – erweist sich dann als ursächlich für einen nach einem bestimmten strafgesetzlichen Tatbestand abgegrenzten konkreten (positiven) Erfolg, wenn sich an jenes Verhalten als zeitlich nachfolgend Veränderungen in der Außenwelt angeschlossen haben, die mit dem Verhalten und untereinander in ihrer Aufeinanderfolge (natur-)gesetzmäßig verbunden waren und die ausgemündet sind in irgendeinen Bestandteil des konkreten Sachverhalts, der dem Strafgesetz gemäß als Erfolg abgegrenzt ist"[13]. – Kürzer und griffiger formuliert: *Ein Verhalten ist dann kausal für einen Erfolg im Sinne der Bedingungstheorie, wenn dieser Erfolg*

---

10 ARTHUR KAUFMANN Eb.-Schmidt-FS, S. 210. – Vgl. im Übrigen ERB JuS 1994 S. 450; FRISCH Gössel-FS, S. 64 ff; JAKOBS A.T., 7/9; JESCHECK/WEIGEND A.T., § 28 II 4; ROXIN A.T. I, § 11 Rdn. 11 ff; WEHRENBERG MDR 1971 S. 900.
11 Vgl. z.B. BOCKELMANN/VOLK A.T., § 13 A V 4 a.
12 Vgl. MEZGER Strafrecht, 2. Aufl. 1933, S. 122 ff.
13 Kausalität, S. 21.

mit dem Verhalten durch eine Reihe von zeitlich nachfolgenden Veränderungen in der Außenwelt gesetzmäßig verbunden ist. – Die Feststellung des kausalen Zusammenhangs erfolgt ex post.[14]

32   Auch der Formel von der gesetzmäßigen Bedingung ist keine *inhaltliche Aussage* über das Vorliegen eines Kausalzusammenhanges zwischen einem bestimmten Verhalten und einem bestimmten Erfolg zu entnehmen. Sie weist vielmehr nur ausdrücklich darauf hin, dass dieser Zusammenhang zu prüfen und nachzuweisen ist. Sie verweist damit auf zwei Feststellungen: Zunächst ist zu ermitteln, ob überhaupt ein auf den relevanten Fall anwendbares Kausalgesetz, d. h. ein wissenschaftlich gesichertes, weil in den maßgeblichen Fachkreisen allgemein anerkanntes Naturgesetz, existiert (sog. generelle Kausalität). Sodann ist festzustellen, ob der konkrete Sachverhalt auch unter dieses Kausalgesetz subsumiert werden kann (sog. konkrete Kausalität). Der Kausalzusammenhang ist demgemäß in einem gestuften Prüfungsverfahren festzustellen.[15]

d) Grenzen der Lehre von der gesetzmäßigen Bedingung

33   Nach der Lehre von der gesetzmäßigen Bedingung ist die Kausalitätsfeststellung dort unproblematisch, wo der kausale Wirkzusammenhang zwischen einem bestimmten Ereignis und einem bestimmten Erfolg bekannt ist. Problematisch aber wird die nötige Feststellung zum einen dort, wo der *Wirkzusammenhang im Einzelnen nicht bekannt* ist, so dass zwar nach anerkanntem Erfahrungswissen der Kausalzusammenhang bejaht, nicht aber in seiner Wirkweise erklärt werden kann, zum anderen aber *im psychischen Bereich*, da die gesetzliche Verknüpfung psychischer Zusammenhänge nicht allgemeingültig erwiesen ist.

aa) Die fehlende Kenntnis der Art und Weise kausaler Wirkungen

34   Die Frage, wie zu entscheiden ist, wenn das Vorliegen des Kausalzusammenhangs streitig ist, weil es nicht möglich ist, den Wirkzusammenhang im Einzelnen zu erklären, war bereits im sog. Contergan-Verfahren – vgl. dazu oben Rdn. 25 ff – von zentraler Bedeutung. Im sog. Lederspray-Urteil[16] hat der BGH sodann dargelegt, dass der Kausalnachweis in derartigen Fällen geführt ist, wenn rechtsfehlerfrei festgestellt ist, dass ein Produkt Gesundheitsschäden verursacht hat, auch wenn offen bleibt, welche konkrete Substanz den Schaden ausgelöst hat. Rechtsfehlerfrei sei die Feststellung getroffen, wenn alle anderen in Betracht kommenden Schadensursachen ausgeschlossen werden könnten. Im sog. Holzschutzmittel-Urteil[17] präzisierte und erweiterte der BGH diese Aussagen.

BGHSt 41 S. 206, 215 f: „Selbst wenn unter den Naturwissenschaftlern keine Einigkeit darüber besteht, ob und auf welche Weise die Gifte, denen die Geschädigten hier ausgesetzt waren, eine Gesundheitsschädigung

---

14 Vgl. dazu Erb JuS 1994 S. 450 ff; Hardwig GA 1956 S. 12 f; Hilgendorf Jura 1995 S. 514 ff; Jakobs A. T., 7/12; Jescheck/Weigend A. T., § 28 II 4; Arthur Kaufmann Eb.-Schmidt-FS, S. 210; Koriath Kausalität, S. 114 ff; Kühl A. T., § 4 Rdn. 22; Noll GA 1970 S. 180; Puppe ZStW 92 (1980) S. 874 f; Roxin A. T. I, § 11 Rdn. 14; Rudolphi SK I, Vor § 1 Rdn. 41; Sch/Sch/Lenckner Vorbem. §§ 13 ff Rdn. 75; Schulz Lackner-FS, S. 39 ff.

15 Vgl. dazu Hilgendorf Jura 1995 S. 515 f; Armin Kaufmann JZ 1971 S. 573; Otto Jura 1992 S. 93 f; Rudolphi SK I, Vor § 1 Rdn. 42; Sch/Sch/Lenckner Vorbem. §§ 13 ff Rdn. 75.

16 Vgl. BGHSt 37 S. 106, 112 mit zust. Anm. Brammsen Jura 1991 S. 533 ff, Hirte JZ 1992 S. 257 f, Kuhlen NStZ 1990 S. 566, Meier NJW 1992 S. 3193 ff, Schmidt-Salzer NJW 1990 S. 2966 ff, und krit. Anm. Puppe JR 1992 S. 30 ff, Samson StV 1991 S. 182 ff; krit. auch Rotsch wistra 1999 S. 321 ff. – Entsprechend in der Problematik der Rapsöl-Fall des Spanischen Obersten Gerichtshofs NStZ 1994 S. 37.

17 BGHSt 41 S. 206 mit Anm. Hoyer GA 1996 S. 160 ff, Otto WiB 1995 S. 929 ff, Puppe JZ 1996 S. 318 ff, Volk NStZ 1996 S. 105 ff.

verursachen, kann der Tatrichter aufgrund einer Bewertung aller relevanten Indizien und der wissenschaftlichen Meinungen rechtsfehlerfrei zu der Überzeugung gelangen, daß die Holzschutzmittelexposition in bestimmten Fällen zu Gesundheitsschäden geführt hat. Ein Ursachenzusammenhang zwischen einer Holzschutzmittelexposition und einer Erkrankung ist nicht etwa nur dadurch nachweisbar, daß entweder die Wirkungsweise der Holzschutzmittelinhaltsstoffe auf den menschlichen Organismus naturwissenschaftlich nachgewiesen oder alle anderen möglichen Ursachen einer Erkrankung aufgezählt und ausgeschlossen werden. Ein Ausschluß anderer Ursachen kann vielmehr – ohne deren vollständige Erörterung – auch dadurch erfolgen, daß nach einer Gesamtbewertung der naturwissenschaftlichen Erkenntnis und anderer Indiztatsachen die – zumindest – Mitverursachung des Holzschutzmittels zweifelsfrei festgestellt wird."

Abgesehen von dem Hinweis auf den Nachweis der *Mit*verursachung, mit dem in der Tat **35** auch der Nachweis der Verursachung geführt ist, bestätigt der BGH hier die zunächst verblüffende Feststellung, dass der Nachweis eines Kausalzusammenhangs Gegenstand der freien richterlichen Beweiswürdigung ist. Nicht statthaft sei es zwar, aus dem bloßen Nacheinander der als Ursache „verdächtigten" Tatsachen und dem eingetretenen Schaden auf den Kausalzusammenhang zu schließen. Zulässig sei es aber, aus signifikanten Umständen der eingetretenen Schäden, des Heilungsverlaufs u. Ä. auf eine einheitliche Ursache zu schließen und diese durch tatsächliche Erhebungen einzugrenzen. Sei es sodann noch möglich, andere Ursachen zuverlässig auszuschließen, so könne der Nachweis des Grund-Folgeverhältnisses als erbracht angesehen werden.[18]

Diese grundsätzliche Überlegung verdient Zustimmung, denn sie überträgt letztlich die **36** für die Anwendung und für den Nachweis umstrittener allgemeiner Aussagen, z. B. im Bereich der Psychologie oder Psychiatrie, geltenden Prinzipien auf den naturwissenschaftlichen Bereich.[19] Ein überzeugender Sachgrund für eine Differenzierung nach den unterschiedlichen Wissenschaftsbereichen ist hier nicht ersichtlich. Offenbar hat der erhabene Begriff des Naturgesetzes und die Vorstellung, dass der Richter nach seiner Überzeugung über Sein und Nichtsein derartiger Gesetze entscheide, Distanz zur freien Beweiswürdigung in diesem Rahmen begründet. Wird diese Entscheidung hingegen als schlichte Wahrscheinlichkeitsaussage über ein Grund-Folgeverhältnis erkannt, so wird ihre Sonderstellung reduziert auf die auch sonst nötige Würdigung streitiger Sachverhalte im Rahmen der Wahrheitsfindung. Diese sprengt auch in diesem Fall keineswegs die Grenzen der freien Beweiswürdigung, die durch die Eigenart der Beweiswürdigung bei der Nutzung von Erfahrungssätzen gezogen sind: An anerkannte Naturgesetze und Erfahrungssätze ist der Richter in seiner Beweiswürdigung gebunden, auch wenn er sie persönlich nicht für wahr hält. Die Überzeugung des Richters, der seinem Urteil anerkannt unrichtige Wirklichkeitszusammenhänge zugrunde legt, ist fehlerhaft im Sinne des § 261 StPO.[20] Daraus folgt aber nicht, dass der Richter seiner Überzeugungsbildung nur *allgemein als richtig* anerkannte Erfahrungssätze zugrunde legen darf. Im Gegenteil, wo solche Sätze nicht existieren, kann er in seiner Überzeugungsbildung nicht gegen sie verstoßen.[21] Das eröffnet jedoch nicht die Möglichkeit, die Überzeugung auf den schlichten Verdacht über die Existenz eines Grund-Folgeverhältnisses zu gründen. Der rationale und damit überprüfbare Nachweis des relevanten Grund-Folge-

---

18 Vgl. auch BEULKE/BACHMANN JuS 1992 S. 739; KUHLEN Fragen einer strafrechtlichen Produkthaftung, 1989, S. 67 ff; DERS. BGH-FG, S. 650 ff; RANFT Strafprozeßrecht, 2. Aufl. 1995, Rdn. 1633; VOGEL Lorenz-FS, S. 71 ff; WOHLERS JuS 1995 S. 1023 f. Kritisch demgegenüber PUPPE JZ 1996 S. 320; DIES. A. T. I, § 2 Rdn. 10 ff; VOLK NStZ 1996 S. 109. – Im Einzelnen zur Auseinandersetzung OTTO WiB 1995 S. 930.
19 Dazu PUPPE JZ 1994 S. 1150 f.
20 Dazu BGHSt 10, 211; 29, 18, 21; BEULKE/BACHMANN JuS 1992 S. 739; KUHLEN Fragen, S. 67 ff; OTTO WiB 1995 S. 930; RANFT Strafprozeßrecht, Rdn. 1631.
21 Vgl. auch BEULKE/BACHMANN JuS 1992 S. 739; KUHLEN Fragen, S. 70 f.

verhältnisses erfordert vielmehr die Feststellung eines Sachverhalts, der nach der Lebenserfahrung ein derartiges Maß der Sicherheit des Vorliegens des Grund-Folgeverhältnisses
vermittelt, dass vernünftige Zweifel ausgeschlossen sind oder ihnen nur als theoretische
Denkmöglichkeiten Bedeutung zukommt. – In der Feststellung des Grund-Folgeverhältnisses mit diesem notwendigen Maß an Sicherheit aber liegt die Problematik des Einzelfalls, wie
gerade der Holzschutzmittel-Fall zeigt. Eine Vielzahl grundverschiedener Symptome wird
auf die Verwendung des Holzschutzmittels zurückgeführt. Derselbe Sachverständige, der
bestimmte Symptome auf das Holzschutzmittel zurückführte, führte sie in einem anderen
Verfahren auf Amalgamfüllungen zurück. Der millionenfachen Anwendung des Mittels
steht ein relativ kleiner Kreis der Geschädigten gegenüber.[22]

bb) Der gesetzliche Zusammenhang im psychischen Bereich

37   Ganz andere Probleme bereitet die Feststellung gesetzmäßiger Zusammenhänge im psychischen Bereich, d.h. dort, wo Sachverhalte zu beurteilen sind, die sich zumindest auch in der
Psyche der Person vollziehen. ENGISCH wollte die Beurteilung dieser Sachverhalte gleichfalls
der Formel von der gesetzmäßigen Bedingung unterwerfen. Kriterium für die generelle Feststellung der Kausalität sei die Gesetzmäßigkeit der Aufeinanderfolge von realen Ereignissen
in der Zeit. – Gerade dieser Nachweis der *gesetzlichen* Aufeinanderfolge bestimmter Ereignisse im psychischen Bereich ist aber bisher nicht erfolgt. Die Anwendung der Theorie von
der gesetzmäßigen Bedingung müsste im Bereich der „psychischen Kausalität" auf bloße
Unterstellungen gegründet werden, denn sie setzt die Anwendung von Naturgesetzen voraus,
die bisher niemand kennt und die es möglicherweise gar nicht gibt.[23]

38   Zutreffend hat die Rechtsprechung daher im psychischen Bereich seit langem nicht den
Nachweis eines Kausalzusammenhangs im Sinne des Nachweises einer gesetzmäßigen Aufeinanderfolge von Ereignissen gefordert, sondern den Nachweis eines *Motivationszusammen-
hangs*. Es genügt hier die Feststellung, dass ein Ereignis als Motiv für die Handlung einer
Person als hinreichend notwendig nachgewiesen ist, weil andere Motive nicht erkennbar
sind.[24]

39   In der Sache wird hier an Stelle des strikten Kausalgesetzes ein Wahrscheinlichkeitsgesetz
als hinreichend erachtet. Ein Verhalten begründet die Zurechnung des Erfolgs bereits dann,
wenn feststeht, dass es diesen Erfolg wahrscheinlicher gemacht hat.[25]

e) Der faktische Zusammenhang als Wirk- und Bedingungszusammenhang

40   Beschränkt man herkömmlicherweise den Begriff des Kausalzusammenhangs auf gesetzmäßig in der Aufeinanderfolge in der Zeit verbundene Ereignisse, so lässt sich der hier relevante Zusammenhang nicht mehr als Kausalzusammenhang erfassen. Er kann aber durchaus treffend als *Wirk- oder Bedingungszusammenhang* bezeichnet werden. *Kausale Ursachen*

---

22 Zum Verfahren: HAMM StV 1997 S. 159ff; L. SCHULZ in: Lübbe (Hrsg.), Kausalität und Zurechnung,
    1994, S. 47ff, 72.
23 Vgl. dazu ENGISCH v. Weber-FS, S. 264ff; ROXIN A.T. I, § 11 Rdn. 27. – Zur Kritik: BERNSMANN ARSP
    1982 S. 536ff, 545f; HANSEN Jura 1990 S. 515; HILGENDORF Jura 1995 S. 520; KAHLO GA 1987 S. 69ff;
    KORIATH Kausalität, S. 142ff, 224; OTTO Jura 1992 S. 94f; PUPPE ZStW 95 (1983) S. 297ff.
24 Instruktiv: BGHSt 13 S. 14f; dazu PUPPE A.T. I, § 2 Rdn. 47ff. – Insoweit erfasst die sog. Inustheorie
    durchaus die Problematik, wenn sie als Ursache einen nicht hinreichenden aber notwendigen Bestandteil
    einer nicht notwendigen aber hinreichenden Bedingung erfasst; dazu KORIATH Grundlagen, S. 356ff.
25 Vgl. dazu HILGENDORF Jura 1995 S. 519ff; PUPPE ZStW 95 (1983) S. 305ff; DIES. JR 1992 S. 31; DIES. Jura
    1997 S. 400f.

für bestimmte Ereignisse und Gründe für bestimmte Handlungen von Personen sind wirksame Bedingungen dieser Ereignisse und Handlungen.[26]

Notwendig zur Feststellung des tatsächlichen Zusammenhangs zwischen einem konkreten **41** *Ereignis und einem konkreten Erfolg ist daher der Nachweis, dass das konkrete Ereignis eine hinreichend notwendige Bedingung für den konkreten Erfolg war.* Im physischen Bereich ist dieser Beweis mit dem Nachweis der gesetzlichen Verknüpfung geführt, im psychischem Bereich erfordert er den Nachweis der Wirksamkeit des konkreten Ereignisses als Motiv für die bestimmte Handlung einer Person.

Maßgebliche Urteilsgrundlage ist in beiden Fallgestaltungen das bekannte Erfahrungs- **42** wissen. Bei der Frage, ob ein Kausalgesetz nachweisbar ist, kommt es auf das wissenschaftlich gesicherte Erfahrungswissen über die Existenz dieses Gesetzes an, bei der Frage, welches Ereignis eine Person in welcher Weise motiviert hat, ist das wissenschaftlich gesicherte Erfahrungswissen über Motivationsprozesse maßgeblich.

2. Die Steuerbarkeit des Geschehens: Der normative Zusammenhang – Zurechnungszusammenhang – zwischen Tathandlung und Erfolg

a) Faktischer und normativer Zusammenhang

Mit der Feststellung des Bedingungszusammenhangs ist zwar eine notwendige Vorausset- **43** zung der Erfolgszurechnung gefunden, jedoch erschöpft sich die Zurechnung nicht in ihr. In Anlehnung an BGHSt 32 S. 262 lässt sich nämlich verallgemeinernd feststellen, dass *demjenigen, der lediglich einen Erfolg veranlasst, ermöglicht oder fördert, dieser Erfolg noch nicht als sein Werk zugerechnet wird. Wer z. B. eine Ursache für den Tod eines anderen setzt, bewirkt noch nicht dessen Tod.*[27] Es muss ein weiterer Zusammenhang zwischen Subjekt und Erfolg ausgemacht werden, der es erlaubt, das Geschehen wertend als täterschaftliche Erfolgsverwirklichung einer bestimmten Person zu erfassen. Mit dem Erfordernis der Möglichkeit den Erfolg zu vermeiden und der Vorhersehbarkeit des Erfolges ist dieser Zusammenhang aber noch nicht zu begründen, denn es geht darum, den Verantwortungsbereich der Person als Täter gegen den Verantwortungsbereich anderer Personen abzugrenzen. Erforderlich für die Zurechnung eines Erfolges zu einer Person als ihr Werk ist daher neben dem faktischen ein normativer Zusammenhang. Dieser Zusammenhang wird begründet durch die Steuerbarkeit des Geschehens durch den Täter. *Er ist verantwortlich für das Geschehen, das seiner Steuerbarkeit unterliegt.*[28]

Steuerbarkeit ist stets mehr als Vorhersehbarkeit und Möglichkeit, einen Erfolg herbeizu- **44** führen oder zu vermeiden. Diese Gegebenheiten liegen z. B. auch in der Person des Anstifters vor. *Steuerbarkeit heißt Rückführbarkeit eines Geschehens auf eine Person als Subjekt des Geschehens.*

---

26 Vgl. dazu HARDWIG GA 1956 S. 12f; RENZIKOWSKI Restriktiver Täterbegriff und fahrlässige Beteiligung, 1997, S. 112ff; ROTHENFUSSER Kausalität, S. 19. – Unter dem Begriff der Determiniertheit (kausale, statistische, teleologische Determiniertheit) will PÉREZ-BARBÉRA – ZStW 114 (2002) S. 620 – die allgemeine ontologische Voraussetzung der Erfolgsdelikte erfassen.

27 Vgl. auch HRUSCHKA ZStW 110 (1998) S. 590; JAKOBS Hirsch-FS, S. 53; DERS. Lampe-FS, S. 563f; LAMPE Armin Kaufmann-GedS, S. 210; LING Die Unterbrechung des Kausalzusammenhangs durch willentliches Dazwischentreten eines Dritten, 1996, S. 235f; OTTO E. A. Wolff-FS, S. 396f; DERS. Lampe-FS, S. 494f; RENZIKOWSKI Täterbegriff, S. 61.

28 Vgl. dazu EBERT/KÜHL Jura 1979 S. 569; MAIWALD Kausalität, S. 82; OTTO Maurach-FS, S. 92ff.

b) Der Gegenstand der Steuerbarkeit

45 Gegenstand der Steuerbarkeit kann allerdings nicht der Geschehensablauf bis hin zum Erfolgseintritt sein, denn es gibt keine absolute Herrschaft über den Geschehensablauf. Auch Gegenstand strafrechtlicher Verhaltensnormen ist daher nicht erst die Erfolgsherbeiführung, sondern die Begründung oder Erhöhung jener Gefahren, die sich im Erfolgseintritt realisieren können:[29] *„Die Haftung für die Rechtsgutsbeeinträchtigung, so kann man abgekürzt sagen, ist immer vermittelt durch die Haftung für die Gefahr, auf der sie beruht"*[30].

Danach gilt: Ein Erfolg wird einer Person als ihr Werk zugerechnet, wenn sie die Gefahr begründet oder erhöht hat, die sich im Erfolg realisiert hat.

46 Die h. L. verbindet mit dieser Erfolgszurechnung die Frage der rechtlichen Missbilligung und kommt zu der Formel: *Objektiv zurechenbar ist ein durch menschliches Verhalten verursachter Unrechtserfolg nur dann, wenn dieses Verhalten eine rechtlich missbilligte (rechtlich verbotene/rechtlich relevante) Gefahr für den Erfolgseintritt geschaffen und diese Gefahr sich auch tatsächlich in dem konkret erfolgversprechenden Geschehen realisiert hat.*[31]

47 Dadurch ist sachlich kein Unterschied in der *Erfolgszurechnung* begründet. Soweit der Hinweis auf das rechtlich missbilligte Risiko nur auf den Ausschluss sozialadäquater Gefahren verweisen soll, besteht volle Übereinstimmung in der Sachaussage; vgl. dazu unter Rdn. 67 ff. Soweit hingegen über die objektive Zurechnung des Erfolgs hinaus die Zurechnung des Erfolgs als eines rechtswidrig verwirklichten Erfolgs in den Blick genommen wird, geht dieser Blick gleichsam über den Gesetzestatbestand hinaus in den Unrechtstatbestand; dazu weiter unter § 8 Rdn. 2 ff.

c) Die Verantwortung für die im Erfolg wirksame Gefahr

48 Mit der Bestimmung der Gefahrbegründung bzw. Gefahrerhöhung als dem zentralen Zurechnungselement ist die Zurechnungsproblematik allerdings noch nicht abschließend geklärt. Mag auch die Begründung oder Erhöhung der relevanten Gefahr im Regelfall ohne Schwierigkeiten feststellbar sein, so ist die Entscheidung, ob diese Gefahr oder eine andere Gefahr sich im Erfolg realisiert hat, keineswegs durch eindeutige Kriterien vorgezeichnet. Wohl aber ermöglicht das *Verantwortungsprinzip* in diesem Bereich eine Konkretisierung der Problemstellung und eine Erleichterung der Zuordnung.

49 Die Möglichkeit, einer Person einen bestimmten Erfolg als *ihr* Werk zuzurechnen, setzt die Geltung des Verantwortungsprinzips voraus. Dieses Prinzip konstatiert nämlich, dass *jede Person nur für ihr eigenes Verhalten verantwortlich ist und nicht für das Verhalten frei verantwortlich handelnder anderer.*[32]

---

29 Vgl. Otto Maurach-FS, S. 101; Rudolphi SK I, Vor § 1 Rdn. 57; Sch/Sch/Lenckner Vorbem. §§ 13 ff Rdn. 92; Stratenwerth Gallas-FS, S. 238; Wolter Objekte und personale Zurechnung von Verhalten, Gefahr und Verletzung in einem funktionalen Straftatsystem, 1981, S. 35, 68 ff.

30 Stratenwerth Gallas-FS, S. 238. – Vgl. auch Eser/Burkhardt Strafrecht I, Nr. 4 A 59 ff; Maiwald JuS 1984 S. 443; Roxin A. T. I, § 11 Rdn. 76; Wolter Zurechnung, S. 36 f; ders. 140 Jahre GA-FS, S. 293 f.

31 Vgl. dazu M. Heinrich Rechtsgutszugriff und Entscheidungsträgerschaft, 2002, S. 122; Jescheck/Weigend A. T., § 28 IV vor 1; Kindhäuser StGB, Vor § 13 Rdn. 89; Krey A. T. 1, Rdn. 298; Kühl A. T., § 4 Rdn. 43; Küper Lackner-FS, S. 248 ff; Maurach/Zipf A. T. 1, § 18 Rdn. 49; Reyes ZStW 105 (1993) S. 129 f; Roxin Armin Kaufmann-GedS, S. 239; ders. A. T. I, § 11 Rdn. 43 ff; Rudolphi SK I, Vor § 1 Rdn. 57; Sch/Sch/Lenckner Vorbem. §§ 13 ff Rdn. 92; Schmidhäuser A. T., 8/47 ff; Wolter JuS 1978 S. 751; ders. in: Gimbernat/Schünemann/Wolter, (Hrsg.), Internationale Dogmatik der Zurechnung und der Unterlassungsdelikte, 1995, S. 5. – Krit. zum Begriff der Realisierung der Gefahr: Puppe NK, § 16 Rdn. 99 f.

32 Vgl. dazu Lenckner Engisch-FS, S. 506 f; Otto Tröndle-FS, S. 157; ders. E. A. Wolff-FS, S. 400 f; Renzikowski Täterbegriff, S. 68 ff, 74 ff; Reyes ZStW 105 (1993) S. 109 f; Sch/Sch/Cramer § 15 Rdn. 148 ff; Schumann Strafrechtliches Handlungsunrecht und das Prinzip der Selbstverantwortung der Anderen,

Daraus folgt, dass dann, wenn sich in einem Erfolg nicht die ursprünglich begründete **50** Gefahr (Ausgangsgefahr) realisiert, sondern eine neue, erst durch einen Dritten oder das Opfer selbst begründete Gefahr, die Verantwortung für den Erfolg nicht mehr den Erstverursacher trifft. Gleichwohl ist es nicht möglich die Verantwortung für den Erfolg deshalb gleichsam automatisch dem Letztverursacher zuzuweisen. Denn dem Erstverursacher sind trotz des Dazwischentretens Dritter auch solche Erfolge zuzurechnen, die sich noch als Realisierung der von ihm geschaffenen Ausgangsgefahr darstellen.[33] *Der Erstverursacher trägt* danach *auch die Verantwortung für Rechtsgutsbeeinträchtigungen, die sich erst durch ein anknüpfendes pflichtwidriges oder pflichtgemäßes Verhalten Dritter realisieren, die aber bereits in der Erstgefährdung angelegt waren und durch deren Verbot auch vermieden werden sollen.*

Beispiel 1: A hat den B angefahren und schwer verletzt. B kommt in die Klinik und wird operiert. Da dem Arzt ein Kunstfehler unterläuft, kommt B zu Tode.

Ergebnis: Neben dem C ist auch dem A der Tod des B zuzurechnen. Das Verbot der „Erstgefährdung" erfasst auch die Gefahren, die durch Rettungshandlungen begründet werden.[34]

Beispiel 2: A und B als Verantwortliche beim Bau eines Flughafengebäudes verwenden leicht brennbare Baumaterialien, obwohl die Verwendung nicht brennbaren Baumaterials vorgeschrieben ist. Dieses ist aber erheblich teurer als das leicht brennbare Material.
Es kommt zu einem Brand, bei dem mehrere Menschen getötet werden. Ob der Brand durch einen zufälligen Kurzschluss, das fahrlässige oder vorsätzliche Verhalten eines Dritten ausgelöst wurde, ist nicht feststellbar.

Ergebnis: A und B haften wegen fahrlässiger Tötung, § 222, da sie rechtswidrig eine Gefahrensituation begründet haben, die gerade im Hinblick auf – *alle* möglichen – Anknüpfungsgefahren verhindert werden sollte.

Damit ist allerdings nur ein *Zurechnungsgrundsatz* gewonnen, der durch Auslegung der ent- **51** sprechenden Tatbestände konkretisiert werden muss. Er verweist darauf, dass in den Fällen, in denen mehrere Personen Gefahren begründet haben, die relevante Gefahr keineswegs automatisch dem zeitlich zuletzt Tätigen zugewiesen werden kann. Es sind vielmehr Verantwortungsbereiche voneinander abzugrenzen. Die hier entscheidende Frage geht, wie LENCKNER dargelegt hat, dahin, „ob der den tatbestandsmäßigen Erfolg verursachende konkrete Geschehensablauf noch zu denen gehört, um deren Verhinderung willen rechtliche Verhaltensnormen bereits die Schaffung der Gefahr verbieten".[35]

1986, S. 19ff; STRATENWERTH A.T. I, § 15 Rdn. 67; WALTHER Eigenverantwortlichkeit und strafrechtliche Zurechnung, 1991, S. 78ff; WELP Vorausgegangenes Tun als Grundlage einer Handlungsäquivalenz der Unterlassung, 1968, S. 274ff, 314f. – Krit. zur Zurechnungslehre FRISCH GA 2003 S. 733ff, 743 der die Problematik in der Bestimmung des tatbestandlich erfassten Verhaltens erkennt, damit aber sachlich keineswegs weit entfernt ist von der hier vertretenen Zurechnungslehre.

33 Vgl. auch KÜHL A.T., § 4 Rdn. 85; NAMIAS Die Zurechnung von Folgeschäden im Strafrecht, 1993, S. 136ff; OTTO E.A. Wolff-FS, S. 407ff; SCH/SCH/LENCKNER Vorbem. § 13ff Rdn. 102. – A. A. ESCHENBACH Jura 1992 S. 642.

34 Eingehend zur Beurteilung ärztlicher Kunstfehler in ihrer Bedeutung zur Ausgangsschädigung: OTTO E.A. Wolff-FS, S. 408 m.N. – Auch der BGH berücksichtigt ein ärztliches Fehlverhalten im Hinblick auf den Erstschädiger nur strafmildernd; vgl. BGH StV 2000 S. 556.

35 SCH/SCH/LENCKNER, Vorbem. §§ 13ff Rdn. 95. – Vgl. auch FRISCH Tatbestandsmäßiges Verhalten und Zurechnung des Erfolgs, 1988, S. 246ff, 413ff, dazu WOLTER GA 1991 S. 534ff; GIMBERNAT ORDEIG Roxin-FS, S. 658ff; NAMIAS Zurechnung, S. 136ff; SCHUMANN Handlungsunrecht, S. 107ff; STRATENWERTH Eb. Schmidt-FS, S. 390ff. – Erheblich weiter: OLG Naumburg NStZ-RR 1996 S. 229 mit Anm. OTTO JK 97, StGB Vor § 13/9; PUPPE NK, Vor § 13 Rdn. 173; DIES. A.T. I, § 3 Rdn. 34; WEBER Spendel-FS, S. 379; DERS. Baumann-FS, S. 43; ZACZYK Strafrechtliches Unrecht und die Selbstverantwortung des Verletzten, 1993, S. 60. Sie lassen den Verstoß gegen ein gesetzliches Gefährdungsverbot genügen.

d) Der Zurechnungszusammenhang

52 Der durch das Verantwortungsprinzip begründete Zurechnungszusammenhang wird danach durch die Steuerbarkeit des gefahrbegründenden bzw. -erhöhenden Verhaltens begründet: *Derjenige haftet für den Erfolg, der eigenverantwortlich und steuerbar die Gefahr begründet oder erhöht hat, die sich im Erfolg realisiert hat.* Das sind zum einen Erfolge, die sich *unmittelbar* aus einer vom Täter begründeten oder erhöhten Gefahr realisieren, zum anderen Erfolge, die *mittelbar* in der Täterhandlung angelegt sind, weil der Täter mit ihr ein im Hinblick auf den Schutz Dritter verbotenes Gefahrenpotential geschaffen hat. Auch in diesen Fällen haftet der „Ersttäter" für eigenes Verhalten, das ihm kraft Verantwortungszuweisung durch den Gesetzgeber täterschaftlich zugerechnet wird.[36] – Ob im konkreten Fall eine Verantwortungszuweisung vorliegt, ist durch Auslegung der entsprechenden Norm zu ermitteln.

3. Die Unterbrechung des Zurechnungszusammenhangs

53 Das Verantwortungsprinzip begründet die Folgerung: Wird der durch die Steuerbarkeit des Geschehens durch den Täter begründete Zurechnungszusammenhang unterbrochen, so kann der eingetretene Erfolg demjenigen, der die Gefahr ursprünglich begründet oder erhöht hat, nicht mehr als eigenes Werk zugerechnet werden.[37]

Die Problematik der Unterbrechung des Zurechnungszusammenhangs, früher unter den Stichworten *„Unterbrechung des Kausalzusammenhangs"* und *„Regressverbot"* erörtert, wird heute in der Lehre auch unter den Begriffen *„Unterbrechung des Verantwortungszusammenhangs, des Rechtswidrigkeitszusammenhangs* oder *des Risikozusammenhangs"* erfasst.

54 Eine Unterbrechung des durch eine bestimmte Person begründeten Zurechnungszusammenhangs liegt vor, wenn sich in der Rechtsgutsbeeinträchtigung nicht die von der als Täter in den Blick genommenen Person begründete oder erhöhte Gefahr realisiert hat, sondern eine Gefahr, die auf eine andere Person als verantwortlichen Urheber zurückzuführen ist. Dieses ist der Fall, wenn der Täter durch eine andere vollverantwortliche Person von der Steuerung über das Geschehen ausgeschlossen wird, weil diese einen neuen – überdeterminierenden – Steuerungsprozess in Gang gesetzt hat.

55   Die Unterbrechung des Zurechnungszusammenhangs kann durch Dritte, das Opfer oder auch durch den Täter selbst erfolgen, wenn nämlich der „Zweittäter" durch sein Dazwischentreten eine neue unmittelbare Gefahr begründet, die sich in dem dann eintretenden Erfolg realisiert. – Ob sich die von einem Ersttäter unmittelbar begründete Gefahr oder eine von ihm begründete Ausgangsgefahr, die auch im Hinblick auf bestimmte Anknüpfungsgefahren verhindert werden soll, realisiert hat, ist in wertender Betrachtungsweise zu ermitteln.

---

36 Für einen grundsätzlichen Ausschluß des „Ersttäters" durch den „Zweittäter": DIEL Das Regreßverbot als allgemeine Tatbestandsgrenze im Strafrecht, 1997, S. 179 ff; HRUSCHKA ZStW 113 (2001) S. 877; RENZIKOWSKI Täterbegriff, insbes. S. 75 ff.

37 Dazu OLG Stuttgart JZ 1980 S. 620; NJW 1982 S. 295 f; BINDOKAT JZ 1977 S. 549 ff; BURGSTALLER Das Fahrlässigkeitsdelikt im Strafrecht, 1974, S. 96; EBERT/KÜHL Jura 1979 S. 569; ENGISCH Kausalität, S. 67; JAKOBS ZStW 89 (1977) S. 1 ff; KÜHL A. T., § 4 Rdn. 66 ff; KÜPER Lackner-FS, S. 247 ff; LAMPE ZStW 71 (1959) S. 615; NAUCKE ZStW 76 (1964) S. 409 ff; OTTO Maurach-FS, S. 95 ff; DERS. Lampe-FS, S. 495 ff; SCHLÜCHTER JuS 1976 S. 378 ff; SCH/SCH/LENCKNER Vorbem. §§ 13 ff Rdn. 95, 100 ff; ULSENHEIMER Weissauer-FS, S. 164 ff.

a) Die Unterbrechung des Zurechnungszusammenhangs durch Dritte: Drittzurechnung

aa) Frei verantwortlich begründete, selbstständige Drittgefahren

Die durch einen Dritten frei verantwortlich begründete, *selbstständige* Gefahr, die sich im **56** Erfolg unmittelbar realisiert, schließt die Verantwortung dessen für den Erfolg aus, der die Ausgangsgefahr geschaffen hat, auch wenn der Dritte an diese Gefahr anknüpft.

Beispiel 1: BGH NStZ 1992 S. 333: A hatte dem M mehrfach mit einem Hartgummihammer auf den Kopf geschlagen. Die Verletzungen wären tödlich gewesen. A entfernte sich. Anschließend erschien B am Tatort und hängte den M zur Vortäuschung eines Selbstmords an der Türklinke auf. – Die spätere Obduktion ergab, dass die Kopfverletzungen zwar absolut tödlich gewesen wären, der Tod aber durch die Strangulation an der Türklinke herbeigeführt worden war.

Ergebnis: B ist eines vollendeten, A eines versuchten vorsätzlichen Tötungsdelikts schuldig. – A.A. BGH NStZ 1992, 333, der die Bedeutung der eigenverantwortlichen Gefahrbegründung durch B verkennt.[38]

Beispiel 2: BGHSt 19 S. 152: Der Gastwirt G schenkte an X, der – wie G wusste – anschließend mit einem Pkw fahren wollte, Alkohol aus. Bei der Fahrt des X kam es zu einem alkoholbedingten Unfall, bei dem Y getötet wurde.

1. Alternative: X war fahruntüchtig (2,14‰), aber zurechnungsfähig.

2. Alternative: X war zurechnungsunfähig betrunken (3,6‰), was G wusste.

Ergebnis: Zutreffend lehnt der BGH in der ersten Alternative eine Haftung des G für die Tötung des Y ab, während G für den Tod des Y haftet, wenn er die Unzurechnungsfähigkeit des X erkannt hat, denn hier fehlt es an einer *eigenverantwortlichen, selbstständigen* Gefahrbegründung durch X.

bb) Das pflichtwidrige Unterlassen Dritter

Problematisch und noch wenig geklärt ist die Frage, wieweit ein durch positives Tun begrün- **57** deter Zurechnungszusammenhang durch garantenpflichtwidriges Unterlassen unterbrochen werden kann.

Beispiel: A hat den B in Tötungsabsicht schwer verletzt, doch könnte B noch gerettet werden. Der C, der dem B gegenüber eine Garantenpflicht innehat, erkennt die Situation und tut vorsätzlich nichts zur Rettung des B. B stirbt.

Ergebnis: Das Postulat der Äquivalenz von positivem Tun und Garantenunterlassen scheint – entsprechend der Unterbrechung des Zurechnungszusammenhangs durch positives Tun seitens des C – C erschießt den schwerverletzten B – die Annahme der Unterbrechung des Zurechnungszusammenhangs durch das Verhalten des C zu begründen.

Mit dem Verweis auf die Gleichwertigkeit eines Tuns mit dem Unterlassen eines Garanten wird jedoch der hier entscheidende Aspekt verfehlt. Es geht nicht um normative Gleichwertigkeit verschiedener Verhaltensweisen, sondern um die reale Steuerung des Geschehens. Im Beispielsfall hat das Unterlassen des C jedoch das von A festgelegte Geschehen nicht verändert. C hätte das Geschehen verändern können und sollen, er hat aber gerade nicht steuernd eingegriffen, sondern dem Geschehen seinen Lauf gelassen. Damit aber tritt er nicht in die Position des Handlungstäters ein und verdrängt diesen aus seiner Position, sondern er tritt neben ihn.[39]

---

38 Vgl. auch BGH NStZ 2001 S. 29 mit Anm. Otto JK 01, StGB Vor § 13/13. – Zutreffend hingegen BGH NStZ 2002 S. 253, 254.
  Zur Auseinandersetzung vgl. Dencker NStZ 1992 S. 311 ff; Joerden NStZ 1993 S. 268 ff; Otto Lampe-FS, S. 494 f; Pütz JA 1993 S. 258 ff; Puppe JR 1992 S. 511 ff; dies. A. T. I, § 10 Rdn. 6 ff; Saito Roxin-FS, S. 264 ff, 268 f.
39 Vgl. dazu Otto Lampe-FS, S. 503 ff m. w. N.; Renzikowski Täterbegriff, S. 109 f.

cc) Der Abbruch rettender Kausalverläufe

58 Die Problematik des Abbruchs rettender Kausalverläufe entspricht – je nach Sachverhaltsgestaltung – der des pflichtwidrigen Unterlassens oder der der selbstständigen Begründung von Gefahren durch Dritte. Ändert der Dritte pflichtwidrig die Ausgangsgefahr nicht, so haftet er neben dem „Ausgangstäter". Ändert er die Ausgangsgefahr, so wird ihm der nun eintretende Erfolg als sein Werk zugerechnet.[40]

Beispiel: A hat den B in das Hafenbecken gestoßen. B droht zu ertrinken. Das erkennt C, der dem B gegenüber Garant ist. C, ein geübter Rettungsschwimmer, setzt zur Rettung an.

1. Alternative: Da erscheint D und schlägt den C nieder, um die Rettung des B zu verhindern.

2. Alternative: D bietet dem C 1000 €, wenn er von der Rettung absieht. – C nimmt das Angebot an.

3. Alternative: B hat sich auf einen vorbeischwimmenden luftgefüllten Autoreifen gerettet. Da schießt D ein Loch in den Reifen. Die Luft entweicht, B ertrinkt.

Ergebnis: In den beiden ersten Alternativen hat D die Ausgangsgefahr nicht verändert, wohl aber in der 3. Alternative. Das hat zur Konsequenz:

1. Alternative: D hat Lebensrettungschancen des B vermindert, daher hat – auch – er eine unmittelbare Gefahr begründet, die sich im Tode des B realisiert hat. A und D haften nebeneinander.

2. Alternative: Die von D für das Leben des B begründete Gefahr realisierte sich nicht unmittelbar im Tode des B, sondern mittelbar durch das Unterlassen des C. – C haftet daher als Täter durch Unterlassen für den Tod des B, D haftet als Anstifter zu dieser Tat.

3. Alternative: Indem sich B auf den Reifen gerettet hatte, war die ursprüngliche, durch A begründete Lebensgefahr beseitigt. Durch den Schuss begründete D eigenverantwortlich eine neue, selbstständige Gefahr für das Leben des B, die sich im Tode des B realisierte. – A haftet daher wegen versuchter, D wegen vollendeter Tötung.

dd) Hinderung des Täters an der Erfolgsabwendung

59 Wird dem Täter, der eine Gefahr begründet hat und die Realisierung dieser Gefahr verhindern will, die Herrschaft über das Geschehen durch einen eigenverantwortlich handelnden Dritten, der die Situation überblickt, genommen, so gestaltet der Dritte das Geschehen von diesem Moment an nach seinem Plan und unterbricht damit den Zurechnungszusammenhang.

Beispiel: A hat den B in das Hafenbecken gestoßen. B droht zu ertrinken. Da schickt A sich an, den B zu retten. C, der die Situation erkennt, schlägt den A nieder. B ertrinkt.

Ergebnis: Der Todeserfolg ist dem C zuzurechnen.

b) Die Unterbrechung des Zurechnungszusammenhangs durch das Tatopfer:
Die eigenverantwortliche Selbstschädigung und Selbstgefährdung

aa) Die eigenverantwortliche Selbstschädigung

60 Eine Unterbrechung des Zurechnungszusammenhangs durch das Tatopfer erfolgt, wenn dieses selbst die Tatherrschaft über den letzten, zur Verletzung/Tötung führenden Zwischenakt ergreift, indem es in Kenntnis des Risikos eigenverantwortlich entweder einen neuen Kausalverlauf in Gang setzt oder den Ersttäter von der rettenden Einflussnahme auf das Geschehen ausschließt oder ihm zumutbare und zur Verfügung stehende Rettungsmaßnahmen bewusst unterlässt.

---

40 Eingehender dazu Otto Lampe-FS, S. 505 ff; Renzikowski Täterbegriff, S. 110 f; Roxin Spinellis-FS, Bd. 2, S. 958 ff.

Problematisch ist in diesem Zusammenhang die Bestimmung der Eigenverantwortlichkeit. Zum einen wird vorgeschlagen, diese analog zur Bestimmung der Verantwortlichkeit für die Beeinträchtigung fremder Rechtsgüter in mittelbarer Täterschaft nach dem Maßstab der §§ 19, 20, 35 StGB, 3 JGG zu definieren, zum anderen nach den Grundsätzen der die autonome Entscheidung konkretisierenden Einwilligung.[41] – Da es hier aber nicht um Überwindung von Rechtsschranken zum Schutz der Rechtsgüter anderer geht, sondern um die Bestimmung des eigenen Verantwortungsbereichs, sind hier die Kriterien der autonomen Entscheidung maßgeblich. Entscheidend ist danach, ob der Handlungsentschluss frei von Willensmängeln und in voller Kenntnis des Risikos der Entscheidung gefasst wird.

Beispiel 1: A hat den B durch einen Schuss lebensgefährlich verletzt. Um eine mögliche Rettung zu unterbinden, nimmt B ein tödlich wirkendes Gift ein, das in kurzer Zeit wirkt.

Ergebnis: Dem A ist die Körperverletzung des B zuzurechnen, dem B die Gifteinnahme als Selbsttötung.

Beispiel 2: A hat dem B ein langsam wirkendes tödliches Gift beigebracht. Später packt ihn Reue, er eilt mit dem Gegengift zu B und deckt den Sachverhalt auf. B weist ihn jedoch ab, weil er seit langem zum Suizid entschlossen war und die nunmehr günstige Gelegenheit nutzen will.

Ergebnis: Nur versuchte Tötung des A, von der dieser strafbefreiend zurückgetreten ist. Mit der Zurückweisung des A durch B begann ein neues Tatgeschehen, das zum Tode des B führte.[42]

Beispiel 3: A hat die B angeschossen und schwer verletzt. B ist querschnittsgelähmt und muss künstlich beatmet und ernährt werden. Da der B dieses Leben nicht mehr erträglich erscheint, veranlasst sie die Einstellung der künstlichen Ernährung und Betreuung. B stirbt.

Ergebnis: Der Tod der B ist dem A zuzurechnen. Weitere lebenserhaltende Maßnahmen waren der B nicht zumutbar.

bb) Die eigenverantwortliche Selbstgefährdung

Weiter erfolgt eine Unterbrechung des Zurechnungszusammenhangs durch das Tatopfer, **61** wenn dieses sich frei verantwortlich und in voller Kenntnis des Risikos einer Gefahr für die eigenen Rechtsgüter aussetzt. Die Kriterien der *eigenverantwortlichen* Selbstschädigung sind insoweit identisch mit denen der *eigenverantwortlichen* Selbstgefährdung. Irrelevant ist hingegen die Hoffnung, dass das Risiko sich nicht realisieren werde. Diese Vorstellung kennzeichnet gerade die Gefährdungssituation im Gegensatz zur Schädigungssituation, in der die Schädigung von der Vorstellung umfasst ist.

Dieser Sachverhalt verweist zunächst auf die Notwendigkeit der Differenzierung von Selbstgefährdung und Fremdgefährdung, die jedoch durch die z.T. genutzte begriffliche Gegenüberstellung von eigenverantwortlicher Selbstgefährdung und einverständlicher Fremdgefährdung verdunkelt wird. Die einverständliche Fremdgefährdung knüpft nämlich gedanklich an die Konstruktion der Einwilligung in eine Gefährdung und die sich daraus ergebende Schädigung an[43] und begründet damit Zufallsergebnisse.[44]

---

41 Vgl. dazu einerseits: BGHSt 32 S. 38, 41 f; BOTTKE GA 1983 S. 30 ff; CHARALAMBAKIS GA 1986 S. 500; DÖLLING GA 1984 S.76; HIRSCH JR 1979 S. 432; KINDHÄUSER StGB, Vor § 13 Rdn. 106; ROXIN LK, § 25 Rdn. 114 ff; DERS. Dreher-FS, S. 343 ff; SCHÜNEMANN JA 1975 S. 723 ff. – Andererseits: AMELUNG NJW 1996 S. 2395 f; CHRISTMANN Jura 2002 S. 681; GEILEN JZ 1974 S. 151 f; HERZBERG JA 1985 S. 336 ff; Jähnke LK, Vor § 211 Rdn. 26; KREY A.T. 1, Rdn. 321; DERS. A.T. 2, Rdn. 137 ff; LACKNER/KÜHL Vor § 211 Rdn. 13 f; MITSCH JuS 1995 S. 891 f; NEUMANN, JuS 1985 S. 679 ff; DERS. NK, Vor § 211 Rdn. 61; PUPPE A.T. I, § 6 Rdn. 3; OTTO Jura 2003 S. 101 f; SCH/SCH/ESER Vor § 211 Rdn. 36; WESSELS/HETTINGER B.T./1, 27. Aufl. 2003, Rdn. 48.

42 Zur Gegenansicht: ROXIN A.T. I, § 11 Rdn. 95.

43 So ausdrücklich BGH NJW 2004 S. 1055; WEBER Baumann-FS, S. 46 ff; DERS. Spendel-FS, S. 373 ff. – In

Beispiel 1: A und B beschließen einen Boxkampf nach sportlichen Regeln durchzuführen. Jeder geht davon aus, dass er den anderen niederschlagen wird, selbst aber keine erheblichen Verletzungen erhalten wird. – Im Laufe des regelgemäß durchgeführten Kampfes erleidet A eine Gehirnerschütterung, B einen Rippenbruch.

Ergebnis: Unabhängig davon, ob man auf die Tatherrschaft über die gefährliche Handlung, die zur Verletzung führte, oder auf die zeitliche Reihenfolge abstellt,[45] bleibt hier die Differenzierung in eine eigenverantwortliche Selbstgefährdung und eine einverständliche Fremdgefährdung zufällig.

62   Die Frage nach der eigenverantwortlichen Selbstgefährdung darf nicht in die Frage nach der Einwilligung in eine Verletzung umgedeutet werden, die der Betroffene gerade vermeiden will, sondern muss die Frage nach der Verantwortung für die Entscheidung, die Gefährdung einzugehen, aus der die Verletzung sich entwickelte, bleiben. *Denn derjenige, der sich eigenverantwortlich und in voller Kenntnis der Gefahrensituation in eine Gefahrensituation begibt, trägt auch die Folgen seiner Entscheidung und kann nicht Dritte strafrechtlich dafür verantwortlich machen.* Er schließt andere von der Verantwortung für die Realisierung dieser Gefahr aus, auch wenn diese an der Realisierung mitgewirkt haben. – Die Unterscheidung zwischen eigenverantwortlicher Selbstgefährdung und einverständlicher Fremdgefährdung ist unter dem Gesichtspunkt des Verantwortungsprinzips sinnlos.

Beispiel 2: OLG Koblenz Blutalkohol 2002 S. 483 mit Anm. Heghmanns, S. 484 ff: A beschloss mit seinem Kfz zu fahren, obwohl er aufgrund von Alkoholgenuss fahruntüchtig war. B, der das wusste, bestand gleichwohl darauf, mitzufahren. – Infolge der Fahruntüchtigkeit des A kam es zu einem Unfall, bei dem B tödlich verletzt wurde.

OLG Koblenz: Keine eigenverantwortliche Selbstgefährdung des B, sondern Fremdgefährdung durch A. Diese Gefährdung war nicht durch Einwilligung gerechtfertigt, da in eine Lebensgefährdung nicht eingewilligt werden kann.

Kritik: Diese Argumentation geht an der Problematik vorbei. Die Selbst- bzw. Fremdgefährdung wird formal und damit fern von der Verantwortlichkeit für das Geschehen bestimmt. – Maßgeblich ist nicht, dass A für die Gefahr kausal wurde, sondern dass B wusste, in welche Gefahrensituation er sich begab. Da B die Gefahr in vollem Umfang kannte, lag eine eigenverantwortliche Selbstgefährdung des B vor.

63   Eine Fremdgefährdung hingegen liegt vor, wenn andere an der Gefahrensituation Beteiligte über ein besseres und damit überlegenes Sachwissen hinsichtlich des Risikos und/oder der Tragweite der Entscheidung verfügen. Sie haften für die Realisierung des Risikos dann als Täter.[46]

Beispiel 3: BayObLG JZ 1997 S. 521 mit Anm. Otto S. 522 f: Der Arzt A verschrieb dem K vorschriftswidrig eine größere Menge Codeinsaft. K wusste, dass der Saft – in einer größeren Menge genossen – tödlich wirken kann. Dennoch konsumierte er eine erheblich größere Menge als das von A ausdrücklich als Höchstmaß bezeichnete Quantum. K starb.

Ergebnis: K wurde das Opfer einer eigenverantwortlichen Selbstgefährdung.

Beispiel 4: BayObLG NJW 1990 S. 131: Die A übt mit dem B den ungeschützten Geschlechtsverkehr aus, obwohl sie weiß, dass B mit HIV infiziert ist.

---

der Frage der eigenverantwortlichen Selbstgefährdung des Mitfahrers in einem Kfz, der sich der Fahruntüchtigkeit des Fahrers bewusst ist, sieht auch der BGH nur eine Einwilligungsproblematik; vgl. BGH NJW 1995 S. 795, 796.

44 Vgl. auch Rössner Hirsch-FS, S. 316 ff.

45 Zu den hier genannten Kriterien vgl. einerseits Dölling JR 1994 S. 520; Prittwitz NJW 1988 S. 2943; Roxin Gallas-FS, S. 249; Rudolphi SK I, Vor § 1 Rdn. 81 a; andererseits Schünemann JR 1989 S. 90. – Typisch für die argumentativen Schwierigkeiten, bei einer einverständlichen Fremdgefährdung doch noch zum Freispruch zu kommen: OLG Zweibrücken JR 1994 S. 518. – Konsequent Hellmann Roxin-FS, S. 282 ff, der die eigenverantwortliche Selbst- und einverständliche Fremdgefährdung gleichstellt.

46 Eingehender dazu Otto Tröndle-FS, S. 169 ff; ders. JZ 1997 S. 522 f. – Zum praktischen Fall vgl. BayObLG NJW 2003 S. 371 mit Anm. Freund/Klapp JR 2003 S. 431 ff, Otto JK 03, StGB Vor § 13/14.

Ergebnis: Auch wenn A angesteckt wird, haftet B nicht für die Körperverletzung, denn A hat diese Gefahr bewusst und freiverantwortlich auf sich genommen. Ihr selbst ist dieser Erfolg zuzurechnen. – Geht man allerdings mit dem BGH – BGHSt 36 S. 1, 15f – davon aus, dass derjenige, der weiß, dass er infiziert ist, mit Verletzungsvorsatz im Hinblick auf eine Körperverletzung handelt, so muss man konsequent – entsprechendes Wissen beim Partner vorausgesetzt – von einer Fremdschädigung ausgehen, die allein durch eine Einwilligung gerechtfertigt sein könnte, oder man nimmt – hier durchaus naheliegend – an, dass A und B gemeinsam die Tatherrschaft ausübten. Denn läge eine „mittäterschaftliche" Selbstschädigung vor.[47]

Beispiel 5: BayObLG NStZ-RR 1997 S. 51 mit Anm. Otto JK 98, Vor § 13/12: A lieh seinem führerscheinlosen Freund B sein Moped, dessen Vorderradbremse defekt war. B kam bei der anschließenden Fahrt zu Tode.

Ergebnis: Kannte B den Bremsdefekt und war er nach Alter und Verständigkeit in der Lage, die Gefahr abzuschätzen, so wurde er das Opfer einer eigenverantwortlichen Selbstgefährdung. – Kannte B hingegen im Gegensatz zu A die risikobestimmenden Faktoren nicht, so haftet A aufgrund seines überlegenen Sachwissens. – Wäre bei dem Unfall ein Dritter zu Schaden gekommen, so würden A und B für den Erfolg haften. Insoweit hätte das Verhalten des B den durch A begründeten Zurechnungszusammenhang nicht unterbrochen, da das Verbot, Kraftfahrzeuge nicht führerscheinlosen Personen zum Fahren zu überlassen, auch Dritte vor den damit verbundenen Gefahren schützen soll.

Beispiel 6: BGH NStZ 1994 S. 394: P und S hatten die H zusammengeschlagen und schwer am Kopf verletzt. Die alkoholkranke H wurde ins Krankenhaus gebracht. Obwohl ihr mitgeteilt wurde, dass sie lebensgefährlich verletzt sei und dringend der Behandlung bedürfe, lehnte sie diese ab und kehrte nach Hause zurück, um dort weiter zu trinken. – H starb an den Folgen der Verletzungen. Die ärztliche Behandlung hätte sie gerettet.

1. Alternative: Hatte H den Ernst der Situation erkannt und war zu einer verantwortlichen Entscheidung in der Lage, so unterbrach ihre Ablehnung der Behandlung den Zurechnungszusammenhang. P und S sind nur die Körperverletzungen zuzurechnen, nicht aber der Tod der H. Die Nutzung der zur Verfügung stehenden Rettungsmittel war der H zumutbar.

2. Alternative: War H aufgrund ihrer Krankheit nicht mehr in der Lage, die Bedeutung ihrer Entscheidung abzuschätzen, so wurde durch die Entscheidung der Zurechnungszusammenhang nicht unterbrochen.[48]

c) Die Unterbrechung des Zurechnungszusammenhangs durch den Täter selbst: Änderung der Zurechnung zum Täter

aa) Schließlich kann der Täter selbst einen ursprünglich von ihm begründeten Zurechnungszusammenhang unterbrechen, indem er eine neue Gefahr für das betroffene Rechtsgut begründet oder die ursprüngliche Gefahr erhöht. **64**

Beispiel 1: A hat den X versehentlich angefahren und schwer verletzt. Um nicht wegen dieser Tat zur Verantwortung gezogen zu werden, beschließt A, den X als Tatzeugen zu beseitigen. Er überfährt den X erneut. X stirbt auf der Stelle.

Ergebnis: Dem A sind die (fahrlässige) Körperverletzung und die (vorsätzliche) Tötung des X als zwei selbstständige Taterfolge zuzurechnen.

Beispiel 2: BGHSt 39 S. 195: A hatte mit S in seinem Haus zusammengesessen und Alkohol in beträchtlichem Umfang getrunken. Gegen 22.30 Uhr verabschiedete A den S und ging davon aus, S habe das Haus verlassen. S blieb jedoch im Hause. Als zehn Minuten später ein Geräusch im Hause hörte, vermutete er Einbrecher. Er nahm seinen Revolver, ging ins Treppenhaus, sah eine Gestalt und schoss mit bedingtem Tötungsvorsatz. Dass er den S getroffen hatte, erkannte er nicht. S wurde schwer verletzt. Als A kurz darauf erneut Geräusche hörte, eilte er wiederum ins Treppenhaus, riss die Wohnzimmertüre auf und schoss, wobei er davon auszugehen

47 Dazu eingehender CHRISTMANN Jura 2002 S. 683; vgl. auch PUPPE A.T. I, § 6 Rdn. 2.
48 Der BGH sieht die Problematik leider nur als Problem der Kausalität und kommt daher nicht zu den Zurechnungsfragen; vgl. dazu auch KÜHL BGH-FG, S. 258f; OTTO JK 95, StGB § 226/6; PUPPE A.T. I, § 10 Rdn. 14f. – Die Verweigerung einer Operation mit einer Mortalitätsquote von 5–15% hält das OLG Celle trotz der damit zu 85–95% wahrscheinlichen Abwendung der Todesgefahr nicht für unvernünftig; vgl. OLG Celle NJW 2001 S. 2816 mit Anm. WALTHER StV 2002 S. 367ff.

ist, dass A nicht bewusst auf eine Person schoss. Wiederum wurde S schwer getroffen. S starb an den durch die Schüsse entstandenen Verletzungen.

Ergebnis: Da die Folgegefahr (2. Schuss) nicht bereits typischerweise im ersten Schuss angelegt war, setzte A mit dem zweiten Schuss eine neue – überdeterminierende – Kausalkette in Gang. Diese unterbrach den durch den ersten Schuss begründeten Zurechnungszusammenhang. A ist daher wegen versuchter vorsätzlicher Tötung und fahrlässiger Tötung des S zu bestrafen, §§ 212, 22, 222, 53. – A. A. BGH, der zum Ergebnis kommt, A habe eine vollendete vorsätzliche Tötung begangen.[49]

bb) Auch ein pflichtwidriges Unterlassen des Ersttäters kann zu einer Unterbrechung des ursprünglichen Zurechnungszusammenhangs führen, wenn sie den sozialen Sinn des Geschehens verändert.

Beispiel 3: A rammt aus Unachtsamkeit mit seinem PKW das Moped des M. M wird durch die Luft geschleudert und verletzt. Obwohl A erkennt, dass M ohne Hilfe zu Tode kommen kann, unterlässt er die nötige Hilfeleistung. M stirbt.

Ergebnis: A ist wegen fahrlässiger Körperverletzung und wegen vollendeter vorsätzlicher Tötung zu bestrafen.

4. *Konsequenzen für die praktische Prüfung des Unrechtstatbestandes (vorläufig)*

65 a) Ist die im Gesetzestatbestand beschriebene *Rechtsgutsbeeinträchtigung* eingetreten? – Weitere objektive Merkmale des Tatbestandes, z. B. besonders geforderte Tätereigenschaft oder Tatmodalitäten?

b) War das dem X vorgeworfene Verhalten seiner Willenssteuerung zugänglich?[50]

c) Hat X eine *Gefahr* für das beeinträchtigte Rechtsgut begründet oder erhöht?

d) *Realisierte sich* in der Beeinträchtigung des Rechtsguts *die* von X begründete oder erhöhte *Gefahr*, die seiner Steuerbarkeit unterlag, oder eine andere Gefahr?

e) Feststellung zur Pflichtbegrenzung: dazu weiter unter § 8.

5. *Zur Einübung*

66 Zur **Fallgruppe 1**:

Fall 1: A hat die Gefahr für das Leben des B begründet, die sich in dessen Tod realisierte.

Fall 2: A hat eine Gefahr für das Leben des B begründet, die sich im Tode des B realisierte. Dass zugleich – anstelle des A – der Henker eine gleich starke Gefahr für das Leben des B begründet hätte, ist unbeachtlich, denn allein maßgeblich ist, dass der von A inganggesetzte Kausalverlauf die Gefahr begründete, die sich im Tode realisierte. – Hypothetische andere Kausalverläufe sind für die Zurechnung irrelevant.

Fall 3: Die getroffenen Feststellungen genügen zur Bejahung der Kausalität.

BGHSt 37 S. 112: „Daran ändert es nichts, daß es ... bis heute nicht möglich war, diejenige Substanz oder Kombination von Substanzen naturwissenschaftlich exakt zu identifizieren, die den Produkten ihre spezifische Eignung zur Verursachung gesundheitlicher Schäden verlieh. Auf die Ermittlung des dafür verantwortlichen Inhaltsstoffes, die Kenntnis seiner chemischen Zusammensetzung und die Beschreibbarkeit seiner toxischen Wirkungsweise kam es im vorliegenden Falle nicht an. Ist in rechtsfehlerfreier Weise festgestellt, daß die –

---

49 Zur Auseinandersetzung: MURMANN/RATH NStZ 1994 S. 217 f; OTTO JK 93, StGB Vor § 13/2; ROGALL JZ 1993 S. 1066 ff; TOEPEL JuS 1994 S. 1009 ff; WOLTER JR 1994 S. 468 ff.

50 *Hinweis:* In den ersten drei Auflagen des Grundkurses ist diese Fragestellung verkürzt worden auf die Frage nach den „tatsächlichen Möglichkeiten des Täters, den Erfolg zu vermeiden". Diese Formulierung hat bei den Lesern, insbesondere in Fällen alternativer und überholender Kausalität, zu Missverständnissen geführt. Übersehen wurde nämlich, dass es hier nur um das Problem geht, dass die Strafrechtsordnung vom Einzelnen nichts Unmögliches verlangen kann, ein Aspekt, der sich sonst hinter den Handlungslehren verbirgt; vgl. dazu oben § 5 Rdn. 32 ff.

wenn auch nicht näher aufzuklärende – inhaltliche Beschaffenheit des Produkts schadensursächlich war, so ist zum Nachweis des Ursachenzusammenhangs nicht noch weiter erforderlich, daß festgestellt wird, warum diese Beschaffenheit schadensursächlich werden konnte, was also nach naturwissenschaftlicher Analyse und Erkenntnis letztlich der Grund dafür war. Freilich müssen dort, wo sich die Ursächlichkeit nicht auf diese Weise darlegen läßt, alle anderen in Betracht kommenden Schadensursachen auf Grund einer rechtsfehlerfreien Beweiswürdigung ausgeschlossen werden können."

Fall 4: A hat die Gefahr für X, verletzt zu werden, nicht begründet oder erhöht, sondern herabgemindert. Er hat sich damit nicht tatbestandsmäßig i.S. der §§ 223, 224 verhalten.

Fall 5: Die Gefahr des Genickbruchs wurde von A begründet, da diese Gefahr nicht identisch ist mit der, den Feuertod zu erleiden. Die von A begründete Gefahr hat sich auch realisiert, er handelte jedoch gerechtfertigt (§ 34 StGB) – dazu unten § 8 Rdn. 183.

Fall 6: Der durch A begründete Zurechnungszusammenhang endete in dem Moment, als B den Ring ergriff. Damit war die durch A begründete Lebensgefahr beseitigt. Als D den Ring zerstörte, begründete er die Lebensgefahr, die sich im Tode des B realisierte.

Fall 7: Die ersten Schläge der A begründeten eine Gefahr für das Leben des B, desgleichen der Schlag der C und der spätere Schlag der A. Ob der Tod jedoch auf Grund der ersten Schläge oder des zweiten oder dritten Schlages eintrat, ist nicht aufgeklärt. Damit kann nicht festgestellt werden, welche konkrete Gefahr sich im Tode des B realisiert hat. Der jeweils folgende Schlag kann den Zurechnungszusammenhang unterbrochen haben. *Nachweisbar* ist daher nur eine Versuchshandlung.

Fall 8: B kannte die Gefahr und setzte sich ihr – im Rechtssinne frei verantwortlich handelnd – bewusst aus. A schuf daher nur die Voraussetzungen für eine Selbstgefährdung des B. Die Begründung der Gefahr ist in vollem Umfang dem B selbst zuzurechnen (Unterbrechung des Zurechnungszusammenhanges in bezug auf die von A gesetzte Gefahr).

Fall 9: Im Gegensatz zu Fall 8 ist hier beachtlich, dass C noch nicht in der Lage war, die Folgen seines Handelns im Rechtssinne verantwortlich abzuschätzen. Daher hat C den Zurechnungszusammenhang nicht unterbrochen.

Fall 10: Dadurch, dass H sich auf Grund freien Willensentschlusses die Spritze injizierte und damit die Gefahr für sein Leben begründete, wurde der von A mit dem Verschaffen der Spritze begründete Zurechnungszusammenhang unterbrochen.[51]

Fall 11: Sieht man in der Handlungssituation entsprechend dem in § 35 erfassten Sachverhalt die Schuld des D und damit seine Fähigkeit zur eigenverantwortlichen Entscheidung als ausgeschlossen an, so ist auch der Tod des D dem A zuzurechnen. – Erkennt man hingegen dem D die Fähigkeit eigenverantwortlicher Entscheidung auch in dieser Situation zu, so unterbrach sein Verhalten die durch A begründeten Zurechnungszusammenhang. – Der BGH geht auf diese Fragen nicht ein, da er die Problematik allein in der Kausalität sieht.[52]

Fall 12: Verantwortlich für den Tod der 7 Brandopfer ist H, nicht aber A.[53]

Fall 13: Im Tode des B realisiert sich noch die von A begründete Gefahr, denn auch im Fehlschlag einer nötigen Rettungshandlung realisiert sich die Gefahr, dass jemand überhaupt in die Notwendigkeit einer Rettungshandlung gebracht wird.

Fall 14: Auch dem A ist der Tod des B zuzurechnen. Die Vorschriften über den sicheren Umgang mit Waffen sollen nämlich auch Schädigungen durch Personen verhindern, die unvorsichtig mit Waffen umgehen, weil sie mit deren Gefahren nicht vertraut sind.

Fall 15: Unterbrechung des ursprünglich von A begründeten Zurechnungszusammenhangs durch bewusstes Ingangsetzen einer neuen Kausalkette. A haftet daher wegen fahrlässiger Körperverletzung (versehentliche Verletzung), § 229, und vorsätzlicher Tötung (Brand), § 212.

---

51 Vgl. BGHSt 32 S. 262 mit Anm. Dach NStZ 1985 S. 24 f, Horn JR 1984 S. 513 f, Kienapfel JZ 1984 S. 751 f, Otto Jura 1984 S. 536 ff, Roxin NStZ 1984 S. 411 f, Seier JA 1984 S. 533 f, Stree JuS 1985 S. 179 ff. – Vgl. auch BGH NJW 2000 S. 2286, 2287 mit Anm. Geppert JK 01, StGB § 222/5, Hardtung NStZ 2001 S. 206 ff; Renzikowski JR 2001 S. 248 ff.

52 Zur Auseinandersetzung: Alwart NStZ 1994 S. 84; Amelung NStZ 1994 S. 338; Bernsmann/Zieschang JuS 1995 S. 775 ff; Derksen NJW 1995 S. 240 f; Geppert Jura 2001 S. 495; K. Günther StV 1995 S. 78 ff; Otto JK 94, StGB Vor § 13/3; Sowada JZ 1994 S. 663 ff.

53 Vgl. auch Gössel JR 1997 S. 519 ff; Otto JK 97, StGB Vor § 13/11.

IV. Sonderproblem: Der Grundsatz der Sozialadäquanz

67   Fallgruppe 2:

Fall 1: A verkehrt geschlechtlich mit der B. Diese wird schwanger. Sie stirbt auf Grund der Belastungen durch die Schwangerschaft.

Fall 2: A zahlt seinem Erbonkel E die Heimfahrt von einem Besuch mit der Taxe in der Hoffnung, die Taxe werde auf dem Weg in irgendeinen Unfall verwickelt. Es kommt durch Unachtsamkeit eines anderen Verkehrsteilnehmers zu einem Unfall, bei dem E tödlich verletzt wird.

Fall 3: Beim Fußballspiel trifft den Torwart T ein von A getretener Ball auf den Hüftknochen. Es stellt sich ein Bluterguss ein.

Fall 4: Der A spielt am Nachmittag bei offenem Fenster Klavier. Der von den Klängen entzückte Radfahrer R wird dadurch abgelenkt und fährt gegen eine Straßenlaterne. Er wird schwer verletzt.

1. Argumentationsmöglichkeiten

68   In diesen Fällen lässt sich argumentieren, A habe – ex post gesehen – eine Gefahr für das Rechtsgut begründet, die sich in tatbestandsmäßigen Erfolgen realisiert habe. Der nächste Argumentationsschritt führt dann allerdings zu der Einsicht, dass A den ihm rechtlich eingeräumten allgemeinen Handlungsspielraum nicht überschritten hat, weil er sich im Rahmen des Sozialüblichen, d. h. Sozialadäquaten gehalten hat. Dieser Sachverhalt ermöglicht allerdings unterschiedliche Folgerungen.

69   a) Es lässt sich die Sozialadäquanz des Verhaltens als *pflichtbegrenzender Sachverhalt* und damit als Rechtfertigungsgrund interpretieren.[54]

70   b) Die h. L. argumentiert anders. Sie sieht Verhaltensweisen, die wegen ihrer Sozialüblichkeit noch offensichtlicher Ausdruck allgemein erlaubten Verhaltens sind, die daher allgemein akzeptiert werden, ohne dass es eines besonderen Erlaubnissatzes bedürfte, schon als nicht tatbestandsmäßig an. *Der Grundsatz der Sozialadäquanz wird demnach als – restriktives – Auslegungsprinzip auf der Ebene des Gesetzestatbestandes interpretiert.*[55]

71   c) Für die Interpretation des Gedankens der Sozialadäquanz als restriktives Auslegungsprinzip des Tatbestandes spricht die Tatsache, dass bei einer am Gesetzeszweck orientierten Auslegung eines Tatbestandes sozialadäquate Gefährdungen schon nicht als rechtsgutbedrohlich in den Blick fallen. Unter dem Gesichtspunkt des rechtlichen Schutzes des Rechtsgutes werden erst Gefahren relevant, die auch im sozialen Raum deshalb auffallen, weil sie sich vom allgemein üblichen Sozialverhalten unterscheiden. Der Vorzug dieser Auslegung zeigt sich auch darin, dass das Prinzip als Auslegungsprinzip nicht nur bei der Beurteilung von Gefahren Bedeutung hat, sondern auch bei der Auslegung anderer Begriffe eines Tatbestandes. So ist z. B. das Geschenk einer Zigarette ein Vorteil für den Beschenkten. Im Rahmen der §§ 331 ff lässt sich jedoch die Auffassung vertreten, dass dies kein Vorteil im Sinne des Gesetzes ist, weil derartige *sozialübliche* Geschenke weder objektiv noch nach der Vorstellung der Betroffenen geeignet sind, die Amtsführung eines Amtsträgers zu beeinflussen. – Damit wird

---

54 Dazu KLUG Eb.-Schmidt-FS, S. 262; SCHMIDHÄUSER A. T., 9/26.

55 Dazu OLG München NStZ 1985 S. 549; ENGISCH DJT-FS I, S. 418; HILLENKAMP Vorsatztat und Opferverhalten, 1981, S. 155; JESCHECK/WEIGEND A. T., § 25 IV; MAURACH/ZIPF A. T. 1, § 17 Rdn. 21; OSTENDORF GA 1982 S. 333 ff; ROXIN Klug-FS, Bd. 2, S. 303 ff, insbes. S. 310 ff; DERS. A. T. I, § 10 Rdn. 36ff; SCHAFFSTEIN ZStW 72 (1960) S. 385ff; SCH/SCH/LENCKNER Vorbem. §§ 13ff Rdn. 68ff; TRÖNDLE/FISCHER Vor § 32 Rdn. 12; WELZEL Lb., § 10 IV; WOLTER in: Gimbernat/Schünemann/Wolter (Hrsg.), Internationale Dogmatik der Zurechnung und der Unterlassungsdelikte, 1995, S. 12 f.; ZIPF ZStW 82 (1970) S. 647 ff.

ein sozialadäquates Verhalten bereits aus dem Gesetzestatbestand ausgeschlossen. Die Sozialadäquanz aber als Tatbestandsausschließungsgrund zu bezeichnen erscheint unangemessen, denn damit wird die Art und Weise des Tatbestandsausschlusses, nämlich auf Grund von Auslegung, verdunkelt.[56]

2. Rechtsdogmatische Konsequenzen

Innerhalb des hier vertretenen zweistufigen Verbrechensaufbaus führen die beiden verschiedenen Argumentationsweisen nicht zu unterschiedlichen Ergebnissen. Insofern besteht volle Wahlfreiheit, wie der Leser argumentieren will. **72**

Wiederholungsfragen

1. Welche einzelnen Elemente enthält die Feststellung der Vermeidepflichtverletzung? – Dazu Rdn. 7 ff.

2. Wie lautet die Äquivalenztheorie? – Dazu Rdn. 13 ff.

3. Was sagt die Theorie der gesetzmäßigen Bedingung aus? – Dazu Rdn. 31 f.

4. Ist die Frage, ob ein Verhalten eine Gefahr für Rechtsgüter anderer begründet oder erhöht hat, durch eine Betrachtung ex post oder ex ante zu untersuchen? – Dazu Rdn. 31.

5. A gibt dem B in Tötungsabsicht eine tödliche Menge Gift. Hätte A den B nicht vergiftet, hätte C es getan. Ist A der Tod des B zuzurechnen? – Dazu Rdn. 18.

6. A hat dem B Gift beigebracht. B stirbt. Wenige Minuten nach dem Tode des B wird das Haus des B durch eine Explosion zerstört, denn C hatte bereits vor Tagen in dem Haus eine Bombe angebracht. Hätte B noch gelebt, wäre er durch die Explosion zu Tode gekommen. – Dazu Rdn. 18.

7. Wann kann eine Unterbrechung des Zurechnungszusammenhangs vorliegen? – Dazu Rdn. 52 ff.

8. A schießt auf B in Tötungsabsicht. B wird nur verletzt und in ein Krankenhaus überführt. Dort kommt er zu Tode, weil der Arzt ihn mit einem anderen Patienten verwechselt und an ihm eine riskante Operation vornimmt. Ist der Tod des B dem A, dem Arzt oder beiden zuzurechnen? – Dazu Rdn. 50.

9. A stellt seine geladene und entsicherte Jagdflinte in der Gaststube an die Theke. Der zehnjährige C spielt unbemerkt an der Flinte herum und erschießt dabei den B. Kann der Tod des B dem A zugerechnet werden? – Dazu Rdn. 56 (Beispiel 2).

10. Wie 9, aber der 25jährige C ergreift die Flinte und erschießt B vorsätzlich. – Dazu Rdn. 56 (Beispiel 2).

§ 7: Die subjektiven Elemente des Tatbestandes

Lernziel: Kenntnis der subjektiven Merkmale des Vorsatzdelikts. Fähigkeit zur Entscheidung über den Ort dieser Elemente innerhalb des Aufbaus der Straftat.

I. Die Unterscheidung von vorsätzlichem und fahrlässigem Verhalten

1. § 15 StGB bestimmt, dass nur vorsätzliches Verhalten strafbar ist, soweit das Gesetz fahrlässiges Verhalten nicht *ausdrücklich* mit Strafe bedroht. **1**

2. Schon eine oberflächliche Durchsicht des Strafgesetzbuches zeigt, dass *fahrlässiges Verhalten nur in wenigen Tatbeständen* unter Strafe gestellt ist. Der Strafrahmen ist zudem im Regelfall erheblich niedriger angesetzt und enger als der der vorsätzlichen Delikte. Die kriminalpolitische Relevanz der Unterscheidung liegt damit auf der Hand. **2**

Vgl. §§ 212, 222; 223, 229.

---

56 Zur Interpretation als Schuldausschließungsgrund: RÖDER Die Einhaltung des sozialadäquaten Risikos und ihr systematischer Standort im Verbrechensaufbau, 1969, S. 67 ff.

II. Das sog. Wissenselement im Vorsatz

3 Der Gesetzgeber hat auf eine Legaldefinition des Vorsatzes verzichtet. Im Wege des Umkehrschlusses lässt sich allerdings aus § 16 Abs. 1 ableiten, dass der vorsätzlich handelnde Täter bei Begehung der Tat Kenntnis von allen Umständen haben muss, die zum gesetzlichen Tatbestand gehören. Damit scheint der Gesetzgeber auf das erste Merkmal der weithin geläufigen Kurzformel: Vorsatz ist Wissen und Wollen der Tatbestandsverwirklichung, zu verweisen. Allein die Formel ist ungenau und nur als schlagwortartige Kennzeichnung des Sachverhalts brauchbar, denn in der Tat enthält der Vorsatz ein intellektuelles Moment, das Vorstellungs- bzw. Wissenselement, und ein voluntatives, das Willenselement. Beide Elemente bedürfen jedoch erheblicher Präzisierung. Dieser wollte der Gesetzgeber durch seine weite Formulierung nicht vorgreifen.[1]

1. Wissen und Kenntnis der Tatumstände

4 Wissen darf nicht im Sinne eines abstrakten Wissensbesitzes verstanden werden. Nicht das Wissen, dass z. B. die Tötung anderer verboten ist, ist maßgeblich. Es kommt vielmehr auf einen konkreten Vorstellungsinhalt innerhalb eines strafrechtlich relevanten Geschehens an, d.h. auf die *Kenntnis jener Tatumstände und ihres sozialen Bedeutungsgehaltes*, deren Verwirklichung einen bestimmten Deliktstatbestand erfüllt.

2. Die einzelnen Elemente

a) Kenntnis der Tatumstände

5 Die Kenntnis der Tatumstände liegt dann vor, wenn sich der Täter im Augenblick der Tat jenes Sachverhalts bewusst ist, dessen Verwirklichung den gesetzlichen Tatbestand erfüllt. Erforderlich ist insoweit ein aktuelles Bewusstsein. Die Strafbarkeit und die im Regelfall höhere Strafandrohung für vorsätzliches Verhalten lässt sich nur durch die bewusste Entscheidung des Täters für die Rechtsgutsbeeinträchtigung rechtfertigen. Er stellt sein Interesse an der Vornahme der Handlung über das durch den Tatbestand geschützte Interesse. Das Wissen des Täters muss demnach so beschaffen sein, dass es seine Verhaltenssteuerung bestimmt, d. h. verhaltenswirksam ist.

6 Kenntnis der Tatumstände liegt zunächst einmal vor, wenn sich der Täter im Augenblick der Tat jenen Sachverhalt vorstellt, – ihn wahrnimmt, an ihn denkt –, dessen Verwirklichung den gesetzlichen Tatbestand erfüllt. – Dieses „Klar-Bewusstsein" erschöpft den Wissensbegriff jedoch nicht. Es ist der Wissensbegriff des begreifenden Denkens, das stets ein reflektierendes ist. Das begriffliche Denken beruht selbst aber bereits auf einem elementaren Verstehen, das ihm vorausgeht. Im Anschluss an DILTHEY[2] kann hier von einem elementaren Verstehen, von einem Verstehen in Sinnzusammenhängen gesprochen werden, die sich in den tausend Bezügen des Alltags erschließen.

BOLLNOW Dilthey, Eine Einführung in seine Philosophie, 1936, S. 181: „Elementares Verstehen kann man, Dilthey eine Kleinigkeit überspitzend, sagen – ist ein solches, das im einfachen Dahinleben in den *Lebensbezügen* schon im Menschen lebendig ist, mit dem er in der Welt mit den Dingen umzugehen versteht, das wie von selbst zu ihm gehört, ohne daß es dazu einer besonderen Leistung bedürfe. Darum ist es vielleicht schon irreführend, hier von einem Verstehen im Sinne einer geistigen Leistung zu sprechen; es handelt sich vielmehr um ein Umgehen-Können mit Dingen und Menschen, so wie man von „etwas verstehen" im Sinn einer bestimmten

---

1 Vgl. BT-Drucks. V/4095, S. 8 f; eingehender dazu OTTO Jura 1996 S. 468.
2 DILTHEY Gesammelte Schriften, Bd. 7, 1927, S. 207 ff.

Fertigkeit spricht. Darum ist es schon verkehrt, das begriffliche Denken an die Spitze des Verständnisses als eines gedanklichen Aufbaus zu setzen. Das elementare Verstehen liegt allem begrifflichen Denken schon voraus. Der Mensch hat es in den Lebensbezügen ebenso wie das Tier, das weiß, was Nahrung und was Feind ist. Aber der Unterschied zum Tier liegt eben darin, daß das Tier in der Sphäre dieses Verständnisses als einer schützenden Hülle lebt und niemals *darin erschüttert* werden kann. Der Mensch dagegen hat die Möglichkeit, aus diesem gesicherten Verständnis herausgeworfen zu werden, indem die Rätsel des Lebens auf ihn eindringen."

Erst dort, wo das Leben im Verständnis bekannter Sinnzusammenhänge gestört ist, ermöglicht das begriffliche Erkennen als geistige Leistung das verstehende Erkennen. Dieses wird verhaltenswirksam, indem es bewusst wahrgenommen und verhaltenswirksam umgesetzt wird. In diesem Sinne ist es dann wiederum ein verhaltenswirksames Wissen, das – wie das elementare Verstehen – im Gegensatz zu einem durch Gedächtnisleistung zu reproduzierenden Wissen steht. Nicht das Klar-Bewusstsein im Sinne des reflektierenden daran Denkens kennzeichnet das ursprüngliche Wissen, sondern das verhaltenswirksame Bewusstsein elementarer Sinnzusammenhänge. – Der Täter ist sich nicht nur der Tatumstände aktuell bewusst, an die er denkt, sondern die er im Moment der Tatausführung kennt und die seinem Verhalten zugrunde liegen. **7**

Daraus folgt: *Wissen als Vorsatzelement ist das aktuell verhaltenswirksame Bewusstsein der Tatumstände. Einerseits ist daher nicht erforderlich, dass die Tatumstände aktuell reproduziert werden, indem der Täter daran denkt, andererseits ist die bloße Reproduzierbarkeit durch Gedächtnisleistung ungenügend.* **8**

Zur Verdeutlichung: **9**

Fall 1: BGHSt 30 S. 44: Der Polizeibeamte A begeht während seiner Dienstzeit, in der er eine Schusswaffe bei sich trägt, einen Diebstahl.

Frage: Hat er einen Diebstahl mit Waffen begangen, § 244 Abs. 1 Nr. 1a?

Ergebnis: Würde man den A bei der Tat fragen, ob er weiß, dass er eine Waffe bei sich trägt, würde er dieses ohne Besinnen bejahen. Er denkt zwar nicht aktuell daran, dass er die Waffe bei sich trägt, käme er aber in Gefahr, so würde er zur Waffe greifen, ohne sich erst durch Gedächtnisleistung ins Bewusstsein rufen zu müssen, dass er eine Waffe bei sich trägt. Das bedeutet aber, dass er sich des Umstandes, dass er eine Waffe trägt, bewusst ist im Sinne eines verhaltenswirksamen Bewusstseins.[3]

Fall 2: A, der den B ausrauben will, bringt ihn um, indem er ihn erwürgt. Während der Tat ist A mit dem Würgen beschäftigt. Dass er aus einem unerträglichen, wegen seines Egoismus sozialgefährlichen Gewinnstrebens heraus, d. h. habgierig, handelt, bedenkt er nicht.

Frage: Hat A den B habgierig im Sinne des § 211 getötet?

Ergebnis: Im Tatzeitpunkt hat A sich sicher nicht aktuell vorgestellt, dass sein Verhalten durch Habgier motiviert ist. Gleichwohl ist die Habgier das Motiv des Verhaltens des A, das sein Verhalten auch während der Tat bestimmt. Der A ist sich daher der Umstände, die das Urteil begründen, er handele habgierig, bewusst.

Fall 3: Der Jäger J denkt im Eifer einer Treibjagd nicht mehr daran, dass hinter einem bestimmten Gebüsch ein Treiber postiert ist. Als er eine Bewegung in dem Gebüsch sieht, meint er, einen Eber zu erkennen. Er schießt und trifft den Treiber T tödlich.

Ergebnis: Dem J ist abstrakt bekannt, dass sich hinter dem Gebüsch der T befindet. Im Moment des Schusses ist ihm die Bedeutung dieser abstrakten Information aber nicht bewusst. Er bringt sie nicht mit der wahrgenommenen Bewegung in Zusammenhang. Damit ist sie nicht wirksam derart, dass sie sein Verhalten bestimmt. J hat daher nicht das Bewusstsein, mit seinem Schuss einen Menschen zu töten.

Obwohl über das Ergebnis, dass in den angeführten Fällen die Kenntnis der Tatumstände im Tatzeitpunkt bei dem Täter vorliegt, weitgehend Einigkeit besteht, bereitet die Begründung **10**

---

3 So auch BGHSt 30 S. 44. – Damit aber nicht übereinstimmend BGH StV 2002 S. 191 und BGH NStZ-RR 2003 S. 12 im Hinblick auf ein Taschenmesser als gefährliches Werkzeug im Sinne des § 244 Abs. 1 Nr. 1a.

Schwierigkeiten. Die Aufarbeitung assoziationspsychologischer, sprachphilosophischer und sprachpsychologischer Theorien hat jedoch den Sachverhalt inzwischen wesentlich erhellt.[4] Darüber hinaus haben die Forschungen der modernen Gehirnchirurgie gezeigt, dass Sachverhalte aus der Außenwelt keineswegs nur sprachlich reflektiert in das Bewusstsein aufgenommen werden, sondern sofern sie in die rechte Hirnhälfte gelangen, als komplexe Geschehnisse bildlich erfasst werden.[5]

11   Im Strafrecht hat das Phänomen des verhaltenswirksamen Wissens unter der Kennzeichnung als *Mitbewusstsein* weitgehend Anerkennung gefunden.[6]

ROHRACHER Die Arbeitsweise des Gehirns, S. 138 ff: „Um die Dauerwirkungen des Milieus theoretisch einigermaßen faßbar zu machen, muß auf eine psychologische Tatsache hingewiesen werden, die oft zu wenig berücksichtigt wird: auf die Tatsache, daß in unserem bewußten Erleben immer vieles „mitvorhanden" ist, ohne daß wir es bemerken – genauer gesagt, ohne daß wir es beachten. Wir erleben es, es ist bewußt, aber wir erleben es oft und in so enger Verbindung mit anderen Inhalten, daß wir nicht darauf achten. In der Fachpsychologie wurde diese Tatsache vielfach übersehen, weil man in erster Linie die Erlebnis*arten* und nicht die Erlebnis*inhalte* untersuchte, man teilte die psychischen Abläufe in einzelne Akte – Wahrnehmungsakt, Vorstellungsakt, Willensakt usw. – und untersuchte sie ohne Rücksicht auf den Zusammenhang, in den sie gehören. In Wahrheit ist es aber nicht so, daß wir nur psychische Akte erleben, die sich mosaikartig aneinanderreihen; das gerade Gegenteil ist der Fall. Alles Einzelne spielt sich immer in einem bestimmten psychischen *Milieu* ab, in einer spezifischen *Atmosphäre*, die auf jeden Einzelprozeß abfärbt. Diese „Färbung" ist von größter Wichtigkeit; von ihr hängt es ab, wie die Welt für einen bestimmten Menschen aussieht. Der Schreiber in einem Büro, der eifrig Formulare ausfüllt oder Zahlen zusammenrechnet, mag noch so sehr bei der Sache sein; er vergißt deshalb keinen Augenblick, wie hoch sein Monatsgehalt ist, wie es mit seiner Familie steht und welche Möglichkeiten des Aufstieges für ihn bestehen. Der Professor bleibt Professor, auch wenn er auf die Jagd geht oder ein Auto lenkt; der Bauer, der einmal in die Stadt in ein Kino geht, hört deshalb nicht auf, ein Bauer zu sein; er weiß immer, wer er ist, wie groß sein Besitz ist und wie viele größere oder kleinere Besitzungen es in seinem Dorfe gibt.

Ich habe diese ständig vorhandenen, nebenher bewußten Erlebnisinhalte in der Bezeichnung „das Mitbewußte" zusammengefaßt... Ein besonders wichtiger Unterschied zu den Gedächtniserscheinungen besteht darin, daß man das *Mitbewußte ohne Erinnerungsleistung klar bewußt machen kann: um die Frage zu beantworten, wo man sich gerade befinde oder wie man heiße, bedarf es nicht der charakteristischen Erinnerungsarbeit*, mit der wir einen Inhalt „aus dem Gedächtnis hervorholen" (z. B. wenn wir gefragt werden, was wir vorgestern nachmittag getan haben oder wann Goethe gelebt hat). Man weiß jederzeit, wer man ist und wo man ist – aber es ist nur nebenher bewußt, kann jedoch jederzeit anstrengungslos klar bewußtgemacht werden. ... Die zerebrale Grundlage des „Mitbewußten" entsteht zweifellos aus den Erregungsprozessen, die sich im Gehirn jedes Menschen Tag für Tag in gleicher Weise abspielen. Der *Beruf*, die *soziale* und *wirtschaftliche* Stellung, die häusliche Umgebung vermitteln Eindrücke, die sich immer wiederholen. Daraus entstehen sehr feste Prägun-

---

4 Im Einzelnen dazu einerseits: ROHRACHER Die Arbeitsweise des Gehirns und die psychischen Vorgänge, 4. Aufl. 1967; PLATZGUMMER Die Bewußtseinsformen des Vorsatzes, 1964; andererseits: SCHEWE Bewußtsein und Vorsatz, 1967, und schließlich: SCHMIDHÄUSER H. Mayer-FS, S. 317 ff. – Zum Überblick über die Diskussion: SCHILD Stree/Wessels-FS, S. 244 ff.

5 Dazu ECCLES Die Evolution des Gehirns – die Erschaffung des Selbst, 2. Aufl. 1993, S. 328 ff.

6 Dazu PLATZGUMMER Die Bewußtseinsform des Vorsatzes, 1964; ROHRACHER Arbeitsweise; sodann: BayObLG NJW 1977 S. 1974 f; OLG Köln NJW 1978 S. 652 f mit Anm. HRUSCHKA NJW 1978 S. 1338; HERZBERG ZStW 85 (1973) S. 888 f; KINDHÄUSER StGB, § 15 Rdn. 16; ROXIN ZStW 78 (1966) S. 255 f; RUDOLPHI SK I, § 16 Rdn. 24 f; SCHILD Stree/Wessels-FS, S. 261 ff; STRATENWERTH A. T. I, § 8 Rdn. 76; WARDA Jura 1979 S. 3 f. – Kritisch KÖHLER GA 1981 S. 285 ff, dessen Kritik zutreffend die Übersteigerungen der Konstruktion trifft. – Ablehnend FRISCH Armin Kaufmann-GedS, S. 317 ff. Er plädiert für eine normative Begrenzung der subjektiven Anforderungen auf die „Entscheidung gegen das Rechtsgut". Damit aber wird die durch den Bezug der subjektiven auf die objektiven Tatbestandsmerkmale begründete Sinneinheit verkürzt und zerstört; vgl. auch JAKOBS A. T., 8/Fn. 9.

gen in den Strukturen der Ganglienzellen und feste Verbindungen zwischen den Einzelerregungen. Die Konstellationsbildung geht in diesen Bereichen leicht und rasch vonstatten, das Einzelne fügt sich schnell und glatt in das Ganze, alles hat seinen Platz in der vorgegebenen Ordnung. „Eingealterte" Konstellationen könnte man diese Erregungsgesamtheiten nennen, die durch die persönliche Lebensart und Lebensführung im Gehirn entstanden sind. Sie sind immer vorhanden. Wenn man am Morgen erwacht, erwacht man mit ihnen, sie lassen sofort unsere ganze persönliche Welt entstehen. Die ersten bewußten Gedanken nach dem Schlaf, das Sich-Zurechtfinden nach dem ersten Öffnen der Augen, läßt uns das Sich-Zusammenfügen dieser Konstellationen fast erlebnismäßig wahrnehmen. Wenn man sich die ersten Gedanken eines Bauern, eines Chirurgen, eines Steuerbeamten oder eines Studenten am Morgen nach dem Erwachen vorstellt, so bekommt man einen Begriff von diesen eingealterten Erregungsverbindungen. Eine ganze Welt wird hier lebendig, aber eine *eigene, individuelle* Welt, in welcher Dinge von höchster Bedeutung sind, die in der Welt des anderen überhaupt nicht existieren.

Ich nenne diese spezifischen eingealterten Erregungsgesamtheiten im folgenden die *Rahmenkonstellationen.* Sie bilden den Rahmen, in dem sich das Einzelne abspielt; das persönliche Erregungsmilieu, den psychischen Lebenskreis des Einzelnen. Sie sind Erregungsverbände, die immer da sind; sobald die Hirnrinde zu funktionieren beginnt, treten sie auf. Es bedarf dazu keiner Anregung von außen; ihre strukturellen Grundlagen sind den Ganglienzellen so fest eingeprägt, daß sie entstehen, sobald die Hirnrinde in Funktion tritt. Man kann ihnen nicht entrinnen; sie sind ein Stück von uns selbst.

Die Rahmenkonstellationen schaffen die mitbewußte „Sphäre", in der sich unser klarbewußtes Erleben abspielt. Ihre Wirkung geht aber noch viel weiter; sie treffen eine Auswahl unter den Erregungen, die aus der Umwelt kommen, und lassen vieles überhaupt nicht zu Bewußtsein kommen. Die Rahmenkonstellationen haben eine spezifische „*Filter*"-Wirkung. Von ihnen hängt nicht nur ab, wie wir etwas sehen, sondern auch, ob wir es sehen.

Tausende von Reizen treffen die Netzhäute unserer Augen, ohne daß wir das Geringste von ihnen wahrnehmen. Was wir sehen, ist ein winziger Bruchteil desjenigen, was um uns vorhanden ist. Man bleibe einmal auf der Straße stehen und versuche, alles das wirklich aufzufassen, was man sieht. Man wird erstaunt sein, wie wenig davon normalerweise in das Bewußtsein eingeht, und man kann überzeugt sein, daß der Schutzmann, der den Verkehr regelt, ganz andere Einzelheiten wahrnimmt, als ein Tourist, der die Fassade des gegenüberliegenden Rathauses bewundert, oder als die alte Frau, die mit ihrem Hund die Straße überqueren möchte – alle haben dieselben Wahrnehmungsmöglichkeiten, weil die gleichen Reize auf ihre Netzhäute fallen, aber jeder sieht nur ganz bestimmte Details, und zwar andere als die übrigen. Es muß also etwas da sein, das aus der Vielfältigkeit der Eindrücke bestimmte Inhalte *auswählt*, und zwar von selbst, ohne unser Zutun, *vor* dem Bewußtsein. Dieser Auswahlapparat liegt in den Rahmenkonstellationen. Sie lassen nur solche Erregungen passieren, die ihnen „entsprechen". Deshalb sieht jeder die Welt mit „seinen" Augen. Wie verschieden dieses Sehen von demjenigen mit anderen Augen ist, davon können wir uns kaum eine richtige Vorstellung machen. Die Verschiedenheiten zwischen den persönlichen Welten sind ganz *ungeheuer* groß; jeder Mensch kann überzeugt sein, daß es andere Menschen gibt, mit denen er nichts gemeinsam hat als die primitivsten biologischen Funktionen.

Durch die ausgewählte Tätigkeit der Rahmenkonstellationen wird das praktische Leben außerordentlich *erleichtert.* Wir wären hilflose Geschöpfe, wenn wir immer mit Bewußtsein heraussuchen müßten, was in unsere Welt gehört. Daß sich diese Auswahl von selbst vollzieht, ist geradezu eine Notwendigkeit, und je rascher und sicherer sie sich vollzieht, desto besser kommt der Mensch durch das Leben. Um sie zu erklären, braucht man kein „Unterbewußtsein"; die „Filterwirkung" kommt durch die Erregungsdynamik zustande. Die tiefgeprägten Strukturveränderungen der Rahmenkonstellationen produzieren Erregungen, die nur passieren lassen, was zu ihnen „paßt"; das Prinzip der Spezifität ist ein Auswahlprinzip."

b) Der Bedeutungsgehalt der Tatumstände

Bei Begriffen, die einen wahrnehmbaren Gegenstand beschreiben (deskriptive Begriffe), – z. B. Mensch, Sache, Wohnung –, muss der Täter eine hinreichende Vorstellung von diesen Gegenständen haben. Bei Begriffen, deren Inhalt nur im Wege einer ergänzenden Wertung festgestellt werden kann (normative Begriff), wie z. B. „Fremdheit" einer Sache, muss sich der Täter des Bedeutungsgehaltes dieser Wertung bewusst sein, d. h. er muss wissen, welchen Sinngehalt die Sozietät mit dem Begriff verbindet.

12

13　Die Berechtigung der Differenzierung zwischen deskriptiven und normativen Begriffen ist umstritten[7], denn auch wahrnehmbare Gegenstände sind als solche nur erfassbar durch Anschauung, die auf Erfahrung beruht. In die Erfahrung aber fließen Wertungen ein. – Der Begriff Mensch z. B. scheint auf die schlichte Anschauung zu verweisen. Wird aber die Frage gestellt, ob ein Anencephalus (Neugeborener, der ohne Großhirn und Hirnschale zur Welt kommt) ein Mensch oder ein „Sonderfall der Natur" ist, so wird bewusst, in welchem hohen Maße die Anschauung auf ethischen Wertungen gründet.

c) Sog. Parallelwertung in der Laiensphäre

14　Die Kenntnis der Tatumstände und ihres Bedeutungsgehaltes erfordert nicht die richtige Subsumtion unter das verletzte Gesetz, sondern die Kenntnis des vom Gesetzgeber unter Strafe gestellten Sachverhalts und seines sozialen Bedeutungsgehalts sonst könnte „nur der Jurist ein Verbrechen begehen";[8] *sog. Parallelwertung in der Laiensphäre*, die treffender als Parallelbeurteilung in der Laiensphäre zu kennzeichnen ist, um das Missverständnis auszuschließen, dass die hier nötigen Kenntnisse zwingend eine Wertung durch den Täter voraussetzen.[9]

15　*Zur Verdeutlichung:* A, der einen Schuldschein des B in Händen hat, ändert nach dem Tode des B die Schuldsumme von 800,– € in 1800,– €, um von dem Erben des B diesen Betrag zu erlangen. Er ist der Meinung, dies sei keine Urkundenfälschung, denn „Urkunde" sei ein „besonders offiziell" mit Siegel versehenes Schriftstück. – Weiß A dennoch, dass er eine Urkundenfälschung i. S. des § 267 begeht?

Als Urkunde i. S. des § 267 ist zumindest jede zum Beweis bestimmte, schriftliche Gedankenerklärung anzusehen, die den Aussteller angibt. Dass A sich eine andere Vorstellung vom Urkundenbegriff macht, ändert nichts daran, dass er sich der Bedeutung des Verhaltens, das der Gesetzgeber unter Strafe stellen will, bewusst ist: Er weiß, dass er ein zum Beweis bestimmtes Schriftstück in seinem Beweiswert verändert.

3. *Konkretisierung des Wissenselementes in besonderen Vorsatzkonstellationen*

a) Sog. dolus generalis

16　Im Regelfall wird die Vorstellung des Täters dahin konkretisiert sein, dass er ein geschütztes Rechtsgut einer bestimmten Person beeinträchtigen will. Kommt es dem Täter aber gar nicht auf die Schädigung einer bestimmten Person, sondern nur auf die Schädigung irgendwelcher Personen an, oder weiß der Täter, dass eine von mehreren Verhaltensweisen zu dem gewünschten Erfolg führt, so entlastet ihn die Weite des Tatplanes nicht; sog. dolus generalis.

Zur Verdeutlichung: A gießt abends Schmierseife auf den Gehweg. Der Gedanke, dass Personen zu Schaden kommen werden, bereitet ihm Freude. Welche und wie viele Personen betroffen sein werden, ist ihm gleichgültig. – Vier Personen erleiden Körperschäden. – Hat A den Tatbestand des § 223 verwirklicht?

Da es dem A um die Schädigung irgendwelcher Personen durch sein Verhalten geht, kennt er die im Rahmen des § 223 relevanten Tatumstände, auch wenn die Opfer vorher nicht konkretisiert sind.

7　Vgl. DOPSLAFF GA 1987 S. 1 ff; KINDHÄUSER Jura 1984 S. 465 ff.

8　FRANK StGB, § 59 Anm. II. – Soweit demgegenüber die „exakte Kenntnis des Normsinnes" – KINDHÄUSER GA 1990 S. 417 – gefordert wird, wird eine juristische Wertung vorausgesetzt, die dem Laien kaum möglich ist, während die Begrenzung des Wissens auf die „rechtsgutsbezogene Komponente des Verhaltens" – SCHLÜCHTER Irrtum über normative Tatbestandsmerkmale im Strafrecht, 1983, S. 95ff – den Gegenstand der Kenntnis gegen den Wortlaut des Tatbestandes reduziert.

9　Dazu BACHMANN Vorsatz und Rechtsirrtum im Allgemeinen Strafrecht und im Steuerstrafrecht, 1993, S. 38; BURKHARDT JZ 1981 S. 684; HARDWIG GA 1956 S. 369 f; JAKOBS A. T., 8/49; ARTHUR KAUFMANN Die Parallelwertung in der Laiensphäre, 1982, S. 19, Fn. 57; PUPPE GA 1990 S. 157; WELZEL JZ 1954 S. 279. – Grundsätzlich gegen den Begriff: SCHULZ Bemmann-FS, S. 246 ff.

Bereits im 19. Jahrhundert begründete allerdings v. WEBER[10] die Lehre, dass als Fall des   **17**
„dolus generalis" nicht nur der Wille erfasst wird, „daß eine von allen erkannten möglichen
Wirkungen oder Folgen bestimmt eintrete"[11], sondern oft noch ein Anderes, nämlich der
Fall: „wenn Jemand, in der Absicht zu tödten, den Anderen zwar noch nicht tödtlich verletzt
hat, dies jedoch wähnt, und nun noch hinterher erst eine tödtende Handlung verübt, z. B. den
Anderen aufhenkt oder ins Wasser stürzt"[12].

Fall 1: A, der den B töten will, hat dem B mit einem Eisenrohr auf den Kopf geschlagen. B ist zusammengebrochen. Da A nicht weiß, ob B tot ist oder nicht, wirft er ihn „vorsichtshalber" in eine Jauchegrube. – B stirbt durch Ertrinken.

Fall 2: Wie Fall 1, als A den B aber in die Jauchegrube wirft, ist er überzeugt davon, dass B tot ist. Er will lediglich die Leiche beseitigen. B ertrinkt in der Jauchegrube.

Will der Täter beim zweiten Akt nur sicher gehen, dass der u. U. noch nicht eingetretene   **18**
Erfolg eintritt – Fall 1 –, so besteht kein Hindernis, auch diese Situation als Fall des „dolus
generalis" zu interpretieren. Ist der Täter beim zweiten Akt hingegen überzeugt, dass der
erste Akt erfolgreich war – Fall 2 –, so dient die Verweisung auf den dolus generalis allein zur
Verschleierung, dass der zweite Akt nicht vom Vorsatz des Täters umfasst war, auch nicht
generell. Hier geht es vielmehr um die allgemeine Problematik, wie weit Abweichungen des
wirklichen Geschehens von den Vorstellungen des Täters diesem noch zuzurechnen sind;
dazu weiter unter Rdn. 82 ff.

b) Sog. dolus subsequens

Das Bewusstsein des schädigenden oder gefährdenden Verhaltens muss bei Begründung oder   **19**
Erhöhung der relevanten Gefahr vorliegen. Einen „dolus subsequens" gibt es nicht.[13]

Zur Verdeutlichung: Unbeabsichtigt beschädigt A das Kfz des B. Angesichts des Schadens reut ihn seine Tat   **20**
jedoch nicht, vielmehr freut er sich darüber, dass B einen Schaden erlitten hat. – Hat A den Tatbestand des
§ 303 erfüllt?

Nein, denn im Zeitpunkt der Tat fehlte ihm das Bewusstsein, eine Sache des B zu beschädigen.

c) Sog. dolus alternativus

Der Täter, der die Verletzung mehrerer Angriffsobjekte in seine Vorstellung aufnimmt, ist   **21**
sich auch dann der konkreten Gefährdung aller bewusst, wenn er weiß, dass die Gefahr sich
nur in *einem* der ins Auge gefassten Objekte realisieren wird; sog. dolus alternativus.

Zur Verdeutlichung: A will dem B übel. Als er sieht, dass B mit seinem kleinen Hund Taps spazieren geht,   **22**
wirft er mit einem großen Stein nach ihnen. Da er aus der Entfernung nicht genau zielen kann, wirft er in
einem Augenblick, als B und Taps dicht nebeneinander hergehen. A sagt sich, „einen von beiden wird's schon
tödlich erwischen". Taps wird durch den Steinwurf getötet.
A hat eine Gefahr für das Leben von B und von Taps begründet, die sich allerdings nur in der Tötung des
Taps realisierte.

Da der Täter weiß, dass sich nur *eine* der von ihm bewusst begründeten Gefahren in der Ver-   **23**
letzung eines Rechtsguts realisieren kann, erscheint es angemessen, ihn nur wegen des

---

10 NArchCrim 1825 S. 565, 576 ff; dazu HETTINGER Spendel-FS, S. 238 f; HRUSCHKA Strafrecht, S. 26 f.
11 HEFFTER Lehrbuch des gemeinen deutschen Strafrechts, 5. Aufl. 1854, S. 58 f.
12 HEFFTER S. 187.
13 Dazu auch BGH NStZ 1984 S. 214. – Eingehender: BRAMMSEN Die Entstehungsvoraussetzungen der
    Garantenpflichten, 1986, S. 408 ff; ROXIN A. T. I, § 12 Rdn. 82.

schwersten Delikts zu bestrafen, d. h. im Beispielsfall wegen versuchten Totschlags, §§ 212, 23.[14]

24 Z. T. wird die Auffassung vertreten, es sei wegen aller konstruktiv erfassbaren Delikte zu bestrafen, d. h. im Beispielsfall wegen vollendeter Sachbeschädigung sowie wegen versuchten Totschlags.[15]

25 Andere wollen nur aus dem vollendeten Delikt, bei Delikten vergleichbaren Unrechtsgehalts, sonst wegen des vollendeten und versuchten Delikts in Idealkonkurrenz, und wenn kein Delikt vollendet wird, nur aus dem schwersten Versuchstatbestand bestrafen, d. h. hier §§ 303, 212, 23, 52.[16]

III. Das sog. Willenselement im Vorsatz: Die Steuerung des Geschehens durch den Täter

1. Die inhaltliche Bestimmung des Willenselementes

26 a) Die inhaltliche Bestimmung des Wollens erschließt sich von seinem ursprünglichen Wortsinn. Dieser verweist auf die enge Verwandtschaft von „wollen" und „wählen"[17]. Wollen aber kann der Täter nicht ein Ziel, einen Erfolg, sondern streng genommen nur seine eigene Verhaltensweise. Erst über sie erlangt er Herrschaft über fremde Verhaltensweisen und sonstige Geschehensabläufe. Sie allein unterliegt seiner Wahlmöglichkeit. *Das Phänomen willentlicher Tatbegehung ist daher von der Steuerbarkeit des Geschehens zu erfassen.* Wer nicht in der Lage ist, einen Erfolg zu vermeiden, dem kann dieser Erfolg nicht als sein Werk zugerechnet werden. Daraus folgt aber, *dass der Täter nur das wollen kann, was nach seiner Auffassung innerhalb seiner Steuerungsmöglichkeit liegt.* Was nach der eigenen Auffassung des Täters außerhalb seiner Einwirkungsmöglichkeit liegt, das kann er wohl erhoffen oder wünschen, aber nicht verwirklichen.[18] Deshalb ist Wollen unmittelbar mit dem Element des Wissens verknüpft.[19]

27 b) Ist die Vorhersehbarkeit daher Voraussetzung jeder strafrechtlichen Haftung, so unterscheiden sich Vorsatz- und Fahrlässigkeitsdelikt dadurch, dass das Vorsatzdelikt die realisierte Vorhersehbarkeit, d. h. Kenntnis der möglichen Rechtsgutsbeeinträchtigung und bewusste Steuerung des Geschehens auf diese Verletzung hin, erfordert, während das Fahrlässigkeitsdelikt nur die Vorhersehbarkeit der Rechtsgutsbeeinträchtigung und die Möglichkeit der Steuerung des Geschehens voraussetzt.

---

14 So auch JOERDEN ZStW 95 (1983) S. 565 ff (594); DERS. Dyadische Fallsysteme im Strafrecht, 1986, S. 66; KÜHL JuS 1980 S. 275; SCHNEIDER GA 1956 S. 264; SCHROEDER LK, § 16 Rdn. 106; SILVA-SANCHEZ ZStW 101 (1989) S. 379.

15 Vgl. JAKOBS Die Konkurrenz von Tötungsdelikten mit Körperverletzungsdelikten, 1967, S. 155; JESCHECK/ WEIGEND A. T., § 29 III 4; KÖHLER A. T., S. 169 f; KREY A. T. 1, Rdn. 365; PUPPE NK, § 15 Rdn. 155f; ROXIN A. T. I, § 12 Rdn. 85; WELZEL Lb., § 13 I 2 d.

16 Vgl. WESSELS/BEULKE A. T., Rdn. 231 ff. – Differenzierend auch SCHMITZ ZStW 112 (2000) S. 318 ff. 332; SCH/SCH/STERNBERG-LIEBEN § 15 Rdn. 90 ff.

17 Vgl. SPENDEL Lackner-FS, S. 171.

18 Vgl. SCHILD in: Jakob/Usteri/Weimar (Hrsg.), Psyche – Recht – Gesellschaft, 1995, S. 132.

19 Die Auffassung, dass zum Vorsatz des Täters lediglich sein Tatbewußtsein gehört, während sein Wille zur Tat als voluatives Tatelement dem Handlungsbegriff zuzuweisen ist, vgl. SCHMIDHÄUSER Vorsatzbegriff und Begriffsjurisprudenz im Strafrecht, 1968, S. 14, 18 ff, 21 ff, 25; FRISCH Vorsatz und Risiko, 1983, S. 260 ff, 264 ff; HERZBERG JZ 1988 S. 576; KINDHÄUSER ZStW 96 (1984) S. 21, ist daher abzulehnen. – Zur Auseinandersetzung BRAMMSEN JZ 1989 S. 71 ff; OTTO Jura 1996 S. 471.

2. Die Arten des Vorsatzes

Wissens- und Willenselement sind die den Vorsatzbegriff konstituierenden Elemente. Sie **28** müssen aber nicht im Falle einer jeden Deliktsverwirklichung in gleicher Weise vorliegen. Das begründet die Möglichkeit, zwischen verschiedenen Arten des Vorsatzes zu unterscheiden. Stets aber müssen das Wissens- *und* das Willenselement (noch) auszumachen sein, damit eine bestimmte Deliktsverwirklichung als vorsätzliche Deliktsverwirklichung akzeptiert werden kann. Die den verschiedenen Vorsatzarten gemeinsamen Wissens- und Willenselemente konstituieren den Vorsatzbegriff, während weiteren Begriffselementen allein differenzierende Funktion zwischen den verschiedenen Vorsatzarten zukommt.

a) Dolus directus 1. Grades: Absicht

Beispiel: Weil A den B töten will, schießt er auf ihn. Er trifft ihn tödlich. **29**

Bei der Absicht der Tatbestandsverwirklichung ist diese das Ziel, auf das es dem Täter ankommt.[20] *Absicht kennzeichnet zielgerichtetes Verhalten.*[21] Der Täter will das Kausalgeschehen auf ein bestimmtes Ziel, auf einen bestimmten Erfolg hinsteuern. Das von ihm angestrebte Ziel braucht nicht das Endziel, d. h. der Beweggrund seines Handelns zu sein, es genügt, wenn der Täter es als Mittel zur Erreichung eines anderen außertatbestandlichen Zwecks anstrebt, d. h. wenn es ihm auf das Ziel nur als notwendiges Zwischenziel seines Verhaltens ankommt.[22] Als unproblematisch erweist sich damit das Willenselement als zielgerichteter Wille innerhalb der Absicht. Problematischer jedoch ist ein auf das Verhaltensziel, z. B. einen bestimmten Erfolg, gerichtetes Wissen als Element der Absicht. Die Frage, auf welchen Erfolg es dem Täter ankommt, ist nämlich keineswegs identisch mit der Frage, ob der Täter davon ausgeht, dass der Erfolg sicher eintritt oder nicht. Die Feststellung, welchen Erfolg der Täter mit seinem Verhalten anstrebt, ist daher unabhängig davon, „ob er die Verwirklichung für sicher oder nur für möglich hält, ob er sie wünscht oder ob er sie bedauert"[23]. Vom Erfolg her argumentiert würde damit innerhalb der Absicht das Wissenselement auf die bloße Möglichkeitsvorstellung reduziert werden.[24] Das Wissenselement würde damit aufgegeben, aus dem Absichtsbegriff eliminiert werden.[25] – Das aber deutet auf eine falsche Weichenstellung hin. Das Wissenselement ist nicht zu eliminieren, sein Bezugsgegenstand ist jedoch nicht im Erfolg zu suchen.

Ausgangspunkt der Bestimmung des relevanten Bezugsgegenstandes des Wissens inner- **30** halb des Absichtserfordernisses ist die eigentlich selbstverständliche, in ihrer Kürze und Anschaulichkeit beispielhaft von STRATENWERTH formulierte Feststellung zur objektiven Zurechnung eines Erfolges: „Die Haftung für die Rechtsgutsbeeinträchtigung … ist immer vermittelt durch die Haftung für die Gefahr, auf der sie beruht."[26] – Gefahr in diesem Sinne ist nicht die abstrakte Gefahr der Rechtsgutsbeeinträchtigung, d. h. die Situation, in der die

---

20 Vgl. JESCHECK/WEIGEND A. T., § 29 III 1a; KINDHÄUSER StGB, § 15 Rdn. 21; KÜHL A. T., § 5 Rdn. 33; LACKNER/KÜHL § 15 Rdn. 20; MAURACH/ZIPF A. T. 1, § 22 Rdn. 28; WESSELS/BEULKE A. T., Rdn. 211.
21 Vgl. auch LACKNER/KÜHL § 15 Rdn. 20; STRATENWERTH A. T. I, § 8 Rdn. 102.
22 Vgl. BGHSt 4 S. 107; 16 S. 1; JESCHECK/WEIGEND A. T., § 29 III 1 a; KÜHL A. T., § 5 Rdn. 35; LACKNER/ KÜHL § 15 Rdn. 20; ROXIN A. T. I, § 12 Rdn. 10; SCH/SCH/STERNBERG-LIEBEN § 15 Rdn. 66.
23 BGHSt 21 S. 283, 284 f; 18 S. 246, 248. Missverständlich daher BGHSt 16 S. 5. – Vgl. auch KÜHL A. T., § 5 Rdn. 36; LACKNER/KÜHL § 15 Rdn. 20.
24 Vgl. KÜHL A. T., § 5 Rdn. 36; LACKNER/KÜHL § 15 Rdn. 20; WELZEL Lb., § 13 I 2 a.
25 So konsequent SCHROEDER LK, § 16 Rdn. 76.
26 Vgl. dazu § 6 Rdn. 45.

Rechtsgutsbeeinträchtigung als bloß denkbare Möglichkeit angelegt ist, sondern die konkrete, unmittelbare Gefahr der Rechtsgutsbeeinträchtigung, d. h. die Gefährdung eines Objekts derart, dass es nur noch vom Zufall abhängt, ob die Rechtsgutsbeeinträchtigung eintritt oder nicht. Diese Gefahr markiert zugleich die Grenze zwischen der straflosen Vorbereitungshandlung und dem strafbaren Versuch.[27] *Das Bewusstsein dieser Gefahrenlage und der Wille, sie zu verwirklichen, sind die den Vorsatz konstituierenden Elemente.* In den über diese Mindestanforderungen hinausgehenden Elementen liegen hingegen die Unterschiedsmerkmale zwischen den Vorsatzarten.

31   Das bedeutet für den dolus directus 1. Grades, d. h. für die Absicht: *Absichtlich handelt der Täter, der sich der unmittelbaren, konkreten Gefahr der Rechtsgutsbeeinträchtigung bewusst ist und diese verwirklichen will, weil es ihm auf die Realisierung der Gefahr in der Rechtsgutsbeeinträchtigung (Erfolg) als Ziel seines Handelns ankommt.*

b) Dolus directus 2. Grades: Wissentlichkeit

32   **Beispiel:** A will den vor ihm gehenden B erstechen. Er weiß, dass er dabei den Mantel des B, den dieser trägt, beschädigen wird.

Mit dolus directus 2. Grades handelt der Täter, der weiß oder als sicher voraussieht, dass er durch sein Verhalten den Tatbestand verwirklicht. – Im Gegensatz zur Absicht ist der Verwirklichungswille des Täters nicht auf die Hauptfolgen, bzw. Zwischen- oder Endziele bezogen, sondern ausschließlich auf Nebenfolgen.[28] Gefahrbezogenes Wissen und Wollen sind hier unproblematisch. Dass dem Täter der Erfolgseintritt u. U. unerwünscht ist, berührt das Willenselement nicht.

33   Das bedeutet für den dolus directus 2. Grades, d. h. für die Wissentlichkeit: *Wissentlich handelt der Täter, der sich nicht nur der konkreten, unmittelbaren Gefahr der Rechtsgutsbeeinträchtigung bewusst ist, sondern die Realisierung der Gefahr als sicher voraussieht und dennoch handelt.*

c) Dolus eventualis: bedingter Vorsatz

34   LACMANN GA 58 (1911) S. 119: „Auf einem Jahrmarkt verspricht jemand einem Burschen ein Stück Geld für den Fall, daß er einer Schießbudeninhaberin eine Glaskugel aus der Hand schieße, ohne das Mädchen zu verletzen. Der Bursche kennt sich als unsicheren Schützen und hält es für äußerst wahrscheinlich, daß er die Hand des Mädchens statt der Kugel treffen werde. Aber er denkt sich: was liegt mir viel daran! Geschieht das Unglück, so mache ich mich aus dem Staube, gelingt der Schuß aber, so soll mir das Geld ein willkommener Fang sein. Daraufhin gibt er, da sich auch das Schießbudenfräulein bereitfinden läßt, den Schuß ab und verletzt das Mädchen an der Hand." Die Schießbudeninhaberin hielt ihn für einen sicheren Schützen.

35   aa) Eindeutig kommt es hier dem Burschen nicht darauf an, das Mädchen zu treffen, und er sieht die Verletzung des Mädchens auch nicht als notwendige Folge seines Verhaltens. Dennoch liegen die unter a) herausgestellten Mindestanforderungen an das Wissens- und das Willenselement vor: Der Täter hat die konkrete, unmittelbare Gefahr der Rechtsgutsbeeinträchtigung erkannt und dennoch gehandelt. – Dieses *Gefährdungswissen* und der *Gefahrverwirklichungswille* konstituieren den dolus eventualis.[29]

---

27 Dazu eingehend später unter § 18 Rdn. 22 ff. – Zum Bezug des Vorsatzes auf die unmittelbare Gefahr der Tatbestandsverwirklichung vgl. auch SCHLEHOFER Vorsatz und Tatabweichung, 1996, S. 32 ff, 55.

28 Vgl. auch KÜHL A. T., § 5 Rdn. 39.

29 Vgl. auch Span. Oberster Gerichtshof NStZ 1994 S. 37, 38; BRAMMSEN JZ 1989 S. 80; JOERDEN Strukturen des strafrechtlichen Verantwortungsbegriffs, 1988, S. 151.

Das ist auch sachgerecht, denn damit eröffnet sich eine überzeugende Abgrenzung zur **36** bewussten Fahrlässigkeit. Hat der Täter nämlich die Gefahr für das geschützte Rechtsgut als konkrete Gefahr erkannt, so sieht er in dem Geschehensablauf die Rechtsgutsbeeinträchtigung bereits angelegt, soweit nicht ein Zufall dem Geschehen einen anderen Verlauf gibt. Die Begründung dieses Risikos ist nicht mehr als lediglich fahrlässiges, u. U. leichtfertiges Verhalten einzuordnen, sondern stellt einen bewussten Angriff auf die geschützten Rechtsgüter anderer dar. Sieht der Täter hingegen die Möglichkeit der Rechtsgutsbeeinträchtigung lediglich als abstrakte Gefahr, so erscheint ihm die Realisierung der Rechtsgutsbeeinträchtigung als eine von mehreren Möglichkeiten. Hier kann es gute Gründe geben für das Vertrauen des Täters, dass sich diese Möglichkeit nicht realisiert. Zwar mag das Verhalten des Täters dennoch gefährlich erscheinen, aber als bewusste Rechtsgutsbeeinträchtigung ist das Verhalten nicht zu interpretieren. Hier beginnt die bewusste Fahrlässigkeit.

Das bedeutet für den dolus eventualis, d. h. für den bedingten Vorsatz: *Mit bedingtem* **37** *Vorsatz handelt der Täter, der sich der konkreten, unmittelbaren Gefahr der Rechtsgutsbeeinträchtigung bewusst ist und trotz dieser Kenntnis nicht von seinem Vorhaben Abstand nimmt.*

bb) Die Abgrenzung durch die Rechtsprechung

Die Rechtsprechung sah ursprünglich das entscheidende Kriterium in einem emotionalen **38** Element: Vorsätzlich handelte der Täter, wenn er den Eintritt des tatbestandlichen Erfolgs für möglich und nicht ganz fernliegend erkannte und *billigend in Kauf nahm.*[30]

Die Formel vom Billigen oder billigend Inkaufnehmen des Erfolgs erwies sich schon bald **39** als bloße Floskel, denn inhaltlich wurde ihr jeder Gehalt genommen, nachdem der BGH feststellte, dass eine Billigung des Erfolges keineswegs voraussetze, dass der Erfolg den Wünschen des Täters entsprechen müsse. Im Rechtssinne sei auch eine Billigung des Erfolgs möglich, wenn dieser dem Täter unerwünscht sei.[31]

Auch der BGH war sich offenbar bewusst, wie dubios das Merkmal der „Billigung des **40** Erfolges" ist. In einzelnen Entscheidungen taucht das Billigungselement überhaupt nicht mehr auf; in anderen Entscheidungen kam und kommt der Begriff der Billigung zwar wieder vor, er hat jedoch jeden eigenständigen Inhalt verloren. Maßgeblich wird darauf abgestellt, ob der Täter mit der Rechtsgutsbeeinträchtigung *einverstanden* ist. Gefordert wird dann weiter, dass der Täter den als möglich erkannten Erfolg für den Fall des Eintritts billigt, die „Billigung" wird jedoch angenommen, wenn der Täter nach dem ihm bekannten Grad der Wahrscheinlichkeit des Erfolgseintritts nicht mehr auf das Ausbleiben des Erfolges vertrauen kann oder sich sein Vertrauen auf einen guten Ausgang ohne tatsächliche Grundlage als bloß vage Hoffnung auf einen völlig dem Zufall überlassenen anderen Geschehensablauf darstellt.[32] In der Sache wird demnach darauf abgestellt, ob der Täter sich der konkreten Gefahr

---

30 Vgl. dazu RGSt 76 S. 115; BGHSt 7 S. 363; 21 S. 285; BAUMANN/WEBER/MITSCH A.T., § 20 Rdn. 48; MAURACH/ZIPF A. T. 1, § 22 Rdn. 36.
31 Vgl. BGHSt 7 S. 369.
32 Zur Feststellung der tatsächlichen Voraussetzungen des bedingten Vorsatzes vgl. BGH NStZ 1986 S. 549; BGH NStZ 1987 S. 362 mit Anm. PUPPE S. 363 f, und FREUND JR 1988 S. 116 ff; BGH NStZ 1987 S. 424; BGH NStZ 1988 S. 361 mit Anm. OTTO JK 88, StGB § 15/4; BGH StV 1991 S. 510; 1993 S. 641; 1994 S. 640; 1994 S. 654; 1994 S. 655; BGH JR 2000 S. 297, 298; BGH NStZ 2000 S. 583.

für das geschützte Rechtsgut bewusst ist und dennoch nicht von seinem Vorhaben Abstand nimmt.[33]

Damit hat der BGH in der Sache den Schritt zur Gefährdungstheorie vollzogen.[34]

cc) Die Abgrenzung im Schrifttum

41   Im Schrifttum ist der Konsens in der Sache einerseits sehr viel weitergehend, als es die unterschiedlichsten Formulierungen und Bezeichnungen der theoretischen Konzepte vermuten lassen, andererseits verbergen sich hinter den verschiedenen umgangssprachlich nicht hinreichend präzisierten Abgrenzungsformeln auch sachliche Unterschiede.[35]

42   Lediglich *Interpretationsunterschiede* hinsichtlich der entscheidenden voluntativen Elemente bestehen gegenüber den Vertretern der *Subjektiven*[36] und der *Objektiven Risikotheorie*[37], die in der Entscheidung für ein nicht mehr tolerierbares (qualifiziertes) Risiko das wesentliche Kriterium des dolus eventualis sehen. Doch auch die *sachliche Nähe* zur *Ernstnahmetheorie*[38] – der Täter nimmt die Möglichkeit der Rechtsgutsbeeinträchtigung ernst und findet sich mit ihr ab – ist nicht zu verkennen, denn die wesentlichen Unterschiede bestehen hier in der sprachlichen Präzisierung des relevanten Grades der Gefahr. Jede der im Einzelnen vorgeschlagenen Formeln lässt sich mühelos als Kenntnis der konkreten, unmittelbaren Gefahr der Rechtsgutsbeeinträchtigung und als Entscheidung für dieses Risiko interpretieren.

---

33 Vgl. dazu BGH NJW 1979 S. 1512 mit Anm. Otto S. 2414 f; BGH bei Holtz, MDR 1980 S. 812; BGH JZ 1981 S. 35 mit Anm. Köhler S. 35 ff; BGH NStZ 1982 S. 506 f; BGH NStZ 1983 S. 365; S. 407; BGH NJW 1983 S. 2268; BGH MDR 1983 S. 854; BGH NStZ 1984 S. 19; BGH StV 1985 S. 100 mit Anm. Otto JK, StGB § 15/3; BGH StV 1986 S. 197; BGHSt 36 S. 9 f; BGH NStZ 1994 S. 484; BGH NStZ-RR 1997 S. 199.

34 In Fällen hochgradiger Erregung, Wut oder Alkoholisierung fordert der BGH allerdings „bei äußerst gefährlichen Gewalthandlungen" als zusätzliches subjektives Erfordernis des dolus eventualis die Überschreitung der „gegenüber einer Tötung bestehenden hohen Hemmschwelle"; vgl. z.B. BGH NStZ 1983 S. 407; 1984 S. 19; 1987 S. 362; 1988 S. 175; BGH StV 1992 S. 574; 1993 S. 307; 2000 S. 68; BGH JR 2000 S. 297, 299 mit Anm. Ingelfinger S. 299 ff, 301 f. – Dieses Element bleibt in seinen inhaltlichen Voraussetzungen vage – dazu vgl. Brammsen JZ 1989 S. 78 – und auch seine Kennzeichnung als „Aneignung des Verletzungserfolges" – so Schroth NStZ 1990 S. 324 ff, dagegen Frisch NStZ 1991 S. 23 ff – führt nicht zu nachprüfbaren Kriterien. – Im Unterlassungsbereich soll ihm überdies keine Bedeutung zukommen. Nach Auffassung des BGH bestehen in Fällen des Unterlassens „keine psychologisch vergleichbaren Hemmschwellen vor einem Tötungsvorsatz wie beim positiven Tun"; BGH NStZ 1992 S. 125 mit Anm. Otto JK 92, StGB § 15/5, Puppe NStZ 1992 S. 576 f, Schwarz JR 1993 S. 31 f. – Eingehend dazu Otto Jura 1996 S. 473 f; krit. auch Fahl NStZ 1997 S. 392; Geppert Jura 2001 S. 59; Mühlbauer Die Rechtsprechung des Bundesgerichtshofs zur Tötungshemmschwelle, 1999, S. 41 ff.

35 Überblick über den Theorienstand: Hillenkamp 32 Probleme aus dem Strafrecht, A. T., 11. Aufl. 2003, 1. Problem; Kühl A. T., § 5 Rdn. 46.

36 Vgl. z. B. Bottke AFO 1989 S. 471 f; Freund JR 1988 S. 117; Frisch Vorsatz und Risiko, 1983, S. 222 ff, 482 f; ders. Karlheinz Meyer-GedS, S. 559 ff; Geppert Jura 1986 S. 612; Hassemer Armin Kaufmann-GedS, S. 300 ff; Jakobs A. T., 8/30; Lackner/Kühl § 15 Rdn. 24; Philipps ZStW 85 (1973) S. 38.

37 Vgl. Herzberg JuS 1986 S. 262; ders. JZ 1989 S. 470 ff; Puppe Vorsatz und Zurechnung, 1992, S. 29; dies. A. T. I, § 16 Rdn. 37 ff.

38 Vgl. z. B. Bockelmann/Volk A. T., S. 82 ff; Jescheck/Weigend A. T., § 29 III 3 a; Köhler JZ 1981 S. 35 f; Krey A. T. 1, Rdn. 358; Kühl A. T. § 5 Rdn. 85; Küper GA 1987 S. 479; Küpper ZStW 100 (1988) S. 766; Roxin A. T. I, § 12 Rdn. 21 ff; Rudolphi SK I, § 16 Rdn. 43; Stratenwerth A. T. I, § 8 Rdn. 117; Wessels/Beulke A. T., Rdn. 223.

Differenzen im theoretischen Grundkonzept, die sich auch in der praktischen Falllösung 43
auswirken, bestehen gegenüber der *Vermeidungstheorie*[39] – der Täter sieht den Erfolg als
möglich an, richtet den steuernden Willen aber nicht auf seine Vermeidung –, der *Möglich-
keitstheorie*[40] – der Täter erkennt den Erfolg als möglich und handelt trotzdem – und der
Gleichgültigkeitstheorie[41] – der Täter heißt den als möglich erkannten Erfolg gut oder nimmt
ihn gleichgültig hin –. Das Handeln des Täters im bloßen Bewusstsein möglicher Tatbestandsverwirklichung genügt den Anforderungen des Vorsatzes nach den hier begründeten
Prämissen nicht, sondern dehnt diesen Bereich auf Kosten der bewussten Fahrlässigkeit aus.

3. Ergebnis

Wissen als intellektuelles und Wollen als voluntatives Element kennzeichnen den Vorsatz- 44
begriff. Das Bewusstsein der konkreten Gefahr für das geschützte Rechtsgut (Wissenselement) und der Wille, diese Gefahr zu verwirklichen (Willenselement) finden ihren gemeinsamen Bezug im objektiven Tatbestandselement der Begründung oder Erhöhung einer
konkreten, unmittelbaren Gefahr für das geschützte Rechtsgut.

Vorsätzlich handelt der Täter daher, wenn er sich 45

a) der konkreten, unmittelbaren Gefahr der Verwirklichung der Tatumstände bewusst ist
und dennoch handelt, d. h. trotz seiner Kenntnis nicht von seinem Vorhaben Abstand nimmt
(dolus eventualis);

b) der konkreten, unmittelbaren Gefahr der Verwirklichung der Tatumstände bewusst ist,
die Realisierung der Gefahr als sicher voraussieht und dennoch handelt (dolus directus
2. Grades);

c) der konkreten, unmittelbaren Gefahr der Verwirklichung der Tatumstände bewusst ist
und diese verwirklichen will, weil es ihm auf die Realisierung der Gefahr in der Rechtsgutsbeeinträchtigung (Erfolg) als Ziel seines Handelns ankommt (dolus directus 1. Grades).

IV. Der systematische Ort des Vorsatzes innerhalb des Verbrechensaufbaus

1. Das Sachproblem

Die streitige Frage, ob *der auf der Kenntnis der Tatumstände und ihres Bedeutungsgehaltes* 46
fundierte Wille, eine Rechtsgutsbeeinträchtigung zu verwirklichen, ein *Element des Unrechts*
und damit einen Teil des Unrechtstatbestandes darstellt *oder der Schuld,* lässt sich nicht
beantworten ohne Kenntnis des Inhalts dieser Begriffe. Die erste Vorstellung der relevanten
Begriffsinhalte brachte allerdings schon die einführende Besinnung auf den sachlichen Gehalt der Straftat; vgl. dazu § 1 Rdn. 21 ff. Unrecht wurde dort grob skizziert als sozialge-
fährliches, -schädliches Verhalten, Schuld als persönliche Verantwortlichkeit für den sozialen

---

39 Vgl. z. B. BEHREND v. Simson-FS, S. 11 ff; ARMIN KAUFMANN ZStW 70 (1958) S. 64 ff; SCHLEHOFER NJW
1989 S. 2020; SCHÜNEMANN JA 1975 S. 790; SCHROTH JuS 1992 S. 8.
40 Vgl. z. B. HRUSCHKA Kleinknecht-FS, 1985, S. 193; KARGL Handlung und Ordnung im Strafrecht, 1991,
S. 535 ff; KINDHÄUSER GA 1994 S. 203; LANGER GA 1990 S. 458; SCHMIDHÄUSER GA 1957 S. 305 ff; DERS.
JuS 1980 S. 241 ff; SCHUMANN JZ 1989 S. 430.
41 Vgl. z. B. BEULKE Jura 1988 S. 644; ENGISCH NJW 1955 S. 1687; GALLAS ZStW 67 (1955) S. 43; JOECKS
MK, § 16 Rdn. 35; SCH/SCH/STERNBERG-LIEBEN § 15 Rdn. 84. – Weiter geht JAKOBS – ZStW 114 (2002)
S. 594 –, der die Unkenntnis von Tatumständen aus Gleichgültigkeit des Täters als dolus indirectus dem
Vorsatzbereich zurechnen will.

Schaden. Sind Kenntnis der Tatumstände und Rechtsgutsbeeinträchtigungswille Unrechts-
elemente, so sind sie auf Grund des strengen Bezuges der Schuld auf das Unrecht – wie jedes
Unrechtselement – auch relevant für die Schuld. Die Ausgangsfrage kann daher zunächst dahin beschränkt und präzisiert werden: sind Kenntnis der Tatumstände und Verwirklichungswille Unrechtsfaktoren?

2. Der gegenwärtige Stand der Unrechtslehre [42]

47 a) Die im ersten Drittel des letzten Jahrhunderts in Deutschland herrschende *streng objektive Unrechtslehre* bestimmte das Unrecht vom Verletzten her. Das Unrecht wurde in der
Rechtsgutsbeeinträchtigung gesehen. Die Täterpsyche war nur in ihrer „Wirkung nach
außen" für die Beeinträchtigung des Rechtsguts und damit für die Rechtswidrigkeit erheblich. – Der „objektivierte Wille" stellte die rechtswidrige Handlung dar, der „subjektive
Wille" die Schuld. Der Täter selbst erschien im Bereich des Unrechts allein als die Person,
die den zur Beeinträchtigung des Rechtsguts führenden Kausalzusammenhang in Gang
gesetzt bzw. rettende Maßnahmen trotz entgegenstehender Verpflichtung unterlassen hatte. –
Ob jemand einen anderen vorsätzlich oder fahrlässig getötet hatte, war für die Bestimmung
des Unrechts irrelevant. In beiden Fällen sollte er das gleiche Tötungsunrecht verwirklicht
haben.

48 b) Den grundsätzlichen Ausgangspunkt dieser Lehre, das Unrecht aus der Sicht des Verletzten her zu bestimmen, gab auch die *eingeschränkt objektive Lehre* nicht auf, die die streng
objektive Lehre ablöste. Ihre Anhänger hielten durchaus daran fest, dass grundsätzlich nur
die objektive Tatseite für die Rechtswidrigkeit von Belang sei. Sie ließen jedoch Ausnahmen
von dieser Regel zu, soweit die „tatbezogene, spezifische Rechtswidrigkeit" nur unter Heranziehung subjektiver Elemente bestimmbar war. Dies sollte dort der Fall sein, wo der Tatbestand eine bestimmte Absicht erforderte, wie z.B. der Diebstahlstatbestand die Zueignungsabsicht, oder einzelne Begriffsmerkmale ohne eine bestimmte subjektive Tendenz
überhaupt nicht bestimmbar waren, wie z. B. „Hilfe leisten" in § 257.

49 c) Nachdem der Fortgang der Diskussion zeigte, dass die Ausnahmen sich als häufiger
erwiesen als die Regel, stellte WELZEL mit der von ihm begründeten *personalen Unrechtslehre*
die Grundlagen jeder objektiven Unrechtslehre radikal in Frage: „Nicht die von der Täter-
person inhaltlich abgelöste Erfolgsverursachung (Rechtsgüterverletzung) erschöpft das Unrecht, sondern rechtswidrig ist die Handlung nur als Werk eines bestimmten Täters: Welche
Zielsetzung er der objektiven Tat zwecktätig gegeben, aus welcher Einstellung heraus er sie
begangen hat, welche Pflichten ihm dabei oblagen, all das bestimmt maßgeblich das Unrecht
der Tat neben der etwaigen Rechtsgüterverletzung. Rechtswidrigkeit ist immer die Missbilligung einer auf einen bestimmten Täter bezogenen Tat. Unrecht ist täterbezogenes, „persona-
les Handlungsunrecht". [43]

---

42 *Zur Vertiefung* und *zum Überblick* über die verschiedenen Unrechtslehren: OTTO Pflichtenkollision und
Rechtswidrigkeitsurteil, 3. Aufl. 1978, S. 21 ff; KRAUSS ZStW 76 (1964) S. 19 ff; WOLTER Objektive und
personale Zurechnung von Verhalten, Gefahr und Verletzung in einem funktionalen Straftatsystem, 1981,
S. 24 ff.

43 WELZEL Lb., § 11 II, Vgl. dazu auch JESCHECK/WEIGEND A.T., § 24 III 4; RENZIKOWSKI Täterbegriff,
S. 234 ff; ROXIN A.T., § 10 Rdn. 89 f.

3. Stellungnahme

Dass als Gegenstand des Unrechtsurteils nicht mehr die isolierte Rechtsgutsbeeinträchtigung, sondern der gesamte, durch Tat, Täter und Opfer bestimmte soziale Kontext in den Blick genommen wird, macht es möglich, die Rechtsgutsbeeinträchtigung als *sozialen* Schaden zu interpretieren. Von diesem Ausgangspunkt her wird verständlich, dass die Straftat zwar stets, aber nicht nur Angriff gegen ein Rechtsgut ist, sondern immer und primär ein Angriff gegen die Grundlage der Rechtsordnung, der sich allerdings in der Rechtsgutsbeeinträchtigung objektiviert. Sie ist ein Angriff auf jenes „bonum commune", das das Zusammenleben vieler in einer Rechtsgesellschaft ermöglicht, d. h. ein Angriff auf die Vertrauensgrundlage der Rechtsgesellschaft. **50**

OTTO ZStW 87 (1975) S. 561 f: „Vertrauen als Grundlage der Rechtsordnung schafft die Voraussetzung, in der **51** rechtlichen Ordnung der sozialen Bezüge dem einzelnen bereits eine Position zu gewähren, die es ihm ermöglicht, sich personal zu entfalten. Nicht einen Schutzbereich *vor* ihm gilt es in *erster* Linie zu definieren, sondern ihm ist – als Person von der Rechtsordnung angesprochen – gerade dort personale Entfaltung zu gewähren, wo er in Pflicht genommen wird. Vertraut wird in die gemeinsame Verbundenheit der Personen, die im sozialen Miteinander ihre Fähigkeit, Gemeinschaft miteinander haben zu können, realisieren. Dies ist die existentielle Vertrauensgrundlage der Rechtsordnung. In dem Maße, wie Mißtrauen an Stelle dieses Vertrauens tritt, übernimmt die Rechtsordnung allerdings die Aufgabe, Erwartungshaltungen zu stabilisieren und zu sichern. Ursprüngliches Vertrauen wird damit durch „Systemvertrauen" ersetzt, um das soziale Miteinander weiterhin zu ermöglichen. Je komplexer sich die sozialen Beziehungen gestalten, je mehr tritt Systemvertrauen an die Stelle des ursprünglichen. Ersetzt das Systemvertrauen das ursprüngliche Vertrauen jedoch in vollem Umfang, so kann von einer lebendigen Ordnung, die aus der Auseinandersetzung um die eigene Position und die der anderen erwächst, denen ihr Platz nicht nur belassen, sondern bewußt erschlossen werden soll, keine Rede mehr sein. – Solange aber die einzelnen Mitglieder einer Rechtsgesellschaft sich noch der personalen Verbundenheit zwischen ihnen bewußt sind, prägt diese personale Realität auch Recht und Unrecht. Eine Unrechtslehre, die diese personale Wirklichkeit miterfassen will, kann das Unrecht nicht allein in der isoliert betrachteten Gefährdung oder Verletzung eines individuellen oder universellen Rechtsguts sehen. Sie kann zwar rechtswidriges, d.h. sozialschädliches Verhalten als das auf Rechtsgüterverletzung abzielende Verhalten bestimmen, doch dies gerade deshalb, weil der soziale Schaden mehr ist als die bloße Rechtsgüterverletzung.

Sozialschädlich ist ein auf Rechtsgüterverletzung abzielendes Verhalten, weil es

(1.) auf Schädigung eines bestimmten Rechtsgutes gerichtet ist, und damit

(2.) über diesen Einzelschaden hinaus die Vertrauensgrundlage der Rechtsgesellschaft, die personale Beziehung der Rechtsgenossen, in Frage stellt, Vertrauen in die anderen Mitglieder der Rechtsgesellschaft verdrängt und Mißtrauen Platz greifen läßt".

a) Diese Inhaltsbestimmung des Unrechtsbegriffs ist natürlich bedingt durch die Sicht der **52** *Funktion der Rechtsordnung* innerhalb des sozialen Raumes. Schlagwortartig ist diese als *Rechtsfriedenssicherung durch gerechte Ordnung* zu kennzeichnen.

Trotz des sachlich angreifbaren Versuchs, das Problem der „gerechten" Ordnung als **53** Scheinproblem abzutun, ist es den Anhängern der soziologischen Systemtheorie gelungen, die Funktion der Rechtsfriedenssicherung der Rechtsordnung erheblich zu erhellen. Danach wird diese Funktion durch *Erwartungssicherung* und *Verhaltenssteuerung* erfüllt.

LUHMANN Die Funktion des Rechts: Erwartungssicherung oder Verhaltenssteuerung?, ARSP, Beiheft, N. F., Nr. 8, Steiner Verlag Wiesbaden, 1974, S. 31 f: „Fragt man nach der Funktion des Rechts im Hinblick auf die Zeitdimension, kommen zwei mögliche Antworten in Betracht. Sie entsprechen dem Unterschied von Vergangenheit und Zukunft, sie setzen den Akzent entweder mehr auf die Vergangenheit oder mehr auf die Zukunft.

Es kann sich zum einen darum handeln, Erwartungen, die jemand in bezug auf das Verhalten anderer hegt, im Falle von Gefährdungen oder Enttäuschungen zu stützen. Es geht dann um eine notfalls kontrafaktische Stabilisierung von Verhaltenserwartungen. Diese Funktion dient der bloßen Sicherung eines Bestandes von Erwartungen, der bloßen Fortsetzung des Vergangenen und Gegenwärtigen in einer kontingenten Welt voller Überraschungen, voller Feinde, voller Gegeninteressen.

Zum anderen könnte das Recht auch der Verhaltenssteuerung dienen. Man erlässt Gesetze oder man schließt Verträge, um das Verhalten bestimmter Menschen zu beeinflussen und um ihm eine andere Richtung zu geben; also um Verhaltenswahrscheinlichkeiten für die Zukunft zu ändern. Diese Funktion braucht sich nicht, oder nur in sehr formaler Weise auf die Vergangenheit zu stützen. Sie bezieht sich sehr abstrakt auf Kompetenznormen oder auf Ermächtigungsnormen und folgt im übrigen einer erst in der Situation bestimmten Absicht, einem konkreten Zweck, der keine Vergangenheit zu haben braucht.

Ein weiterer Gegensatz der beiden Funktionen besteht in ihrem Anspruchsniveau in bezug auf Weltbeherrschung. Im ersten Falle erstrebt das Recht nur eine Sicherung des *Erwartens*. In einer im Prinzip unkontrollierbaren Welt will man wenigstens sicher sein, mit welchen Erwartungen man im Recht ist und mit welchen Einstellungen man auf sozialen Konsens rechnen kann; auch wenn es immer wieder Menschen gibt, die anders handeln. Im zweiten Falle geht es dagegen um die Sicherung bestimmter *Effekte*. Man will reale Verhaltenswahrscheinlichkeiten ändern und setzt das Recht dazu mehr im Sinne eines Sanktionsmechanismus ein.

Nun schließen diese beiden Funktionen, die ich unterschieden habe, einander wechselseitig nicht aus. Die Rechtsnorm dient gerade zu ihrer Kombination. Sie stellt einerseits sicher, was man erwarten kann und in welchen Hinsichten man angesichts von enttäuschendem Verhalten nicht lernen, nicht sich anpassen muss, sondern seine Erwartungen durchhalten kann auch gegen die Tatsachen: kontrafaktisch. Die Rechtsnorm berechtigt andererseits zu Reaktionen mit dem Ziel, eine rechtgemäße Wirklichkeit herzustellen – sei es einer Abweichung vorzubeugen; sei es, einen Schaden im Ergebnis wiedergutzumachen."

54 Diese Funktionen lassen sich aber nicht erfüllen, wenn die Rechtsordnung nur bestimmte Schutzsphären definiert und deren Verletzung mit Strafe ahndet. Die Rechtsnorm richtet sich vielmehr an das Rechtssubjekt als Person und verpflichtet diese, durch Einsatz kausaler Mittel in ihrem Verhalten den Erwartungen der Rechtsordnung zu entsprechen und diese zu realisieren. Damit aber erhalten Verhaltenswille und Situationskenntnis der Person – unabhängig von der Frage ihrer persönlichen Verantwortung, d.h. der Schuld – zentrale Bedeutung bereits innerhalb des Unrechtstatbestandes. *Verhaltenswille und Situationskenntnis sind Elemente des Unrechtstatbestandes.*

55 b) Diese Einsicht wird bestätigt durch die Erkenntnis, dass sich das je verwirklichte Unrecht überhaupt nicht bestimmen lässt ohne Kenntnis des Vorstellungsbildes des Täters und seines Willens; und zwar nicht, weil bei der Feststellung der Verantwortlichkeit des Täters Zweifel beständen, sondern weil bereits die Entscheidung der Frage, welches Unrecht der Täter verwirklicht hat, nicht gelingen kann.

56 Schwingt A die Axt hinter dem Rücken des B, so kann dieses reiner Zufall sein. Vielleicht will A den B auch erschrecken, vielleicht am Körper verletzen oder gar töten, vielleicht will er aber nur eine Biene verscheuchen, die sich anschickt, den A zu stechen. Im Heben der Axt (objektives Geschehen) können sich demnach zahlreiche verschiedene subjektive Einstellungen objektivieren. Die Kenntnis der Einstellung des Täters zu seinem Verhalten ist somit nötig für die Bestimmung des Unrechtstypus, den der Täter gerade verwirklicht, d.h. für die Bestimmung der Qualität des Unrechts.

57 Die gleiche Unmöglichkeit festzustellen, ob jemand einen bestimmten Unrechtstatbestand verwirklicht, tritt dort auf, wo das Verhalten einer Person seinen Charakter erst durch eine bestimmte Zweckrichtung erhält, wie z. B. bei der „Zueignung" im Sinne des § 246 und beim „Hilfe leisten" im Sinne des § 257.

Beispiel: Als die Polizei den Mieter M wegen eines Diebstahls verhaften und die Beute beschlagnahmen will, erklärt die Hausverwalterin H, M sei ausgezogen. – Ohne Zweifel eine Hilfeleistung im Sinne des § 257, wenn H den Erfolg der polizeilichen Aktion verhindern will. – Von einer Hilfeleistung kann hingegen keine Rede sein, wenn H den M lediglich mit dem kurz zuvor ausgezogenen X verwechselt.

4. Ergebnis

58 Verhaltenswille und Kenntnis der Tatumstände sowie ihres Bedeutungsgehaltes sind Elemente des Unrechtstatbestandes, und zwar in Gestalt des dolus directus 1. Grades (Absicht), des

dolus directus 2. Grades (direkter Vorsatz) und des dolus eventualis (Eventualvorsatz oder bedingter Vorsatz). *Diese Elemente bestimmen den finalen Gehalt des Vorsatzes.*
In gleicher Weise gehören zum Unrechtstatbestand alle subjektiven im gesetzlichen Tat- 59 bestand geforderten Elemente, die die Art und Weise des jeweiligen Unrechts kennzeichnen, z. B. die Zueignungsabsicht beim Diebstahl, die Bereicherungsabsicht bei Erpressung, Betrug und Hehlerei.
Unabhängig von einzelnen Modifizierungen stimmen die Vertreter der *personalen Unrechts-* 60 *lehre* heute darin überein, die Rechtsnorm in ihrer wesentlichen Funktion als Bestimmungs- norm zu interpretieren und das Unrecht als Verstoß gegen den Normbefehl zu begreifen. Das finale Element des Vorsatzes (Kenntnis der Tatumstände sowie ihres Bedeutungsgehaltes und Tatverwirklichungswille) beim Vorsatzdelikt und die Sorgfaltspflichtverletzung bei den Fahrlässigkeitsdelikten sind innerhalb dieser Lehre Elemente des Unrechtstatbestandes.[44]

V. Unrechtsbewusstsein als Element des Unrechtstatbestandes

1. Kenntnis des Tatbestandes und seines sozialen Bedeutungsgehaltes

Soweit Kenntnis der Tatumstände und ihres Bedeutungsgehaltes sowie der Wille des Täters, 61 die Rechtsgutsbeeinträchtigung zu verwirklichen, als Elemente des Unrechtstatbestandes angesehen werden, geschieht das – z. T. ausdrücklich – unter Hinweis darauf, dass erst diese Elemente den „sozialen Gesamtsinn eines Geschehens"[45] erkennbar machen. Hingegen sei es nicht erforderlich, dass der Täter sich des Unrechts seines Verhaltens bewusst ist.
In Übereinstimmung mit der Feststellung des BGH, dass das gesetzliche Verbot einer 62 Handlung selbst kein „Tatumstand" i. S. des § 16 Abs. 1 S. 1 sei, denn „es gehört nicht zum Inhalt des gesetzlichen Tatbestandes, sondern hat ihn zum Inhalt"[46], folgert die h. M., dass das Unrechtsbewusstsein nicht Bestandteil des Vorsatzes, sondern ein Element der Schuld sei. Fehle es, so sei nicht der Bestand, sondern nur die Vorwerfbarkeit des Vorsatzes in Frage gestellt. Danach erschöpft sich der Vorsatz in der Kenntnis der Tatumstände sowie ihres Bedeutungsgehaltes und im Tatverwirklichungswillen (finale Elemente des Vorsatzes).[47]
Unrechtsbewusstsein i. d. S. ist das Bewusstsein, gegen eine Rechtsnorm zu verstoßen, 63 wobei es gleich sein soll, ob diese eine Norm des Strafrechts, des öffentlichen Rechts oder des

---

44 Dazu GALLAS Bockelmann-FS, S. 155 ff; HERZBERG BGH-FG, S. 58; JESCHECK/WEIGEND A. T., § 24 III; KRAUSS ZStW 76 (1964) S. 19 ff; KREY A. T. 1, Rdn. 332; LACKNER/KÜHL Vor § 13 Rdn. 20; LAMPE Das personale Unrecht, 1967, S. 229 ff; OTTO ZStW 87 (1975) S. 539 ff; RENZIKOWSKI Täterbegriff, S. 241 ff; RUDOLPHI Der Zweck staatlichen Strafrechts und die strafrechtlichen Zurechnungsformen, in: Grund- fragen des modernen Strafrechtssystems, herausgeg. von Schünemann, 1984, S. 69 ff; ROXIN ZStW 80 (1968) S. 694 f, 716; DERS. A. T. I, § 10 Rdn. 62 ff; STRATENWERTH SchwZStr 79 (1963) S. 237 ff; WOLTER Objektive und personale Zurechnung, S. 75, 197. – Zusammenfassend: EBERT/KÜHL Jura 1981 S. 225 ff; HIRSCH ZStW 94 (1982) S. 239 ff.
Zur Interpretation des Vorsatzes als Schuldelement vgl. BAUMANN/WEBER/MITSCH A. T., § 20 Rdn. 1 ff; LENCKNER Strafe, Schuld und Schuldfähigkeit, in: Handbuch der forensischen Psychiatrie, herausgeg. von Göppinger und Witter, Bd. 1, Teil A, 1972, S. 50 ff; SCHMIDHÄUSER Vorsatzbegriff und Begriffsjurisprudenz im Strafrecht, 1968; DERS. A.T. Stub., 7/36.
45 ROXIN ZStW 74 (1962) S. 544.
46 BGHSt 19 S. 298.
47 Dazu vgl. z. B.: JESCHECK/WEIGEND A. T., § 41 I; LACKNER/KÜHL § 15 Rdn. 31; MAURACH/ZIPF A. T. 1, § 30 Rdn. 26 ff; SCH/SCH/STERNBERG-LIEBEN § 17 Rdn. 1 ff; TRÖNDLE/FISCHER § 17 Rdn. 2; WESSELS/BEULKE A. T., Rdn. 427 ff.

Zivilrechts ist. Das bedeutet: *Unrechtsbewusstsein* wird hier *formal als Bewusstsein des Täters, rechtswidrig zu handeln*, interpretiert und sodann allerdings als Schuldelement in den Verbrechensaufbau eingeordnet. – Ein Unrechtsbewusstsein i. S. eines Bewusstseins, Unrecht zu verwirklichen, d. h. sich sozialschädlich zu verhalten – m. a. W. ein Unrechtsbewusstsein in materiellem Sinne –, kennt die h. M. demgegenüber als Verbrechenselement nicht.

64   Dagegen ist jedoch einzuwenden, dass der soziale Sinngehalt eines Geschehens sein wesentlichstes Gewicht durch die Vorstellung des Täters erhält, sich sozialgemäß oder sozialwidrig zu verhalten. Auch die h. M. begründet ihre Auffassung, dass im vorsätzlichen Handeln die prinzipiell schwerere Erscheinungsform der Straftat verwirklicht wird, mit dem Hinweis darauf, dass *Vorsatz die Entscheidung für das Unrecht* ist,[48] dass das Wesen des vorsätzlichen Handelns in der „Entscheidung gegen das im Tatbestand geschützte Rechtsgut" liegt.[49]

65   Ob eine Verhaltensweise des Täters als Entscheidung für das Unrecht, die Rechtsgutsbeeinträchtigung, oder das Recht anzusehen ist oder nicht, lässt sich aber nicht bestimmen, wenn nicht bekannt ist, ob der Täter sich bewusst ist, mit seinem Verhalten Unrecht zu verwirklichen. Dieses Bewusstsein bestimmt wesentlich den sozialen Sinngehalt, den der Täter mit seinem Verhalten verwirklicht. Die bloße Kenntnis, dass jemand ein Rechtsgut, z. B. Leib oder Leben bewusst vernichtet hat, lässt keinen Schluss auf eine Stellungnahme gegen „das Rechte" zu. Die Verwirklichung eines verbotenen Sachverhalts als solche enthält keine Stellungnahme des Täters zur Rechtsordnung. Wenn das Unrecht einer vorsätzlichen Tötung ein anderes ist als das Unrecht einer fahrlässigen Tötung, dann deshalb, weil der Vorsatztäter weiß, dass er einen sozialgefährlichen, sozialschädlichen Sachverhalt verwirklicht. Erst der Bezug dieser Tat zur sozialen Ordnung ermöglicht es, in dieser Tat eine Stellungnahme zu dieser Ordnung zu erkennen. Dieser „soziale Sinngehalt" der Vorsatztat begründet daher die regelmäßig höhere Vorsatzstrafe gegenüber der Fahrlässigkeitsstrafe.[50]

66   Der Entscheidung für das normative Element im Vorsatz ist auch nicht dadurch auszuweichen, dass dem Vorsatz eine Doppelstellung sowohl als Unrechts- als auch als Schuldelement zuerkannt wird mit der Konsequenz, dass das Unrechtsbewusstsein der Vorsatzschuld zugewiesen wird.[51] Überzeugend hat PUPPE gegen diese Differenzierung geltend gemacht, dass sie logisch mit der anerkannten Einordnung des Wissens um vorhandene rechtfertigende Tatsachen als subjektives Element der Rechtfertigung nicht in Einklang zu bringen ist: „Beseitigt erst die Vorstellung von diesen Tatsachen, wie heute fast allgemein anerkannt ist, das *Handlungsunrecht* der vorsätzlichen Tat, so kann die gleiche Vorstellung nicht zu einer bloßen Beseitigung der Vorsatzschuld herabsinken, sobald sie falsch ist, es also an den objektiven Voraussetzungen der Rechtfertigung fehlt"[52]. – Schuld als Tatschuld bezieht sich auf

---

48 HASSEMER Armin Kaufmann-GedS, S. 295 ff, 309.
49 FRISCH Armin Kaufmann-GedS, S. 324 f. Vgl. auch FRISCH Vorsatz, S. 46 ff, 102 ff; DERS. in: Eser/Perron (Hrsg.), Rechtfertigung und Entschuldigung III, 1991, S. 276 ff. – Im übrigen vgl. BURKHARDT in: Eser/ Nishihara (Hrsg.), Rechtfertigung und Entschuldigung IV, 1995, S. 418 f m. w. N.; DANNECKER Steuerhinterziehung im internationalen Wirtschaftsverkehr, 1984, S. 161; KÜHL A. T., § 5 Rdn. 28, 34; M. HEINRICH Rechtsgutszugriff und Entscheidungsträgerschaft, 2002, S. 131 ff, 139; PUPPE GA 1990 S. 157; DIES. NK, § 16 Rdn. 89; ROXIN A. T. I, § 12 Rdn. 101; RUDOLPHI SK I, § 16 Rdn. 39; SCHLÜCHTER JuS 1985 S. 375; SCH/SCH/STERNBERG-LIEBEN § 15 Rdn. 39; SCHROEDER LK, § 16 Rdn. 43; SCHROTH JuS 1992 S. 7; STRATENWERTH A. T. I, § 8 Rdn. 66; WEIGEND ZStW 93 (1981) S. 690.
50 Eingehender dazu bereits OTTO ZStW 87 (1975) S. 590 ff; DERS. Jura 1996 S. 474 ff.
51 So aber GALLAS ZStW 67 (1955) S. 45 f; JESCHECK/WEIGEND A. T., § 24 III 5; ROXIN A.T. I, § 12 Rdn. 26; WESSELS/BEULKE A.T., Rdn. 142.
52 PUPPE NK, § 15 Rdn. 3.

das verwirklichte Unrecht. Insofern bestimmt ein jedes Unrechtselement auch die Schuld, weil der Täter eine Entscheidung für das Unrecht getroffen hat. Dem Unrechtsbewusstsein kommt jedoch keine Bedeutung als selbstständiges Schuldelement zu.

Unrechtsbewusstsein in dem hier relevanten Sinne der bewussten Entscheidung für eine „unrechte Verhaltensweise" ist aber nicht das Bewusstsein des Täters, sich rechtswidrig zu verhalten, weil er weiß, dass sein Verhalten gegen eine sanktionsbewehrte Norm des positiven Rechts verstößt. Das Bewusstsein der Rechtswidrigkeit (formelles Unrechtsbewusstsein) ist in der Tat nach dem in § 17 StGB zum Ausdruck gekommenen Willen des Gesetzgebers ein Schuldelement. Als Unrechtselement ist das Unrechtsbewusstsein (materielles Unrechtsbewusstsein) auf die Sozialschädlichkeit des Verhaltens bezogen. – Sachlich entspricht das Unrechtsbewusstsein, bezogen auf die das Unrecht objektiv konstituierenden Umstände, dem Vorsatz, bezogen auf die objektiven Tatbestandsmerkmale. **67**

Indem das Unrechtsbewusstsein als Bewusstsein der Sozialschädlichkeit auf die Verletzung der sozialethischen Grundlagen der Rechtsordnung bezogen wird, geht der rechtliche Bezug dieses Bewusstseins keineswegs verloren, er wird nur ursprünglicher erfasst. Das positivierte Normensystem wird „transzendiert"[53] und das Unrechtsbewusstsein unabhängig von den formell-gesetzlichen Normen auf jene Sachverhalte bezogen, die auf Grund ihrer Sozialschädlichkeit Gegenstand strafrechtlicher Sanktionen werden *können*. Die Verbindung zwischen Strafgrund und Strafe wird innerhalb des Zusammenhangs der Verbrechenselemente deutlich: Strebt die Strafrechtsordnung durch ihre Regelungen ein sozialgemäßes Verhalten an, so muss sie sozialgefährliche, -schädliche Verhaltensweisen verpönen. Sinnvoll differenziert werden die Sanktionen nach dem Bewusstsein des Täters vom Grad der Sozialschädlichkeit seines Verhaltens. Die schärfste Sanktion verdient die bewusste Verwirklichung sozialschädlicher Sachverhalte. Ohne Belang ist es daher, ob sich der Täter der Verletzung irgendwelcher zivil- oder öffentlichrechtlicher Normen bewusst ist. **68**

Das strafrechtlich relevante Unrechtsbewusstsein ist strafnormbezogen, doch nicht auf die **69** *formell-gesetzliche Norm, sondern auf jene Sachverhalte, die auf Grund ihrer Sozialgefährlichkeit oder Sozialschädlichkeit Gegenstand strafrechtlicher Normen und Sanktionen sein können. Unrechtsbewusstsein ist die Kenntnis der Rechtsgutsbeeinträchtigung – dazu oben § 1 Rdn. 31 ff –, d. h. das Wissen, dass die Verwirklichung des ins Auge gefassten Sachverhalts die soziale Vertrauensgrundlage durch Verletzung eines Wertes beeinträchtigt, dessen Achtung die Rechtsgesellschaft als Grundlage der sozialen Beziehungen ansieht. –* Dieses Bewusstsein ist auch keineswegs unbestimmt und vage, denn es ist exakt das von der h. M. geforderte Bewusstsein des Täters, dass sein Verhalten Ausdruck einer Entscheidung gegen ein rechtlich geschütztes Gut ist, bzw. nach Auffassung des BGH, der das Unrechtsbewusstsein in diesem Sinne dem § 17 zuordnet, die Kenntnis von der spezifischen Rechtsgutsverletzung des Tatbestandes. Der Täter bringt zum Ausdruck, dass er sich der unrechtskonstitutiven Umstände der Tatverwirklichung bewusst ist, und dennoch handelt. Von einer Aneignung der unrechtskonstitutiven Umstände eines Tatbestandes in diesem Sinne[54] kann aber keine Rede sein, wenn der Täter nur die tatsächlichen Umstände erkannt hat, der sozialen Bedeutung der Verwirklichung dieser Umstände aber nicht bewusst ist.

Auch hier ist nur erforderlich, dass der Täter sich der Umstände, die die Sozialgefährlichkeit oder Sozialschädlichkeit seines Verhaltens begründen, im Sinne einer Parallelbewertung in der Laiensphäre bewusst ist. **70**

---

53 Arthur Kaufmann JZ 1974 S. 270.
54 Dazu Schroth Vorsatz als Aneignung der unrechtskonstituierenden Merkmale, 1994, S. 68. – Zur Auffassung des BGH: BGHSt 42 S. 123, 130.

71   Bei der Beeinträchtigung von Rechtsgütern, deren Schutz im StGB oder in sog. strafrechtlichen Hauptgesetzen – dazu oben § 1 Rdn. 3 – geregelt ist, wird der Täter danach das Unrechtsbewusstsein haben, wenn er in der Rechtsgesellschaft oder in einer zu demselben Kulturkreis gehörenden Rechtsgesellschaft aufgewachsen ist. Die hier geschützten Grundlagen der Rechtsordnung sind lebendiger Bestandteil der Erziehung und des alltäglichen Lebens. Dort, wo die Strafrechtsordnung mehr ihrer – wertneutralen – Ordnungsfunktion nachkommt, gehört die Kenntnis der verletzten Rechtspflicht zum Inhalt des Unrechtsbewusstseins.

72   Die Strafmöglichkeit selbst ist an die Positivierung der Norm gebunden. Das Risiko der erfolgten Positivierung der Verwirklichung eines sozialschädlichen Sachverhalts trägt jedoch der Täter – zur Bedeutung des § 17 in diesem Zusammenhang vgl. unten § 13 Rdn. 39 ff –. Kennt der Täter die Wertung in der Rechtsgesellschaft, ist er aber selbst von der Richtigkeit einer abweichenden Wertung überzeugt (Überzeugungstäter), so berührt diese Überzeugung sein Unrechtsbewusstsein nicht.

SCHMIDHÄUSER H. Mayer-FS, S. 329: „Im Bereiche der in unserem Kulturkreis als rechtliche Grundanforderungen des Zusammenlebens anzusehenden Gemeinschaftswerte, d. h. der in der Gesellschaft lebendigen Bestandteile der Rechtsordnung, ist Unrechtsbewußtsein das Bewußtsein des erheblichen Verstoßes gegen diese Ordnung. Es ist nicht das Bewußtsein des Verstoßes gegen positive staatliche Rechtssätze oder gar gegen eine Vorschrift, die Strafe androht. Soweit es sich um den Bereich der nicht schon in der gesellschaftlichen Rechtsordnung vorgezeichneten, sondern der erst staatlich getroffenen Regelung handelt (also insbes. im Bereich des sog. Ordnungsstrafrechts), bedeutet Unrechtsbewußtsein, daß der Täter sich dessen bewußt ist, gegen verpflichtende staatliche Anordnung zu verstoßen. Unrechtsbewußtsein ist also im Einzelfall dann gegeben, wenn der Täter sich des bedeutsamen Wertverstoßes bewußt ist, der einen Grundwert des Zusammenlebens im staatlichen Gemeinwesen verletzt, oder wenn er sich des Verstoßes gegen eine verpflichtende staatliche Anordnung bewußt ist."

73   Die Kenntnis des das Unrecht objektiv begründenden Sachverhalts ist ein das personale Unrecht konstituierendes Element. Unrechtsbewusstsein in diesem Sinn gehört zum Vorsatz, nicht hingegen das Bewusstsein der Rechtswidrigkeit im Sinne des Bewusstseins, gegen eine konkrete Rechtsnorm zu verstoßen.

2. Aktuelles Unrechtsbewusstsein

74   *Aktuelles Unrechtsbewusstsein*, wie es das Vorsatzdelikt erfordert, bedeutet – genau wie das aktuelle Bewusstsein der Tatumstände und ihres Bedeutungsgehalts – keineswegs, dass der Täter stets „daran denken" muss, dass er sich rechtswidrig verhält, d. h. dass er Unrecht realisiert. Es genügt, dass das Bewusstsein, einen sozialgefährlichen, sozialschädlichen Sachverhalt zu verwirklichen, aktuell verhaltenswirksam, d. h. mitbewusst ist.

ROHRACHER Die Arbeitsweise des Gehirns und die psychischen Vorgänge, 4. Aufl. 1967, S. 142f: „Das Mitbewußte umfaßt aber nicht nur das persönliche Lebensmilieu mit Familie, Beruf, Neigungen und Interessen, sondern auch die geistigen Haltungen des Menschen, seine religiösen, weltanschaulichen und politischen Überzeugungen, seine ethische Gesinnung und seine künstlerischen oder wissenschaftlichen Prinzipien. Die Psychologie faßt alle diese geistigen Tatsachen unter dem Begriff „Einstellung" zusammen. Obwohl mit der Untersuchung der Einstellungs-Wirkungen früh begonnen wurde – schon 1895 hat L. v. Kries darauf hingewiesen, daß der Violin- oder Baß-Schlüssel am Anfang einer Notenzeile im Musiker eine Einstellung schafft, die denselben Notenzeichen verschiedene Bedeutung verleiht –, ist man in ihrer Forschung noch nicht sehr weit gekommen, so daß man vieles mit „Einstellung" erklärt, ohne zu wissen, wie ihre Wirkungen zustande kommen. ...Viel wichtiger sind aber die oben erwähnten umfassenden geistigen Einstellungen, weil sie unser Denken in hohem Grade beherrschen und sofort automatisch auftreten, wenn eine entsprechende Situation gegeben ist. Sie sind beim erwachsenen Menschen so tief gewurzelt, daß sie oft als Komponenten der Persönlichkeit erlebt werden; man kann sie nicht mehr bis zu ihrem Ursprung in der Kindheit oder Jugend zurückverfolgen. Solche Gesinnungseinstellungen sind äußerst schwer veränderlich und daher höchst wichtige Stützen der individuellen Persönlichkeit, höchst wichtig, weil sie uns Sicherheit und Entschiedenheit verleihen, denn sie bewirken, daß wir in den geistigen Problemen des Alltags und unseres Berufes sofort und mit voller und echter Überzeugung erklären können: das ist richtig, das ist falsch. Man könnte diese Gesinnungen in ihrer Einstellungswirkung geradezu als Stabilisatoren der Persönlichkeit bezeichnen; auf jeden Fall sind sie Situationsbewältiger ersten Ranges, ohne die wir im täglichen Leben, in der Politik, in der Kunst und in der Wissenschaft nicht bestehen könnten; sie steuern automatisch unsere Stellungnahmen und damit große Bereiche unseres geistigen Lebens."

3. Ergebnis

Der *Vorsatz* ist nicht nur Träger eines *finalen Unrechtselements*, nämlich der Kenntnis der   **75** Tatumstände und ihres Bedeutungsgehalts sowie des Willens des Täters, die Rechtsgutsbeeinträchtigung zu verwirklichen, sondern zugleich Träger eines *Gesinnungsunwerts*, des Wissens des Täters nämlich, sich mit der Rechtsgutsbeeinträchtigung sozialgefährlich, sozialschädlich zu verhalten.[55] (Bewusstsein der Sozialschädlichkeit des Verhaltens = Unrechtsbewusstsein im materiellen Sinne).

Das Unrechtsbewusstsein ist neben der Kenntnis der Tatumstände und ihres Bedeutungs-   **76** gehalts und neben dem Tatverwirklichungswillen als Element des Unrechtstatbestandes Gegenstand des Schuldvorwurfes, nicht aber dessen Bestandteil. Dementsprechend *kann* man das Unrechtsbewusstsein *in* einen dann weiter gefassten, Tat- *und* Unrechtskenntnis umspannenden Vorsatzbegriff aufnehmen; notwendig ist das jedoch keineswegs. Man kann genauso gut das Unrechtsbewusstsein als selbstständiges subjektives Tatbestandsmerkmal *neben* den Vorsatz stellen, der in diesem Fall als „Tatvorsatz" erscheint.

Da die h. M. dieses materielle Unrechtsbewusstsein nicht kennt, begnügt sie sich mit der   **77** Erfassung des finalen Unrechtselements im Vorsatz. – Das von der h. M. geforderte Unrechtsbewusstsein i. S. des formellen Rechtswidrigkeitsbewusstseins wird als Schuldelement erkannt.

Zu den weiteren Konsequenzen der hier vertretenen Auffassung in der Schuld- und Irrtumslehre sowie insbesondere zur konsequenten Auslegung des § 17 StGB vgl. unten § 15.

VI. Besondere Problemstellungen innerhalb des Unrechtstatbestandes

1. Sog. objektive Bedingungen der Strafbarkeit

Nach h. M. sind die objektiven Bedingungen der Strafbarkeit von Unrecht und Schuld unab-   **78** hängige Deliktsmerkmale, die von Vorsatz bzw. Fahrlässigkeit nicht erfasst werden. Zulässig sollen sie dort sein, wo sie strafbarkeitsbegrenzend wirken, weil an einen strafwürdigen Sachverhalt Strafe nur geknüpft wird, wenn die objektive Bedingung der Strafbarkeit gegeben ist.

Diese Interpretation nimmt die objektiven Bedingungen der Strafbarkeit aus den Verbre-   **79** chenselementen – Tatbestand, Rechtswidrigkeit, Schuld – heraus, ohne ihren Bezug zu den verschiedenen Strukturelementen der Straftat zu klären. Das ist nicht sachgerecht. Objektive Bedingungen der Strafbarkeit kennzeichnen vielmehr einen besonderen Erfolgsunwert, der zu einem bereits bestehenden Handlungsunwert hinzukommen muss, damit das Verhalten strafwürdig erscheint. Das Hinzukommen des besonderen Erfolgsunwerts ändert in diesen Fällen nichts an der durch den Handlungsunwert schon begründeten Rechtswidrigkeit des Verhaltens, doch wird das vorliegende Handlungsunrecht durch den besonderen Erfolgsunwert derart erhöht, dass erst jetzt ein strafwürdiger Unrechtssachverhalt gegeben ist. Bei den

---

55 Vgl. auch HARDWIG Grundprobleme der Allgemeinen Strafrechtslehre, 1984, S. 38 f; ARTHUR KAUFMANN Lackner-FS, S. 187 ff; OTTO Meyer-GedS, S. 601 ff; SPENDEL Tröndle-FS, S. 99 ff.

objektiven Bedingungen der Strafbarkeit handelt es sich demnach um nicht vom Vorsatz bzw. von der Fahrlässigkeit umfasste, strafbarkeitseinschränkende Merkmale, die die Grenze zwischen dem strafwürdigen und noch nicht strafwürdigen Unrechtssachverhalt bezeichnen.[56]

80 **Beispiele:**

a) § 283 Abs. 6: „Zahlungseinstellung", „Insolvenzeröffnung", „Ablehnung des Eröffnungsantrags mangels Masse".

b) § 231: „Tod eines Menschen oder eine schwere Körperverletzung".

2. Wesentliche und unwesentliche Abweichungen des Tatgeschehens

a) Das Sachproblem:

81 Beim Erfolgsdelikt muss sich der Täter der konkreten Rechtsgutsgefährdung bewusst sein, d. h. er muss wissen, dass er eine konkrete Gefahr für ein Rechtsgut eines anderen begründet oder erhöht hat, die sich aller Erfahrung nach in der Verletzung dieses Gutes realisieren wird. – Selbstverständlich wird der Täter diesen Prozess der Realisierung der Gefahr, d. h. den gefährlichen Kausalverlauf nicht in allen Einzelheiten überblicken können.

Beispiel: A gibt dem B und dem C je eine tödliche Dosis Gift. B stirbt nach 5 Minuten, der etwas widerstandsfähigere C lebt noch 12 Minuten. – Gleichgültig, ob A meinte, beide werden zugleich sterben oder B werde länger leben als C, ändert dies am Vorliegen des Tötungsvorsatzes bei A nichts, denn selbstverständlich braucht er nur den gefährlichen Kausalverlauf in groben Zügen zu kennen.

82 Nach Auffassung der Rechtsprechung und eines Teiles der Lehre schließen Abweichungen gegenüber dem vorgestellten Verlauf des Tatgeschehens dann den Vorsatz nicht aus, wenn sie sich noch innerhalb der Grenzen des nach allgemeiner Lebenserfahrung *Vorhersehbaren* halten und keine andere Bewertung der Tat rechtfertigen.[57]

83 Nach den gleichen Grundsätzen wird z. T. die Fallkonstellation beurteilt, dass der Täter darüber irrt, welcher von mehreren Akten in einem Geschehen den erstrebten Erfolg herbeiführt. Allerdings wird vorausgesetzt, dass der Täter bereits vor der Handlung, die den Taterfolg verursacht, die Schwelle zum Versuch überschritten hat oder mit dieser Handlung überschreitet.[58]

---

56 Vgl. auch JESCHECK/WEIGEND A. T., § 53; OTTO Schröder-GedS, S. 63 ff; Schlehofer MK, Vor § 32 Rdn. 23 ff. – Zur Interpretation der obj. Bedingungen der Strafbarkeit als Voraussetzungen der Strafbedürftigkeit: SCHMIDHÄUSER ZStW 71 (1959) S. 545 ff; STRATENWERTH ZStW 71 (1959) S. 565 ff; STREE JuS 1965 S. 465 ff; TIEDEMANN ZRP 1975 S. 129. – Strafbedürftiges Unrecht auch ohne objektive Bedingungen der Strafbarkeit setzt voraus: GEISLER Zur Vereinbarkeit objektiver Bedingungen der Strafbarkeit mit dem Schuldprinzip, 1998, S. 139 ff, 231; DERS. GA 2000 S. 179; krit. dazu LAMPE GA 2000 S. 399 ff. – Grundsätzlich ablehnend: BEMMANN Zur Frage der objektiven Bedingungen der Strafbarkeit, 1957.

57 Vgl. BGHSt 7 S. 329; 23 S. 135; 38 S. 32 mit Anm. GRAUL JR 1992 S. 114 ff, OTTO JK 92, StGB § 16/3; BAUMANN/WEBER/Mitsch A. T., § 20 Rdn. 24; MAURACH/ZIPF A. T. 1, § 23 Rdn. 28; SCH/SCH/STERNBERG-LIEBEN § 15 Rdn. 56; TRÖNDLE/FISCHER § 16 Rdn. 7.

58 Vgl. RGSt 67 S. 258; BGHSt 7 S. 329; 14 S. 193; BGH NStZ 2002 S. 309 mit Anm. JÄGER JR 2002 S. 383 ff, GAEDE JuS 2002 S. 1058 ff, OTTO JK 02, StGB § 22/22, ROXIN GA 2003 S. 259 ff; BGH NStZ 2002 S. 475, 476 mit Anm. OTTO JK 03, StGB § 15/7, ROXIN GA 2003 S. 261 ff; JESCHECK/WEIGEND A. T., § 29 V 6 d; PRITTWITZ GA 1983 S. 129; SCH/SCH/STERNBERG-LIEBEN § 15 Rdn. 55; TRIFFTERER Klug-FS, Bd. 2, S. 436 f. – Desgleichen für den Fall, dass der Täter von vornherein die Leiche beseitigen wollte: RUDOLPHI SK I, § 15 Rdn. 35; SEILER ÖJZ 1994 S. 93 f; STRATENWERTH A. T. I., § 8 Rdn. 94; TRÖNDLE/FISCHER § 16 Rdn. 7; WELZEL Lb., § 13 I 3; WOLTER Leferenz-FS, S. 549 ff. – Z. T. wird vorausgesetzt, dass der Versuch bereits beendet ist; vgl. JAKOBS A. T., 8/76; SCHROEDER LK, § 16 Rdn. 34. Diese Differenzierung zwischen

Damit wird dem Täter in diesem Bereich ein Erfolg als vorsätzlich verwirklicht zugerech-   **84**
net, wenn er nach allgemeiner Lebenserfahrung vorhersehbar war, soweit die Bewertung der
geplanten und verwirklichten Rechtsgutsbeeinträchtigung rechtlich identisch ist. Die Zurechnung zum Vorsatz geht damit weit in den Fahrlässigkeitsbereich hinein.

Richtig ist, dass sich der Täter nicht aller Einzelheiten des deliktischen Geschehens   **85**
bewusst zu sein braucht. Das rechtfertigt es aber nicht, ihm Sachverhalte als bewusst verwirklicht zuzurechnen, nur weil sie allgemein vorhersehbar sind. Wohl aber können ihm
Sachverhalte als bewusst verwirklicht zugerechnet werden, die ihm deshalb mitbewusst sind,
weil sie typischerweise in der von ihm geplanten Deliktsverwirklichung angelegt sind. Dieser
Typik des Verhaltens ist sich nämlich der Täter durchaus bewusst.

Daraus folgt: Abweichungen in der Realisierung der durch den Täter begründeten Ge-   **86**
fahr, die *typischerweise mit der vorsätzlich ins Werk gesetzten Gefährdung verbunden sind und
zu dem erstrebten Erfolg führen, sind unwesentlich.*[59] *– Diese Kriterien sind auch verbindlich,
wenn der Erfolg, den der Täter mit einem Kausalverlauf vorsätzlich angestrebt hat, durch einen
anderen von ihm nicht (mehr) vorsätzlich verwirklichten Kausalverlauf herbeigeführt wird.*[60]
Auch hier wird vorausgesetzt, dass der Täter bereits das Versuchsstadium erreicht hat.

b) Zur Einübung

aa) A will den B ersäufen. Er wirft ihn von einer hohen Brücke. B stirbt aber bereits im Fluge an einem Herz-   **87**
schlag.

Auch in dem Tod durch Herzschlag realisierte sich noch eine typische Gefahr des von A eingeleiteten gefährlichen Geschehens. A hat daher eine vollendete Tötung, nicht nur einen Tötungsversuch begangen.

bb) BGH bei Dallinger, MDR 1975 S. 22: „A wollte den B zusammenschlagen. Dazu kam es nicht, weil B   **88**
sich der Mißhandlung durch Flucht in das Auto entzog. Wegen des brutalen Vorgehens einer von A auf-
gehetzten Gruppe wurde B von heftiger Angst befallen und bekam dadurch erhebliche Magenschmerzen."

BGH: Auch die Magenschmerzen stellen eine Körperverletzung i. S. des § 223 dar. Dies ist gegenüber dem vorgestellten Verlauf keine so wesentliche Abweichung, dass eine Verantwortlichkeit des A wegen Körperverletzung entfallen würde.

Anmerkung: Dem ist im Ergebnis zuzustimmen, wenn nach der Vorstellung des A schon das Aufhetzen dem B
Angst und Pein bereiten sollte, denn dann ist eine erste gewollte Körperverletzung eingetreten und nur eine
zweite, darüber hinaus beabsichtigte Verletzung unterblieben. Dachte A hingegen beim „Aufhetzen" gar
nicht daran, dass B schon hierbei Pein erleiden könnte, so dürfte die Abweichung des realen Geschehens vom
geplanten Tatverlauf – Zusammenschlagen des B – als wesentlich anzusehen sein.

cc) BGHSt 23 S. 133 ff: A will H durch mehrere Messerstiche töten. Mit Beginn des Zustechens (1. Stich)   **89**
wird A infolge eines Blutrausches unzurechnungsfähig.

BGH: „Allerdings hatte der Angeklagte bis zum Eintritt der Zurechnungsunfähigkeit mit der Tatausführung
erst begonnen, also bis dahin nur eine versuchte Tötung begangen. Das schließt indessen nicht aus, daß ihm
die nach diesem Zeitpunkt begangenen eigentlichen Tötungshandlungen zum Vorsatz zugerechnet werden.

---

unbeendetem und beendetem Versuch ist normativ jedoch nicht gerechtfertigt; dazu vgl. Roxin GA 2003
S. 261 ff.

59 Im Ergebnis weitgehend übereinstimmend: Driendl GA 1986 S. 253 ff; Puppe GA 1981 S. 16; dies. A. T. I,
§ 19 Rdn. 10 ff; Roxin A. T. I, § 12 Rdn. 144; Rudolphi SK I, § 16 Rdn. 31; Stratenwerth A. T. I, § 8
Rdn. 89; Wolter ZStW 89 (1977) S. 663 ff.

60 So auch mit unterschiedlicher Begründung: Eser/Burkhard I, Nr. 8 A 45; Frisch Tatbestandmäßiges
Verhalten und Zurechnung des Erfolgs, 1988, S. 621 f; Herzberg ZStW 85 (1973) S. 890; Hettinger
Spendel-FS, S. 246 ff: Hruschka JuS 1982 S. 318; Kühl A. T., § 5 Rdn. 26; Maiwald ZStW 78 (1966)
S. 54 ff; Maurach/Zipf A. T. 1. § 23 Rdn. 35; Roxin Würtenberger-FS, S. 124 f; Sancinetti Roxin-FS,
S. 361 ff; Schlehofer Vorsatz, S. 177; Schroeder LK, § 16 Rdn. 30 f.

...Der Vorsatz muß sich zwar auf den ganzen Geschehensablauf erstrecken. Da aber alle Einzelheiten dieses Ablaufs kaum jemals genau voraussehbar sind, schließen Abweichungen gegenüber dem vorgestellten Verlauf den Vorsatz nicht ohne weiteres aus. Unwesentlich sind vielmehr Abweichungen, die sich in den Grenzen allgemeiner Lebenserfahrung halten. ... Der Angeklagte wollte Frau H töten, ihr also die erforderliche Zahl von Messerstichen beibringen. Der wirkliche Tatablauf entsprach dieser Vorstellung. Der die Zurechnungsfähigkeit ausschließende Affektzustand mag sich allenfalls dahin ausgewirkt haben, daß der Angeklagte schneller zustach und mehr Stiche beibrachte als ursprünglich gedacht. Diese Abweichung ist zweifelsfrei unwesentlich. Aber auch der Eintritt der Zurechnungsunfähigkeit selbst, den der Angeklagte zuvor nicht in seine Vorstellung aufgenommen hatte, ist eine nur unwesentliche Abweichung."

90   dd) BGHSt 14 S. 193: Nach einem Streit stopfte A der B mit bedingtem Tötungsvorsatz zwei Hände voll Sand in den Mund, um sie am Schreien zu hindern. B brach zusammen und lag regungslos da. A war überzeugt davon, B getötet zu haben. Um die Spuren ihrer Tat zu beseitigen, warf A die B in eine Jauchegrube, dort ertrank B.

BGH: A hat die B vorsätzlich getötet. Dass der Tod auf andere Weise eingetreten ist, als die A gemeint hatte, ist rechtlich ohne Bedeutung.

91   *Anmerkung:* Unproblematisch wäre der Fall, wenn die A den Tötungsvorsatz noch gehabt hätte, als sie die B in die Jauchegrube warf („sicher ist sicher"). Dann ist der Wurf in die Jauchegrube nur noch das letzte Teilstück des auf Tötung der B gerichteten Verhaltens der A; Fall des dolus generalis. Ging A hingegen davon aus, dass der Tod bereits eingetreten war, als sie die B in die Jauchegrube warf, so liegt keinesfalls eine unwesentliche Abweichung des realen vom vorgestellten Kausalverlauf vor. Im Tod durch Ertrinken realisierte sich nicht die typische Gefahr der mit Tötungsvorsatz vorgenommenen Tathandlung (Stopfen des Mundes mit Sand). Auch von einem dolus generalis – dazu oben Rdn. 16ff – kann hier keine Rede sein, da A sich der Möglichkeit, dass B vielleicht erst in der Jauchegrube sterben könnte, überhaupt nicht bewusst war.

3. Aberratio ictus und error in persona vel obiecto

a) Zur Problemlage

92   aa) **Enzianfall:** Die A wollte ihren bei der Bundeswehr weilenden Ehemann B umbringen. Sie füllte ein Enzianfläschchen mit E 605 und sandte es ihm mit lieben Grüßen. B hatte an diesem Tage aber keinen Appetit auf Enzian. Er stellte die Flasche auf den Tisch und erfreute sich an den netten Zeilen seiner Ehefrau, als sein Stubenkamerad C den Enzian erblickte und fragte, ob er einen Schluck nehmen dürfe. B gestattete dies, C trank, er starb kurz darauf.

93   bb) Preuß. Obertribunal GA 7 (1859) S. 322: Rosahl versprach dem Rose, ihn reichlich zu belohnen, wenn er den Schliebe erschösse. Rose legte sich daraufhin in den Hinterhalt, um dem Schliebe, den er genau kannte, aufzulauern. Während der Dämmerung sah er einen Menschen des Weges daherkommen. Diesen Menschen erschoss er, da er ihn für Schliebe hielt. In Wirklichkeit war es Harnisch.

Anmerkung: Das strafbare Verhalten des Rosahl soll hier noch nicht erörtert werden; vgl. dazu unten § 22 Rdn. 45.

b) Stellungnahme

94   aa) Fasst jemand den „Vorsatz", „einen Menschen zu töten", so ist dies als bloßes Wünschen rechtlich irrelevant. Hier findet kein auf Steuerung eines Geschehens angelegter Verwirklichungswille Ausdruck. Erst durch den Bezug auf ein konkretes Objekt wird der diffuse Tötungswunsch zu einem Kausalverläufe steuernden Verwirklichungswillen. Daher ist der Tötungsvorsatz als rechtlich relevanter Vorsatz der Vorsatz, einen konkreten Menschen zu töten, wobei zu beachten ist, dass die Konkretisierung auch durch generelle Merkmale erfolgen kann; vgl. dazu oben Rdn. 16ff (Konkretisierungstheorie). – Hat der Täter das Opfer – sei es durch sinnliche Wahrnehmung oder durch sonstige Individualisierung seines Handlungsziels – in dieser Weise konkretisiert, so ist das Handlungsziel hinreichend konkretisiert.

95   Im „Enzianfall" will die A den B töten. Den Tod des C will sie nicht, sie hat nicht einmal an diesen Erfolg ihres Tuns gedacht. Sie hat nicht erkannt, dass sich die von ihr begründete Gefahr in dieser Weise realisieren würde. Es ging ihr auch nicht darum, irgend jemanden zu töten, ihr Tatentschluss war ganz konkret auf die Tötung des B gerichtet. Dieser Erfolg ist nicht eingetreten.

Realisiert sich eine vom Täter bewusst begründete Gefahr nicht in der Beeinträchtigung des **96** vom Täter angegriffenen Rechtsguts, sondern in der Beeinträchtigung eines anderen Rechtsguts, dessen Gefährdung ihm nicht einmal bewusst geworden ist, so fehlt es am Vorsatz: Ein anderer als der erstrebte Erfolg ist auf Grund des gefährlichen Verhaltens des Täters eingetreten (aberratio ictus). Der Erfolg, der eingetreten ist, war vom Täter nicht gewollt, der anvisierte Erfolg ist nicht eingetreten. Ergebnis: Versuchtes Delikt, soweit der erstrebte Erfolg ins Auge gefasst wird, und Fahrlässigkeitsdelikt bzgl. des verwirklichten Erfolges, soweit die Voraussetzungen der Fahrlässigkeit vorliegen.[61]

Diese Lösung wird allerdings z.T. auf die Fälle beschränkt, in denen der Täter sein Opfer **97** optisch wahrnimmt, nicht aber dann, wenn der Täter das angegriffene Objekt oder die angegriffene Person – wie im „Enzianfall" – nur über dessen Stellung im Kausalverlauf identifiziert.[62] Im Enzianfall läge daher nach dieser Auffassung keine aberratio ictus, sondern ein als Irrtum über die Identität des Opfers (error in persona) unbeachtlicher Motivirrtum vor.

Nicht in besonderen Fallkonstellationen, sondern grundsätzlich will demgegenüber die Gegenauffassung den Irrtum für unbeachtlich erklären. Sie geht davon aus, dass derjenige, der ein bestimmtes Rechtsgut verletzen will und infolge eines abweichenden Kausalverlaufs ein anderes gleichwertiges Rechtsgut verletzt, ein vollendetes Delikt begangen hat, weil der Irrtum als Motivirrtum wegen der tatbestandlichen Gleichwertigkeit der Rechtsgüter unbeachtlich ist (Gleichwertigkeitstheorie).[63]

Schließlich wird die Ansicht vertreten, dass die aberratio ictus nur bei der Verletzung höchstpersönlicher **98** Rechtsgüter zur Ablehnung des vollendeten Delikts führt.[64]

bb) Realisiert sich in der Rechtsgutsbeeinträchtigung der geplante Geschehensablauf, befin- **99** det sich jedoch der Täter in einem Irrtum über die Identität des Opfers, so befindet er sich in einem unbeachtlichen Motivirrtum (error in persona). Er hat den angestrebten Erfolg verwirklicht, seine Vorstellung über die Identität des Rechtsgutsträgers (persona) oder des angegriffenen Objekts (obiecto) ist unwesentlich, wenn das angegriffene und das in der Vorstellung des Täters angegriffene Objekt rechtlich gleichwertig sind.[65]

---

61 So u. a. auch RGSt 54 S. 349; BGHSt 34 S. 53, 55; ALWART JuS 1979 S. 355 f; BAUMANN/WEBER/ MITSCH A. T., § 21 Rdn. 13; BEMMANN MDR 1958 S. 818 f; FREUND A. T., § 7 Rdn. 84 ff; FRISCH Tatbestandsmäßiges Verhalten, S. 616 f; HERZBERG NStZ 1999 S. 221; HETTINGER GA 1990 S. 531 ff, 554; HRUSCHKA JZ 1991 S. 491 f; JESCHECK/WEIGEND A. T., § 29 V 6 c; KORIATH JuS 1997 S. 901 ff; KREY A. T. 1, Rdn. 394 f; KÜHL A. T., § 13 Rdn. 36; LACKNER/KÜHL § 15 Rdn. 12; MAURACH/ZIPF A. T. 1, § 23 Rdn. 32; RUDOLPHI SK I, § 16 Rdn. 33; SCHLEHOFER Vorsatz, S. 172 f; SCHMIDHÄUSER A. T., 10/45; SCH/SCH/STERNBERG-LIE-BEN § 15 Rdn. 57; WESSELS/BEULKE A. T., Rdn. 250 ff.

62 Vgl. dazu BGH NStZ 1998 S. 294, 295 mit Anm. GEPPERT JK 98, StGB, § 16/4; BACHMANN JuS 1971 S. 119; JAKOBS A. T., 8/81; KREY A. T. 1, Rdn. 397; NIKOLIDATIS Grundfragen der Anstiftung, 2004, S. 159 ff, 166; PRITTWITZ GA 1983 S. 127; RATH Zur strafrechtlichen Behandlung der aberratio ictus und des error in objecto des Täters, 1993, S. 292 f; ROXIN A. T. I, § 12 Rdn. 177; SCHROEDER LK, § 16 Rdn. 13; STRATEN-WERTH Baumann-FS, S. 60 f; STRENG JuS 1991 S. 913.

63 Vgl. KUHLEN Die Unterscheidung von vorsatzausschließendem und nichtvorsatzausschließendem Irrtum, 1987, S. 480 ff; LOEWENHEIM JuS 1966 S. 313; NOLL ZStW 77 (1965) S. 5 ff. – Andere kommen zu diesem Ergebnis, wenn die Abirrung auf ein gleichwertiges Objekt vorhersehbar war; vgl. PUPPE GA 1981 S. 20; DIES. NK, § 16 Rdn 115 ff; WELZEL Lb., § 13 I 3 d.

64 HILLENKAMP Die Bedeutung von Vorsatzkonkretisierungen bei abweichendem Tatverlauf, 1971, S. 85 ff.

65 Vgl. auch BGHSt 37 S. 216; ALWART JuS 1979 S. 352 f; BEMMANN MDR 1958 S. 817 ff; KORIATH JuS 1998 S. 215 ff; KÜHL A. T., § 13 Rdn. 22 ff; ROXIN A. T. I, § 12 Rdn. 178 ff; WARDA Blau-FS, S. 160 ff.

100 Im Fall Rose-Rosahl realisiert sich genau die von Rose ins Werk gesetzte Gefahr in der von Rose gewollten Weise: Der Mensch, auf den Rose geschossen hat, ist getötet worden.

101 Sind die vom Täter miteinander verwechselten Tatobjekte rechtlich nicht gleichwertig – A will im Kaffeehaus einen fremden neuen Schirm stehlen, erwischt aber in der Aufregung seinen eigenen, ohne dies zunächst zu merken –, so kommt nur eine versuchte Tat in Betracht.[66]

c) Zur Vertiefung

102 OLG Neustadt NJW 1964 S. 311: A, der sich in der Gaststätte des X ungebührlich benommen hatte, ist von X und einigen Gästen vor die Tür gesetzt worden. Gerade rappelt er sich an einem vor der Tür stehenden Stapel von Bierkästen wieder hoch, als B ihm zuruft: „Zeig's ihnen, knall ihnen 'nen Kasten über'n Kopf!" A ergreift daraufhin voller Rachedurst einen Bierkasten, schwenkt ihn herum und schlägt ihn dem neugierig herbeigeeilten C, der mit der Sache überhaupt nichts zu tun hat, an den Kopf. C erleidet eine Gehirnerschütterung.

(1.) A glaubte nämlich, auch der C habe ihn mit aus der Gastwirtschaft befördert. Als er von seinem Irrtum erfährt, ist er sehr betrübt und versichert, er habe niemals einen am Herauswurf Unbeteiligten treffen wollen.

(2.) A wusste, dass C nicht zu seinen Widersachern gehörte. Er hatte auch nicht den C, sondern den X treffen wollen, beim Ausschwenken des Kastens hatte er die Entfernung zu C aber falsch eingeschätzt und diesen daher versehentlich getroffen. B ist geradezu entsetzt über die Verletzung des C, mit dem er gut befreundet ist.

Darstellung der Lösung, die aber nicht nachgelesen werden sollte, *bevor* die eigene Lösung skizzenhaft festgehalten wurde: Otto Übungen im Strafrecht, 5. Aufl. 2001, Anfängerklausur Nr. 5.

4. Der Gewohnheitstäter

103 „*Gewohnheitsmäßig* handelt, wer aus einem durch Übung ausgebildeten, selbständig fortwirkenden Hang tätig wird, dessen Befriedigung ihm bewusst oder unbewusst ohne innere Auseinandersetzung gleichsam von der Hand geht."[67]

104 *Problem:* Hat dieser Täter überhaupt noch ein Unrechtsbewusstsein?

105 Das Unrechtsbewusstsein mag nicht aktuell reflektiert sein, es ist dennoch aktuell vorhanden, denn es ist verhaltenswirksam. Der Gewohnheitstäter berücksichtigt bei seinem Tun durchaus die jeweils betroffenen Strukturen der Rechtsordnung: Der Dieb stiehlt heimlich, der Betrüger nutzt die soziale Vertrauensposition usw.[68]

5. Der Triebtäter

106 a) Auch der zurechnungsfähige Triebtäter, d.h. der Täter, den z.B. ein sexueller Trieb zu seinen Handlungen führt, zeigt in seinem Verhalten, dass er in den normativen Bezügen der Rechtsordnung verhaftet ist. Es ist kein Zufall, wenn er bei „günstiger Gelegenheit" in Versuchung gerät.

107 b) In Ausnahmefällen kann der Trieb aber so stark werden, dass er das gesamte, sonst vom Willen gesteuerte Bewusstseinsfeld beherrscht. Die auftretenden Drangerlebnisse – sinnlose Wut, tödliche Angst – erlangen einen solchen Stärkegrad, dass sie alle psychischen Funktionen in ihren Dienst zwingen. Zu einem bewussten Auseinandersetzen des Für und Wider kommt es nicht mehr, die Stufe der vernünftigen, bewussten Urteilsbildung wird übersprungen. Hier kann im Einzelfall das Unrechtsbewusstsein fehlen, weil der Täter unzurechnungsfähig wird. Ob die maßgebliche Grenze überschritten ist, muss im Einzelfall geprüft werden. – Nach den gleichen Grundsätzen sind Affekthandlungen allgemein zu bewerten.

Dazu eingehender unter § 13 Rdn. 8 f.

---

66 H. M. vgl. RUDOLPHI SK I, § 16 Rdn. 29 m. w. N.
67 LACKNER/KÜHL Vor § 52 Rdn. 20.
68 Dazu SCHEWE Bewußtsein und Vorsatz, 1967, S. 150 f.

6. Die sog. Reflexhandlung

a) Reflexe sind biologisch notwendige Reaktionen, die rasch und unbedingt erfolgen müs- **108**
sen, wenn keine Schäden für den Organismus eintreten sollen. Sie werden ohne Bewusstsein
der Handlung durchgeführt, z. B. Kniescheibenreflex, sind daher der Steuerbarkeit der Nerven entzogen. Sie dürfen nicht mit „intuitiven", gesteuerten Abwehrhandlungen verwechselt
werden.

b) Dazu OLG Hamm JZ 1974 S. 716: A fuhr mit ihrem Pkw bei offenem Fenster durch eine leichte Rechts- **109**
kurve, als ihr eine Fliege gegen das Auge flog. Sie wehrte die Fliege mit der einen Hand ab, während sie mit
der anderen Hand das Lenkrad hielt. Die ruckartige Handbewegung übertrug sich auf den Körper und das
Steuerrad, der Pkw kam von der Fahrbahn ab, geriet auf die Gegenfahrbahn und prallte gegen ein entgegen-
kommendes Fahrzeug.

OLG: *Kein Reflex:* „Von einem bloßen Reflex kann im allgemeinen nur bei solchen Körperbewegungen die
Rede sein, bei denen die Erregung der motorischen Nerven nicht unter seelischem Einfluß steht, sondern
unmittelbar durch einen körperlich physiologischen Reiz ausgelöst wird, bei denen also ein Reiz sich ohne
Mitwirkung des Bewußtseins von einem Empfindungszentrum auf ein Bewegungszentrum und damit in
Bewegung überträgt und dadurch das handlungssteuernde Willenselement einer Reaktion fehlt. Beim Abwehren einer Fliege handelt es sich jedoch in keiner Weise um eine unwillentliche Abwehrreaktion in dem Sinne,
daß ein rein physiologischer Reiz unmittelbar in eine motorische Reaktion umgesetzt wird. Beispielsfälle solcher direkt-motorischer Reaktionen sind etwa bei Krämpfen, Erbrechen oder bei ärztlicher Reflexüberprü-
fung anzunehmen. Auch die Reaktion des Auges, sich momentan bei Hineinfliegen eines Fremdkörpers, wie
etwa eine Fliege, zu schließen, mag in den Bereich der Reflexbewegung gehören. Dagegen beruht die Abwehr-
bewegung mit der Hand, um einen solchen Fremdkörper zu entfernen, auf der Zwischenschaltung einer wil-
lentlichen Steuerung, da derartige Abwehrbewegungen jedenfalls grundsätzlich wegen anderer Notwendigkei-
ten, etwa auf Grund einer Gegenmotivation durch drohende Unfallgefahr, unterlassen werden können."

7. Die sog. Teilbarkeit des Unrechtsbewusstseins

Eindeutig ist das im Rahmen des Vorsatzdelikts erforderliche Unrechtsbewusstsein nicht **110**
irgendeine dunkle Vorstellung, Unrecht zu begehen, sondern das Bewusstsein, *auf Grund der
Wertung konkreter Tatumstände, ein ganz bestimmtes Unrecht zu verwirklichen,* d. h. sich in
bestimmter Weise sozialschädlich zu verhalten. „Ein *allgemeines* Unrechtsbewusstsein oder
das Bewusstsein, gegen andere Normen zu verstoßen, … reicht nicht aus. Es ist erforderlich,
daß der Täter das Unrechtmäßige gerade derjenigen Tatbestandsverwirklichung erkannt hat
und hätte erkennen können, die ihm zur Last gelegt wird"[69].

BGHSt 10 S. 35ff: A, der in orientalischer Umgebung aufgewachsen ist, verkehrt geschlechtlich mit seiner
Stieftochter B. Er weiß, dass er Ehebruch begeht, nicht aber, dass der Beischlaf mit der Stieftochter nach deut-
schem Recht strafbar ist oder auch nur als Unrecht angesehen wird. – Das auf dem Ehebruch begründete
„Unrechtsbewusstsein" ersetzt das auf den Beischlaf mit Verwandten, § 173, bezogene Unrechtsbewusstsein
nicht.

VII. Konsequenzen für den Deliktsaufbau

Praktische Prüfungsfolge (vorläufig): **111**

1. Ist die im Gesetzestatbestand beschriebene *Rechtsgutsbeeinträchtigung* eingetreten? – Weitere objektive Merkmale des Tatbestandes, z. B. besonders geforderte Tätereigenschaft
   oder Tatmodalitäten sowie objektive Bedingungen der Strafbarkeit?
2. Handlungsmöglichkeit: War das dem X vorgeworfene Verhalten seiner Willenssteuerung
   zugänglich?

---

69 BGHSt 22 S. 318; BGH StV 1982 S. 218; 1995 S. 632.

3. Hat X eine *Gefahr* für das beeinträchtigte Rechtsgut *begründet oder erhöht?*
4. *Realisierte sich* in der Beeinträchtigung des Rechtsguts *die* von X begründete oder erhöhte *Gefahr*, die seiner Steuerbarkeit unterlag, oder eine andere Gefahr?
5. *Vorsatz* des X (hier nur finales Unrechtselement)? – Sonstige subjektive Merkmale des Tatbestandes, z. B. besondere Absichten oder Motive des Täters?
6. *Feststellungen zur Pflichtbegrenzung:* dazu weiter unten § 8.
7. *Unrechtsbewusstsein* des X, d. h. Bewusstsein der Sozialschädlichkeit (Gesinnungselement des Vorsatzes)?

112 Wiederholungsfragen

1. Welche Relevanz für die Strafbarkeit hat die Unterscheidung zwischen vorsätzlichem und fahrlässigem Verhalten nach geltendem Recht? – Dazu Rdn. 1 f.
2. Warum ist die herkömmliche Kurzformel: „Vorsatz ist Wissen und Wollen des objektiven Tatbestandes" unpräzise? – Dazu Rdn. 3.
3. Muss der Täter des Vorsatzdeliktes die einzelnen Begriffsmerkmale des objektiven Tatbestandes (juristisch) genau kennen? – Was verbirgt sich in diesem Zusammenhang hinter dem Begriff „Parallelwertung in der Laiensphäre"? – Dazu Rdn. 12 ff.
4. Was versteht man unter „Mitbewusstsein"? – Dazu Rdn. 11.
5. Wie ist aktuelles Tatbewusstsein zu definieren? – Dazu Rdn. 5 ff.
6. Definiere: Dolus generalis, dolus subsequens und dolus alternativus. – Dazu Rdn. 16 ff.
7. Wieso steckt im objektiven Element der Steuerbarkeit des Verhaltens auch ein subjektives Element? – Dazu Rdn. 27.
8. Welche Bedeutung hat die Vorhersehbarkeit der möglichen Rechtsgutsbeeinträchtigung für jede strafrechtliche Haftung? – Dazu Rdn. 27 f.
9. Definiere: Dolus directus 1. Grades, dolus directus 2. Grades, dolus eventualis. – Dazu Rdn. 30 ff.
10. Welche Argumente sprechen dafür, die subjektiven Elemente des Gesetzestatbestandes als Elemente des Unrechtstatbestandes zu interpretieren? – Dazu Rdn. 51 ff.
11. Wie ist das Unrechtsbewusstsein als Element des Unrechtstatbestandes zu definieren? – Dazu Rdn. 62 ff.
12. Was versteht man unter den sog. objektiven Bedingungen der Strafbarkeit? – Dazu Rdn. 79 f.
13. Wann liegt eine sog. unwesentliche Abweichung des Kausalverlaufs vor? – Dazu Rdn. 82 ff.
14. Welche Bedeutung hat die sog. aberratio ictus im Strafrecht? – Dazu Rdn. 93 ff.
15. Welche Situation ist durch einen sog. error in persona vel obiecto gekennzeichnet? – Kommt diesem Irrtum im Strafrecht Bedeutung zu? – Dazu Rdn. 100 ff.

§ 8: Pflichtbegrenzende Tatbestände – Rechtfertigungsgründe

Lernziel: Fähigkeit zur Entscheidung, ob ein Eingriff in Rechtsgüter anderer von der Rechtsgesellschaft missbilligt wird oder nicht. – Kenntnis des Aufbaus und der Tatbestandsmerkmale einzelner Rechtfertigungsgründe.

Zur Überlegung: Musterfall 1

1 (Nach RGSt 58 S. 27): Der Student S wohnt bei dem Ehepaar Z zur Untermiete. In letzter Zeit hat es erhebliche Spannungen zwischen ihm und Herrn Z gegeben. Am 7. April hat Z sich im Laufe des Tages kräftig geärgert; abends geht er in die Kneipe und trinkt einige Biere. Sein Grimm legt sich jedoch nicht. Gegen Mitternacht kommt er nach Hause. – Er öffnet die unverschlossene Tür des Zimmers von S, um diesem eine kräftige Tracht Prügel zu verabreichen. S wacht durch das Schlagen der Tür auf. Er erkennt im Dunkel nichts, hört jedoch tappende Geräusche. Er fürchtet einerseits, dass ihm vielleicht eine Gefahr drohe, ist sich andererseits aber auch der Möglichkeit bewusst, dass diese Geräusche eine völlig harmlose Erklärung haben. Er wagt jedoch nicht, eine Äußerung zu tun, aus Angst, diese könne einem eventuellen Eindringling verraten,

wo er, S, sich genau befinde. Er beschließt daher, sich auch auf die Gefahr hin, jemanden zu verletzen, der nichts Unrechtes vorhat, erst einmal Gewissheit darüber zu verschaffen, dass niemand so nahe an seinem Bett steht, dass er ihn durch sofortiges Zugreifen überwältigen kann. Aus diesem Grunde zieht er mit einem schweren Eichenstock, den er neben dem Bett stehen hat, einen Kreis. – Ein Schrei ertönt. S hat der Frau Z ein Auge ausgeschlagen. Frau Z war ihrem Mann nämlich nachgeeilt, um zu verhindern, dass er den S zusammenschlage. Herr Z erhält einen ordentlichen Streich auf die Wange. Mehr geschieht ihm nicht.

1. Hat Herr Z den Unrechtstatbestand des Hausfriedensbruchs, § 123, erfüllt?
2. Hat Frau Z den Unrechtstatbestand des Hausfriedensbruchs erfüllt?
3. Hat S den Unrechtstatbestand der Körperverletzung, § 223, gegenüber Herrn Z oder Frau Z verwirklicht?

Hinweis: Die eingehende Erarbeitung des Falles folgt später unter Rdn. 216.

I. Ausgangspunkt

1. Prämissen aus den Überlegungen zur Tatbestandslehre

Innerhalb der Überlegungen zur Tatbestandslehre wurde festgestellt: Nur dann ist die   2
Gefährdung oder Verletzung eines tatbestandlich geschützten Rechtsguts pflichtwidrig, wenn sie *über das erlaubte Risiko hinausgeht*, d. h. wenn der Täter durch die Gefährdung oder Verletzung den ihm rechtlich eingeräumten Handlungsspielraum überschreitet und damit eine *unerlaubte Gefahr* für das geschützte Rechtsgut begründet. Diese Überschreitung ist jeweils im konkreten Fall nachzuweisen.

2. Der Tatbestand als Indiz für die Rechtswidrigkeit

Die Möglichkeit sozialen Miteinanders beruht auf der gegenseitigen Achtung der Hand-   3
lungsspielräume und auf dem Vertrauen, dass jeder den ihm zukommenden Rechtsraum nicht auf Kosten anderer ausdehnt. *Insofern* kann in der *Verletzung der Rechtsgüter* eines anderen durchaus – statistisch betrachtet – ein *Indiz* für ein rechtswidriges Verhalten des Täters gesehen werden. Dennoch ist der Satz: „Der Tatbestand indiziert die Rechtswidrigkeit, soweit kein Rechtfertigungsgrund vorliegt", unrichtig. Nicht jede Situation, in der die Rechtsgesellschaft den Eingriff in Rechtsgüter anderer nicht missbilligt, ist bereits gesetzlich vertypt, sondern nur die häufigsten und daher typisierbaren Situationen sind ausformuliert als Rechtfertigungsgrund; wiederhole dazu § 5 Rdn. 6 ff.

In Ausnahmefällen muss nach wie vor auf das Prinzip jeder Rechtfertigung zurückgegrif-   4
fen werden, auch wenn dieser Rückgriff nach Aufnahme des § 34 in das StGB unproblematischer geworden ist als früher. In anderen Fällen – z. B. beim Abstellen des Reanimators auf Wunsch des Patienten[1] – wird auf die Legitimation durch Art. 2 Abs. 1 GG (Handlungsfreiheit) zurückzugreifen sein oder – z. B. bei der Rettung eines Suizidenten gegen seinen Willen[2] – auf die durch § 323 c begründete Rechtspflicht zur Hilfeleistung bei Unglücksfällen.

3. Das Prinzip der Rechtfertigung und die einzelnen Rechtfertigungsgründe

Eine Rechtsgutsbeeinträchtigung oder -gefährdung ist dann nicht pflichtwidrig, wenn sie   5
das erforderliche Mittel ist, höherwertige Interessen zu schützen: *Prinzip* des *höherwertigen (überwiegenden) Interesses*. – Ausdruck gefunden hat dieses Prinzip im rechtfertigenden Not-

---

1 Dazu Grundkurs Strafrecht, B. T., § 6 Rdn. 25 ff.
2 Dazu Grundkurs Strafrecht, B. T., § 67 Rdn. 5 ff.

stand, § 34, der bis zum 1.1.1975 gewohnheitsrechtlich als sog. übergesetzlicher Notstand Geltung hatte, sowie in den §§ 228, 904 BGB.[3]

6 a) Der in § 34 vom Gesetzgeber in den Vordergrund gestellte Begriff des „Interesses" ist insoweit zu begrüßen, als er als Oberbegriff gegenüber den Begriffen „Rechtsgut" und „Rechtspflicht" anzusehen ist und damit deutlich wird, dass die „Rechtsgüter-" und „Rechtspflichtenkollision" nunmehr als Rechtfertigungsgrund in das Gesetz Aufnahme gefunden haben. Der Begriff ist jedoch andererseits nicht ungefährlich, weil der mit ihm verbundene Vorstellungsgehalt oft zu begrenzt ist, indem Interesse identifiziert wird mit „materiellem Bedürfnis".

GALLAS ZStW 80 (1968) S. 27: „... widerstrebt mir die Ausschließlichkeit, die hier für das „Interesse" als Maßstab rechtlicher Beurteilung in Anspruch genommen wird. Die Frage nach der Belastungsgrenze für den durch den Eingriff betroffenen Träger des an sich geringerwertigen Rechtsguts ist keine Frage des Interesses, sondern der *Gerechtigkeit*. Die fundamentalen Werte, an denen sich die Rechtsgemeinschaft orientiert, verlieren ihren Sinn als Schranken der Interessenbefriedigung und als Maßstäbe für die Lösung von Interessenkonflikten, wenn sie auch ihrerseits zu Interessen deklariert werden."

7 b) Der rechtfertigende Notstand wurde als grundlegendes Prinzip der Rechtfertigung erst spät erkannt und ausformuliert. – In der wissenschaftlichen Auseinandersetzung erlangte er mit HEGEL und den Hegelschülern größere Bedeutung, doch erst seit seiner Anerkennung als übergesetzlicher Notstand durch das Reichsgericht im Jahre 1927[4] erhielt er seinen Platz als allgemeines Rechtsinstitut. Noch heute ist aber streitig, ob es sich hier um das grundlegende Prinzip jeder Rechtfertigung handelt oder nur um einen einzelnen Rechtfertigungsgrund.[5]

8 c) Wird anerkannt, dass der Gedanke des Interessenvorrangs, wie er in § 34 StGB, §§ 228, 904 BGB Ausdruck gefunden hat, das Prinzip der Rechtfertigung darstellt, so werden die einzelnen gesetzlich ausformulierten Rechtfertigungsgründe nicht wertlos. Sie konkretisieren das Prinzip und entlasten den Bürger von der im Einzelfall durchaus problematischen Abwägung der verschiedenen Interessen. Bei ihrer Auslegung ist jedoch das Prinzip stets zu beachten, die Auslegung hat gleichsam im Lichte des Prinzips zu erfolgen. – Bei der praktischen Rechtsanwendung gehen die konkretisierten Rechtfertigungsgründe als speziellere Regelungen dem Prinzip vor.[6]

9 d) Die pflichtbegrenzenden, gesetzlich ausformulierten Tatbestände entsprechen im Aufbau den gesetzlichen Straftatbeständen. Da ihre Funktion aber in der Begrenzung der Pflichtwidrigkeit liegt, erschöpft sich ihr Tatbestand in den objektiven Merkmalen (objektiver Tatbestand) und der Kenntnis dieser Merkmale und ihres Bedeutungsgehaltes (subjektiver Tatbestand). Weil der objektive Tatbestand die Funktion hat, die objektiven, der subjektive

---

3 Vgl. dazu FREUND A.T., § 3 Rdn. 4; KREY A.T. 1, Rdn. 543; LANGER Das Sonderverbrechen, 1972, S. 316 f; RUDOLPHI Armin Kaufmann-GedS, S. 371 ff, 396; SCHLEHOFER MK, Vor § 32 Rdn. 53 ff; SCHMIDHÄUSER GA 1991 S. 99 unter Verweis auf A.T. Stub. 6/1,5,6 (begrenzt auf die Handlungsdelikte); SCH/SCH/LENCKNER Vorbem. §§ 32 ff Rdn. 7 (Prinzip des überwiegenden und mangelnden Interesses). – Für unterschiedliche gesetzliche Wertungen der einzelnen Rechtfertigungsgründe: z.B. HIRSCH LK, Vor § 32 Rdn. 46; NEUMANN NK, § 34 Rdn. 13.
4 RGSt 61 S. 242.
5 *Zur rechtsmethodischen Erarbeitung* der einzelnen Merkmale dieses Rechtfertigungsgrundes durch das Reichsgericht: OTTO Jura 1985 S. 298 ff.
6 Dazu auch FREUND A.T., § 3 Rdn. 74; LENCKNER GA 1985 S. 295 ff; NOLL ZStW 77 (1965) S. 1ff; K.-H. PETERS GA 1981 S. 445 ff; RUDOLPHI Armin Kaufmann-GedS, S. 392 ff, 396; SEELMANN Das Verhältnis von § 34 StGB zu anderen Rechtfertigungsgründen, 1978; STRATENWERTH ZStW 68 (1956) S. 41ff. – Überblick über die unterschiedlichen Konstruktionen: GROPENGIESSER Jura 2000 S. 264 ff.

Tatbestand, die subjektiven unrechtsbegründenden Faktoren gleichsam zu negieren, konnte die bildlich durchaus zutreffende, konstruktiv und sachlich aber unrichtige Vorstellung aufkommen, die Rechtfertigungsgründe seien sog. negative Tatbestandsmerkmale.

Wiederhole: oben § 5 Rdn. 17 ff.

4. Die einzelnen Rechtfertigungsgründe

Die zur Zeit ausformulierten Rechtfertigungsgründe erfassen nicht die Gesamtheit rechtferti- **10** gender Situationen. Der Prozess der Konkretisierung und Typisierung des Prinzips der Rechtfertigung ist noch nicht abgeschlossen, der eigenständigen Argumentation verbleibt ein angemessener Raum.

Übersicht über die wichtigsten Rechtfertigungsgründe **11**

a) Notwehr, §§ 32 StGB, 227 BGB. – Dazu Art. 2 Abs. 2a Menschenrechtskonvention.

b) Einwilligung des Verletzten.

c) Mutmaßliche Einwilligung, Geschäftsführung ohne Auftrag, Handeln im Interesse des Verletzten.

d) Erlaubte Selbsthilfe, §§ 229, 562b, 859, 1029 BGB.

e) Bürgerlich-rechtlicher Notstand, und zwar
defensiver Notstand, § 228 BGB,
aggressiver Notstand, § 904 BGB.

f) Eingriffsrechte bestimmter Amtsträger, insbes. Vollstreckungsbeamter, z. B. §§ 81 ff StPO, §§ 758, 808, 909 ZPO.

g) Bindender Befehl, soweit rechtswidrig eine Ordnungswidrigkeit oder Straftat befohlen wird und dies der Täter nicht erkennt, § 11 SoldG, § 5 Abs. 1 WStG, §§ 55, 56 BBG.

h) Wahrnehmung berechtigter Interessen bei Beleidigung, § 193 StGB.

i) Parlamentarische Berichterstattung, § 37 StGB, (str.).

j) Züchtigungsrecht der Eltern und Sorgeberechtigten (str.).

k) Festnahmerecht, § 127 StPO.

l) Erlaubtes Risiko.

m) Einhaltung der verkehrsüblichen Sorgfalt.

n) Rechtfertigender Notstand, § 34, der als rechtfertigende Interessenkollision die rechtfertigende Rechtsgüter- und Rechtspflichtenkollision umfasst.

5. Rechtfertigungsgründe und Strafunrechtsausschließungsgründe

Streitig ist, ob neben den Rechtfertigungsgründen spezifische *Strafunrechtsausschließungs-* **12** *gründe* anzuerkennen sind, die dem Unrechtsvorwurf nicht wie die Rechtfertigungsgründe entgegenstehen, wohl aber das Unrecht soweit mindern, dass das verbleibende Unrecht nicht mehr ausreicht, die Strafwürdigkeit des Verhaltens zu begründen.[7] Als Strafunrechtsausschließungsgründe wären nach GÜNTHER, der diese Lehre begründet hat, u. a. die Wahrnehmung berechtigter Interessen, § 193 StGB, das Züchtigungsrecht, die Einwilligung und die mutmaßliche Einwilligung anzusehen.

---

7 Im Einzelnen zur Lehre von den Strafunrechtsausschließungsgründen: GÜNTHER Strafrechtswidrigkeit und Strafunrechtsausschluß, 1983, zusammenfassend S. 394 f; DERS. Spendel-FS, S. 194 ff. – Zust.: AMELUNG JZ 1982 S. 619; KÜPER JZ 1983 S. 95; SCHLEHOFER MK, Vor § 32 Rdn. 58 ff; SCHÜNEMANN GA 1985 S. 351 ff. – Krit.: HIRSCH LK, Vor § 32 Rdn. 10; ROXIN JuS 1988 S. 430 f; RUDOLPHI Armin Kaufmann-GedS, S. 372 ff; WEBER JZ 1984 S. 276 ff.

13   Der augenfällige Vorteil dieser Lehre liegt darin, dass sie mühelos Divergenzen in der Aussage zur Rechtswidrigkeit von Verhaltensweisen, die unter verschiedenen normativen Aspekten beurteilt werden, erklären kann.

Beispiel: Der Vereinsarzt V, dem im Arbeitsvertrag die Verabreichung von Doping-Mitteln verboten ist, verabreicht dem Sportler S mit dessen Einwilligung ein Doping-Mittel, das die körperliche Integrität beeinträchtigt, aber die Leistung zeitweilig steigert.

Ergebnis: Keine strafbare Körperverletzung, insoweit rechtfertigt die Einwilligung des S. Wohl aber ein rechtswidriger Vertragsbruch.

14   Dieser Erklärungsvorteil ist der Lehre zugute zu halten. Doch die Lösung praktischer Fälle, die normativ unter verschiedenen Aspekten zu beurteilen sind, bereitet auch nach h. L. keine Schwierigkeiten, solange bewusst ist, dass nicht Handlungen schlechthin gerechtfertigt werden, sondern Eingriffe in einzelne Rechtsgüter. Von diesem Ausgangspunkt her ist es nicht problematisch, dass z. B. der Eingriff in die körperliche Integrität gerechtfertigt sein kann, während dieselbe Handlung unter disziplinarrechtlichen Gesichtspunkten als rechtswidrige Verletzung des Disziplinarrechts beurteilt wird. – Fehlt es hingegen an klar abgegrenzten Normensystemen, so bleibt die Grenzziehung unbestimmt und problematisch. Zwar können bestimmte Sachverhalte, z. B. die objektiven Bedingungen der Strafbarkeit – dazu vgl. oben § 7 Rdn. 79 ff –, die Strafwürdigkeit mindern, dass dieses aber bei den genannten rechtfertigenden Situationen der Fall sein soll, ist bisher nicht nachgewiesen.

6. Feststellung der rechtfertigenden Voraussetzungen

15   Streitig ist, ob die Voraussetzungen eines Rechtfertigungsgrundes, soweit sie nicht – wie z. B. der Begriff der Gefahr in § 34 – nach der Struktur des konkreten Rechtfertigungsgrundes prognostischen Charakter haben, objektiv vorliegen müssen oder ob es genügt, dass ihr Vorliegen ex ante aus der Perspektive eines „vernünftigen Durchschnittsbürgers" bejaht werden kann.[8]

16   Die Forderung nach einer ex ante – Betrachtung aus der Sicht des Täters oder eines „vernünftigen Durchschnittbürgers" ist berechtigt, soweit die Erlaubnisnorm wie auch die Verbotsnorm ausschließlich als eine allein den Handlungsunwert betreffende Verhaltensnorm angesehen werden. Wird hingegen in der Verhaltensnorm die Wertentscheidung als miterfasst angesehen und dem vollendeten Verbrechen neben einem Handlungsunwert auch ein Erfolgsunwert zuerkannt – dazu vgl. unter Rdn. 217 ff –, so müssen die Voraussetzungen des Rechtfertigungsgrundes objektiv vorliegen. Dass der Täter allein von ihnen ausgeht, vermag ihn noch nicht zu rechtfertigen.[9]

Die Problematik irrtümlicher Annahme eines Rechtfertigungsgrundes muss ihre angemessene Lösung in der Irrtumslehre finden; dazu weiter unter § 15.

---

8 So z. B. Freund GA 1991 S. 406 ff; Frisch Vorsatz und Risiko, 1983, S. 419 ff; Herzberg Stree/Wessels-FS, S. 211 ff; Jakobs A. T., 13/13; Armin Kaufmann Welzel-FS, S. 399 ff; Mitsch JuS 1992 S. 291; Rudolphi Armin Kaufmann-GedS, S. 381 ff; Schröder JuS 2000 S. 235 ff, 241; Suarez-Montes Welzel-FS, S. 383. – A. A. Gallas Bockelmann-FS, S. 166 ff; Graul JuS 1995 S. 1056; Jescheck/Weigend A. T., § 31 IV 4; Köhler A. T., S. 288; Kühl Jura 1993 S. 57; Neumann NK, § 34 Rdn. 50; Sch/Sch/Lenckner Vor § 32 Rdn. 10 a; Spendel LK, § 32 Rdn. 29; Stratenwerth A. T. I, § 9 Rdn. 63; Wessels/Beulke, A. T., Rdn. 330.

9 Vgl. auch Gallas Bockelmann-FS, S. 167 ff; Paeffgen Armin Kaufmann-GedS, S. 412 ff.

II. Notwehr (Nothilfe), § 32 StGB

Notwehr rechtfertigt den Eingriff in Rechtsgüter einer rechtswidrig angreifenden Person. Sie **17**
ist auf den Schutz der Rechtsgüter des Angegriffenen (Schutzprinzip) und auf Bewährung
der Rechtsordnung (Rechtsbewährungsprinzip) gerichtet.[10]

1. Die einzelnen Voraussetzungen

a) Angriff

aa) Nach h. M. ist der Angriff objektiv zu bestimmen als „drohende Verletzung eines **18**
Rechtsguts durch einen Menschen". – Ein Unterlassen – A sitzt auf der Auffahrt zur Garage
des B; dieser kann daher mit seinem Kfz nicht in die Garage fahren – kann ein Angriff sein,
wenn eine Rechtspflicht zum Tun besteht.[11]

bb) Die Definition des Angriffs allein als „drohende Verletzung eines Rechtsguts durch **19**
einen Menschen" wird der Situation des Verteidigers insofern nicht gerecht, als er nicht nur
ein individuelles Rechtsgut verteidigt, sondern zugleich die Geltung der Rechtsordnung. Das
bedeutet aber, dass auch der Angriff zwei Aspekte haben muss: Er richtet sich sowohl gegen
ein individuelles Rechtsgut als auch gegen die Geltung der Rechtsordnung. – Dann muss
aber der Angreifer sich der Tatsache der Rechtsgutsverletzung bewusst und in der Lage sein,
die Geltung der Rechtsordnung überhaupt in Frage zu stellen: Diese Voraussetzungen treffen
bei einem Schuldunfähigen nicht zu und sind auch bei einer unbewussten Rechtsgutsverletzung nicht gegeben.

Daraus folgt: Angriff i. S. des § 32 ist nur *die bewusste Rechtsgutsbedrohung durch einen* **20**
schuldfähigen Angreifer. Nur dieser verwirklicht beide Aspekte des hier relevanten Angriffs. –
Damit wird das scharfe Eingriffsrecht in Güter des Angreifers, das § 32 gewährt, angemessen
eingeschränkt gegen unbewusst fahrlässig Handelnde, Kinder, Geisteskranke und im Irrtum

---

10 Sog. dualistische Notwehrlehre; vgl. ARZT Schaffstein-FS, S. 87; BOCKELMANN Dreher-FS, S. 243; BOCKEL-
MANN/VOLK A. T., § 15 I 3; GALLAS Bockelmann-FS, S. 177; HIRSCH Dreher-FS, S. 223; JESCHECK/WEI-
GEND A. T., § 32 I 2; KARGL ZStW 110 (1998) S. 55 ff; KREY JZ 1979 S. 710; KÜHL JuS 1993 S. 182 f; LACK-
NER/KÜHL § 32 Rdn. 1; LENCKNER GA 1968 S. 3; ROXIN ZStW 83 (1971) S. 387; DERS. A. T. I, § 15 Rdn. 1 ff;
RUDOLPHI JuS 1969 S. 464.
Für eine Beschränkung auf den Individualschutz: ERB MK, § 32 Rdn. 12; FREUND A. T., § 3 Rdn. 89 ff;
GÜNTHER SK I, § 32 Rdn. 7, 12; HOYER JuS 1988 S. 89; V. D. PFORDTEN Schreiber-FS, S. 373; WAGNER
Individualistische und überindividualistische Notwehrbegründung, 1984, S. 29 ff. – Allein von der Rechts-
bewährung her interpretieren die Notwehr: BITZILEKIS Die neuere Tendenz zur Einschränkung des Not-
wehrrechts, 1984, S. 57; SCHMIDHÄUSER A. T., 9/96; DERS. GA 1991 S. 115 ff.

11 So auch BayObLG NJW 1963 S. 825; BAUMANN/WEBER/MITSCH A. T., § 17 Rdn. 6; GÜNTHER SK I, § 32
Rdn. 31; HERZOG NK, § 32 Rdn. 11; KINDHÄUSER StGB, § 32 Rdn. 13; LACKNER/KÜHL § 32 Rdn. 2; MAU-
RACH/ZIPF A. T. 1, § 26 Rdn. 9.
Z. T. wird gefordert, daß das Nichtstun sich als unechtes Unterlassungsdelikt darstellen muss – so z. B. ERB
MK, § 32 Rdn. 65 (Voraussetzung: Garantenstellung); KÜHL Jura 1993 S. 59; ROXIN A. T. I, § 15 Rdn. 11;
STRATENWERTH A. T. I, § 9 Rdn. 61; WESSELS/BEULKE A. T., Rdn. 326 – oder die Handlungspflicht straf-
bzw. ordnungsrechtlich sanktioniert ist – GEILEN Jura 1981 S. 204; JESCHECK/WEIGEND A. T., § 32 II 1 a –
oder dass aus der Sphäre des Unterlassenden Gefahren ausgehen müssen; HRUSCHKA Dreher-FS, S. 201. –
Kritisch zum Unterlassen als Angriff überhaupt: SCHMIDHÄUSER A. T., 9/92; SCH/SCH/PERRON § 32 Rdn. 10 f.

befindliche Personen. Inwieweit ihnen gegenüber Abwehr rechtmäßig ist, bestimmt sich nach § 34.[12]

21   Gegen diese Interpretation des Angriffs scheint die h. M. sich zutreffend auf den Wortlaut des Gesetzes zu berufen, der einen rechtswidrigen, nicht aber schuldhaften Angriff voraussetzt.[13]

22   Dieses Argument spricht jedoch nur scheinbar für die h. M., denn der Gesetzgeber war sich durchaus der Tatsache bewusst, dass seine Gesetzesformulierung in Grenzbereichen zu wenig angemessenen Ergebnissen führen würde. Er meinte aber, die weitere Klärung der Lehre und Rechtsprechung überlassen zu können, ohne zu sehen, dass er mit dem Erfordernis des rechtswidrigen Eingriffs diese Klärung selbst behinderte. Im Übrigen aber beraubt sich die h. M. – dazu die Nachweise unter Rdn. 43 ff – selbst jeglicher Argumentationskraft, wenn sie einerseits betont, dass dem von einem Schuldlosen Angegriffenen das Notwehrrecht nicht genommen werden dürfe, im Rahmen der Erforderlichkeit aber ein Ausweichen des Angegriffenen fordert, wenn dieses möglich ist. Mit Recht wendet HRUSCHKA dagegen ein: „Ein derartiges Verfahren ist unstimmig, in sich widersprüchlich. Der Leser kann sich auf die gegebene Definition des „Angriffs" nicht verlassen und dann die entsprechenden Schlüsse daraus ziehen, sondern es wird ein ausgesprochener Überraschungseffekt erzielt: Zwar sei die Attacke eines Geisteskranken ein „Angriff" i. S. d. § 32 Abs. 2 StGB, *aber*, wenn die Möglichkeit eines Ausweichens bestanden hat, dann sollen wir § 32 StGB *trotzdem* auch dann nicht anwenden dürfen, wenn alle sonstigen Voraussetzungen der Bestimmung erfüllt sind."[14]

23   cc) Notwehrfähig ist jedes Individualrechtsgut[15], auch Individualrechtsgüter, die einer juristischen Person zugeordnet sind, z. B. einer AG oder aber dem Staat. Problematisch ist aber die Nothilfe bei Angriffen gegen den Staat als Hoheitsträger. Hier ist bei einer Nothilfe zu beachten, dass der Schutz dieser Rechtsgüter durch staatliche Organe Vorrang hat und eine Nothilfe daher nur *erforderlich* ist, wenn der Staat nicht in der Lage ist, sich selbst zu schützen. – Nicht notwehrfähig sind Rechtsgüter der Allgemeinheit. Wird bei einem Angriff auf diese Rechtsgüter jedoch zugleich ein Individualrechtsgut *unmittelbar* betroffen, so ist dieses notwehr- bzw. nothilfefähig.

---

12 Vgl. auch FREUND A. T., § 3 Rdn. 98; FRISTER GA 1988 S. 305 f; HAAS Notwehr und Nothilfe, 1978, S. 236; HOYER JuS 1988 S. 89 ff, 96; HRUSCHKA Strafrecht, S. 140 ff; JAKOBS A. T., 12/17 ff; KORIATH JA 1998 S. 252 f; OTTO Würtenberger-FS, S. 138 ff; RENZIKOWSKI Notstand und Notwehr, 1994, S. 99 ff; STRATENWERTH A. T. I, § 9 Rdn. 82. – In der Sache übereinstimmend KRAUSE H. Kaufmann-GedS, S. 673 ff, der allerdings auf Verhältnismäßigkeitserwägungen verweist, weil er die Interessenabwägung im Rahmen des § 34 zu eng begrenzt. – Für den Ausschluss unbewusst fahrlässiger Angriffe: SINN GA 2003 S. 101 f.
   Aus der Analyse der Wertstruktur der Notwehr kommt SCHMIDHÄUSER – GA 1991 S. 116 ff, 127 ff – zu gleichen Ergebnissen, indem er die Notwehrlage grundsätzlich als „die sich in einem gegenwärtigen rechtswidrigen Angriff äußernde grobe Rechtsmißachtung" (S. 119) kennzeichnet. – SCHMIDHÄUSER erfasst in dieser Formulierung präzis das Sachproblem, das hier vom Begriff des Angriffs her aufgegliedert wird.
13 Vgl. BGHSt 3 S. 217; ERB MK, § 32 Rdn. 29 ff, 55; GÜNTHER SK I, § 32 Rdn. 28; HERZOG NK, § 32 Rdn. 5; HIRSCH Dreher-FS, S. 215 ff; KREY A. T. 1, Rdn. 434; ROXIN ZStW 93 (1981) S. 82; SCH/SCH/PERRON § 32 Rdn. 24; TRÖNDLE/FISCHER § 32 Rdn. 11; WAGNER Notwehrbegründung, S. 52.
14 Strafrecht, S. 140. – Krit. auch ERB ZStW 108 (1996) S. 270; PAWLIK Der rechtfertigende Notstand, 2002, S. 307 Fn. 13.
15 Eine Differenzierung zwischen dem Umfeld und dem Kernbereich notwehrfähiger Güter – dazu MONTENBRUCK Thesen zur Notwehr, 1983, S. 12 ff – ist mit dem Gesetzeswortlaut nicht in Einklang zu bringen.
   Zur Notwehr gegen Eingriffe in den Persönlichkeitsbereich, wie überhaupt zum Problem einer „Persönlichkeitssphäre in der Öffentlichkeit" vgl. einerseits BayObLG NJW 1962 S. 1782, andererseits ERDSIEK NJW 1962 S. 2242; OTTO Schwinge-FS, S. 72 Anm. 7. – Zur Notwehr gegen fotografische Aufnahmen:

Zur Verdeutlichung: 24

Fall 1: A sieht, wie B ein Fahrzeug des Bundesgrenzschutzes beschädigen will. Auf Zureden reagiert B nicht. Daraufhin schlägt A ihn nieder.
Ergebnis: A verteidigte ein notwehrfähiges Rechtsgut, das Eigentum des Staats.

Fall 2: Der Spion S ist im Begriff, mit Gegenständen, die höchster Geheimhaltung im Interesse der Landesverteidigung unterliegen, die Bundesgrenze zu überschreiten. Da obrigkeitliche Hilfe nicht zur Stelle ist, hindert A den S mit einem Schuss in das Bein, die Grenze zu überschreiten.
Ergebnis: Notwehrlage im Hinblick auf Staatsnotwehr gegeben.

Fall 3: A ist im Begriff, volltrunken mit dem Auto zu fahren. B, der dies erkennt, schlägt den A nieder, als dieser sich nicht willig zeigt, von seinem Vorhaben abzulassen.
Ergebnis: Keine Notwehr, denn die Sicherheit des Straßenverkehrs ist kein verteidigungsfähiges Individualrechtsgut; zur Problematik des § 34 in dieser Fallkonstellation vgl. unter Rdn. 164 ff.

Fall 4: Wie Fall 3, aber im Auto des A sitzen außer der Tochter des A noch zwei Nachbarskinder, die durch eine Trunkenheitsfahrt des A gefährdet wären.
Ergebnis: B übt Nothilfe zu Gunsten der Kinder.

b) Rechtswidriger Angriff

aa) Nach früher herrschender Auffassung ist ein Angriff *rechtswidrig*, wenn der *Angegriffene*   25
ihn nicht zu dulden braucht.[16]

bb) Die Gegenmeinung wendet dagegen zutreffend ein, dass diese Definition des Begriffs   26
„rechtswidrig" zu zwei inhaltlich verschiedenen „Rechtswidrigkeitsbegriffen" innerhalb desselben Systems führt. „Rechtswidrig" sei daher streng auf Grund der Wertung des Verhaltens des Angreifers zu bestimmen. Das Verhalten braucht nicht straftatbestandsmäßig zu sein, es genügt die Verletzung zivilrechtlicher oder öffentlichrechtlicher Normen, muss aber rechtspflichtwidrig sein.[17]

cc) *Konsequenzen:* Wird der Angriff von der Person des Angreifers her bestimmt, so ist Not-   27
wehr nur zulässig, wenn der Angreifer rechtswidrig handelt. Wird jedoch die Rechtswidrigkeit danach bestimmt, ob der Angegriffene den Angriff dulden musste oder nicht, so ist Notwehr zulässig gegen jede Rechtsgutverletzung, die nicht gerechtfertigt ist, d. h. gegen rechtswidrige und nicht rechtswidrige, aber auch nicht positiv gerechtfertigte Handlungen von Personen, die fremde Rechtsgüter bedrohen.

Zur Verdeutlichung: 28

Der Radfahrer R gerät wegen einer für ihn unerkennbaren Straßenglätte auf den Gehweg und droht, den X zu überfahren. Dieser kann zur Seite springen oder aber den R abwehren, wobei R körperlichen Schaden nähme.
1. Ansicht: Prämisse: Angriff nur bewusste Rechtsgutbedrohung. – *Konsequenz:* Es liegt *kein Angriff* vor, da R den X nicht bewusst überfahren will. – Lösung des Falles über § 34.

BGH JZ 1978 S. 762 mit Anm. PAEFFGEN S. 738 ff; OLG Karlsruhe GA 1982 S. 224 ff; AMELUNG/TYRELL NJW 1980 S. 1560; HABERSTROH JR 1983 S. 314 ff. – Zur Notwehr gegen Verletzungen des Hausrechts: BGH bei Holtz, MDR 1979 S. 986. – Zur Notwehr gegen Ehrverletzungen: BayObLG NJW 1991 S. 2031. – Zur Notwehr gegen das Versperren des Weges im Straßenverkehr: BayObLG NJW 1993 S. 211 mit Anm. DÖLLING JR 1994 S. 113 f, HEUNICH JuS 1994 S. 17 ff. – Zur Notwehr gegen den eine Parklücke besetzenden Fußgänger: BayObLG NJW 1995 S. 2646 mit Anm. OTTO JK 96, StGB § 32/20.

16 So z. B. RGSt 21 S. 171; 27 S. 44; BINDING Handbuch des Strafrechts I, 1885, S. 735; BOCKELMANN/VOLK A. T., § 15 B I 1 d; SPENDEL LK, § 32 Rdn. 57.

17 So z. B. BAUMANN/WEBER/MITSCH A. T., § 17 Rdn. 17; ESER/ BURKHARDT I, Nr. 11 A 2; HIRSCH Dreher-FS, S. 211 ff, insbes. S. 223; LACKNER/KÜHL § 32 Rdn. 5; MAURACH/ZIPF A. T. 1, § 26 Rdn. 15 f; ROXIN ZStW 93 (1981) S. 84; SCH/SCH/PERRON § 32 Rdn. 19 ff; TRÖNDLE/FISCHER § 32 Rdn. 11; WELZEL Lb., § 14 II 1 c; WESSELS/BEULKE A. T., Rdn. 331.

2. Ansicht: Prämisse: Rechtswidrig ist der Angriff (= jede Rechtsgutsbedrohung), den der Angegriffene nicht zu dulden braucht. – *Konsequenz: Rechtswidriger* Angriff liegt vor.

3. Ansicht: Prämisse: Angreifender muss selbst rechtswidrig handeln. – *Konsequenz:* Kein *rechtswidriger* Angriff, da R sich nicht rechtswidrig verhält. – Lösung des Falles über § 34.

4. Ansicht: Prämisse: Rechtswidrigkeit erfordert auch einen Angriff auf die Rechtsgeltung. – *Konsequenz:* Kein *rechtswidriger* Angriff. – Lösung des Falles über § 34.

29 dd) Da ein rechtswidriger Angriff ein *rechtspflichtwidriger* Angriff ist, muss er von einem Menschen ausgehen. Ein Tier kann sich nicht nach Normen richten, d. h. es kann nicht pflichtwidrig handeln; hier greift § 228 BGB ein. – Zu unterscheiden ist jedoch:

30 **Fall 1:** A wird bei einem Spaziergang von dem bissigen Hund des B angefallen, denn der Hund hatte sich von seiner Kette losgerissen. A erschlägt den Hund. – Notstand, § 228 BGB.

Fall 2: A wird bei einem Spaziergang von dem bissigen Schäferhund des B angefallen, weil B den Hund auf A hetzt. – A erschlägt den Hund. – Notwehrsituation: Angriff geht von B aus. Der Hund ist Werkzeug des B, daher: § 32 StGB.

c) Gegenwärtiger rechtswidriger Angriff

31 *Gegenwärtig* ist der Angriff, wenn die Rechtsgutsverletzung unmittelbar bevorsteht, begonnen hat oder noch fortdauert.

32 aa) Unmittelbar bevor steht die Rechtsgutsverletzung, wenn eine Gefährdung jederzeit in eine Verletzung umschlagen kann.

BGH NJW 1973 S. 255: A traf den S, mit dem er verfeindet war. S griff in Richtung seiner Brusttasche, um eine dort verborgene Pistole hervorzuziehen und auf A zu schießen. A erkannte dies und schoss seinerseits auf S, der verletzt wurde.

BGH: Als gegenwärtiger Angriff i. S. des § 32 ist auch ein Verhalten anzusehen, das zwar noch kein Recht verletzt, aber unmittelbar in eine Verletzung umschlagen kann, so dass durch Hinausschieben der Abwehrhandlung deren Erfolg gefährdet würde. – So lag es hier.

33 bb) Gegenwärtig ist auch die schon begonnene, stattfindende Rechtsgutsverletzung.

Beispiel: Trotz Aufforderung des A entfernt B sich nicht aus dem Wohnraum des A. Nach 30 Minuten setzt A den B gewaltsam vor die Tür. Angriff gegenwärtig, solange B den Hausfrieden brach, daher handelte A in Notwehr.

34 cc) Gegenwärtig ist schließlich der fortdauernde, zwar tatbestandsmäßig vollendete, aber noch nicht beendete Angriff. Diese Situation wird z. B. aktuell in Fällen eines Angriffs auf das Eigentum, der tatbestandsmäßig als Diebstahl bereits vollendet, sachlich aber noch nicht beendet ist, weil der Taterfolg noch nicht in vollem Umfang verwirklicht wurde.

RGSt 55 S. 84: „Denn die Notwehr ist nicht auf Abwendung und Vereitelung von bestimmten, strafgesetzlich umschriebenen und begrenzten Handlungen beschränkt, sondern zum Schutz gegen Angriffe auf ein bestimmtes Rechtsgut zugelassen, die sehr wohl fortdauern können, auch wenn die Straftat, die sich mit dem Angriffe verbindet, in ihren gesetzlichen Merkmalen bereits begangen und bis zur Vollendung gediehen ist. Der Angriff braucht trotz der Vollendung des Verbrechens nicht beendet zu sein, er wird fortgesetzt und ist gegenwärtig so lange, bis die Gefahr, die daraus für das bedrohte Rechtsgut erwächst, entweder völlig abgewendet oder umgekehrt endgültig in den Verlust umgeschlagen ist."

Zur Verdeutlichung:

35 **Fall 1:** A ergreift im Juwelierladen des B eine goldene Uhr, steckt diese ein und rennt davon. B verfolgt ihn. – Diebstahl rechtlich vollendet mit Einstecken der Uhr. Rechtsgutsangriff dauert aber noch an, solange Täter auf frischer Tat verfolgt wird.[18]

---

18 Dazu auch BGH bei Holtz, MDR 1979 S. 985.

Fall 2: Wie oben, da B aber den A erkannt hat, lauert er ihm vor seiner Wohnungstür auf und nimmt dem A, als dieser nach 2 Stunden erscheint, die Uhr ab. – Keine Notwehrsituation, Angriff des A war vollendet und beendet.

Fall 3: A beschimpft den B in wüster Weise. Um den Wortschwall zu unterbrechen, schlägt B den A nieder. – Gegenwärtiger Angriff – Ehrverletzung – liegt vor.

Fall 4: A nennt den B vor Zeugen einen krummen Hund. Sodann wendet er sich anderen Dingen zu. B schlägt den A nunmehr nieder.

BGH 1 StR 452/52 v. 1. 12. 53, mitgeteilt bei Pfeiffer/Maul/Schulte StGB, § 53 Rdn. 4: Die Beleidigung ist zwar rechtlich vollendet, sie „steht aber noch im Raume", daher ist der Angriff noch nicht beendet, d. h. aber noch gegenwärtig.

Fall 5: Wie in Fall 4, doch Zeugen sind nicht vorhanden. – Kein gegenwärtiger Angriff nach den Grundsätzen des BGH im Fall 4.

dd) Nicht gegenwärtig sind der bereits abgeschlossene oder der künftige Angriff. **36**

Problematisch wird hier die Abgrenzung beim Vorliegen einer sog. *Dauergefahr*. Dieses vor   **37**
allem, weil der Begriff der Dauergefahr mehrdeutig ist, so dass sich hinter einer Dauergefahr durchaus ein gegenwärtiger Angriff verbergen kann, aber nicht muss.

Fall 1: A droht dem B, ihn zu erschießen, falls B nicht bis zum nächsten Mittag ein Schutzgeld von € 1000,–   **38**
gezahlt habe.

Ein gegenwärtiger rechtswidriger Angriff auf Willensfreiheit und Vermögen liegt hier mit dem Ausspruch der Drohung vor, denn damit liegt bereits der Versuch einer räuberischen Erpressung vor.[19]

Der gegenwärtige rechtswidrige Angriff auf das Leben beginnt hingegen erst, wenn am nächsten Mittag die unmittelbare Lebensgefahr begründet wird.[20]

Fall 2: Der Familientyrann A sitzt angetrunken und grübelnd am Küchentisch. Als seine Ehefrau aufsteht,   **39**
um Essen zu bereiten, stört ihn das und er schlägt sie zusammen. Seine Kinder B, C und D wagen sich vor Angst nicht zu rühren, denn schon oft hat er die Familienangehörigen schwer misshandelt. Dies plant A auch heute wieder. Kurz darauf schlägt A auf B ein, weil B so „blöd dasitzt". Als A sich von B wegwendet, schlägt C ihm eine schwere Bratpfanne auf den Kopf.

Ein gegenwärtiger rechtswidriger Angriff auf die körperliche Integrität von C und D lag vor, denn es war ein Gefahrenzustand gegeben, der jederzeit in die Verletzung umzuschlagen drohte.

Fall 3: Wie Fall 2, aber A hat sich ins Bett begeben, nachdem er seine Frau und B zusammengeschlagen hat.   **40**
Er schläft, als C ihm die Bratpfanne über den Kopf schlägt, um ihn zu töten.

Hier stellt A in trunkenem Zustand eine Gefahr für die Familie dar, im Moment der Tat des C lag in seinem Verhalten aber kein gegenwärtiger Angriff. Die Rechtsgutsverletzung stand nicht unmittelbar bevor, sondern drohte nur künftig einzutreten. In dieser Situation kommt Notwehr nicht in Betracht.[21]

---

19 Dazu BGH NJW 2003 S. 1959; Amelung GA 1982 S. 384 ff; Eggert NStZ 2001 S. 226 ff; Eisenberg/ Müller JuS 1990 S. 122; Haug MDR 1964 S. 548; Herzog NK, § 32 Rdn. 29, 32; Lackner/Kühl § 32 Rdn. 4; Neuheuser Die Duldungspflicht gegenüber rechtswidrigem hoheitlichen Handeln im Strafrecht, 1996, S. 47 ff; Roxin A. T., § 15 Rdn. 29; Wessels/Beulke A. T., Rdn. 328. – A. A. KG JR 1981 S. 254; Arzt MDR 1965 S. 344; ders. JZ 2001 S. 1053; Baumann MDR 1965 S. 346; Erb MK, § 32 Rdn. 90 ff; Müller NStZ 1993 S. 366 ff; Tenckhoff JR 1981 S. 256. – Problematisch ist die Erforderlichkeit eventueller tödlicher Verteidigungsmittel; vgl. Roxin, A. T. I, § 15 Rdn. 52, 89 f; dazu auch Haug MDR 1964 S. 553 f; Herzog NK, § 32 Rdn. 32.

20 Vgl. BGH StV 1986 S. 15.

21 Vgl. BGHSt 39 S. 133, 136 mit Anm. Arzt JZ 1994 S. 314 f, Drescher JR 1994 S. 423 f, Otto JK 94, StGB § 32/19, Roxin NStZ 1993 S. 335 f; BGH NStZ 1995 S. 177; Geilen Jura 1981 S. 205; Günther JR 1985 S. 271, Fn. 41; Herzog NK, § 32 Rdn. 29; Hillenkamp Vorsatztat und Opferverhalten, 1981, S. 116 ff; ders. Miyazawa-FS, S. 153; Kühl Jura 1993 S. 61 f; Sch/Sch/Perron § 32 Rdn. 17.

Die Gegenansicht, die in diesen Fällen – notwehrähnliche Lage – den Angriff als gegenwärtig interpretiert, solange er wirksam abgewehrt werden kann[22], erweitert das Notwehrrecht über die vom Gesetzgeber gezogenen Grenzen. Die Lösung der Fälle gegenwärtiger Gefahren, die aber noch nicht zu einer Angriffssituation geführt haben, zu deren Abwehr jedoch sofortiges Handeln geboten ist, liegt nicht in § 32, sondern in § 34 StGB begründet; vgl. dazu unten Rdn. 168 ff.

41 ee) Ob bereits ein gegenwärtiger Angriff vorliegt, ist in wertender Beurteilung der gesamten Tatumstände zu ermitteln. Eine objektiv erkennbare Betätigung des Angriffswillens wird in der Regel erforderlich sein, nicht aber ausnahmslos[23]; vgl. Rdn. 39.

d) Verteidigung

42 Die Abwehr des Angegriffenen muss *Verteidigung* gegen den rechtswidrigen gegenwärtigen Angriff sein, d. h. die Abwehr muss sich gegen den Angreifer richten. Sie darf nicht in Rechtsgüter Dritter eingreifen.[24]

Zur Verdeutlichung: A schießt zweimal auf B, der ihn töten will. Der erste Schuss geht daneben und trifft den Passanten P. Der zweite Schuss trifft den B. – Eingriff in die Rechtsgüter des P keine Verteidigungshandlung, da von P der Angriff nicht ausging. Hier u. U. § 34. Verletzung des B: Verteidigungshandlung.

Eine Ausnahme wird allerdings z. T. befürwortet, wenn das Objekt, gegen das sich die Verteidigungshandlung richtet, als Angriffsmittel dient[25], so z. B. wenn jemand ein fremdes Kraftfahrzeug beschädigt, mit dem ein Dritter ihn bedroht. – Der BGH hingegen ist bereit, dann eine Ausnahme zu machen, wenn der Verteidiger bei der Verteidigungshandlung Strafvorschriften des WaffenG verletzt, die dem Schutz der Öffentlichkeit und Ordnung dienen.[26] – Dieser Ausnahmen bedarf es jedoch nicht. Eine Rechtfertigung kommt hier u. U. nach § 34 in Betracht.

e) Erforderlichkeit

43 Die Verteidigung muss *erforderlich* sein. Erforderlich ist die Verteidigung, die einerseits die sofortige Beendigung des Angriffs erwarten lässt, andererseits aber – soweit Wahlmöglichkeiten bestehen und der Angegriffene Zeit zur Auswahl und zur Einschätzung der Gefährlichkeit hat – das am wenigsten schädliche oder gefährliche Mittel zur Erreichung des Abwehrerfolges bildet.[27]

44 Der Angegriffene braucht sich nicht auf das Risiko einer ungenügenden Abwehrhandlung einzulassen. – Versucht er es dennoch, so bleibt sein Verhalten gerechtfertigt, es sei denn, es handelt sich um eine Abwehr, die völlig ungeeignet ist, den Angriff in irgendeiner Weise zu beeinflussen.[28]

---

22 Vgl. JAKOBS A. T., 12/27; KREY ZStW 90 (1978) S. 188 f; SAMSON SK I, § 32 Rdn. 26 ff; R. SCHMITT JuS 1967 S. 24; SUPPERT Studien zur Notwehr und „notwehrähnlichen Lage", 1973, S. 356 ff.
23 Missverständlich: BayObLG NJW 1985 S. 2600 mit Anm. BOTTKE JR 1986 S. 292 ff; KRATZSCH StV 1987 S. 224 ff; OTTO JK, StGB § 32/8.
24 Vgl. BGHSt 5 S. 245, 248; 39 S. 374, 380; BAUMANN/WEBER/MITSCH A. T., § 17 Rdn. 18 f; GEILEN Jura 1981 S. 258; JAKOBS A. T., 12/4; KÜHL A. T., § 7 Rdn. 84; NEUHEUSER Duldungspflicht, S. 84 f; ROXIN A. T., § 15 Rdn. 106; RUDOLPHI Armin Kaufmann-GedS, S. 394 f; WESSELS/BEULKE A. T., Rdn. 333.
25 Vgl. NEUHEUSER Duldungspflicht, S. 86 f; SPENDEL LK, § 32 Rdn. 210 ff.
26 Vgl. BGH StV 1996 S. 660 mit Anm. OTTO JK 97, StGB § 32/23; BGH NStZ 1999 S. 347; dazu auch NEUHEUSER Duldungspflicht, S. 87 ff.
27 Dazu BGHSt 27 S. 357; BGH NJW 1989 S. 3027; BGH StV 1990 S. 543; BGH NStZ 1996 S. 29; BayObLG NStZ 1988 S. 408; eingehend dazu KÜHL Jura 1993 S. 120 ff.
28 Dazu KÜHL Jura 1993 S. 121; WARDA Jura 1990 S. 344 ff, 393 ff; DERS. GA 1996 S. 405 ff. – Krit. zum Kriterium der Eignung: ALWART JuS 1996 S. 958.

Das Maß der erforderlichen Abwehr bestimmt sich auf Grund eines objektiven ex ante- **45** Urteils nach den gesamten Umständen, unter welchen sich Angriff und Abwehr abspielen. Zu berücksichtigen sind Stärke und Gefahr des Angriffs, Verteidigungsmöglichkeiten des Verteidigers sowie die Folgen – auch ungewollte Nebenfolgen – der Verteidigung.[29]

aa) Die Erforderlichkeit der Abwehr entfällt nicht, weil der Angegriffene die Möglichkeit **46** hat, dem Angriff auszuweichen, Ausweichen ist nicht Verteidigung![30]

Soweit beim Angriff Schuldunfähiger oder Irrender die Erforderlichkeit verneint wird, **47** falls ein Ausweichen möglich ist[31], werden die Prämissen in der Definition des Begriffs der Erforderlichkeit missachtet. Hier handelt es sich nicht um ein Problem der Erforderlichkeit, sondern des Angriffs; dazu oben Rdn. 19 ff.

Problematisch ist die Situation bei Anwesenheit obrigkeitlicher Hilfe. Überwiegend wird **48** davon ausgegangen, dass die private Selbst- oder Fremdhilfe hier subsidiär ist. – Dem ist im Falle der Anwesenheit oder risikoloser Herbeirufung obrigkeitlicher Hilfe dann zuzustimmen, wenn dadurch eine wirksame Abwehr, aber ein weniger gravierender Eingriff in Rechtsgüter des Angreifers ermöglicht wird.[32]

bb) Wird ein zivilrechtlicher Anspruch nicht erfüllt – z. B. der Mieter räumt die Wohnung **49** nach Ablauf der Mietzeit nicht –, so darf kein „Faustrecht" geübt werden. Die Erforderlichkeit unmittelbar wirksamer Maßnahmen fehlt dort, wo der Gesetzgeber den Rechtsweg ausdrücklich eröffnet hat, soweit nicht die Voraussetzungen der §§ 229, 230 BGB – dazu unten Rdn. 135 ff – vorliegen.[33]

cc) Antizipierte Notwehr in Form von automatisierter Gegenwehr durch Selbstschussanla- **50** gen u. Ä. muss durch Warnungen und u. U. abgestufte Reaktionen der Anlage so programmiert sein, dass es nicht zu Überreaktionen kommt.[34]

dd) Überschreitet derjenige, der Notwehr übt, das erforderliche Maß der Verteidigung, so **51** liegt ein Notwehrexzess vor. Dieser betrifft nicht die Rechtswidrigkeit, sondern u. U. die Schuld. – Dazu eingehender unten § 14 Rdn. 16 ff.

f) Verteidigungswille

Als *subjektives* Merkmal erfordert die Notwehr den sog. Verteidigungswillen. – Da der Täter, **52** der die objektiven Voraussetzungen der Notwehr kennt, weiß, dass er sich nicht rechtswidrig

---

29 Dazu vgl. BGHSt 27 S. 313; BGH NStZ 1981 S. 138; BayObLG JZ 1988 S. 408 mit Anm. Otto JK 89, StGB § 32/11; BGH NStZ 1996 S. 29; Günther SK I, § 32 Rdn. 90.

30 Dazu BGHSt 24 S. 356; BGH StV 1986 S. 15; Herzog NK, § 32 Rdn. 68; Jakobs A. T., 12/37; Kratzsch GA 1971 S. 75; Lenckner GA 1968 S. 3; Roxin ZStW 75 (1963) S. 541; Schröder JR 1962 S. 188.

31 Vgl. z. B. BayObLG JR 1987 S. 344 mit Anm. Schlüchter S. 309 ff und Otto JK 87, StGB § 32/10; Stratenwerth A. T. I, § 9 Rdn. 82; Welzel Lb., § 14 II 2.

32 Vgl. auch Erb MK, § 32 Rdn. 129 ff; Geilen Jura 1981 S. 316; Kühl Jura 1993 S. 125; Lackner/Kühl § 32 Rdn. 11 a; Pelz NStZ 1995 S. 305 ff; Rudolphi Armin Kaufmann-GedS, S. 392; – A. A. Burr JR 1996 S. 230 ff.

33 Vgl. dazu Kühl Jura 1993 S. 125; Lagodny GA 1991 S. 300 ff.

34 Vgl. dazu Erb MK, § 32 Rdn. 155 ff; Kühl Jura 1993 S. 123; Kunz GA 1984 S. 539 ff; Müssig ZStW (115) 2003 S. 224, 234 ff; Schlüchter Lenckner-FS, S. 313 ff, 324. – Die Auffassung von Herzog – Schlüchter-GedS, S. 214 –, die Grenzen der Notwehr innerhalb einer interpersonalen Auseinandersetzung seien auch hier verbindlich, überzeugt nicht, denn der Angreifer weiß, dass der Berechtigte nicht anwesend ist und daher keine Änderungen der Anlage vornehmen kann, die vielleicht durch schon eingetretene Verletzungen des Täters bei einer interpersonalen Auseinandersetzung nötig wären.

verhält, wenn er in dieser Situation Rechtsgüter des Angreifers beeinträchtigt, ist als Verteidigungswille die Kenntnis der Notwehrsituation genügend, aber auch erforderlich.[35]

53   aa) Weitere Erfordernisse, wie das Motiv, der Rechtsgutsverletzung entgegentreten zu wollen oder die Motivation zur Verteidigung durch den Angriff sind aus der Funktion des subjektiven Rechtfertigungselements, das subjektive Unrechtselement des Vorsatzdelikts auszuschließen, nicht abzuleiten. Zu beachten ist nämlich, dass der Täter, der sich im Rahmen der erforderlichen Verteidigung hält, seine ihm rechtlich garantierte, rechtswidrig verletzte Rechtsposition wieder herstellt. Damit agiert er in dem ihm rechtlich zugestandenen Rahmen und verhält sich rechtmäßig, ohne dass die Wiederherstellung seiner Rechtsmacht einer besonderen Legitimation bedürfte.[36]

bb) Zu den verschiedenen – konstruktiv möglichen – Konsequenzen im Falle des Fehlens des subjektiven Tatbestandes eines Rechtfertigungsgrundes: vgl. unten § 18 Rdn. 46 ff.

g) Nothilfe

54   Notwehr ist auch zugunsten eines Dritten möglich, sog. *Nothilfe*, § 32 Abs. 2, 2. Alt.; jedoch nicht gegen den Willen des Angegriffenen.

55   aa) *Das bedeutet:* Nothilfe darf dem Angegriffenen nicht aufgezwungen werden. Will der Angegriffene erkennbar keine Hilfe, so ist Nothilfe nicht zulässig. – Allerdings braucht der Wille, sich helfen zu lassen, nicht ausdrücklich erklärt zu werden. Es genügt, wenn er sich aus den Umständen schließen lässt.

BGH bei Holtz, MDR 1979 S. 985: A erkennt, dass Einbrecher in die Apotheke des B eingebrochen sind. Er will sie festnehmen und die Beute sichern.

Nothilfesituation gegeben, obwohl B vom Einbruch noch gar nichts weiß.

BGHSt 5 S. 245: A meint, durch die Vorführung des Filmes „Die Sünderin" sei das Sittlichkeitsempfinden der Zuschauer schwer gefährdet. Er stört die Filmvorführung daher durch Stinkbomben.

Keine Nothilfesituation gegeben, da die Zuschauer erkennbar die Gefährdung auf sich nehmen und nicht aus ihr „gerettet" werden wollen.

56   Gemeinhin wird die Problematik, dass der Nothelfer in Kenntnis der Notwehrsituation handeln muss und der Angegriffene Hilfe nicht zurückweist, mit dem missverständlichen Schlagwort vom Erfordernis des „doppelten Verteidigungswillens" umschrieben.[37]

---

35 So auch: ERB MK, § 32 Rdn. 215; FRISCH Lackner-FS, S. 135 ff; GÜNTHER SK I, § 32 Rdn. 135; HERZOG NK, § 32 Rdn. 128; HRUSCHKA Strafrecht, S. 427 f; KÜHL Jura 1993 S. 234; M.-K. MEYER, GA 2003 S. 822; PRITTWITZ GA 1980 S. 384; ROXIN ZStW 75 (1963) S. 563; SCH/SCH/PERRON § 32 Rdn. 63; STRATENWERTH A. T. I, § 9 Rdn. 90, 144 f. – Die Abwehrhandlung selbst muss auf Angriffsabwehr zielen; vgl. SCHMIDHÄUSER GA 1991 S. 132.

Das Erfordernis des Verteidigungswillens wird z. T. bestritten, vgl. SPENDEL LK, § 32 Rdn. 138; DERS. Oehler-FS, S. 197 ff. Diese Auffassung ist allein vertretbar auf dem Boden einer rein objektiven Unrechtslehre; zur Auseinandersetzung: PRITTWITZ Jura 1984 S. 74 ff.

36 Zur Gegenansicht vgl. einerseits BGH NStZ 1983 S. 117; 1983 S. 500; 1996 S. 26 mit Anm. OTTO JK 96, StGB § 32/21; BayObLG NStZ-RR 1999 S. 9; GEILEN Jura 1981 S. 310; JESCHECK/WEIGEND A.T., § 32 II 2 a; PAEFFGEN NK, Vor 32 Rdn. 101; TRÖNDLE/FISCHER § 32 Rdn. 14; andererseits ALWART GA 1983 S. 452 ff; STEINBACH Zur Problematik der Lehre von den subjektiven Rechtfertigungselementen bei den vorsätzlichen Erfolgsdelikten, 1987, S. 185 ff.

37 Im Einzelnen zu den subjektiven Voraussetzungen auf Seiten des Helfers und des Angegriffenen: BGHSt 5 S. 247 f; BGH StV 1987 S. 59; HIMMELREICH MDR 1967 S. 364 f; JESCHECK/WEIGEND A.T., § 32 IV; KÜHL Jura 1993 S. 236; STRATENWERTH A. T. I, § 9 Rdn. 91; TRÖNDLE/FISCHER § 32 Rdn. 14. – Die Bin-

bb) Str. ist, ob § 32 auch *Maßnahmen von Hoheitsträgern* zum Schutze angegriffener Perso- **57** nen rechtfertigt. – Die Auseinandersetzung über diese Problematik ist allerdings oft nur schwer nachvollziehbar, weil grundverschiedene Problemstellungen z. T. miteinander verknüpft werden. Zu trennen ist nämlich die Frage, ob § 32 StGB eine Eingriffsgrundlage für (polizeiliche) Hoheitsmaßnahmen bietet, von der Frage, ob die Verteidigungshandlung eines Hoheitsträgers nach § 32 StGB gerechtfertigt werden kann, da polizeiliche Maßnahmen zur Gefahrenabwehr weder notwendigerweise an § 32 StGB ausgerichtet sein müssen, noch § 32 StGB präventiv-polizeilichen Gesichtspunkten Rechnung trägt.

§ 32 StGB gibt dem Verteidiger (Nothelfer) ein eigenes Recht zur Verteidigungshandlung, **58** die er selbst auch zu verantworten hat. Innerhalb eines polizeilichen Einsatzes, z. B. zur Rettung des Lebens einer Geisel, muss es aber u. U. gerade darum gehen, einzelne Verteidigungsakte zu unterbinden, um einen geplanten Polizeieinsatz erfolgreich durchführen zu können. Handelt der einzelne Polizeibeamte dennoch eigenmächtig, und erschießt er den Geiselnehmer unter den Voraussetzungen des § 32 StGB, so wird er dadurch nicht zum Totschläger, kann jedoch disziplinarrechtlich zur Rechenschaft gezogen werden. § 32 StGB gibt daher keine Ermächtigungsgrundlage für polizeirechtliches Handeln, kann aber die Verteidigungshandlung eines Hoheitsträgers durchaus rechtfertigen.[38] – Nothilfe und Notwehr eines Hoheitsträgers sind daher nicht nach Polizeirecht zu beurteilen.[39] Auf der anderen Seite bindet § 32 StGB nicht die polizeirechtliche Beurteilung.[40]

cc) Damit entscheidet sich auch die Frage absoluter Grenzen der Nothilfe, z. B. der Verlet- **59** zung der Menschenwürde.

Fall: A hat die Geisel X in seiner Gewalt. Bei seiner Festnahme erklärt er, er habe X in einem Sarg vergraben, wo X innerhalb der nächsten 12 Stunden erbärmlich krepieren werde, da die Luft begrenzt sei. – Daraufhin droht ihm der Polizeibeamte P körperliche Qualen an, wenn er das Versteck nicht offenbart.

Die h. M. versagt dem P hier eine Rechtfertigung, weil das Verbot der Folter uneingeschränkt gelte. Das aber kann so nicht zutreffen, denn wenn X selbst *nur* die Möglichkeit hätte, sein Leben dadurch zu retten, dass er den A Qualen aussetzt, so wäre das durch § 32 durchaus gerechtfertigt. Das muss in der Ausnahmesituation – sichere Kenntnis von der Tat, keine andere Möglichkeit – auch für den Nothelfer gelten, und zwar auch für den Nothelfer in Uniform.[41]

---

dung an den Willen des Angegriffenen lehnen ab: SCHMIDHÄUSER A. T., 9/107; SCHROEDER Maurach-FS, S. 141, doch ist zu beachten, dass der Wille des Angegriffenen keineswegs irrelevant ist, denn willigt er z. B. in die Rechtsgutsbeeinträchtigung rechtswirksam ein, so fehlt es bereits an einem rechtswidrigen Angriff ihm gegenüber; dazu auch MAURACH/ZIPF A. T. 1, § 26 Rdn. 51 f; SCH/SCH/PERRON § 32 Rdn. 25. Differenzierend zwischen Entpflichtung und Entrechtung des Nothelfers durch den Angegriffenen: SEIER NJW 1987 S. 2480 ff.

38 Eingehend dazu SEEBODE Klug-FS, Bd. 2, S. 359 ff, 371; DERS. Krause-FS, S. 375 ff; DERS. StV 1991 S. 80 ff. – Im Übrigen vgl. BayObLG JR 1991 S. 248 mit Anm. OTTO JK 91, StGB § 32/16, ROGALL JuS 1992 S. 558, SCHMIDHÄUSER JZ 1991 S. 937 ff, SPENDEL JR 1991 S. 250; ERB MK, § 32 Rdn. 169 ff; KÜHL Jura 1993 S. 236 ff; ROXIN A. T. I, § 15 Rdn. 91 ff; SCHMIDHÄUSER GA 1991 S. 137.

39 A. A. bzgl. der Nothilfe: AMELUNG JuS 1986 S. 332 f; HERZOG NK, § 32 Rdn. 79 ff; HIRSCH LK, Vor § 32 Rdn. 153; auch bzgl. der Selbstverteidigung JAKOBS A. T., 12/41 ff; DERS. in: Eser/Nishihara (Hrsg.), Rechtfertigung und Entschuldigung IV, 1995, S. 160 ff; KUNZ ZStW 95 (1983) S. 982 f; SEELMANN ZStW 89 (1977) S. 36 ff, 50 ff.

40 A. A. BGHSt 27 S. 260; SCH/SCH/PERRON § 32 Rdn. 42 c; SPENDEL LK, § 32 Rdn. 273 ff.

41 Vgl. auch ERB MK, § 32 Rdn. 174 f; HILGENDORF JZ 2004 S. 331 ff. – Zur Gegenansicht: KITZIG ZStW 115 (2003) S. 797 ff; MERTEN JR 2003 S. 404 ff; PIEROTH/SCHLINK Grundrechte, Staatsrecht II, 14. Aufl. 1998, Vor Rdn. 349, Rdn. 366; ROXIN A. T. I, § 15 Rdn. 96 Fn. 183.

2. Das Problem der sozialethisch bedingten Einschränkung der Notwehr

60   Krasses Missverhältnis der kollidierenden Rechtsgüter – provozierte Notwehrlage – Notwehr innerhalb besonderer Gemeinschaftsverhältnisse.

a) Zum Sachproblem

Fall 1: Bauer A sieht, dass ihm ein Rassehund (Wert 1500,– €) einen Hahn wegschleppt. Auf das Geschrei des A hin beschleunigt der Hund sein Tempo. Um wenigstens das Fleisch des Hahnes noch zu retten, erschießt A den Hund.

Fall 2: Wie Fall 1, aber nicht ein Hund, sondern der Landstreicher L sucht mit dem Hahn das Weite. A erschießt den L.

61   Die Subsumtion des Verhaltens des A unter § 228 BGB (Fall 1) und § 32 StGB (Fall 2) führt zu dem Ergebnis, dass A bei der Tötung des L durch Notwehr gerechtfertigt war, nicht hingegen bei der Tötung des Rassehundes. Dies verblüffende Ergebnis kann kaum richtig sein. – Das scheint auch Art. 2 der Konvention zum Schutz der Menschenrechte und Grundfreiheiten zu bestätigen:

62   „I. Das Recht jedes Menschen auf das Leben wird gesetzlich geschützt. Abgesehen von der Vollstreckung eines Todesurteils, das von einem Gericht im Falle eines mit der Todesstrafe bedrohten Verbrechens ausgesprochen worden ist, darf eine absichtliche Tötung nicht vorgenommen werden.

63   II. Die Tötung wird nicht als Verletzung dieses Artikels betrachtet, wenn sie sich aus einer unbedingt erforderlichen Gewaltanwendung ergibt:

a) um die Verteidigung eines Menschen gegenüber rechtswidriger Gewaltanwendung sicherzustellen;

b) um eine ordnungsgemäße Festnahme durchzuführen oder das Entkommen einer ordnungsgemäß festgehaltenen Person zu verhindern;

c) um im Rahmen der Gesetze einen Aufruhr oder einen Aufstand zu unterdrücken."

64   Str. ist allerdings, ob diese Einschränkung überhaupt auf das Verhältnis von Privatpersonen untereinander Anwendung findet und nicht nur das Verhältnis der Staatsgewalt zu den Bürgern regeln will, d.h. hoheitliche Eingriffe begrenzt.

Für eine nur Hoheitsträger bindende Regelung bieten jedoch weder der Wortlaut der Menschenrechtskonvention noch der des Zustimmungsgesetzes hinreichende Argumente. Insofern erscheint es zutreffend, Art. 2 MRK als allgemein geltendes innerstaatliches Recht anzuerkennen.[42]

65   Sachlich ist jedoch dem Art. 2 II a MRK selbst dann, wenn er unmittelbar den Bürger verpflichten sollte, keine über eine vernünftige Auslegung des § 32 hinausgehende Begrenzung der Notwehr zu entnehmen, denn nicht der Beschränkung auf eine Verteidigung gegen Gewaltanwendung durch Personen kommt Relevanz zu, sondern nur der Einschränkung der Notwehr dahin, dass eine Tötung des Angreifers mit *dolus directus* zur Verteidigung von Vermögenswerten unzulässig ist. Der Angegriffene ist verpflichtet, zu versuchen, den Angreifer nur angriffsunfähig zu machen. Dies jedoch ist – soweit erforderlich – zulässig, auch wenn

---

42 So auch: Echterhölter JZ 1956 S. 143f; Frister GA 1985 S. 564; Koriath in: Ranieri (Hrsg), Die Europäische Rechtsgemeinschaft, 2002, S. 52 ff; Kühl A. T., § 7 Rdn. 185; Lange JZ 1976 S. 548; Roxin ZStW 93 (1981) S. 98; Wagner Notwehrbegründung, S. 67 f. – A. A. Erb MK, § 32 Rdn. 16; Günther SK I, § 32 Rdn. 117; Herzog NK, § 32 Rdn. 94 f; Jescheck/Weigend A. T., § 32 V; Krey JZ 1979 S. 708; Lenckner GA 1968 S. 5; Paeffgen NK, Vor § 32 Rdn. 76; Schmidhäuser A. T., 9/88; Sch/Sch/Perron § 32 Rdn. 62; Spendel LK, § 32 Rdn. 259; Tröndle/Fischer § 32 Rdn. 21.

der Angreifer dabei in Lebensgefahr kommt und dem Angegriffenen dies bewusst ist (dolus eventualis).[43]

Der sinnvollen Interpretation des Art. 2 II sind danach keine den § 32 einschränkenden **66** Grundsätze zu entnehmen. Der Versuch, die Notwehr in bestimmten Fällen zu begrenzen, muss daher auf anderem Wege unternommen werden.

Auch eine Verpflichtung des Gesetzgebers, das Notwehrrecht gesetzlich einzuschränken, ist daher dem Art. 2 II a MRK nicht zu entnehmen.[44]

b) In Lehre und Rechtsprechung erörterte Lösungswege

Die in Lehre und Rechtsprechung erörterten Lösungen der Fälle des krassen Missverhältnis- **67** ses zwischen dem verteidigten Rechtsgut und dem Rechtsgut, das durch die Verteidigung beeinträchtigt wird, der Fälle der sog. provozierten Notwehrlage sowie der Begrenzung der Notwehr in engen Gemeinschaftsverhältnissen zielen z. T. auf eigenständige Kriterien für die einzelnen Problembereiche ab. Z. T. wird versucht, die unterschiedlichen Problemstellungen auf einen einheitlichen Gedanken zu gründen. Beide Lösungswege müssen sich jedoch mit dem Problem auseinandersetzen, dass ihnen – zumindest dem ersten Eindruck nach – der Wortlaut des § 32 Abs. 2 entgegensteht.[45] – Dem wird z. T. aber entgegengehalten, dass sich die nötigen Einschränkungen aus der Gebotenheit der Notwehr gemäß § 32 Abs. 1 ergäben[46], da der Gesetzgeber mit der Gebotenheit der Notwehr die Möglichkeit einer sozial-ethischen Einschränkung der Notwehr eröffnen wollte.[47]

Sieht man dann allerdings, dass die Gebotenheit die Notwehr zugleich in Fällen eines **68** krassen Missverhältnisses der kollidierenden Rechtsgüter begrenzen, besondere Regeln für die provozierte Notwehrlage enthalten und andere Regeln für die Notwehr in engen Gemeinschaftsverhältnissen bieten soll, so wird deutlich, dass es sich hier um kein die Notwehr einschränkendes Tatbestandsmerkmal, sondern nur um eine schlichte „Leerformel" handeln kann.[48] Ihr können Hinweise auf immanente Schranken des Notwehrrechts entnommen werden, nicht aber subsumierfähige Kriterien.

---

43 Vgl. dazu auch BGH bei Holtz, MDR 1979 S. 985; BGH StV 1982 S. 219; HERZOG NK, § 32 Rdn. 97; KREY JZ 1979 S. 709; OTTO Würtenberger-FS, S. 137 f; ROXIN ZStW 93 (1981) S. 99 ff; WAGNER Notwehrbegründung, S. 67 f. – A. A. LG München NJW 1988 S. 186 ff mit abl. Anm. BEULKE Jura 1988 S. 641 ff, MITSCH NStZ 1989 S. 26 ff, PUPPE JZ 1989 S. 728 ff, SCHROEDER JZ 1988 S. 567 ff; FRISTER GA 1985 S. 560 f; KORIATH in: Ranieri, S. 57 f; WOESNER NJW 1961 S. 1384. – Auch der EGMR erstreckt den Anwendungsbereich des Art. 2 EMRK auf unbeabsichtigte Tötungen, beschränkt seinen Anwendungsbereich jedoch auf den Gebrauch tödlicher Gewalt durch Vertreter des Staates; vgl. EGMR, 1995, Serie A, Bd. 324 Nr. 148.
44 Eingehender zu einer derartigen Verpflichtung: KÜHL ZStW 100 (1988) S. 412, 626 f; TRECHSEL ZStW 100 (1988) S. 672; DERS. ZStW 101 (1989) S. 821.
45 Gegen eine sozial-ethische Einschränkung des Notwehrrechts daher BAUMANN/WEBER/MITSCH A. T., § 17 Rdn. 38; ERB ZStW 108 (1996) S. 294 ff; HASSEMER Bockelmann-FS, S. 243 f; KOCH ZStW 104 (1992) S. 819 f; KRATZSCH JuS 1975 S. 437; PAEFFGEN NK, Vor § 32 Rdn. 149; RENZIKOWSKI Notstand, S. 111 ff; SPENDEL LK, § 32 Rdn. 308.
46 Vgl. BGHSt 39 S. 374, 378; AMELUNG GA 1982 S. 389; GÜNTHER SK I, § 32 Rdn. 103; KREY JZ 1979 S. 714; LACKNER/KÜHL § 32 Rdn. 13; ROXIN A. T. I, § 15 Rdn. 56; TRÖNDLE/FISCHER § 32 Rdn. 18; WESSELS/BEULKE A. T., Rdn. 342.
47 Vgl. BT-Drucks. V/4095, S. 14; dazu KÜHL Bemmann-FS, S. 197; MATT NStZ 1993 S. 272; ROXIN ZStW 93 (1981) S. 79; SCHROTH NJW 1984 S. 2562.
48 Vgl. dazu auch BOCKELMANN Honig-FS, S. 24; ERB MK, § 32 Rdn. 180; HRUSCHKA Strafrecht, S. 372 ff; JESCHECK/WEIGEND A. T., § 32 III 2; KRATZSCH JuS 1975 S. 436; KRAUSE Bruns-FS, S. 78; LENCKNER GA 1968 S. 1; OTTO Würtenberger-FS, S. 136; PAEFFGEN NK, Vor § 32 Rdn. 149; SCHMIDHÄUSER Honig-FS,

Aufbautechnisch hat das zur Konsequenz, dass nach Prüfung und Bejahung der Merkmale des § 32 Abs. 2 die Frage aufgeworfen wird, ob im konkreten Fall gleichwohl eine Einschränkung der Notwehr unter sozialethischen Gesichtspunkten geboten ist.

c) Unterschiedliche Kriterien für die verschiedenen Fallgruppen

69   aa) Krasses Missverhältnis zwischen verteidigtem und dem durch die Verteidigung beeinträchtigten Rechtsgut

Beispiel: A erschießt den L, als dieser mit einem Hahn des A das Weite sucht. Auf Zurufe und Warnungen hatte L nicht reagiert.

70   Die *Rechtsprechung* begrenzt die Anwendung des § 32 gegen seinen Wortlaut unter Hinweis auf den *sog. Rechtsmissbrauch:* Es gilt auch für die Ausübung des Notwehrrechts „der allgemeine Rechtsgrundsatz, der jeden Missbrauch des Rechts untersagt".

BayObLGSt 1954 S. 65: „Ob eine Verteidigung in Notwehr überhaupt und in welcher Stärke sie erforderlich ist, bemisst sich grundsätzlich nach der Hartnäckigkeit und der Stärke des Angriffes und nicht nach der Verhältnismäßigkeit des angegriffenen und des durch die Verteidigung bedrohten Rechtsgutes. Allein dem das geltende Notwehrrecht beherrschenden Grundsatz, das Recht brauche niemals und unter keinen Umständen dem Unrecht zu weichen, ist die allgemeine Grenze gesteckt, daß die Ausübung von Rechten und rechtlichen Befugnissen nicht mißbräuchlich werden darf ... Die verteidigungsweise Abwehr eines gegenwärtigen rechtswidrigen Angriffes ist aber, auch wenn das Abwehrmittel und die Stärke der Abwehr nach der Stärke des Angriffes erforderlich sind, ebenso wie auf dem Gebiete des bürgerlichen Rechtes auch auf dem des Strafrechts rechtsmißbräuchlich, wenn und insoweit nach dem an den Geboten der guten Sitten und von Treu und Glauben auszurichtenden Rechtsempfinden ein unerträgliches Mißverhältnis zwischen dem Wert und der Gefährdung des zu schützenden und dem Wert und der Schädigung des durch die Abwehr zu verletzenden Rechtsgutes besteht".

71   Mehr als ein Verweis auf den Verhältnismäßigkeitsgrundsatz in Fällen grober Unverhältnismäßigkeit zwischen dem Wert des angegriffenen Rechtsguts und dem, in das der Verteidiger eingreift, ist diesen Ausführungen nicht zu entnehmen. Auch sonst deutet die Rechtsprechung keine nachvollziehbaren Kriterien an. Der Rückgriff auf das BGB – §§ 826, 242: rücksichtsloser Eigennutz, sittenwidrige Rechtsausübung; § 226: nutzlose Schädigung Dritter – führt nicht weiter, weil diese Sachverhalte im Strafrecht keine Rolle spielen.[49] – Widersprüchliche Argumentationen im konkreten Fall sind die Konsequenz.

BayObLG NJW 1995 S. 2646: A fuhr mit seinem Kfz in einen Parkplatz am Straßenrand ein, den der M für einen Bekannten freihielt. Auf eine Drohung des A, ihn mit dem Kfz fortzuschieben, reagierte M nicht. A fuhr dem M mit der Stoßstange seines Pkw gegen das linke Schienbein.

BayObLG: Ein Kraftfahrer ist zur Notwehr berechtigt, wenn er auf öffentlichem Verkehrsgrund von einem Fußgänger, der die Lücke für ein noch nicht eingetroffenes Fahrzeug freihalten will, am Einfahren in eine Parklücke gehindert wird. – Droht der Kraftfahrer dem Fußgänger jedoch ihn zu überfahren, so ist bereits dieses Verhalten rechtsmissbräuchlich.

Kritik: Die Entscheidung offenbart die Schwächen der Argumentation, denn da A zur Verteidigung gegen den Angriff auf sein Parkrecht seine Körperkraft und – bei hartnäckigem Widerstand – seine Fäuste gebrauchen durfte, ist nicht einsichtig, warum die Drohung mit dem Einsatz des Kfz einen Rechtsmissbrauch darstellen sollte.[50]

S. 189; ders. GA 1991 S. 133 f; Sch/Sch/Perron § 32 Rdn. 44; Spendel LK, § 32 Rdn. 256. – Proportionalitätserwägungen erkennt Lilie hinter dem Gebotensein der Notwehr, vgl. Hirsch-FS, S. 281.
49 Vgl. auch BGH NJW 1962 S. 308; OLG Hamm NJW 1977 S. 590 mit Bespr. Schumann JuS 1979 S. 559 ff.
50 Vgl. auch Jakobs A. T., 12/4; Otto JK 96, StGB § 32/20; Timpe Die Nötigung, 1989, S. 99.

Auch in der *Literatur* bleibt die Konkretisierung des Rechtsmissbrauchsgedankens vage.[51] **72**
Hingewiesen wird zum einen darauf, dass in den Fällen des krassen Missverhältnisses das allgemeine Interesse an der Rechtsbewährung gering sei und dem bedrohten Individualschutzinteresse auf Grund des Bagatellcharakters des drohenden Schadens kein hoher Rang zukomme.[52] Zum anderen wird grundsätzlich die Wahrung der Güterproportionalität für erforderlich gehalten.[53] Das widerspricht jedoch der Entscheidung des Gesetzgebers für die Erforderlichkeit und gegen die Verhältnismäßigkeit.

Ein besonders deutlicher Fall grober Unverhältnismäßigkeit und damit ein Unterfall des krassen Missverhältnisses ist die *sog. Unfugabwehr*, d.h. die Abwehr von Bagatellangriffen, die gerade die Grenze sozialüblichen Verhaltens überschreiten, unter Beeinträchtigung hochwertiger Rechtsgüter des Unfug Treibenden.[54] **73**

bb) Die verschuldete oder provozierte Notwehrlage

Unter Berufung auf den Gedanken des Rechtsmissbrauchs hatte der *Bundesgerichtshof* in **74**
den fünfziger Jahren begonnen, dem Angegriffenen das Notwehrrecht zu versagen, wenn diesem ein Ausweichen zumutbar war, weil er den Angriff verschuldet oder mitverschuldet hatte.[55]

Die Begriffe „verschuldet" oder „mitverschuldet" blieben jedoch in ihrer Reichweite **75**
genauso unbestimmt wie der des „Rechtsmissbrauchs".

Eine Pflicht zum Ausweichen wurde begründet, wenn der Angegriffene selbst zum Angriff „Veranlassung **76**
gegeben"[56], „den Angriff durch eine Provokation mitverschuldet hatte, ohne ihn zu wollen"[57] oder wenn er „sich schuldhaft mit in seine Lage verstrickt hat"[58].

Nach dieser Tendenz der Rechtsprechung war zu befürchten, dass letztlich demjenigen das **77**
Notwehrrecht versagt würde, der sich in eine Notwehrlage begeben hatte, obwohl er es hätte vermeiden können. Ende der siebziger Jahre leitete der BGH jedoch eine deutliche Korrektur seiner Rechtsprechung ein.

Klargestellt wurde, dass ein sozialethisch nicht zu missbilligendes Vorverhalten des Angegriffenen nicht zu **78**
einer Einschränkung seiner Notwehrbefugnisse führen kann[59], dass der Angegriffene, der zuvor selbst einen Angriff beabsichtigt, aber nicht verwirklicht hatte, seines Notwehrrechts nicht verlustig geht[60] und dass die

---

51 Zur Argumentation aus dem Gedanken des Rechtsmißbrauchs: MAURACH/ZIPF A. T. 1, § 26 Rdn. 40; ROXIN ZStW 75 (1963) S. 556; RUDOLPHI JuS 1969 S. 464; SCHAFFSTEIN MDR 1952 S. 135; TRÖNDLE/FISCHER § 32 Rdn. 18; WELZEL Lb., § 14 II 2; WESSELS/BEULKE A. T., Rdn. 342. – Krit. demgegenüber FREUND A. T., § 3 Rdn. 118; KINDHÄUSER Gefährdung als Straftat, 1989, S. 117; MITSCH GA 1986 S. 538 f; RENZIKOWSKI Notstand S. 304 f; SCHMIDHÄUSER Honig-FS, S. 188 f.
52 Zum minderen Rechtsbewährungsinteresse: KRAUSE H. Kaufmann-GedS, S. 686; KÜHL A. T., § 7 Rdn. 179; ROXIN ZStW 93 (1981) S. 95. – Zur Bagatellsituation: GEILEN Jura 1981 S. 374; HERZOG NK, § 32 Rdn. 105; JESCHECK/WEIGEND A. T., § 32 III 3 b; KREY JZ 1979 S. 714; KÜHL A. T., § 7 Rdn. 183; SCH/SCH/PERRON § 32 Rdn. 50; SCHUMANN JuS 1979 S. 565.
53 Vgl. dazu BERNSMANN ZStW 104 (1992) S. 322 f; KORIATH Müller-Dietz-FS, S. 383.
54 Dazu vgl. ERB MK, § 32 Rdn. 190; KÜHL Jura 1990 S. 251; SCH/SCH/PERRON § 32 Rdn. 49; STRATENWERTH A. T. I, § 9 Rdn. 85.
55 Vgl. BGH bei Dallinger, MDR 1958 S. 12; BGH NJW 1962 S. 308.
56 BGH NJW 1962 S. 309.
57 BGHSt 24 S. 356.
58 BGH NJW 1975 S. 1424.
59 BGHSt 27 S. 336; BGH NStZ 1993 S. 332.
60 BGH NJW 1983 S. 2267 mit Anm. BERZ JuS 1984 S. 349 ff, LENCKNER JR 1984 S. 206 ff; BGH bei Holtz, MDR 1987 S. 978.

Tatsache, dass der später Angegriffene sich innerlich auf die bevorstehende Notwehrsituation einstellen konnte, weil er sich bewusst in diese begab, seine Befugnisse nicht ohne weiteres einschränkt[61].

79 In Fortführung dieser Überlegungen hat der BGH in den folgenden Jahren eine Theorie gestufter Abwehrberechtigung (Drei-Stufen-Theorie) entwickelt. Danach gilt: Ist demjenigen, der die Notwehrsituation durch *rechtswidriges* Vorverhalten „provoziert" hat, ein Ausweichen möglich, so hat er auszuweichen. Ist diese Möglichkeit nicht gegeben, wohl aber eine abwehrende Verteidigung, so ist von dieser Gebrauch zu machen. Erst wenn eine abwehrende Verteidigung nach der Situation keinen Erfolg verspricht, darf eine Verteidigung, die den Angriff beendet, im erforderlichen Maß geübt werden. Ausweichen, Schutz- und Trutzwehr sind danach situationsbedingt gestuft zulässig.[62] – Der Forderung zum Ausweichen hat der BGH inzwischen die Forderung nach dem Herbeirufen fremder Hilfe gleichgestellt.[63]

80 **Beispiel:** A, der zu unpassenden Scherzen neigt, zündet in der Gaststätte den in der Garderobe hängenden Mantel des B an. Voller Wut ergreift B einen Bierkrug, um diesen dem A auf den Schädel zu hauen.

1. Stufe: A kann ausweichen, indem er die Gaststätte verlässt.

2. Stufe: Den Weg zur Tür versperrt B bereits, doch kann A den Angriff des B mit einem Stuhl abwehren.

3. Stufe: Der Bierkrug ist bei der Abwehr mit dem Stuhl zerbrochen. Nun ergreift B ein Messer, mit dem er auf A eindringt. A zieht seine Pistole, schießt und verletzt den B schwer.

81 Inzwischen hat der BGH jedoch eine Um- und Rückkehr in der Notwehrrechtsprechung eingeleitet. Nicht nur rechtswidriges Vorverhalten soll eine Einschränkung der Notwehr begründen, sondern bereits sozialethisch zu beanstandendes Vorverhalten[64] und auch die „leichtfertige Verursachung" des Angriffs oder die Vorhersehbarkeit der Notwehrsituation wird wiederum zur Einschränkung des Notwehrrechts herangezogen; schließlich wird neben der Beschränkung durch die „3-Stufen-Theorie" eine Haftung des Täters für die Folgen der Notwehrhandlung postuliert, wenn der Täter durch rechtswidriges Verhalten die Notwehr fahrlässig oder vorsätzlich auslöst; dazu vgl. weiter unter Rdn. 83. – Damit verlieren sich erneut die Konturen der Notwehreinschränkung.

Dieser Konturenverlust ist zu bedauern, denn in der Sache ist der „Drei-Stufen-Theorie" durchaus zuzustimmen, soweit sie auf ein rechtswidriges Vorverhalten abstellt.[65] Problematisch ist jedoch, wieweit die „Drei-Stufen-Theorie" mit dem Wortlaut des § 32 StGB in Einklang zu bringen ist. Dieser gibt für die vorgenommenen Differenzierungen nichts her. Erst die Zuordnung der Problematik im Bereich des § 34 StGB eröffnet sachgerechte Interessenabwägungen und auf diesen begründete Abstufungen; dazu sogleich unter Rdn. 93 ff.

---

61 BGH StV 1986 S. 15.

62 Vgl. dazu BGHSt 39 S. 374; BGH NStZ 1988 S. 269 f, 450; BGH JR 1989 S. 160 mit Anm. HOHMANN/MATT S. 161 f, OTTO JK 89, StGB § 32/11; BGH NStZ 1989 S. 114; BGH NJW 1991 S. 503 mit Anm. OTTO JK 91, StGB § 32/15, RUDOLPHI JR 1991 S. 210 ff; BGH NStZ 1992 S. 327 mit Anm. MATT NStZ 1993 S. 271 ff, OTTO JK 93, StGB § 32/18; BGH NStZ 1993 S. 133.

63 BGHSt 42 S. 97, 100; dazu KÜHL StV 1997 S. 299; WALTHER JZ 2003 S. 55.

64 BGHSt 42 S. 97, 101 mit zust. Anm. KÜHL StV 1997 S. 298 f; und abl. Anm. KRACK JR 1996 S. 468 ff, OTTO JK 97, StGB § 32/22; BGH NJW 2003 S. 1958. – Für rechtspflichtwidriges Vorverhalten wiederum BGH NStZ-RR 1999 S. 40, 41 mit Anm. OTTO JK 99, StGB § 32/25; BGH StV 2003 S. 665. – Überblick über die Rechtsprechung bei HIRSCH BGH-FG, S. 204 f.

65 Vgl. dazu HIRSCH BGH-FG, S. 203, 205; HERZOG NK, § 32 Rdn. 101 ff, 124; KÜHL Jura 1991 S. 57 ff; OTTO Würtenberger-FS, S. 142 ff; ROXIN A. T. I, § 15 Rdn. 69; SCH/SCH/PERRON § 32 Rdn. 59; SCHUMANN JuS 1979 S. 565.

In der *Literatur* werden zwei grundverschiedene Ansätze zur Lösung der Problematik der 82 verschuldeten oder „provozierten" Notwehrlage vorgetragen. Beide bleiben jedoch in ihren Differenzierungen ohne Überzeugungskraft.

Schon unvereinbar mit dem anerkannten Grundsatz, dass das Recht nicht dem Unrecht 83 zu weichen braucht, ist die *Lehre von der „actio illicita in causa"*. Danach rechtfertigt § 32 zwar die Notwehrhandlung selbst, doch soll der Verteidiger für den Erfolg der Notwehrhandlung aus dem entsprechenden Vorsatz- oder Fahrlässigkeitsdelikt haften, wenn er sich vorsätzlich oder fahrlässig in die Notwehrsituation begeben hat.[66]

Keine tragfähige Grundlage im Gesetz findet auch die Lehre, dass derjenige sich nicht auf 84 Notwehr berufen dürfe, der die *Notwehrlage provoziert* habe. Schon der Begriff der Provokation ist unbestimmt, da vieldeutig. Und selbst der Hinweis, zumindest im Fall der Absichtsprovokation könne sich der Provokateur nicht auf Notwehr berufen,[67] ist irreführend, weil in der Regel ein *rechtswidriges* provozierendes Verhalten vorausgesetzt wird.[68]

Versucht wird daher, auf Grundsätze außerhalb des § 32 StGB zurückzugreifen. Begründet 85 wird die Einschränkung der Notwehr dabei aus ganz unterschiedlichen Überlegungen. So wird der Gedanke der Ingerenz herangezogen[69], mit der „verständlichen und honorierungswürdigen Gemütserregung des Angreifers"[70], der Risikoübernahme[71] und auch der Arglist des Verteidigers[72] argumentiert.

Verallgemeinerungsfähige Grundsätze sind aus diesen Überlegungen nicht abzuleiten. 86 Dies um so weniger, als bereits das notwehrbeschränkende Verhalten – insoweit durchaus vergleichbar den verschiedenen Tendenzen in der Rechtsprechung – umstritten ist. – Nach h. L. soll ein sozialethisch nicht zu missbilligendes Vorverhalten keine Beschränkung auslösen, während rechtswidriges Verhalten sie auslösen kann und „sozialethisch missbilligtes Verhalten" von einer Mindermeinung als hinreichend angesehen wird.[73]

Zuzugeben ist der h. L., dass ein rechtmäßiges Vorverhalten nicht zu einer Beschränkung 87 des Notwehrrechts führen kann und dass eine Differenzierung zwischen sozialethisch gebilligtem und missbilligtem Verhalten mit derart weitreichenden Konsequenzen keine Grundlage im Gesetz findet. Hält sich der Provokateur in den ihm vom Gesetz gezogenen Grenzen,

---

66 Zur Konstruktion: BAUMANN MDR 1962 S. 349 f; BERTEL ZStW 84 (1972) S. 1 ff; ESER/BURKHARDT I, Nr. 11 A 18; LENCKNER GA 1961 S. 303 ff; SCHMIDHÄUSER A. T., 9/109 ff; SCHRÖDER JR 1962 S. 187 f. – Für den Fall der Herbeiführung der Notwehrsituation durch rechtswidriges Verhalten nunmehr auch BGH NJW 2001 S. 1075 mit Anm. EISELE NStZ 2001 S. 416 ff, ENGLÄNDER Jura 2001 S. 534 ff, JÄGER JR 2001 S. 512 ff, MITSCH JuS 2001 S. 751 ff, ROXIN JZ 2001 S. 667 ff. Ausdrücklich ablehnend hingegen BGH NJW 1983 S. 2267; BGH NStZ 1988, 405; BGH NStZ 1989 S. 114; BGH NJW 2003 S. 1959. – Zur Kritik: ERB MK, § 32 Rdn. 203 ff; ROXIN ZStW 75 (1963) S. 545 ff.

67 Vgl. HIRSCH BGH-FG, S. 202; KÜPPER JA 2001 S. 439 f; SCH/SCH/PERRON § 32 Rdn. 55; Stratenwerth A. T. I, § 9 Rdn. 83.

68 Dazu ROXIN A. T. I, § 15 Rdn. 61 ff. – Zum Streitstand vgl. auch KÜHL Jura 1991 S. 60 ff, 175 ff.

69 Vgl. JAKOBS A. T., 12/49; MARXEN Die „sozialethischen" Grenzen der Notwehr, 1979, S. 56 f; dagegen aber ROXIN ZStW 93 (1981) S. 92 f.

70 SCHÖNEBORN NStZ 1981 S. 203.

71 MONTENBRUCK Thesen, S. 41 ff.

72 NEUMANN Zurechnung und „Vorverschulden", 1985, S. 142 ff, 175.

73 Zum sozialethisch nicht zu missbilligenden Vorverhalten: BERTEL ZStW 84 (1972) S. 29; BITZILEKIS Einschränkung, S. 140; KIENAPFEL JR 1979 S. 72; KÜHL A. T., § 7 Rdn. 219; LENCKNER GA 1961 S. 309; SCH/SCH/PERRON § 32 Rdn. 55, 59; SPENDEL LK, § 32 Rdn. 296. – Zum sozialethisch zu missbilligenden Verhalten bei der Absichtsprovokation: LENCKNER JR 1984 S. 208; SCHÖNEBORN NStZ 1981 S. 202; SCH/SCH/PERRON § 32 Rdn. 55; STRATENWERTH A. T. I, § 9 Rdn. 83.

so kann die Tatsache allein, dass er bewusst einen Angriff auslösen will, ihn nicht seines Notwehrrechts berauben. Derjenige, der weiß, dass ein anderer sein eigenes rechtmäßiges Verhalten mit einem rechtswidrigen Angriff beantworten wird – A weiß, dass der Angeber B denjenigen zusammenschlägt, der ihn auf seine Lügen aufmerksam macht, gleichwohl weist A den B auf die Unwahrheit einer Erzählung hin – hält sich unzweifelhaft auf dem Boden des Rechts, auch wenn er durch sein Verhalten den rechtswidrigen Angriff des anderen auslöst. Ein Anspruch gegen ihn, Unrecht zu ertragen, ist jedenfalls solange nicht begründet, wie nicht der Grundsatz gilt: „Das Recht hat dem Unrecht zu weichen, wenn die Gefahr besteht, dass das Unrecht gewaltsam durchgesetzt wird".

88   In gleicher Weise unproblematisch ist der Sachverhalt, wenn das provozierende Verhalten selbst die Voraussetzungen eines gegenwärtigen rechtswidrigen Angriffs erfüllt und die Reaktion des Provozierten sich im Rahmen der erforderlichen Abwehr hält. Die Frage einer Notwehrbeschränkung stellt sich hier nicht. Die Abwehr des provozierenden Angriffs ist nach § 32 StGB gerechtfertigt.[74]

89   Problematisch bleibt danach allein die Frage, ob ein rechtswidriges Vorverhalten, das keinen gegenwärtigen rechtswidrigen Angriff darstellt, eine Beschränkung des Notwehrrechts begründen kann; dazu weiter unter Rdn. 93 ff.

cc) Besondere Gemeinschaftsverhältnisse

90   Im Anschluss an einzelne Entscheidungen des BGH[75] ist der Eindruck entstanden, die Rechtsprechung begrenze das Notwehrrecht innerhalb von Gemeinschaftsverhältnissen, z. B. der Ehe, grundsätzlich durch eine besondere Verpflichtung zu sozialer Rücksichtnahme. Dieser Gedanke ist in der Literatur aufgegriffen worden. Zum einen wird darauf hingewiesen, dass das Rechtsbewährungsinteresse hier zurücktrete, weil von dem Angegriffenen im Hinblick auf den Fortbestand der Gemeinschaft Zurückhaltung erwartet werden könne.[76] Zum anderen wird auf die besondere Fürsorgepflicht des Angegriffenen als Garant des Angreifers verwiesen.[77]

91   Beide Gesichtspunkte vermögen jedoch eine *normative* Begrenzung des Notwehrrechts nicht zu legitimieren. Dass das Rechtsbewährungsinteresse in engen Gemeinschaftsverhältnissen geringe Bedeutung hat, ist zuzugestehen, soweit diese Verhältnisse dem Willen der Beteiligten entsprechen. Bei Gewalttaten des einen gegen den anderen ist ein minderer Rechtsschutz des Angegriffenen aber aus diesem Verhältnis heraus genau so wenig zu

---

74 Vgl. dazu auch BAUMANN/WEBER/MITSCH A. T., § 17 Rdn. 38; BITZILEKIS Einschränkung, S. 142; LENCKNER GA 1961 S. 300; SCH/SCH/PERRON § 32 Rdn. 54; SEELMANN ZStW 89 (1977) S. 40, Fn. 21; SPENDEL LK, § 32 Rdn. 297.

75 Vgl. einerseits BGH NJW 1969 S. 802; 1975 S. 62; andererseits BGH NJW 1984 S. 986 mit Anm. GEILEN JK, StGB § 32/7, Loos JuS 1985 S. 859 ff, MONTENBRUCK JR 1985 S. 115 ff, SCHROTH NJW 1984 S. 2562 ff, SPENDEL JZ 1984 S. 507; BGH NStZ 1994 S. 581.

76 Vgl. dazu JESCHECK/WEIGEND A. T., § 32 III 3 a; KÜHL Jura 1990 S. 253; ROXIN ZStW 93 (1981) S. 100 ff; SCH/SCH/PERRON § 32 Rdn. 53; SCHUMANN JuS 1979 S. 566. – Dagegen: BITZILEKIS Einschränkung, S. 122; ENGELS GA 1982 S. 109 ff; GEILEN JR 1976 S. 314 ff; NEUMANN Zurechnung, S. 171 ff; ZIESCHANG Jura 2003 S. 530 f.

77 ERB MK, § 32 Rdn. 194 ff; GEILEN Jura 1981 S. 374; JOECKS StGB, § 32 Rdn. 31 f; KÖHLER A. T., S. 275 f; MARXEN Grenzen, S. 38 ff; MAURACH/ZIPF A. T. 1, § 26 Rdn. 33; NEUMANN Zurechnung, S. 168; ROXIN ZStW 93 (1981) S. 101; WESSELS/BEULKE A. T., Rdn. 348. – Dagegen: BITZILEKIS Einschränkung, S. 124; FREUND A. T., § 3 Rdn. 123 ff; ENGELS GA 1982 S. 113; SCH/SCH/PERRON § 32 Rdn. 53; ZIESCHANG Jura 2003 S. 530.

begründen wie die Garantenstellung des Angegriffenen, demgegenüber der Angreifer seine Schutz- und Fürsorgepflichten eklatant verletzt.

In Betracht kommt daher hier allenfalls eine Einschränkung des Notwehrrechts bei der **92** Drohung leichterer Rechtsgutsbeeinträchtigungen, die das Beziehungsverhältnis als solches nicht in Frage stellen würden. In diesen Fällen kommt dem Rechtsbewährungsinteresse eine geringere Bedeutung zu, so dass dem Angriff auszuweichen oder defensiv zu begegnen ist, wenn die erforderliche Verteidigung mit schwersten Rechtsgutsbeeinträchtigungen verbunden ist. Auf keinen Fall ist der Angegriffene bei lebensgefährlichen Angriffen auf weniger sichere Abwehrmittel verwiesen.[78]

d) Die Begrenzung der Notwehr aus ihren Grundgedanken heraus

Eine Begrenzung der Notwehr gegen den Wortlaut des § 32 kann nicht willkürlich von außen **93** an das Notwehrrecht herangetragen werden. Sie kann aber in der Auslegung des § 32 dann Raum gewinnen, wenn sie sich aus den Rechtsgedanken ergibt, die im Notwehrrecht selbst Ausdruck gefunden haben. – Dies sind zwei das Notwehrrecht unmittelbar prägende Grundsätze und das Prinzip des Interessenvorgangs, auf dem die Rechtfertigung beruht:

1. Grundgedanke der Notwehr: Das Recht braucht dem Unrecht nicht zu weichen. **94**

2. Grundgedanke der Notwehr: Der Verteidiger in der Notwehrsituation verteidigt ausnahmslos mehr als sein eigenes Gut. Er verteidigt stets auch die faktische Geltung der Rechtsordnung.

Das Prinzip des Interessenvorrangs: Die einzelnen Rechtfertigungsgründe stehen innerhalb **95** des Rechtssystems nicht zusammenhanglos nebeneinander. Sie sind Ausdruck des sie durchdringenden Gedanken des Schutzes des höherrangigen Interesses. Im Vollzug des sozialen Lebens können die einzelnen Rechtsgüter nicht als absolut geschützte Horte des Rechtsfriedens verstanden werden. Es kommt zu Kollisionen, in denen der Schutz des einen Rechtsguts dem des anderen vorgehen muss, wenn die Rechtsordnung Ordnung erhalten und nicht Unordnung fördern will. Die Rechtfertigungsgründe sind in diesem Sinne Kollisionsnormen, die bestimmen, bis zu welcher Grenze ein Gut Schutz genießt, falls es zu einer Kollision kommt. Das Prinzip, nach dem der Vorrang in der Kollisionssituation entschieden wird, ist nicht ein isolierter Wertvergleich zwischen den betroffenen Rechtsgütern, sondern ein umfassender Interessenausgleich: Eine Rechtsgutsverletzung oder -gefährdung ist dann nicht pflichtwidrig, wenn sie das erforderliche Mittel ist, höherrangige Interessen zu schützen. – Ausdruck gefunden hat dieser Gedanke im Prinzip des rechtfertigenden Notstandes, § 34, sowie in den §§ 228, 904 BGB. Die einzelnen Rechtfertigungsgründe neben dem rechtfertigenden Notstand konkretisieren das Prinzip in typischen Problemsituationen und entlasten den Betroffenen von der im Einzelfall durchaus problematischen Abwägung der verschiedenen betroffenen Interessen, vgl. dazu bereits Rdn. 8 ff.

Daraus folgt: *Ist die Verhältnismäßigkeitsprüfung zwischen verletztem Rechtsgut und vertei-* **96** *digtem Individualrechtsgut daher auch sachwidrig, weil unvollständig, so ist eine Prüfung dahin,*

---

78 Differenzierend auch Baumann/Weber/Mitsch A. T,. § 17 Rdn. 42; Herzog NK, § 32 Rdn. 110 f; Krey A. T. 1, Rdn. 495 ff; Kühl A. T., § 7 Rdn. 204 ff; Wohlers JZ 1999 S. 441 f. – Auch der BGH stellt inzwischen in Frage, dass der Gemeinschaftspartner auf eine sicheres, aber tödliches Angriffsmittel verzichten muss, wenn ein weniger sicheres, aber nicht tödliches Abwehrmittel zur Verfügung steht; – BGH NStZ-RR 2002 S. 203 –, erkennt aber einen Grund, die Notwehr zu beschränken darin, dass der Ehepartner sich „sehenden Auges" in die Notwehrsituation begeben hat.

ob das rechtliche Interesse an der Wahrung der verteidigten Rechtsgüter (Individualrechtsgut und Geltung der Rechtsordnung) höher ist als das an der Verletzung des Rechtsguts des Angreifers, nicht ausgeschlossen.

Aus diesen Grundsätzen lässt sich dementsprechend eine Beschränkung der Notwehr in folgenden Fallgruppen begründen:

aa) Krasses Missverhältnis zwischen verteidigtem und dem durch die Verteidigung beeinträchtigten Rechtsgut.

97 In Fällen krassen Missverhältnisses zwischen dem verteidigten Rechtsgut und dem durch die Verteidigung beeinträchtigtem Rechtsgut ist zunächst auf der Seite des Verteidigers zu berücksichtigen, dass er neben dem individuellen Rechtsgut auch die Geltung der Rechtsordnung verteidigt. Wenn trotz Berücksichtigung dieser Gesamtsituation gleichwohl ein grobes Missverhältnis zwischen den verteidigten Rechtsgütern und dem Rechtsgut, in das eingegriffen wird, besteht – Verteidigung geringwertigen Eigentums oder geringfügiger Beeinträchtigung der Persönlichkeitsentfaltung mit lebensgefährlichen Abwehrhandlungen –, kommt eine Beschränkung der Notwehr über das Prinzip des Interessenvorrangs in Betracht.[79]

bb) Verschuldete oder provozierte Notwehrlage

98 Hat der Notwehrübende die Notwehrlage selbst ausgelöst, begründet dies keine Beschränkung seines Notwehrrechts. Stellt sich der rechtswidrige Angriff aber als Reaktion auf ein *rechtswidriges* Vorverhalten des jetzigen Verteidigers dar, so liegt keine Notwehrsituation vor. Die Berufung auf § 32 ist demjenigen, der die Notwehrsituation durch *rechtswidriges* Verhalten ausgelöst hat, versagt. Er tritt dem Angreifer nicht als unbefangener Verteidiger seines individuellen Rechtsguts und der Rechtsgeltung gegenüber. Damit ist ihm aber nicht jede Verteidigung seiner Rechtsgüter genommen, die Rechtfertigung erfolgt vielmehr im Rahmen des § 34. Innerhalb der dort erforderlichen Gesamtwertung ist das Vorverhalten des jetzt Angegriffenen mit zu berücksichtigen. – Dem wird die Drei-Stufen-Theorie des BGH – dazu unter Rdn. 79 – durchaus gerecht.

Zur Verdeutlichung

99 **Fall 1:** BGH bei Dallinger, MDR 1958 S. 12f: Beim Arbeiten in der Wurstküche fühlte sich der Metzgergeselle B durch das Pfeifen des Lehrlings A gestört. A stellte auf wiederholte Aufforderungen des B das Pfeifen nicht ein. Als B sich ihm näherte, um das Pfeifen gewaltsam zu beenden, bedrohte A ihn mit einem Messer. Beim Zusammentreffen des B mit A erhielt B einen tödlichen Stich.

BGH: Keine Notwehr des A, da dem A ein Ausweichen zumutbar war, weil er den Angriff verschuldet hatte. Dem ist im Ergebnis zu folgen. Maßgeblich ist zwar nicht – wie der BGH meint –, dass A den Angriff verschuldet hatte, denn insoweit ist ihm kein rechtswidriges Verhalten vorwerfbar. Aber der minimale Eingriff in die Persönlichkeitsentfaltung des A rechtfertigt unter Verhältnismäßigkeitsgrundsätzen die Tötung des B nicht, auch wenn damit zugleich die Geltung der Rechtsordnung verteidigt wird.

100 **Fall 2:** BGHSt 24 S. 356f mit Anm. Roxin NJW 1972 S. 1821 und Lenckner JZ 1983 S. 253f: Der A wollte mit einem zuvor von ihm gestohlenen Kraftwagen von einem Parkplatz wegfahren. Dabei streifte er einen daneben geparkten Wagen und stieß mit einem vorbeifahrenden weiteren Wagen zusammen. Um sich der Feststellung seiner Personalien zu entziehen, fuhr er davon. Er wurde von R, dem Fahrer des zweiten von ihm beschädigten Wagens, verfolgt. R setzte seine Verfolgung auch noch fort, als der A hinter einem durch Rotlicht gestoppten anderen Pkw anhalten musste und zu Fuß weiterflüchtete. Er konnte ihn schließlich erreichen und schlug mit den Fäusten auf den A ein und rief, er werde ihn umbringen. A erstach daraufhin den R.

---

79 Eingehender dazu Kindhäuser StGB, § 32 Rdn. 46 ff; Otto Würtenberger-FS, S. 129 ff; Roxin ZStW 93 (1981) S. 85 ff; Sch/Sch/Perron § 32 Rdn. 48 ff; Stratenwerth A. T. I, § 9 Rdn. 86. – Im Ergebnis übereinstimmend bei Bagatellangriffen: Herzog NK, § 32 Rdn. 106 ff; Krause H. Kaufmann-GedS, S. 683 ff.

BGH: A handelte in Notwehr. – Im Übrigen gilt: hat der zur Notwehr Berechtigte den Angriff durch eine Provokation mitverschuldet, ohne ihn zu wollen, so muss er dem Angriff nach Möglichkeit ausweichen und darf zur Trutzwehr mit einer lebensgefährlichen Waffe erst Zuflucht nehmen, nachdem er alle Möglichkeiten der Schutzwehr ausgenutzt hat.

Dem ist im Ergebnis zuzustimmen: Das Verhalten des A war rechtswidrig, soweit er sich einer Festnahme entzog. Als er aber lebensgefährlich zusammengeschlagen werden sollte, war damit gegen ihn ein rechtswidriger Angriff begründet, gegen den er sich wehren konnte. Auch die Tatsache, dass er selbst zunächst rechtswidrig handelte, nahm ihm nicht das Recht, sich gegen einen lebensgefährlichen Angriff zu verteidigen. In dieser Situation hatte die Wahrung seiner Interessen – trotz seines rechtswidrigen Vorverhaltens – Vorrang im Sinne des § 34 StGB.

Fall 3: BGH NJW 1980 S. 2263 mit Anm. Arzt JR 1980 S. 211 ff: Der 18jährige A war von einem ihm körperlich überlegenen Mitschüler grundlos blutig geschlagen worden. Wenige Tage später wurde er wiederum ohne Anlass beleidigt und geschlagen. Als A sich wehrte, um sich vor seinen Mitschülern nicht demütigen zu lassen, nahm der andere Boxerstellung ein und schlug A kräftig. Daraufhin stieß A die 10 cm lange Klinge seines Dolches, den er immer in der Hosentasche bei sich trug, in den Oberkörper des anderen und verletzte diesen tödlich. **101**

BGH: A handelte in Notwehr. Das Gesetz verlangt von keinem, der rechtswidrig angegriffen wird, ohne dass er den Angriff schuldhaft verursacht hat, dass er die Flucht ergreift oder auf andere Weise dem Angriff ausweicht, wenn nicht besondere Umstände vorliegen, welche das Notwehrrecht einschränken. Umstände dieser Art können hier insbesondere nicht in der sogenannten „schulinternen Situation" gefunden werden. A war auch nicht verpflichtet, angesichts der Gefahr, von B wieder angegriffen zu werden, sich von seinem Messer, das er ständig mit sich führte, zu trennen.

Fall 4: BGH NJW 1983 S. 2267 mit Anm. Berz JuS 1984 S. 340, Lenckner JR 1984 S. 206: A war von E und I ohne Grund niedergeschlagen worden. Aus Ärger darüber beschloss er später, die Täter zu suchen und sich zu rächen. Er nahm deshalb einen Revolver, lud ihn mit 8 Patronen und steckte ihn ungesichert in den Hosenbund. Nach längerem Suchen entdeckte A den E und I. E begann auf A einzudringen, dem schloss I sich an. Gemeinsam schlugen sie A nieder und versetzten dem am Boden Liegenden weitere Schläge und Fußtritte. In dieser Situation zog A den Revolver und schoss auf E und I bis sich kein Schuss mehr löste. E und I starben. **102**

BGH: Dem Sachverhalt ist nicht zu entnehmen, dass A zielstrebig einen Angriff herausgefordert hat, um den Angreifer unter dem Deckmantel einer äußerlich gegebenen Notwehrlage an seinen Rechtsgütern zu verletzen. Wäre dies der Fall gewesen, so hätte ein Rechtsmissbrauch vorgelegen, weil A nur einen Verteidigungswillen vorgetäuscht hätte, in Wirklichkeit aber habe angreifen wollen.

Dem ist im Ergebnis zuzustimmen, jedoch auch unabhängig von der Frage, ob A eine Verteidigungssituation hervorrufen wollte. Selbst wenn er dies gewollt hätte, wäre dieses im vorliegenden Fall unbeachtlich, weil A sich selbst nicht rechtswidrig verhalten hatte.

Fall 5: BGH StV 1986 S. 15: Im Zuhältermilieu auf dem Hamburger Kiez kam es zum Streit zwischen zwei Banden (Nutella gegen GmbH) um ein Strafgeld. Die Bande um B hatte zur Zahlung eine Frist gesetzt, anderenfalls Kugeln angedroht. Die Androhung war unter den gegebenen Umständen ernst zu nehmen. Die Angeklagten, die nicht zahlen wollten oder konnten, begaben sich in das Hauptquartier der gegnerischen Bande in einem Eros-Center und eröffneten sogleich nach dem Betreten des Barraumes, in dem B mit seiner Bande verweilte, das Feuer. B war mit einer Schusswaffe bewaffnet, ein anderes Bandenmitglied hatte eine Schusswaffe auf die Angeklagten gerichtet. B und ein Bandenmitglied kamen zu Tode. **103**

BGH: Die Tatsache, dass die Angeklagten sich auf die Notwehrsituation innerlich einstellen konnten, beschränkt ihr Notwehrrecht grundsätzlich nicht.

Dem ist zuzustimmen; soweit die übrigen Voraussetzungen der Notwehr vorlagen[80], hielten sich die Angeklagten im Rahmen ihres Notwehrrechts.

Fall 6: BGHSt 39 S. 374: Bei einer Prügelei in einer Gaststätte hatte P den A besiegt und erheblich verletzt. A büßte bei dieser Prügelei 16.000,– DM ein, die er zuvor in deren Jacke gehabt hatte. A verließ die Gaststätte, kehrte aber später mit einer Schrotflinte zurück, die er aus etwa 4 m Entfernung auf die Beine von P gerichtet hielt, und forderte von P sein Geld zurück. – P griff blitzschnell den Unbeteiligten L, hielt ihn als Schutzschild vor sich, und gab zwei Schüsse auf A ab. Einer dieser Schüsse traf den zufällig anwesenden S tödlich. Auch A gab zwei Schüsse auf P ab, traf jedoch nur den L tödlich. **104**

---

80 Dazu Otto JK, StGB § 32/9.

BGH: P hat sich einer versuchten Tötung des A und einer vollendeten Tötung des S schuldig gemacht. Sein Notwehrrecht war durch sein eigenes Vorverhalten – Wegnahme des Geldes – eingeschränkt. Er hatte zunächst den Versuch zu machen, die Situation durch Verhandlungen zu entschärfen. – Aber auch A handelte rechtswidrig. Der Angriff des P war abgeschlossen, als A wieder in der Gaststätte erschien und den P rechtswidrig bedrohte. Er hätte die Auswirkungen der Konfrontation durch Flucht o. Ä. in Grenzen halten müssen, nicht aber lebensgefährliche Abwehr üben dürfen.

Dem ist im Ergebnis zuzustimmen.[81]

105 **Fall 7:** BGHSt 42 S. 97 mit Anm. Krack JR 1996 S. 468 ff, Kühl StV 1997 S. 298 f, Otto JK 97, StGB § 32/22: A fuhr in der 1. Wagenklasse eines Eilzugs mit gültiger Fahrkarte. In dem Abteil saß auch J, der aber nur eine Fahrkarte 2. Klasse gelöst hatte. Er war durch Alkohol leicht bis mittelgradig berauscht und hatte eine geöffnete Bierdose bei sich. Biergeruch breitete sich im Abteil aus. Der A fühlte sich von J gestört. Er entschloss sich, ihn mit Kaltluft aus dem Abteil „hinauszuekeln". Er öffnete das Fenster. J, der am Oberkörper nur mit einer Jacke, drei T-Shirts und einem Hemd bekleidet war, fror, stand auf und machte das Fenster zu. Dieser Vorgang wiederholte sich, wobei es zu einem Wortstreit kam, bei dem J immer lauter wurde. Nachdem der A das Fenster zum dritten Mal geöffnet hatte, drohte J, der das Fenster abermals zumachte, dem A mit erhobener Faust Schläge für den Fall an, dass das Fenster noch einmal geöffnet würde. Der A zog aus der Tasche seiner links neben ihm hängenden Jacke ein Fahrtenmesser „etwas aus der Scheide heraus", so dass die Klinge sichtbar wurde. In der Annahme, der andere sehe das Messer und dieses werde ihn von Tätlichkeiten abschrecken, machte der A erneut das Fenster auf und nahm wieder seine halb liegende Position ein. Nun sprang J auf und ging auf den A zu, um diesem Faustschläge zu versetzen. J fasste mit beiden Händen in das Gesicht des A. Dieser hatte den Eindruck, J wolle ihm „an den Hals gehen". Der A hatte – nicht ausschließbar – keine Zeit mehr zum Aufstehen, holte sein Fahrtenmesser aus der Jacke und stach damit dem über ihn gebeugten J „ungezielt in einer Aufwärtsbewegung" acht bis zehn Zentimeter tief in den Oberbauch. J starb noch am selben Tag an den Folgen des Stiches.

BGH: Aufgrund des sozialethisch zu beanstandenden Vorverhaltens des A war dieser verpflichtet zum Ausweichen, indem er das Abteil verlassen hätte.

Dem kann nicht gefolgt werden. Eine Notwehreinschränkung kommt nicht in Betracht, weil das Vorverhalten des A nicht rechtswidrig gewesen war.

III. Einwilligung

106 Die Einwilligung betrifft den Verzicht des Verletzten auf Rechtsschutz. Unstreitig liegt der Unrechtstatbestand eines Delikts unter bestimmten Voraussetzungen nicht vor, wenn der Verletzte in die Rechtsgutsbeeinträchtigung eingewilligt hat. Str. ist aber, ob schon der Gesetzestatbestand nicht erfüllt ist oder ob es an der Rechtswidrigkeit fehlt. – Der Gesetzgeber hat auf die Einwilligung nur in § 228 StGB Bezug genommen, doch ist der Verzicht auf Rechtsschutz durch Einwilligung nicht auf die Körperverletzungsdelikte beschränkt.

1. Voraussetzungen

107 a) Der Einwilligende muss über den *Rechtsschutz verfügen können*. Das bedeutet, dass eine Einwilligung nur dann in Betracht kommt, wenn das Rechtsgut, auf dessen Strafrechtsschutz verzichtet wird, vorrangig dem individuellen Interesse des Einwilligenden zu dienen bestimmt ist, d. h. bei *individuellen Rechtsgütern*.[82]

---

81 Vgl. dazu auch Arzt JZ 1994 S. 315 f; Kühl Bemmann-FS, S. 199 f; Spendel NStZ 1994 S. 279 f.

82 Vgl. Baumann/Weber/Mitsch A. T., § 17 Rdn. 99; Frisch in: Eser/Nishihara (Hrsg.), Rechtfertigung und Entschuldigung IV, 1995, S. 330 f; Jescheck/Weigend A. T., § 34 III 5; Kindhäuser StGB, Vor § 13 Rdn. 150, 158; Kühl A. T., § 9 Rdn. 27; Lackner/Kühl Vor § 32 Rdn. 11 ff; Roxin A. T. I, § 13 Rdn. 31.

b) Die Einwilligung muss *vor der Tat* – sei es ausdrücklich oder konkludent – zum Ausdruck   **108**
gebracht worden sein. Die nachträgliche Genehmigung genügt nicht.[83]

c) Die Einwilligung muss Ausdruck der *Autonomie* des Einwilligenden sein.

aa) Unwirksam ist daher die durch *Drohung oder Zwang* erreichte Einwilligung, und zwar   **109**
beginnt der Schutz, wenn Drohung oder Zwang den Grad einer verwerflichen Nötigung
erreicht haben.[84]

bb) Streitig sind die Konsequenzen einer Täuschung. – Nach überkommener Auffassung ist   **110**
jede durch Täuschung herbeigeführte Einwilligung unwirksam, wenn feststeht, dass die Täuschung wesentlich für die Einwilligung war, d.h. ohne Täuschung die Einwilligung nicht
erklärt worden wäre. Ob die Täuschung sich auf Art, Umfang und Weise des Rechtsgütereingriffs, eine etwaige Gegenleistung, das Ziel oder den Zweck der Rechtsgutsbeeinträchtigung
oder das Motiv der Einwilligung bezog, ist irrelevant.[85]

Dem steht die von ARZT begründete Lehre gegenüber, dass die Einwilligung nur dann   **111**
unwirksam ist, wenn sie auf rechtsgutsbezogenen Fehlvorstellungen beruht, d.h. wenn der
Irrtum des Einwilligenden sich auf das betroffene Objekt, die Art oder die Schwere des Eingriffs bezieht. Motivirrtümer und Irrtümer über eventuelle Gegenleistungen für die Rechts-
gutspreisgabe sind hingegen unbeachtlich.[86]

Wie ARZT selbst[87] ausführt, beruht diese Lehre auf der Idee des Bestandsschutzes für   **112**
bestimmte, als statisch gedachte Rechtsgüter durch das Strafrecht. Mit einem Rechtsgüterschutz, der als Rechtsgut die stets dynamische Beziehung der Person zu bestimmten Werten
bestimmt, ist diese Lehre nicht vereinbar. Sie geht am Schutz des autonomen Willens als
Bestandteil des Rechtsgüterschutzes vorbei.[88]

In jedem Fall sind Täuschungen irrelevant, die für die Einwilligung ohne Bedeutung sind.   **113**

---

83 Vgl. BGHSt 17 S. 359 f.

84 Vgl. ARZT Willensmängel bei der Einwilligung, 1970, S. 31 ff; GROPP A.T., § 6 Rdn. 46; KÜHL A.T., § 9
   Rdn. 36; OTTO Geerds-FS, S. 614 f; RÖNNAU Willensmängel bei der Einwilligung im Strafrecht, 2001,
   S. 438; ROXIN A. T. I, § 13 Rdn. 76 ff. – A. A. BAUMANN/WEBER/MITSCH A. T., § 17 Rdn. 108 (jeder Zwang);
   RUDOLPHI ZStW 86 (1974) S. 85 (Situation des § 35).

85 So auch OLG Stuttgart NJW 1982 S. 2267; AMELUNG ZStW 109 (1997) S. 499 ff, 511 ff; DERS. Irrtum und
   Täuschung als Grundlage von Willensmängeln bei der Einwilligung des Verletzten, 1998, S. 56 ff; GEERDS
   Einwilligung und Einverständnis des Verletzten, Diss. Kiel 1953, S. 177 ff; M. HEINRICH Rechtsgutszugriff
   und Entscheidungsträgerschaft, 2002, S. 45 ff, 67; HIRSCH LK, Vor § 32 Rdn. 119; KINDHÄUSER StGB,
   Vor § 13 Rdn. 159, 174; MAURACH/ZIPF A. T. 1, § 17 Rdn. 59; RÖNNAU Willensmängel S. 287 ff; STRATEN-
   WERTH A. T. I, § 9 Rdn. 26; TRÖNDLE/FISCHER Vor § 32 Rdn. 3 b.

86 Eingehend dazu ARZT Willensmängel, S. 18 ff; im Übrigen vgl. BOCKELMANN/VOLK A. T., § 15 C I 2 b, bb;
   BRANDTS/SCHLEHOFER JZ 1987 S. 444 ff; ESER/BURKHARDT I, Nr. 13 A 15; JESCHECK/WEIGEND A. T., § 34
   IV 5; KÜHL A. T., § 9 Rdn. 38 f; M.-K. MEYER Ausschluß der Autonomie durch Irrtum, 1984, S. 135 ff;
   ROXIN A. T. I, § 13 Rdn. 68 ff; RUDOLPHI ZStW 86 (1974) S. 82 ff; SCHMIDHÄUSER A. T. Stub., 5/129;
   SCH/SCH/LENCKNER Vorbem. §§ 32 ff Rdn. 46; WESSELS/BEULKE A. T., Rdn. 376.
   Im Grundsatz übereinstimmend, wenn auch weiter differenzierend ROXIN Noll-GedS, S. 283 ff; BLOY
   ZStW 96 (1984) S. 715 ff (Rechtsgutsbezogenheit liegt vor bei Irrtum über sozialen Handlungssinn).

87 Willensmängel, S. 17 f.

88 Eingehender dazu AMELUNG Irrtum, S. 56 ff; AMELUNG/EYMANN JuS 2001 S. 943 f; OTTO Geerds-FS,
   S. 615 ff; RÖNNAU Willensmängel, S. 287 ff, 306; DERS. Jura 2002 S. 670 ff.

114 cc) Zu differenzieren ist bei der auf einen Irrtum beruhenden Einwilligung.

Als Erklärung im sozialen Bereich unterliegt die Einwilligung den Regeln der Auslegung in diesem Bereich, d. h. erklärt ist, was sich bei objektiver Auslegung aus dem Empfängerhorizont ergibt.[89] Der nicht auf einer Täuschung beruhende Irrtum ist daher grundsätzlich unbeachtlich, es sei denn, der Erklärungsempfänger kennt den Irrtum, denn dann weiß er, dass die Einwilligung nicht Ausdruck der Autonomie des Einwilligenden ist.[90]

115 dd) Der Einwilligende muss im konkreten Fall einsichts- und urteilsfähig, d. h. nach seiner geistigen und sittlichen Reife im Stande sein, die Tragweite seiner Entscheidung zu erkennen und zu beurteilen.[91] Voraussetzung dafür ist wiederum die Kenntnis der konkreten Rechtsgutsbeeinträchtigung. Geschäftsfähigkeit im zivilrechtlichen Sinn ist nicht Voraussetzung, und zwar grundsätzlich nicht, auch nicht bei Eingriffen in Vermögensrechte.[92]

116 BGH NJW 1978 S. 1206 mit Anm. BICHLMEIER JZ 1980 S. 53 ff; HASSEMER JuS 1978 S. 710 f; HORN JuS 1979 S. 29 ff; HRUSCHKA JR 1978 S. 518 ff; ROGALL NJW 1978 S. 2344 f; RÜPING Jura 1979 S. 90 ff: Die P litt ständig unter Kopfschmerzen. Sie war der Meinung, zwischen ihrem Leiden und ihren Zähnen bestehe ein Zusammenhang. Obwohl ärztliche Untersuchungen keinen Anhaltspunkt für diesen Zusammenhang erbracht hatten, bestand sie auf der Entfernung ihrer Zähne. A zog ihr 16 Zähne.

BGH: Eine wirksame Einwilligung der P lag nicht vor, ihr fehlte die erforderliche Urteilskraft, weil sie trotz wiederholter Aufklärung „in laienhaftem Unverstand beharrlich an der von ihr selbst gestellten Diagnose festhielt".

Diese Begründung überzeugt nicht. P war der Sachverhalt erklärt worden, sie war zurechnungsfähig. Die Entscheidung für eine irrationale Hoffnung und gegen eine rationale Feststellung deutet nicht auf fehlende Einsichtsfähigkeit. – In Wirklichkeit verbirgt sich hinter der Entscheidung des BGH das Unbehagen über die Rechtfertigung weitreichender Körperverletzungen; dazu sogleich unter Rdn. 120 ff.

117 d) Subjektives Merkmal: Kenntnis der Einwilligung durch den Täter.[93]

Wenn demgegenüber ein Handeln *auf Grund* der Einwilligung verlangt wird[94], so wird diese Anforderung der Tatsache nicht gerecht, dass das Rechtsschutzbedürfnis bereits durch die Einwilligung als solche beseitigt wird.

118 e) Im Zusammenhang mit der Regelung der Körperverletzung hat der Gesetzgeber in § 228 eine Begrenzung der rechtfertigenden Wirkung der Einwilligung angeordnet: Die Tat – Körperverletzung – darf nicht gegen die guten Sitten verstoßen.

119 aa) § 228 hat keinen die Rechtfertigung einschränkenden allgemeinen Grundsatz zum Inhalt. Er ist allein auf die Körperverletzung zu beziehen, da nur insoweit – eine rechtfertigende Ein-

---

89 Vgl. ROXIN A. T. I, § 13 Rdn. 79.

90 Im Einzelnen zu den verschiedenen Fallgruppen AMELUNG Irrtum, S. 46 f, 52 f; OTTO Geerds-FS, S. 617 f m. w. N. – Einschränkend RÖNNAU Willensmängel, S. 221 ff, 248 ff, der einen Irrtum nur dann für relevant hält, wenn er dem Eingreifenden zuzurechnen ist.

91 Vgl. BGHSt 4 S. 88 f, 90 f; 12 S. 379, 382; BGH NStZ 2000 S. 87; AMELUNG ZStW 104 (1992) S. 525 ff, 821 ff; DERS. JR 1999 S. 45 ff; BAUMANN/WEBER/MITSCH A. T., § 17 Rdn. 103; HIRSCH LK, Vor § 32 Rdn. 118; JESCHECK/WEIGEND A. T., § 34 IV 4; KINDHÄUSER StGB, Vor § 13 Rdn. 159; KÜHL A. T., § 9 Rdn. 33; LACKNER/KÜHL Vor § 32 Rdn. 16; OTTO Geerds-FS, S. 614; ROXIN A. T. I, § 13 Rdn. 51; SCHMIDHÄUSER A. T., 8/134; STRATENWERTH A. T. I, § 9 Rdn. 23.

92 Vgl. AMELUNG ZStW 104 (1992) S. 528; BAUMANN/WEBER/MITSCH A. T., § 17 Rdn. 103; JESCHECK/WEIGEND A. T., § 34 IV 1; ROXIN A. T. I, § 13 Rdn. 61; WESSELS/BEULKE A. T., Rdn. 375. – A. A. HAFT A. T., S. 104; JAKOBS A. T., 7/114; LENCKNER ZStW 72 (1960) S. 455 f; SCHLEHOFER MK, Vor § 32 Rdn. 122.

93 Vgl. dazu BAUMANN/WEBER/MITSCH A. T., § 17 Rdn. 113; DÖLLING GA 1984 S. 84; KÜHL A. T., § 9 Rdn. 41; SCH/SCH/LENCKNER Vorbem. §§ 32 ff Rdn. 51.

94 Vgl. z. B. HIRSCH LK, Vor § 32 Rdn. 126; JESCHECK/WEIGEND A. T., § 34 V; TRÖNDLE/FISCHER Vor § 32 Rdn. 3 b; WESSELS/BEULKE A. T., Rdn. 379.

willigung in eine Tötung kommt sowieso nicht in Betracht; vgl. § 216 – ein rechtliches Bedürfnis zur Beschränkung der rechtfertigenden Wirkung der Einwilligung besteht. Eine Beschränkung der Verfügungsbefugnis bei Vermögensrechten u. Ä. ist in diesem Rahmen nicht sachgerecht,[95] denn es geht hier nicht um die Rechtswirksamkeit einer Willenserklärung, sondern darum, dass ein Strafbedürfnis entfällt, wenn eine einsichtsfähige Person auf den Strafrechtsschutz verzichtet hat.

bb) Nach h. M. soll es bei der Bestimmung der Sittenwidrigkeit der Tat in erster Linie auf **120** den Zweck der Beeinträchtigung ankommen. Maßstab ist „das Anstandsgefühl aller billig und gerecht Denkenden".[96]

Demgemäß sollen Taten aus sadomasochistischen Motiven – z. B. Schläge mit der Reit- **121** peitsche[97] –, medizinisch nicht indizierte Scheidenmassagen[98] und Körperverletzungen zur Vornahme oder Vorbereitung einer Straftat, z. B. eines Versicherungsbetruges, rechtswidrig sein.

Diese Meinung geht mit der Ausrichtung am Zweckgedanken an der vom Gesetz gefor- **122** derten Beurteilung der Tat vorbei, da sie Gesichtspunkte in die Wertung einbezieht, die die Einwilligung, nicht aber die Tat betreffen. § 228 ist nämlich nicht der Wille des Gesetzgebers zu entnehmen, sittenwidriges Verhalten im Gegensatz zu sozialgefährlichem, sozialschädlichem Verhalten zu bestrafen. Den Maßstab für das hier relevante Urteil bietet daher zunächst und in erster Linie das Gewicht des tatbestandlichen Rechtsgütereingriffs. Sozialethisch negativ zu bewerten ist der Eingriff in die körperliche Integrität eines anderen in so schwerer Weise, dass die Folgen weder für den Einzelnen noch für die Rechtsgesellschaft abzusehen sind. Dieser Eingriff ist sittenwidrig.[99] Das hat zur Konsequenz, dass bei Verletzungen, die im Schweregrad den in § 226 genannten entsprechen, die Rechtfertigung durch Einwilligung ausgeschlossen ist. – Unberührt bleibt selbstverständlich in diesen Fällen eine Rechtfertigung nach § 34, wobei im Rahmen der Interessenabwägung das Vorliegen der Einwilligung – z. B. in eine Verletzung, um bahnbrechende medizinische Erkenntnisse zu erproben, Opferung eines Organs zur Organspende – zu berücksichtigen wäre.[100]

---

95 Vgl. auch BAUMANN/WEBER/MITSCH A. T., § 17 Rdn. 112; BERZ GA 1969 S. 149 f; GEPPERT ZStW 83 (1971) S. 962, Fn. 70; HARDTUNG MK, § 228 Rdn. 7; HIRSCH LK, Vor § 32 Rdn. 124; JESCHECK/WEIGEND A. T., § 34 III 1; KÜHL A. T., § 9 Rdn. 30; LACKNER/KÜHL Vor § 32 Rdn. 18; MAURACH/ZIPF A. T. 1, § 17 Rdn. 65 ff; NOLL ZStW 77 (1965) S. 21; ROXIN A. T. I, § 13 Rdn. 41; STRATENWERTH A. T. I, § 9 Rdn. 21. – A. A. BGHSt 6 S. 251; GEERDS GA 1954 S. 268; WELZEL Lb., § 14 VII 2 c.

96 Vgl. im Einzelnen: RGSt 74 S. 91; BERZ GA 1969 S. 152; GEERDS GA 1954 S. 268; ROXIN JuS 1964 S. 379; SCH/SCH/STREE § 228 Rdn. 6; TRÖNDLE/FISCHER § 228 Rdn. 9. – Krit. gegenüber der Formel: KARGL JZ 2002 S. 399; NIEDERMAIR Körperverletzung mit Einwilligung und die Guten Sitten, 1999, S. 257 ff (zusammenfassend); RÖNNAU Willensmängel, S. 169; STERNBERG-LIEBEN Die objektiven Schranken der Einwilligung im Strafrecht, 1997, S. 136 ff; DERS. Keller-GedS, S. 296 ff. – Einschränkend DUTTGE Schlüchter-GedS, S. 784.

97 RG JW 1929 S. 1015.

98 RGSt 74 S. 91.

99 Vgl. auch BGH NJW 2004 S. 1056; BayObLG NJW 1999 S. 372 mit Anm. AMELUNG NStZ 1999 S. 458 ff, GEPPERT JK 99, StGB § 228 n. F./1, OTTO JR 1999 S. 124 f; ARZT Willensmängel, S. 36 ff; FRISCH Hirsch-FS, S. 498 ff; HARDTUNG MK, § 228 Rdn. 23 ff; HIRSCH LK, § 228 Rdn. 9; DERS. Welzel-FS, S. 798 f; JAKOBS A.T., 14/9; DERS. BGH-FG, S. 128 f; JESCHECK/WEIGEND A. T., § 34 II 3; KÖHLER A. T., S. 255; OTTO Geerds-FS, S. 618 ff; RUDOLPHI ZStW 86 (1974) S. 86; STRATENWERTH A. T. I, § 9 Rdn. 20; WEIGEND ZStW 98 (1986) S.64 f; ausdrücklich gegen die Eingriffsschwere als Kriterium: NIEDERMAIR Körperverletzung, S. 92 ff; ROXIN A. T. I, § 13 Rdn. 39.

100 Eingehender dazu OTTO Tröndle-FS, S. 168.

*2. Der Ort der Einwilligung innerhalb des Verbrechensaufbaus:
   Einverständnis und Einwilligung*

123 a) Setzt der objektive Tatbestand *begrifflich* den Bruch eines real entgegenstehenden Willens eines anderes voraus (formale Willensbruchdelikte), so kann der Tatbestand nicht erfüllt werden, wenn der Betroffene der Tathandlung zustimmt. Sein *Einverständnis* (GEERDS) macht die Erfüllung des Tatbestandes unmöglich, da sein entgegenstehender Wille fehlt.[101]

Zur Verdeutlichung:

124 Diebstahl setzt die Wegnahme einer fremden Sache voraus. Wegnahme wird definiert als Bruch fremden und Begründung neuen Gewahrsams, wobei Gewahrsam das von einem Herrschaftswillen getragene Herrschaftsverhältnis einer Person über eine Sache unter Berücksichtigung sozialer Zuordnungsfaktoren ist. – Will A nun das Kfz des B stehlen und merkt B dieses zuvor, ist aber herzlich froh darüber, dass er auf diese Weise seinen Schrotthaufen los wird, so kann A den Herrschaftswillen des B bzgl. des Kfz nicht mehr brechen. Der Tatbestand des § 242 ist nicht erfüllt, es kommt nur ein sog. untauglicher Versuch in Betracht. – Ähnlich liegt es bei der Vergewaltigung, § 177, wenn das Opfer mit der Ausübung des Geschlechtsverkehrs einverstanden ist. Einen Widerstand des Opfers kann der Täter jetzt nicht mehr brechen.

125 b) Streitig ist der systematische Ort der Einwilligung dort, wo der gesetzliche Tatbestand eine derartige Willensverletzung nicht *ausdrücklich* fordert.

126 aa) Wird als Rechtsgut die konkrete Willensbeziehung der je konkret durch eine Rechtsgutverletzung bedrohten Person angesehen, so ist das Rechtsgut – konkrete Beziehung der Person zu einem Wert – nicht beeinträchtigt, wenn die Person mit dem Eingriff in diese Beziehung einverstanden ist. Die Einwilligung hat dann – wie das Einverständnis – tatbestandsausschließende Wirkung. Die tatbestandsausschließende Funktion der Einwilligung wird damit begründet, dass es dort, wo das Strafrecht die Dispositionsfreiheit des Einzelnen schützt, an einer Rechtsgutverletzung fehlt, wenn der Eingriff mit Zustimmung des Betroffenen erfolgt.[102] Damit wird jedoch implizit als Rechtsgut die konkrete Willensbeziehung der je konkret durch eine Rechtsgutverletzung bedrohten Person angesehen.

Beispiel: Ist Rechtsgut des § 223 die Willensherrschaft der konkreten Person über ihren Körper, so fehlt es an der Verletzung des Willens des Berechtigten und damit an der Rechtsgutverletzung, wenn der Berechtigte in eine Körperverletzung einwilligt.

127 bb) Wird das Rechtsgut, wie es hier – dazu oben § 1 Rdn. 26 ff – geschehen ist, abstrakt als schutzwürdige Beziehung einer Person zu einer sozialen Funktionseinheit (Wert) definiert, so ist die Beeinträchtigung dieser Beziehung unabhängig von der Einwilligung des konkret Betroffenen: Die Rechtsgesellschaft gewährt dem Einzelnen den Schutz der als Rechtsgut anerkannten personalen Beziehung, weil auch sie ein Interesse daran hat, dass sich der Einzelne in dieser Wertbeziehung entfaltet. Verzichtet der Begünstigte auf den Schutz im konkreten Fall, so ist damit die Wertbeziehung als solche nicht schutzunwürdig, vielmehr recht-

---

101 Eingehend dazu FRISCH in: Rechtfertigung, S. 322 f; OTTO Geerds-FS, S. 604 ff.

102 So z. B. M. HEINRICH Rechtsgutszugriff, S. 131; ARMIN KAUFMANN Klug-FS, Bd. 2, S. 282; KIENTZY Der Mangel am Straftatbestand infolge Einwilligung des Rechtsgutsträgers, 1970, S. 66 ff; KINDHÄUSER StGB, Vor § 13 Rdn. 149; KÜHNE JZ 1979 S. 241; MAURACH/ZIPF A. T. 1, § 17 Rdn. 33; RÖNNAU Willensmängel, S. 124 ff; DERS. Jura 2002 S. 598; ROXIN A. T. I, § 13 Rdn. 12 ff; RUDOLPHI ZStW 86 (1974) S. 87; SCHLEHOFER Einwilligung und Einverständnis, 1985, S. 4 ff; VICENTE REMESAL Roxin-FS, S. 393 ff; WEIGEND ZStW 98 (1986) S. 60 ff; ZIPF Einwilligung und Risikoübernahme im Strafrecht, 1970, S. 28 ff. – Konsequent – dazu vgl. § 1 Rdn. 44 ff – erkennt SCHMIDHÄUSER im Falle der Einwilligung nur eine scheinbare Rechtsgutverletzung; vgl. Geerds-FS, S. 593 ff, 598.

fertigt das verbleibende gesellschaftliche Interesse im Regelfall keine strafrechtliche Absicherung mehr. Ausnahmsweise kann aber auch das verbleibende gesellschaftliche Interesse am Bestand der Wertbeziehung einen strafrechtlichen Schutz, unabhängig vom Willen des Rechtsgutsträgers, legitimieren. So erklärt es sich, dass die Rechtsgesellschaft auch bei höchstpersönlichen Rechtsgütern der rechtfertigenden Einwilligung Grenzen setzen kann, wie es z. B. in § 216 in bezug auf das Leben geschehen ist und in Bezug auf schwere Körperverletzungen diskutiert wird: Das Interesse der Gesamtheit am Erhalt dieser Rechtsgüter übersteigt das Interesse an der Achtung des freien Verfügungswillens des Rechtsgutsträgers.[103] – Auch die rechtfertigende Einwilligung ist daher ihrer Struktur nach ein Unterfall der rechtfertigenden Interessenabwägung.

cc) Innerhalb des zweistufigen Verbrechensaufbaus kommt der Frage, ob die Einwilligung **128** bereits die Tatbestandsmäßigkeit ausschließt oder erst die Rechtswidrigkeit, keine über die innere Konsequenz des Verbrechensaufbaus hinausgehende Bedeutung zu. Innerhalb des dreistufigen Verbrechensaufbaus sind die praktischen Konsequenzen in der Irrtumslehre – dazu unten § 15 – erheblich. Dies erklärt einige der Stellungnahmen, die fernab von den in der Rechtsgutslehre gesetzten Prämissen erfolgen.

IV. Gemutmaßte und mutmaßliche Einwilligung, Geschäftsführung ohne Auftrag, Handeln im Interesse des Verletzten, Hypothetische Einwilligung

Handelt jemand *im Interesse eines anderen*, so soll eine Rechtfertigung dieses Verhaltens **129** möglich sein, wenn eine Einwilligung des Berechtigten zwar nicht zu erlangen ist, der Berechtigte seine *Einwilligung jedoch mutmaßlich* erteilt hätte, wenn die Voraussetzungen der *Geschäftsführung ohne Auftrag (GoA)* vorliegen oder schlicht das Handeln im Interesse des Verletzten liegt.

Beispiele: A dringt in das Haus des B ein, um eine schadhafte Wasserleitung zu reparieren. – A erschießt den durch ein Kfz schwer verletzten Hund des B. – Der Chirurg A operiert den schwerverletzten und bewusstlosen B, ohne dessen Einwilligung einholen zu können.

1. Die gemutmaßte Einwilligung

Kann aus Indizien auf eine Einwilligung des Berechtigten geschlossen werden, so handelt es **130** sich nicht um die Problematik einer *mutmaßlichen Einwilligung*, sondern um die einer *Einwilligung* selbst, da diese nicht *ausdrücklich* oder *konkludent* erklärt werden muss; sog. gemutmaßte Einwilligung. Die Unterscheidung ist von weitreichender Bedeutung, denn Maßstab der Rechtfertigung bei der gemutmaßten Einwilligung ist der *Wille des Betroffenen*, bei der mutmaßlichen Einwilligung dagegen die *Wertvorstellungen der Allgemeinheit* bzw. der Wille eines „vernünftigen Bürgers"; dazu sogleich unter Rdn. 131.

---

103 Vgl. auch AMELUNG Die Einwilligung in die Beeinträchtigung eines Grundrechtsguts, 1981, S. 26 ff; AMELUNG/EYMANN JuS 2001 S. 938; GEPPERT ZStW 83 (1971) S. 952; JAKOBS A.T., 14/2; JESCHECK/WEIGEND A. T., § 34 II 3; KREY A. T. 1, Rdn. 613; OTTO Geerds-FS, S. 608 ff; NOLL ZStW 77 (1965) S. 15; STERNBERG-LIEBEN Schranken, S. 59 ff; STRATENWERTH A. T. I, § 9 Rdn. 9.
Zum gleichen Ergebnis kommen diejenigen, die davon ausgehen, dass sich im Falle der Einwilligung das Selbstbestimmungsrecht gemäß Art. 2 Abs. 1 GG unmittelbar als Rechtfertigungsgrund durchsetzt; vgl. z. B. BGHSt 17 S. 360; HIRSCH LK, Vor § 32 Rdn. 105; KÜHL A. T., § 9 Rdn. 23; LACKNER/KÜHL Vor § 32 Rdn. 14; LENCKNER ZStW 72 (1968) S. 453; TRÖNDLE/FISCHER Vor § 32 Rdn. 3 b.

2. Die mutmaßliche Einwilligung

Beispiel: Durch unvorhergesehenen Verlauf einer Krankheit ist der nun todkranke Patient nicht mehr in der Lage, eine rechtsverbindliche Einwilligung in die Verabreichung schmerzlindernder, aber bewusstseinsbeeinträchtigender Medikamente zu geben. Er hat aber zuvor im Gespräch geäußert, es sei ihm unverständlich, wie jemand mit Qualen dem Tode entgegengehen könne, wenn es die Möglichkeit einer Schmerzlinderung gebe.

Ergebnis: Aus dieser Äußerung kann auf eine Einwilligung des Patienten in eine schmerzlindernde Maßnahme geschlossen werden.

131   In der Literatur wird z. T. hervorgehoben, dass der mutmaßlichen Einwilligung Eigenständigkeit zukommt, weil Kenntnisse des Willens des Betroffenen berücksichtigt werden können. Damit wird die mutmaßliche Einwilligung mit der gemutmaßten Einwilligung identifiziert bzw. verwechselt. Ist die Einstellung des Verletzten zu der Rechtsgutsbeeinträchtigung nicht bekannt und fehlen Anhaltspunkte, aus denen auf seinen realen Willen geschlossen werden kann, so ist man auf die Entscheidung „eines verständigen Rechtsgenossen" verwiesen. Besondere Kriterien, nach denen die Entscheidung zu treffen ist, können aber weder der mutmaßlichen Einwilligung, noch der Geschäftsführung ohne Auftrag oder dem Handeln im Interesse des Verletzten entnommen werden. Hier ist nur anerkannt, dass ein Vergleich des geschützten und des beeinträchtigten Rechtsguts durchzuführen ist, dass die verschiedenen Interessen abzuwägen sowie reales und mögliches Risiko einer Rechtsgutsverletzung zu beachten sind. Sodann ist die Entscheidung zu treffen, die der Interessenlage des Betroffenen am ehesten entspricht. – Mit anderen Worten: Es geht nicht um einen Verzicht auf den Rechtsgüterschutz durch den Berechtigten wie bei der Einwilligung, sondern die Entscheidung ist nach den Grundsätzen des rechtfertigenden Notstands zu treffen. Nach Anerkennung dieses Rechtfertigungsgrunds kommt den genannten Instituten keine eigenständige Bedeutung mehr zu.[104]

Das wird offensichtlich in der Rechtsprechung des BGH zu der mutmaßlichen Einwilligung in den Behandlungsabbruch durch einen Patienten mit infauster Prognose, der keinen Willen mehr äußern kann:

BGHSt 40 S. 257, 263: Fehlen Anhaltspunkte, aus denen sich der reale Wille des Betroffenen erschließen lässt, „so kann und muß auf Kriterien zurückgegriffen werden, die allgemeinen Wertvorstellungen entsprechen. Dabei ist jedoch Zurückhaltung geboten; im Zweifel hat der Schutz menschlichen Lebens Vorrang vor persönlichen Überlegungen des Arztes, des Angehörigen oder einer anderen beteiligten Person. Im Einzelfall wird die Entscheidung naturgemäß auch davon abhängen, wie aussichtslos die ärztliche Prognose und wie nahe der Patient dem Tode ist: Je weniger die Wiederherstellung eines nach allgemeinen Vorstellungen menschenwürdigen Lebens zu erwarten ist und je kürzer der Tod bevorsteht, um so eher wird ein Behandlungsabbruch vertretbar erscheinen".

3. Handeln im eigenen Interesse

132   Auch dann, wenn der Täter nicht im Interesse dessen handelt, in dessen Güter er eingreift, sondern in eigenem Interesse, aber davon ausgeht, dass es *am Interesse des Betroffenen mangelt,* den Schutz seines Rechtsguts im konkreten Fall durchzusetzen, erlangt die mutmaßliche Einwilligung keine eigenständige Bedeutung.

---

104 Welzel Lb., § 14 V; Zipf Einwilligung, S. 52 f. – A. A. BGHSt 35 S. 249; BGH NJW 2000 S. 885, 886; Baumann/Weber/Mitsch A. T., § 17 Rdn. 114; Erb MK, § 34 Rdn. 35; Fischer Der Strafbarkeitsausschluß durch berechtigte Geschäftsführung ohne Auftrag, 2000, S. 105 ff; Hirsch LK, Vor § 32 Rdn. 129; Jescheck/Weigend A. T., § 34 VII; Kühl A. T., § 9 Rdn. 46; Neumann NK, § 34 Rdn. 19; Paeffgen NK, Vor § 32 Rdn. 154; Roxin A. T. I, § 18 Rdn. 3 ff; Schroth JuS 1992 S. 478 ff; Tiedemann JuS 1970 S. 108 ff; Tröndle/Fischer Vor § 32 Rdn. 4.

Beispiel: A braucht sofort eine bestimmte Medizin, die sein abwesender Freund B besitzt. Da rechtzeitige **133** Beschaffung unmöglich ist, bricht er dessen Hausapotheke auf und nimmt das Medikament an sich. Die Erkrankung ist nicht so schwer, dass die Voraussetzungen des § 904 BGB vorlägen.

Ergebnis: Auch hier rechtfertigt die bloße *Vermutung* des A, B würde in das Betreten des Hauses und die Sachbeschädigung einwilligen, wenn er den Sachverhalt kennen würde, nicht. Wohl aber könnte sich A auf eine gemutmaßte Einwilligung berufen, wenn B wiederholt geäußert hat, er bringe jedes Opfer, um A einen Gefallen zu tun. Eine Rechtfertigung ist hingegen ausgeschlossen, wenn die Würdigung der Sachlage zu dem Ergebnis führt, dass das persönliche Verhältnis zwischen A und B keineswegs ein derartiges Entgegenkommen erwarten lässt. – Im letzteren Fall entscheidet sich die strafrechtliche Haftung des A nach den Grundsätzen der Irrtumslehre.[105]

4. Hypothetische Einwilligung

Wie unter Rdn. 110 ff dargelegt, muss die Einwilligung Ausdruck der Autonomie des Rechts- **134** gutsträgers sein. Eine auf einer Täuschung beruhende Einwilligung oder die Einwilligung in einen Eingriff, dessen Art, Umfang oder Bedeutung dem Einwilligenden nicht bekannt ist, wie der den Eingriff Ausführende weiß, ist unwirksam und hat keine rechtfertigende Wirkung. – Von diesen Grundsätzen macht der BGH jedoch eine Ausnahme bei ärztlichen Eingriffen, in die der Patient aufgrund einer bewussten Verletzung der Aufklärungspflicht eingewilligt hat.

BGH NStZ-RR 2004 S. 16: Bei der M war ein schwerer Bandscheibenvorfall im Bandscheibenbereich L4/L5 der Lendenwirbelsäule und ein leichter Bandscheibenvorfall im darunter liegenden Bandscheibenbereich L5/S1 festgestellt worden. Der schwere Bandscheibenvorfall sollte operativ behandelt werden. Dazu hatte M eingewilligt. Die Ärzte verwechselten jedoch die Etage und operierten den kleinen Bandscheibenvorfall in L5/S1. Am nächsten Tag traten Lähmungen bei M auf, die auf ein Frührezidiv – erneuter Vorfall im selben Fach – oder auf das Fortbestehen des ursprünglichen Vorfalls zurückgehen konnten. Anstatt die M über den Sachverhalt aufzuklären, wurde ihr die Notwendigkeit einer nochmaligen Operation im tatsächlich nicht operierten Fach L4/L5 aufgrund eines Frührezidivs vorgespiegelt, bei der außerdem – ohne Wissen der M – der rechte Wirbelhalbbogen am Lendenwirbel 5 entfernt werden sollte. – M erklärte ihre Einwilligung ohne Kenntnis des wahren Sachverhalts. Die Operation wurde ausgeführt.

Der BGH geht zutreffend davon aus, dass die Einwilligung der M aufgrund der Täuschung über die Ursache der notwendig gewordenen zweiten Operation unwirksam war und damit keine rechtfertigende Wirkung entfalten konnte. Gleichwohl weist er darauf hin, dass die Rechtswidrigkeit ausgeschlossen sein könnte:

Die Rechtswidrigkeit entfällt aber, wenn der Patient bei wahrheitsgemäßer Aufklärung in die tatsächlich durchgeführte Operation eingewilligt hätte. Der nachgewiesene Aufklärungsmangel kann nur dann zur Strafbarkeit wegen Körperverletzung und wegen der Akzessorietät auch nur dann zur Strafbarkeit der Anstiftung zu dieser Tat führen, wenn bei ordnungsmäßer Aufklärung die Einwilligung unterblieben wäre (...). Dies ist dem Arzt nachzuweisen. Verbleiben Zweifel, so ist nach dem Grundsatz „in dubio reo" zu Gunsten des Arztes davon auszugehen, dass die Einwilligung auch bei ordnungsgemäßer Aufklärung erfolgt wäre.[106]

Damit werden Überlegungen zur hypothetischen Kausalität bzw. zum rechtmäßigen Alternativverhalten – dann eingehend § 10 Rdn. 19 ff – auf die Rechtfertigung einer vorsätzlichen Rechtsgutsbeeinträchtigung übertragen. – Das überzeugt nicht. Genauso wenig wie der Dieb gerechtfertigt ist, wenn der Bestohlene nachträglich erklärt, er hätte dem Dieb die gestohlene Sache geschenkt, wenn dieser ihn vorher gefragt hätte, ist ein unter Verletzung des Selbstbestimmungsrechts des Patienten erfolgter Eingriff gerechtfertigt, wenn der Patient nachträg-

---

105 A. A. Stratenwerth ZStW 68 (1956) S. 47, Fn. 22.
106 BGH NStZ-RR 2004 S. 17 unter Hinweis auf BGH NStZ 1996 S. 34 und Ulsenheimer Arztstrafrecht in der Praxis. 3. Aufl. 2003, Rdn. 132.

lich erklärt, er hätte dem Eingriff zugestimmt, wenn er ordnungsgemäß aufgeklärt worden wäre. Auch der Gedanke rechtmäßigen Alternativverhaltens trägt hier nicht, denn dabei geht es um die Frage, ob der Täter durch sein rechtswidriges Verhalten das Risiko für das geschützte Rechtsgut über das erlaubte Maß hinaus erhöht hat oder nicht. Steht fest, dass das rechtswidrige Verhalten dieses Risiko nicht erhöht hat, so kann dem Täter dieses Verhalten nicht als pflichtwidrige Rechtsgutsbeeinträchtigung zugerechnet werden. – Der Eingriff ohne wirksame Einwilligung begründet jedoch als solcher die rechtspflichtwidrige Rechtsgutsbeeinträchtigung dar.

V. Zur Problematik weiterer vertypter Rechtfertigungsgründe

1. Erlaubte Selbsthilfe, §§ 229, 230 BGB

135   Erlaubte Selbsthilfe rechtfertigt die Sicherung eines Anspruchs durch private Gewalt.

Zwar kann das Unterlassen der Erfüllung eines fälligen Anspruchs durch den Schuldner als Angriff auf das Vermögen des Gläubigers gesehen werden. Dadurch, dass der Gesetzgeber aber zur Durchsetzung zivilrechtlicher Ansprüche auf den Rechtsweg verweist, hat er zum Ausdruck gebracht, dass er eine Realisierung der Ansprüche im Wege des Faustrechts nicht als erforderliche Verteidigung ansieht.[107]

a) Voraussetzungen:

136   aa) Bestehen eines eigenen Anspruchs.

bb) Gefahr der Vereitelung oder Erschwerung der Anspruchsverwirklichung.

cc) Fehlen rechtzeitiger obrigkeitlicher Hilfe.

dd) Erforderlichkeit der Selbsthilfe, § 230 Abs. 1 BGB.

ee) Nur Ersatz hoheitlichen Handelns, d.h. die Selbsthilfe darf nicht über das hinausgehen, was dem für den Eingriff zuständigen staatlichen Organ in der entsprechenden Situation erlaubt ist.

Selbsthilfe kann daher nur auf vorläufige Sicherung des Anspruchs gerichtet sein, nicht aber auf sofortige Befriedigung.[108]

Fall: Die A sieht den B auf der Straße, den Vater ihres Kindes, der nach einer fröhlichen folgenschweren Nacht nichts mehr von sich hören ließ und dessen Namen A nicht kennt. A eilt auf B zu, setzt ihn mit einem geschickten Judogriff außer Gefecht und entnimmt der Brieftasche des B die Alimente für die Zeit seit der Geburt des Kindes.

Keine Rechtfertigung: Allein die Feststellung der Personalien zur Ermöglichung der prozessualen Durchsetzung des Anspruchs wäre in dieser Situation zulässig gewesen.

Zur Vermeidung von Beweisschwierigkeiten ermöglicht das Selbsthilferecht nur beweissichernde Maßnahmen, wie sie §§ 485 ff ZPO gestatten. Die Parteien eines Vertrages trifft aber die vertragliche Nebenpflicht, bei Streitigkeiten dem Gegner eine gerichtliche Klärung

---

107 Vgl. auch JAKOBS A. T. 11/17; KÜHL A. T., § 9 Rdn. 3. – A. A. HELLMANN Die Anwendbarkeit der zivilrechtlichen Rechtfertigungsgründe im Strafrecht, 1987, S. 133 ff.
108 Vgl. BGHSt 17 S. 89; OLG Düsseldorf NJW 1991 S. 2717; OLG Köln NJW 1996 S. 472; BAUMANN/WEBER/MITSCH A. T., § 17 Rdn. 149; KÜHL A. T., § 9 Rdn. 5; ROXIN A. T. I, § 17 Rdn. 29; SCHREIBER Jura 1997 S. 33 ff.

der Angelegenheit durch Mitteilung der Personalien zu ermöglichen, insoweit ist Selbsthilfe zulässig.[109]

ff) Subjektiv: Der Täter muss zum Zweck der Selbsthilfe handeln.

b) Spezielle Selbsthilfefälle: §§ 859, 561 Abs. 1, 581 Abs. 2, 704 S. 2 BGB.

Auch diese zivilrechtlichen Selbsthilferechte konkretisieren das Maß der erforderlichen Verteidigung und gehen insofern als speziellere Regelung dem Notwehrrecht vor.[110] **137**

2. Bürgerlich-rechtliche Notstände

a) Der defensive Notstand, § 228 BGB

§ 228 BGB gestattet zur Abwendung einer Gefahr, *die von einer Sache ausgeht,* die Einwirkung auf die gefahrbringende Sache. **138**

Voraussetzungen: **139**

aa) Eine von einer Sache drohende Gefahr für ein Rechtsgut.

bb) Die Beschädigung oder Zerstörung dieser Sache.

cc) Erforderlichkeit der Beschädigung oder Zerstörung zur Abwendung der Gefahr von sich oder einem anderen.

dd) Der durch die Beschädigung oder Zerstörung der Sache entstehende Schaden darf nicht außer Verhältnis zur Gefahr stehen.

ee) *Subjektiv:* Bewusstsein des Täters, die drohende Gefahr durch Einwirkung auf die fremde Sache abzuwenden.

b) Der aggressive Notstand, § 904 BGB

§ 904 gestattet die Einwirkung auf Sachen Dritter zur Abwendung von Gefahren. **140**

Voraussetzungen: **141**

aa) Gegenwärtige Gefahr für ein Rechtsgut.

bb) Abwendung dieser Gefahr durch Einwirkung auf eine fremde Sache.

cc) Erforderlichkeit der Einwirkung zur Abwendung der Gefahr.

dd) Der drohende Schaden muss gegenüber dem aus der Einwirkung entstehenden unverhältnismäßig groß sein.

ee) *Subjektiv:* Bewusstsein des Täters, die gegenwärtige Gefahr abzuwenden.

3. Wahrnehmung berechtigter Interessen, § 193 StGB

Der Rechtfertigungsgrund der Wahrnehmung berechtigter Interessen konkretisiert das Grundrecht der Meinungsfreiheit, Art. 5 Abs. 1, 2 GG. **142**

a) § 193 rechtfertigt Ehrverletzungen unter folgenden Voraussetzungen: **143**

---

109 Vgl. BayObLG NJW 1991 S. 934 mit Anm. DUTTGE Jura 1993 S. 416 ff, JOERDEN JuS 1992 S. 23 ff, LAU-
   BENTHAL JR 1991 S. 569 f, OTTO JK 91, StGB Vor § 32/2, SCHEFFLER Jura 1992 S. 356, SCHREIBER Jura
   1997 S. 35, SCHROEDER JZ 1991 S. 682 f; AG Gravenbroich NJW 2002 S. 1060. – A. A. BAUMANN/
   WEBER/MITSCH A. T., § 17 Rdn. 154.
110 HELLMANN Anwendbarkeit, S. 133 ff.

aa) Das Interesse muss *rechtlich schutzwürdig, sozialethisch billigenswert* sein.

Hierunter fällt auch die berufsmäßige Wahrnehmung von Interessen, z.B. das Plädoyer des Verteidigers oder die Äußerung des Anwalts im Prozess.[111]

bb) Das Interesse muss den Äußernden *nahe angehen.*

Interessen der Allgemeinheit berühren jeden Bürger und auch die Medien nahe.

cc) Die Äußerung muss *zur Wahrnehmung* des Interesses erforderlich sein.

dd) Der Äußernde unterliegt einer *Informationspflicht.*

ee) Die Äußerung muss auch subjektiv zur Wahrnehmung des berechtigten Interesses geschehen.[112]

144 b) Ein Unterfall der Wahrnehmung berechtigter Interessen ist in § 37 geregelt.

145 c) In der Lehre wird z. T. versucht, der Wahrnehmung berechtigter Interessen über den Beleidigungsbereich hinaus die Bedeutung eines allgemeinen Rechtfertigungsgrundes zumindest bei solchen Delikten zuzuweisen, die in besonderer Weise gemeinschaftsbezogen sind und deren Schutz daher durch die Interessen anderer relativiert ist, z. B. bei der Verletzung der Vertraulichkeit des Wortes oder der Verletzung von Privatgeheimnissen, §§ 201 Abs. 1, 2 Nr. 1, 203 StGB.[113]

146 Diese Verallgemeinerung des Gedankens der Wahrnehmung des berechtigten Interesses überzeugt nicht, denn es gibt keinen allgemeinen Rechtsgrundsatz, dass rechtlich geschützte Interessen Dritter gegenüber der Wahrnehmung eigener berechtigter Interessen zurückstehen müssen. Der Gesetzgeber kann in besonderen Situationen den berechtigten eigenen Interessen Vorrang einräumen. Eine grundsätzliche Rechtfertigung bei Gleichheit der Interessen aufgrund der Wahrnehmung eigener berechtigter Interessen widerspricht aber dem Prinzip der Rechtfertigung. Soweit ein Interessenausgleich nötig wird, weist § 34 den sachgerechten Weg.[114]

4. *Züchtigungsrecht*

147 Bis zum 1. 7. 1998 war weithin anerkannt, dass vorsätzliche Körperverletzungen im Sinne des § 223 durch *das elterliche Züchtigungsrecht* – §§ 1626, 1631, 1705 BGB – gerechtfertigt sein konnten.

a) Voraussetzungen

148 aa) Hinreichender *Anlass* zum erzieherischen Eingriff.

bb) *Angemessenheit* zur Erreichung des erzieherischen Zwecks, wobei insbes. Alter, körperliche Konstitution, Geschlecht u. a. zu beachten waren.

---

111 Dazu BVerfG (2. Senat, 2. Kammer) StV 1991 S. 458; BGH NStZ 1987 S. 554; KG JR 1988 S. 522; OLG Celle NJW 1991 S. 1189.

112 Eingehender dazu Grundkurs Strafrecht, B. T., § 32 Rdn. 37 ff.

113 Vgl. dazu OLG KÖLN NJW 2000 S. 3656 mit Anm. OTTO JK 01, StGB § 203/1; ESER Wahrnehmung berechtigter Interessen als allgemeiner Rechtfertigungsgrund, 1969; NOLL ZStW 77 (1965) S. 31 ff; TIEDEMANN JZ 1969 S. 721.

114 Dazu auch OLG Stuttgart NStZ 1987 S. 121 mit Anm. OTTO JK 87, StGB § 193/1; LENCKNER Noll-GedS, S. 243 ff, insbes. S. 256; sodann: KÜHL A. T., § 9 Rdn. 51; ROXIN A. T. I, § 18 Rdn. 37; RUDOLPHI SK I, § 193 Rdn. 3; TRÖNDLE/FISCHER § 193 Rdn. 4.

cc) Nur *maßvolle* Züchtigung konnten überhaupt gerechtfertigt werden.

Die Verwendung eines Schlaggegenstandes *allein* begründete noch nicht eine Überschreitung des Züchtigungsrechts.[115]

dd) *Subjektiv:* Handeln mit Erziehungswillen.

b) Kriminalpolitische Diskussion

Zunehmend wurde vor allem in der pädagogischen und sozialpädagogischen Literatur eine **149** Beseitigung des elterlichen Züchtigungsrechts gefordert mit der Erwägung, dass die rechtliche Zulässigkeit körperlicher Züchtigungen das Risiko begründet, dass die Züchtigung außer Kontrolle gerät und das rechtlich zulässige Maß überschreitet. Die Grenzen des Erlaubten werden falsch eingeschätzt und selbst schwerste Körperverletzungen werden noch auf das Züchtigungsrecht gegründet. Darüber hinaus werde durch die rechtliche Zulässigkeit der körperlichen Züchtigung diese als Erziehungsmittel gleichsam von Generation zu Generation vererbt, obwohl Züchtigung als Mittel der Pädagogik unsinnig sei.[116]

Mit dem KindRG vom 16.12.1997, das zum 1.7.1998 in Kraft trat, erklärte der Gesetz- **150** geber in § 1631 Abs. 2 BGB „entwürdigende Erziehungsmaßnahmen, insbes. körperliche und seelische Mißhandlungen", für unzulässig, doch ging der Gesetzgeber davon aus, dass dies keine Ausweitung der Strafbarkeit der Eltern bedeute.[117] Das eröffnete die Interpretation, dass Eingriffe in die körperliche Integrität im Rahmen des Züchtigungsrechts nicht als „entwürdigende Erziehungsmaßnahmen" und damit als körperliche Misshandlungen im Sinne des § 1631 Abs. 2 BGB anzusehen sind.[118]

Mit Gesetz vom 2.11.2000, das am 8.11.2000 in Kraft trat, änderte der Gesetzgeber § 1631 Abs. 2 BGB erneut. Er lautet nunmehr:

„Kinder haben ein Recht auf gewaltfreie Erziehung. Körperliche Bestrafungen, seelische Verletzungen und andere entwürdigende Maßnahmen sind unzulässig." – Zwar ließe sich angesichts dieses Wortlauts noch immer argumentieren, nur körperliche Bestrafungen, die zugleich entwürdigende Maßnahmen darstellten, seien gesetzlich untersagt, denn offenbar gehe es im Gesetz nur um die Aufzählung entwürdigender Maßnahmen. Dem Willen des Gesetzgebers widerspräche diese Auffassung jedoch eindeutig, denn dieser wollte mit der Neuformulierung des Gesetzes die Abschaffung des Rechtfertigungsgrundes des elterlichen Züchtigungsrechts klarstellen. Tatbestandmäßige Körperverletzungen im Sinne des § 223 StGB sollten nicht mehr rechtfertigungsfähig, sondern strafbar sein.[119]

---

115 Dazu BGH NStZ 1987 S. 173 mit Anm. ROLINSKI StV 1988 S. 63 ff; BGH JZ 1988 S. 617 mit Anm. REICHERT-HAMMER S. 617 ff.

116 Dazu U. SCHNEIDER Körperliche Gewaltanwendung in der Familie, 1988, S. 210 ff m.w.N.

117 Vgl. BT-Drucks. 12/6343, 13/8511.

118 Vgl. dazu auch LACKNER/KÜHL § 223 Rdn. 11. – Für eine durch Art. 6 GG gebotene einschränkende Auslegung des § 223 dahin, dass eine angemessene körperliche Züchtigung der eigenen Kinder nicht als üble unangemessene Behandlung i.S. des § 223 zu interpretieren ist: BEULKE Hanack-FS, S. 539 ff, 547; DERS. Schreiber-FS, S. 35 ff, 40; KINDHÄUSER StGB, Vor § 32 Rdn. 61; WESSELS/BEULKE A.T., Rdn. 387 ff.

119 Vgl. BT-Drucks. 14/1247, S. 6; desgl. HILLENKAMP JuS 2001 S. 165; KELLNER NJW 2001 S. 797; LILIE LK, § 223 Rdn. 10; OTTO Jura 2001 S. 670; PESCHEL-GUTZEIT, FPR 2000, 231; ROXIN JuS 2004 S. 178f; WOLTERS SK II, § 223 Rdn. 14f. – A. A. neben den in Fn. 118 Genannten: NOAK JR 2002 S. 408.

c) Gewohnheitsrechtliches Züchtigungsrecht

151   Ein gewohnheitsrechtliches Züchtigungsrecht gestand die Rechtsprechung Lehrern früher unter bestimmten Umständen zu, soweit dieses nicht gesetzlich ausgeschlossen war.[120] – Diesem Gewohnheitsrecht steht heute jedoch die auch schon gefestigte Rechtsüberzeugung entgegen, dass die Ausübung der Züchtigung in diesem Rahmen nicht mehr dem geltenden Recht entspricht.[121]

5. *Vorläufige Festnahme, § 127 Abs. 1 StPO*

152   § 127 Abs. 1 StPO gewährt jedermann in bestimmten Fällen ein *Festnahmerecht.*

a) Voraussetzungen

153   aa) Der Festgenommene ist *auf frischer Tat betroffen oder verfolgt* worden. – *Tat* in diesem Sinne ist nur eine rechtswidrige Tat gemäß § 11 Abs. 1 Nr. 5, d. h. auch ein *strafbarer* Versuch, nicht aber eine *straflose* Vorbereitungshandlung. *Frisch* ist die Tat, solange zur Festnahme oder Verfolgung ein unmittelbarer zeitlicher und räumlicher Zusammenhang besteht.

154   Str. ist, ob das Festnahmerecht nur gegenüber dem wirklichen Täter durchgreift oder schon die Festnahme eines Verdächtigen rechtfertigt[122].

155   **Fall:** A verfolgt den Dieb B. B, bekleidet mit dunklem Trenchcoat und Baskenmütze, läuft um eine Straßenecke. – Als A um die Ecke biegt, sieht er, wie jemand im dunklen Trenchcoat und mit Baskenmütze gerade in eine Taxe steigen will. A eilt hinzu und nimmt den vermeintlichen B, der sich heftig sträubt, fest und bringt ihn zur Polizeiwache. – Später stellt sich heraus, dass A den C festgenommen hat, während B durch eine Toreinfahrt entkommen ist. – Rechtfertigung der Freiheitsberaubung des C durch A nach § 127 StPO?

Historisches Herkommen der Vorschrift und Wortlaut sprechen klar dafür, dass das Festnahmerecht nur gegenüber dem wirklichen Täter durchgreift. – Lösung der Irrtumsfälle nach Irrtumsgrundsätzen; dazu unten § 15.

156   bb) Er ist der *Flucht verdächtig* oder seine *Identität* kann nicht sofort festgestellt werden. Hindert die Identifizierung nicht, dass sich der Täter durch Flucht der Strafverfolgung entzeiht, so kann die Festnahme trotz Identifizierung erfolgen.[123]

---

120 Dazu BGHSt 11 S. 256 f; 14 S. 53; BGH NStZ 1993 S. 591; BayObLG JR 1979 S. 475 mit Anm. Vormbaum S. 477 ff.

121 Vgl. dazu Hirsch LK, 10. Aufl. § 223 Rdn. 24; Jakobs A. T., 16/35; Jescheck/Weigend A. T., § 35 III 1; Jung Das Züchtigungsrecht des Lehrers, 1977; Kühl A. T., § 9 Rdn. 80 ff; Roxin A. T. I, § 17 Rdn. 38 ff; Rüping/Hüsch GA 1979 S. 1 ff; Schlehofer JuS 1992 S. 663; Tröndle/Fischer § 223 Rdn. 17; Vormbaum JR 1977 S. 492 ff; Wessels/Beulke A. T., Rdn. 390. – Für Fortbestand eines Strafunrechtsausschlusses: Günther Spendel-FS, S. 200.

122 Täterschaft setzen z. B. voraus KG VRS 45 (1973) S. 35; OLG Hamm NJW 1972 S. 1826; Baumann/Weber/Mitsch A. T., § 17 Rdn. 145; Beulke Strafprozeßrecht, 6. Aufl. 2002, Rdn. 235; Hirsch LK, Vor § 32 Rdn. 156; Jescheck/Weigend A. T., § 35 IV 2; Krey A. T. 1, Rdn. 600 ff; Kühl A. T., § 9 Rdn. 86; Maurach/Zipf A. T. 1, § 29 Rdn. 13; Otto Jura 2003 S. 685 f; Ranft Strafprozeßrecht, 2. Aufl. 1995, Rdn. 759; Schlüchter Das Strafverfahren, 2. Aufl. 1983, Rdn. 255; Schmidhäuser A. T., 9/60; Eb. Schmidt StPO, Nachtrag I, 1967, § 127 Rdn. 8; Tröndle/Fischer Vor § 32 Rdn. 7; Welzel Lb., § 14 VI 3; Wiedenbrüg JuS 1973 S. 418 ff. – Zur Gegenansicht vgl.: BayObLG JR 1987 S. 344 mit Anm. Schlüchter S. 309 ff (Tatverdacht ohne vernünftige Zweifel); Albrecht Das Festnahmerecht Jedermanns nach § 127 I StPO, Diss. Kiel 1970, S. 101 f; Arzt Kleinknecht-FS, S. 1 ff; Hilger in: Löwe/Rosenberg, StPO, 25. Aufl. 1997, § 127 Rdn. 9, 11; Kargl NStZ 2000 S. 10 ff; Wankel in: KMR, Stand: Okt. 2002, § 127 Rdn. 2 (dringender Tatverdacht); Fincke GA 1971 S. 41 ff und JuS 1973 S. 87 ff (feste Überzeugung); Hirsch BGH-FG, S. 223 f; Roxin Strafverfahrensrecht, 25. Aufl. 1998, § 31 Rdn. 4 (Pflichtgemäße Prüfung des Verdachts).

123 Vgl. BayObLG wistra 2002 S. 480.

cc) Die angewandten Mittel müssen auf Festnahme gerichtet sein.   **157**

Auch Schüsse zur Festnahme des Täters können *ausnahmsweise* gerechtfertigt sein,[124] doch stellt sich hier die Frage nach der *Angemessenheit des Mittels* – dazu sogleich unter Rdn. 159 – in besonderer Schärfe.

dd) *Subjektiv:* Der Festnehmende muss zum Zweck der Festnahme handeln.   **158**

b) Umfang des Rechtsgütereingriffs

Das Festnahmerecht rechtfertigt nicht nur den Eingriff in die Freiheit des Festgenommenen,   **159**
sondern auch mit der Festnahme verbundene Körperverletzungen, soweit diese zur Festnahme notwendig sind.[125] Verhältnismäßigkeit zwischen Anlasstat und Freiheitsentzug ist nicht erforderlich. Dem steht der Zweck des § 127 Abs. 1 S. 1 StPO, das Strafverfahren durch vorläufige Festnahme zu sichern, entgegen. Die auch hier relevante Einleitung des Strafverfahrens steht unter dem Grundsatz des Legalitätsprinzips, nicht aber unter dem der Verhältnismäßigkeit.[126] Wohl aber kommt dem Grundsatz der Verhältnismäßigkeit bei der Frage nach den zulässigen Festnahmemitteln Bedeutung zu.[127] Das angewandte Mittel muss zum Festnahmezweck in einem *angemessenen* Verhältnis stehen. Unzulässig sind daher Mittel, die zu einer ernsthaften Gesundheitsbeschädigung oder zu einer unmittelbaren Gefährdung des Lebens führen.

6. Rechtfertigung durch „erlaubtes Risiko"

Die Anerkennung des „erlaubten Risikos" als eigenständige Rechtsfigur ist problematisch.   **160**
Da dem Täter nur ein Erfolg als eigenes Werk zugerechnet wird, der sich aus einem über das erlaubte Maß hinausgehenden Risiko entwickelt hat, erscheint das erlaubte Risiko in diesem Denkschema als Verbrechenselement, das der Konkretisierung bedarf, aber keine eigenständige Rechtsfigur darstellt.

Als eigenständige Rechtsfigur lässt sich das erlaubte Risiko – im Sprachgebrauch dann   **161**
allerdings in hohem Maße missverständlich – in einem engeren Sinne verstehen, indem unter dem Gesichtspunkt des erlaubten Risikos *abstrakt gefährliche Verhaltensweisen bei der Realisierung konkreter lebenswichtiger Interessen* gerechtfertigt werden. Derartige Verhaltensweisen werden erlaubt, weil davon ausgegangen wird, dass die Gefahren zum Wohle höherrangiger Interessen hinzunehmen sind[128], z. B. der Betrieb eines Bergwerks, der Betrieb einer Straßenbahnlinie oder die Durchführung eines Tunnelbaus durch ein Bergmassiv.

---

124 Dazu BGH bei Holtz, MDR 1979 S. 986; Boujong KK, 3. Aufl. 1993, § 127 Rdn. 28; Otto Jura 2003 S. 687; Pfeiffer StPO, 4. Aufl. 2002, § 127 Rdn. 7; Wankel KMR, § 127 Rdn. 11. – Den Einsatz von Schusswaffen lehnen demgegenüber ab: Hirsch BGH-FG, S. 225 f; Kühl A. T., § 9 Rdn. 91; Paeffgen SK-StPO, § 127 Rdn. 21; Ranft Strafprozeßrecht, Rdn. 775; Roxin Strafverfahrensrecht, § 31 Rdn. 10; Eb. Schmidt StPO, Nachtrag I, § 127 Rdn. 25.

125 Beulke Strafprozessrecht, Rdn. 237; Boujong KK, § 127 Rdn. 28; Paeffgen SK-StPO, § 127 Rdn. 21; Pfeiffer StPO, § 127 Rdn. 7.

126 Vgl. dazu Borchert JA 1982 S. 344; Krause AK, StPO, 1992, § 127 Rdn. 11; Lesch Strafprozessrecht, 2. Aufl., 2001, 4/42; Otto Jura 2003 S. 686 f. – A. A. BayObLGSt 1959 S. 41; Boujong KK, § 127 Rdn. 19; Hilger LR, § 127 Rdn. 19; Paeffgen SK-StPO, § 127 Rdn. 17.

127 Vgl. BayObLGSt 1986 S. 55; Boujong KK, § 127 Rdn. 27; Hilger LR, § 127 Rdn. 29; Krause AK, § 127 Rdn. 13; Otto Jura 2003 S. 687.

128 Anwendungsbereich und Abgrenzungen dieses Rechtfertigungsgrundes sind im Einzelnen noch recht unbestimmt: vgl. die Übersicht relevanter Fälle bei Schroeder LK, § 16 Rdn. 195 ff.

7. Einhaltung der im Verkehr erforderlichen Sorgfalt

162 Eine Rechtfertigung auf Grund der *Einhaltung der im Verkehr erforderlichen Sorgfalt* kann zur Verneinung der Sorgfaltspflichtverletzung bei der Prüfung fahrlässiger Verhaltensweisen im Verkehr führen. Da nicht alle im Verkehr zu beachtenden Sorgfaltsgebote gesetzlich ausformuliert sind, führt die Beachtung der im Verkehr erforderlichen Sorgfalt zur Ablehnung der Sorgfaltspflichtverletzung, wenn jemand im Verkehr die Sorgfalt erbracht hat, die von einem ordentlichen Verkehrsteilnehmer in der konkreten Situation erwartet werden kann.[129]

8. Hinweis

163 Außer den genannten Rechtfertigungsgründen können zahlreiche andere rechtfertigende Situationen relevant werden, die sich z. B. unmittelbar aus dem Grundgesetz – Art. 2 Abs. 1: Handlungsfreiheit bei der Untersagung weiterer Behandlung seitens eines todkranken Patienten; Art. 20 IV: Widerstandsrecht –, aus dem StGB – § 323 c: Eingriffsrecht in Handlungsfreiheit eines Suizidenten –, aus dem öffentlich-rechtlichen Dienstrecht oder aus behördlichen Genehmigungen ergeben können.[130]

VI. Rechtfertigender Notstand, § 34 StGB

164 In § 34 hat der Gesetzgeber das Prinzip des Vorranges des höherwertigen Interesses vor dem minderwertigen am deutlichsten zum Ausdruck gebracht. – § 34 rechtfertigt den Eingriff in das minderrangige Interesse zum Schutz des höherrangigen Interesses.

1. Voraussetzungen

a) Gefahr für ein Rechtsgut

165 Gefahr ist, was die Ursache eines *malum* sein kann (SPINOZA Ethik, 4. Teil, 69. Lehrsatz, Anm.). – Eine Gefahrsituation ist daher gegeben, „wenn nicht nur die gedankliche Möglichkeit, sondern eine auf festgestellte tatsächliche Umstände gegründete Wahrscheinlichkeit eines schädigenden Ereignisses besteht".[131]

166 Ob die Wahrscheinlichkeit des Schadenseintritts bestand, ist vom Standpunkt eines nachträglichen Beobachters, dem die in der Handlungssituation wesentlichen Umstände bekannt sind, objektiv zu beurteilen (objektiv nachträgliche Prognose).[132]

Beispiel: A zielt in Tötungsabsicht auf B mit einer geladenen Pistole. – B ist in diesem Moment in Lebensgefahr, auch wenn der von A abgegebene Schuss fehlgeht. Hingegen liegt keine Lebensgefahr vor, wenn die Pistole ungeladen ist. Ob B dies erkennen konnte oder nicht, ist irrelevant.

b) Die Gefahr muss *gegenwärtig* sein.

167 aa) *Gegenwärtig* ist die Gefahr, wenn der Eintritt eines Schadens „bei ungestörter (natürlicher) Weiterentwicklung der Dinge nach menschlicher Erfahrung als sicher oder höchst

---

129 Dazu BGHSt 4 S. 185 ff; in der Literatur wird der Gedanke der Einhaltung der im Verkehr erforderlichen Sorgfalt oft mit dem der Sozialadäquanz und dem des erlaubten Risikos verbunden, weil den einzelnen Instituten kein scharf umrissener Bereich eingeräumt wird; vgl. HIRSCH LK, Vor § 32 Rdn. 31 f m. w. N.
130 Vgl. dazu im Überblick KÜHL A. T., § 9 Rdn. 92 ff.
131 BGHSt 18 S. 272; vgl. auch BGHSt 26 S. 176, 179; HIRSCH LK, § 34 Rdn. 26; NEUMANN NK, § 34 Rdn. 39; SCH/SCH/PERRON § 34 Rdn. 12; TRÖNDLE/FISCHER § 34 Rdn. 3.
132 Zum Streitstand vgl. Fn. 8.

wahrscheinlich zu erwarten ist, falls nicht alsbald eine Abwehrmaßnahme ergriffen wird"[133]. – Geht die Gefahr von einem Menschen aus, so ist die Gefahr gegenwärtig, wenn dieser vorbehaltlos zum Ausdruck gebracht hat, er werde die Gefahr realisieren, falls seinen Wünschen nicht genügt werde.

bb) Gegenwärtig ist danach auch die sog. Dauergefahr, deren Realisierung zwar *nicht unmittelbar* bevorsteht, die aber „über einen längeren Zeitraum in dem Sinne gegenwärtig ist, dass sie jederzeit – zu einem ungewissen Zeitpunkt, alsbald oder später – in einen Schaden umschlagen kann".[134] **168**

Der Begriff der gegenwärtigen Gefahr wird damit weiter gefasst, als der des gegenwärtigen Angriffs i. S. des § 32. Dies erscheint jedoch sachgerecht, da der Gefahrenbegriff selbst über den des Angriffs hinausgeht. Während ein gegenwärtiger Angriff eine unmittelbare Rechtsgutsbedrohung oder -beeinträchtigung voraussetzt, ist eine Gefahr auch dann gegenwärtig, wenn die Rechtsgutsverletzung wahrscheinlich ist, ohne dass die Gefahr unmittelbar in die Beeinträchtigung umzuschlagen droht.[135] **169**

Damit fallen die Situationen der sog. *notwehrähnlichen Lage*, d. h. Gefahrensituationen, die sich nicht unmittelbar in einem Schaden zu realisieren drohen, sondern erst später, wenn dem Betroffenen aber kein Abwehrmittel mehr zur Verfügung steht, unter den Begriff gegenwärtiger Gefahr. **170**

Beispiel[136]**:** Der Gastwirt A schüttet seinen Gästen B und C, von denen er weiß, dass sie ihn in der kommenden Nacht berauben wollen, ein Schlafmittel in den Wein.

Die Rechtfertigung ist gemäß § 34 zu beurteilen, eines neuen Rechtfertigungsgrundes der notwehrähnlichen Lage bedarf es nicht.[137]

Praktische Bedeutung kommt der Rechtfertigung hier insbes. bei Tonbandaufnahmen zur Abwehr späterer Nötigung, Erpressung oder unwahrer prozessualer Angriffe zu.[138] **171**

c) Die Gefahr darf *nicht anders abwendbar* sein.

Die Tat muss zur Abwendung der Gefahr erforderlich sein: es darf in der konkreten Situation kein weniger gravierendes, wirksames Mittel zur Abwehr der Gefahr zur Verfügung stehen, z. B. die Hilfe Dritter oder staatlicher Stellen.[139] **172**

---

133 BGH NJW 1997 S. 265, 266 mit Anm. GEPPERT JK 97, StGB § 255/8, JOERDEN JR 1999 S. 120 ff; vgl. auch BGH NJW 1989 S. 176; 1989, S. 1289; BGH JR 1999 S. 341, 342; KREY ZRP 1975 S. 98; LACKNER/KÜHL § 34 Rdn. 2; OTTO Jura 1999 S. 553; PAWLIK Notstand, S. 177 f; SCH/SCH/PERRON § 34 Rdn. 17; SPENDEL StV 1984 S. 45; TRÖNDLE/FISCHER § 34 Rdn. 4.

134 BGH JR 1999 S. 341, 342 mit Anm. ZACZYK S. 343 ff; vgl. auch BGH NJW 1997 S. 265, 266; BGH StV 1982 S. 517; BAUMANN/WEBER/MITSCH A. T., § 17 Rdn. 58; ERB MK, § 34 Rdn. 80; KÜHL A. T., § 8 Rdn. 65; OTTO Jura 1999 S. 553; ROXIN A. T. I, § 15 Rdn. 21; SCHROEDER JuS 1980 S. 336.

135 Dazu vgl. BGHSt 39 S. 133, 136 f; BAUMANN/WEBER/MITSCH A. T., § 17 Rdn. 58; ERB MK, § 34 Rdn. 76; HILLENKAMP Vorsatztat und Opferverhalten, 1981, S. 112 ff; KION JuS 1967 S. 503; OTTO Jura 1999 S. 553; ROXIN A. T. I, § 16 Rdn. 17.

136 Nach LENCKNER Der rechtfertigende Notstand, 1965, S. 102.

137 So auch: GEILEN Jura 1981 S. 209 f; HERZOG NK, § 32 Rdn. 31; HILLENKAMP Vorsatztat, S. 116 f; KÜHL A. T., § 8 Rdn. 67; LENCKNER Notstand, S. 102; SCHAFFSTEIN Bruns-FS, S. 92; SCH/SCH/PERRON § 32 Rdn. 17; SCHROEDER JuS 1980 S. 341; SPENDEL LK, § 32 Rdn. 127; STRATENWERTH A. T. I, § 9 Rdn. 65.

138 Vgl. BVerfG NJW 2002 S. 3619, 3624; BGH NJW 1982 S. 278; KG NJW 1956 S. 26; ARZT JZ 1973 S. 508; HAUG NJW 1965 S. 2391 f; KÜHL A. T., § 8 Rdn. 68; KLUG Sarstedt-FS, S. 125; OTTO Kleinknecht-FS, S. 335. – Zur Fertigung von Fotokopien OLG Hamm JZ 1988 S. 309 mit abl. Anm. HELLE S. 309 ff.

139 Dazu BGH NJW 2003 S. 2464; OLG Hamm NJW 1976 S. 721 f; OLG Karlsruhe JZ 1984 S. 240 mit Anm. HRUSCHKA S. 241 ff; LENCKNER Lackner-FS, S. 95 ff, 111.

d) Wesentlich überwiegendes Interesse

173 Das geschützte Interesse muss das beeinträchtigte Interesse *wesentlich überwiegen*.

174 aa) Bei der hier maßgeblichen Abwägung sind nicht nur Rang und Wert der verschiedenen Rechtsgüter von Bedeutung, sondern Art und Schwere der Gefahr für diese sind mit in die Wertung einzubeziehen. In besonderem Maß ist zu berücksichtigen, von wem die Gefahr ausgeht, ob die Gefahr rechtswidrig oder rechtmäßig begründet wurde und ob der Notstandstäter die Gefahr verschuldet hat.[140] – Auch mit dem Schutz überindividueller Rechtsgüter kann der Täter im konkreten Fall das höherrangige Interesse wahren.[141]

175 Einer Begrenzung des § 34 auf Fälle des aggressiven Notstands – entsprechend der Regelung des § 904 BGB –, während Fälle des defensiven Notstands in analoger Anwendung des § 228 BGB zu lösen sind, bedarf es daher nicht.[142]

176 bb) Eine „spezifische Kollisionsbeziehung" zwischen dem geschützten und dem verletzten Rechtsgut derart, dass das eine Rechtsgut von vornherein als verfügbares Rettungsmittel für das andere erscheint, ist nicht erforderlich. Eine solche Abhängigkeit würde den Anwendungsbereich des § 34 unangemessen einschränken.[143]

177 cc) Werden durch den Notstandseingriff Rechtsgüter verschiedener Rechtsgutträger beeinträchtigt, so ist im Rahmen der Interessenabwägung jeder Eingriff selbstständig und unabhängig von dem anderen Eingriff zu würdigen.[144]

178 dd) Im Rahmen der Interessenabwägung ist auch die Frage nach der Angemessenheit des Mittels angesichts der möglichen oder sicheren Folgen mitzubeantworten. § 34 S. 2 kommt daher keine eigenständige Bedeutung zu.[145]

---

140 Dazu BayObLG JR 1979 S. 124 mit Anm. HRUSCHKA S. 125ff und DENCKER JuS 1979 S. 779; KÜHL A. T., § 8 Rdn. 102ff; KÜPER GA 1983 S. 289ff; DERS. Der „verschuldete" rechtfertigende Notstand, 1983, S. 18 ff, insbes. S. 88 f; LENCKNER Der rechtfertigende Notstand, S. 120 ff; MEISSNER Die Interessenabwägungsformel in der Vorschrift über den rechtfertigenden Notstand (§ 34 StGB), 1990, S. 229 ff; ROXIN A. T. I, § 16 Rdn. 22 ff.

141 Dazu OLG Frankfurt NStZ-RR 1996 S. 136 mit Anm. Otto JK 96, StGB, § 34/2.

142 Dazu BAUMANN/WEBER/MITSCH A. T., § 17 Rdn. 72 ff; ERB MK, § 34 Rdn. 17, 148; JESCHECK/WEIGEND A. T., § 33 IV 3 c; LACKNER/KÜHL § 34 Rdn. 9; LENCKNER GA 1985 S. 311, Fn. 25; OTTO Der durch Menschen ausgelöste Defensivnotstand, 1998, S. 95. 191; ROXIN Jescheck-FS Bd. 1, S. 457. – A. A. FRISTER GA 1988 S. 295; HRUSCHKA NJW 1980 S. 22; JAKOBS A. T., 13/6, 46; KORIATH JA 1998 S. 255; O. LAMPE NJW 1968 S. 90 f; NEUMANN NK, § 34 Rdn. 86; PAWLIK Jura 2001 S. 28; DERS. GA 2003 S. 17 ff; DERS. Notstand, S. 132 ff.

143 So auch GREBING GA 1979 S. 86 ff; KÜPER JZ 1976 S. 516; LACKNER/KÜHL § 34 Rdn. 4. – A. A. BOCKELMANN JZ 1959 S. 498 f; JESCHECK/WEIGEND A. T., § 33 IV 3 b; KIENAPFEL ÖJZ 1975 S. 428.

144 Vgl. DENCKER JuS 1979 S. 779 ff; MERKEL in: Institut für Kriminalwissenschaften Frankfurt a. M. (Hrsg), Vom unmöglichen Zustand des Strafrechts, 1995, S. 191 ff. – A. A. ERB MK, § 34 Rdn. 108; HIRSCH LK, § 34 Rdn. 55; JAKOBS A. T., 13/32; JOERDEN GA 1993 S. 253 f; KÜPER Notstand, S. 146 ff.

145 Str. – Wie hier: BAUMANN/WEBER/MITSCH A. T., § 17 Rdn. 83; FREUND A. T., § 3 Rdn. 72; GROPP A. T., § 6 Rdn. 145: Günther SK I, § 34 Rdn. 50; KREY ZRP 1975 S. 98; DERS. A. T. 1, Rdn. 560; KÜPER JZ 1980 S. 755 ff; LENCKNER Notstand, S. 147; ROXIN A. T. I, § 16 Rdn. 80; SCH/SCH/PERRON § 34 Rdn. 46; STREE JuS 1973 S. 464. – A. A. AMELUNG/SCHALL JuS 1975 S. 569; ERB MK, § 34 Rdn. 169; GREBING GA 1979 S. 93 f; JAKOBS A. T., 13/36; JOERDEN GA 1991 S. 411 ff, 427; JESCHECK/WEIGEND A. T., § 33 IV 3 d; KÜHL A. T., § 8 Rdn. 167 ff; STRATENWERTH A. T. I, § 9 Rdn. 107; TRÖNDLE/FISCHER § 34 Rdn. 12.

e) Subjektive Voraussetzungen

Der Täter muss im Bewusstsein der Wahrung des höheren Interesses zur Gefahrenabwehr **179**
gehandelt haben.

aa) Es wird nicht vorausgesetzt, daß der Täter mit *Rettungsabsicht* in dem Sinne handelt, dass er allein durch **180**
die Rettung motiviert ist. Bloße Kenntnis der Situation genügt jedoch nicht, wenn der Täter nicht mit Ret-
tungswillen handelt.[146]

bb) Keine subjektive Rechtfertigungsvoraussetzung ist die pflichtgemäße Prüfung der Rechtfertigungslage **181**
durch den Täter. Dieses Erfordernis hat der Gesetzgeber nicht in den Gesetzestext aufgenommen.

2. Zur Einübung

Fall 1: OLG Celle VRS 63 S. 449: Nach einem schweren Unfall, bei dem der Einsatz eines Feuerwehrfahrzeu- **182**
ges zur Rettung eines Menschenlebens nötig erscheint, stellt sich heraus, dass A, der als einziger zur Führung
des Fahrzeugs fähig ist, volltrunken ist. A fährt den Wagen zwei Kilometer weit zur Unfallstelle mit mäßiger
Geschwindigkeit und unter Beachtung der Verkehrsvorschriften.

OLG Celle: Die Trunkenheitsfahrt des A (§ 316 StGB) war gemäß § 34 gerechtfertigt. Der Einsatz war dringend nötig, die Fahrstrecke war kurz und eine konkrete Gefährdung anderer Verkehrsteilnehmer trat nicht
ein, weil das Fahrzeug mit Blaulicht und Martinshorn fuhr. Bei dieser Sachlage hielt sich das mit der Trunkenheit eingegangene Risiko noch in angemessenen Grenzen.

Fall 2: Ein Feuerwehrmann kann ein Kind vor dem sicheren Flammentod nur dadurch retten, dass er es aus **183**
dem brennenden Haus in ein Sprungtuch wirft, obwohl die Gefahr besteht, dass es sich das Genick bricht,
wenn es unglücklich aufschlägt. – Die drohende Gefahr realisiert sich. Das Kind kommt zu Tode.

Ergebnis: Rechtfertigung des Feuerwehrmannes nach § 34: Dem sicheren Flammentod stand eine riskante
Rettungsmöglichkeit als einzige Alternative gegenüber. Als der Feuerwehrmann sich für diese entschied, wählte
er eine Rechtsgutgefährdung, um die sichere Rechtsgutverletzung abzuwenden. Dass die Kollisionslage sich
auf dasselbe Rechtsgut bezieht, hindert die Anwendung des § 34 nicht. Es liegt ein Fall der Gefahrenabwä-
gung vor.

Fall 3: Ein Arzt, der schnell eine Bluttransfusion an einem Unfallort vornehmen muss, um das Unfallopfer zu **184**
retten, fährt nachts – geringer Verkehr, übersichtliche Straße – mit überhöhter Geschwindigkeit zum Unfallort.

Ergebnis: Entscheidung wie **Fall 2**. Eine abstrakte, fernliegende Gefährdung etwaiger Verkehrsteilnehmer
steht der konkreten Lebensgefahr des Unfallopfers gegenüber.[147]

Fall 4: Der Krankenhausarzt A zwingt den Patienten P, eine Blutentnahme zu dulden, da er das Blut dringend **185**
zur Rettung des X braucht, P sich aber weigert, freiwillig Blut zu spenden.

Ergebnis: Der Rettung des Lebens des X stehen hier gegenüber der Eingriff in die körperliche Integrität und
die Willensfreiheit des P sowie die Verletzung des Vertrauens des P und aller potentiellen Patienten, im Krankenhaus vor derartigen Eingriffen sicher zu sein. Damit ist – gerade gesehen auf die weitreichenden Folgen des
Vertrauensverlustes – ein Vorrang der Lebensrettung nicht mehr zu begründen.[148]

Fall 5: Der Arzt klärt die Ehefrau seines Patienten P gegen dessen Willen darüber auf, dass P an AIDS **186**
erkrankt ist.

---

146 Vgl. auch BAUMANN/WEBER/MITSCH A. T., § 17 Rdn. 84; HIRSCH LK, § 34 Rdn. 45; TRÖNDLE/FISCHER
§ 34 Rdn. 18. – Kenntnis der Situation und der Wahrnehmung des überwiegenden Interesses lassen genügen: GALLAS ZStW 80 (1968) S. 26; KÜHL A. T., § 8 Rdn. 183; LACKNER/KÜHL § 34 Rdn. 5; LENCKNER
Notstand, S. 198; NEUMANN NK, § 34 Rdn. 106.

147 Dazu auch BayObLG NJW 2000 S. 888; OLG Hamm NJW 1977 S. 1892; NJW 1996 S. 2437.

148 Str.; vgl. einerseits: GALLAS Mezger-FS, S. 326; HIRSCH LK, 10. Aufl. § 223 Rdn. 20; JESCHECK/WEIGEND
A. T., § 33 IV 3 d; MEISSNER Interessenabwägungsformel, S. 209 ff; PAWLIK Notstand, S. 263; WESSELS/
BEULKE A. T., Rdn. 321; andererseits: HASSEMER Maihofer-FS, S. 201 f; KÜHL A. T., § 8 Rdn. 169 ff;
ROXIN Kriminalpolitik und Strafrechtssystem, 2. Aufl. 1973, S. 27 ff.

Ergebnis: Rechtfertigung der Schweigepflichtverletzung, § 203, gemäß § 34, wenn konkrete Anhaltspunkte vorliegen, dass der P uneinsichtig ist oder bevorstehende Kontakte mit ihm ein spezifisches Infektionsrisiko bergen.[149]

Fall 6: BGHSt 48 S. 255 mit Anm. BECKEMPER JA 2004 S. 101 ff, HILLENKAMP JZ 2004 S. 48 ff, KARGL Jura 2004 S. 189 ff, OTTO NStZ 2004 S. 142 ff: Der Haustyrann H schlägt und quält seine Ehefrau E seit langem auf brutale Weise. Für den Fall, dass sie ihn verlassen werde oder ihn anzeige, hat er ihr glaubwürdig die Tötung angedroht. – Als E – gesundheitlich bereits schwer geschädigt – keinen Ausweg mehr sieht, tötet sie den H während er schläft.

Ergebnis: Die h. M. lehnt hier eine Rechtfertigung ab, da sie davon ausgeht, dass der Notstandstäter vor der Tötung eine Zuspitzung der Gefahr auf einen Angriff im Sinne des § 32 abzuwarten habe. Der BGH sieht sogar im Falle der zugespitzten Situation mit akuter Lebensgefahr keinen Vorrang der bedrohten Güter der E, sondern erkennt das höhere Interesse im Rechtsgut Leben des H. Übersehen wird dabei, dass im Rahmen der Interessenabwägung zu berücksichtigen ist, dass H sein Leben durch die eigenverantwortlichen, rechtswidrigen Angriffe auf E selbst gefährdete. – Die Ablehnung des § 34 ist daher dann, wenn andere sichere Möglichkeiten der Gefahrenabwehr nicht zur Verfügung stehen, unangemessen und mit der in § 34 geforderten Interessenabwägung, die über die Güterabwägung hinausgeht, nicht in Einklang zu bringen.[150]

3. Grenzen der Interessenabwägung

a) Der problematische Bereich der Interessenabwägung im Rahmen des § 34

187   Schon der unter Rdn. 185 ff erörterte Beispielsfall zeigt, dass die Herausarbeitung der verschiedenen einander gegenüberstehenden Interessenlagen keineswegs unproblematisch ist, denn die Grenzen einer allgemein einsichtigen Argumentation innerhalb einer Wertung sind dort erreicht, wo der Wert der zu wägenden Faktoren selbst umstritten ist. Immerhin lässt sich eine verallgemeinerungsfähige Lösung von Einzelfällen dann überzeugend begründen, wenn die Argumentation den Begriff des Interesses nicht zu eng fasst und mit materiellem Bedürfnis identifiziert, darüber hinaus den rechtlichen Rang der verschiedenen Interessen klarstellt sowie über die Kriterien der Priorität und der Präferenzen Aufschluss gibt.

Die Grenzen dieser Analyse und Wertung scheinen allerdings dort erreicht zu sein, wo es um die Rettung rechtlicher Höchstwerte geht, bei der zugleich derartige Werte vernichtet werden, d. h. um die Rettung von Menschenleben, die zugleich mit der Vernichtung anderer Menschenleben verbunden ist. – Dass in dieser Situation eine Güterabwägung versagen muss, bedarf nicht eingehender Begründung, denn das menschliche Leben als rechtlicher Höchstwert ist nicht quantifizierbar. Auch wenn das Leben eines Menschen zur Rettung des Lebens einer großen Zahl von Menschen aufgeopfert wird, ändert das nichts daran, dass der Einzelne hier zum Objekt der Lebensrettung anderer gemacht wird. – Gleichwohl ermöglicht eine sorgfältige Analyse der Situation und der in ihr maßgeblichen Interessenlagen in verschiedenen Fallkonstellationen doch noch die Begründung erheblicher Interessenunterschiede und damit die Anwendung des § 34.

---

149 Vgl. auch OLG Frankfurt NStZ 2001 S. 150 mit Anm. OTTO JK 01, StGB § 203/2, WOLFSLAST NStZ 2001 S. 151 f; GEPPERT in: Szwarc (Hrsg.), AIDS und Strafrecht, 1996, S. 247 ff; HIRSCH LK, § 34 Rdn. 68 a; SCHÜNEMANN LK, § 203 Rdn. 139, – Zu weit geht es aber, eine Aufklärungs*pflicht* anzunehmen, wenn auch der Gefährdete Patient des Arztes ist. Diese ist weder aus § 34 abzuleiten noch aus dem ärztlichen Behandlungsverhältnis; vgl. dazu OTTO JK 01, StGB § 203/2; WOLFSLAST NStZ 2001 S. 152, jeweils mit Angaben zur Gegenmeinung.

150 Dazu auch BYRD in: Bottke (Hrsg.), Familie als zentraler Grundwert demokratischer Gesellschaften, 1994, S. 125, 132; WELKE ZRP 2004 S. 15 ff. – Zur h. M. vgl. LG Offenburg StV 2003 S. 674; HILLENKAMP Miyazawa-FS, 156; KÜPER Grund- und Grenzfragen der rechtfertigenden Pflichtenkollision im Strafrecht, 1979, S. 74; LACKNER/KÜHL § 34 Rdn. 9; PAWLIK Notstand, S. 314 Fn. 131; ROXIN A. T. I, § 16 Rdn. 76.

b) Die problematischen Fallkonstellationen

aa) Rettung des eigenen Lebens unter Vernichtung fremden Lebens188

Fall 1: Den ältesten in der Literatur erörterten Fall überlieferte bereits *Cicero*, der sich auf *Karneades* (214– 129 v. Chr.) bezieht. Daher ist der Fall als „das Brett des Karneades" bekannt. Er wird in zwei Varianten erörtert:

Nach einem Schiffbruch hat sich einer der Überlebenden auf eine Planke gerettet, die allerdings nur einen Menschen zu tragen vermag. Ein zweiter Überlebender versucht gleichfalls, auf die Planke zu gelangen.

(1) Darf der Besitzer die Planke mit allen Kräften verteidigen, auch wenn der andere dadurch zu Tode kommt?

(2) Handelt der Schwimmende rechtswidrig, wenn er den anderen von der Planke stößt?

Fall 2: Von drei angeseilten Bergsteigern sind zwei in eine Gletscherspalte gestürzt. Es besteht keine Möglichkeit, sie herauszuziehen. Ihr Schicksal ist endgültig besiegelt. Der dritte hätte noch eine Lebensrettungschance, wenn er das Seil kappt. Diese Tat bringt zwei Menschen den Tod, erhält aber einen am Leben, während sonst alle drei umkommen. Handelt der dritte rechtswidrig, wenn er in dieser Situation das Seil kappt?

bb) Rettung des Lebens eines Familienmitglieds unter Vernichtung fremden Lebens189

Fall: Ein Bahnwärter sieht beim Abschreiten des Gleises auf den Schienen einen schweren Eisenblock liegen, den er bis zum Herannahen des Schnellzuges gerade noch entfernen könnte. Da hört er unvermutet von einem nahegelegenen Teich her die Hilferufe seines ertrinkenden Kindes. Handelt der Vater rechtswidrig, wenn er sein Kind rettet, während durch das D-Zug-Unglück zahlreiche Personen zu Tode kommen?

cc) Rettung des Lebens Dritter unter Vernichtung des Lebens anderer Personen190

Fall 1: BGH NJW 1953 S. 513: Die Angeklagten, Gegner der staatlich angeordneten Tötung Geisteskranker, waren entschlossen, unter Gefährdung der eigenen Person für ihre Überzeugung einzutreten und der Euthanasie-Aktion aktiven Widerstand entgegenzusetzen. Sie sahen hierfür keinen anderen Weg, als einen Teil der todgeweihten Kranken zu opfern, indem sie deren Namen auf die sog. Verlegeliste setzten. Nur dadurch war es ihnen möglich, den größten Teil der Kranken zu retten, da verhindert wurde, dass andere Ärzte hinzugezogen wurden, die den Tötungsbefehl ohne Einschränkung ausgeführt hätten.

Fall 2: Auf einer steilen Gebirgsstrecke hat sich ein Güterwagen gelöst und saust mit voller Wucht ins Tal auf einen kleinen Bahnhof zu, in dem gerade ein Personenzug steht. Würde der Güterwagen auf dem bisherigen Gleis weiterrasen, so würde er auf den Personenzug stoßen und eine große Anzahl von Menschen töten. Ein Bahnbeamter, der das Unheil kommen sieht, reißt in letzter Minute die Weiche um, die den Güterwagen auf das einzige Nebengleis lenkt, auf dem gerade einige Arbeiter einen Güterzug entladen. Durch den Anprall werden, wie der Beamte voraussah, drei Arbeiter getötet.

c) Differenzierung der Interessenabwägung

Ein Rechtsgütervergleich führt in allen diesen Fällen nicht weiter. Demgemäss kommt die191 h. L. bei der Beurteilung dieser Fälle höchstens zu einer Entschuldigung, nicht aber zum Ausschluss der Rechtswidrigkeit, während die Rechtsprechung lediglich einen übergesetzlichen Strafausschließungsgrund konstituieren wollte. Anders ist es aber, wenn man sich von dem gehaltlosen Rechtsgütervergleich löst und fragt, was das Recht vom Einzelnen in dieser Situation eigentlich erwartet. Wenn die Rechtsordnung sich nämlich ein Unwerturteil über eine bestimmte Handlung anmaßt, muss sie dem Einzelnen sagen können, wie er sich rechtmäßig verhalten soll. Gerade diese Verhaltenserwartung hat aber differenziertere Grundlagen als die des bloßen Rechtsgütervergleichs.

Drei Prinzipien zur möglichen Lösung der hier in Frage stehenden Fälle erscheinen tragfähig[151]:192

---

151 Dazu eingehend: Otto Pflichtenkollision und Rechtswidrigkeitsurteil, 3. Aufl. 1978, S. 76 ff.

Verhaltensweisen, die den Tod eines oder mehrerer Menschen zur Folge haben, sind nicht rechtswidrig, wenn sie

(1.) in der Absicht der Rettung des eigenen Lebens erfolgen,
   a) nicht Lebensrettungschancen des Betroffenen vernichten, um die Chancen des Handelnden zu erhöhen, und
   b) der Handelnde weder zum Bestehen noch zum Übernehmen der Gefahrenlage verpflichtet ist;
(2.) unter Missachtung anderer Hilfspflichten in der Absicht der Rettung des Lebens eines Angehörigen erfolgen, mit dem der Handelnde in häuslicher Familiengemeinschaft lebt, und
   a) der Handelnde die Gefahr nicht durch Einsatz des eigenen Lebens abwenden kann, und
   b) der gefährdete Angehörige die Gefahr nicht frei und bewusst auf sich genommen hat;
(3.) in der Absicht der Rettung des Lebens einer möglichst großen Anzahl von Menschen aus einer Schar Todgeweihter erfolgen und der Handelnde keine Möglichkeit hat, alle zu retten.

d) Konsequenzen für die problematischen Fallkonstellationen

193   aa) Rettung des eigenen Lebens unter Vernichtung fremden Lebens

Im *Karneades-Fall* handelt der Besitzer der Planke zur Verteidigung seines eigenen Lebens, wenn er den Angriff des Schwimmers abwehrt. Er wahrt dabei lediglich seine eigenen Rettungschancen, maßt sich diese aber nicht auf Kosten des anderen an. Er handelt nicht pflichtwidrig. – Dies folgt bereits aus der Anwendung des § 32 auf den vorliegenden Fall.[152]

Stößt jedoch der Schwimmer den Inhaber der Planke hinunter, vernichtet er bereits bestehende Rettungschancen des anderen, um seine eigenen Aussichten zu verbessern. Dieses Verhalten ist pflichtwidrig.[153]

Der Bergsteiger, der das Seil kappt, trifft zwar insoweit eine Entscheidung über das Leben der Abgestürzten, als deren Tod vielleicht um Sekunden eher eintritt. Diese zeitliche Verschiebung des Geschehens vermag bei wertender Betrachtungsweise jedoch nicht das Urteil zu begründen, er habe sich Lebensrettungschancen der anderen angemaßt. Derartige Chancen besaßen die Abgestürzten nicht mehr. Angesichts ihres sicheren Todes und unter Berücksichtigung der Tatsache, dass er nicht verpflichtet ist, sein Leben zu opfern, rettet der Bergsteiger daher sein Leben nicht auf Kosten der anderen. Sein Verhalten ist nicht pflichtwidrig.[154]

194   bb) Rettung des Lebens eines Familienmitglieds unter Vernichtung fremden Lebens

Der Bahnwärter, der seinem Kind zu Hilfe eilt und die Fahrgäste des nahen Schnellzugs ihrem Schicksal überlässt, handelt in der Situation der Lebensgefahr eines Familienmitglieds in der Absicht der Rettung dieses Angehörigen. Damit verhält er sich nicht pflichtwidrig.

---

152 Vgl. dazu Bockelmann/Volk A. T., § 16 D I 5; Hirsch Bockelmann-FS, S. 106 f; Küper Grund- und Grenzfragen, S. 64 ff; Schild JA 1978 S. 633. A. A. (nur Entschuldigung): Schmidhäuser Honig-FS, S. 197. – Zur Problematik des Karneades-Falls unter der Prämisse, dass beide Beteiligte zunächst dieselben Chancen haben: Koriath JA 1998 S. 250 ff. – Von dieser Prämisse geht die vorliegende Fallgestaltung – entgegen der Annahme Koriaths auf S. 257 – gerade nicht aus.
153 Vgl. Hirsch Bockelmann-FS, S. 107; Küper Grundfragen, S. 66; Schild JA 1978 S. 633.
154 So im Ergebnis auch: Erb MK, § 34 Rdn. 119 f; Günther Strafrechtswidrigkeit und Strafunrechtsausschluß, 1983, S. 346; Hirsch Bockelmann-FS, S. 107 f; Arthur Kaufmann Maurach-FS, S. 338 ff; Neumann MK, § 34 Rdn. 76 f; Pawlik Notstand, S. 326; Schild JA 1978 S. 634; Eb. Schmidt SJZ 1949 Sp. 565; – A. A. (nur Entschuldigung): Gallas Mezger-FS, S. 327; Kienapfel ÖJZ 1975 S. 426; Kühl A. T., § 8 Rdn. 154f; Küper Grundfragen, S. 42ff, 61; Lenckner Notstand, S. 31; Samson SK I, § 34 Rdn. 50; Schmidhäuser A. T., 9/72; Sch/Sch/Perron § 34 Rdn. 24; Stratenwerth A. T. I, § 9 Rdn. 104; Welzel Lb., § 23 III 2; Wessels/Beulke A. T., Rdn. 316. – Als Fall rechtmäßigen Unterlassens löst die Problematik: Jäger ZStW 115 (2003) S. 769.

Diese Entscheidung, Pflichten gegenüber einem Angehörigen höher zu bewerten als Berufspflichten, entspricht der in Art. 6 Abs. 1 GG zum Ausdruck gekommenen Wertentscheidung des Grundgesetzes, die auf der Anerkennung der Tatsache beruht, dass in der Familie eine besonders enge Gemeinschaft besteht, die in besonderem Maße schutzwürdig ist. Demnach handelt pflichtgemäß, wer in einer Situation, in der er sowohl für ein Familienmitglied als auch für andere Personen, für deren Leben er auf Grund einer Berufspflicht verantwortlich ist, der Hilfeleistungspflicht für den Angehörigen den Vorrang einräumt.[155]

cc) Rettung des Lebens Dritter unter Vernichtung des Lebens anderer Personen 195

Die Ärzte, die bewusst eine Anzahl ihrer Patienten der staatlichen Euthanasie-Aktion preisgaben, handelten in der Absicht der Rettung des Lebens einer möglichst großen Anzahl von Patienten aus der Schar der Todgeweihten, und zwar in der Kenntnis der Tatsache, keine Möglichkeit zu besitzen, alle zu retten. Ihr Verhalten war nicht pflichtwidrig.[156]

Die h. M. lehnt eine Rechtfertigung ab. Allein bereits ihre Prämisse, die Ärzte hätten das Leben einiger Patienten auf Kosten des Lebens anderer Patienten gerettet, ist unrichtig. Von einer derartigen Chancennutzung kann de facto keine Rede sein; hier geht es ausschließlich um die Frage, ob die Pflicht, alle Gefährdeten zu retten, erlischt, wenn sich dieses als unmöglich erweist, oder sich dahin konkretisiert, dass so viele zu retten sind wie möglich.[157]

Im Fall des Bahnbeamten, der im letzten Augenblick die Weiche herumreißt und damit zur Rettung der Fahrgäste des Personenzuges die noch nicht bedrohten Arbeiter dem Tode preisgibt, werden die gefährdeten Fahrgäste auf Kosten des Lebens bis dahin Unbeteiligter gerettet. Damit werden Lebenschancen von Personen zur Rettung anderer Personen herangezogen. Das ist pflichtwidrig, denn die Abwägung nach der Zahl geht fehl, da jedes Menschenleben für sich bereits den rechtlichen Höchstwert darstellt, der nicht mehr quantifizierbar ist.[158]

4. Anwendbarkeit des § 34 auf hoheitliches Handeln

In gleicher Weise wie § 32 – dazu oben Rdn. 57 f – ist § 34 grundsätzlich auch auf staatliches 196 Handeln anzuwenden.[159]

---

155 Für einen Unrechtsausschluss auch Schild JA 1978 S. 633 f. – A. A. Gallas Mezger-FS, S. 331; Henkel Der Notstand nach gegenwärtigem und künftigem Recht, 1932, S. 97. Für Jansen Pflichtenkollisionen im Strafrecht, 1930, S. 17, Fn. 28, war die „Erfüllung der Berufspflicht unzweifelhaft wertvoller", dennoch hielt er es für einen „absurden Gedanken", den Vater, der sein Kind rettet, zu „bestrafen".

156 Vgl. dazu auch: Brauneck GA 1959 S. 270 f; Günther Strafunrechtsausschluß, S. 335; Arthur Kaufmann Maurach-FS, S. 338 ff; Kern ZStW 64 (1952) S. 290; Klefisch MDR 1950 S. 258 ff; Mangakis ZStW 84 (1972) S. 477.

157 Für Entschuldigung: Baumann/Weber/Mitsch A. T., § 23 Rdn. 55; Erb MK, § 34 Rdn. 117; Gallas Mezger-FS, S. 332; Henkel Mezger-FS, S. 300; Hirsch Bockelmann-FS, S. 108 f; Jäger ZStW 115 (2003) S. 785 ff; Jescheck/Weigend A. T., § 33 V 1 b; Kühl A. T., § 8 Rdn. 154 f; Küper Grundfragen, S. 52 ff und S. 62 ff; Lenckner Notstand, S. 29 ff; Maurach/Zipf A. T. 1, § 33 Rdn. 20 f; Schmidhäuser A. T., 11/36; Sch/Sch/Perron § 34 Rdn. 24; Tröndle/Fischer Vor § 32 Rdn. 15; Welzel Lb., § 23 III 1; ders. ZStW 63 (1951) S. 47 ff. – Einen Strafausschluss nehmen an: OGHSt 1 S. 321 ff; 2 S. 117 ff; Oehler JR 1951 S. 492 ff; Peters JR 1950 S. 496 ff; ders. JR 1950 S. 742 ff. Nur Schuld- und Strafmilderung: Spendel Engisch-FS, S. 509 ff.

158 So z. B. auch: Eser/Burkhardt I, Nr. 12 A 63; Gallas Mezger-FS, S. 330 f; Hirsch Bockelmann-FS, S. 110; Jäger ZStW 115 (2003) S. 778; Kühl A. T., § 8 Rdn. 156; Mangakis ZStW 84 (1972) S. 475 f; Maurach/Zipf A. T. 1, § 33 Rdn. 20 f; Peters JR 1950 S. 744; Rudolphi SK I, Vor § 19 Rdn. 8; Schild JA 1978 S. 633 f; Schmidhäuser A. T., 11/37 und 16/79; Welzel ZStW 63 (1951) S. 51 f. – A. A. Brauneck GA 1959 S. 271 (Rechtfertigung); Günther Strafunrechtsausschluß, S. 333 ff; Arthur Kaufmann Maurach-FS, S. 338 ff (Unrechtsausschluss).

159 Vgl. BGHSt 27 S. 260; OLG Frankfurt NJW 1975 S. 271; Bottke JA 1980 S. 95; Erb MK, § 34 Rdn. 41; Gössel JuS 1979 S. 164 f; Lackner/Kühl § 34 Rdn. 14; Roxin A. T. I, § 16 Rdn. 89; Schaffstein Schrö-

Zu beachten ist aber bei der Anwendung des § 34 auf hoheitliches Handeln, dass § 34 die staatlichen Eingriffsbefugnisse nicht erweitern kann, wo ein bestimmter Interessenkonflikt durch öffentlich-rechtliche Sondervorschriften abschließend geregelt ist.[160]

VII. Rechtfertigender Notstand – Pflichtenkollision – rechtsfreier Raum

1. Pflichtenkollision

197 Lässt sich ein Rangunterschied widerstreitender Pflichten nicht mehr begründen, so bietet § 34 keinen Weg zur Lösung der Problematik, da er einen Rangunterschied der widerstreitenden Interessen- bzw. Pflichtenlagen gerade voraussetzt. Die Frage, wie der Betroffene sich rechtens verhalten soll, scheint unlösbar.

198 Kennzeichnend für die Problemlage sind z. B. folgende Fälle:

Fall 1: Der Arzt A wird an eine Unfallstelle gerufen. Dort liegen X und Y schwer verletzt. Wenn A sogleich mit Rettungsmaßnahmen beginnt, kann er das Leben eines der Verletzten retten. Da A die Maßnahmen selbst durchführen muss, ist eine gleichzeitige Rettung beider Verletzter ausgeschlossen. Eine anschließende Rettung des zweiten ist unmöglich.

Fall 2: Der Autofahrer A fährt an einem Regentag mit eingestelltem Tempomat und angemessener Geschwindigkeit auf der Landstraße, als plötzlich der Fußgänger X, achtlos hinter einem Baum hervortretend, die Straße zu überqueren beginnt. Nur ein starkes, plötzliches Abbremsen kann das Leben des X retten. – In diesem Falle würde aber der Motorradfahrer Y, der zu dicht an den Wagen des A herangefahren ist, auffahren, stürzen und mit an Sicherheit grenzender Wahrscheinlichkeit zu Tode kommen.

2. Pflichtenkollision und rechtsfreier Raum

199 Fest steht in den eben genannten Fällen, dass A das Leben von X und Y nicht zugleich retten kann. Dennoch erscheint es verfehlt, davon auszugehen, dass A – will er sich nicht rechtswidrig verhalten – dem Schicksal einfach seinen Lauf lassen muss. Dies ist im ersten Fall evident, doch auch im zweiten Fall kann nichts anderes gelten:

200 Mit der Feststellung, dass ein bestimmtes Verhalten von der Rechtsordnung nicht ausdrücklich positiv hervorgehoben, d.h. durch einen Rechtfertigungsgrund gerechtfertigt wird, ist noch nicht bewiesen, dass dies Verhalten, auch wenn es zur Verletzung eines Rechtsguts geführt hat, bereits pflichtwidrig ist. Der Schluss vom Fehlen einer positiven Bewertung einer Rechtsgutsbeeinträchtigung durch einen Rechtfertigungsgrund auf die negative Abwertung dieses Verhaltens durch die Rechtsordnung ist falsch.

201 Ein derartiges „Entweder – Oder" wird der Funktion der Rechtsordnung, durch Erwartungssicherung und Verhaltenssteuerung menschliches Verhalten zu regeln, nicht gerecht. Wo dem Betroffenen der rechtens gesollte Weg nicht mehr von der Rechtsordnung gewiesen wird, bleibt ihm die Entscheidung überlassen. Seine Wahl widerspricht dann den Ge- bzw. Verboten der Rechtsordnung nicht, sie ist nicht rechtswidrig.

---

der-GedS, S. 114 ff; Sch/Sch/Perron § 34 Rdn. 7; Tröndle/Fischer § 34 Rdn. 23; – A. A. Amelung NJW 1977 S. 833 ff; ders. NJW 1978 S. 623 f; Böckenförde NJW 1978 S. 1883 f; Küper Darf sich der Staat erpressen lassen?, 1986, S. 77 ff, 90; Neumann NK, § 34 Rdn. 113; Pawlik Notstand, S. 198 ff.

160 Dazu vgl. Erb MK, § 34 Rdn. 44; Kühl A. T., § 8 Rdn. 179; Lackner/Kühl § 34 Rdn. 14; Otto NJW 1973 S. 668; Sch/Sch/Perron § 34 Rdn. 7; Tröndle/Fischer § 34 Rdn. 24 a.

Das bedeutet nicht, dass das Verhalten damit einem *rechtsfreien Raum*[161] zugeordnet wird **202** in dem Sinne, dass sich die Rechtsordnung hier bewusst einer Wertung enthält. Es handelt sich bei den einschlägigen Sachverhalten vielmehr um Fälle, die nicht unter die bisher im Strafrecht positivierten „Kollisionsnormen" subsumiert werden können. Die Lösung der Kollision selbst ist jedoch bereits in der Systematik des Gesetzes angelegt: Die Rechtsordnung ist angesichts der Gleichrangigkeit der Pflichtansinnen nicht in der Lage, eine der möglichen Konfliktlösungen gegenüber anderen positiv hervorzuheben. In gleicher Weise aber kann keine der möglichen Lösungen als pflichtwidrig abgewertet werden. Da das Strafrecht jedoch sein Unwerturteil an das rechtswidrige, d.h. das pflichtwidrige Verhalten knüpft, ist damit dargetan, dass die Feststellung, hier werde Unrecht verwirklicht, nicht getroffen werden kann. *Das Verhalten ist nicht rechtswidrig*, auch wenn feststeht, dass die gewählte Konfliktlösung gegenüber den anderen möglichen Konfliktlösungen keinen rechtlichen Vorrang genießt.

Der Täter handelt nicht rechtswidrig – allerdings auch nicht gerechtfertigt –, *wenn er in* **203** *einer Pflichtenkollision eine von mehreren gleichrangigen Pflichten erfüllt.*[162]

a) Konkurrenz gleichrangiger Handlungspflichten

Soweit der Betroffene widersprechenden *Handlungspflichten* gegenübersteht – Fall 1 unter **204** Rdn. 198. –, wird dies heute grundsätzlich anerkannt.[163]

b) Konkurrenzen gleichrangiger Handlungs- und Unterlassungspflichten

Die h. M. begrenzt die unrechtsausschließende Pflichtenkollision auf die Kollision gleich- **205** rangiger Handlungspflichten, während die Kollision einer Handlungs- mit einer Unterlassungspflicht – Fall 2 unter Rdn. 198. – ausschließlich nach Notstandsgesichtspunkten bewertet wird, so dass eine Rechtfertigung nur bei eindeutigem Pflichtenvorrang in Betracht kommt.[164]

Diese Differenzierung überzeugt nicht. Handlungs- und Unterlassungspflicht sind recht- **206** lich als solche gleichwertig. Zwar werden die Fälle, in denen eine Handlungs- und eine Unterlassungspflicht von gleichem Range kollidieren, seltener sein als die Fälle der Konkurrenz gleichrangiger Handlungspflichten. Logisch auszuschließen ist dieser Konflikt jedoch nicht, und er unterscheidet sich strukturell auch nicht von dem Konflikt verschiedener Handlungs-

---

161 Zum rechtsfreien Raum: COMES Der rechtsfreie Raum, 1976, S. 107 ff; DINGELDEY Jura 1979 S. 478 ff; FEHSENMEIER Das Denkmodell des strafrechtsfreien Raumes unter besonderer Berücksichtigung des Notstandes, Diss. Saarbrücken, 1970; HIRSCH Bockelmann-FS, S. 89 ff; ARTHUR KAUFMANN Maurach-FS, S. 327 ff.

162 Dazu im Einzelnen: GÜNTHER Strafunrechtsausschluß, S. 332 ff; OTTO Pflichtenkollision, S. 129 f; SCHILD JA 1978 S. 449 ff, 570 ff, 631 ff.

163 Vgl. ERB MK, § 34 Rdn. 39; ESER/BURKHARDT I, Nr. 12 A 72 ff; SCHMIDHÄUSER A.T., 16/78. Die h. M. bejaht sogar eine Rechtfertigung, wenn auch mit unterschiedlicher Begründung; vgl. BAUMANN/WEBER/MITSCH A. T., § 17 Rdn. 137; GROPP Hirsch-FS, S. 216; HIRSCH Bockelmann-FS, S. 112; HRUSCHKA Dreher-FS, S. 192 ff; KÜHL A. T., § 18 Rdn. 137; KÜPER JuS 1971 S. 474 ff; LACKNER/KÜHL § 34 Rdn. 15; LENCKNER GA 1985 S. 304; MAURACH/ZIPF A. T. 1, § 27 Rdn. 54 f; NEUMANN NK, § 34 Rdn. 127; ROXIN A. T. I, § 16 Rdn. 101 ff; SCH/SCH/LENCKNER Vorbem. §§ 32 Rdn. 71 ff; STRATENWERTH A.T. I, § 9 Rdn. 118. – A. A. GALLAS Mezger-FS, S. 332; JESCHECK/WEIGEND A. T., § 33 V 1.

164 Vgl. dazu BAUMANN/WEBER/MITSCH A. T., § 17 Rdn. 133; ERB MK, § 34 Rdn. 38; HRUSCHKA JZ 1984 S. 242; JAKOBS A. T., 15/8 ff; KINDHÄUSER StGB, § 34 Rdn. 56; KÜPER Grundfragen, S. 29 ff; DERS. JuS 1987 S. 90; LENCKNER GA 1985 S. 305; NEUMANN Roxin-FS, S. 427.

pflichten. Allein die Vernachlässigung der Prüfung der Vermeidepflichtverletzung beim Begehungsdelikt durch die h. M. verbirgt sich hinter der von ihr getroffenen Entscheidung: Beim Unterlassungsdelikt ist die individuelle Bestimmung der Grenzen der Garantenpflicht und damit der Pflichtenposition des Betroffenen eine Selbstverständlichkeit. Beim Begehungsdelikt scheint sich diese Konkretisierung der Rechtspflichtgrenzen nach einem Eingriff in tatbestandlich geschützte Rechtsgüter auf die Prüfung herkömmlicher Rechtfertigungsgründe zu beschränken. Der Anschein trügt jedoch. Die fundamentale Frage geht stets dahin, ob jemand durch sein Verhalten – sei es durch ein Tun, sei es durch ein Unterlassen – seine Rechtspflicht, die Beeinträchtigung fremder Rechtsgüter zu vermeiden, verletzt hat. Der Nachweis dieser Pflichtverletzung bedeutet den Nachweis der Verletzung des rechtsverbindlichen Ansinnens eines bestimmten Verhaltens. Vermag die Rechtsordnung keinen bestimmten Weg zu weisen, so würde sie ihren Sinn verfehlen, würde sie die vom Täter getroffene Wahl missbilligen. Ob der Täter gehandelt oder unterlassen hat, ist – die Gleichrangigkeit des Pflichtansinnens vorausgesetzt – von sekundärer Bedeutung.[165]

207   Darüber hinaus wird mit der Differenzierung verkannt, dass es auch bei der Konkurrenz gleichrangiger Handlungs- und Unterlassungspflichten Fälle gibt, in denen alle Verhaltensalternativen formell gegen ein rechtliches Ge- oder Verbot verstoßen.

Diese Fälle sind auch der h. M. nicht unbekannt geblieben. Soweit ihre Vertreter sich mit ihnen auseinandersetzen, wird allerdings ein Vorrang der Handlungspflicht postuliert.[166] Diese Argumentation wird der Problematik jedoch nicht gerecht. Das wird evident in dem von Gropp im Anschluss an Lenckner erörterten Beispiel des Autobahnschnellfahrers, das in der Problematik dem Fall 2 entspricht. Wäre der Schnellfahrer wirklich nur verpflichtet – wie Gropp meint[167] – eigenes Auffahren zu vermeiden, während die Verpflichtung, Auffahren zu vermeiden, nur in den Verantwortungsbereich des Hintermannes fällt, so wäre der Schnellfahrer auch dann nicht strafbar, wenn er allein aus dem Grunde bremst, den Hintermann auffahren zu lassen. – Ein absurdes Ergebnis.

VIII. Unmittelbarer Rückgriff auf das Prinzip des Interessenvorrangs

1. Grenzen des § 34

208   Unabhängig von den bei der Feststellung des Interessenwiderstreits hervortretenden Wertungsgrenzen in den Fällen widerstreitender gleichrangiger Pflichten setzt der Wortlaut des § 34 der notwendigen und sinnvollen Abwägung verschiedenrangiger Interessen im Rahmen des Rechtswidrigkeitsurteils zu enge Grenzen. Die Beschränkung seines Anwendungsbereichs auf die Situation „gegenwärtiger, nicht anders abwendbarer Gefahr" steht seiner unmittelbaren Anwendung auf Fälle des Interessenkonflikts in anderen Situationen entgegen, in denen ein höherrangiges Interesse nur dadurch zu retten ist, dass die Verletzung eines im Range niederen Interesses in Kauf genommen werden muss. – Hier ist daher auf das allgemeine Prinzip des Interessenvorrangs, wie es in § 34 StGB, §§ 228, 904 BGB Ausdruck gefunden hat, zurückzugreifen.

---

165 Eingehender dazu Otto Pflichtenkollision, S. 117 ff, Paeffgen NK, Vor § 32 Rdn. 164; vgl. darüber hinaus auch Jescheck/Weigend A. T., § 33 V 1b; Tröndle/Fischer Vor § 32 Rdn. 11b. – Im Ergebnis der Lösung des Falles 2 übereinstimmend Neumann Roxin-FS, S. 428, der von einer Kollision zweier Rettungspflichten ausgeht.

166 Vgl. z. B. Hruschka JZ 1984 S. 242; Lenckner GA 1985 S. 305; Roxin A. T. I, § 14 Rdn. 41, Fn. 55.

167 Gropp Hirsch-FS, S. 218 ff.

2. Die Fälle vorgetäuschter Gefahrenlage, die sog. vorgetäuschte Notwehrlage

a) Wie bei der Notwehr die Merkmale: „Angriff", „gegenwärtig", „rechtswidrig", „Verteidigungshandlung" und „Erforderlichkeit" objektiv zu bestimmen sind, so ist auch bei der Prüfung des rechtfertigenden Notstands nach objektiven Kriterien aus der Sicht ex post – eingehend dazu oben Rdn. 15 ff – festzustellen, ob „eine gegenwärtige Gefahr für ein Rechtsgut, die anders nicht abwendbar ist", vorliegt. **209**

Irrt derjenige, der in die Rechtsgüter eines anderen eingreift, über das Vorliegen der Gefahr, ihre Gegenwärtigkeit oder darüber, daß er die Gefahr anders abwenden kann, so fehlt es an den Voraussetzungen des § 34, und auch ein Rückgriff auf das Prinzip des Interessenvorrangs als allgemeines Prinzip der Rechtfertigung ist ausgeschlossen. Der Irrtum gewährt kein Eingriffsrecht in die Rechtsgüter anderer. **210**

Eine Ausnahme von diesem Grundsatz erscheint jedoch angebracht, wenn derjenige, in dessen Rechtsgüter der Irrende eingreift, bewusst den Irrtum über einen gegenwärtigen rechtswidrigen Angriff begründet hat. **211**

Dann gilt: Wer sich gegen einen vorgetäuschten Angriff mit der bei einem tatsächlichen Angriff erforderlichen Verteidigungshandlung zur Wehr setzt, wahrt das höherrangige Interesse gegenüber den durch die Verteidigungshandlung verletzten Interessen des Angreifers, der den Angriff bewusst vorgetäuscht hat.[168] **212**

b) Zur Verdeutlichung

Fall: In einem vorwiegend mit Einzelhäusern bebauten Vorort einer Großstadt trieb ein mit einer Strumpfmaske verkleideter gefährlicher Sittlichkeitsverbrecher sein Unwesen. In der Zeit von August bis Oktober hatte er neun Frauen überfallen, vergewaltigt und sie mit Messerstichen zum Teil lebensgefährlich verletzt, als sie sich wehrten. **213**

Am 25. Oktober kam die in diesem Vorort wohnende Gaststätteninhaberin A gegen 24.00 Uhr aus ihrer Gaststätte nach Hause. Kurz vor der Haustür trat plötzlich ein mittelgroßer Mann im dunklen Trenchcoat, der eine Strumpfmaske trug, mit den Worten auf sie zu: „Jetzt bist Du dran!"

A riss eine Pistole, die sie entsichert bei sich trug, hoch und schoss auf die Gestalt. Sie war sich der Tatsache bewusst, dass der Schuss lebensgefährlich sein könnte, sah aber keine andere Rettungsmöglichkeit. Der Mann sank tödlich getroffen zu Boden. – Die Pistole hatte A von X erhalten, dem sie erzählt hatte, daß sie in letzter Zeit auf ihrem nächtlichen Heimweg jeweils Todesangst ausstehe. In Wirklichkeit war der Getötete gar nicht der gefürchtete Verbrecher, sondern Y, der für seine makabren Scherze berüchtigt war. Er hatte sich wieder einmal einen Spaß erlauben und die A nur erschrecken wollen.

---

168 Der BGH gelangt zum gleichen Ergebnis, indem er in Fällen vorgetäuschter Notwehrlage die „äußerliche Gefährlichkeit des Verhaltens" als Angriff genügen lässt, während er sonst die Voraussetzungen des Angriffs objektiv ex post feststellt; dazu zuletzt BGH NStZ 2003 S. 600 mit Anm. Otto JK 04, StGB § 32/28. – Weitergehend Lenckner Mayer-FS, S. 182; Zielinski Handlungs- und Erfolgsunwert im Unrechtsbegriff, 1973, S. 247 f, und Suarez Montes Welzel-FS, S. 387 f, die die Ansicht vertreten, daß derjenige, der ohne Sorgfaltspflichtverletzung eine Notwehrlage irrig annimmt (Putativnotwehr), bereits unabhängig vom Vorliegen objektiver Rechtfertigungsvoraussetzungen gerechtfertigt ist. Dieser durchaus zutreffende Gedanke ist hier jedoch als Lösungsprinzip nicht hinreichend, denn schon bei leichter Fahrlässigkeit des Bedrohten müßte gegen ihn der Vorwurf einer fahrlässigen Körperverletzung oder Tötung erhoben werden. – In der Objektivierung des Erfordernisses der Erforderlichkeit im Rahmen des § 32 auf das Urteil eines Durchschnittsbetrachters der Situation findet Amelung Jura 2003 S. 95 f, die Problemlösung.
Zur Auseinandersetzung auch: Born Die Rechtfertigung der Abwehr vorgetäuschter Angriffe, 1984; Koch ZStW 104 (1992) S. 810 f; Lackner/Kühl § 32 Rdn. 19; Otto Jura 1988 S. 330 ff.

Zur Lösung:

Die A hat eine Gefahr für das Leben des Y begründet, die sich in seinem Tode realisierte. Die Tötung des Y ist nicht durch Notwehr (§ 32) gerechtfertigt. Zur Abwehr des objektiv vorliegenden Angriffs des Y auf die Willensfreiheit der A war die Tötung als Verteidigungshandlung nicht erforderlich. Eine Bedrohung des Lebens der A war, objektiv gesehen, nicht gegeben. – Auch eine *unmittelbare* Anwendung des § 34 kommt nicht in Betracht, denn der Angriff des Y gegen die Willensfreiheit der A war, objektiv gesehen, anders abwendbar. Eine Lebensgefahr bestand für A nicht. Gleichwohl führt die angemessene Interessenabwägung hier zu dem Ergebnis, A habe ein vorrangiges Interesse gewahrt.

Das Interesse des Y, nicht wie ein Angreifer gegen das Leben der A behandelt zu werden, ist hier auf Grund seines eigenen, zielgerichteten, verantwortlichen Verhaltens geringer einzuschätzen als das Interesse der A, in solcher Situation jene Abwehr zu üben, die angemessen wäre, wenn ihr Vorstellungsbild zuträfe. – Die Rechtsordnung kann von A – unabhängig von irgendwelchen Überlegungen zur persönlichen Verantwortung – nicht erwarten, dass sie das Risiko einer Klärung der Situation auf sich nimmt. Y hingegen hat auf Grund seines eigenen, verantwortlichen Verhaltens keinen Anspruch darauf, nur wie ein Scherzbold behandelt zu werden.

3. Interessenvorrang als allgemeines Rechtsprinzip

214 Das Prinzip der Interessenabwägung als allgemeines Prinzip der Rechtfertigung ist in seinem Anwendungsbereich nicht auf das Strafrecht beschränkt.[169]

IX. Praktische Prüfungsfolge (vorläufig)

215 Der Aufbau des Unrechtstatbestandes:

1. Tatbestand

a) Ist die im Gesetzestatbestand beschriebene *Rechtsgutsbeeinträchtigung* eingetreten? – Weitere objektive Merkmale des Tatbestandes, z. B. besonders geforderte Tätereigenschaft oder Tatmodalitäten sowie objektive Bedingungen der Strafbarkeit?

b) Handlungsmöglichkeit: War das dem X vorgeworfene Verhalten seiner Willenssteuerung zugänglich?

c) Hat X eine *Gefahr* für das beeinträchtigte Rechtsgut *begründet oder erhöht*?

d) *Realisierte sich* in der Beeinträchtigung des Rechtsguts *die* von X begründete oder erhöhte *Gefahr*, die seiner Steuerbarkeit unterlag, oder eine andere Gefahr?

e) *Vorsatz* des X (hier nur finales Unrechtselement)? – Sonstige subjektive Merkmale des Tatbestandes, z. B. besondere Absichten oder Motive des Täters?

2. Rechtswidrigkeit

a) Rechtspflichtverletzung

Hat X die Gefahr für das Rechtsgut über das rechtlich erlaubte Maß hinaus erhöht, oder liegen z. B. Rechtfertigungsgründe vor?
– Objektive Merkmale eines Rechtfertigungsgrundes?
– Subjektive Merkmale eines Rechtfertigungsgrundes?

b) Unrechtsbewusstsein

Bewusstsein der Sozialschädlichkeit (Gesinnungselement des Vorsatzes)?

---

169 Vgl. BGHSt 27 S. 260. – Dazu auch BVerGE 46 S. 1 ff und § 31 EGGVG.

X. Zur Einübung:

Zum Musterfall 1

I. Strafbarkeit des Herrn Z

1. § 123 Abs. 1, 1. Alt., indem Z das Zimmer des S betrat?   **216**

a) Wohnung i.S. des § 123 ist auch ein einzelner Raum, der einem anderen zum ständigen Aufenthalt und zur Benutzung als häusliche Sphäre zur Verfügung steht.

b) Diese Wohnung hat Z betreten. Zwar war Z einmal Hausrechtsinhaber auch bezüglich des Zimmers des S, doch hat er das Hausrecht insoweit auf S übertragen, als er dem S das Zimmer vermietete. Da Z das Zimmer des S gegen den Willen des S betrat, drang er in die Wohnung des S ein.

c) Z war sich der Tatsache bewusst, dass er das Zimmer des S gegen dessen Willen betrat. Er handelte vorsätzlich, rechtswidrig und schuldhaft.

d) Wesentlich für die Bestrafung: Strafantrag des S, § 123 Abs. 2.

2. Ob mit dem Betreten des Zimmers schon eine versuchte Körperverletzung des Z an S begann, kann dahinstehen, Versuch der Körperverletzung nach § 223 nicht strafbar, §§ 223, 23 Abs. 1, 12.

II. Strafbarkeit der Frau Z

1. § 123 Abs. 1, 1. Alt. durch Betreten des Zimmers des S?

a) Zimmer des S war Wohnung i.S. des § 123, vgl. I 1 a.

b) Eine ausdrückliche Erlaubnis des S zum Betreten des Zimmers lag nicht vor. S ist keineswegs einverstanden, dass irgendwelche Personen nachts sein Zimmer betreten. Ob er das Verhalten der Frau Z gebilligt hätte, wenn er ihre Absichten gekannt hätte, ist bedeutungslos. Frau Z ist daher in die Wohnung des S eingedrungen.

c) Sie handelte vorsätzlich.

d) Fraglich erscheint aber, ob Frau Z sich pflichtwidrig verhielt.

aa) Die Rechtswidrigkeit könnte durch Nothilfe, § 32, ausgeschlossen sein.

aaa) Gegenwärtiger, rechtswidriger Angriff durch Z: liegt vor.

bbb) Handlung der Frau Z aber nicht Verteidigungshandlung i.S. des § 32: Sie greift mit ihrem Verhalten in Rechtsgüter Dritter (Hausrecht des S), nicht aber in Rechtsgüter des Angreifers Z ein.

bb) Es könnte aber der rechtfertigende Notstand, § 34, das Verhalten der Frau Z rechtfertigen.

aaa) Durch Z war eine gegenwärtige Gefahr für die körperliche Integrität des S begründet: Z wollte den S verprügeln. Um diese Gefahr abzuwenden, verletzte Frau Z das Hausrecht des S.

bbb) Es kann nicht mit Sicherheit davon ausgegangen werden, dass die Gefahr für S durch Rufen o. Ä. abwendbar gewesen wäre. Die Gefahr war daher nicht anders abwendbar als durch den persönlichen Einsatz der Z.

ccc) Bei Abwägung der Interessen überwiegt das geschützte Interesse – körperliche Integrität – das beeinträchtigte – Verletzung des Hausrechts – wesentlich.

ddd) Frau Z handelte im Bewusstsein der Wahrung des höheren Interesses zur Gefahrenabwehr.

2. Das Eindringen der Frau Z in die Wohnung des S ist gerechtfertigt, § 34.

III. Strafbares Verhalten des S

1. Der Streich auf die Wange des Herrn Z: § 223 Abs. 1

a) Körperliche Misshandlung, d.h. üble unangemessene Behandlung des Körpers des Z durch S, die das Wohlbefinden des Z nicht unerheblich beeinträchtigt: liegt vor.

b) S war sich der Tatsache bewusst, dass er einen im Zimmer befindlichen Angreifer treffen könnte, und zwar war er sich nicht nur der bloßen Möglichkeit, sondern der konkreten Gefahr bewusst. Indem er dennoch zuschlug, handelte er insoweit mit bedingtem Vorsatz.

c) Rechtswidrigkeit könnte durch Notwehr, § 32, ausgeschlossen sein.

aa) Angriffe des Z auf Hausfrieden und Körper des S: lagen vor.

bb) Verletzung des Hausfriedens war bereits eingetreten und dauerte an, Verletzung des Körpers stand unmittelbar bevor: Angriff gegenwärtig und rechtswidrig, da Z seinerseits kein Recht zur Beeinträchtigung der Rechtsgüter des S hatte.

cc) Abwehrhandlung gegen Z auch Verteidigungshandlung, da gegen Angreifer gerichtet. – Verteidigung auch erforderlich, da andere Versuche nicht den benötigten Freiraum garantiert hätten.

dd) Verteidigungswille liegt vor: S rechnete mit einem möglichen Angreifer und handelte zur Abwehr des befürchteten Angriffs.

d) Der Schlag gegen Z war durch Notwehr gerechtfertigt.

2. Die Verletzung der Frau Z: § 223 Abs. 1

a) Objektiver Tatbestand und bedingter Vorsatz bzgl. der Verletzung der Z: vgl. III 1 a–b.

b) Feststellungen zur Pflichtbegrenzung

aa) Notwehr, § 32: zwar Rechtsgutsbeeinträchtigung (Hausfrieden) und damit Angriff durch Frau Z, aber nicht rechtswidrig.

bb) Rechtfertigender Notstand, § 34.

aaa) Gegenwärtige Gefahr für die Körperintegrität des S: liegt vor.

bbb) Diese Gefahr war für S auch nicht anders abwendbar. – Zwar wäre eine Verletzung der Frau Z für S vermeidbar gewesen, wenn er etwa das Licht eingeschaltet hätte oder einen warnenden Zuruf von sich gegeben hätte: Ein solches Verhalten hätte jedoch einem möglichen Angreifer verraten, wo S sich befand, hätte also seine Verteidigungslage wesentlich verschlechtert. Auch ein bloßes Abwarten war dem S in seiner Situation nicht zuzumuten, da dieses ebenfalls die Gefahr für ihn erhöht hätte, sofort überwältigt zu werden. Der Z brauchte den S nur noch in der Dunkelheit zu finden. S konnte schließlich nicht wissen, dass neben dem Angreifer noch ein anderer Mensch in sein Zimmer gekommen war, der ihm helfen wollte. Aus diesen Gründen war für S die Situation nur durch ein Kreisziehen mit dem Eichenstock und die damit verbundene mögliche Körperverletzung derjenigen, die sich im Bereich dieses Schutzkreises befanden, zu klären. Ein anderes Verhalten kann von S in seiner Lage billigerweise nicht verlangt werden.

ccc) Kollidierende Interessen: Körperintegrität der Z, Gefahr für die Körperintegrität des S. – Die Güter sind gleichwertig, so dass ein rechtswidriges Verhalten des S vorzuliegen scheint.

Fragt man jedoch, was S denn rechtens hätte tun sollen, so wird die Antwort ungleich schwieriger. Das spricht dafür, dass die schlichte Rechtsgüterabwägung im vorliegenden Fall in die Irre weist. Maßgeblich kann im Rahmen des § 34 nur eine Abwägung der Gesamtinteressenlage sein. Hierzu muss man sich die Ausgangsposition des S verdeutlichen: Wer sich in seinem Zimmer aufhielt, wusste er nicht. Die äußeren Umstände (Dunkelheit, tappende Geräusche usw.) mussten in ihm den Eindruck verstärken, jemand wolle ihm etwas antun. In dieser Situation war er nicht verpflichtet, den Angriff abzuwarten und zu klären, wer eigentlich Angreifer war.

ddd) S handelte im Bewusstsein der Wahrung des höherrangigen Interesses.

c) Er handelte nicht pflichtwidrig, § 34.

XI. Exkurs: Handlungs- und Erfolgsunwert im Strafrecht

217   1. Sieht man das Unrecht nicht als „irgend ein äußeres Geschehen, das zu einem Schaden führt", an, sondern erkennt es als ein Verhalten, mit dem der Täter zu den Ge- und Verboten der Rechtsordnung Stellung nimmt, so sind zu unterscheiden:

218   a) *Handlungs*unwert, d.h. der Unwert des Verhaltens, mit dem der Täter das verbotene Ziel anstrebt, und

219   b) *Erfolgs*unwert, d.h. die Rechtsgutsbeeinträchtigung auf Grund dieses Verhaltens.

220   2. Trotz gleichen Handlungsunwerts differenziert der Gesetzgeber die Strafe in der Regel nach dem Erfolgsunwert:

a) A geht schräg und unaufmerksam über die Straße. Es passiert nichts. – Bloße Ordnungswidrigkeit.

b) Wie a, aber ein Autofahrer muss ihm ausweichen. Dieser verletzt sich bei dem Ausweichmanöver. – Fahrlässige Körperverletzung.

c) Wie b, aber beim Ausweichen wird der Radfahrer R tödlich überfahren. – Fahrlässige Tötung.

Dennoch ist die Differenzierung des Gesetzgebers zutreffend. Mit dem Erfolgseintritt ist eine **221** endgültig neue Situation geschaffen. Erst jetzt zeigt sich das soziale Ereignis (Handlung und Erfolg) in seiner ganzen Bedeutung für das Opfer und die Sozietät. An dieses einheitliche Ereignis knüpft das Unwerturteil an. Handlungs- und Erfolgsunwert bestimmen daher das Unwerterlebnis des Ereignisses. Da aber eine Norm nicht einen „Erfolg verbieten", sondern allein die Steuerung von Kausalverläufen auf einen Erfolg hin ver- bzw. gebieten kann, ist die Struktur des Unrechts Verhaltensunrecht, d.h. Handlungs- oder Unterlassungsunrecht, dessen strafrechtliche Relevanz jedoch vom Erfolg her mitbestimmt wird.[170]

Wiederholungsfragen

1. Trifft der Satz zu: Der Tatbestand indiziert die Rechtswidrigkeit, wenn kein Rechtfertigungsgrund eingreift? – Dazu Rdn. 3f. **222**
2. Welches Prinzip liegt der Rechtfertigung zugrunde? – Dazu Rdn. 5ff.
3. Nenne die wichtigsten Rechtfertigungsgründe! – Dazu Rdn. 11.
4. Nenne die einzelnen Voraussetzungen der Notwehr! – Dazu Rdn. 18ff.
5. Welche Gründe sprechen dafür, den Angriff i.S.d. § 32 als bewusste Rechtsgutsbedrohung durch einen schuldfähigen Angreifer zu verstehen? – Dazu Rdn. 20ff.
6. Welche Problematik verbirgt sich hinter der sog. „provozierten Notwehrlage"? – Dazu Rdn. 74ff, 98.
7. Warum ist im Rahmen des § 32 eine Verhältnismäßigkeitsprüfung lediglich zwischen verletztem Rechtsgut und verteidigtem Individualinteresse sachwidrig? – Dazu Rdn. 93ff.
8. Nenne die Voraussetzungen der Einwilligung! – Dazu Rdn. 106ff.
9. Worin unterscheiden sich Einwilligung und Einverständnis? – Dazu Rdn. 123ff.
10. Wo ist die erlaubte Selbsthilfe geregelt? – Dazu Rdn. 135.
11. Worin unterscheidet sich der sog. defensive Notstand, § 228 BGB, vom sog. aggressiven Notstand, § 904 BGB? – Dazu Rdn. 138ff.
12. Welche Voraussetzungen hat die Wahrnehmung berechtigter Interessen, § 193? – Dazu Rdn. 143ff.
13. Rechtfertigt § 127 StPO auch die Festnahme eines bloß Tatverdächtigen? – Dazu Rdn. 153ff.
14. Was ist unter „erlaubtem Risiko" zu verstehen? – Dazu Rdn. 160f.
15. Nenne die Voraussetzungen des rechtfertigenden Notstandes, § 34! – Dazu Rdn. 165ff.
16. In welchen Fallkonstellationen erfolgt eine Rechtfertigung gem. § 34, wenn ranggleiche Rechtsgüter kollidieren? – Dazu Rdn. 191ff.
17. Was ist unter einer „notwehrähnlichen Lage" und was unter einer „vorgetäuschten Notwehrlage" zu verstehen und wie sind diese Fälle zu lösen? – Dazu Rdn. 170 und Rdn. 209ff.
18. Was bedeutet „Handlungsunwert"? – Dazu Rdn. 218.
19. Was bedeutet „Erfolgsunwert"? – Dazu Rdn. 219.
20. Knüpft das Unwerturteil an den „Erfolgs-" oder an den „Handlungsunwert" an? – Dazu Rdn. 220f.

---

170 Dazu vgl. DENCKER Armin Kaufmann-GedS, S. 449ff; GALLAS Bockelmann-FS, S. 155ff; HIRSCH ZStW 94 (1982) S. 240ff; JESCHECK/WEIGEND A.T., § 24 III 1–3; MYLONOPOULOS Handlungs- und Erfolgsunwert, 1981, S. 52ff; OTTO ZStW 87 (1975) S. 566; ROXIN A.T. I, § 10 Rdn. 88ff; RUDOLPHI Maurach-FS, S. 51ff; SAMSON Grünwald-FS, S. 585ff; SCH/SCH/LENCKNER Vorbem. §§ 13ff Rdn. 54ff; STRATENWERTH Schaffstein-FS, S. 177ff; WOLTER Objektive und personale Zurechnung, S. 75ff.
Gegen eine unrechtskonstitutive oder unrechtserhöhende Bedeutung des Erfolges: DEGENER ZStW 103 (1991) S. 364ff; DORNSEIFER Armin Kaufmann-GedS, S. 427ff; HORN Konkrete Gefährdungsdelikte, 1973, S. 78ff; LÜDERSSEN ZStW 85 (1973) S. 292; ZIELINSKI Unrechtsbegriff, S. 135ff, 205ff.

Dritter Abschnitt
Das vorsätzliche Unterlassungsdelikt

§ 9: Das vorsätzliche Unterlassungsdelikt

Lernziel: Einblick in die Struktur des Unterlassungsdelikts. – Verständnis für die Problematik der Begründung und Begrenzung der Garantenpflichten.

I. Grundlagen der Haftung aus einem Unterlassungsdelikt

1. Bloßes Nichtstun ist noch kein Unterlassen im Rechtssinne

1　Unterlassen i. S. des Strafrechts kann man aber das, was das Recht zu tun verlangt. Konnte es daher bei den Begehungsdelikten noch problematisch sein, ob der Tatbestand die Pflicht zu einem bestimmten Verhalten umschreibt, so ist dies bei den Unterlassungsdelikten offensichtlich. Wo keine Pflicht besteht, etwas Bestimmtes zu tun, kann bloßes Nichtstun nicht strafbar sein.

2. Die Unterscheidung zwischen Tun und Unterlassen

a) Tun als Gegensatz zum Unterlassen

2　Die Abgrenzung von Handeln und Unterlassen ist bereits grundsätzlich streitig. Die ursprünglich unangefochtene Unterscheidung, nach der das Tun als Körperbewegung, das Unterlassen als Körperruhe definiert wurde, wird heute nur noch vereinzelt vertreten.[1] Es wird versucht, Tun und Unterlassen vom Energieeinsatz her zu unterscheiden. Als Tun wird „das Aufwenden von Energie in einer bestimmten Richtung", als Unterlassen „das Nichteinsetzen von Energie in einer bestimmten Richtung" interpretiert.[2] Das überzeugt im grundsätzlichen Ausgangspunkt. Die Abgrenzung von der Körperbewegung her muss bei nicht willensgesteuerten Verhaltensweisen zu Schwierigkeiten führen. Hingegen ermöglicht das Kriterium des Energieaufwandes – soweit es nicht normativ, sondern naturwissenschaftlich-physikalisch verstanden wird – die Feststellung, ob jemand durch aktiven Einsatz von Energie eine Kausalverlauf in Gang gesetzt hat und dadurch ein Risiko für das geschützte Rechtsgut begründet oder erhöht hat.[3] Das aber ist das entscheidende Kriterium für das Tun. Steht fest, dass der Täter kein Risiko für das geschützte Rechtsgut durch Ingangsetzen eines Kausalverlaufs begründet oder erhöht hat, so ist zu prüfen, ob ein eventuelles Unterlassen, d.h. das Unterlassen des Ingangsetzens einer Kausalkette zur Abwendung des Erfolges, dem Täter vorzuwerfen ist.

---

1 STRUENSEE Stree/Wessels-FS, S. 143 ff.
2 ENGISCH Gallas-FS, S. 170 f m. w. N.; FREUND MK, § 13 Rdn. 9 f; MAURACH/GÖSSEL/ZIPF A. T. 2, § 45 Rdn. 30; SCHLÜCHTER JuS 1976 S. 795; WELP Vorangegangenes Tun als Grundlage einer Handlungsäquivalenz der Unterlassung, 1968, S. 109 ff.
3 Vgl. BEHRENDT Die Unterlassung im Strafrecht, 1979 S. 190; DUTTGE MK, § 15 Rdn. 207; DERS. JR 2004 S. 36 f; GROPP Schlüchter-GedS, S. 174; JESCHECK/WEIGEND A. T., § 58 II 2; KÜPPER Grenzen der normativierenden Strafrechtsdogmatik, 1990, S. 72 f; OTTO/BRAMMSEN Jura 1985 S. 531; ROXIN ZStW 74 (1962) S. 415 ff; DERS. Spinellis-FS, Bd. 2, S. 948 ff; RUDOLPHI SK I, Vor § 13 Rdn. 6; SAMSON Welzel-FS, S. 589 ff; SIEBER JZ 1983 S. 433 ff; STOFFERS Die Formel „Schwerpunkt der Vorwerfbarkeit" bei der Abgrenzung von Tun und Unterlassen?, 1992, S. 107 ff; DERS. GA 1993 S. 262 ff.

Jedoch soll nach verbreiteter Auffassung der kausalitätsorientierte Anknüpfungspunkt irrelevant sein bei sog. mehrdeutigen, ambivalenten Verhaltensweisen, die dadurch gekennzeichnet sind, dass sie Begehungs- und Unterlassungselemente enthalten. Hier soll die Abgrenzung von Tun und Unterlassen danach entschieden werden, wo bei normativer Betrachtung und bei Berücksichtigung des sozialen Handlungssinnes der Schwerpunkt der Vorwerfbarkeit des Verhaltens oder der soziale Sinn liegt.[4]

Unabhängig davon, dass ein Wechsel des Abgrenzungskriteriums willkürliche Ergebnisse begründet, wird hier in einer gleichsam oberflächlichen Globalprüfung das Ergebnis, das eine gründliche Deliktsprüfung erst aufdecken soll, vorweggenommen, denn gefühlsmäßig wird der soziale Schwerpunkt eines Verhaltens stets dort empfunden werden, wo diese Verhaltensweise als strafbare erlebt wird. Die rationale Konstruktion wird demgemäß an einem wichtigen Punkt der Deliktsprüfung durch eine emotionale Wertung vorbelastet.[5]

Zur Verdeutlichung:

RGSt 63 S. 211: *Ziegenhaarfall:* A hatte für seine Pinselfabrik von einer Händlerfirma chinesische Ziegenhaare bezogen und diese trotz der Mitteilung der Firma, dass er sie desinfizieren müsse, ohne vorherige Desinfektion durch seine Arbeiter zu Pinseln verarbeiten lassen. Vier Arbeiterinnen wurden durch Milzbrandbazillen angesteckt und starben.

Ergebnis: A hat durch Herausgabe der Ziegenhaare die Gefahr für die Arbeiterinnen begründet, die nach dem Herstellungsplan bei der Verarbeitung der Haare in Kontakt mit den Haaren kamen. Die Gefährdung erfolgte durch positives Tun, das rechtspflichtwidrig war, weil A die Haare nicht desinfiziert hatte.

b) Die Identifizierung von Tun und Unterlassen

Da Tun als Gegensatz zum Unterlassen definiert wird, sind „Konstruktionen" wie „Tun durch Unterlassen" oder „Unterlassen durch Tun" begriffsnotwendig ausgeschlossen. Es bedarf ihrer auch nicht, um in problematischen Fällen zu einer sachlich angemessenen Lösung zu gelangen.   **3**

aa) Das Abschalten eines Beatmungsgerätes

Beim Abschalten eines Reanimators durch einen Arzt wird das Verhalten des Arztes in der Literatur z. T. als Unterlassen beurteilt, weil es seinem sozialen Sinngehalt nach ein Unterlassen der Weiterbehandlung ist, während das Abschalten des Gerätes durch Dritte als Tun beurteilt wird.[6]   **4**

---

4 Zum Schwerpunkt der Vorwerfbarkeit vgl. BGHSt 6 S. 46, 59; 40 S. 257, 265 f; BGH NStZ 1999 S. 607; BGH NStZ 2003 S. 657 mit Anm. Duttge JR 2004 S. 34 ff, Geppert Jk 04, StGB 13/38; OLG Düsseldorf JMBlNRW 1983 S. 199, 200; OLG Köln JR 1991 S. 523, 525; Ebert Strafrecht, A. T., S. 156 f; Sch/Sch/Stree Vorbem. §§ 13 ff Rdn. 158; Wessels/Beulke A. T., Rdn. 700. – Auf den sozialen Sinn legen den Schwerpunkt der Argumentation: Geilen JZ 1968 S. 151; Krey A. T. 2, Rdn. 322; Ranft JuS 1963 S. 344; Eb. Schmidt Engisch-FS, S. 348 f. – Im Zweifel für ein Tun wollen entscheiden: Arthur Kaufmann Eb. Schmidt-FS, S. 212; Spendel Eb Schmidt-FS, S. 194.

5 Im Einzelnen dazu Arzt JA 1978 S. 559, 562; Brammsen GA 2002 S. 205 ff; Engisch Gallas-FS, S. 176; Küpper Grenzen, S. 74; Otto Jura 2000 S. 549 f; Roxin ZStW 74 (1962) S. 418; ders. Spinellis-FS, Bd. 2, S. 949 ff; ders. A. T. II, § 31 Rdn. 78 ff; Rudolphi SK I, Vor § 13 Rdn. 6; Samson Welzel-FS, S. 585; Seelmann NK, § 13 Rdn. 27; Sieber JZ 1983 S. 436; Spendel Eb. Schmidt-FS, S. 191; Stoffers JuS 1993 S. 27 ff; Struensee Stree/Wessels-FS, S. 137 ff.

6 Vgl. Engisch Dreher-FS, S. 325 f; ders. Gallas-FS, S. 177 f; Geilen JZ 1968 S. 157; Jäger ZStW 115 (2003) S. 769; Jakobs A. T., 7/64; Krey B. T. 1, 8. Aufl. 1991, Rdn. 11; Küper JuS 1971 S. 476 f; Roxin Engisch-FS, S. 397 ff; ders. Spinellis-FS, Bd. 2, S. 961 ff; Tröndle/Fischer Vor § 211 Rdn. 17; Wessels/Beulke

5   Derart willkürlicher Unterscheidungen bedarf es jedoch zur Begründung sachgerechter Ergebnisse nicht, denn die Problematik des Falles liegt nicht in der Abgrenzung von Tun und Unterlassen, sondern einzig und allein in der Frage, ob derjenige pflichtwidrig handelt, der das Gerät abstellt. Das aber ist eindeutig zu verneinen, wenn das Abstellen des Gerätes das grundgesetzlich garantierte Recht auf Behandlungsfreiheit des Kranken realisiert.[7]

Zur Verdeutlichung:

LG Ravensburg NStZ 1987 S. 229 mit Anm. HERZBERG JZ 1988 S. 182 ff; OTTO JK 87, StGB § 216/3; ROXIN NStZ 1987 S. 348 ff: Die E, die an einer unheilbaren, im Endstadium befindlichen Krankheit litt, wollte sterben. Sie bat ihren Ehemann A, das Beatmungsgerät, an das sie angeschlossen war, abzustellen. A erfüllte ihren Wunsch.

LG: A hat nicht (auf Verlangen) getötet, sondern unabhängig davon, ob das Verhalten als Tun oder Unterlassen bewertet wird, straflosen Beistand im Sterben geleistet. – Dem ist im Ergebnis uneingeschränkt zuzustimmen, denn A hat zwar aktiv gehandelt, sich aber nicht rechtspflichtwidrig verhalten. Er realisierte das Selbstbestimmungsrecht der E.

bb) Der Abbruch von Rettungsmaßnahmen

6   Auch der Abbruch oder die Verhinderung von Rettungsmaßnahmen erfordern keine besonderen Kategorien. Die bisherige Differenzierung ermöglicht die sachgerechte Lösung einschlägiger Fälle; dazu bereits oben § 6 Rdn. 58.

7   Wer eine von ihm selbst begonnene Rettungshandlung schlicht abbricht, begründet weder eine neue Gefahr für das Opfer noch erhöht er die bereits bestehende. Soweit er allerdings auf Grund einer Garantenstellung zur Abwendung oder Verminderung der bereits bestehenden Gefahr verpflichtet ist, kann er Täter eines unechten Unterlassungsdelikts sein – sonst bleibt nur die Haftung wegen unterlassener Hilfeleistung (§ 323 c).

8   Wer hingegen eine bereits existent gewordene – objektivierte – Rettungschance für einen anderen zunichte macht, erhöht die Gefahr für das Opfer selbst dann, wenn er zuvor diese Chance geschaffen hat. Er haftet deshalb als Täter des entsprechenden Begehungsdelikts.

9   Wer einen anderen Rettungswilligen dazu bestimmt, eine Rettung zu unterlassen, haftet als Anstifter durch positives Tun zum Erfolgsdelikt, soweit der Rettungswillige Garant ist, sonst zur unterlassenen Hilfeleistung. Soweit er das Geschehen beherrscht, haftet er als Täter durch positives Tun und zwar unabhängig davon, ob der Rettungswillige eine Garantenstellung innehat oder nicht.

10   **Beispielsfall:** X droht zu ertrinken.

1. Variante: A eilt zu einem in der Nähe befindlichen Rettungsring. Als er diesen dem X zuwerfen will, erkennt er in ihm einen Gegner. Daraufhin unterlässt er die Rettung. X ertrinkt.

Ergebnis: A haftet nach § 323 c.

A. T., Rdn. 703 f. – Eingehender Überblick über den Streitstand bei STOFFERS MDR 1992 S. 623 f. – Die begriffliche Sauberkeit bleibt hingegen gewahrt, wenn das Tun als Tun qualifiziert wird, aber die Möglichkeit eröffnet wird, ein Tun aus einem Unterlassungstatbestand zu bestrafen; dazu ROXIN A. T. II, § 31 Rdn. 99 f, 115 ff.

7 Dazu im Einzelnen: OTTO Gutachten zum 56. Dt. Juristentag, 1986, D 43 ff. – Im Übrigen vgl. BAUMANN/WEBER/MITSCH A. T., § 15 Rdn. 33; BOCKELMANN Strafrecht des Arztes, 1968, S. 112, 125, Fn. 45; GROPP Schlüchter-GedS, S. 181 ff; JÄHNKE LK, 10. Aufl. Vor § 211 Rdn. 16; JESCHECK/WEIGEND A.T., § 58 II 2; LANGER Rechtliche Aspekte der Sterbehilfe, in: Kruse/Wagner (Hrsg.), Sterbende brauchen Solidarität, 1986, S. 123 f; MAURACH/GÖSSEL/ZIPF A. T. 2, § 45 Rdn. 32; STOFFERS Formel, S. 372 ff, 458 f; STRATENWERTH SchwZStr. 95 (1978) S. 67.

2. Variante: A hat den Ring, den er an einer Leine hält, dem X zugeworfen. Kurz bevor X den Ring ergreifen kann, zieht A ihn zurück. X ertrinkt.

Ergebnis: A haftet als Täter eines Tötungsdelikts durch positives Tun.

3. Variante: Der Passant B will dem X hinterherspringen, um ihn zu retten. Dies verhindert A, indem er den B gegen Zahlung von 100,– DM veranlasst, nichts zu tun. A selbst hat keine Rettungsmöglichkeit.

Ergebnis: A haftet als Anstifter zur unterlassenen Hilfeleistung durch B, §§ 323 c, 26,

4. Variante: Als A sieht, daß B den X retten will, schlägt er den B nieder.

Ergebnis: A haftet als Täter der Tötung an X durch positives Tun.

cc) Unmöglichmachen eigener Rettungshandlungen vor Gefahreneintritt

Macht der Täter eigene Rettungs- oder Erfolgsabwendungsmöglichkeiten vor Gefahreneintritt zunichte, und zwar gleichgültig, ob durch Tun – der Arzt macht sein Kfz fahruntüchtig, obwohl er weiß, dass er in der Nacht Notdienst hat; sog. omissio libera in causa – oder durch Unterlassen – der Arzt holt das in der Werkstatt befindliche Kfz nicht rechtzeitig zurück; sog. omissio libera in omittendo –, so liegt hinsichtlich der unterlassenen Rettungshandlung – nachts bedarf ein Kranker dringend ärztlicher Hilfeleistung, um nicht zu sterben – eine Unterlassung vor. Der Täter haftet aus dieser Unterlassung, wenn er verpflichtet war, über Handlungsfähigkeit in der Situation der Handlungspflicht zu verfügen.[8] Je nachdem, ob er sich der Handlungsfähigkeit vorsätzlich oder fahrlässig beraubt hat, haftet er dann wegen vorsätzlicher oder fahrlässiger Verletzung der Handlungspflicht.[9] **11**

3. Die Handlungspflicht bei den echten Unterlassungsdelikten

Bei den *echten Unterlassungsdelikten* beschreibt der gesetzliche Tatbestand jeweils eine bestimmte Situation, in der jeder, der in dieser Situation steht, zu einem bestimmten Tun verpflichtet ist; vgl. §§ 138, 323 c. **12**

Aufbautechnisch unterscheiden sich diese Delikte in der Struktur nicht von den sog. Tätigkeitsdelikten: Im objektiven Tatbestand wird das Vorliegen der im Gesetzestatbestand beschriebenen Situation erörtert und festgestellt, ob eine bestimmte Person ihrer in dieser Situation begründeten Pflicht zu einem bestimmten Verhalten nachgekommen ist oder nicht. **13**

Steht fest, dass diese Person ihre Pflicht, etwas Bestimmtes zu tun, verletzte, so ist im subjektiven Tatbestand zu prüfen, ob die Situationskenntnis vorlag und das Unterlassen bewusst geschah. – Die Erörterung der Rechtfertigungsgründe enthält gegenüber dem vorsätzlichen Begehungsdelikt keine Besonderheit. – Unrechtsbewusstsein ist hier das Bewusstsein, durch das Unterlassen die Grundlagen sozialen Miteinanders in gefährlicher Weise in Frage zu stellen und sich damit sozialschädlich zu verhalten. **14**

Beispiel: Nach einem Verkehrsunfall liegt der Radfahrer R schwer verletzt auf der Landstraße. Als A an diese Stelle kommt, ist weit und breit niemand außer R zu sehen. A lässt den R liegen und benachrichtigt auch nicht die Polizei. **15**

---

8 Vgl. dazu auch KINDHÄUSER StGB, § 13 Rdn. 81; ARMIN KAUFMANN Die Dogmatik der Unterlassungsdelikte, 1959, S. 211; RENZIKOWSKI Restriktiver Täterbegriff und fahrlässige Beteiligung, 1997, S. 148 f; ROXIN Spinellis-FS, Bd. 2, S. 957 f; DERS. A. T. II, § 31 Rdn. 106; STOFFERS Formel, S. 334 ff; STRUENSEE Stree/Wessels-FS, S. 146 ff; WELP Vorangegangenes Tun, S. 138.

9 Zur Verpflichtung zum Erhalt der Handlungsmöglichkeit: BERTEL JZ 1965 S. 55; HRUSCHKA Strafrecht, S. 397; ROXIN Engisch-FS, S. 384.

Ergebnis: Unabhängig vom weiteren Schicksal des R – sei es, dass R kurz darauf von einem anderen Passanten aus der Gefahr gerettet oder von einem Lastzug überfahren wird – kann A sich wegen einer unterlassenen Hilfeleistung, § 323 c, strafbar gemacht haben.

a) *Objektiver Tatbestand*

aa) Unglücksfall ist eine Situation, in der der Einzelne auf die Solidarität der anderen angewiesen ist, weil er selbst nicht in der Lage ist, sich aus einer schweren Gefahr für Leib oder Leben zu retten. – R befand sich in einer derartigen Situation.

bb) Hilfe war erforderlich, und zwar sowohl die Bergung des R von der Fahrbahn als auch die Einleitung weiterer Hilfsmaßnahmen.

cc) Diese Hilfeleistung war dem A auch zumutbar, da er sich in keiner Situation befand, in der eigenen Interessen unmittelbarer Vorrang zukam.

b) *Subjektiver Tatbestand*

A kannte die Situation des R und entzog sich bewusst der Hilfeleistung.

c) Rechtfertigungsgründe sind nicht ersichtlich.

d) A war sich zumindest der Tatsache bewusst, dass er sich einer fundamentalen sozialethischen Verpflichtung gegenüber R entzog.

4. Die Handlungspflicht bei den unechten Unterlassungsdelikten

16   Bei den *unechten Unterlassungsdelikten* gibt es einen Tatbestand, der zweifelsfrei ein bestimmtes Unterlassen mit Strafe bedroht, nicht. Die Auslegung der Tatbestände, die zunächst als Begehungsdelikte in den Blick genommen werden, führt jedoch zu der Einsicht, dass in diesen Tatbeständen, die oberflächlich betrachtet ein bestimmtes Tun verbieten, auch bestimmte Weisen des Unterlassens gemeint sein müssen. Jene Unterlassungsweisen nämlich, die im Unrechtsgehalt dem Unrecht der Rechtsgutsverletzung durch positives Tun gleichkommen. Die Tatbestände beschreiben daher nicht nur ein Tun, sondern in bestimmten Konstellationen auch ein Unterlassen als das verpönte Verhalten.

Beispiel 1: Die Mutter M erstickt ihr 3 Monate altes Kind mit einem Kopfkissen.

Beispiel 2: Die Mutter M lässt ihr 3 Monate altes Kind verhungern.

17   In beiden Fällen wird man mit Fug und Recht sagen, die M habe ihr Kind getötet. Einmal durch Tun, das andere Mal durch Unterlassen. Dies führt zu der Einsicht, dass die gesetzlichen Tatbestände der sog. Erfolgsdelikte offenbar ein bestimmtes Verhalten umschreiben, das *durch Tun oder Unterlassen* verwirklicht werden kann. Die Besonderheit beim Unterlassen liegt aber darin, dass nicht das Unterlassen eines jeden als das im Tatbestand umschriebene Verhalten interpretiert werden kann, sondern nur das Unterlassen bestimmter Personen. *Nicht jedermann kann Täter eines unechten Unterlassungsdelikts sein, sondern nur ein enger Kreis von Personen, die nach ihrer besonderen Stellung zu dem Opfer oder zu gewissen Gefahrenquellen als „Garanten" für den Nichteintritt eines rechtlich unerwünschten Erfolges verantwortlich sind.*

18   Wegen der Vielfalt der Situationen des menschlichen Lebens, in denen besondere Pflichtenkonstellationen möglich sind, lassen sich die Garantenstellungen nicht abschließend in den einzelnen Tatbeständen umschreiben, sollen diese überhaupt noch überblickbar sein. *Die Garantenstellungen sind daher gleichsam als unbestimmte, aber bestimmbare normative, d. h. pflichtbegründende Merkmale eines jeden Tatbestandes anzusehen,* die in den einzelnen Tatbeständen vorausgesetzt werden, nicht aber ausformuliert sind.

a) Bestimmtheitsgrundsatz und unechtes Unterlassungsdelikt

Besondere Bedeutung erhält damit in diesem Bereich Art. 103 Abs. 2 GG, § 1 StGB: **19**

aa) Wer davon ausgeht, dass die Tatbestände der schlichten Erfolgsdelikte, z.B. §§ 212, 223, **20**
303, ein bestimmtes *Tun* beschreiben, muss zu dem Ergebnis kommen, dass jede Bestrafung
wegen Unterlassens aus diesen Tatbeständen verfassungswidrig ist. Daran führt bei dieser
Prämisse kein Weg vorbei, und auch eine besonders vorsichtige, restriktive Anwendung dieser Tatbestände auf Fälle des Unterlassens ist rechtstechnisch eine verbotene Analogie zu
Ungunsten des Täters.[10]

bb) Doch auch mit der grundsätzlichen Anerkennung, dass die Tatbestände der sog. Erfolgs- **21**
delikte Tun und Unterlassen beschreiben und die Garantenstellungen als unbestimmte, aber
bestimmbare pflichtbegründende Merkmale in den Gesetzestatbeständen enthalten sind, ist
die Problematik des Art. 103 Abs. 2 GG, § 1 StGB nicht beseitigt. – Mögen nämlich in einem
gewissen Kernbereich die Garantenstellungen allgemein anerkannt sein, so sind ihre Grenzen doch in jedem Fall streitig. Das ist kein Zufall, sondern hängt unmittelbar mit der Entstehung und der Funktion dieser Positionen zusammen.

b) Schutzgaranten und Überwachungsgaranten

Garantenstellungen entstehen dort, wo jemand *Schutzfunktionen für ein bestimmtes Rechts-* **22**
gut innehat oder für die *Überwachung einer Gefahrenquelle* verantwortlich ist. Beide Grundsi-
tuationen sind nicht strukturell voneinander verschieden, sondern unterscheiden sich nur in
der Schutzrichtung: Im ersten Fall geht die Pflicht dahin, das Rechtsgut umfassend gegen
ihm drohende Gefahren zu schützen, im zweiten Fall hat der Garant nur die Pflicht, Rechtsgüter vor jenen Gefahren zu schützen, die von der Gefahrenquelle ausgehen, die er zu über-
wachen hat.

Soziales Miteinander setzt nicht nur das Verbot voraus, andere zu gefährden und zu ver- **23**
letzen, sondern erfordert auch eine differenzierte Regelung zur Abwehr von Gefahren, wenn
der Einzelne überhaupt Gelegenheit zur Entfaltung seiner Persönlichkeit erhalten soll.
Andernfalls gäbe es nur die Möglichkeit, einer – dann allerdings omnipotenten – Staatsgewalt die Gefahrenabwehr anzuvertrauen. Für eine Persönlichkeitssphäre des Einzelnen, die
gerade frei von Eingriffsmöglichkeiten anderer gedacht ist, bliebe kaum noch Raum.

Entscheidet sich eine Rechtsordnung wie die der Bundesrepublik Deutschland in Art. 2 **24**
Abs. 1 GG in Verbindung mit den individuellen Grundrechten daher prinzipiell dafür, den
Handlungsspielraum des Einzelnen nicht von den *möglichen* schädlichen *Erfolgen* her
grundsätzlich eng zu halten, so kann sie sich nicht mit dem Verbot, andere durch bestimmtes
positives Tun zu schädigen, begnügen. Sie muss versuchen, der Entfaltung von Verantwortung
durch den Einzelnen und der Entwicklung eigenverantwortlich ausgefüllter Sphären Raum
zu geben, damit differenzierte Verantwortungsregeln entwickelt und wirksam werden können.
OTTO NJW 1974 S. 533f: „Das positive Recht ist zwar die im gesellschaftlichen Raum bedeutsamste Struktur,
die Grenzen, Selektionsweisen und Interessenausgleich des Gesellschaftssystems definiert. Es ist jedoch nicht
die einzige Gesellschaftsstruktur. – Normen gibt es nicht nur im juristischen oder politischen Bereich, sondern

---

10 So konsequent: H. MAYER Strafrecht, A. T., 1953, S. 199 f; DERS. Die gesetzliche Bestimmtheit der Tatbestände, in: Materialien zur Strafrechtsreform, 1. Bd., 1954, S. 277. – Zur Diskussion dieser Problematik im
Übrigen: FREUND MK, § 13 Rdn. 47; NICKEL Die Problematik der unechten Unterlassungsdelikte im Hinblick
auf den Grundsatz „nullum crimen sine lege" (Art. 103 Abs. 2 GG), 1972; SCHÜRMANN Unterlassungsstraf-
barkeit und Gesetzlichkeitsgrundsatz, 1986, S. 126 ff. – Differenzierend nach positiv normierten und anderen Rechtspflichten: SEEBODE Spendel-FS, S. 317 ff, 342 ff. – Strikt ablehnend: BVerfG NJW 2003 S. 1031.

in allen Subsystemen der Gesellschaft. Im Regelfall stützen die rechtlichen Normen derartige soziale Normen ab und leisten auf diese Weise Verhaltenssteuerung und Erwartungssicherung. Dieser Stabilisierungsprozess ist nicht zufällig, sondern notwendig, „weil ohne kongruente Generalisierung normativer Verhaltenserwartungen Menschen sich nicht aneinander orientieren, ihre Erwartungserwartungen nicht erwarten können" (LUHMANN Rechtssoziologie I, 1972, S. 134). Dynamik und lebendige Entwicklung der Gesellschaft würden jedoch schwer beeinträchtigt, wenn die im sozialen Bereich real erlebten Erwartungserwartungen zu früh durch gesetzliche Positivierung stabilisiert würden. Die Rechtsordnung würde nicht die gesellschaftliche Entwicklung sichern, sondern sie zerstören, einen bestimmten Entwicklungsstand zementieren, das Sozialleben unterhalb der Rechtsebene um die Möglichkeit der Wandlung der Erwartungserwartungen im steten praktischen Vollzug bringen. Doch gerade auf der Realität dieser Erwartungserwartungen unterhalb der rechtlich positivierten Normen beruhen weite Bereiche der Praxis des Soziallebens, auch wenn der Einzelne diese Grundlagen nicht ständig reflektiert. – Soll diese Praxis des Soziallebens der Rechtsordnung Anstöße geben und nicht unter dem starren Geflecht rechtlicher Normen verkümmern, so müssen rechtlich freie Entfaltungsräume gewährt werden. Dies kann allerdings – im Hinblick auf mögliche Folgen für Dritte – nur dann geschehen, wenn zugleich Sorge getragen ist dafür, daß die Gewährung des Freiraumes nicht auf Kosten anderer geschieht, denen aus der „freien" Entfaltung ihrer Rechtsgenossen Gefahren erwachsen. Die Einräumung eines „Freiraumes" erfordert die Belastung mit der Verantwortung für Gefahren, die den anderen rechtlich gewährten Spielraum verengen."

aa) Formell-rechtliche und sozialethische Begründung der Garantenpflichten

25   Zunächst wurde versucht, Garantenpflichten auf Rechtspflichten im strengen Sinne zurückzuführen. Vertrag, Gesetz und vorausgegangenes rechtswidriges Tun erschienen als Rechtsquellen für Garantenpflichten. Doch schon bald erwies sich der gewählte Rahmen als zu eng. Nicht der rechtsgültige Abschluss eines Vertrages, sondern die tatsächliche Übernahme der Schutzfunktion, z. B. als Kindermädchen, wurde als haftungsbegründendes Element erkannt. In gleicher Weise waren es nicht nur die gesetzlichen Unterhalts- und Fürsorgepflichten der Ehegatten, sondern das enge Gemeinschaftsverhältnis, auf dem Garantenpflichten beruhten, so z. B. wenn die Partner der Gemeinschaft seit Jahr und Tag wie ein Ehepaar zusammenlebten, obwohl eine Eheschließung nicht erfolgt war. Mit der Einsicht, dass zwischen den strafrechtlichen Erfolgsabwendungsgeboten und den im Regelfall zivilrechtlichen Rechtspflichten kein Ableitungszusammenhang besteht, sondern beide nur in derselben konkreten Lebensordnung einen gemeinsamen Ursprung haben, wurde die Grundlage dieser Lehre zweifelhaft.

26   Die von Anfang an gegen die formelle Rechtspflichttheorie argumentierende Mindermeinung gewann zunehmend an Bedeutung. Die Diskussion verließ die positivistische Basis und wandte sich der sozialethischen Begründung der „Garantenverhältnisse" zu, deren Verbindlichkeit z. T. gewohnheitsrechtlich begründet wurde.[11]

27   Der unmittelbare Bezug auf sozialethische Verpflichtungen erwies sich im Fortgang der Diskussion jedoch als nicht hinreichend tragfähig, da der Bezugsgegenstand nicht präzis zu bestimmen war. Versucht wird daher, einzelne Elemente sozialer Verpflichtungstatbestände als Leitprinzip der Garantenhaftung herauszustellen. E. A. WOLFF[12] u. a. betonen das „Vertrauensprinzip" als wesentliches Strukturmerkmal, RUDOLPHI[13] hebt den „Grundsatz der Verantwortung auf Grund zugewiesener Schutzfunktion" hervor, SCHÜNEMANN und ihm folgend ROXIN[14] sehen in der „Herrschaft über den Erfolgsgrund" das relevante Anknüpfungs-

---

11 Dazu SCHAFFSTEIN Gleispach-FS, S. 71ff; NAGLER GS 111 (1938) S. 1ff. – Im Einzelnen zur Entwicklung der Diskussion: OTTO/BRAMMSEN Jura 1985 S. 532 f.

12 Kausalität von Tun und Unterlassen, 1965, S. 37 ff.

13 NStZ 1984 S. 149 ff.

14 SCHÜNEMANN ZStW 96 (1984) S. 293 ff; ROXIN A. T. II, § 32 Rdn. 17 ff.

element, ARZT[15] betrachtet die „Gefahrschaffung" als Grundlage der Garantenpflichtzuweisung und SEELMANN[16] erkennt in „Gefahrschaffung und Entzug von Abwehrbereitschaft" die tragenden Gedanken.

Insbesondere das Vertrauensprinzip hat weitgehende Zustimmung in der Lehre gefunden, jedoch auch Kritik, die jedenfalls dann berechtigt ist, wenn das Vertrauensprinzip nicht weiter konkretisiert wird. Auf der anderen Seite haben sich die sonst genannten Elemente in Einzelfällen durchaus als tragfähig erwiesen, ihre Verallgemeinerung führte jedoch bald zu ihren Grenzen.[17] **28**

Diese Unsicherheiten erklären, warum in der Lehre immer wieder einmal der wesentliche Akzent auf die Rechtspflicht im Gegensatz zur sozialethischen, nicht positivierten Pflicht gelegt wird.[18] **29**

bb) Soziologische Begründung der Garantenpflicht

Als Konkretisierung von Vertrauens- und Verantwortungsprinzip ist der Versuch einer soziologischen Fundierung der Garantenpositionen anzusehen. Der „Rollenposition" des Einzelnen sollten zugleich die jeweils einschlägigen Garantenpflichten des Rolleninhabers entnommen werden. **30**

In Deutschland führte DAHRENDORF den Rollenbegriff 1958 mit seiner Abhandlung: „Homo Soziologicus"[19] ein. Er fasste die soziale Rolle als Komplex von Erwartungen auf: „Soziale Rollen bezeichnen Ansprüche der Gesellschaft an die Träger von Positionen ... einmal Ansprüche an das Verhalten der Träger von Positionen (Rollenverhalten), zum anderen Ansprüche an sein Aussehen und seinen „Charakter" (Rollenattribute) ... Soziale Rollen sind Bündel von Erwartungen, die sich in einer gegebenen Gesellschaft an das Verhalten der Träger von Positionen knüpfen." **31**

Den Rollenbegriff kennzeichnen nach DAHRENDORF drei Merkmale: **32**

(1) Soziale Rollen sind vom Einzelnen unabhängige Verhaltensvorschriften.

(2) Ihr Inhalt wird nicht vom Einzelnen bestimmt, sondern von der Gesellschaft.

(3) Die Verhaltenserwartungen begegnen dem Einzelnen mit einer gewissen Verbindlichkeit des Anspruchs, dem er sich nicht ohne Schäden entziehen kann.

Wenn der Einbezug des Rollenbegriffs in die Unterlassungsdiskussion dennoch zunächst keine weitere grundsätzliche Klärung der Unterlassungsproblematik gebracht hat, so sind dafür zwei Gründe maßgeblich: Zum einen ist das Vertrauen des Juristen in die positive Rechtspflicht und ihre ausschließliche Funktion zur Steuerung von Verhaltensweisen im sozialen Raum noch recht ungebrochen. Die Wirkkraft sozialer Normensysteme unterhalb des Rechtssystems wird unterschätzt. Zum anderen ist der Rollenbegriff – unabhängig von dem soziologischen Streit um diesen Begriff – keineswegs so tauglich zur Klärung der relevanten Problematik, wie es zunächst scheint: Die Rolle als Bündel von Erwartungen besteht zwar in ihrem Kern aus einer Einheit ausformulierter Erwartungshaltungen. Der Gesamtumfang des Bündels ist aber nicht normiert, so dass die Rolle gerade zur Klärung von Erwar- **33**

---

15 JA 1980 S. 560, 714 f.
16 GA 1989 S. 241 ff, 256; DERS. NK, § 13 Rdn. 49 f.
17 Zur Auseinandersetzung vgl. im Einzelnen: BRAMMSEN Die Entstehungsvoraussetzungen der Garantenpflichten, 1986, S. 52 ff, 69 ff, 84 ff, 132 f.
18 Vgl. BVerfG JZ 2004 S. 303 mit Anm. SEEBODE S. 305 ff; BAUMANN/WEBER/MITSCH A. T., § 15 Rdn. 41; GEILEN FamRZ 1961 S. 147; JESCHECK/WEIGEND A. T., § 59 IV; SCH/SCH/STREE § 13 Rdn. 7 ff; SEEBODE Spendel-FS, S. 340 f, 344 f.
19 Kölner Zeitschrift für Soziologie und Sozialpsychologie, 10. Jg. (1958).

tungshaltungen in Grenzbereichen untauglich ist. Hier muss auf die einzelne Erwartung, die selbst bereits einen komplexen Sachverhalt kennzeichnet, zurückgegriffen werden. Dabei macht sich dann bemerkbar, dass die genaue Untersuchung und die Abschätzung der einzelnen Erwartungen im Vollzug des täglichen Lebens erst in ihren Anfängen stecken.

LUHMANN Rechtssoziologie, 2. Aufl., 1983, S. 31 f: „Der Mensch lebt in einer sinnhaft konstituierten Welt, deren Relevanz für ihn durch seinen Organismus nicht eindeutig definiert ist. Die Welt zeigt ihm dadurch eine Fülle von Möglichkeiten des Erlebens und Handelns, der nur ein sehr begrenztes Potential für aktuellbewusste Wahrnehmung, Informationsverarbeitung und Handlung gegenübersteht. In dem jeweils aktuell und damit evident gegebenen Erlebnisinhalt finden sich mithin Verweisungen auf andere Möglichkeiten, die zugleich komplex und kontingent sind. Unter Komplexität wollen wir verstehen, daß es stets mehr Möglichkeiten gibt, als aktualisiert werden können. Unter Kontingenz wollen wir verstehen, daß die angezeigten Möglichkeiten weiteren Erlebens auch anders ausfallen können, als erwartet wurde; daß die Anzeige mithin täuschen kann, indem sie auf etwas verweist, das nicht ist oder wider Erwarten nicht erreichbar ist oder, wenn man die notwendigen Vorkehrungen für aktuelles Erleben getroffen hat (zum Beispiel hingegangen ist), nicht mehr da ist. Komplexität heißt also praktisch Selektionszwang, Kontingenz heißt praktisch Enttäuschungsgefahr und Notwendigkeit des Sicheinlassens auf Risiken.

In dieser Daseinslage entwickeln sich darauf abgestimmte Strukturen der Erlebnisverarbeitung, die dem Doppelproblem der Komplexität und Kontingenz weiteren Erlebens Rechnung tragen und es unter Kontrolle bringen. Gewisse Erlebnis- und Verhaltensprämissen, die gute Selektionsleistungen ermöglichen, werden zu Systemen zusammengestellt und relativ stabilisiert. Sie gewährleisten eine gewisse Unabhängigkeit des Erlebens von momentanen Eindrücken, Instinktauslösern, Reizen und Befriedigungen und ermöglichen damit auch zeitlich gesehen Selektionen in einem weiteren, alternativenreicheren Horizont von Möglichkeiten. Techniken der Abstraktion wiederholt brauchbarer Regeln, der Selektion dazu passenden Erlebens und der Selbstvergewisserung treten teilweise an die Stelle unmittelbarer Bewährungen und Erfüllungen. Auf dieser Ebene der Steuerung selektiven Verhaltens können Erwartungen in bezug auf die Umwelt gebildet und stabilisiert werden. Deren Selektionsleistung ist ebenso unumgänglich wie vorteilhaft und motiviert daher das Festhalten solcher Strukturen auch gegenüber Enttäuschungen: Man verzichtet nicht auf die Erwartungen eines soliden, begehbaren Bodens, wenn man einmal ausrutscht!

S. 34–35: Wer fremde Erwartungen erwarten kann – wer zum Beispiel voraussehen und berücksichtigen kann, wann eine Liebschaft Eheerwartungen kristallisiert und wessen Erwartungen es sein werden –, kann eine möglichkeitsreichere Umwelt haben und trotzdem enttäuschungsfreier leben. Er kann höhere Komplexität und höhere Kontingenz auf abstrakterem Niveau bewältigen. Er kann, falls ihm eigene Motive nicht zu sehr in die Quere kommen, die erforderlichen Verhaltensbestimmungen intern vollziehen, das heißt weitgehend ohne Kommunikation. Er braucht sich nicht verbal zu exponieren und festzulegen – die Vermeidung unnötiger Verbalisierungen ist ein wesentliches Moment sozialen Taktes –, und er spart Zeit, vermag also in sehr viel komplexeren, verhaltensoffeneren Sozialsystemen mit anderen zusammenzuleben. Er kann die zeitraubenden und heiklen (weil zu bindende Selbstdarstellungen nötigenden) Kommunikationsprozesse für wenige, wichtige Konfliktspunkte reservieren und wählen, worüber man spricht.

Im täglichen sozialen Verkehr gehören unausgesprochene Abstimmungen dieser Art zu den fundamentalen Selbstverständlichkeiten. Art und Ausmaß der Fähigkeit, an ihnen teilzunehmen, erweisen den einzelnen als Mitglied einer Gruppe und sind mitbestimmend für seinen sozialen Rang und sein Durchsetzungsvermögen. Nicht nur Kooperation, sondern auch Konfliktverhalten wird auf diese Weise gesteuert. Die Erwartungsstruktur ist fundamentaler als dieser Gegensatz und steuert noch den Wechsel zwischen freundlichem und feindlichem Verhalten je nachdem, ob man erwartet, daß der andere die Beziehung als freundlich bzw. feindlich erwartet. Dass Takt nur mittels Erwartung von Erwartungen möglich ist, liegt auf der Hand; denn Takt ist nicht einfach die Erfüllung fremder Erwartungen, sondern ein Verhalten, mit dem A sich als derjenige darstellt, den B als Partner braucht, um derjenige sein zu können, als der er sich A gegenüber darstellen möchte. Ein solches Verhalten kann nur wählen, wer Erwartungen erwarten kann. Aber auch Konflikte haben ihren Entstehungsgrund und ihre Entscheidungsebene zumeist im Erwarten von Erwartungen – nicht darin, daß A ein feindseliges Verhalten des B erlebt und darauf reagiert hat, und auch nicht darin, daß A ein feindseliges Verhalten des B erwartet und dem zuvorkommt; sondern darin, daß A erwartet, daß B von ihm Feindschaft erwartet und B's Verhalten als entsprechend feindselig definiert, was es dem A ermöglicht, zugleich Feind zu sein und nicht zu sein, ein unschuldiger Feind, der nur in A's Erwartungen der Erwartungen B's existiert, dann aber mehr und mehr Feindschaft durch Verhalten realisiert und damit schuldig wird.“

164

cc) Ethnomethodologische Begründung der Garantenstellungen

Erst mit dem Aufkommen der Ethnomethodologie in den letzten Jahren wird begonnen, den **34** „vielfältig verschachtelten Aufbau der Erwartungsstrukturen des täglichen Zusammenlebens" (LUHMANN) wissenschaftlich zu durchleuchten. Der Alltag wird Gegenstand wissenschaftlicher Untersuchung und nicht bloß juristischer oder soziologischer Theorie. Es werden gewöhnliche Personen bei ihrem üblichen Tun betrachtet, und es wird der Frage nachgegangen, worauf deren „alltägliches Tun" beruht, welche Gegebenheiten es voraussetzt und woher die Sicherheit genommen wird, daß dieses Verhalten „richtig" ist.[20]

Innerhalb des praktischen Vollzugs des Alltagslebens wird die spezifische Bedeutung der **35** Rechtsordnung, Erwartungen zu sichern und Verhalten zu steuern, deutlich: Es kommt nicht darauf an, umfassende rechtliche Pflichtnetze über den Einzelnen zu werfen, sondern vielmehr an Entscheidungsbrennpunkten Erwartungen abzusichern und Richtpunkte für das Verhalten und damit für die Entwicklung der Sozietät in gesetzlichen Vorschriften zu geben. – Die Auswahl selbst jedoch ist nicht allein nach den systemerhaltenden Funktionen der Normen zu treffen, sondern – und hier wird der systemtheoretische Ansatz überschritten – zugleich als Akt der Wertsetzung zu verstehen.

Soweit die Funktion der Rechtsordnung, eine zweckmäßige Ordnung zur Existenzsiche- **36** rung durch Rechtssicherheit zu gewährleisten, in den Blick genommen wird, kann rechtswidriges und dysfunktionales Verhalten identifiziert werden. Die Funktion der Rechtsordnung hingegen, eine gerechte i.S. einer sozialethisch gerechtfertigten Ordnung aufzubauen, vermag der systemtheoretische Ansatz nicht zu erfassen. Hier muss er erweitert werden, sollen „Wert" und „Nützlichkeit" nicht identifiziert werden. Die Norm darf sich nicht in einem systemerhaltenden Inhalt erschöpfen, sie muss der Person zugleich Raum geben zur Selbstbestimmung und Selbstverantwortung und sich damit gegen den vollsystematisierenden Gehalt wenden. Es gilt einen akzeptablen Kompromiss zu finden zwischen den zugleich aufeinander bezogenen und widerstreitenden Erfordernissen der beiden Funktionen der Rechtsordnung.

„Verlangt die erste (z.B. die Rechtssicherheit) eine Generalisierung und eine Wertfreiheit **37** der Tatbestände, so verlangt die zweite (die Gerechtigkeit) weitgehend eine Individualisierung und einen Einbau von ethischen Wertbegriffen"[21].

c) Die Generalklausel des § 13 StGB

Nicht beizukommen ist der Problematik allerdings mit einer Generalklausel, wie sie der **38** Gesetzgeber in § 13 formuliert hat. Sie ist zu nichtssagend, um irgendwelche Bedeutung zu haben: Hier wird außer der Garantenstellung, über die inhaltlich nichts ausgesagt wird, eine arg verschwommen bleibende Äquivalenz gefordert, die zur Garantenstellung hinzuzutreten scheint. – Diese Addition ist sinnlos und führt nur zu Verwirrungen.

aa) Bestimmt man die Garantenpflicht nicht blutleer, abstrakt und situationsfern, sondern **39** stets unter Berücksichtigung der konkreten Situation, so dürfte die Differenzierung von Garantenstellung und Handlungsäquivalenz überflüssig sein.

---

20 Eingehender zum ethnomethodologischen Ansatz: HERZOG Prävention des Unrechts und Manifestation des Rechts, 1987, S. 97 ff; ZIMMERMAN/POLLNER Die Alltagswelt als Phänomen, in: Ethnomethodologie, Beiträge zu einer Soziologie des Alltagshandelns, herausgeg. von Weingarten/Sack/Schenckein, 1976, S. 64 ff.
21 WELZEL Henkel-FS, S. 18.

40   bb) Dennoch liegt der Addition ein richtiger Gedanke zugrunde, der jedoch in der hohlen Floskel des § 13 nicht mehr zum Ausdruck kommt, nämlich die Idee, dass die Garantenstellung ein Unterlassen nur dort der Erfolgsherbeiführung gleichsetzt, wo der Tatbestand allein die Erfolgsherbeiführung beschreibt.

41   Werden an dieses Verhalten jedoch besondere Modifikationen geknüpft, so ist auch beim Unterlassen zu prüfen, ob es den Sinngehalt dieser Modifikation erfüllt. Das dürfte jedoch kaum besonders problematisch sein; in der Regel wird ein bloßes Unterlassen diesen Sinngehalt nicht erfüllen, so dass eine Tatbestandsverwirklichung allein durch konkludentes Verhalten in Betracht kommt.

GALLAS Niederschriften über die Sitzungen der Großen Strafrechtskommission, 12. Bd., 1959, S. 80: „Das Erfordernis einer Garantenpflichtverletzung gewährleistet zwar, daß die Nichtabwendung eines Erfolges seiner Herbeiführung gleichwertig ist. Es ist damit jedoch noch nichts über die Fälle gesagt, in denen sich der Tatbestand nicht darauf beschränkt, das bloße Herbeiführen eines Erfolges unter Strafe zu stellen, sondern näher beschreibt, auf welche *Weise* dieser Erfolg herbeigeführt werden muß. So etwa, wenn beim Betrug der Vermögensschaden durch Täuschung herbeigeführt werden muß oder im Tatbestand der Kuppelei nicht schlechthin die Förderung der Unzucht verboten wird, sondern nur eine solche Förderung der Unzucht, die „durch Vermittlung oder durch Gewährung oder Verschaffung von Gelegenheit" geschieht. Es wird also im letzteren Fall nicht auch derjenige bestraft, der einen anderen dazu anstiftet, unzüchtige Handlungen zu begehen, obwohl er auch dadurch dessen Unzucht fördert, sondern es wird nur der bestraft, der ihm eine Wohnung dazu zur Verfügung stellt, ihm die Frau zuführt oder ähnliches. Es erscheint deshalb nicht richtig, auf diese engen Begrenzungen plötzlich dann zu verzichten, wenn das Vorschubleisten durch Unterlassen geschieht. Wir brauchen also für alle Fälle dieser Art als zweiten einschränkenden Gesichtspunkt den der Gleichwertigkeit der Unterlassungshandlung mit dem positiven Begehen auch in bezug auf die im Tatbestand vorausgesetzten besonderen *Handlungsmodalitäten*"; dazu auch ROXIN Lüderssen-FS, S. 579; DERS. A. T. II, § 32 Rdn. 239 ff.

5. Grundlinien einer allgemeinen Garantenlehre

42   Unter Berücksichtigung der aufgezeigten Aspekte wird eine Theorie, die die Garantenposition auf gegenseitige Erwartungen innerhalb der Sozietät gründet, *Grundlinien* einer allgemeinen Garantenlehre dahingehend *skizzieren können:*

43   a) Nur solche Erwartungen innerhalb des Soziallebens kommen in Betracht, die *allgemein* in bestimmten Positionen *erwartet werden.*

44   b) Die Erwartung muss sich als *zwingend* zu befolgende Verhaltensanforderung derart darstellen (Muss-Erwartung), dass ihre Befolgung trotz Enttäuschung im Einzelfall weiterhin erwartet wird.

45   c) Der Erwartung muss ein *gegenseitiges Erwarten der Erwartung* entsprechen derart, dass nachweislich im praktischen Vollzug des Soziallebens das Verhalten nach den gegenseitigen Erwartungen eingerichtet wird.

46   d) Die *Erwartung muss von solcher Festigkeit* und solchem *Gewicht* sein, dass ihre Verletzung einen derart schweren Schaden für die Vertrauensbasis des Soziallebens bedeutet wie die Verletzung dieser Basis durch Gefährdung und Verletzung einzelner Rechtsgüter durch positives Tun.

47   Werden diese Grundlinien beachtet und wird das von Lehre und Rechtsprechung bereits herausgearbeitete Material zur Konkretisierung im Einzelfall herangezogen und überall dort mit dem Grundsatz „in dubio pro reo" Ernst gemacht, wo Zweifel an der Garantenposition im konkreten Fall begründet sind, dürfte dem Bestimmtheitsgebot des Art. 103 Abs. 2 GG Genüge getan sein.

II. Garantenpositionen auf Grund der Schutzfunktion für ein bestimmtes Rechtsgut

1. Garantenposition aus natürlicher Verbundenheit

Orientiert an dem persönlichen Vertrauens- und Fürsorgeverhältnis, auf dem Familienbezie-   **48**
hungen beruhen, ist eine derartige Verbundenheit in den auf Dauer und unvoreingenom-
menes Vertrauen angelegten persönlichen Gemeinschaftsverhältnissen begründet, z. B. Ehe,
Verlöbnis, Verhältnis Eltern – Kinder zueinander, nichteheliche Lebensgemeinschaft und
Lebenspartnerschaft, unabhängig davon, ob diese eingetragen ist oder nicht.[22]

a) Der ursprüngliche Versuch, derartige Garantenverhältnisse aus familienrechtlichen Vor-   **49**
schriften zu begründen, ging an dem relevanten Sachverhalt vorbei. Die Garantenverpflich-
tung innerhalb enger persönlicher Verhältnisse ist der Preis für die Achtung der Persönlichkeitssphäre, die durch derart enge persönliche Verhältnisse begründet ist, durch Dritte.
Solange eine der beteiligten Personen in der Lage ist, eventuelle Gefahren von dem oder den
anderen Beteiligten abzuwenden, achtet die Sozietät die bestehende Persönlichkeitssphäre
und drängt ihre Hilfe nicht auf, indem sie in diese Sphäre eindringt. – Die Garantenposition
der Ehegatten endet daher auch nicht erst mit der rechtskräftigen Scheidung, sondern indem
diese – auch – nach außen kundtun, dass die Gemeinschaft endgültig aufgehoben sein soll,
z. B. durch Trennung voneinander.[23]

LACKNER JR 1969 S. 30: „... So folgt die Garantenpflicht für die Abwendung drohender Leibes- und Lebensgefahr in solchen Gemeinschaften aus der Tatsache des „Aufeinander-Angewiesenseins" der Beteiligten, aus
der Orientierung des tatsächlichen Verhaltens an dem Vertrauen, daß die anderen Mitglieder der Gemeinschaft im Notfall einspringen werden."

b) *Zur Verdeutlichung*

aa) BGHSt 19 S. 167: Der 18jährige in Hausgemeinschaft mit der Familie lebende Sohn erfährt von einem   **50**
Anschlag auf das Leben des Vaters.
BGH: Garantenpflicht des Sohnes, Lebensgefahr vom Vater abzuwehren.

bb) BGH bei Dallinger, MDR 1973 S. 369: Die Ehefrau B, die von ihrem Ehemann A schwanger war, ließ die   **51**
Leibesfrucht nach zwei Monaten abtreiben. A, der ihr Vorhaben kannte, unternahm nichts dagegen.
BGH: Garantenpflicht des A gegenüber dem Embryo. – Eine solche Garantenstellung ist abzulehnen. Dagegen spricht bereits, dass die Schwangere selbst straffrei bleibt. Außerdem dürfte eine solche Garantenpflicht
nicht auf die Fälle der Abtreibung beschränkt bleiben, sondern müsste auf alle dem ungeborenen Kind
drohenden Gefahren erstreckt werden. Damit würde eine nicht vertretbare Vormundschaftspflicht des künfti-
gen Vaters gegenüber der Schwangeren begründet.

---

22 Im Einzelnen dazu RGSt 66 S. 71, 74; 69 S. 321, 323; BGHSt 2 S. 150, 153; 19 S. 167 ff; BÄRWINKEL Zur
   Struktur der Garantieverhältnisse bei den unechten Unterlassungsdelikten, 1968. – Umstr. ist, wie weit der
   Kreis der Garanten hier zu ziehen ist; vgl. einerseits: GEILEN FamRZ 1961 S. 155 ff; JESCHECK/WEIGEND
   A. T., § 59 IV 3 a; KINDHÄUSER StGB, § 13 Rdn. 53 f; KÖHLER A. T., S. 217; andererseits: ROXIN A. T. II,
   § 32 Rdn. 39 ff; RUDOLPHI SK I, § 13 Rdn. 51; SCH/SCH/STREE § 13 Rdn. 18. – Zu weit ALBRECHT Begrün-
   dung von Garantenstellungen in familiären und familienähnlichen Beziehungen, 1998, S. 183 ff, 225, und
   LILIE JZ 1991 S. 541 ff, die den Kreis der hier in Betracht kommenden Garanten mit dem der nahestehenden
   Personen in §§ 35, 241 StGB identifizieren wollen. – Überblick über die unterschiedlichen Begründungs-
   ansätze dieser Garantenpflicht bei ALBRECHT Begründung, S. 24 ff. – Zum Literaturstand: GIMBERNAT
   ORDEIG ZStW 111 (1999) S. 311 ff. – Gegen eine Garantenpflicht unter Geschwistern: LG Kiel NStZ 2004
   S. 157.
23 Vgl. dazu auch BGH NJW 2003 S. 3212, 3214 mit Anm. FREUND S. 3384 ff; GEPPERT JK 03, StGB
   § 13/37.

52 cc) BGHSt 7 S. 268 f: A, der in zerrütteter Ehe lebte, verließ seine Familie, obwohl die konkrete Gefahr bestand, dass die Ehefrau sich und das kleine Kind umbringen werde. – Die Ehefrau tötete sich und das Kind.

BGH: Keine Garantenpflicht des A gegenüber der Ehefrau, ihren Selbstmord zu verhindern. Zum Ausharren in der zerrütteten Ehe war A nicht verpflichtet. – Indem er aber durch seinen Auszug das hilflose Kind der Gefahr überließ, getötet zu werden, machte A sich eines Tötungsdelikts schuldig. Gegenüber dem Kind hatte A eine Garantenstellung zur Abwendung von Lebensgefahren.

53 dd) BGH NStZ 1984 S. 163 f; NStZ 1985 S. 122: Der X fand Aufnahme in der Wohnung seines Freundes L, die dieser mit seiner Freundin M und deren kleiner Tochter C bewohnte. Nach einigen Monaten kam L in Haft. X schrieb ihm einen Brief, der mit dem Satz schloss: „Daß ich auf die M und die kleine C aufpassen werde, muß ich dir ja nicht noch groß versichern, das weißt du ja". In der Folgezeit vernachlässigte die M ihre Tochter immer mehr. Anfangs versorgte M noch das Kind mit Nahrung. Später tat sie dieses jedoch wegen der Aufnahme einer auswärtigen Tätigkeit nur noch sehr unregelmäßig. An den Folgen dieser mangelhaften Ernährung verstarb die C nach einigen Wochen.

BGH: Das tatsächliche Zusammenwohnen allein begründet noch keine Garantenpflicht. Hinzukommen muss ein weiteres Vertrauenselement, z.B. Verwandtschaft, Verlöbnis, Übernahme einer Schutzfunktion. Anderenfalls würde bei der Unterschiedlichkeit der vorkommenden Wohngemeinschaften – Kommunen, Heim-, Gemeinschaftsunterkunft – der Kreis der Handlungspflichtigen unüberschaubar ausgedehnt.

Dem ist im Ergebnis zu folgen. Nicht das bloße Zusammenleben kann entscheidend sein. Wesentlich ist vielmehr die Manifestation einer auf Dauer angelegten engen persönlichen Beziehung unter den Beteiligten; vgl. dazu auch BGH NJW 1987 S. 850; BGHR StGB § 13 „Garantenstellung 3" mit Anm. OTTO JK 88, StGB § 13/15; RUDOLPHI NStZ 1984 S. 149 ff.

54 ee) AG Duisburg MDR 1971 S. 1027 mit abl. Anm. DOERING MDR 1972 S. 664 f: Gegenseitige Garantenstellung in bezug auf die Abwendung von Leibes- und Lebensgefahren zweier Homosexueller, die in langjähriger Lebensgemeinschaft zusammenleben.

Unabhängig von der Frage, ob diese Garantenposition auch verpflichtet, den Selbstmord des anderen zu verhindern – dazu unter Rdn. 57 ff –, erscheint die Annahme einer Garantenposition durchaus akzeptabel.

55 ff) Die 18jährige Tochter T erfährt, dass X das Kfz ihres Vaters stehlen will. Sie sagt dem Vater nichts davon, weil sie hofft, er werde ein schöneres Auto anschaffen.

Keine Garantenstellung der T derart, dass sie wegen Beihilfe zum Diebstahl haften würde. Verstoß gegen die Vertrauensgrundlage nicht von existentieller Bedeutung für das Vertrauensverhältnis.[24]

56 c) Die hier relevanten Pflichten begründen nur die Verpflichtung, Schäden des Schutzbefohlenen zu verhindern, nicht aber Schäden Dritter abzuwehren. – Dies ist leider in der Rechtsprechung nicht immer klar erkannt worden.

aa) KG JR 1969 S. 27 mit abl. Anm. LACKNER S. 29 ff: Im Strafverfahren gegen den A wurde der Sohn des A als Zeuge vernommen. Dieser machte zugunsten des A eine falsche Aussage.

KG: Ein Vater ist verpflichtet, in einem gegen ihn anhängigen Strafverfahren eine in seiner Gegenwart abgegebene unwahre Aussage seines als Zeugen vernommenen erwachsenen Sohnes zu verhindern, wenn dieser erkennbar wegen der engen verwandtschaftlichen Beziehung zu seinem Vater es auf sich nimmt, falsch auszusagen, um seinen Vater zu schützen.

Dagegen LACKNER S. 30: „Geht man nämlich von der unbestrittenen These aus, daß – von den Fällen des § 138 StGB abgesehen – grundsätzlich niemand, auch nicht der nahe Angehörige, der drohenden Straftat eines anderen in den Arm fallen muss, so ist kein spezielles soziales Schutzbedürfnis erkennbar, das die Fälle, in denen ein Angehöriger des Täters das Opfer einer Straftat annimmt, von der Summe der übrigen Fälle unterscheidet."

---

24 Ebenso erkennen nur die Pflicht zur Erhaltung „existentiell wichtiger Vermögensbestandteile" an: ALBRECHT Begründung, S. 73; BÄRWINKEL Garantieverhältnisse, S. 146 f; RUDOLPHI SK I, § 13 Rdn. 53; SCHMIDHÄUSER A. T., 16/42 und 44. – A. A. FREUND Erfolgsdelikt und Unterlassen, 1992, S. 289; HERZBERG Die Unterlassung im Strafrecht und das Garantenprinzip, 1972, S. 338; MAURACH/GÖSSEL/ZIPF A. T. 2, § 46 Rdn. 77: Pflicht zur Erhaltung von Sachwerten unabhängig von der existentiellen Bedeutung.

bb) OLG Hamm MDR 1970 S. 162: A verhindert nicht, dass seine Ehefrau den X bei einem Kauf betrügt.
OLG Hamm: Zwar mag A auf Grund ehelicher Lebensgemeinschaft verpflichtet gewesen sein, seine Ehefrau davor zu bewahren, sich der Bestrafung auszusetzen. Die Verletzung dieser Pflicht rechtfertigt jedoch keine Gleichstellung seines Verhaltens mit einem betrügerischen positiven Tun, denn gegenüber dem Vermögen des X hatte A keine Garantenpflicht.[25]

d) Die Pflicht ist auf Hilfe und Fürsorge gerichtet, berechtigt aber nicht zur Bevormundung **57** des im Rechtsinne freien Partners der Gemeinschaftsbeziehung.

Die *Nichthinderung der Selbsttötung eines anderen* begründet daher nur dort eine Haftung **58** aus einem Tötungsdelikt, wo der Täter der Selbsttötung im Rechtsinne nicht verantwortlich ist und derjenige, der den Erfolg nicht verhindert, eine Fürsorgeposition ihm gegenüber innehat. Die Grenzen strafrechtlicher Verantwortung und damit die Möglichkeit einer mittelbaren Täterschaft oder einer Unterlassungstäterschaft sind hier nicht niedriger anzusetzen als sonst. Wer daher in diesem Sinne frei verantwortlich einen Suizid ins Werk setzt, begründet eigenständig die Gefahr, die sich in seinem Tode realisiert. Sein bewusstes Vorgehen schließt die strafrechtliche Haftung anderer wegen eines Tötungsdelikts aus, und zwar entsteht deren Verantwortung auch nicht nach eingetretener Handlungsunfähigkeit des Suizidenten, denn diese Handlungsunfähigkeit liegt in der planmäßigen Realisierung des verantwortlich gefassten Tötungsentschlusses begründet.[26]

Freiverantwortlich handelt der Suizident, wenn er seinen Entschluss frei von Willensmän- **59** geln gefasst hat und sich der Tragweite seiner Entscheidung bewusst ist. Volle Geschäftsfähigkeit ist hierbei nicht erforderlich, es genügt die sog. natürliche Einsichts- und Urteilsfähigkeit; eingehender dazu oben § 8 Rdn. 115.

Zur Verdeutlichung:

aa) BGH NStZ 1983 S. 117: A hatte seinen alten Jugendfreund S in die Wohnung aufgenommen. Nach eini- **60** ger Zeit wurde S bettlägerig krank und von A versorgt. Später lehnte S sowohl jede Nahrungsaufnahme als auch die von A vorgeschlagene Einweisung ins Krankenhaus ab. A versorgte den dahinvegetierenden S weiterhin mit Zigaretten, der bis zuletzt noch bei klarem Bewusstsein war und schließlich – entsprechend seinem immer wieder erklärten Willen – verstarb.

BGH: „Wohl ist anerkannt, daß die Begründung einer solchen Gemeinschaft Obhuts- und Schutzpflichten zu erzeugen vermag, die den einen Beteiligten zum Garanten dafür machen, daß der andere vor dem Eintritt bestimmter Schäden bewahrt bleibt. Indessen kommt es im vorliegenden Fall darauf nicht an. Denn auch aus einer derartigen Wohn- und Lebensgemeinschaft ergibt sich für den daran Beteiligten jedenfalls nicht die Rechtspflicht, den anderen am selbstgewollten Ableben zu hindern, sofern sich dieser in freier Willensbestimmung dazu entschlossen hat, dem für ihn erkennbar herannahenden Tod keinen Widerstand mehr entgegenzusetzen, sondern dem dazu führenden Geschehen seinen Lauf zu lassen".

Die gleichen Grundsätze wendet der BGH auch auf Ehegatten an.[27]

---

25 Eine Garantenpflicht zur Verhütung von Schäden dritter Personen lehnen ebenfalls ab: OLG Karlsruhe MDR 1975 S. 771f; OLG Stuttgart NJW 1986 S. 1767 mit Anm. Otto JK, StGB § 13/9; Bärwinkel Garantieverhältnisse, S. 156 ff; Geilen FamRZ 1961 S. 157 ff; Jescheck/Weigend A.T., § 59 IV 4 c; Kindhäuser StGB, § 13 Rdn. 58; Kühl A. T., § 18 Rdn. 59; Ranft JZ 1987 S. 911; Rudolphi SK I, § 13 Rdn. 36 a; Schmidhäuser A. T., 16/43; Stratenwerth A. T. I, § 13 Rdn. 40.
BGHSt 6 S. 323 f lässt die Fragen offen: U. U. kann „aus der ehelichen Lebensgemeinschaft die Pflicht des Ehegatten folgen, den anderen von der Begehung einer strafbaren Handlung abzuhalten, ... wenn die Handlung im besonderen Herrschaftsbereich der Ehegatten – d. h. in der *ehelichen Wohnung* – stattfindet ...“; ebenfalls offengelassen in BGHSt 19 S. 297; dazu vgl. auch unten Rdn. 87 ff.
26 Dazu im Einzelnen: Otto Grundkurs Strafrecht, B. T., § 6 Rdn. 40 ff.
27 Vgl. BGH bei Holtz, MDR 1987 S. 798.

bb) BGH NStZ 1984 S. 73: Durch sein Verhalten rief A bei seiner Ehefrau E den Eindruck hervor, er unterhalte ein intimes Verhältnis mit der X. Daraufhin beschloss E, ihrem Leben ein Ende zu setzen. In einem Abschiedsbrief legte sie ihre Motive dar und nahm eine Überdosis Schlaftabletten. Als E bewusstlos war, kam A hinzu. Obwohl er die E hätte retten können, unterließ er dieses bewusst.

BGH: Da die Motivation der E durch einen Irrtum beeinflusst war und A dieses wusste, war er zur Lebensrettung verpflichtet.[28]

61 e) Die Erfolgsabwendungspflicht als Garant kann in besonderen Situationen gesetzlich begrenzt sein dadurch, dass der Gesetzgeber dem Garanten eine bestimmte Art der Erfolgsabwendung nicht zumutet.

BGH NStZ 1984 S. 164: Die A hatte in ihre zweite Ehe ihre beiden minderjährigen Töchter eingebracht. Als sie feststellte, dass ihr Ehemann mit diesen fortgesetzt geschlechtlich verkehrte, unternahm sie nichts dagegen, obwohl sie erkannte, dass nur eine Anzeige beim Jugendamt oder bei der Polizei ihren Mann von seinem Tun abhalten würde.

BGH: Die A war hier zum Schutz ihrer Töchter zur Anzeige des E verpflichtet.

Diese Entscheidung ist unrichtig, denn der BGH berücksichtigt hier nicht, dass A zu einer Anzeige des E nicht verpflichtet war. Gemäß § 52 Abs. 1 Nr. 2 StPO darf eine Ehefrau in derartigen Fällen familieninterner Sexualdelikte von Anfang an das Zeugnis verweigern, was auch in der alltäglichen Rechtspraxis häufig genug vorkommt, zumal sie gemäß § 52 Abs. 3 Satz 1 StPO vor jeder Vernehmung über dieses Recht zu belehren ist. Damit aber ist die Statuierung einer Pflicht zur Anzeige des eigenen Ehemannes illusorisch.[29]

2. Garantenposition aus Gefahrengemeinschaft

62 Verpflichtungen aus Gefahrengemeinschaft erwachsen dort, wo sich Menschen miteinander in einer Gemeinschaft befinden, *die ihrem Wesen nach* auf gegenseitige Hilfe und Beistand angelegt ist, z. B. Bergtour, Expedition o. Ä. Mit ihrem Beitritt zur Gemeinschaft erklären die Beteiligten, zumindest konkludent, dass sie gewillt sind, eventuell drohende Gefahren gemeinsam abzuwehren.[30]

63 Keine Gemeinschaft in diesem Sinne entsteht aus der „Zufallsgemeinschaft" von Zechkumpanen[31] oder aus dem gemeinsamen Erwerb und Konsum von Drogen[32]; vgl. dazu auch unten Rdn. 90 Fall 4.

3. Garantenposition aus freiwilliger Übernahme von Schutzfunktionen

64 Durch tatsächliche Übernahme einer Schutzfunktion erwächst die Pflicht zur Gefahrenabwehr, die dem Schutzbefohlenen drohen. Eine derartige Position ist z. B. die der Kinderpflegerin, des Badewärters, des Bergführers, des Polizeibeamten, des Arztes gegenüber dem Patienten usw. – Der Vertrauenstatbestand kann auch einmaliger Natur sein, er braucht nicht in einer bestimmten Berufsposition Niederschlag gefunden zu haben. Maßgeblich ist die *tatsächliche Übernahme* der Schutzfunktion, nicht aber die Wirksamkeit des zivilrechtlichen Vertrags, denn nicht die Rechtsverbindlichkeit der Verpflichtung, in gefährlicher Situation Schutz zu gewähren, schafft den hier relevanten Vertrauenstatbestand, sondern *die real zum*

---

28 Dazu mit eingehenden Literaturnachweisen: OTTO 56. DJT-Gutachten, D 65, Fn. 157; zur Gegenmeinung D 66, Fn. 159. – Zur Problematik insgesamt auch KÜHL A. T., § 18 Rdn. 60.

29 Dazu auch OTTO/BRAMMSEN Jura 1985 S. 541; a. A. RANFT JZ 1987 S. 908 f.

30 Dazu ARZT JA 1980 S. 713; KÜHL A. T., § 18 Rdn. 67; MAIWALD JuS 1981 S. 481; MAURACH/ GÖSSEL/ZIPF A. T. 2, § 46 Rdn. 92; OTTO/BRAMMSEN Jura 1985 S. 598 ff m. w. N.; SEELMANN NK, § 13 Rdn. 104.

31 BGH NJW 1954 S. 1047; BGH NStZ 1983 S. 454.

32 OLG Stuttgart NJW 1981 S. 182.

Ausdruck gebrachte Bereitschaft, Gefahren abzuwehren. Der Schutzpflichtige haftet daher für die Realisierung der in der Gefahrensituation begründeten oder erhöhten Gefahren, wenn das Vertrauen auf die Einhaltung der Schutzzusage Grund dafür ist, *dass ein Schutzbedürftiger sich Gefahren aussetzt oder andere Hilfe ablehnt bzw. andere, die bestimmte Gefahrensituationen erkannt haben, davon absehen, für anderweitigen Schutz zu sorgen.* – Die Verpflichtung kann daher auch nicht – weil freiwillig eingegangen – in der Gefahrensituation ohne weiteres „aufgekündigt" werden.[33] Maßgeblich ist daher die Begründung eines die Gefahrensituation gestaltenden Vertrauensakts. Die bloße Hilfszusage als solche, die die Situation des Hilfsbedürftigen nicht ändert, noch die Hilfe Dritter überflüssig erscheinen lässt, ist strafrechtlich irrelevant.

Der Garant kann die übernommenen Schutzverpflichtungen – soweit dies nicht ausdrücklich ausgeschlossen ist – auf Dritte übertragen. Seine Handlungspflicht wandelt sich dann in eine Auswahl-, Kontroll-, Überwachungs- und u.U. Eingriffspflicht. Die Übertragung kann auch auf mehrere Personen erfolgen. Diese haften dann jeweils für die Erfolgsabwendung.[34]

a) Übernahme von Schutzfunktionen im privaten Bereich

Eine Übernahme von Schutzfunktionen im privaten Bereich kann berufsmäßig, wie z.B. **65** durch Arzt und Hebamme, oder einzelfallbezogen, wie z.B. durch einen Babysitter, erfolgen.

Zur Verdeutlichung:

Fall 1: BGHSt 7 S. 211: Der Arzt A hatte in der Nacht vom 4. zum 5. 12. den nächtlichen Bereitschaftsdienst **66** übernommen. Als K ihn telefonisch bat, zu seiner Frau zu kommen, da diese starke Schmerzen in der rechten Leibseite, Brechreiz, Durchfall und Untertemperatur habe, begnügte A sich mit einer – unrichtigen – Ferndiagnose. Frau K verblutete innerlich. Sie hätte bei rechtzeitiger Einweisung in eine Klinik gerettet werden können.

BGH: Garantenpflicht des A zur Abwendung derartiger Lebensgefahren. – Dem ist zuzustimmen, denn der Arzt hatte durch Übernahme des Bereitschaftsdienstes eine Beschützerfunktion übernommen, die eine Hilfspflicht im Sinne der Garantenpflicht begründete.[35]

Die Pflicht des Arztes ist eine Hilfspflicht dem hilfsbedürftigen Kranken gegenüber, nicht aber eine Pflicht zur Bevormundung von Personen, die sich vollverantwortlich selbst gefährden.[36]

Fall 2: A hat vor Zeugen kundgetan, was für ein großer Schwimmer er ist. Am nächsten Sonntag soll er dafür den Beweis antreten, indem er vor diesen Zeugen einen bestimmten Fluss durchschwimmt. A tritt an, hat aber vorher heimlich den als vorzüglichen Schwimmer bekannten B angeworben, sich „harmlos" mit einem Boot in der Gegend aufzuhalten und – falls A in Lebensgefahr kommt – rettend einzugreifen.

Ergebnis: B ist Garant dafür, die Gefahr des Ertrinkens von A abzuwenden.

---

33 Im Einzelnen dazu BGHR StGB § 13 „Garantenstellung 3" mit Anm. OTTO JK 88, StGB § 13/15; LG Zweibrücken VRS 98 (2000) S. 284 mit Anm. OTTO JK 00, StGB, § 13/30; FREUND MK, § 13 Rdn. 161; JESCHECK LK, § 13 Rdn. 27 m.w.N.; MAIWALD JuS 1981 S. 481; OTTO/BRAMMSEN Jura 1985 S. 594 ff; ROXIN A.T. II, § 32 Rdn. 68.

34 Dazu BGHSt 47 S. 224, 229 ff mit Anm. FREUND NStZ 2002 S. 424 f, KUDLICH JR 2002 S. 468 ff, OTTO JK 03, StGB § 13/33.

35 Vgl. auch BGH MDR 1979 S. 569; BGH NJW 1979 S. 1258 f; KÜHL A.T., § 18 Rdn. 74; MAURACH/GÖSSEL/ZIPF A.T. 2, § 46 Rdn. 84; OTTO/BRAMMSEN Jura 1985 S. 594 ff; SCHMIDHÄUSER A.T., 16/46; SEELMANN NK, § 13 Rdn. 101; TRÖNDLE/FISCHER § 13 Rdn. 9. – A.A. RANFT JZ 1987 S. 914; SCHÜNEMANN Grund und Grenzen der unechten Unterlassungsdelikte, 1971, S. 353. – Differenzierend ROXIN A.T. II, § 32 Rdn. 75; RUDOLPHI, SK I, § 13 Rdn. 61.

36 A.A. BGH JR 1979 S. 429 mit Anm. HIRSCH S. 429 ff (Selbstgefährdung eines Patienten durch Suchtmittel entgegen ausdrücklicher Anweisung des Arztes).

Fall 3: Wie Fall 2, jedoch nicht A, der sich für den größten Schwimmer aller Zeiten hält, sondern seine Ehefrau E, die seine Fähigkeiten realistischer einschätzt, hat den B engagiert.

Ergebnis wie Fall 2; denn auch hier hat B eine Vertrauensposition geschaffen, die weitere Rettungsmaßnahmen überflüssig zu machen schien. Auf Grund dieser Vertrauensposition haftet er als Garant.[37]

Soweit in der Lehre ausdrücklich darauf abgestellt wird, dass der Gefährdete „sich im Vertrauen auf die Einsatzbereitschaft des Garanten einer größeren Gefahr aussetzt, als er es sonst getan hätte, oder auf andere sonst zu treffende Schutzvorkehrungen verzichtet"[38], muss in dieser Alternative eine Garantenstellung des B abgelehnt werden.[39]

Fall 4: X ist auf einer einsamen Landstraße verunglückt. Dort findet ihn der Wanderer W. Dieser verspricht, Hilfe zu holen, tut dieses jedoch später nicht.

Ergebnis: Das Versprechen der Hilfeleistung begründet keine Pflicht zur Vollendung oder Durchführung der Hilfeleistung, denn die Hilfsbedürftigkeit hat ihren Ursprung nicht in diesen Handlungen. Wohl aber haftet derjenige, der Hilfe zusagt für Verschlechterungen der Situation des Hilfsbedürftigen, die durch seine Zusage oder den Beginn der Hilfeleistung begründet worden sind, so z.B. wenn der Hilfsbedürftige andere Helfer im Vertrauen auf die Zusage wegschickt oder die begonnene Hilfeleistung eine neue Gefahr für das Leben des Hilfsbedürftigen begründet hat.[40]

b) Garantenstellung aus Amts- oder Dienstpflichten

67   Eine Untergruppe der Garantenstellungen aus tatsächlicher, freiwilliger Übernahme von Schutzfunktionen bilden die Garantenpositionen auf Grund einer Amts- oder Dienstpflicht. Sie kommen dort in Betracht, wo Amts- oder Dienstpflichten zugleich Schutzfunktionen für ein strafrechtlich geschütztes Rechtsgut erfüllen. Das ist unter zwei Aspekten möglich.

68   aa) Öffentlich-rechtliche Vorschriften können ein subjektives Recht eines Schutzbefohlenen auf bestimmten Schutz begründen. Das ist z.B. der Fall im Bereich der Sozialdienste[41], aber auch in der Situation konkreter Gefahr für Leib, Leben und Freiheit des Einzelnen begründet die Amtspflicht des Polizisten zur Abwehr konkreter Gefahren für die Sicherheit und Ordnung zugleich ein subjektives Recht des einzelnen Gefährdeten auf Gefahrenabwehr und damit eine Garantenstellung diesem gegenüber. In der Situation der Hilflosigkeit gegenüber Angriffen auf Leib, Leben oder Freiheit gehen die gegenseitigen Erwartungen auf ein unmittelbares, helfendes Eingreifen, nicht hingegen bei der Bedrohung von Rechtsgütern, deren Schutz der Einzelne selbst besorgen kann.[42]

69   bb) Beim Schutz überindividueller Rechtsgüter – z.B. der Umweltgüter Wasser, Luft, Boden – kann sich die Schutzfunktion für – auch – strafrechtlich geschützte Rechtsgüter daraus er-

---

37 Vgl. auch KINDHÄUSER StGB, § 13 Rdn. 59; SEELMANN NK, § 13 Rdn. 108.

38 JESCHECK LK, § 13 Rdn. 27.

39 Vgl. z.B. BOCKELMANN/VOLK A. T., § 17 B I 6 b, bb; RUDOLPHI SK I, § 13 Rdn. 58 f; SCHMIDHÄUSER A. T., 16/46.

40 Vgl. BGHSt 26 S. 39; BGH NStZ 1994 S. 84 mit Anm. HOYER S. 85 f, MITSCH JuS 1994 S. 555 ff, OTTO JK 94, StGB 13/24; ARZT JA 1980 S. 713; BAUMANN/WEBER/MITSCH A. T., § 15 Rdn. 59; BRAMMSEN Entstehungsvoraussetzungen, S. 205; HERZBERG Unterlassung, S. 354; KÜHL A. T., § 18 Rdn. 76; RANFT JZ 1987 S. 909; RUDOLPHI SK I, § 13 Rdn. 60; STREE H. Mayer-FS, S. 152.

41 Vgl. OLG Düsseldorf NStZ-RR 2001 S. 199; OLG Oldenburg StV 1997 S. 133 mit Anm. BRINGEWAT S. 135 ff, ST. CRAMER NStZ 1997 S. 238 f, OTTO JK 97, StGB, § 13/26; LG Osnabrück NStZ 1996 S. 437 mit Anm. BRINGEWAT S. 440 ff; OLG Stuttgart NJW 1998 S. 3131; BEULKE/SWOBODA Gössel-FS, S. 73 ff.

42 Vgl. ARZT JA 1980 S. 651; BRAMMSEN Entstehungsvoraussetzungen, S. 191; HORN NJW 1981 S. 9; JAKOBS A. T., 29/76; JESCHECK LK, § 13 Rdn. 29; KÜHL A. T., § 18 Rdn. 87 f; OTTO/BRAMMSEN Jura 1985 S. 596 f; PAWLIK ZStW 111 (1999) S. 355 f; ROXIN A. T. II, § 32 Rdn. 93 ff; SCHMIDHÄUSER A. T., 16/61; SEELMANN NK, § 13 Rdn. 139. – A. A. GEILEN FamRZ 1961 S. 159; HERZBERG Unterlassung, S. 356; RUDOLPHI Dünnebier-FS, S. 580; DERS. JR 1987 S. 336 ff; SCHÜNEMANN GA 1985 S. 379 f.

geben, dass die Amtspflicht dahin geht, schädliche Einwirkungen auf dieses Gut zu verhindern. Abwehrpflicht *und* Abwehrbefugnis, verbunden mit der tatsächlichen freiwilligen Übernahme des Amtes begründen hier die Garantenpflicht des Amtsträgers.[43]

Zur Verdeutlichung:

Fall 1: BGH JZ 1986 S. 967 mit Anm. WINKELBAUER S. 1119 ff, OTTO JK 87, StGB § 13/12, RANFT JZ 1987 **70** S. 914 f, RUDOLPHI JR 1987 S. 336 ff: Der A hatte es unterlassen, als Leiter des zuständigen Ordnungsamtes gegen einen Club vorzugehen, in dem, wie er wusste, die Prostitutionsausübung durch Maßnahmen im Sinne des § 180 a Abs. 1 Nr. 2 StGB gefördert wurde.

BGH: A ist der Beihilfe zur Förderung der Prostitution schuldig, §§ 27, 180 a.

Dem kann nicht zugestimmt werden, denn hier interpretiert der BGH die im Interesse der öffentlichen Sicherheit und Ordnung begründete Amtspflicht des A, gegen bestimmte Bordellbetreiber einzuschreiten, um in eine Pflicht des A zum Schutz individueller Rechtsgüter, nämlich der sexuellen Selbstbestimmung der Prostituierten.

Fall 2: LG Bremen NStZ 1982 S. 164: Der A war Leiter eines Wasserwirtschaftsamtes. Er beauftragte eine Firma mit dem Betrieb eines Entölerbootes, obwohl ihm bekannt war, dass dieses Schiff keine vollständige Entölung leisten konnte. Deshalb kam es in der Folgezeit zu erheblichen Gewässerverunreinigungen.

LG Bremen: „Die von § 13 StGB geforderte Garantenstellung hatte auch der Angeklagte als Leiter des Wasserwirtschaftsamtes. Er ist nämlich geradezu dazu berufen, Sorge dafür zu tragen, daß im Interesse der Allgemeinheit eine schädliche Belastung der Gewässer verhindert wird. Dem Angeklagten als Leiter des Wasserwirtschaftsdienstes obliegt es kraft Gesetzes, nämlich nach den einzelnen Bestimmungen des WHG, die Gewässernutzung mittels Einleitungen von Stoffen (§ 3), durch Festsetzung von Benutzungsbedingungen und -auflagen (§ 4), durch Versagung von Erlaubnissen und Bewilligungen (§ 6) und durch behördliche Überwachung (§ 21) unter Kontrolle zu halten. Diese dem Angeklagten eingeräumten Abwehr- und Gestaltungsbefugnisse machen ihn zum Garanten dafür, daß der in § 38 WHG, § 324 StGB beschriebene schädliche Erfolg nicht eintritt."

Dem ist zuzustimmen. Gerade um einen solchen Schutz zu gewähren, hat die Sozietät das besondere Schutzsystem der Wasserbehörden geschaffen und mit zahlreichen Hilfsmitteln ausgestattet.

cc) Bei außerdienstlich erlangter Kenntnis von Straftaten durch Polizeibeamte erkennt die Rechtsprechung eine Garantenpflicht an, wenn diese Delikte – wie Dauerdelikte und auf Wiederholung angelegte Handlungen – während der Dienstausübung fortwirken und es sich um schwere Straftaten handelt. Das ist bei den im Katalog des § 138 genannten Taten der Fall, soll aber auch bei Vermögensdelikten mit hohen wirtschaftlichem Schaden oder besonderen Unrechtsgehalt gelten.[44] Damit aber wird die Strafbarkeit Zufälligkeiten überlassen, u. U. nämlich dem Zeitpunkt der relevanten Tat, je nach dem, ob diese vor oder nach Dienstbeginn verwirklicht werden soll, da diese Grundsätze auch für geplante Taten gelten müssen. – Eine Differenzierung allein nach der Schwere der Taten erscheint daher mehr angemessen.

---

43 Vgl. auch BGHSt 38 S. 325 mit Anm. OTTO JK 93, StGB § 13/21, SCHALL JuS 1993 S. 719 ff, SCHWARZ NStZ 1993 S. 285 f; BRAMMSEN Entstehungsvoraussetzungen, S. 197 f; FREUND Erfolgsdelikt und Unterlassen, 1992, S. 305 ff; KÜHL A. T., § 18 Rdn. 79 ff; LACKNER/KÜHL Vor § 324 Rdn. 11; MEINBERG NStZ 1986 S. 224 f; OTTO/BRAMMSEN Jura 1985 S. 597 f; RANFT JZ 1987 S. 915; ROGALL Die Strafbarkeit von Amtsträgern im Umweltbereich (Hrsg. Umweltbundesamt, Berichte 8/91), 1991, S. 201 ff, 223 ff; ROXIN A. T. II, § 32 Rdn. 102 ff; STEINDORF LK, Vor § 324 Rdn. 64; WINKELBAUER JZ 1986 S. 1120. – A. A. KÜHN wistra 2002 S. 43 f; RUDOLPHI SK I, § 13 Rdn. 54 f m. w. N.; SANGENSTEDT Garantenstellung und Garantenpflicht von Amtsträgern, 1989, S. 669 ff; SCHALL NJW 1990 S. 1270; SCHÜNEMANN wistra 1986 S. 243 f; TRÖNDLE Meyer-GedS, S. 618 ff.

44 BVerfG NJW 2003 S. 1030; BGHSt. 38 S. 388, 392 mit Anm. BERGMANN StV 1993 S. 518 ff, LAUBENTHAL JuS 1993 S. 907 ff, MITSCH NStZ 1993 S. 384 ff, OTTO JK 93, StGB, § 13/22, RUDOLPHI JR 1995 S. 167 f; BGH NStZ 2000 S. 147 mit Anm. OTTO JK 00, StGB, § 13/29; WOLLWEBER wistra 2000 S. 338 f.

c) Garantenpflicht aus Treu und Glauben, § 242 BGB

71 In Lehre und Rechtsprechung wird z.T. die Auffassung vertreten, dass aus dem Grundsatz von Treu und Glauben besondere Aufklärungspflichten begründet sein können, denen die Bedeutung von Garantenpflichten zukommt.[45]

72 Allerdings wird in der Literatur betont, dass es sich hier um eng begrenzte „Ausnahmefälle" oder um „besondere Vertrauensverhältnisse" handeln müsse.[46] In der Rechtsprechung überwiegen trotz grundsätzlicher Anerkennung dieser Garantenstellung die Ablehnungen im konkreten Fall, in anderen Entscheidungen berührt die Annahme der Garantenstellung das Ergebnis der Entscheidung nicht.[47]

73 Grundsätzlich kann jedoch eine vertragliche Nebenpflicht, z.B. eine Aufklärungspflicht, nicht die Kraft einer Garantenstellung entfalten. Die Vertragspartner sind nicht gegenseitig Schutzbefohlene. Nur in ganz *besonderen Vertrauensverhältnissen*, die dazu geführt haben, dass der eine Partner dem anderen gleichsam vertrauensvoll eine Vermögensdispositionsmöglichkeit eingeräumt hat, kann eine Garantiepflicht, Vermögensschäden von dem anderen Vertragspartner abzuwenden, begründet sein. – In diesen Fällen bedarf es aber nicht der Heranziehung des § 242 BGB zur Begründung der Garantenpflicht, denn diese basiert auf der tatsächlichen Übernahme der Schutzposition.

4. Überantwortung von Schutzfunktionen

74 In Fällen, in denen jemand die Hilflosigkeit oder Schutzbedürftigkeit eines anderen begründet hat, nimmt die Rechtsprechung eine Garantenpflicht des Täters gegenüber dem Schutzbedürftigen gegen rechtswidrige Angriffe Dritter an. Diese Garantenpflicht wird auf das gefährliche, vorangegangene Tun zurückgeführt.

75 Dem kann nicht gefolgt werden, soweit die nachfolgende Schädigung auf dem freiverantwortlichen Entschluss eines Dritten beruht; vgl. dazu eingehender unten Rdn. 76 ff. – Angemessen erscheint jedoch in diesen Fällen eine Garantenpflicht aus Überantwortung von Schutzfunktionen durch Begründung der schutzbedürftigen Lage. Wer einen anderen in eine hilflose Lage versetzt, erlangt eine Schutzfunktion jenen Gefahren gegenüber, die der Betroffene auf Grund seiner Situation selbst nicht abwehren kann, gleichgültig, ob diese Gefahren von Sachen oder gefährlich handelnden Personen ausgehen. Ihn trifft die Verantwortung für die Schutzbedürftigkeit des Betroffenen. Zu ihrem Ausgleich ist er verpflichtet.[48]

BGH StV 1982 S. 218: A und K hatten die F überfallen, schwer misshandelt und ausgeraubt. Dann entfernten sie sich. Als sie später an der Wohnung der F wieder vorbeikamen, hörten sie die F stöhnen. Daraufhin beschloss K, die F umzubringen. Er tötete die F durch Schläge, Würgen und Strangulieren. A hatte den K aufgefordert, aufzuhören, ihn im übrigen aber nicht an der Tat gehindert.

---

45 Vgl. BGHSt 6 S. 198 f; BayObLG JZ 1987 S. 626 mit abl. Anm. OTTO, S. 628 ff, krit. auch HELLMANN JA 1988 S. 80; OLG Hamm NJW 1987 S. 2245 mit abl. Anm. OTTO JK 88, StGB § 263/24. – Grundsätzlich ablehnend: KAMBERGER Treu und Glauben (§ 242 BGB) als Garantenstellung im Strafrecht?, 1996, S. 157 ff, 240 f.

46 Vgl. zum einen LACKNER LK, 10. Aufl. § 263 Rdn. 65, zum anderen TRÖNDLE/FISCHER § 263 Rdn. 13.

47 Dazu vgl. MAASS Betrug verübt durch Schweigen, 1982, S. 146 ff; im Übrigen vgl. BGHSt 46 S. 196; BGH NJW 2000 S. 3013; OLG Stuttgart wistra 2003 S. 276 mit Anm. OTTO JK 03, StGB § 263/71.

48 Dass in der vergleichbaren Situation des agent provocateur, dessen Verhalten entgegen seiner Erwartung zur Erfolgsverwirklichung führt, Elemente der Ingerenz und der Gewährübernahme eine Garantenposition begründen können, zeigt MITSCH Straflose Provokation strafbarer Taten, 1986, S. 130 ff.

BGH: A war der F gegenüber Garant aus vorangegangenem gefährlichen Tun und hätte daher die Tötung durch K verhindern müssen.

Dem ist nur im Ergebnis zuzustimmen.[49]

III. Garantenposition auf Grund der Pflicht zur Überwachung einer Gefahrenquelle

1. Garantenstellung aus vorangegangenem gefährlichen Tun (Ingerenz)

Fallgruppe 4:

Fall 1: BGH NStZ 1992 S. 31: A und M hatten den T in der Wohnung des A nicht lebensgefährlich misshandelt, wobei sich M besonders durch Brutalität hervortat. Durch seine Mitwirkung an den Misshandlungen gab A dem M zu verstehen, dass er sich keine Hemmungen aufzuerlegen brauchte. Dadurch kam M auf die Idee, den T zu töten. Obwohl A die Tat hätte verhindern können, unternahm er nichts. M tötete den T.   **76**

Fall 2: BGHSt 4 S. 20; 19 S. 152: Der Gastwirt G schenkte an X Alkohol aus, obwohl er wusste, dass dieser, zwar noch zurechnungsfähig, aber fahruntüchtig, beabsichtigte, mit dem Kfz nach Hause zu fahren. – Auf dem Heimweg überfuhr X den Y tödlich.

Fall 3: BGHSt 25 S. 218: Der ordnungsgemäß fahrende Kfz-Fahrer A fuhr den unachtsamen B an. Er ließ den Verletzten auf der Straße liegen. B wurde von einem nachfolgenden Fahrzeug überfahren und starb an diesen Verletzungen.

Fall 4: Um nicht von dem heranrasenden Autofahrer A getötet zu werden, reißt der Radfahrer R sein Fahrrad auf den Gehweg, auf dem F spazieren geht. F wird angefahren. Er fällt – für R unvorhersehbar – so unglücklich, dass es zu einer Gehirnblutung kommt. – Obwohl R die Gefahr erkennt, tut er nichts für F. Dieser stirbt. Hätte R sofort den Rettungsdienst benachrichtigt, wäre F gerettet worden.

Fall 5: BGH NStZ 2000 S. 414: E, der sich über den A geärgert hatte, lauerte diesem – mit einem Brotmesser bewaffnet – auf. Als er den A angriff, kam es zu einer Rangelei, bei der es dem A gelang, das Messer zu ergreifen und dem E mehrere zur Abwehr erforderliche Stiche zu versetzen. E wurde durch diese Stiche schwer verletzt. Das erkannte A. Er unternahm aber nichts zur Rettung des E. E starb.

Fall 6: SCHMIDHÄUSER A. T., 16/53 (abgewandelt): Der Gastwirt G hat auf dem Markt von einem Händler Pilze gekauft, zubereitet und gerade dem X serviert, als er erfährt, dass die Pilze giftig sind. G tut nichts. – X stirbt an der Pilzvergiftung.

Fall 7: BGH NStZ 1984 S. 452: A und P beschlossen, gemeinsam Heroin zu konsumieren, das A in Besitz hatte. Nachdem P, der Heroinerfahrung hatte, das Heroin inhaliert hatte, brach er bewusstlos zusammen. Obwohl A die Notsituation erkannte, sorgte er nicht für die zu diesem Zeitpunkt mögliche Rettung des P.

Fall 8: BGHSt 37 S. 106, 113 ff: Die Angekl. hatten als verantwortliche Geschäftsführer einer Firma Waren auf den Markt gebracht, die bei bestimmungsgemäßem Gebrauch gesundheitliche Schäden bei den Benutzern verursachten. Dieses war bei Auslieferung der Waren noch nicht erkennbar gewesen. Die Angekl. veranlassten aber auch keinen Rückruf der noch im Markt befindlichen Waren, als die Gefahren erkannt wurden.

Fall 9: A will den B mit einem Messer körperlich verletzen und leiht sich dazu das Messer von C, der den Plan des A kennt. Nachdem A den B mit dem Messer einen Stich versetzt hat, erkennt C, dass dieser Stich tödlich ist, wenn nicht sofort Hilfe geleistet wird. Gleichwohl tut er nichts. B stirbt.

Fall 10: BGH NJW 2003 S. 1060: A misshandelte die T mit bedingtem Tötungsvorsatz und verletzte sie schwer. Obwohl er erkannte, dass T ohne ärztliche Hilfe sterben würde, unterließ er Rettungsbemühungen.

---

49 Kritisch zu einer Garantenstellung aus vorangegangenem gefährlichen Tun in diesem Zusammenhang: BRAMMSEN Entstehungsvoraussetzungen, S. 329; GEILEN JK, StGB § 13/4; STREE Klug-FS, Bd. 2, S. 404. Vgl. im übrigen: BGHSt 38 S. 356; BGH NStZ 1985 S. 24 mit Anm. OTTO JK, StGB § 13/7; BGH StV 1986 S. 59 mit Anm. GEPPERT JK, StGB § 13/8; BGH NJW 1999 S. 69, 71; SEELMANN NK, § 13 Rdn. 49: Entzug der Abwehrbereitschaft.

Fall 11: In Anlehnung an BGH NStZ 2003 S. 259, 260 mit Anm. Otto JK 03, StGB § 13/35: A war als Ingerent verpflichtet, Lebensgefahren von B abzuwenden. Er bat den C, für ihn tätig zu werden. C sagte zu, veranlasste aber keine Gefahrenabwehr.

a) Grundlagen der Haftung aus Ingerenz

77   Die Garantenpflicht aus vorangegangenem Tun ist sowohl grundsätzlich als auch in ihren Voraussetzungen umstritten. In der Literatur wird diese Garantenstellung zum Teil abgelehnt.[50]

78   Unter den Verteidigern dieser Garantenstellung besteht Einigkeit darüber, dass nicht irgendein Tun als hinreichend angesehen wird. Das vorangegangene Tun muss gerade im Hinblick auf den eingetretenen Erfolg ein *gefährliches* gewesen sein, so dass es die nahe – adäquate, unmittelbare – Gefahr des Erfolgseintrittes begründet hat. *Die Gefahr der Rechtsgutsbeeinträchtigung muss in dem Tun bereits objektiv erkennbar angelegt sein.* Unterschiedlich aber sind die Konsequenzen, die aus diesen Prämissen gezogen werden. Die einen gehen davon aus, dass das vorangegangene Tun *entweder* einen zu einer Rechtsgutsbeeinträchtigung hinstrebenden Kausalverlauf auslösen *oder* die Gefahr einer Straftat oder Selbstverletzung hervorrufen kann[51], während die anderen die Entstehung einer Garantenposition in der zweiten Alternative ablehnen. Sie betonen, dass das Verantwortungsprinzip einer Garantenposition hier entgegensteht, soweit nicht eine Überantwortung von Schutzfunktionen – dazu Rdn. 74 f – angenommen wird. Das eigenverantwortliche Verhalten des Täters setze der hier denkbaren strafrechtlichen Haftung anderer eine Grenze.[52] *Gefährlich* i. S. der Ingerenz ist daher nur ein Tun, das die Chancen für den Eintritt einer Rechtsgutsbeeinträchtigung dergestalt begründet oder erhöht, dass sich aus der geschaffenen Situation als solcher bereits eine Rechtsgutsgefährdung entwickelt.

79   Streitig ist weiterhin, ob das vorangegangene Tun eine bestimmte rechtliche Qualifikation aufweisen muss. Die h. L.[53] fordert ein *rechtswidriges* vorangegangenes Tun. Die Gegenmeinung[54] lässt auch rechtmäßiges Tun genügen. Andere wiederum differenzieren danach, ob der Tätige in Ausübung eines Eingriffsrechts gehandelt oder nur eine erlaubte Risikohandlung vorgenommen hat. Pflichtbegründend soll nur der letztgenannte Fall sein.

---

50 Vgl. dazu BRAMMSEN Entstehungsvoraussetzungen, S. 332 m. w. N., S. 385 ff; LAMPE ZStW 72 (1960) S. 106; LANGER Das Sonderverbrechen, 1972, S. 504; SCHÜNEMANN GA 1974 S. 231 ff; SEEBODE Spendel-FS, S. 342 f.

51 Vgl. BGH StV 1982 S. 218; BGH NStZ 1985 S. 24; BGH StV 1986 S. 59; BGH NStZ 1992 S. 31; HERZBERG Unterlassung, S. 306 ff; ROXIN Gallas-FS, S. 257 f; RUDOLPHI SK I, § 13 Rdn. 38 m. w. N.

52 Dazu OLG Karlsruhe MDR 1993 S. 266 mit Anm. OTTO JK 93, StGB § 13/23; BURGSTALLER Das Fahrlässigkeitsdelikt im Strafrecht, 1974, S. 107, 119 f; FREUND Erfolgsdelikt, S. 237 f; FRISCH Tatbestandsmäßiges Verhalten und Zurechnung des Erfolgs, 1988, S. 360 f; KÜHL A. T., § 18 Rdn. 104; OTTO NJW 1974 S. 534 f; DERS. Gössel-FS, S. 107; SCH/SCH/LENCKNER Vorbem. §§ 13 ff Rdn. 101; STRATENWERTH A. T. I, § 13 Rdn. 36; STREE Klug-FS, Bd. 2, S. 404; WELP Vorangegangenes Tun, S. 274 ff; WOLTER JuS 1981 S. 174.

53 Vgl. z. B.: BAUMANN/WEBER/MITSCH A. T., § 15 Rdn. 67; GROPP A. T., § 11 Rdn. 33; JESCHECK LK, § 13 Rdn. 33 m. w. N.; KREY A. T. 2, Rdn. 348, 353; RANFT JZ 1987 S. 865; RENZIKOWSKI Täterbegriff, S. 141; RUDOLPHI SK I, § 13 Rdn. 39 f; SCH/SCH/STREE § 13 Rdn. 34 f; WESSELS/BEULKE A. T., Rdn. 725. – Überblick über den Streitstand bei SOWADA Jura 2003 S. 236 ff.

54 ARZT JA 1980 S. 715 f; FREUND JuS 1990 S. 216; HERZBERG JZ 1986 S. 986 ff; ARTHUR KAUFMANN JuS 1964 S. 151 ff; MAURACH/GÖSSEL/ZIPF A. T. 2, § 46 Rdn. 99; RENGIER JuS 1989 S. 807; SEELMANN GA 1989 S. 255. – Offen ist, ob damit nur die Bindung an eine rechtswidrige Vorhandlung bestritten wird oder *jedes* gefährliche Vorverhalten als haftungsbegründend akzeptiert wird; dazu OTTO Gössel-FS, S. 105.

In der Rechtsprechung des BGH wurde zunächst dem Aspekt der „Sozialwidrigkeit des Vorverhaltens" beson- **80** dere Bedeutung zugemessen, nunmehr aber wird auf dessen „objektive Pflichtwidrigkeit" abgestellt.[55] Objektiv pflichtwidrig soll ein Verhalten sein, das zu einem rechtlich missbilligten Gefährdungserfolg führt. Das kann auch ein Verhalten sein, dessen Gefährlichkeit zum Zeitpunkt der Verwirklichung weder subjektiv noch objektiv erkennbar war. Damit aber wird das Erfordernis der „Pflichtwidrigkeit" des Vorverhaltens in Wirklichkeit aufgegeben.[56]

Mit dem Bezug auf die Rechtswidrigkeit der Vorhandlung wird der Grund für die Haftung **81** in diesem Bereich jedoch nicht zutreffend erfasst. Das Erfordernis eines rechtswidrigen Vor- verhaltens ist nämlich einerseits zu eng, andererseits zu weit, denn die Qualifizierung eines Verhaltens als rechtswidrig durch das Zivil- oder öffentliche Recht hat oftmals keinerlei Bezug zu den strafrechtlich relevanten möglichen Erfolgen. So kann z.B. aus dem rechts- widrigen Verkauf von Lebensmitteln außerhalb der Ladenöffnungszeit keine Garanten- pflicht zur Abwendung von Lebensgefahren begründet werden, die sich daraus ergeben, dass die verkauften Lebensmittel verdorben waren. Hier sind – das wird auch von der h.L. aner- kannt – weitere Einschränkungen erforderlich, die gerade nichts mit der Qualifizierung des Verhaltens als rechtswidrig zu tun haben. Andererseits ist aber die Begrenzung auf rechts- widriges Vorverhalten zu eng, da keineswegs der Grundsatz haltbar ist, dass jemand für ein rechtmäßig gesetztes Risiko keinerlei Verantwortung hat. Dass aus bestimmten erlaubten Risikohandlungen Sicherungspflichten erwachsen können, ist bei der rechtmäßigen Eröff- nung von Gefahrenquellen unter dem Gesichtspunkt der Garantenpflicht aus der Herrschaft über eine Gefahrenquelle – dazu sogleich unter Rdn. 85f – durchaus anerkannt. Darauf, ob eine dauernde oder eine einmalige „Gefahrenquelle" geschaffen wurde, kann es aber nicht ankommen. Allerdings kann nicht jedes rechtmäßige Vorverhalten eine Unterlassungshaf- tung aus Ingerenz begründen, denn die Ingerenz hat nicht die Funktion, die Strafbarkeit aus positivem Tun auszudehnen, sondern die Fälle positiven Tuns, in denen Tun und Kenntnis bzw. Erkennbarkeit der Folgen des Tuns auseinanderfallen, dann dem vorsätzlichen bzw. fahrlässigen positiven Tun gleichzustellen, wenn der Täter im Zeitpunkt der aktuellen oder möglichen Kenntnisnahme den Erfolgseintritt noch verhindern kann. Abgesehen von dieser – zeitlichen Differenz – gelten auch hier die Regeln der objektiven Zurechnung. Sozialadä- quate Verhaltensweisen und Notwehrhandlungen sind daher als vorangegangenes, garanten- pflichtbegründendes Tun ungeeignet. Hier entfällt eine Garantenposition, nicht aber dort, wo sich eine über das sozial Übliche hinausgehende Gefahr realisiert hat, für die der Vortäter verantwortlich ist. An der Rechtmäßigkeit des Handelns scheitert die Verantwortung aber keineswegs, wie auch § 904 S. 2 BGB zeigt.[57]

---

55 Vgl. BGHSt. 37 S. 106, 118 f; BGH NJW 1998 S. 1568, 1573.

56 Vgl. auch BEULKE/BACHMANN JuS 1992 S. 739; BRAMMSEN GA 1993 S. 108 f; DENCKER Stree/Wessels-FS, S. 165; DEUTSCHER/KÖRNER wistra 1996 S. 299; JAKOBS BGH-FG, S. 42; KÜHL A. T., § 18 Rdn. 103; KUH- LEN NStZ 1990 S. 568; MEIER NJW 1992 S. 3196; OTTO Hirsch-FS, S. 304; PUPPE JR 1992 S. 30; SCHLÜCH- TER Salger-FS, S. 157; SCHÜNEMANN BGH-FG, S. 634.

57 Zur Argumentation im Einzelnen: BOSCH Organisationsverschulden in Unternehmen, 2002, S. 213; FREUND JuS 1990 S. 216; DERS. MK, § 13 Rdn. 116 f; GEILEN JZ 1965 S. 469 ff; HERZBERG JZ 1986 S. 986; JAKOBS A. T., 29/39 f; DERS. BGH-FG, S. 48; KINDHÄUSER StGB, § 13 Rdn. 43, 47; LACKNER/KÜHL § 13 Rdn. 13; MAIWALD JuS 1981 S. 483; OTTO NJW 1974 S. 528 ff; DERS. GÖSSEL-FS, S. 109 ff; RANFT JZ 1987 S. 864 f; RENGIER JuS 1989 S. 807; ROXIN Trechsel-FS, S. 554 ff; DERS. A. T. II, § 32 Rdn. 155ff; SEELMANN GA 1989 S. 255; STRATENWERTH A. T. I, § 13 Rdn. 33 ff.

b) Mittäterschaft bei der Ingerenz

82 Die neue Rechtsprechung geht davon aus, dass vorausgegangenes gefährliches Tun von Mittätern verwirklicht werden kann mit der Konsequenz, dass jeder Mittäter als Garant für den Erfolg haftet.[58]

Damit werden die Regeln zur Bestimmung strafrechtlicher Mittäterschaft auf einen nicht tatbestandsmäßigen Sachverhalt übertragen. Diese zunächst verblüffende Konstruktion verdient jedoch durchaus Zustimmung, denn mit seiner Normierung der Täterschaft und Teilnahme knüpft der Gesetzgeber an vorgegebene soziale Zuordnungsformen an; dazu eingehender unten § 21 Rdn. 1 ff. – Zu beachten ist jedoch, dass nur täterschaftlich verwirklichte Vorhandlungen hier von Relevanz sind. Würde als Vortat auch eine Teilnahmehandlung akzeptiert werden, so würde die Strafbarkeit über die Strafbarkeit des positiven Tuns hinaus ausgedehnt werden, da eine Haftung für Erfolge begründet würde, die sich nicht *unmittelbar* aus der Gefahr entwickelt haben, für die der Haftende als Täter verantwortlich ist.[59]

c) Funktionsnachfolge des Ingerenten

83 Der Garant aus Ingerenz haftet für eigenverantwortlich begründete Gefahren, deren Realisierung er verhindern kann. Dieser Haftgrund steht der Haftung eines „Funktionsnachfolgers," der dem Ingerenten in dessen Position nachfolgt, zwingend entgegen. Eine Nachfolgerhaftung aus Ingerenz ist daher abzulehnen.[60]

Daraus folgt für die Fallgruppe 4:

84 **Fall 1:** Keine Garantenstellung des A aus vorangegangenem Tun, denn der Tötungsentschluss des M entwickelte sich nicht unmittelbar aus dem Vorgeschehen, sondern beruhte auf der eigenverantwortlichen Entscheidung des M. Zu erörtern wäre hier eine Garantenstellung des A aus der Innehabung eines rechtlich geschützten Herrschaftsbereichs – dazu sogleich unter Rdn. 87 ff. – oder aus Überantwortung von Schutzpositionen – dazu oben Rdn. 74 f. – gewesen.[61]

Fall 2: Keine Garantenstellung des Gastwirts in bezug auf Y. – Unmittelbare Gefahr wird von dem noch selbstverantwortlichen X gesetzt.[62] – Eine Garantenstellung entsteht dagegen, wenn der Gast infolge Volltrunkenheit unzurechnungsfähig ist.[63]

Fall 3: Keine Garantenstellung des A. Die Gefahr, die sich im Erfolg realisiert hat, ist nicht die Gefahr des Autofahrens gewesen, sondern wurde durch die Unachtsamkeit des B begründet. Gegenüber dieser schuldhaften Gefährdung spielt die allgemeine Gefährdung durch das Autofahren (dazu auch § 7 StVG) hier keine Rolle. – Anders hingegen, wenn A den sich ordnungsgemäß verhaltenden B fahrlässig oder vorsätzlich rechtswidrig angefahren hätte.[64]

Fall 4: R hat gemäß § 34 rechtmäßig gehandelt, auch insoweit, als er Gefahren für Dritte begründete. Da er den Dritten gegenüber aber kein Eingriffsrecht hatte, sein Verhalten vielmehr eine erlaubte Risikohandlung darstellte, ist er ihnen gegenüber sicherungspflichtig. Er haftet als Garant.

---

58 Vgl. dazu BGHSt 37 S. 106, 113 ff; BGH NStZ 1985 S. 24; BayObLG NJW 1990 S. 3032 mit Anm. Otto JK 91, StGB § 13/16; Otto Gössel-FS, S. 112 ff.

59 Eingehender dazu Otto Gössel-FS, S. 114 f; Renzikowski Täterbegriff, S. 139 ff.

60 Vgl. auch Bosch Organisationsverschulden, S. 214 ff; Brammsen GA 1993 S. 111; Otto Hirsch-FS, S. 294 ff; Ransiek Unternehmensstrafrecht, 1996, S. 40; Schünemann wistra 1986 S. 244; Tröndle K. H. Meyer-GedS, S. 622; – A. A. BGHSt 37 S. 106, 120; Lackner-Kühl Vor § 324 Rdn. 11; Meinberg NJW 1986 S. 2224; Rudolphi Dünnebier-FS, S. 578; Schall NJW 1990 S. 1269; Steindorf LK, Vor § 324 Rdn. 57.

61 Vgl. dazu auch Kühl A. T., § 18 Rdn. 104; Neumann JR 1993 S. 161 ff; Otto JK 92, StGB § 13/18; Seelmann StV 1992 S. 416. – A. A. BGH NStZ 1992 S. 31. – Differenzierend Roxin A. T. II, § 32 Rdn. 163.

62 So auch BGHSt 19 S. 152; BGH MDR 1975 S. 327. – A. A. noch BGHSt 4 S. 20.

63 Vgl. BGHSt 26 S. 38.

64 Vgl. dazu BGHSt 25 S. 220 ff; Roxin A. T. II, § 32 Rdn. 165 ff.

Fall 5: A handelte in einer Notwehrsituation. Das schließt eine Garantenstellung aufgrund der durch Notwehr gerechtfertigen Handlungen aus, denn der eigenverantwortliche, rechtswidrige Angriff auf einen anderen ist ein Akt eigenverantwortlicher Selbstgefährdung, für die der Angreifer die Verantwortung trägt.[65] Nicht berührt wird hingegen eine Haftung aus § 323c, die auch jeden Dritten, der Zeuge des Geschehens wäre, treffen könnte.

Fall 6: G hat eine Gefahr für das Leben des C begründet. Er haftet als Garant dafür, dass diese Gefahr sich nicht realisiert.

Fall 7: Zutreffend geht der BGH davon aus, dass die Aushändigung des Heroins nicht als Tötungsdelikt durch positives Tun erfassbar ist, da der Tod des P auf seiner eigenverantwortlichen Selbstgefährdung beruht. Gleichwohl wird diese eigenverantwortliche Selbstgefährdung dann jedoch als vorangegangenes gefährliches Tun des A interpretiert, auf das der Tod des P zurückgeführt wird. Diese Argumentation ist in sich grob widersprüchlich und daher unhaltbar.[66]

Fall 8: Der BGH sieht in dem Ausliefern der Waren durch die Angekl. ein objektiv pflichtwidriges Verhalten und gründet darauf die Garantenpflicht der Angekl. zum Rückruf der Produkte. Dem ist im Ergebnis zuzustimmen, da es auf die Pflichtwidrigkeit der Verhalten nicht ankommt. Die Auslieferung der Produkte war ein erlaubt riskantes Verhalten.

Fall 9: Aufgrund seiner Teilnahme an der Körperverletzung des B durch A wird C nicht Garant, denn im Tode des B realisiert sich die Gefahr des Stichs des A, nicht aber die Gefahr der Messerleihe. – Grundsätzlich kann die Teilnahme an einer Straftat keine Garantenpflicht zur Abwendung der Folgen dieser Tat begründen, denn dann würde die Teilnahme als täterschaftsbegründendes Element interpretiert werden.

Fall 10: A ist nicht Garant aus vorangegangenem gefährlichen Tun. Nach § 13 ist der Unterlassende nur strafbar, wenn sein Unterlassen der Verwirklichung des gesetzlichen Tatbestandes durch ein Tun entspricht. Wird jedoch aus der Begehungstat die Garantenpflicht für eine *gleichgerichtete* Unterlassungstat hergeleitet, so wird der Begehungstäter sich selbst gleichgestellt, das von ihm verwirklichte Unrecht wird gleichsam verdoppelt. Das gibt am Unrechtsgehalt der Tat vorbei; vgl. dazu auch Otto Gössel – FS, S. 102 ff. – Zur Gegenansicht Roxin A.T. II, § 32 Rdn. 192 ff; Schneider NStZ 2004 S. 91 ff; Stein JR 2004 S. 79 ff.

Fall 11: Eine Übertragung der Pflichtenposition des A kommt nicht in Betracht. Zwar ist eine Übernahme von Schutzpflichten durchaus möglich – dazu Rdn. 64 ff –, hier war A jedoch in der Position eines Straftäters. Aus dieser Position konnte er durch Rücktritt – auch unter Einschaltung Dritter – Straffreiheit erlangen, nicht aber seine Position auf einen anderen übertragen. – Die bloße Bitte um Erfolgsabwendung an C genügt jedoch nicht den Erfordernissen der Erfolgsabwendung gemäß § 24 Abs. 1 S. 1, 2. Alt. Die Erfolgsabwendung hätte A sicherstellen müssen. Auch eine Unterbrechung des Zurechnungszusammenhangs wurde daher noch nicht begründet; weiter zu dieser Problematik § 20 Rdn. 77 f.

2. Garantenposition aus der Herrschaft über einen Gefahrenbereich

Derjenige, in dessen Herrschaftsbereich sich Sachverhalte realisieren oder Sachen befinden, **85** aus denen sich Gefahren für die Rechtsgüter Dritter entwickeln können, ist verpflichtet, den abstrakt gefährlichen Herrschaftsbereich zu kontrollieren und zu verhindern, dass sich die möglichen Gefahren konkretisieren und aus ihnen Schädigungen fremder Rechtsgüter entstehen. Die Begründung für diese Haftung folgt daraus, dass jeder Verkehrsteilnehmer sich darauf verlassen muss, dass derjenige, der die Verfügungsgewalt über einen abgegrenzten

---

65 Vgl. dazu auch BGHSt 23 S. 327 ff; BGH NStZ 1987 S. 171 mit Anm. Otto JK 87, StGB § 13/13; BGH NStZ 2000 S. 414 mit Anm. Geppert JK 01, StGB § 13/31; Kühl A.T., § 18 Rdn. 94; Otto Gössel-FS, S. 112; Roxin JZ 2001 S. 668; ders. A.T. II, § 32 Rdn. 182 ff; Seelmann NK, § 13 Rdn. 118; Spendel LK, § 32 Rdn. 332 m. N. – A. A. Herzberg JuS 1971 S. 76; Welp JZ 1971 S. 433; – Die Differenz zwischen allgemeinem Handlungsspielraum und besonderer Eingriffsbefugnis verkennt Rudolphi SK I, § 13 Rdn. 40.

66 Zur Kritik vgl. auch Brammsen Entstehungsvoraussetzungen, S. 306 f; Fünfsinn StV 1985 S. 57 ff; Geppert JK, StGB § 222/2; Herzberg JA 1985 S. 271, Fn. 102; Kühl A.T., § 18 Rdn. 105; Otto Gössel-FS, S. 110; Otto/Brammsen Jura 1985 S. 648 ff; Roxin A.T. I, § 11 Rdn. 91; Stree JuS 1985 S. 183 f.

Raum ausübt, der anderen offen steht oder aus dem auf andere eingewirkt werden kann, die Gefahren beherrscht, die sich in diesem Bereich ergeben können.

86 Als Gefahren, denen die Verkehrssicherungspflicht begegnen will, sind hier als besondere Gefahrenquellen zu nennen: Tierhaltung, Kraftfahrzeuge, Lagerung von Gift o.Ä., Bergwerk, Straßenbahn usw., doch auch das Inverkehrbringen von Produkten ist ein hier relevanter Sachverhalt.[67]

Zur Verdeutlichung:

Fall 1: RGSt 14 S. 362: Der Hauseigentümer A sorgt nicht für ordnungsgemäße Beleuchtung des Treppenhauses. B bricht sich das Bein, weil er im Dunkeln stürzt.

RG: A haftet als Garant für die Körperverletzung des B.

Fall 2: Der Hauseigentümer A repariert das schadhafte Dach nicht. Ein Dachziegel fällt dem B auf den Kopf.

Ergebnis: Haftung des A als Garant für die Körperverletzung des B.

Fall 3: A, der Halter eines Kraftfahrzeugs, warnt den Fahrer F nicht, obwohl er weiß, dass die Bremsen des Wagens defekt sind. – F verletzt sich schwer bei einem Unfall infolge der defekten Bremsen, was A vorausgesehen hatte.

Ergebnis: Haftung des A als Garant für die Körperverletzung des F. – Die Verkehrssicherungspflicht in Bezug auf das Kraftfahrzeug umfasst nicht nur die Verpflichtung, das Kraftfahrzeug in verkehrssicherem Zustand zu halten, sondern auch die Pflicht, unerlaubten und unsachgemäßen Gebrauch durch Dritte zu verhindern, sowie die Verpflichtung, das Fahrzeug nur fachkundigen und fahrtüchtigen Personen zu überlassen. – Zur weitergehenden Haftung des Halters in der höchstrichterlichen Rechtsprechung vgl. Rdn. 93.

Fall 4: Der Gewässerschutzbeauftragte A eines Unternehmens, der weisungsberechtigt bezüglich der Einleitung der Abwässer in öffentliche Gewässer ist, unternimmt nichts, obwohl er erkennt, dass die abzuleitenden Gewässer über das zulässige Maß hinaus verunreinigt sind.

Ergebnis: A haftet gemäß § 324. – Voraussetzung dieser Haftung ist das Weisungsrecht des A. Wäre A lediglich nominell zum Gewässerschutzbeauftragten erklärt worden, so hätte dies keine Haftung begründen können. – Haftbar wären der Unternehmer und die für ihn gemäß § 14 tätigen Personen gewesen.[68]

Fall 5: BGHSt 37 S. 106: Die für die Herstellung und den Vertrieb eines Produkts verantwortlichen Geschäftsführer stoppen Produktion und Vertrieb nicht, obwohl ihnen bekannt ist, dass die Benutzung des Produkts zum einen zu Gesundheitsschäden zum anderen zu Umweltschäden führen kann.

BGH: Die Geschäftsführer haften wegen vorsätzlicher Deliktsbegehung, und zwar gleichgültig, ob der Mangel des Produkts auf vorhersehbaren oder ursprünglich nicht vorhersehbaren Zusammenhängen oder sogar auf strafbarem Verhalten von Betriebsangehörigen beruht.

3. Garantenposition aus Innehabung eines rechtlich geschützten Herrschaftsbereichs

87 In enger Verbindung mit der Garantenstellung aus der Herrschaft über einen Gefahrenbereich ist die *Garantenstellung aus der Innehabung eines – gemeinhin ungefährlichen – Herrschaftsbereiches* zu sehen.[69]

88 a) Der Gedanke dieser Garantenstellung liegt Entscheidungen der Rechtsprechung zugrunde, in denen z.B. ein Ehemann wegen Beihilfe zur Abtreibung durch die Ehefrau ver-

---

67 Dazu BRAMMSEN Entstehungsvoraussetzungen, S. 235 ff; GIMBERNAT ORDEIG Roxin-FS, S. 661 ff; JESCHECK/WEIGEND A. T., § 59 IV 4 b; OTTO Hirsch-FS, S. 296 ff; ROXIN A. T. II, § 32 Rdn. 110; SCHMIDHÄUSER A. T., 16/57 ff; SEELMANN NK, § 13 Rdn. 122 ff; STRATENWERTH A. T. I, § 13 Rdn. 43 ff; TRÖNDLE/FISCHER § 13 Rdn. 12.

68 Im Einzelnen zur Diskussion vgl. BGH NJW 1992 S. 122; AG Frankfurt NStZ 1986 S. 72 mit Anm. WERNICKE S. 223 f, und MEINBERG S. 224 f; OLG Frankfurt NJW 1987 S. 2753; BUSCH Unternehmen und Umweltstrafrecht, 1997, S. 551 ff; DAHS NStZ 1986 S. 97 ff; RUDOLPHI Lackner-FS, S. 879; STEINDORF LK, § 324 Rdn. 49 m. N.

69 Überblick bei REUS/VOGEL MDR 1990 S. 869 ff.

urteilt wurde, weil er nichts dagegen unternahm, dass die Ehefrau in der gemeinsamen Wohnung Abtreibungen vornahm.

LACKNER JR 1969 S. 30: „... daß der Ehegatte als verpflichtet angesehen wird, Straftaten des anderen Ehegatten im gemeinsamen, durch das Zusammenleben bedingten Herrschaftsbereich zu verhindern, beruht mindestens teilweise auch auf der Erwägung, daß die eheliche Wohnung die Intimsphäre der kleinsten menschlichen Gemeinschaft ist, in die staatliche Kontrolle nur unter erschwerten Voraussetzungen eingreifen darf; daß hier die Mitglieder der Gemeinschaft in gewissem Umfang selbst für Ordnung sorgen müssen, dient – sozusagen als Ausgleich dieses Vakuums – dem Frieden in der Rechtsgemeinschaft."

b) Ausgehend von diesen Überlegungen ist es durchaus angemessen, in der Einräumung **89** eines Herrschaftsbereichs, der staatlicher Kontrolle nur unter erschwerten Voraussetzungen zugänglich ist, einen Anknüpfungspunkt für eine Garantenposition zu sehen. Da es aber hier nicht um die Abwehr ganz bestimmter, mit der Herrschaftssphäre verknüpfter Gefahren geht, kann diese Garantenposition nicht darauf gerichtet sein, über den Rahmen der Verkehrssicherungspflicht hinaus, alle Gefahren abzuwehren, die sich irgendwie für irgendwelche Rechtsgüter aus oder in dieser Herrschaftssphäre ergeben. Eine solche Erwartung ist nicht als Grundlage des Soziallebens auszumachen. Weder wird allgemein erwartet, dass sich z.B. aus einer fremden Wohnung heraus keine Gefahren für andere entwickeln, noch vertraut der Einzelne schlechthin darauf, dass ihm in einer fremden Herrschaftssphäre kein Schaden entsteht. Es muss ein weiteres Vertrauenselement hinzukommen. – *Das bedeutet: Der Inhaber eines Herrschaftsbereichs ist als Garant dafür verantwortlich, dass Dritten, die sich auf Grund eines von ihm geschaffenen besonderen Vertrauens in seiner Herrschaftssphäre aufhalten und daher davon ausgehen können, dass er ihnen bei der Abwehr von Gefahren zur Seite steht, kein Schaden aus Gefahren erwächst, die sie nicht bewusst auf sich genommen haben.*

c) *Zur Verdeutlichung*

Fall 1: BGH NJW 1966 S. 1763: A, die Inhaberin einer Gaststätte, duldet, dass vier männliche Stammgäste **90** einer jungen Frau gewaltsam das Haupthaar und einen Teil der Schamhaare abschneiden.
BGH: Garantenstellung der A. – Daraus, dass A eine Gaststätte betreibt, ergibt sich ihre Rechtspflicht, in den Räumen, über die sie die Verfügungsgewalt hat, für Ordnung zu sorgen, insbesondere ihre Gäste vor Ausschreitungen anderer Gäste zu schützen.

Fall 2: BGHSt 27 S. 10 mit Anm. NAUCKE JR 1977 S. 290 ff, und TENCKHOFF JuS 1978 S. 308 ff: A nahm den K – mindestens für eine Nacht – in seiner Wohnung auf. – Ein anderer Gast, S, beging gegenüber K eine räuberische Erpressung. A verhinderte dies bewusst nicht.
BGH: Durch Aufnahme des K in seine Wohnung war A ihm gegenüber Garant zur Abwehr von Angriffen auf seine Rechtsgüter.
Der BGH lässt offen, ob diese Garantenstellung bereits auf der Herrschaft über die Wohnung beruht, aus der sich Ausschlussrechte gegenüber Dritten ergeben, oder auf dem Vertrauensverhältnis, das A gegenüber K begründete.
Zutreffend erscheint es hier, zumindest auch auf das Vertrauensverhältnis abzustellen, da sonst auch eine Garantenstellung gegenüber Dritten, die rechtswidrig eingedrungen, dann aber in eine Notlage geraten sind, begründet wäre, z.B. gegenüber dem Einbrecher, der mit gebrochenem Bein in der Wohnung vorgefunden wird. Hier genügt aber die Hilfspflicht nach § 323 c.

Fall 3: BGHSt 30 S. 391; dazu OTTO/BRAMMSEN Jura 1985 S. 647: B hatte die 18jährige S gewaltsam in das Haus des M gebracht, um sie zu vergewaltigen. M bemerkte den Vorgang und erkannte den Plan des B. Gleichwohl half er der S, die ihn auch um Hilfe bat, nicht.
BGH: Eine allein aus der Eigenschaft als Wohnungsinhaber abgeleitete Garantenstellung des M kommt nicht in Betracht.[70]

---

70 Vgl. auch BGH NJW 1993 S. 76 mit Anm. OTTO JK 93, StGB § 13/20; BGH StV 1993 S. 25; BGH StV 2003 S. 280 mit Anm. OTTO JK 03, StGB § 13/35; BayObLG NJW 1993 S. 478; KG NJW 1998 S. 3891 mit Anm. OTTO JK 99, StGB § 13/28.

Dem ist zuzustimmen, denn bei M fehlte es an dem weiteren, garantenpflichtkonstituierenden Element der Schaffung eines besonderen Vertrauensverhältnisses.

Fall 4: OLG Stuttgart NJW 1981 S. 182 mit Anm. HASSEMER JuS 1981 S. 381, SONNEN JA 1981 S. 260: A nimmt mit seinen Gästen B und C Drogen. Infolge des Drogengenusses gerät B in Lebensgefahr.

OLG: Keine Garantenstellung des A, da die Gäste sich *selbst* gefährdeten.

Fall 5: Die Diebe X und Y benutzen die leerstehende Garage des A als Beuteversteck, aus dem heraus sie die Beute verkaufen. A bemerkt dies, stellt sich aber unwissend.

Ergebnis: Keine Garantenposition des A, die ihn zum Diebstahls- oder Hehlereigehilfen macht. – Es besteht auch kein Bedürfnis nach einer derartigen Garantenposition, da bereits ein auch nur konkludent erklärtes Einverständnis des A eine Haftung als Gehilfe durch positives Tun begründen würde.[71]

Fall 6: BGH NJW 1953 S. 591 und GA 1967 S. 115: A hindert nicht, dass seine Ehefrau in der gemeinsamen Wohnung einen illegalen Schwangerschaftsabbruch bei C durchführt.

Ergebnis: Keine Garantenstellung des A. Die Mitverfügungsbefugnis über die gemeinsame Wohnung allein begründet keine Garantenstellung. Die eheliche Verbundenheit kann hier nicht als weiteres Vertrauenselement herangezogen werden, da sie nur Gefahrenabwendungspflichten zugunsten eines Ehegatten begründet; vgl. oben Rdn. 56.[72]

91   d) Nicht nur bei Wohnungen, sondern auch bei anderen Sachen begründet die bloße Sachherrschaft noch keine Garantenstellung.

Daher: Keine Haftung des Eigentümers einer Mauer wegen Beleidigung, wenn er beleidigende Äußerungen Dritter nicht von der Mauer entfernt[73]; keine Haftung eines Grundstückseigentümers für strafbares Verhalten Dritter auf seinem Grundstück[74]; keine Haftung des Eigentümers einer stillgelegten Abfallbeseitigungsanlage für Müllablagerungen Dritter, die wissen, dass ihr Verhalten rechtswidrig ist.[75]

4. Garantenposition aus Verantwortung für fremdes Handeln

92   Diese Garantenposition ist gegeben, wenn jemand für das Verhalten anderer verantwortlich ist, weil er rechtlich verpflichtet ist, diese so zu beaufsichtigen und zu kontrollieren, dass sie Dritten keinen Schaden zufügen. Im Hinblick auf die Autoritäts- und Aufsichtsstellung des Pflichtigen vertraut die Allgemeinheit darauf, dass dieser Gefahren, die von den zu überwachenden Personen ausgehen, beherrscht.

93   Eine derartige Pflicht haben z. B. Eltern ihren noch nicht mündigen Kindern gegenüber, Lehrer während des Schulbetriebs und militärische Vorgesetzte gegenüber ihren Untergebenen in der Dienstzeit. – Strittig ist eine grundsätzliche Garantenpflicht des Unternehmers – unabhängig von der Überwachung einer Gefahrenquelle; dazu Rdn. 86, Fall 5 – zur Verhinderung betriebsbezogener Straftaten der Untergebenen.[76]

---

71 Dazu SCH/SCH/STREE § 13 Rdn. 54; SCHÜNEMANN Unterlassungsdelikte, S. 361 f. – Auch die „besondere Lage und Beschaffenheit" des Objekts sind nicht geeignet, eine Garantenstellung des Eigentümers zu begründen; vgl. dazu FREUND Erfolgsdelikt, S. 239; DERS. MK, § 13 Rdn. 144.

72 A. A. BGH NJW 1953 S. 591; GA 1967 S. 115 und SCH/SCH/STREE § 13 Rdn. 54.

73 Vgl. WEBER Oehler-FS, S. 83 ff.

74 So auch OLG Zweibrücken StV 1986 S. 483 mit Anm. OTTO JK 87, StGB § 13/11; OLG Zweibrücken StV 1999 S. 212. – A. A. OLG Koblenz NStZ 1987 S. 281.

75 Vgl. RUDOLPHI SK I, § 13 Rdn. 28. – A. A. OLG Stuttgart Zeitschr. f. Wasserrecht 1988 S. 248; StA Landau MDR 1994 S. 935 mit abl. Anm. OTTO JK 95, StGB § 327/1; LG Koblenz NStZ 1987 S. 281.

76 In der Literatur wird eine derartige Garantenstellung unter Hinweis auf die „rechtliche Befehlsgewalt" und die „partielle Unmündigkeit" der Betriebsangehörigen z. T. bejaht; vgl. z. B. BOTTKE Haftung aus Nichtverhinderung von Straftaten Untergebener in Wirtschaftsunternehmen de lege lata, 1994, S. 25 ff; GÖHLER Dreher-FS, S. 621; ROGALL ZStW 98 (1986) S. 617 f; ROXIN A. T. II, § 32 Rdn. 137; SCHALL in: Schünemann (Hrsg.), Dt. Wiedervereinigung, Bd. III, Unternehmenskriminalität, 1996, S. 110 ff; SCH/SCH/STREE

Abzulehnen ist eine derartige Pflicht im Verhältnis eines Vorarbeiters zu den ihm unterstellten Arbeitern bei einem Diebstahl gegenüber dem Arbeitgeber[77]; im Verhältnis des Dienstvorgesetzten hinsichtlich der strafrechtlichen Verfolgung Untergebener[78]; im Verhältnis des Leiters einer Justizvollzugsanstalt hinsichtlich der strafrechtlichen Verfolgung der Straftaten von Strafgefangenen[79]; im Verhältnis des Halters eines Kfz zum Fahrer bei einer Unfallflucht des Fahrers[80].

5. Hinweise

a) *Niemals* ergibt sich eine Garantenstellung aus der Verpflichtung im Rahmen eines echten Unterlassungsdelikts, z.B. aus §§ 138, 323 c. – Hier hat der Gesetzgeber die Rechtsfolgen aus der Pflichtverletzung unmittelbar und selbständig geregelt.   **94**

b) Zur Frage, ob die Garantenstellung als Sonderpflicht i.S. des § 28 anzusehen ist, vgl. unten § 22 Rdn. 23   **95**

IV. Der Umfang der Garantenhaftung

1. Der Ansatz der h.M.

Nach h.M. soll die Haftung für einen Erfolg zunächst davon abhängen, ob der Täter für den Erfolg „kausal" war. Kausal in diesem Sinne war der Täter, wenn er es *unterlassen* hat, *eine Bedingung zu setzen, die nicht hinzugedacht werden kann, ohne dass der Erfolg mit an Sicherheit grenzender Wahrscheinlichkeit entfiele.*   **96**

Beispiel: BGHSt 19 S. 167: Der Sohn erfährt, dass ein Dritter seinen Vater umbringen will. Obwohl er den Vater ohne weiteres warnen könnte, tut er nichts. Der Vater wird umgebracht.

Ergebnis: Abgesehen von der begrifflichen Unsauberkeit, Unterlassen als kausal zu bezeichnen – bloßes Unterlassen kann für nichts kausal sein –, lässt sich ohne weiteres die Feststellung treffen, dass die Rechtsgutsbeeinträchtigung nicht eingetreten wäre, wenn der Sohn den Vater gewarnt hätte.

---

§ 13 Rdn. 52; SCHÜNEMANN Unternehmenskriminalität und Strafrecht, 1979, S. 62 ff, 101 ff; DERS. wistra 1982 S. 43.
Damit werden Weisungsrecht und Organisationsmacht des Unternehmers in aktuelle Herrschaftsmacht über Personen umgedeutet. Das aber gibt das Arbeitsverhältnis nicht her. Insoweit ist daher eine Garantenstellung des Unternehmers abzulehnen; vgl. BOSCH Organisationsverschulden, S. 146 ff; BRAMMSEN in: Amelung (Hrsg.), Individuelle Verantwortung …, S. 123 ff; v. FREIER Kritik der Verbandsstrafe, 1998, S. 277; HEINE Die strafrechtliche Verantwortlichkeit von Unternehmen, 1995, S. 116 ff; HSÜ Garantenstellung des Betriebsinhabers zur Verhinderung strafbarer Handlungen seines Angestellten?, 1988, S. 241 ff; KÖHLER A.T., S. 223 f; NEUDECKER Die strafrechtliche Verantwortlichkeit der Mitglieder von Kollegialorganen, 1995, S. 83 ff; OTTO Jura 1998 S. 413; RANSIEK Unternehmensstrafrecht, 1996, S. 33 f, 36, 45; RENZIKOWSKI Restriktiver Täterbegriff und fahrlässige Beteiligung, 1997, S. 14. – Differenzierend: SCHLÜCHTER Salger-FS, S. 161.
77 OLG Karlsruhe GA 1971 S. 281.
78 Dazu BGHSt 43 S. 82 mit Anm. GEPPERT JK 98, StGB § 258/10, KLESCZEWSKI JZ 1998 S. 313 ff, MARTIN JuS 1997 S. 1047 f, SEEBODE JR 1998 S. 338 ff.
79 A.A. OLG Hamburg StV 1996 S. 606 mit abl. Anm. GEPPERT JK 96, StGB § 258/9, KÜPPER JR 1996 S. 524 f, VERREL GA 2003 S. 595 ff, VOLCKART StV 1996 S. 608 ff, und zust. Anm. KLESCZEWSKI NStZ 1996 S. 103 f.
80 A.A. BGH VRS 24 S. 34; OLG Stuttgart NJW 1981 S. 2369: Garantenpflicht des anwesenden Halters aus Sachherrschaft und Verfügungsbefugnis über das Fahrzeug.

97 Stünde hingegen fest, dass der Verpflichtete die Gefahr zwar wesentlich vermindern, nicht aber mit an Sicherheit grenzender Wahrscheinlichkeit abwenden kann, muss von diesem Ansatz her ein vollendetes Tötungsdelikt abgelehnt werden.[81]

Beispiel: Der Sohn, der von dem Mordanschlag auf seinen Vater hört, sieht zwar die *Möglichkeit*, den Vater rechtzeitig zu warnen, doch ist nicht mit an Sicherheit grenzender Wahrscheinlichkeit gewährleistet, dass die Warnung noch rechtzeitig erfolgt.

2. *Pflicht zur Gefahrenabwendung und Gefahrenminderung*

98 Unstreitig entfällt eine Handlungspflicht des Garanten, wenn dieser gar nicht die Möglichkeit hat, durch sein Verhalten den Erfolg abzuwenden. Sodann aber werden die Weichen unterschiedlich gestellt:

99 Der *3. Strafsenat des BGH* geht davon aus, dass dem Täter eine pflichtwidrige Unterlassung nur angelastet werden kann, „wenn der strafrechtliche relevante Erfolg bei pflichtgemäßem Handeln mit an Sicherheit grenzender Wahrscheinlichkeit verhindert worden wäre."[82]

Nimmt man die Aussage ernst, dass ein pflichtwidriges Verhalten nur dann vorliegt, wenn der Täter die Möglichkeit hatte, den Erfolg mit einer an Sicherheit grenzenden Wahrscheinlichkeit abzuwenden, so begründet das erhebliche Strafbarkeitslücken. Ein Garant, der nur eine 90%ige Erfolgsabwendungsmöglichkeit hat und dieses auch weiß, würde sich nicht pflichtwidrig verhalten, wenn er den Versuch der Erfolgsabwendung unterlässt. Auch eine Versuchsbestrafung käme nicht in Betracht, da das Unterlassen einer nicht mit an Sicherheit grenzenden Wahrscheinlichkeit erfolgreichen Erfolgsabwendung kein pflichtwidriges und damit kein rechtswidriges Verhalten wäre, so dass es am Entschluss fehlt, ein rechtswidriges Verhalten zu verwirklichen.[83]

100 Eine andere Position vertritt der *2. Strafsenat des BGH*. Er differenziert scharf zwischen dem pflichtwidrigen Verhalten und der Erfolgszurechnung, indem er davon ausgeht, dass der Garant verpflichtet ist, *jede* Rettungschance wahrzunehmen. Erst und „nur die sicher voraussehbare Erfolglosigkeit eines Rettungsbemühens lässt die Handlungspflicht entfallen."[84] Von

---

81 Vgl. BGH NStZ 1985 S. 26 m. w. N.; BGH StV 1985 S. 229 mit Anm. RANFT JZ 1987 S. 862 f, SCHÜNE-MANN StV 1985 S. 229 ff; BGH NStZ 1987 S. 505 mit Anm. OTTO JK 88, StGB § 13/14; BGH NStZ 2000 S. 414; BGH NJW 2000 S. 2754, 2756; BGH NStZ-RR 2002 S. 303; BAUMANN/WEBER/MITSCH A. T., § 15 Rdn. 24; GROPP A. T., § 11 Rdn. 71; HERZBERG MDR 1971 S. 882; JESCHECK LK, § 13 Rdn. 18; KÖHLER A. T., S. 229; KREY A. T. 2, Rdn. 330; KÜHL A. T., § 18 Rdn. 36; LACKNER/KÜHL Vor § 13 Rdn. 11 ff; SCH/SCH/STREE § 13 Rdn. 61; SEELMANN NK, § 13 Rdn. 61; TRÖNDLE/FISCHER § 13 Rdn. 14; WESSELS/BEULKE A. T., Rdn. 711 ff. – Die mögliche Nichtverminderung der Gefahr, die sich im Erfolg realisiert hat, lassen hingegen genügen: Schweiz. Militärkassationsgericht bei Hauri, SchwZStr 106 (1989) S. 410; OLG Köln NJW 1991 S. 764; BRAMMSEN MDR 1989 S. 123 ff; ENGLÄNDER JuS 2001 S. 960 f; GIMBERNAT ORDEIG ZStW 111 (1999) S. 322 ff; HARDWIG Die Zurechnung, 1957, S. 162 f; HRUSCHKA Strafrecht, S. 430; MAURACH/GÖSSEL/ZIPF A. T. 2, § 46 Rdn. 23, 27; OTTO Jura 2001 S. 276 f; OTTO/BRAMMSEN Jura 1985 S. 652 f; RUDOLPHI SK I, Vor § 13 Rdn. 16; SCHAFFSTEIN Honig-FS, S. 172 f; STRATENWERTH A. T. I, § 13 Rdn. 54; DERS. Gallas-FS, S. 227. – Differenzierend: KAHLO GA 1987 S. 66 ff; ROXIN A. T. II, § 31 Rdn. 54 ff. Seine ausdrückliche Forderung der *erwiesenen* Risikominderungsmöglichkeit entspricht in der Sache dem hier vertretenen Standpunkt.

82 BGH NJW 2000 S. 2754, 2757.

83 Vgl. dazu BRAMMSEN MDR 1989 S. 125 f; OTTO Jura 2001 S. 277; PUPPE NK, Vor § 13 Rdn. 120; STRATENWERTH A. T. I, § 13 Rdn 55.

84 BGH NStZ 2000 S. 414, 415. – Vgl. auch BGH NStZ 2000 S. 583 (4. Strafsenat). – In der Sache übereinstimmend: FREUND, A. T., § 6 Fn. 93; JAKOBS A. T., 29/20; KÜHL A. T., § 18 Rdn. 39.

der Frage der Pflichtwidrigkeit des Verhaltens wird sodann die Frage der Haftung für den Erfolg getrennt. Eine Haftung wegen eines *vollendeten* Delikts soll nur in Frage kommen, wenn das Handeln des Verpflichteten den Erfolg mit an Sicherheit grenzender Wahrscheinlichkeit abgewendet hätte, während eine Versuchsbestrafung bereits dann durchgreift, wenn der Unterlassende die auf Erfolgsabwendung gerichtete Handlung unterlassen hat, obwohl er wusste, dass er eine Erfolgsabwendungschance hatte. Erst beim Fehlen jeder Erfolgsabwendungschance wäre das Unterlassen nicht mehr pflichtwidrig.

Folgt man dieser Auffassung, so entstehen im Bereich des Vorsatzdelikts zwischen denjenigen, die eine mit an Sicherheit grenzende Wahrscheinlichkeit der Abwendung des Erfolgs fordern, und denjenigen, die sich mit einer Gefahrenminderung begnügen, nur Differenzen bei der Grenzziehung zwischen Versuch und vollendetem Delikt. Grundsätzlich relevante Unterschiede ergeben sich aber dort, wo der Versuch nicht strafbar ist und im Fahrlässigkeitsbereich. Das aber begründet sachwidrige Differenzen der Erfolgszurechnung zwischen Begehungs- und Unterlassungsdelikten.

101 Hat der Täter nämlich beim Begehungsdelikt auf das Risiko der Rechtsgutsbeeinträchtigung durch Erhöhung der Wahrscheinlichkeit des Erfolgseintritts Einfluss genommen („Öl in das schon brennende Feuer gegossen"), so haftet er als Mitverursacher für den Erfolg, da jedes erfolgswirksame Verhalten die „konkrete Gestalt des Erfolgs" beeinflusst. Nur wenn feststeht, dass eine Erhöhung der Wahrscheinlichkeit des Erfolgseintritts aufgrund des Täterverhaltens nicht nachweisbar ist, entfällt – zu Recht – die Haftung für den Erfolg. Beim Unterlassungsdelikt ist der Bezug auf den Erfolg in seiner konkreten Gestalt in der Alternative offenbar unproblematisch, dass pflichtgemäßes Handeln mit Sicherheit zumindest zu einer zeitlichen Verzögerung des Erfolgseintritts geführt hätte. In allen anderen Fallkonstellationen soll hingegen ein Einfluss eines hypothetischen, risikomindernden Verhaltens auf den „Erfolg in seiner konkreten Gestalt" nicht nachweisbar sein. – Das ist aber unrichtig. Bezieht man nämlich den zum Erfolg führenden Kausalzusammenhang in den zu erklärenden Erfolg mit ein, so ist ein Erfolg, dessen Eintrittswahrscheinlichkeit z.B. um 90% gesenkt wurde, ein anderer, als der Erfolg, der ohne Minderung der Erfolgschancen eingetreten wäre.[85] Wird dieses bestritten, so wird der „Erfolg in seiner konkreten Gestalt" im Begehungs- und im Unterlassungsbereich nach unterschiedlichen Kriterien bestimmt. Damit aber wird ein unterschiedlicher Haftungsrahmen für Tun und Unterlassen festgesetzt.[86]

102 Beim Unterlassen eines pflichtgemäßen Antrags im Rahmen einer Abstimmung über erfolgverhindernde Maßnahmen versagt der BGH allerdings jedem unterlassenden Garanten den Einwand, sein Antrag wäre sowieso erfolglos geblieben, weil er überstimmt worden wäre. – Damit begnügt sich der BGH hier letztlich mit dem Unterlassen einer Gefahrminderung für die Erfolgszurechnung.[87]

3. Die Zumutbarkeit der Garantenhandlung

103 Beim echten Unterlassungsdelikt der unterlassenen Hilfeleistung, § 323 c StGB, ist die Zumutbarkeit der Hilfeleistung Tatbestandsmerkmal. Streitig ist, ob diese Regelung auf die Erfüllung der Handlungspflicht der unechten Unterlassungsdelikte übertragbar ist mit der

---

85 Vgl. auch Rudolphi SK I, Vor § 13 Rdn. 16 a. – Zur Problematik des Einbezugs des Kausalzusammenhangs in dem „konkreten Erfolg" vgl. aber Hilgendorf NStZ 1994 S. 566; Puppe ZStW 99 (1987) S. 596.
86 Eingehender dazu Otto Jura 2001 S. 277.
87 Vgl. dazu BGH St 48 S. 77, 87 mit Anm. Dreher JuS 2004 S. 17 f, Otto JK 03, StGB Vor § 13/15.

Konsequenz, dass die Handlungspflicht entfällt, wenn normgemäßes Verhalten unzumutbar ist.[88]

104   Die unterschiedlichen Auffassungen gehen letztlich auf unterschiedliche Fragestellungen zurück. Wird die Frage dahin gestellt, welche Verhaltensweisen einem Garanten in einer bestimmten Situation von der Rechtsgesellschaft zugemutet werden, so handelt es sich um die allgemeine Bestimmung der Grenzen der Handlungspflicht und damit um die Konkretisierung der Rechtspflicht, d. h. um ein Problem des Unrechtstatbestandes.[89] – Wird hingegen danach gefragt, ob einem bestimmten Garanten auf Grund seiner persönlichen Handlungssituation die Erfüllung feststehender Handlungspflichten zumutbar ist, so handelt es sich um eine Schuldfrage; dazu weiter § 14 Rdn. 32 f.

V. Der Aufbau des unechten Unterlassungsdelikts

1. Das am Risikoerhöhungsprinzip orientierte Aufbauschema des vorsätzlichen unechten Unterlassungsdelikts

105   **(1.) Tatbestand**

a) Ist die im Gesetzestatbestand beschriebene *Rechtsgutsbeeinträchtigung* eingetreten? – Weitere objektive Merkmale des Tatbestandes, z. B. besonders geforderte Tätereigenschaft oder Tatmodalitäten sowie objektive Bedingungen der Strafbarkeit?

b) Handlungsmöglichkeit: Wäre das von X geforderte Verhalten seiner Willenssteuerung zugänglich gewesen?

c) Hatte X eine *Garantenstellung* inne?

d) *Realisierte* sich in der Beeinträchtigung des Rechtsguts *die Gefahr, die* X auf Grund seiner Garantenstellung *abzuwenden oder zu vermindern* verpflichtet *war*?

e) *Vorsatz* des X im Hinblick auf a)–d) (hier nur finales Unrechtselement)? – Sonstige subjektive Merkmale des Tatbestandes, z. B. besondere Absichten oder Motive des Täters?

106   **(2.) Rechtswidrigkeit**

a) Rechtspflichtverletzung

Ist X über das rechtlich erlaubte Maß hinaus untätig geblieben oder liegen z. B. Rechtfertigungsgründe vor?

– Objektive Merkmale eines Rechtfertigungsgrundes?
– Subjektive Merkmale eines Rechtfertigungsgrundes?

b) Unrechtsbewusstsein

Bewusstsein der Sozialschädlichkeit (Gesinnungselement des Vorsatzes)?

---

88 Für Tatbestandsausschluss: Krey A. T. 2, Rdn. 372; Lackner/Kühl § 13 Rdn. 5; Seelmann NK, § 13 Rdn. 63; Stree Lenckner-FS, S. 398. – Für Ausschluss der Rechtswidrigkeit: Küper Grund und Grenzfragen der rechtfertigenden Pflichtenkollision im Strafrecht, 1979, S. 97 ff; Schmidhäuser A. T., 16/84. – Für Ausschluss der Schuld: Kühl A. T., § 18 Rdn. 140; Jescheck LK, Vor § 13 Rdn. 91; Roxin A. T. II, § 31 Rdn. 233 ff (bei begrenztem Umfang des Zumutbarkeitsgedankens); Rudolphi SK I, Vor § 13 Rdn. 31; Stratenwerth A. T. I, § 13 Rdn. 77 ff.

89 Vgl. dazu BGH NJW 1994 S. 1357 mit Anm. Loos JR 1994 S. 511 ff, Otto JK 94, StGB § 13/25.

(3.) Schuld

2. Das unechte Unterlassungsdelikt (nach h. M.)

Vorprüfung: 107

aa) „Handlung" i. S. des Strafrechts?

bb) Positives Tun oder Unterlassen?

(1.) Tatbestand

a) Ist ein gesetzlich missbilligter Erfolg eingetreten? – Sonstige objektive Merkmale des Tatbestandes?

b) Hat X die Abwendung dieses Erfolges unterlassen?

aa) Bestand eine objektive Möglichkeit, den Erfolg abzuwenden?

bb) Hätte das Eingreifen von X den Erfolg mit an Sicherheit grenzender Wahrscheinlichkeit abgewendet, d. h. kann ein Tun des X hinzugedacht werden, ohne dass der Erfolg mit an Sicherheit grenzender Wahrscheinlichkeit entfiele?

c) Hatte X eine Erfolgsabwendungspflicht (Garantenstellung)?

d) Kannte X die Tatsachen, die die Erfolgsabwendungspflicht begründen?

(2.) Rechtswidrigkeit

aa) Objektive Merkmale eines Rechtfertigungsgrundes?

bb) Subjektive Merkmale eines Rechtfertigungsgrundes?

(3.) Schuld

Zur Einübung: Musterfall 2

Im Spätherbst stehen A und seine Geliebte B am Schwimmbassin eines Sommerbades und denken über ver- **108** gangene schöne Tage nach. Plötzlich merkt A, dass B fest an eine gemeinsame Zukunft glaubt. Er sagt sich, ein Ende mit Schrecken ist besser als ein Schrecken ohne Ende. Flugs stößt er die B in das Bassin. Diese schreit jämmerlich um Hilfe. Die Hilferufe hören der Badewärter W und ein weiterer Badegast G. Sie tun so, als hätten sie nichts gehört. B ertrinkt. Sofortige Hilfsmaßnahmen durch W und G hätten sie gerettet.

Welche Tatbestände haben A, W und G erfüllt?

Lösungshinweis:

A. Strafbarkeit des A:

1. § 212

a) Rechtsgutsbeeinträchtigung – Tod der B – liegt vor.

b) Handlungsmöglichkeit gegeben: A versetzte der B den Stoß willentlich.

c) Gefahrbegründung: Stoß ins Wasser.

d) Gefahr realisierte sich im Tode der B.

e) A wusste, dass B Nichtschwimmerin war und strebte den Erfolg bewusst an.

f) Rechtfertigungsgründe nicht ersichtlich.

g) Unrechtsbewusstsein liegt vor.

2. § 211

„Heimtücke" liegt vor, und zwar sowohl nach der Auffassung, die ein Ausnutzen der Arg- und Wehrlosigkeit verlangt, als auch nach der anderen, die auf eine besondere „Vertrauensbeziehung" abstellt. – Auch insoweit handelte A bewusst.

B. Strafbarkeit des W:

1. § 212 durch positives Tun: kein Anhaltspunkt.

2. § 212 durch Unterlassen:

a) Rechtsgutsbeeinträchtigung: vgl. A 1 a.

b) Handlungsmöglichkeit gegeben.

c) Es liegt eine Garantenstellung aus freiwilliger Übernahme von Schutzfunktionen vor.

d) Gefahr, die abzuwenden W verpflichtet war, realisierte sich im Tode der B.

e) W unternahm bewusst nichts, obwohl er die Situation erkannte.

f) Rechtfertigungsgründe liegen nicht vor.

g) W hat auch das Unrechtsbewusstsein.

C. Strafbarkeit des G:

1. § 212 durch positives Tun. Kein Anhaltspunkt.

2. § 212 durch Unterlassen:

a) Rechtsgutsbeeinträchtigung und Handlungsmöglichkeit: vgl. B 2 a, b.

b) Garantenstellung nicht begründbar.

c) Haftung aus § 212 entfällt.

3. § 323 c gegeben.

Wiederholungsfragen

109

1. Welche unterschiedlichen Kriterien werden im Streit um die Abgrenzung von Tun und Unterlassen genannt? – Dazu Rdn. 2 ff.

2. Nenne echte Unterlassungsdelikte. – Wie unterscheiden sich diese von den sog. unechten Unterlassungsdelikten? – Dazu Rdn. 12 ff.

3. Inwiefern enthalten die sog. unechten Unterlassungsdelikte eine Problematik im Hinblick auf Art. 103 Abs. 2 GG? – Dazu Rdn. 19 ff.

4. Welche beiden großen Gruppen von Garantenstellungen sind zu unterscheiden? – Dazu Rdn. 22 ff.

5. Worauf beruht die sog. ethnomethodologischen Begründung der Garantenstellungen? – Dazu Rdn. 34 ff.

6. Wie lassen sich die Grundlinien einer allgemeinen Garantenlehre skizzieren? – Dazu Rdn. 42 ff.

7. Welche Grenzen hat die Garantenstellung aus enger Lebensgemeinschaft? – Dazu Rdn. 57 ff.

8. Wie muss das vorangegangene gefährliche Tun beschaffen sein, um eine Garantpflicht begründen zu können? – Dazu Rdn. 77 ff.

9. Worin besteht das Wesentliche der Garantenstellung aus Innehabung eines rechtlich geschützten Herrschaftsbereichs? – Dazu Rdn. 87 ff.

10. Welcher objektive Zusammenhang muss zwischen dem Unterlassen und dem Erfolg eines Erfolgsdelikts begründet sein, damit das Urteil berechtigt ist, dem Täter ist der deliktische Erfolg als sein Werk zuzurechnen? – Dazu Rdn. 98 ff.

Vierter Abschnitt
Fahrlässiges und erfolgsqualifiziertes Delikt

§ 10: Das Fahrlässigkeitsdelikt

Lernziel: Einblick in Struktur und Aufbau des Fahrlässigkeitsdelikts.

Zur Überlegung: **Musterfall 3**

(Abwandlung von BGH NJW 1966 S. 1871 f): Der Zahnarzt Z zog der an starker Fettsucht und an einer chro-   **1**
nischen Entzündung des Herzmuskels, einer sog. isolierten Myokarditis, leidenden W unter Chloräthyl-Voll-
narkose zwei Backenzähne. W hatte dem Z mitgeteilt, dass sie „etwas am Herzen" hätte. Dennoch zog Z
keinen Anästhesiefachmann hinzu. W starb.

1. Wie ist zu entscheiden, wenn festgestellt werden kann, dass eine ordnungsgemäße Untersuchung die
Gefährlichkeit des Chloräthyls offenbart hätte?

2. Wie wäre es, wenn feststeht, dass auch eine ordnungsgemäße Untersuchung der W durch einen Spezialisten
und die Verwendung von Lachgas den Tod der W nicht verhindert hätten, da W unter einer unerkennbaren
Krankheit litt, so dass jedes Narkosemittel ihren Tod herbeigeführt hätte?

3. Wie wäre es, wenn auch durch Sachverständige nachträglich nicht feststellbar ist, ob eine nach ordnungsgemäßer Untersuchung sachgerecht gewählte Narkose eine geringere Gefahr für das Leben der W bedeutet
hätte?

4. Wie wäre es, wenn festgestellt worden wäre, dass die pflichtgemäße Verwendung von Lachgas eine geringere
Lebensgefahr für W begründet hätte, doch auch diese Narkose nicht ohne jedes Risiko für W gewesen wäre?

5. Wie wäre es, wenn festgestellt worden wäre, dass der Fachmann, den Z zu Rate gezogen hätte, die Gefahr
nicht erkannt hätte, weil er pflichtwidrig oberflächlich bei derartigen Untersuchungen vorzugehen pflegte?

6. Wie wäre es, wenn festgestellt worden wäre, dass ein ordnungsgemäß ausgebildeter Arzt die Gefahr auf
Grund seines Wissensstandes nicht hätte erkennen können, hingegen der auf diesem Gebiet besonders qualifizierte Z, wenn er die Untersuchung gründlich durchgeführt hätte?

In welchen Alternativen haftet der Z wegen fahrlässiger Tötung der W?

I. Die Erfolgszurechnung innerhalb der Fahrlässigkeitshaftung

1. Der Aufbau des Fahrlässigkeitsdelikts aus der personalen Unrechtslehre heraus

a) Die objektive Zurechnung

Bei der *objektiven Zurechnung eines Erfolges* innerhalb der Fahrlässigkeitshaftung geht es –   **2**
genau wie beim vorsätzlichen Erfolgsdelikt – um die Frage, ob ein bestimmter sozial unwerti-
ger Erfolg (Rechtsgutsbeeinträchtigung) einer bestimmten Person als ihr Werk zugerechnet
werden kann, weil diese Person ihrer Pflicht zur Vermeidung des Erfolges nicht nachgekommen ist und damit verantwortlich ist für den Erfolg. Auch hier ist entscheidend, ob jemand
einen bestimmten Erfolg vermeiden konnte, den er vermeiden sollte. Ein grundsätzlicher
Unterschied zwischen dem vorsätzlichen und dem fahrlässigen Erfolgsdelikt ist innerhalb der
objektiven Zurechnung daher nicht anzuerkennen.

   Auch hier gilt daher der durch das Verantwortungsprinzip begründete Zurechnungs-   **3**
grundsatz, *dass derjenige für den Erfolg haftet, der eigenverantwortlich und steuerbar die Gefahr*
begründet oder erhöht (Begehungsdelikt), bzw. *garantenpflichtwidrig die Gefahr nicht abgewen-*
det oder vermindert hat (Unterlassungsdelikt), *die sich im Erfolg realisiert hat.* Das sind zum

einen Erfolge, die sich *unmittelbar* aus einer vom Täter begründeten oder erhöhten, bzw. nicht abgewendeten oder verminderten Gefahr realisieren, zum anderen Erfolge, die mittelbar in der Täterhandlung angelegt sind, weil der Täter mit der Begründung der Gefahr ein im Hinblick auf den Schutz Dritter verbotenes Gefahrenpotenzial geschaffen hat.

Zur Wiederholung:

aa) Eigenverantwortliche Selbstschädigung

BGHSt 24 S. 342: Der A, ein Polizeimeister, und Frau B, die in enger Beziehung zueinander standen, machten eine gemeinsame Autofahrt, bei der sich B mit der Pistole des A, die dieser auf das Armaturenbrett gelegt hatte, erschoss.

Ergebnis: Eigenverantwortliche Selbstschädigung der B, keine fahrlässige Tötung der B durch A.[1]

bb) Eigenverantwortliche Selbstgefährdung

BGHSt 32 S. 262: A verschaffte dem H die erforderliche Spritze für den Heroinkonsum. H injizierte sich ein Heroingemisch, das er sich zuvor besorgt hatte. Anschließend wurde er bewusstlos und starb. A, der auch Heroin genommen hatte, überlebte.

BGH: „Eigenverantwortlich gewollte und verwirklichte Selbstgefährdungen unterfallen nicht dem Tatbestand eines Körperverletzungs- oder Tötungsdelikts, wenn das mit der Gefährdung bewusst eingegangene Risiko sich realisiert. Wer lediglich eine solche Selbstgefährdung veranlaßt, ermöglicht oder fördert, macht sich nicht wegen eines Körperverletzungs- oder Tötungsdelikts strafbar".[2]

Zur Begründung einer strafrechtlichen Haftung durch Unterlassen, wenn die die Selbstgefährdung unterstützende Person die Möglichkeit der Erfolgsabwendung hatte; vgl. oben § 9 Rdn. 76 Fall 6.

cc) Zur Haftung für Ausgangsgefahren, in denen bereits – verbotene – Anknüpfungsgefahren angelegt sind; vgl. dazu § 6 Rdn. 50, 51.[3]

b) Die subjektive Zurechnung

4   *Die subjektive Zurechnung* setzt – dies bedingt das objektive Erfordernis der Steuerbarkeit des Geschehens durch den Täter – *die Vorhersehbarkeit des rechtsgutsbeeinträchtigenden Geschehens durch den Täter voraus.* Dem Vorsatz im Aufbau des Vorsatzdelikts entspricht demnach die Vorhersehbarkeit der Rechtsgutsbeeinträchtigung durch den Täter. Darüber hinaus braucht der Täter sich des Unrechts seines Verhaltens nicht aktuell bewusst zu sein, vielmehr genügt es, dass er bei seinen Fähigkeiten über die *Möglichkeit verfügte, sich der Sozialschädlichkeit seines Verhaltens bewusst zu werden.*

5   Im subjektiven Bereich erfordert das gewöhnliche Fahrlässigkeitsdelikt daher Vorhersehbarkeit des rechtsgutsbeeinträchtigenden Geschehens und die Möglichkeit des Täters, sich der Sozialschädlichkeit seines Verhaltens bewusst zu werden.

6   aa) *Unbewusst fahrlässiges Verhalten* liegt vor, wenn der Täter sich nicht einmal der Tatsache bewusst ist, dass er durch sein Verhalten Rechtsgüter anderer gefährden könnte.

7   bb) *Bewusst fahrlässiges Verhalten* ist gegeben, wenn der Täter die Gefahr der Rechtsgutsverletzung erkennt, diese Gefahr aber nur als abstrakte, fernliegende einschätzt, weil er auf Grund der Wertung des Gesamtsachverhalts zu dem Ergebnis kommt, die Gefahr werde sich keinesfalls realisieren.

---

1 Im Einzelnen dazu vgl. § 6 Rdn. 60; zur Diskussion des konkreten Falls: OTTO Schlüchter-GedS, S. 79 f m. N., S. 93.

2 Im Einzelnen dazu vgl. § 6 Rdn. 61 ff; zur Diskussion des konkreten Falls: OTTO Schlüchter-GedS, S. 80 ff m. N., S. 93.

3 Vgl. auch OTTO Schlüchter-GedS, S. 82 ff m. N., S. 93 ff.

cc) *Wiederhole:* Bestimmung des „dolus eventualis", oben $\S$ 7 Rdn. 35 f.

Ausnahmsweise hat der Gesetzgeber eine qualifizierte Form fahrlässigen Verhaltens, *leicht-* **8** *fertiges Verhalten*, in einigen Gesetzestatbeständen vorausgesetzt, z.B. in $\S\S$ 239 a Abs. 3, 251, 311 Abs. 3, 316 c Abs. 3.

Leichtfertiges Verhalten ist eine gravierende Form bewusster oder unbewusster Fahrlässigkeit, **9** die in etwa der „*groben Fahrlässigkeit*" des Zivilrechts entspricht.

Den *Maßstab der Grobheit* der Fahrlässigkeit bietet die Erfolgsnähe, der besondere Anlass **10** zur Sorgfalt. *Grob* fahrlässig handelt danach, wem sich nach den konkreten Tatumständen und seinen physischen und psychischen Fähigkeiten die Erkenntnis der Rechtsgutsbeeinträchtigung geradezu aufdrängen muss.[4]

c) Die Vermeidepflichtverletzung (Sorgfaltspflichtverletzung)

Die dem Täter vorhersehbare *Gefährdung fremder Rechtsgüter muss rechtspflichtwidrig erfol-* **11** *gen,* d.h. der Täter muss durch sein sorfaltspflichtwidriges Verhalten das Risiko für das geschützte Rechtsgut über das erlaubte Maß hinaus erhöht haben. Die dem entsprechenden Gesetzestatbestand zu entnehmende Rechtspflicht, bestimmte Rechtsgutsbeeinträchtigungen zu vermeiden, und die Sorgfaltspflicht stehen nicht isoliert nebeneinander als zwei verschiedene Pflichten. Das erlaubte Risiko, innerhalb dessen jemand Gefahren für strafrechtlich geschützte Rechtsgüter anderer begründen oder erhöhen darf, wird im Regelfall durch besondere Sorgfaltsnormen – z.B. Geschwindigkeitsbegrenzung, Beleuchtungsgebot, Pflicht, bestimmte Gefahren durch Desinfektion zu mindern u.Ä. – konkretisiert. – Die Pflicht, einen bestimmten Erfolg zu vermeiden (Vermeidepflichtverletzung), stellt sich unter diesem Aspekt als Sorgfaltspflichtverletzung dar, weil der Täter die ihm mögliche und von der Rechtsordnung von ihm verlangte Sorgfalt nicht aufgewendet hat, um den Erfolg zu vermeiden. Erfolgsvermeidepflicht und Sorgfaltspflicht sind damit aber nicht zwei selbstständige Elemente des Fahrlässigkeitsdelikts, vielmehr konkretisiert die Sorgfaltspflicht das Maß der aufzuwendenden Sorgfalt bei der Erfüllung der Erfolgsvermeidepflicht.[5] – Handelt der Täter objektiv pflichtgemäß, weil die objektiven Voraussetzungen eines Rechtfertigungsgrundes vorliegen, so ist es entsprechend der Situation beim Vorsatzdelikt; dazu $\S$ 5 Rdn. 9 ff – das Unrecht eines vollendeten Fahrlässigkeitsdelikts nicht gegeben; weiter zu den Konsequenzen unter Rdn. 28 ff.

2. *Der Aufbau des Fahrlässigkeitsdelikts nach überkommener Auffassung*

Ob der Täter eine Rechtsgutsbeeinträchtigung fahrlässig bewirkt hat, bestimmt die überkom- **12** mene Auffassung nach einem doppelten Maßstab. Zunächst wird geprüft, ob der Erfolg auf einer Verletzung derjenigen Sorgfaltsanforderungen beruht, die die Rechtsordnung an den gewissenhaften und einsichtigen Angehörigen des Verkehrskreises des Täters in der Tatsituation stellt, und ob der Erfolg für einen solchen Menschen auch vorausehbar gewesen ist. Erst wenn die objektive Seite der Fahrlässigkeitstat (= Unrechtstatbestand) festgestellt ist,

---

4 Dazu BGHSt 20 S. 323f; 33 S.67; OLG Nürnberg NStZ 1986 S. 556; ARZT Schröder-GedS, S. 119 ff; JAKOBS A.T., 9/24; MAIWALD GA 1974 S. 257 ff; SCHROEDER LK, $\S$ 16 Rdn. 123; TENCKHOFF ZStW 88 (1976) S. 897 ff, 911; WEGSCHEIDER ZStW 98 (1986) S. 624 ff, 649 ff. – Auf die Missachtung eines „besonders gewichtigen Veranlassungsmoments" stellt ab: DUTTGE MK, $\S$ 15 Rdn. 189.

5 Eingehender dazu DUTTGE GA 2003 S. 461; DERS. MK, $\S$ 15 Rdn. 87, 110 ff; DERS. Kohlmann-FS, S. 33 ff; OTTO Schlüchter-GedS, S. 91.

wird (im Schuldtatbestand) geprüft, ob die generelle (objektive) Sorgfaltspflichtverletzung und Vorhersehbarkeit auch für den individuellen (subjektiven) Täter nach seiner Intelligenz und Bildung, seiner Geschicklichkeit und Befähigung, seiner Lebenserfahrung und sozialen Stellung erfüllbar gewesen ist.[6]

3. Zur Auseinandersetzung

13   Die überkommene Auffassung gründet auf der ehemals herrschenden objektiven Unrechtslehre[7], die schlagwortartig die objektiven Verbrechensvoraussetzungen dem Unrecht, die subjektiven der Schuld zurechnete; dazu vgl. § 7 Rdn. 48 ff. Ein Gewinn an Rechtssicherheit wird durch dieses Zugeständnis an die objektive Unrechtslehre jedoch entgegen der Ansicht der überkommenen Auffassung nicht gewonnen.

14   Durch die Ausrichtung der Pflicht, die Gefährdung fremder Rechtsgüter zu vermeiden, an einem generellen Maßstab, wird die Struktur des Fahrlässigkeitsdelikts gegenüber der des Vorsatzdelikts weit über das durch den Unterschied in der subjektiven Zurechnung Gebotene hinaus verändert. Die Vermeidepflicht im Rahmen des Vorsatzdeliktes ist auf die Handlungsmöglichkeiten des individuellen Täters, den Unrechtserfolg zu vermeiden, bezogen. Die individuelle Steuerungsmöglichkeit bestimmt hier – wie oben dargelegt – die Grenzen der Pflicht. Allgemein ist diese Pflicht gleichwohl, denn sie verlangt von jedem Normadressaten das Gleiche: nämlich die gewissenhafte Ausschöpfung der ihm eigenen Handlungsmöglichkeiten zur Vermeidung bestimmter Erfolge. Dieser Normadressat wird beim Fahrlässigkeitsdelikt von der h. M. ausgewechselt. Normadressat soll nun nicht mehr der individuelle Täter sein, sondern der „einsichtige und besonnene Mensch in der konkreten Lage des Täters", an dessen Maßstab der individuelle Täter gemessen wird. – Damit ist jedoch nicht – wie die h. M. vorgibt – die Allgemeingültigkeit der Norm verbürgt, sondern dargetan, dass Normadressat des Fahrlässigkeitsdelikts keine individuelle Person ist, sondern eine Kunstfigur. Der Bezug auf diese Kunstfigur, den einsichtigen, besonnenen Durchschnittsbürger u. Ä., ist jedoch weder geboten noch wünschenswert. Er muss die Rechtsanwendung vielmehr mit täterfremden Erwägungen belasten. Maßgeblicher Bezugspunkt für die Frage, ob der Täter sich pflichtwidrig verhalten hat, sind daher auch hier die individuellen Handlungsmöglichkeiten des Täters. Die individuelle Vorhersehbarkeit des Erfolgs und die individuelle Erfüllbarkeit der Sorgfaltspflicht konstituieren – neben dem Erfolg – das Unrecht des fahrlässigen Erfolgsdelikts.[8]

---

6 Vgl. OLG Karlsruhe NStZ-RR 2000 S. 141, 142; Gropp A. T., § 12 Rdn. 15 ff; Herzberg Jura 1984 S. 406 ff; Hirsch ZStW 94 (1982) S. 266 ff; ders. Lampe-FS, S. 525 ff; Jescheck/Weigend A. T., §§ 54 I 3, § 55 I 2 b; Kaminski Der objektive Maßstab im Tatbestand des Fahrlässigkeitsdelikts, 1992, S. 135 ff; Armin Kaufmann Welzel-FS, S. 404 ff; Kratzsch Oehler-FS, S. 66; Krey A. T. 2, Rdn. 533; Schmidhäuser Schaffstein-FS, S. 141 ff; Schroeder LK, § 16 Rdn. 144 ff; Schünemann Schaffstein-FS, S. 159 ff; Wessels/Beulke A. T., Rdn. 667 ff.

7 Dazu Renzikowski Restriktiver Täterbegriff und fahrlässige Beteiligung, 1997, S. 211 ff, 244 ff.

8 Wie hier BayObLG NJW 1998 S. 3580 mit Anm. Otto JK 99, StGB § 15/6; Duttge Zur Bestimmtheit des Handlungsunwerts von Fahrlässigkeitsdelikten, 2001, S. 310 ff; ders. MK, § 15 Rdn. 94 ff; Castaldo GA 1993 S. 496 ff; Freund A. T., § 5 Rdn. 14 ff, 29; Gössel Bengl-FS, S. 35 ff; Gropp A. T., § 12 Rdn. 82 ff; Jakobs Studien zum fahrlässigen Erfolgsdelikt, 1972, S. 64 ff; ders. A. T., 9/5 ff; Kindhäuser ZStW 96 (1984) S. 19; – Sauer Die Fahrlässigkeitsdogmatik der Strafrechtslehre und der Strafrechtsprechung, 2003, S. 97 ff; Stratenwerth Jescheck-FS, Bd. 1, S. 285 ff; Struensee JZ 1987 S. 58 ff. – Die Forderung eines differenzierten Maßstabs, nämlich nach oben zu individualisieren und nach unten zu generalisieren, vgl. dazu Herzberg Jura 1984 S. 409 f; Kretschmer Jura 2000 S. 272; Roxin A. T., § 24 Rdn. 50 ff; Sch/Sch/Sternberg-Lieben § 15 Rdn. 133, findet in der Unrechtslehre keine Grundlage.

Verfügt der Täter daher über Möglichkeiten oder Kenntnisse (Sonderwissen), die dem **15** Durchschnittsmenschen nicht zu eigen sind, so trifft ihn die Pflicht, diese Möglichkeiten und Kenntnisse zur Erfolgsminderung zu nutzen. Der Arbeitgeber z. B., der auf Grund eigener Forschungen erkennt, dass der Umgang mit bestimmten Stoffen für seine Arbeitnehmer karzinogen ist, hat die Verpflichtung, sofort für Schutzmaßnahmen zu sorgen, nicht erst dann, wenn die Kenntnis allgemein verbreitet ist.

Die *theoretisch* bedeutsame Differenz zwischen genereller und individueller Sorgfaltspflichtverletzung hat sich **16** in Entscheidungen der Rechtsprechung der letzten Jahre nicht ausgewirkt. Das liegt daran, dass auch die h. L. bei der objektiven Erkennbarkeit einer Gefahr „das besondere Kausalwissen des Täters" berücksichtigt[9], und damit in der praktischen Falllösung zu einer verschleierten Individualisierung gelangt. Die Rechtsprechung wiederum kommt zum gleichen Ergebnis, indem sie postuliert, ein gewissenhafter Angehöriger eines bestimmten Verkehrs- oder Berufskreises nützt selbstverständlich das ihm persönlich zugängliche Wissen zur Erkenntnis von Gefahren: „Das Maß der Sorgfalt richtet sich objektiv nach den Umständen und subjektiv nach den persönlichen Kenntnissen und Fähigkeiten einer Person"[10]. – Dieser Aussage kann auf dem Boden der individuell bestimmten Sorgfaltspflicht nur zugestimmt werden. Der Theorienstreit wird daher in seiner praktischen Bedeutung gemeinhin überschätzt.[11]

4. Der Zusammenhang zwischen Vermeidepflichtverletzung und Erfolg

Der Erfolg muss sich als Realisierung einer *pflichtwidrig* begründeten oder erhöhten bzw. **17** beim Unterlassungsdelikt *pflichtwidrig* nicht abgewendeten oder verminderten Gefahr erweisen. Dieser notwendige Zusammenhang zwischen Erfolg und Pflichtverletzung liegt dann vor, wenn der Täter durch sein erfolgsverwirklichendes Verhalten eine Rechtspflicht verletzt hat, die darauf gerichtet ist, derartige Erfolge zu verhindern.

Neben der *Realisierung der Gefahr im Erfolg* ist beim Unterlassungsdelikt die Verletzung **18** der rechtlichen *Verpflichtung zur Gefahrminderung oder -abwendung* durch den Täter, beim Begehungsdelikt die Begründung oder Erhöhung der Gefahr für das geschützte Rechtsgut *über das erlaubte Maß hinaus* durch den Täter nachzuweisen. *Allein maßgeblich ist dabei, ob die in der konkreten Tathandlung liegende Gefahr für das geschützte Rechtsgut über das erlaubte Maß hinaus begründet oder erhöht wurde.* Ist dieser Nachweis erbracht, so ist die hypothetische Möglichkeit, dass der gleiche Erfolg auch bei einem anderen, pflichtgemäßen Verhalten eingetreten wäre, irrelevant.[12]

a) Rechtmäßiges Alternativverhalten

Ist sicher, dass auch pflichtgemäßes Verhalten in der identischen Handlungssituation die **19** gleiche Rechtsgutsverletzung wie das pflichtwidrige Verhalten herbeigeführt hätte (sog. rechtmäßiges Alternativverhalten), so hat der Erfolg seinen Grund nicht in dem pflichtwidrigen Verhalten. Dann steht nämlich fest, dass die Gefahr für das geschützte Rechtsgut

---

9 Dazu DUTTGE MK, § 15 Rdn. 97; JECKECK/WEIGEND A. T., § 55 I 2 b.
10 OLG Düsseldorf NJW 1991 S. 1123; vgl. auch BGH NStZ 2001 S. 478; dazu auch DUTTGE GA 2003 S. 463 f.
11 Vgl. auch ROXIN A. T. I, § 24 Rdn. 49 ff.
12 Im Einzelnen dazu JORDAN GA 1997 S. 361 ff; KÜPER Lackner-FS, S. 247 ff; NIEWENHUIS Gefahr und Gefahrverwirklichung im Verkehrsstrafrecht, 1984, S. 7 ff; PUPPE ZStW 99 (1987) S. 599 ff; SCHLÜCHTER JA 1984 S. 673 ff. – Darüber hinaus vgl. die unten angeführte Literatur und Rechtsprechung zu den einzelnen Problemkonstellationen.

durch das pflichtwidrige Verhalten nicht über das erlaubte Maß hinaus gesteigert wurde. Eine Haftung des Täters entfällt.[13]

20 Bei der Prüfung der Frage, ob auch pflichtgemäßes Verhalten zu dem Erfolg geführt hätte, ist allein das dem Täter als pflichtwidrig vorgeworfene Verhalten hinwegzudenken und durch das dem pflichtwidrigen Verhalten korrespondierende pflichtgemäße Verhalten zu ersetzen. Darüber hinaus darf von der Situation nichts weggelassen, ihr nichts hinzugedacht und an ihr nichts verändert werden.[14]

OLG Karlsruhe GA 1970 S. 313: A fuhr innerhalb einer geschlossenen Ortschaft mit einer Geschwindigkeit von 70 km/h. Er überfuhr dabei ein 4 Jahre altes Kind. Der tödliche Unfall hätte sich in gleicher Weise zugetragen, wenn A die zulässige Höchstgeschwindigkeit von 50 km/h eingehalten hätte.

OLG: Keine fahrlässige Tötung. Der Erfolg muss gerade auf die Pflichtwidrigkeit selbst zurückgeführt werden können, die dem Angeklagten zum Vorwurf gemacht wird.[15]

21 In Fällen, in denen ein alkoholbedingt fahruntüchtiger Fahrer bei Einhaltung einer Geschwindigkeit, die bei einem nüchternen Fahrer nicht zu beanstanden gewesen wäre, in einen Unfall verwickelt wird, macht die Rechtsprechung von dem Grundsatz, dass das pflichtwidrige Verhalten gedanklich durch pflichtgemäßes Verhalten zu ersetzen ist, eine Ausnahme. Sie stellt nicht darauf ab, ob der Unfall sich auch ereignet hätte, wenn der Fahrer nüchtern gewesen wäre, sondern darauf, dass ein fahruntüchtiger Fahrer so langsam hätte fahren müssen, dass er die Situation noch beherrscht.

BayObLG VRS 87 (1994) S. 121: A fuhr fahruntüchtig (1,39 ‰) mit ca. 160 km/h nachts auf der Autobahn. Aufgrund eines Fahrfehlers eines mit etwa gleicher Geschwindigkeit neben ihm fahrenden Kraftfahrers kam es zu einem Unfall, bei dem M getötet wurde. – Nach den Feststellungen hätte A den Unfall auch in nüchternem Zustand bei 160 km/h nicht vermeiden können, wohl aber dann, wenn er nur 130 km/h gefahren wäre.

BayObLG: Die Tötung des M war dem A als rechtswidrige Tat zuzurechnen.[16]

22 Hier wird nicht mehr das pflichtwidrige Verhalten durch ein pflichtmäßiges ersetzt, sondern durch ein anderes pflichtwidriges. Das ist falsch. Ein fahruntüchtiger Fahrer darf überhaupt nicht am Verkehr teilnehmen. Maßgeblich kann daher nicht ein angeblich sicheres pflichtwidriges, sondern nur das entsprechende pflichtgemäße Verhalten sein.[17]

b) Zweifel an der Gefährdung über das erlaubte Maß hinaus

23 Ist nicht feststellbar, ob die Gefahr bei ordnungsgemäßem Verhalten geringer gewesen wäre, so fehlt es an dem Nachweis, dass der Täter durch pflichtwidriges Verhalten die Gefahr für das Rechtsgut über das erlaubte Maß hinaus begründet oder erhöht hat.

---

13 Vgl. auch DUTTGE MK, § 15 Rdn. 159. – A. A. im Ergebnis SPENDEL JuS 1964 S. 14 ff; modifizierend in bestimmten Fallgruppen; KRÜMPELMANN Jescheck-FS, Bd. 1, S. 331; RANFT NJW 1984 S. 1429.
14 Vgl. BGHSt 33 S. 61, 64 mit Anm. EBERT JR 1985 S. 356 ff, OTTO JK, StGB § 230/2, PUPPE JZ 1985 S. 295 ff, STRENG NJW 1985 S. 2809; DUTTGE MK, § 15 Rdn. 165; ARTHUR KAUFMANN Jescheck-FS, Bd. 1, S. 279 f; KÜHL A. T., § 17 Rdn. 62; R. PETERS JR 1992 S. 50 ff.
15 Dazu auch BGH VRS 21 S. 341 ff; BGHSt 21 S. 61; OLG Frankfurt JR 1994 S. 77, 78 mit Anm. LAMPE S. 79 ff; OLG Düsseldorf VRS 88 (1995) S. 268; JESCHECK/WEIGEND A. T., § 55 II 2; OTTO Schlüchter-GedS, S. 86 ff, 96 f; ROXIN ZStW 74 (1962) S. 411 ff; SCHLÜCHTER JA 1984 S. 675; SCH/SCH/STERNBERG-LIEBEN § 15 Rdn. 161 ff; SCHROEDER LK, § 16 Rdn. 193; WESSELS/BEULKE A. T., Rdn. 679.
16 Vgl. auch BGHSt 24 S. 31; OLG Celle MDR 1969 S. 158; OLG Koblenz DAR 1974 S. 25.
17 Vgl. auch FREUND JuS 1990 S. 215; KÜHL A. T., § 17 Rdn. 63; OTTO Schlüchter-GedS, S. 86; PUPPE ZStW 99 (1987) S. 607; DIES. NStZ 1997 S. 389 ff; ROXIN A. T. I, § 11 Rdn. 87.

BGHSt 11 S. 1: A fuhr mit seinem Lastzug in dem vorschriftswidrig geringen Abstand von 75 cm an einem Radfahrer vorbei. Während des Überholvorgangs geriet der Radfahrer unter den Lastzug und wurde überfahren. Er war auf der Stelle tot. Da der Radfahrer betrunken war und in Schlangenlinien gefahren war, konnte nicht aufgeklärt werden, ob sich der Unfall auch bei ordnungsgemäßem Abstand des Lastzuges ereignet hätte.

BGH: Als ursächlich für einen schädlichen Erfolg darf ein *verkehrswidriges* Verhalten nur dann angenommen werden, wenn sicher ist, dass es bei *verkehrsgerechtem* Verhalten nicht zu dem Erfolg gekommen wäre. Lässt sich auf Grund von erheblichen Tatsachen nach der Überzeugung des Tatrichters nicht ausschließen, dass der gleiche Erfolg bei rechtlich einwandfreiem Verhalten des Täters eingetreten wäre, darf der ursächliche Zusammenhang zwischen Handlung und Erfolg nicht bejaht werden.

Lässt man den Nachweis genügen, dass der Täter mit Unterschreiten des Sicherheitsabstands **24** das erlaubte Risiko überschritten hat, um dem Täter den Erfolg als Realisierung einer verbotenen Gefahr zuzurechnen, so gelangt man in derartigen Fallkonstellationen mit den Vertretern der Risikoerhöhungstheorie zur Erfolgszurechnung.[18] Damit aber bleibt der Strafgrund der Begründung oder Erhöhung einer Gefahr über das erlaubte Maß hinaus im Hinblick auf das geschützte Rechtsgut zweifelhaft. Es besteht nur die *Möglichkeit*, dass die vom Täter begründete abstrakte Gefahr in eine konkrete umgeschlagen ist. Der Nachweis, dass die abstrakte Gefahr sich in eine konkrete Gefahr gewandelt hat, ist aber nicht geführt. Mit den Vertretern der Vermeidbarkeitstheorie[19] ist daher konsequenterweise die Erfolgszurechnung abzulehnen.[20]

Die Auseinandersetzung über die verschiedenen Lösungsmöglichkeiten des Falles zeigt, dass die Lösung der sog. Risikoerhöhungstheorie sich hier als Einzelfalllösung erweist, die von den Grundaussagen der Risikoerhöhungslehre, wie sie hier – vgl. § 6 Rdn. 43 ff – vertreten wird, losgelöst ist. Da die Risikoerhöhungslehre für die Erfolgszurechnung die Begründung oder Erhöhung einer konkreten Gefahr fordert, die sich im Erfolg realisiert hat.

c) Denkbarer anderer Geschehensverlauf

Steht fest, dass der Täter die Gefahr für Rechtsgüter anderer durch pflichtwidriges Verhalten **25** über das erlaubte Maß hinaus erhöht hat, so haftet er für den Erfolg. Die bloß gedankliche Möglichkeit, dass die Rechtsgutverletzung aufgrund eines *anderen* Geschehensablaufs auch bei pflichtgemäßen Verhalten eingetreten wäre, entlastet ihn nicht.[21] – Bei der Feststellung, ob rechtmäßiges Verhalten den Erfolg verhindert hätte, ist allein das rechtswidrige Verhalten

---

18 Vgl. z. B. BURGSTALLER Das Fahrlässigkeitsdelikt im Strafrecht 1974, S. 135 ff; JESCHECK/WEIGEND A. T., § 55 II 2b; KAHLO GA 1987 S. 75; KÖHLER A. T., S. 197 ff; LACKNER/KÜHL § 15 Rdn. 44; PUPPE A. T. I, § 3 Rdn. 44; RUDOLPHI SK I, Vor § 1 Rdn. 65 ff; ROXIN ZStW 74 (1962) S. 411 ff; DERS. A. T. I, § 11 Rdn. 77; SCHAFFSTEIN Honig-FS, S. 171 f; SCHÜNEMANN GA 1985 S. 354 f; DERS. StV 1985 S. 230; STRATENWERTH Gallas-FS, S. 227 ff; VOLK GA 1976 S. 170 f.

19 Vgl. z. B. BGHSt 11 S. 1; 21 S. 59; 24 S. 31; 33 S. 61; BAUMANN/WEBER/MITSCH A. T., § 22 Rdn. 50; DUTTGE MK, § 15 Rdn. 178; EBERT A. T., S. 51; FREUND A. T., § 5 Rdn. 81 ff; FRISCH Tatbestandsmäßiges Verhalten und Zurechnung des Erfolgs, 1988, S. 529 ff; GROPP A. T., § 12 Rdn. 54; HIRSCH Lampe-FS, S. 531 f; KINDHÄUSER GA 1994 S. 219 ff; KREY A. T. 2, Rdn. 548; SCHLÜCHTER JuS 1977 S. 108; SCHROEDER LK, § 16 Rdn. 191 ff; ULSENHEIMER JZ 1969 S. 364 ff; WESSELS/BEULKE A. T., Rdn. 676 ff.

20 Eingehender dazu OTTO Schlüchter GedS, S. 87 f, 96.

21 Dazu auch RGSt 63 S. 214; BGH NJW 2004 S. 238; BURGSTALLER Fahrlässigkeitsdelikt, S. 139 ff; JESCHECK/WEIGEND A. T., § 55 II 2 b aa; LACKNER/KÜHL § 15 Rdn. 41 ff; MAURACH/GÖSSEL/ZIPF A. T. 2, § 43 Rdn. 106 ff; RANFT NJW 1984 S. 1426 ff; ROXIN ZStW 74 (1962) S. 430 ff; RUDOLPHI JuS 1969 S. 554; SCHAFFSTEIN Honig-FS, S. 171 ff; SCHÜNEMANN JA 1975 S. 647 ff. – A. A. SAMSON Hypothetische Kausalverläufe im Strafrecht, 1972, S. 42 ff; ULSENHEIMER JZ 1969 S. 364 ff.

durch das rechtmäßige Verhalten gedanklich zu ersetzen und die Konsequenz für die Gefahrensituation zu bestimmen. Eine Veränderung des Sachverhalts durch weitere Gegebenheiten ist nicht zulässig.

Beispiel: Der Steinbruchunternehmer A unterlässt es, den Steinbruch – wie vorgeschrieben – durch einen Zaun zu sichern. Der 8jährige X, der mit seinen Freunden im Steinbruch Versteck spielt, stürzt tödlich ab. A verteidigt sich damit, daß die Möglichkeit bestanden hätte, dass die spielenden Kinder zum Spiel in dem Steinbruch auch über einen vorhandenen Zaun gestiegen wären.

Ergebnis: Diese Möglichkeit entlastet den A nicht. Hier wird nicht nur das pflichtwidrige Verhalten gedanklich durch pflichtgemäßes Verhalten ersetzt, sondern darüber hinaus der ganz andere – gedanklich mögliche – Sachverhalt unterstellt, dass die Kinder über den Zaun gestiegen wären.

d) Rechtswidriges Handeln Dritter

26   Die Feststellung, dass der vom Täter pflichtwidrig herbeigeführte Erfolg von einem Dritten rechtswidrig realisiert worden wäre, wenn der Täter nicht gehandelt hätte, entlastet diesen nicht. – Die pflichtwidrige Bedrohung eines Rechtsguts durch einen Dritten legitimiert keine eigene Bedrohung dieses Rechtsguts.[22]

Beispiel: Der Vorarbeiter V öffnet das Ventil eines Druckkessels, ohne sich vorher zu überzeugen, dass kein Arbeiter gefährdet wird. A wird dadurch schwer verletzt. Hätte nicht V das Ventil geöffnet, so hätte es der neben ihm stehende W getan, der sich gleichfalls nicht davon überzeugt hätte, dass keine Gefahr entstand.

Ergebnis: V haftet wegen fahrlässiger Körperverletzung.

e) Schutzzweck der Norm

27   Der Zusammenhang zwischen Vermeidepflichtverletzung und Erfolg fehlt, wenn eine das erlaubte Risiko im konkreten Fall begrenzende Norm nur ganz bestimmte Erfolge verhindern soll, das Verhalten des Täters bei Verletzung der Norm aber einen ganz anderen Erfolg herbeiführt (Problem des Schutzzwecks der Norm).[23]

Fall 1: Der Kfz-Fahrer A fährt mit überhöhter Geschwindigkeit auf der linken Straßenseite und bringt dadurch den entgegenkommenden X in Lebensgefahr. Y, der dies aus dem Fenster seiner Wohnung beobachtet, bekommt vor Schreck einen Herzanfall und bricht zusammen.

Ergebnis: Geschwindigkeitsbegrenzung und Rechtsfahrgebot bestehen zum Schutze der Verkehrsteilnehmer, nicht hingegen zum Schutze bloßer Beobachter außerhalb des Verkehrs. Die Pflichtverletzungen des A können daher nicht die Verletzung einer Sorgfaltspflicht gegenüber Y begründen.

Fall 2: AG Wenningsen am Deister NJW 1989 S. 786: Der Arzt A wurde zu der herzkranken P gerufen. Als er erschien, war diese bereits gestorben. Er stellte einen Totenschein aus, indem er als Todesursache Herzversagen angab. In Wirklichkeit war P an einer Vergiftung durch CO-Gas gestorben, das aus einem Ofen in

---

22 Eingehender dazu BGHSt 30 S. 228 ff; Burgstaller Moos-FS, S. 55 ff, 67; Duttge MK, § 15 Rdn. 162; Puppe A. T. I, § 2 Rdn. 58 ff. – Dazu auch Schatz NStZ 2003 S. 582 ff.

23 Im Einzelnen vgl. OLG Stuttgart VRS 87 (1994) S. 336; Bockelmann/Volk A. T., § 20 B I 5; Burgstaller Fahrlässigkeitsdelikt, S. 96; Jescheck/Weigend A. T., § 55 II 2 b bb; Kühl A. T., § 17 Rdn. 68 ff; Krümpelmann Bockelmann-FS, S. 447 f; Maurach/Gössel/Zipf A. T. 2, § 43 Rdn. 92 ff; Roxin Honig-FS, S. 140 ff; ders. A. T. I, § 11 Rdn. 68 ff; Rudolphi JuS 1969 S. 549 ff; Sch/Sch/Sternberg-Lieben § 15 Rdn. 173 ff; Schünemann GA 1985 S. 358 ff; Ulsenheimer JZ 1969 S. 368 f. – Zu den Grenzen der Argumentation aus dem Schutzzweck der Norm: Frisch Tatbestandsmäßiges Verhalten und Zurechnung des Erfolges, 1988, S. 80 ff; ders. NStZ 1992 S. 5; Otto Schlüchter-GedS, S. 83 f; – Kritisch zur gesamten Konstruktion: Namias Die Zurechnung von Folgeschäden im Strafrecht, 1993, S. 85 ff; Puppe Jura 1997 S. 624 ff; Schmidhäuser A. T., 9/40.

der Wohnung austrat. – An einer gleichen Vergiftung starb 3 Tage später die Tochter der P, die in die Wohnung gezogen war. – Bei zutreffender Angabe der erkennbaren Todesursache wäre die Gefahrenquelle vorher beseitigt worden.

AG: A haftet wegen fahrlässiger Tötung der T. – Dem ist zuzustimmen, denn die Angabe der Todesursache soll auch die Feststellung von Todesfällen durch äußere Einwirkung u. Ä. ermöglichen.[24]

5. Das subjektive Rechtfertigungselement im Aufbau des Fahrlässigkeitsdelikts

Beim Vorsatzdelikt hat das subjektive Rechtfertigungselement die Funktion, klarzustellen, **28** dass der Rechtsgutsbeeinträchtigung nicht auf einen rechtswidrigen Erfolg gerichtet ist. Fehlt dieses Element, so haftet der Täter trotz objektiver Rechtfertigung wegen des Versuchs des entsprechenden Delikts; dazu vgl. unten § 18 Rdn. 46 ff.

Beim Fahrlässigkeitsdelikt stellt die Möglichkeit der Unrechtseinsicht das subjektive **29** Unrechtselement dar. Dieses bedarf jedoch nicht der „Neutralisierung", denn es gibt keinen fahrlässigen Verbrechensversuch. Das subjektive Unrechtselement hat hier keinerlei strafbegründende Funktion, die aufgehoben werden müsste. Die Rechtfertigung bedarf daher des subjektiven Rechtfertigungselements nicht: Liegen die Voraussetzungen eines Rechtfertigungsgrundes objektiv vor, so steht fest, dass der Täter objektiv kein Risiko über das erlaubte Maß hinaus für das geschützte Rechtsgut begründet hat. Er hat objektiv nicht rechtswidrig gehandelt, ein vollendetes Delikt liegt nicht vor.[25]

6. Das materielle Unrechtsbewusstsein

Beim Fahrlässigkeitsdelikt entspricht der Kenntnis der Sozialschädlichkeit die Möglichkeit, **30** diese Kenntnis zu haben. – Die h. M. begnügt sich allerdings auch beim Fahrlässigkeitsdelikt mit dem Erfordernis des potenziellen Rechtswidrigkeitsbewusstseins, das als bloßes Schuldelement gesehen wird.[26]

II. Der Aufbau des Fahrlässigkeitsdelikts

1. Das am Risikoerhöhungsprinzip orientierte Aufbauschema für das fahrlässige Begehungs- und unechte Unterlassungsdelikt

(1.) Tatbestand

a) Ist die im Gesetzestatbestand beschriebene *Rechtsgutsbeeinträchtigung* eingetreten? – Wei- **31** tere objektive Merkmale des Tatbestandes, z. B. besonders geforderte Tätereigenschaft oder Tatmodalitäten sowie objektive Bedingungen der Strafbarkeit?

---

24 Zur Gegenansicht KAHLO NJW 1990 S. 1521 ff.
25 So u. a. auch BGH NStZ 2001 S. 591, 592 mit Anm. KRETSCHMER Jura 2002 S. 114 ff, OTTO NStZ 2001 S. 594 f, SEELMANN JR 2002 S. 249 ff; BAUMANN/WEBER/MITSCH A. T., § 22 Rdn. 54; FRISCH Lackner-FS, S. 130 f; GROPP A. T., § 12 Rdn. 100; HIMMELREICH Notwehr und unbewußte Fahrlässigkeit, 1971, S. 100 f; JAKOBS A. T., 11/30; KINDHÄUSER StGB, Vor § 32 Rdn. 18; KÜHL A. T., § 17 Rdn. 80; OTTO Schlüchter-GedS, S. 84 ff, 95 f; PUPPE Stree/Wessels-FS, S. 187; DIES. A. T. I, § 26 Rdn. 28; R. SCHMITT JuS 1963 S. 68; STRATENWERTH A. T. I, § 15 Rdn. 40; ROXIN A. T. I, § 24 Rdn. 96.
Z.T. wird das subjektive Rechtfertigungselement uneingeschränkt gefordert – vgl. z. B. ALWART GA 1983 S. 455; HIRSCH LK, Vor § 32 Rdn. 58; PAEFFGEN NK, Vor § 32 Rdn. 143 –, z. T. ein „genereller Verteidigungswille" oder „ein allgemeines Rechthandelnwollen" verlangt; vgl. GEPPERT ZStW 83 (1971) S. 979; HASSEMER JuS 1980 S. 414; MAURACH/GÖSSEL/ZIPF A. T. 2, § 44 Rdn. 21.
26 Wie hier aber: ARZT ZStW 91 (1979) S. 857 ff.

b) *Handlungsmöglichkeit:* War das dem X vorgeworfene Verhalten seiner Willenssteuerung zugänglich?

c) *Zurechnungsgrund:*

– *Begehungsdelikt:* Hat X eine *Gefahr* für das beeinträchtigte Rechtsgut *begründet oder erhöht?*
– *Unterlassungsdelikt:* Hatte X eine *Garantenstellung* inne?

d) *Zurechnungszusammenhang:*
– *Begehungsdelikt: Realisierte sich* in der Beeinträchtigung des Rechtsguts *die* von X begründete oder erhöhte *Gefahr,* die seiner Steuerbarkeit unterlag, oder eine andere Gefahr?
– *Unterlassungsdelikt: Realisierte* sich in der Beeinträchtigung des Rechtsguts *die Gefahr,* die X auf Grund seiner Garantenstellung *abzuwenden oder zu vermindern* verpflichtet war?

e) Hatte X bei seinen Fähigkeiten die *Möglichkeit, den Sachverhalt zu erkennen?*

(2.) Rechtswidrigkeit

a) Rechtspflichtverletzung

Hat X die Gefahr objektiv über das erlaubte Maß hinaus erhöht oder liegen z. B. die objektiven Voraussetzungen eines Rechtfertigungsgrundes vor?

b) Potenzielles Unrechtsbewusstsein

Möglichkeit des X, sich der Sozialschädlichkeit seines Verhaltens bewusst zu werden?

(3.) Schuld

2. Das fahrlässige Begehungsdelikt (nach h. M.)

32 **Vorprüfung**

a) „Handlung" i. S. des Strafrechts?

b) Positives Tun oder Unterlassen?

(1.) Tatbestand

a) Hat der Täter den Erfolg i. S. der Äquivalenztheorie verursacht?

b) Objektive Vorhersehbarkeit?

c) Objektive Sorgfaltspflichtverletzung?

d) Objektive Zurechnung

(2.) Rechtswidrigkeit

(3.) Schuld

a) Subjektive Vorhersehbarkeit?

b) Subjektive Sorgfaltspflichtverletzung?

3. Das fahrlässige unechte Unterlassungsdelikt (nach h. M.)

Vorprüfung 33

a) „Handlung" i. S. des Strafrechts?

b) Positives Tun oder Unterlassen?

(1.) Tatbestand

a) Ist die im Tatbestand beschriebene Rechtsgutsbeeinträchtigung eingetreten?

b) Hätte eine vom Täter gesetzte Bedingung den Erfolg mit an Sicherheit grenzender Wahrscheinlichkeit verhindern können?

c) Garantenstellung und eventuell weitere besondere Tätermerkmale?

d) Objektive Vorhersehbarkeit?

e) Objektive Sorgfaltspflichtverletzung?

f) Objektive Zurechnung

(2.) Rechtswidrigkeit

(3.) Schuld

aa) Subjektive Vorhersehbarkeit?

bb) Subjektive Sorgfaltspflichtverletzung?

III. Konsequenzen für einzelne Problemstellungen

Zum **Musterfall 3** 34

1. Alternative: Erfolg eingetreten. Z verfügte über die Möglichkeit, ihn zu vermeiden, indem er die Behandlung nicht durchgeführt hätte. Mit der Narkotisierung begründete Z eine Gefahr für das Leben der W, die sich im Tode der W realisierte. Dies hätte Z erkennen können. Z handelte pflichtwidrig, denn W hatte nur in eine bei ordnungsgemäßer Behandlung nicht zu umgehende Gefährdung eingewilligt. Z hätte sich bei gehörigem Nachdenken auch des Unrechts seines Tuns bewusst werden können. Z haftet wegen fahrlässiger Tötung der W.

2. Alternative: Erfolg, Vermeidemöglichkeit, Gefahr und Realisierung der Gefahr, vgl. 1. Alt. – Auch bei ordnungsgemäßem Verhalten des Z wäre die Gefahr für das Leben der W in gleichem Maße begründet gewesen. Diese Gefährdung wäre jedoch gerechtfertigt gewesen. Durch das pflichtwidrige Verhalten wurde die Gefahr für das Leben der W nicht über das erlaubte Maß hinaus gesteigert, eine Haftung des Z für den Tod der W entfällt.

3. Alternative: Erfolg, Vermeidemöglichkeit, Gefahr und Realisierung der Gefahr, vgl. 1. Alt. Der Nachweis, dass Z durch sein pflichtwidriges Verhalten eine Gefahr für das Leben der W über das erlaubte Maß hinaus begründet hat, ist nicht zu erbringen. Dies muss dem Täter aber nachgewiesen werden.

4. Alternative: Fest steht, dass Z die Gefahr für das Lebens der W pflichtwidrig erhöht hat. Die bloße Möglichkeit, dass ein gleicher Erfolg auch bei ordnungsgemäßem Verhalten eingetreten wäre, entlastet ihn nicht.

5. Alternative: Erwiesen ist, dass auch bei ordnungsgemäßem Verhalten des Z – Hinzuziehen eines Spezialisten – der Erfolg – Tod der W – nicht vermieden worden wäre. Zwar wäre dann eine strafrechtliche Haftung des Spezialisten begründet, Z wäre jedoch entlastet worden. Dennoch kann dieser hypothetische Sachverhalt den Z im konkreten Fall nicht von seiner Haftung für den Erfolg befreien. Die Möglichkeit, dass Dritte sich pflichtwidrig verhalten, eröffnet keinen Freiraum für den Täter, selbst die pflichtgemäße Sorgfalt außer Acht zu lassen.

6. Alternative: Fest steht, dass Z den Erfolg durch entsprechende Anspannung seiner Fähigkeiten hätte vermeiden können. Allein sein pflichtwidriges Verhalten ist zu bewerten. Die Frage, welches Verhalten andere Personen in der Situation des Z hätten erbringen können, ist demgegenüber gleichgültig.

Wiederholungsfragen

35 1. Worum geht es bei der objektiven Zurechnung, worum bei der subjektiven Zurechnung fahrlässiger Erfolge? – Dazu Rdn. 2 ff.

2. Wie ist leichtfertiges Verhalten zu definieren? – Dazu Rdn. 8 ff.

3. Ist die Sorgfaltspflichtverletzung im Rahmen des Fahrlässigkeitsdelikts nach h. M. ein Unrechts- oder ein Schuldelement? – Dazu Rdn. 11 ff.

4. Ist dem pflichtwidrig handelnden Täter ein Erfolg zuzurechnen, wenn feststeht, dass auch pflichtgemäßes Verhalten dieselbe Rechtsgutsverletzung herbeigeführt hätte? – Dazu Rdn. 19 ff.

5. Wie ist es, wenn nicht feststellbar ist, ob das pflichtwidrige Verhalten die Gefahr einer Rechtsgutsverletzung erhöht hat? – Dazu Rdn. 23 f.

6. Wenn feststeht, dass pflichtwidriges Handeln das Risiko einer Rechtsgutsverletzung gesteigert hat, entlastet den Täter dann die *Möglichkeit*, dass der Erfolg auch bei pflichtgemäßem Verhalten hätte eintreten können? – Dazu Rdn. 25.

7. Welches Problem verbirgt sich hinter dem Schlagwort vom Schutzzweck der Norm? – Dazu Rdn. 27.

8. Welche Bedeutung hat das subjektive Rechtfertigungselement im Aufbau des Fahrlässigkeitsdelikts? – Dazu Rdn. 28 f.

9. Welches Erfordernis des Fahrlässigkeitsdelikts entspricht dem Unrechtsbewusstsein des Vorsatzdelikts? – Dazu Rdn. 30.

10. Ordne die folgenden Prüfungsschritte, die bei der Erörterung eines fahrlässigen Erfolgsdelikts vorzunehmen sind, in der zweckmäßigen Prüfungsreihenfolge!

(1) Schuld

(2) Verletzung der dem Täter obliegenden Sorgfaltspflicht gerade im Hinblick auf den eingetretenen Erfolg.

(3) Vorliegen der im Gesetzestatbestand beschriebenen Rechtsgutsbeeinträchtigung.

(4) Tatsächliche Möglichkeit des Täters, das ihm vorgeworfene Verhalten zu steuern.

(5) Möglichkeit des Täters, den Sachverhalt zu erkennen (Vorhersehbarkeit).

(6) Begründung oder Erhöhung der Gefahr einer Rechtsgutsbeeinträchtigung.

(7) Realisierung der vom Täter begründeten oder erhöhten Gefahr in der Rechtsgutsbeeinträchtigung.

(8) Möglichkeit des Täters, sich der Sozialschädlichkeit seines Verhaltens bewusst zu werden.

(9) Feststellungen zur Pflichtbegrenzung. – Dazu Rdn. 31.

36 Zur Einübung: **Musterfall 4** (BGHSt 25 S. 229)

A traf in einer Nacht auf eine Ansammlung von Landsleuten, die in heftigem Streit miteinander waren. Er versuchte zu schlichten. Die meisten gingen daraufhin friedlich fort. Nur B, C und D wandten sich nunmehr gegen A. Dabei äußerte C, der einen Schraubenzieher in der Hand hatte, jetzt werde Blut fließen. A gab aus einer Pistole, die er zufällig bei sich hatte, 2 Warnschüsse in die Luft ab. Diese beeindruckten B, C und D jedoch nicht, sie rückten weiter auf A los.

Ohne Hast senkte A nunmehr die Pistole und wollte einige Schüsse auf den Boden vor die Füße der Angreifer abgeben. Entgegen seiner Absicht gingen indessen nicht alle Schüsse in Bodenrichtung.

Ein Schuss löste sich bereits, als A die Waffe von oben nach unten zog und diese noch in etwa waagerechter Lage war. Dadurch wurde C an der Halsschlagader so schwer verletzt, dass er noch im Laufe des Tages an innerer Verblutung starb.

Hat A sich strafbar gemacht?

Lösungsskizze

Strafbarkeit des A

I. *Tragen der Pistole:*
§ 53 III 1 b WaffenG, falls A keine Erlaubnis nach § 35 WaffenG besaß.

II. *Die beiden Warnschüsse:*

1. Nötigung, § 240: nicht vollendet

2. Versuchte Nötigung liegt vor, doch durch Notwehr, § 32, gerechtfertigt.

III. *Die Verletzung des C*

1. *Totschlag, § 212*

a) Erfolg – Tod des C – eingetreten

b) Der Schuss war der Willenssteuerung des A zugänglich.

c) Schuss begründete Gefahr für das Leben des C, die sich im Tode des C realisierte.

d) Dieser Gefahr war sich der A aber im Moment des Schusses nicht bewusst. Er wollte auf den Boden schießen, erkannte die Gefahr für C daher nicht einmal abstrakt, viel weniger konkret. – A handelte nicht vorsätzlich.

Der Tatbestand des § 212 ist nicht erfüllt.

2. *Fahrlässige Tötung, § 222*

a) Erfolg, Vermeidemöglichkeit, Gefahr und Realisierung der Gefahr, vgl. III 1 a – c.

b) A hätte den Erfolg vorhersehen können, denn es entspricht allgemeiner – und da der Sachverhalt keine Anhaltspunkte gibt, damit auch der A eigenen – Lebenserfahrung, dass sich beim Hantieren mit einer geladenen Waffe auch unbeabsichtigt ein Schuss lösen kann.

c) Rechtfertigung durch Notwehr?

aa) Gegenwärtiger, rechtswidriger Angriff: liegt vor.

bb) Eingriff in Rechtsgüter des C auch Verteidigungshandlung.

cc) Verteidigung auch erforderlich: Da die Warnschüsse ohne Wirkung blieben, musste A zu stärkeren Mitteln greifen, um den weiteren Angriff endgültig zu unterbinden. Angesichts der zahlenmäßigen Überlegenheit der Angreifer und ihrer Entschlossenheit, ihm mit einem Schraubenzieher schwerste oder gar tödliche Verletzungen zuzufügen, war A berechtigt, nicht nur auf die Beine des Angreifers zu schießen, sondern auch auf andere, stärker gefährdete Körperpartien. Die Tötung des C war daher als Verteidigungshandlung objektiv erforderlich.

dd) Verteidigungswille problematisch, da Schuss sich unbeabsichtigt löste.

Zwar wollte A sich durch sein gesamtes Verhalten gegen einen Angriff zur Wehr setzen, doch das Bewusstsein, dass die konkret eingetretene Rechtsgutsverletzung gerechtfertigt sei, hatte er nicht. Der Verteidigungswille ist jedoch als Rechtfertigungselement nicht erforderlich. Da feststeht, dass A die Gefahr für das Leben des C objektiv nicht über das erlaubte Maß erhöht hat, handelte er objektiv nicht rechtswidrig. Ein vollendetes fahrlässiges Erfolgsdelikt liegt wegen Fehlens des Erfolgsunwerts nicht vor.

Ergebnis: A hat sich nicht strafbar gemacht.

§ 11: Das erfolgsqualifizierte Delikt

Lernziel: Einblick in die Struktur eines zusammengesetzten Delikts.

I. Der Aufbau des erfolgsqualifizierten Delikts

1. Die Struktur des erfolgsqualifizierten Delikts

a) Erfolgsqualifizierte Delikte setzen sich in der Regel aus dem Unrechtstatbestand eines Vorsatzdelikts (Grundtatbestand) und einem mindestens fahrlässig herbeigeführten besonderen (qualifizierten) Erfolg zusammen. Der Gesetzgeber hat hier die mit der vorsätzlichen Rechtsgutsbeeinträchtigung verbundene fahrlässige Herbeiführung bestimmter Erfolge mit härterer Strafe bedroht als die fahrlässige Verwirklichung dieser Erfolge unabhängig von **1** einer Vorsatztat, weil sich in ihnen typische Gefahren des Vorsatzdelikts realisieren (versari in re illicita). Die Möglichkeit der Realisierung dieser Gefahren durch Verwirklichung des Grunddelikts hätte dem Täter zur Warnung gereichen sollen, weil es sich um besonders typische Gefahren des Grunddelikts handelt.[1]

2   Einige Tatbestände enthalten als besondere Voraussetzung die Begründung einer konkreten Gefahr, so z. B. §§ 250 Abs. 1 Nr. 1 c, Abs. 2 Nr. 3 b, 306 b Abs. 2 Nr. 1, 330 Abs. 2 Nr. 1. Gleichwohl handelt es sich hier nicht um erfolgsqualifizierte Delikte im Sinne des § 18. Als besondere Folge im Sinne des § 18 ist nur eine Verletzungsfolge anzuerkennen, nicht auch eine Gefährdungsfolge.[2]

3   b) Bezüglich des besonderen Erfolgs ist „wenigstens Fahrlässigkeit" erforderlich, § 18. – Eingeschränkt wird der Bereich des § 18 in einigen Tatbeständen, die ausdrücklich voraussetzen, dass der Erfolg *wenigstens leichtfertig* verursacht wurde, wie z. B. in §§ 178, 239 a Abs. 3, 251. – Damit hat der Gesetzgeber klargestellt, dass auch vorsätzliche Erfolgsverursachung diese Tatbestände erfüllt.

2. Der Zusammenhang zwischen der Rechtsgutsbeeinträchtigung des Grundtatbestandes und dem besonderen Erfolg

4   Lehre und Rechtsprechung sind sich seit langem einig in dem Bemühen, die Anwendung der erfolgsqualifizierten Tatbestände zu begrenzen.

5   a) Diese Begrenzung gelingt in beachtlichem Umfang, wenn, in enger Anlehnung an den Wortlaut des § 18: „besondere Folge der Tat", der Taterfolg des Grunddelikts als Anknüpfungspunkt für die besondere Folge gewählt wird derart, dass die besondere Folge sich grundsätzlich aus dem *Erfolg* des Grunddelikts entwickelt haben muss.[3]

Der Zusammenhang in diesem Sinn ist z.B. dann gegeben, wenn eine vorsätzliche Verletzung eines anderen schließlich zum Siechtum (§ 226) oder zum Tode des Betroffenen führt (§ 227), nicht aber dann, wenn der vorsätzlich Geschlagene unglücklich zu Fall kommt und sich dabei tödlich verletzt.

6   b) Der Gegenmeinung ist die Beschränkung auf die spezifische Gefährlichkeit des *Erfolges* des Grunddelikts als Haftungsgrundlage zu eng. Sie knüpft an die spezifische Gefährlichkeit des Tatverhaltens an und versucht, den notwendigen Zusammenhang zwischen dieser Gefahr und dem Erfolg als haftungskonstituierendes Element herauszustellen.

---

1 Dazu vgl. GEILEN Welzel-FS, S. 655 ff; HARDWIG GA 1965 S. 97 ff; HIRSCH GA 1972 S. 71; KINDHÄUSER, StGB, § 18 Rdn. 1; KÜPPER Der „unmittelbare" Zusammenhang zwischen Grunddelikt und schwerer Folge beim erfolgsqualifizierten Delikt, 1982, S. 35 ff, 79; OEHLER ZStW 69 (1957) S. 513; PAEFFGEN JZ 1989 S. 220 ff; SCHROEDER LK, § 18 Rdn. 34; SOWADA Jura 1994 S. 646; ULSENHEIMER GA 1966 S. 257; WOLTER JuS 1981 S. 168 ff. – Eingehend zur historischen Entwicklung: RENGIER Erfolgsqualifizierte Delikte und verwandte Erscheinungsformen, 1986, S. 13 ff.
Anders GÖSSEL Lange-FS, S. 234; MAIWALD GA 1974 S. 266; SCHUBARTH ZStW 85 (1973) S. 775; LORENZEN Zur Rechtsnatur und verfassungsrechtlichen Problematik der erfolgsqualifizierten Delikte, 1981, S. 89 ff (grundsätzliche Abschaffung der erfolgsqualifizierten Delikte de lege ferenda).

2 So auch BGHSt 26 S. 176, 181; 26 S. 244, 245 f; HARDTUNG Versuch und Rücktritt bei den Teilvorsatzdelikten des § 11 Abs. 2 StGB, 2002, S. 2 f; DERS. MK, § 18 Rdn. 11 f; JAKOBS A. T., 9/30; KINDHÄUSER, StGB, § 18 Rdn. 8; PAEFFGEN NK, § 18 Rdn. 9; ROXIN A. T. I, § 10 Rdn. 119; RUDOLPHI SK I, § 18 Rdn. 2; SCHROEDER LK, § 18 Rdn. 8; TRÖNDLE/ FISCHER § 18 Rdn. 2 a. – A. A. GÖSSEL Lange-FS, S. 221.

3 So z. B. HIRSCH Oehler-FS, S. 112 ff; KÜPPER Zusammenhang, S. 14 ff, 85 ff, 119 ff; DERS. ZStW 111 (1999) S. 795.

aa) Die Rechtsprechung hat zunächst versucht, die Anwendung des erfolgsqualifizierenden **7**
Tatbestandes durch das Erfordernis der *Unmittelbarkeit* zwischen der Verwirklichung des
Grundtatbestandes und der besonderen Folge zu begrenzen.[4]

Diese Differenzierung überzeugt jedoch wenig: Das Opfer einer Körperverletzung stürzt und stirbt in Folge **8**
des Sturzes (OGHSt 2 S. 335: keine Erfolgsqualifizierung; a. A. aber: BGH bei Dallinger, MDR 1954 S. 150).
Das Opfer gerät auf der Flucht unter einen Eisenbahnzug (BGH bei Pfeiffer/Maul/Schulte, § 178 Anm. 2:
Erfolgsqualifizierung). Das Opfer springt auf der Flucht vor weiteren Schlägen aus dem Fenster und kommt
dabei zu Tode (BGH NJW 1971 S. 152: keine Erfolgsqualifizierung).

Die neuere Rechtsprechung hat sich von dem Erfordernis der „Unmittelbarkeit" gelöst und **9**
fordert nunmehr, dass sich in dem besonderen Erfolg gerade eine solche Gefahr verwirklicht
hat, die der Tathandlung des Grundtatbestandes in spezifischer Weise anhaftet.[5]

bb) Auf der Grundlage dieser Auffassung lässt sich die Problematik der erfolgsqualifizierten **10**
Delikte konsequent erschließen. – Dem Wesen der erfolgsqualifizierten Delikte entspricht die
Anknüpfung an die Tathandlung, denn der Erfolg ist nur über das zum Erfolg führende Verhalten steuerbar und die im Erfolg realisierten Gefahren sind bereits in der auf den Erfolg
gerichteten Handlung angelegt. Die Warnfunktion geht daher bereits von der gefährlichen
Tathandlung aus und zwischen den verschiedenen Gefahren dieser Handlung – Gefahr durch
gefährliches Werkzeug (Knüppel), besondere Umstände der Umgebung (Opfer sitzt auf Bal-
konrand im 4. Stock eines Hauses), Abwehrreaktion des Opfers (Opfer springt zurück und
gerät unter ein Kfz) – kann nicht differenziert werden.
Die notwendige Haftungsbegrenzung ist daher auch nicht durch das Erfordernis der **11**
„Unmittelbarkeit" des Zusammenhangs zwischen Grunddelikt und schwerer Folge zu erfassen, denn es geht hier nicht um den Ausschluss aller Handlungen Dritter oder des Opfers, die
u. U. erfolgsrelevant waren, sondern nur um den Ausschluss solcher Handlungen des Opfers
oder Dritter, die den *Zurechnungszusammenhang* unterbrechen. Damit aber stellt sich die
Frage des Haftungsausschlusses als konkrete Frage danach, *ob sich, für den Täter vorherseh-*
bar, die spezifische, im Tatverhalten des Grundtatbestandes angelegte Gefahr im Erfolg reali-
siert hat oder eine andere, dem Täter nicht mehr zurechenbare Gefahr.[6]

Zur Einübung:

Beispiel 1: A benutzt eine Schusswaffe als Schlagwerkzeug bei einer Körperverletzung an B. Versehentlich löst **12**
sich ein Schuss und tötet den B: § 227 ist abzulehnen, denn der Tod durch Erschießen ist nicht mehr typische
Folge eines Schlages mit gefährlichem Werkzeug. Nicht die Schlaggefahr hat sich realisiert, sondern eine
andere Gefahr, die nicht typisch war für die angestrebte Verletzung.[7]

---

4 Vgl. RGSt 44 S. 139; BGHSt 14 S. 112; 19 S. 387; 24 S. 213; BGH bei Dallinger, MDR 1976 S. 16; BGH
MDR 1982 S. 1034; eingehend dazu SOWADA Jura 1994 S. 646 ff.
5 Vgl. BGH NJW 1986 S. 438 mit Anm. GEPPERT JK, StGB § 239 a/1, KÜPPER NStZ 1986 S. 117; BGHSt 31
S. 96, 98; 33 S. 322, 323; BGH StV 1998 S. 203 mit Anm. OTTO JK 98, StGB § 226 a. F./8; BGHSt 48 S. 34,
37 ff mit Anm. HARDTUNG NStZ 2003 S. 261 ff, KÜHL JZ 2003 S. 637 ff, LAUE JuS 2003 S. 743 ff, PUPPE
JR 2003 S. 123 ff, SOWADA Jura 2003 S. 549 ff.
6 Vgl. auch WOLTER GA 1984 S. 449. – Auf Leichtfertigkeit der Opfergefährdung stellt ab: PAEFFGEN NK,
§ 18 Rdn. 44 f. – Gegen eine spezifische Begrenzung der durch den Grundtatbestand verursachten Erfolge:
ALTENHAIN GA 1996 S. 34.
7 So auch WOLTER JuS 1981 S. 170 f. – A. A. BGHSt 14 S. 110; BGH bei Dallinger, MDR 1975 S. 196; REN-
GIER Erfolgsqualifizierte Delikte, S. 214 ff m. w. N.

Beispiel 2: A schlägt den B nieder. B erleidet eine Gehirnerschütterung und wird bewusstlos. Er erbricht und atmet den Mageninhalt ein, was zum Tode führt: Zusammenhang gegeben.[8]

Beispiel 3: A schlägt auf die B ein, diese versucht, sich weiteren Schlägen durch die Flucht zu entziehen, indem sie aus dem Fenster springt. Dabei kommt sie zu Tode: Zusammenhang gegeben.[9]

Beispiel 4: Das Opfer begeht nach einer Vergewaltigung aus Kummer über das Geschehen Selbstmord: Unterbrechung des Zurechnungszusammenhangs.

Beispiel 5: Das Opfer ist nach einer Körperverletzung noch so mit dem Ereignis beschäftigt, dass es beim Überqueren einer Straße von einem Kfz erfasst wird: kein Zusammenhang, da nicht vorhersehbar.

13   c) Z.T. wird versucht, die Frage, ob der Taterfolg oder die Tathandlung der maßgebliche Anhaltspunkt ist, je nach den Formulierungen der einzelnen Tatbestände zu unterscheiden.[10]

14   Diese Differenzierung, die insbesondere bei den Versuchsproblemen – dazu unten § 18 Rdn. 76 ff – relevant wird, überzeugt nicht, da die Warnfunktion nicht in einzelnen Fällen von der Handlung und in anderen vom Erfolg ausgeht.

II. Praktische Prüfungsfolge

15   1. Unrechtstatbestand des Grunddelikts

2. Stellt sich der besondere Erfolg als Realisierung der bereits spezifisch (typischerweise) in der Verwirklichung des Grundtatbestandes angelegten Gefahr dar, oder liegt z.B. eine Unterbrechung des Zurechnungszusammenhangs vor?

3. War der besondere Erfolg dem Täter vorhersehbar (§ 18)?

4. Schuld.

---

8 BGHSt 24 S. 213.

9 So auch für Panikreaktionen BGH NJW 1992 S. 1708. – A. A. noch BGH NJW 1971 S. 152. – Zur Diskrepanz der Entscheidungen vgl. auch PUPPE A. T. I, § 10 Rdn. 17 ff.

10 Vgl. zur Auslegung des § 227: KÜHL BGH-FG, S. 254 m. N.; eingehende Erörterung der einzelnen Delikte bei HARDTUNG Versuch, S. 48 ff.

Zweites Kapitel
Die Schuld

§ 12: Der Schuldbegriff

Lernziel: Begründung eines fundierten juristischen Standpunktes in einem ideologisch überladenen und begrifflich verworrenen Streit. Dieser ist wesentlich dadurch geprägt, dass Prämissen aus dem theologischen oder philosophischen Bereich unbesehen in die rechtliche Argumentation übernommen oder geisteswissenschaftliche Erkenntnisse nur insoweit anerkannt werden, als sie mit naturwissenschaftlichen Methoden überprüfbar sind.

I. Die Herkunft des Schuldbegriffs[1]

1. Die scharfe Trennung von Schuld und Unrecht ist ein Produkt der *Dogmatik des ausge-*   **1** *henden 19. und des beginnenden 20. Jahrhunderts.* – Im gemeinen Recht gab es keine eigentliche Schuldlehre. Man unterschied zwischen *imputatio facti*, der objektiven Zurechnung eines Vorgangs als äußerer Tat, und der *imputatio iuris*, der subjektiven Zurechnung zur persönlichen Verantwortung. Persönlich verantwortlich sollte der Täter aber nur sein, wenn er überhaupt die Möglichkeit gehabt hatte, sich zu normgemäßem Verhalten zu bestimmen. Diese Forderung der Aufklärung und der Naturrechtslehren des 18. Jahrhunderts war die Grundlage der persönlichen Zurechnung.

2. HEGEL *und seine Nachfolger* erörterten eingehend das Problem, ob eine Handlung freie   **2** Tat des Menschen sei. Die Fülle dieser Problematik schien der Begriff „imputatio iuris" nicht zu fassen. Unklar ist allerdings, ob der Begriff „Schuld", der an die Stelle des Begriffs der „imputatio iuris" trat, seine Wahl einem Übersetzungsfehler (H. MAYER) oder seiner „hohen ideologischen Eignung" (ACHENBACH) verdankt. – Die Schuldfrage wurde präzis dahin gestellt, ob der Täter an seiner Tat „schuld" sei. Schuld wurde als Missbrauch der Willensfreiheit verstanden. – Auf dieser Grundlage entwickelte z. B. BINDING seine Schuldlehre.

II. Die Unterscheidung von Rechtswidrigkeit und Schuld

1. Die Grundlagen der Differenzierung zwischen Unrecht und Schuld

Wird der Täter in der konkreten Situation durch die Norm verpflichtet, dem Normansinnen   **3** Folge zu leisten, so wird seine Einsichtsfähigkeit in die tatsächlichen Möglichkeiten, das Ansinnen zu realisieren, genauso vorausgesetzt wie seine Einsichtsfähigkeit in die Richtigkeit der Norm. Erst die Voraussetzung der Freiheit und Vernunft des Täters ermöglicht die Interpretation der Norm als Pflichtnorm. Eine *Unrechtslehre*, die den Bezug zwischen Freiheit und Vernunft des Täters einerseits und der in der Norm zum Ausdruck kommenden Verpflichtung andererseits aufgibt, ist haltbar als reine Rechtssicherheitslehre, nicht aber als personale Unrechtslehre. Sie definiert Rechtsräume, deren Verletzung Sanktionen zur Folge hat,

---

1 Einen knappen, informativen Überblick über die Geschichte des Schuldbegriffs gibt H. MAYER Strafrecht, A. T., 1953, S. 211 ff. – Eingehend zur Entstehung des dem Schuldbegriff entsprechenden Sachverhalts und zu seiner Bedeutung im Verbrechensaufbau: MOOS Der Verbrechensbegriff in Österreich im 18. und 19. Jahrhundert, 1968; ACHENBACH Historische und dogmatische Grundlagen der strafrechtssystematischen Schuldlehre, 1974.

die sich an der Gefährlichkeit des Täters orientieren, nicht aber an seiner Möglichkeit zu sozialangemessenem Verhalten. Ob der Täter im Vollzug dieser Lehre als Asozialer bestraft oder als Kranker behandelt wird, ist gleichgültig. Von einer personalen Verbundenheit, die es ermöglicht, auch in Täter und Opfer noch eine „Wirheit" zu sehen, kann keine Rede sein. Als vernünftiges Wesen wird der Täter nicht angesprochen. Ob man ihm dann aber als Asozialem mit Abscheu oder als Krankem mit Mitleid begegnet, macht keinen wesentlichen Unterschied, denn diese Klassifizierung dient allein der Kaschierung von Abschirmungsmechanismen.

4   Auch wenn Pflicht, Einsichtsfähigkeit und Fähigkeit, der Einsicht zu folgen, in einer personalen Unrechtslehre daher eine *sachliche* Einheit bilden, so ist es doch möglich und angemessen, zwischen Unrecht und Schuld aus sozialpädagogischen und systematischen Gründen zu unterscheiden.

2. Argumente für die Differenzierung zwischen Unrecht und Schuld

a) Sozialpädagogische Gründe

5   Die Berücksichtigung der *individuellen physischen* Fähigkeiten der Person in der Pflichtensituation scheint das äußerste Zugeständnis der Rechtsgesellschaft an die Individualität des Täters zu sein. In Bezug auf seine *individuellen psychischen* Fähigkeiten soll hingegen ein genereller Maßstab einen höheren Grad an Rechtssicherheit bieten. *Im Bereich des Unrechts wird daher fingiert, dass jedem Menschen Freiheit und Vernunft eigen sind,* d.h. dass *jeder Mensch über die Fähigkeit verfügt,* das Unrecht der Tat *einzusehen* und *nach dieser Einsicht zu handeln.* – Das *Fehlen* dieser Fähigkeiten wird *im konkreten Fall im Schuldurteil korrigiert,* so dass die Strafe keineswegs an eine – letztlich inhumane – Fiktion geknüpft ist.

6   Dass damit – soweit es um die Feststellung des Unrechts geht – die Pflicht über das Können hinausgeht, bringt in der Tat einen gewissen Rechtssicherheitsgewinn. Gewicht für jedes einzelne Mitglied der Rechtsgesellschaft hat bereits die Tatsache, dass die Gebote und Verbote der Rechtsordnung eingehalten werden. Ist jemand nun nicht fähig, das geforderte Verhalten aus Einsicht heraus zu erbringen, so ist dennoch bereits ein Rechtssicherheitsgewinn gegeben, wenn er das geforderte Verhalten überhaupt erbringt, und sei es auch nur auf Grund der Nachahmung anderer.[2]

b) Systematische Gründe

7   aa) Auch wenn das Rechtswidrigkeitsurteil *gedanklich* die Einsichtsfähigkeit des Täters und die Fähigkeit, nach dieser Einsicht zu handeln, voraussetzt, so ist das Maß dieser Fähigkeiten für das Rechtswidrigkeitsurteil irrelevant. Im Schuldbereich bestimmen jedoch das Maß der Einsichtsfähigkeit und der Fähigkeit, nach dieser Einsicht zu handeln, das Maß des Vorwurfs, der gegen den Täter erhoben wird.

8   bb) Nicht nur bei der Anwendung der Maßregeln der Besserung und Sicherung, sondern auch bei der Konstruktion der „Teilnahme" wird ein Sachverhalt vorausgesetzt, der unabhängig von der Einsichtsfähigkeit des Täters und seiner Fähigkeit, nach seiner Einsicht zu handeln, besteht.

---

2 In der Rechtswidrigkeitsprüfung wird die Tat danach unter Verhaltensregeln in ihrer Maßstabsfunktion beurteilt, in der Schuldprüfung wird die Tat zur Freiheit des Täters zugerechnet; dazu HRUSCHKA Rechtstheorie 1991 S. 449 ff.

c) Zusammenfassung

Die Differenzierung von Unrecht und Schuld lässt sich in diesem Rahmen dahin skizzieren: **9**
In der Prüfung des Unrechtstatbestandes wird festgestellt, ob der Täter sich sozialschädlich
verhalten hat. Die Schuldprüfung geht dahin, ob das sozialschädliche Verhalten vom Täter
zu verantworten ist, weil er die Möglichkeit hatte, sich für ein rechtmäßiges Verhalten zu entscheiden. Kurz: Mit dem Unrecht wird dem Täter das sozialschädliche Verhalten vorgeworfen, mit der Schuld die Willensbildung, die zu diesem Verhalten führte.[3]

III. Die inhaltliche Bestimmung des Schuldbegriffs

1. Die psychologische Schuldlehre

Die in den letzten Jahrzehnten des vergangenen Jahrhunderts aufkommenden naturalistisch- **10**
deterministischen Lehren leugneten die Willensfreiheit. Sie reduzierten die Schuld – konsequent in der Folge eines rein objektiv verstandenen Unrechts – auf die psychologische
Beziehung des Täters zur Tat (Vorsatz, Fahrlässigkeit).[4]
  Leugnet man jedoch die Willensfreiheit und sieht die Tat nur als Ergebnis von Anlage und **11**
Umwelt an, so ist die Schuldbeziehung eigentlich überflüssig. Schuld ist dann eine „sinn-
indifferente naturwissenschaftliche Realität" (Lenckner), an die sich kein Vorwurf knüpfen
lässt. Schuld in diesem Sinne begründet und begrenzt den Anwendungsbereich des Strafrechts und der Strafe im konkreten Falle, sagt hingegen nichts über die *Legitimität* der Strafe
als Mittel des Rechtsgüterschutzes aus.

2. Einstehenmüssen des Täters für seinen Charakter

Genauso wenig in der Lage, eine Antwort auf die Frage nach der Legitimation der Strafe zu **12**
geben, ist die Lehre, die davon ausgeht, der zurechnungsfähige, d. h. geistig normale Mensch
werde für seine Taten verantwortlich gemacht, unabhängig davon, ob er nun in Wahrheit frei
sei oder nicht. Für seinen Charakter und seine charakterlich bedingten Anlagen, mit denen
er auf Umwelteinflüsse reagiere, müsse der Mensch halt einstehen. Auch hier wird ein Übel,
die Strafe, an das bloße Sosein des Täters geknüpft. Weil der Täter bereits mit einem Mangel
belastet ist („schlechter Charakter"), wird ihm ein weiteres Übel zugefügt. Er wird blindem
Zwang unterworfen, nicht aber als vernünftiges Wesen erfasst und geachtet. Gleiches gilt,
wenn die Strafe an die Feststellung geknüpft wird, der Täter habe den mindestgemeinsamen
Anforderungen sozialen Verhaltens nicht genügt.[5]

3. Normative Schuldlehren

a) Frank gelang die Lösung von der psychologischen Schuldauffassung, als er hervorhob, **13**
im Rechtswidrigkeitsurteil werde das Unwerturteil über die Tat, im Schuldurteil ein Unwerturteil über den Täter gefällt, nicht die Tat, sondern der Täter sei zu bestrafen. Frank hob

---

3 Dazu vgl. auch Hardwig Grundprobleme der Allgemeinen Strafrechtslehre, 1984, S. 6 ff; Schild in: Argumentation und Recht, 1980, S. 218 (ARSP, Beiheft N. F. 14); Schünemann Coimbra-Symposium, hrsg.
  von Schünemann/Figueiredo Dias, 1995, S. 160.
4 Vgl. dazu Achenbach S. 62 ff; Jescheck JBl 1998 S. 610.
5 Zu den einzelnen Varianten dieser Konzeption vgl. Brauneck GA 1959 S. 272; De Figueiredo Dias
  ZStW 95 (1983) S. 237 ff, insbes. S. 242; Engisch MschrKrim 1967 S. 110 ff; H. Mayer A. T., 1967, S. 105;
  Tiemeyer ZStW 100 (1988) S. 543 ff.

hervor, dass Schuld nicht nur ein psychischer Vorgang sei, sondern zugleich eine den Wert dieses Vorgangs bezeichnende Eigenschaft darstelle, dass das Schuldurteil nicht nur Tatsachen feststelle, sondern zugleich Werturteil sei und deshalb ein normatives Element enthalten müsse.[6]

14 Wird jedoch Schuld mit „Vorwerfbarkeit" identifiziert, erschöpft sich der Gehalt dieses Schuldbegriffs in einem bloßen Werturteil, erfasst aber nicht die persönliche Beziehung des Täters zur Tat. Die scharfe Kritik ROSENFELDS: „die Schuld eines Menschen stecke lediglich in den Köpfen anderer"[7], behält ihre Berechtigung gegen einen so verstandenen Schuldbegriff.

15 b) Die Bestimmung der Schuld als „Vorwerfbarkeit der Tat mit Rücksicht auf die darin betätigte rechtlich mißbilligte Gesinnung"[8], vermeidet diesen Fehler, eröffnet aber den Weg zu einer weiteren selbstständigen normativen Wertung neben dem Rechtswidrigkeitsurteil, die dem Gehalt des streng auf das Unrecht bezogenen Sachverhalts gleichfalls nicht gerecht wird, denn sie geht über die Feststellung, dass dem Täter die Entscheidung zu rechtmäßigem Verhalten möglich war, hinaus. – Soweit sich nämlich die Gesinnung in der Tat manifestiert hat, ist sie bereits Gegenstand des Unrechtsurteils. Eine nicht in der Tat manifest gewordene Gesinnung hingegen kann nicht Gegenstand eines tatrelevanten Vorwurfs sein, denn die hier relevante Schuld ist nicht „Charakterschuld" oder „Lebensführungsschuld", sondern „Tatschuld".

16 Richtig ist daher, dass das Schuldurteil eine normative Wertung voraussetzt. Diese aber ist auf die Fähigkeit oder Möglichkeit des Täters zur Entscheidung für ein rechtmäßiges Verhalten gerichtet, nicht jedoch auf eine darüber hinausgehende Gesinnung.

17 c) Der grundsätzliche Mangel dieses Ansatzes, Schuld zu erfassen, liegt jedoch in der Identifizierung von Schuld und Vorwerfbarkeit. Persönliche Verantwortlichkeit – und das ist Schuld i. S. der herrschenden Terminologie – ist nicht „Vorwerfbarkeit" oder ein Vorwurf.[9] *Persönliche Verantwortlichkeit ist eine bestimmte Relation zwischen dem Sollen und dem sich in der Tat ausdrückenden Verhalten des Täters:* „Denn nicht darin, daß man dem Schuldigen einen Vorwurf machen kann, besteht die Schuld, sondern umgekehrt, kann man ihm nur deshalb und nur dann einen Vorwurf machen, weil und wenn er schuldig ist"[10].

18 Dem Täter wird vorgeworfen, dass er sich nicht rechtmäßig verhalten hat, „daß er sich für das Unrecht entschieden hat, obwohl er sich rechtmäßig verhalten, sich für das Recht hätte entscheiden können"[11]. Deshalb ist Schuld Grund dafür, dass vorgeworfen wird. – Weil eine Person Grund geworden ist für einen Mangel (Unrecht) im Dasein anderer, wird ihr dieses Unrecht vorgeworfen. Grund für einen Mangel im Dasein eines anderen ist jemand aber, weil er seiner Pflicht nicht nachkam, obwohl er es nach seinen Fähigkeiten hätte tun können. Deshalb ist er auch für das normwidrige Verhalten verantwortlich. Das bedeutet: Es wird mit der

---

6 FRANK Über den Aufbau des Schuldbegriffs, 1907, S. 11. – Dazu JESCHECK JBl 1998 S. 610 f.

7 ZStW 32 (1911) S. 469.

8 Vgl. dazu GALLAS ZStW 67 (1955) S. 45; JESCHECK/WEIGEND A. T., § 39 II; SCHMIDHÄUSER Jescheck-FS, Bd. 1, S. 485 ff; WESSELS/BEULKE A. T., Rdn. 401.

9 So aber BGHSt 2 S. 200; LACKNER/KÜHL Vor § 13 Rdn. 23; MAURACH/ZIPF A. T. 1, § 30 Rdn. 7; TRÖNDLE/ FISCHER Vor § 13 Rdn. 28.

10 STRATENWERTH Schuld und Sühne, in: Evangel. Theologie, 1958, S. 338. – Dazu ARTHUR KAUFMANN Das Schuldprinzip, 2. Aufl. 1976, S. 179; OTTO ZStW 87 (1975) S. 581 f; DERS. GA 1981 S. 484; SCH/SCH/LENCKNER Vorbem. §§ 13 ff Rdn. 114.

11 BGHSt 2 S. 200; dazu NEUMANN BGH-FG, S. 85 f.

Strafe nicht „Schuld vergolten", sondern Unrecht, jedoch nur innerhalb der Grenzen der persönlichen Verantwortlichkeit.

Formal bezeichnet die als persönliche Verantwortlichkeit verstandene Schuld eine Rela- **19** tion zwischen dem Sollen und dem psychischen Können des Täters. Sie verweist damit auf den Grund der rechtswidrigen Tat in der Vernunft und Freiheit des Täters.

Sachlich erhält die Schuld ihren Gehalt durch den Bezug der konkret vorhandenen Mög- **20** lichkeiten zu normgemäßem Verhalten (Maß der Freiheit) auf das pflichtwidrige Verhalten (Unrecht), dessen Unwertgehalt den Täter nicht normgemäß zu motivieren vermochte.

Die Entscheidungsfreiheit wird daher als Voraussetzung des Schuldprinzips anerkannt.[12] **21** Diese Freiheit der Entscheidung ist aber nicht die absolute Freiheit; vgl. dazu auch oben § 1 Rdn. 51 ff. Sie kann im konkreten Einzelfall fehlen, weil der Täter anlagebedingt nicht in der Lage ist, einzusehen, was rechtens ist, oder sich nach der vorhandenen Einsicht zu richten. Auf Grund des Bezugs der Verantwortlichkeit auf das Unrecht und damit auf die Vertrauensgrundlage der Rechtsgesellschaft betrifft die Verantwortlichkeit aber stets auch das Verhältnis des Einzelnen zur Gesellschaft. Die Freiheit kann aus Gründen fehlen, für die „die anderen" verantwortlich sind. Die Stellung des Einzelnen zur Gesellschaft wird wechselseitig geprägt. Was der Einzelne ist, ist er stets auch, weil er in einer bestimmten Gesellschaft aufgewachsen ist. Das Böse, das andere ihm angetan haben, prägt seine soziale Einstellung mit. Die Idee der Einzelschuld erfasst daher stets auch „die Schuld der anderen". Die Idee von der „Schuld der Gesellschaft" kann dementsprechend nur sinnvoll in einem System zum Tragen kommen, das auf die Einzelschuld fundiert ist, d.h. auf der *logischen Prämisse* der Entscheidungsfreiheit der Person.

In der Anerkennung der Entscheidungsfreiheit als Grundlage des Schuldbegriffs liegt insoweit ein Bekenntnis **22** zum Indeterminismus, jedoch nicht in dem Sinne, dass Freiheit als *empirisch erwiesen* angesehen wird. – Die Frage nach dem positiven Nachweis der Willensfreiheit wird vielmehr als irrelevant angesehen. Als maßgeblich wird allein die Frage erachtet, ob es innerhalb der bestehenden Rechtsordnung legitim ist, Freiheit der Entscheidung dort vorauszusetzen, wo sie nicht nach wissenschaftlicher Erkenntnis ausgeschlossen ist, wie z.B. im Falle des Schuldausschlusses nach § 20. Diese Frage wird im Hinblick auf die Grundprämissen einer freiheitlich verfassten Rechts- und Staatsordnung, die auf die Achtung der Würde des Einzelnen basiert, bejaht; vgl. dazu bereits oben § 1 Rdn. 51 ff.

d) Die Schuld ist von der einzelnen Tat her zu bestimmen. Sie ist Einzeltatschuld. Das Maß **23** der in der Entscheidung für die rechtswidrige Tat zum Ausdruck gekommenen Freiheit ist entscheidend. Da die einzelne Tat aber nicht isoliert im Lebenslauf des Täters gesehen werden kann, ist das Maß dieser Freiheit durch Charakter und Lebenslauf des Täters mitbestimmt. Diese Faktoren finden aber nur Berücksichtigung, soweit sie in der Tat relevant geworden sind. – Eine Bestrafung wegen einer von der Tat unabhängigen Charakter- oder Lebensführungsschuld gibt es nicht.

---

12 Vgl. auch BGHSt 2 S. 200; BOSCH Organisationsverschulden in Unternehmen, 2002, S. 9; CEREZO MIR ZStW 108 (1996) S. 18 ff; DREHER Die Willensfreiheit, 1987, S. 5 ff; DERS. Spendel-FS, S. 14 ff; GRIFFEL GA 1989 S. 193; GÜNTHER SK I, Vor § 32 Rdn. 9; HIRSCH ZStW 106 (1994) S. 764; JÄHNKE LK, § 20 Rdn. 7 ff; JESCHECK LK, Vor § 13 Rdn. 73 f; ARTHUR KAUFMANN Schuldprinzip, S. 127 ff, 279; DERS. Jura 1986 S. 225 ff; KRAUSS Schüler-Springorum-FS, S. 461; KREY A. T. 1, Rdn. 650; LENCKNER in: Göppinger/Witter (Hrsg.), Handbuch der forensischen Psychiatrie, Bd. 1, Teil A I, 1972, S. 3 ff; OTTO GA 1981 S. 481 ff; PAEFFGEN NK, Vor § 32 Rdn. 219; RUDOLPHI SK I, Vor § 19 Rdn. 1; SCH/SCH/LENCKNER Vorm. §§ 13 ff Rdn. 110; SCHÜNEMANN in: Grundfragen des modernen Strafrechtssystems, 1984, S. 160 ff; STRATENWERTH A. T. I, § 10 Rdn. 4.

24 e) Der *Maßstab*, an dem die persönliche Verantwortung des Täters gemessen wird, ist in einem Analogieschluss, einem Vergleich mit dem erdachten Modell des „Normalmenschen" zu finden: „Du hast rechtswidrig gehandelt, obwohl du dich rechtmäßig verhalten konntest, was sich dadurch feststellen lässt, daß erfahrungsgemäß der Durchschnittsmensch unter genau denselben äußeren und inneren Umständen seinem Motivationsverfahren einen anderen Ausgang geben würde."[13]

4. Normativ-sozialer Schuldbegriff

25 Dem normativen Schuldbegriff, verstanden als normativ-ethischer Schuldbegriff, wird z. B. ein normativ-sozialer Schuldbegriff entgegengestellt. Ausdrücklich geht es seinen Vertretern um die Lösung von dem im Schuldvorwurf steckenden individuellen ethischen Vorwurf. Diesen wollen sie durch einen lediglich *sozialen Tadel* ersetzen, „der zum Ausdruck bringt, daß das normwidrige Verhalten des Täters nicht den Spielregeln entspricht, die dem Zusammenleben in einer Gesellschaft zur Konstituierung einer freiheitlichen Ordnung zugrundegelegt werden müssen ... Es wird also kein individualethischer Vorwurf mehr erhoben, sondern die Verantwortung in dem Sinne „zugeschrieben", daß der Täter eine mit den Regeln des gesellschaftlichen Zusammenlebens unvereinbare Handlung vorgenommen habe. Was danach bleibt, ist die Negativbewertung, die sich nun von einem höchstpersönlich-sittlichen in einen „sozialen" Tadel verwandelt hat."[14]

26 Diese Abgrenzung zu den normativ-ethischen Schuldlehren führt an der Problematik der Entscheidungsfreiheit vorbei. Der individuelle ethische Vorwurf, die Entscheidungsfreiheit gegen das Recht und für das Unrecht missbraucht zu haben, setzt die Möglichkeit der Entscheidungsfreiheit voraus. Aber auch der Vorwurf, hinter den sozialen Anforderungen zurückgeblieben zu sein, setzt die Möglichkeit des Täters, diesen zu genügen, voraus. Auch der soziale Schuldbegriff basiert insoweit auf der logischen Prämisse der Entscheidungsfreiheit der Person. Der Vorwurf, nicht anders gehandelt zu haben, setzt das Andershandelnkönnen voraus, gleichgültig, ob dem Betroffenen die Verfehlung ethischer oder sozialer Normen vorgeworfen wird.[15]

Der persönliche Vorwurf der Verfehlung des Normbefehls ist auch nicht entbehrlich, denn letztlich ist er ein konstituierendes Element der Strafe, wenn diese nicht nur als Übel, sondern zugleich als Unwerturteil über den Täter verstanden wird.[16] Das Unwerturteil findet seine Legitimation im Vorwurf des ethischen Versagens, gleichgültig, ob dieses als individualethisches oder sozial-ethisches verstanden wird.

5. Funktionaler Schuldbegriff

27 Den Rahmen der überkommen Diskussion um den Schuldbegriff sprengt das Verständnis der Schuld als „Manko an rechtlicher Gesinnung des Täters". Nicht die persönliche Verantwortung bestimmt hier die Schuld, sondern Erfordernisse der Generalprävention sind maß-

---

13 MANGAKIS ZStW 75 (1963) S. 519. – Dazu JESCHECK/WEIGEND A. T., § 39 III 2; ARTHUR KAUFMANN Jura 1986 S. 227 f; MAIWALD Lackner-FS, S. 164 ff; OTTO GA 1981 S. 486 f; RUDOLPHI SK I, Vor § 19 Rdn. 1; SCH/SCH/LENCKNER Vorbem. §§ 13 ff Rdn. 110; STRATENWERTH A. T. I, § 10 Rdn. 4.
14 LACKNER Kleinknecht-FS, S. 252. – Vgl. auch ALBERTO DONNA Zipf-GedS, S. 199 f; BOCKELMANN ZStW 75 (1963) S. 372; LACKNER/KÜHL Vor § 13 Rdn. 23; SCHREIBER NervA 1977 S. 242.
15 Dazu vgl. BOSCH Organisationsverschulden, S. 45; SCHÜNEMANN in: Hirsch/Weigend (Hrsg.), Strafrecht und Kriminalpolitik in Japan und Deutschland, 1989, S. 149 ff; DERS. Lampe-FS, S. 544 ff.
16 Vgl. dazu BVerfGE 21 S. 391, 403 f; 27 S. 18, 33.

geblich. Schuld wird nur noch als Derivat der Generalprävention verstanden, so dass Schuld allein durch positive Generalprävention im Sinne der Erhaltung allgemeiner Normanerkennung begründet und nach den Erfordernissen der Prävention bemessen wird. ‚Schuld' ist damit in der Sache „Strafzweckmäßigkeit".[17] Schuld wird nach dem Maß der Präventionsinteressen zugeschrieben. „Die Schuld begründet nicht mehr die Zulässigkeit einer (zweckmäßigen) Bestrafung, sondern die Zweckmäßigkeit der Bestrafung begründet die Schuld".[18] Der Schuldgedanke hat damit neben dem Präventionsgedanken jede eigenständige Bedeutung verloren, denn diese liegt gerade darin, der generalpräventiven Einwirkung nach dem Maß der Verantwortung des Täters für das Unrecht Grenzen zu setzen.

Nicht ganz so weit führt die Lehre ROXINS.[19] Er hält zwar zunächst am herkömmlichen **28** Schuldbegriff im Sinne des Andershandelnkönnens fest. Er gesteht der Schuld aber nur begrenzende Funktion gegenüber der durch präventive Strafbedürfnisse begründeten Strafe zu.

Der Versuch, den Schuldbegriff auf präventive Aspekte zu reduzieren und persönliche **29** Verantwortlichkeit – wenn überhaupt – nur noch strafbegrenzende Funktionen zuzugestehen, nicht aber strafbegründende, kann nicht überzeugen.

Zum einen verbietet die Achtung der Menschenwürde eine nur strafbegrenzende Berück- **30** sichtigung der Schuld und damit der Freiheit und der Verantwortung der Person. Freiheit und Vernunft sind wesensnotwendige Elemente der menschlichen Würde, deren umfassende Achtung das GG in Art. 1 Abs. 1 gebietet. Ihre Anerkennung nur zugunsten einer Person bedeutet in der Konsequenz bereits eine nur teilweise Anerkennung menschlicher Würde und damit letztlich ein Absehen von dieser.

Zum anderen ist die Konstruktion begrifflichen Einwänden ausgesetzt, denn „Schuld" ist **31** als *Mittel* zur Begrenzung kriminalrechtlicher Sanktionen untauglich. Sie ist vielmehr dort, wo die Gesellschaft den Täter nicht nur in seiner Bedeutung als Gefahr für die Gesellschaft in den Blick nimmt, sondern als vernünftiges Wesen, als Person achtet, Grund dafür, dass ihm ein Vorwurf überhaupt gemacht werden kann.

---

17 Grundlegend JAKOBS Schuld und Prävention, 1976, S. 29 ff; DERS. Das Schuldprinzip, 1993, S. 35. – Im Übrigen vgl. ACHENBACH in: Schünemann (Hrsg.), Grundfragen des modernen Strafrechtssystems, 1984, S. 135 ff; FRISCH ZStW 99 (1987) S. 386 ff, 780; HAFFKE GA 1978 S. 45; HOYER Strafrechtsdogmatik nach Armin Kaufmann, 1996, S. 119 f; STRENG ZStW 101 (1989) S. 286 ff; DERS. MK, § 20 Rdn. 23 ff.

18 FRISTER Schuldprinzip, Verbot der Verdachtsstrafe und Unschuldsvermutung als materielle Grundprinzipien des Strafrechts, 1988, S. 17. – Darüber hinaus vgl. zur Auseinandersetzung: AMELUNG JZ 1982 S. 620 ff; BURKHARDT GA 1976 S. 321 ff; GÖSSEL JA 1975 S. 322 f; GRIFFEL ZStW 98 (1986) S. 28 ff; DERS. GA 1989 S. 193 ff; DERS. MDR 1991 S. 109 ff; HERZOG Prävention des Unrechts oder Manifestation des Rechts, 1987, S. 38 ff; HIRSCH ZStW 106 (1994) S. 746; JESCHECK JBl 1998 S. 616 f; ARTHUR KAUFMANN Wassermann-FS, S. 889 ff; DERS. Jura 1986 S. 228 ff; KÖHLER A. T., S. 371 f; KRÜMPELMANN GA 1983 S. 337 ff; LACKNER Kleinknecht-FS, S. 245 ff; MAIWALD Lackner-FS, S. 149 ff; OTTO GA 1981 S. 490 ff; RUDOLPHI in: Unrechtsbewußtsein, Aus der Sicht des Täters, Aus der Sicht des Opfers, herausgeg. v. Bönner, de Boor, 1982 S. 1 ff, 27 ff; SCHÖNEBORN ZStW 92 (1980) S. 682 ff; SCHREIBER in: Rechtswissenschaft und Rechtsentwicklung, herausgeg. v. Immenga, 1980 S. 287 f; SCHÜNEMANN Grundfragen, S. 170 ff; DERS. GA 1986 S. 293 ff; SEELMANN Jura 1980 S. 510; STRATENWERTH Die Zukunft des strafrechtlichen Schuldprinzips, 1977, S. 28 ff; WÜRTENBERGER Jescheck-FS, Bd. 1, S. 37 ff; 51; ZIPF ZStW 89 (1977) S. 710 ff; DERS. Kriminalpolitik, 2. Aufl. 1980, S. 62.

19 ROXIN Henkel-FS, 171 ff; DERS. SchwZStr 1987 S. 357 ff; DERS. Arthur Kaufmann-FS, S. 528 f; DERS. A. T. I, § 19 Rdn. 34 ff; DERS. Mangakis-FS, S. 244 ff. – Weitgehend zustimmend GROPP A. T., § 7 Rdn. 34; SCHÜNEMANN Grundfragen, S. 168 f.

32   Nach wie vor greift der Einwand Arthur KAUFMANNS[20] und LENCKNERS[21] gegen diese Konzeption daher durch, dass die Schuld dann, wenn sie ein Faktor ist, der die Strafe begrenzen soll, selbstverständlich auch Voraussetzung der Strafe sein muss. Jede Bedingung der Strafbarkeit hat nämlich zwei Funktionen. Sie begrenzt diese zugleich, ist aber umgekehrt auch Voraussetzung der Strafbarkeit. Daher kann auch dann, wenn die Schuld zugunsten des Täters vorausgesetzt wird, die Frage, ob es überhaupt Schuld und Freiheit gibt, nicht in der Schwebe gelassen werden.

BVerfGE 20 S. 331: Die Idee der Gerechtigkeit fordert, dass Tatbestand und Rechtsfolge in einem sachgerechten Verhältnis zueinander stehen. Die Strafe, auch die bloße Ordnungsstrafe, ist im Gegensatz zur reinen Präventionsmaßnahme dadurch gekennzeichnet, dass sie – wenn nicht ausschließlich, so doch auch – auf Repression und Vergeltung für ein rechtlich verbotenes Verhalten abzielt. Mit der Strafe, auch mit der Ordnungsstrafe, wird dem Täter ein Rechtsverstoß vorgehalten und zum Vorwurf gemacht. Ein solcher strafrechtlicher Vorwurf aber setzt Vorwerfbarkeit, also strafrechtliche Schuld voraus. Andernfalls wäre die Strafe eine mit dem Rechtsstaatsprinzip unvereinbare Vergeltung für einen Vorgang, den der Betroffene nicht zu verantworten hat. Die strafrechtliche oder strafrechtsähnliche Ahndung einer Tat ohne Schuld des Täters ist demnach rechtsstaatswidrig und verletzt den Betroffenen in seinem Grundrecht aus Art. 2 Abs. 1 GG.

BVerfGE 25 S. 285: Art. 103 Abs. 2 GG geht von dem rechtsstaatlichen Grundsatz aus, dass keine Strafe ohne Schuld verwirkt wird. Dieser Grundsatz wurzelt in der vom Grundgesetz vorausgesetzten und in Art. 1 Abs. 1 und Art. 2 Abs. 1 GG verfassungskräftig geschützten Würde und der Eigenverantwortlichkeit des Menschen, die von dem Gesetzgeber auch bei der Ausgestaltung des Strafrechts zu achten und zu respektieren sind.

Wiederholungsfragen

33   1. Gab es im 18. Jahrhundert schon eine „Schuldlehre"? – Dazu Rdn. 1.
2. Worin unterscheiden sich Unrecht und Schuld? – Dazu Rdn. 5 ff.
3. Worin liegen die Schwächen der psychologischen Schuldtheorie? – Dazu Rdn. 10 f.
4. Was spricht gegen die Reduzierung des Schuldbegriffs auf general- und/oder spezialpräventive Aspekte? – Dazu Rdn. 28 ff.
5. Was ist das gemeinsame Kennzeichen der normativen Schuldtheorien, worin unterscheiden sie sich von der psychologischen Schuldlehre? – Dazu Rdn 13 ff.
6. Ist Schuld mit „Vorwerfbarkeit" zutreffend gekennzeichnet? – Dazu Rdn. 17 f.
7. Ist die „rechtlich missbilligte Gesinnung" als Gegenstand des Unrechts- oder des Schuldurteils anzusehen? – Dazu Rdn. 15.
8. Worauf ist die normative Wertung, die im Schuldurteil Ausdruck findet, gerichtet? – Dazu Rdn. 16.
9. Lässt sich das Freiheitsproblem ganz aus dem Schuldbereich ausklammern? – Dazu Rdn. 22.
10. Wie ist der Maßstab, an dem die persönliche Verantwortung des Täters gemessen wird, zu finden? – Dazu Rdn. 24.

§ 13: Die einzelnen Schuldausschließungsgründe

Lernziel: Einblick in die Grenzen der Verantwortlichkeit wegen fehlender Entscheidungsfreiheit.

I. Reifemängel

1   1. Kinder unter 14 Jahren sind schuldunfähig, § 19.

2   2. Jugendliche von 14–17 Jahren (inklusive) sind strafrechtlich nur verantwortlich, wenn sie z.Zt. der Tat nach ihrer sittlichen und geistigen Entwicklung reif genug sind, das Unrecht der Tat einzusehen und nach dieser Einsicht zu handeln, § 3 JGG.

---

20 JZ 1967 S. 555; DERS. JZ 1974 S. 270.
21 Handbuch, S. 18.

II. Schuldunfähigkeit wegen seelischer Störungen

Das Gesetz gründet die Schuldunfähigkeit auf bestimmte *psychologische Faktoren* – Un- **3** fähigkeit zur Einsicht oder nach dieser Einsicht zu handeln –, die aber grundsätzlich auf bestimmten *„biologischen Faktoren"* – Bewusstseinsstörung usw. – beruhen müssen (sog. kombinierte Methode), § 20.[1]

1. Die psychologischen Faktoren

a) Fehlende Einsichtsfähigkeit, d.h. Fähigkeit, das Unrecht der Tat einzusehen, Unrechts- **4** bewusstsein zu erlangen.

b) Fehlende Fähigkeit, nach dieser Einsicht zu handeln, und zwar ist die Einsicht im Hin- **5** blick auf die konkrete Tat zu prüfen.

2. Die biologischen Faktoren

a) Die „krankhafte seelische Störung", d.h. eine Durchbrechung des seelischen Sinnzusam- **6** menhanges infolge eines sinnfremden organischen Prozesses.
  Als krankhafte seelische Störungen – diese können auch angeboren sein – sind zum einen **7** die psychischen Störungen anzusehen, die nachweisbar auf organischen Ursachen beruhen (z.B. Hirnverletzungen), sowie exogene Psychosen (z.B. Alkohol-, Rauschmittelvergiftung), zum anderen die sog. endogenen Psychosen, deren organische Begründetheit nur postuliert wird (z.B. Schizophrenie, manisch-depressives Irresein).[2]

b) Die „tiefgreifende Bewusstseinsstörung" erfasst tiefgreifende nicht krankhafte Trübungen **8** oder Einengungen des Bewusstseins, bei denen der Zusammenhang des Bewusstseins und die örtlich-zeitliche Orientierung verloren gehen; z.B. Fieberdelirium, Rausch (Grad der Bewusstseinsstörung nicht mit Grad der Fahruntüchtigkeit identisch). Sie kann auch auf Erschöpfung, Übermüdung oder Hypnose gegründet sein, doch kommen nur Bewusstseinsstörungen von solcher Intensität in Betracht, die in ihrer Auswirkung auf die Einsichts- oder Steuerungsfähigkeit den krankhaften seelischen Störungen gleichwertig sind.[3]
  Die praktisch bedeutsamste Bewusstseinsstörung ist der hochgradige *Affekt,* d.h. jene **9** „Höchstform der Erregung", bei der ein besonnenes Abwägen von Gründen und Gegengründen nicht mehr stattfindet.[4]

aa) Nach weitgehend übereinstimmender Auffassung ist der nichtkrankheitsbedingte Affekt **10** als Fall einer tiefgreifenden Bewusstseinsstörung anerkannt, der zu einer Einschränkung und in Extremfällen zu einem Ausschluss der Schuldfähigkeit führen kann.[5]

---

1 Im Einzelnen dazu KRÜMPELMANN ZStW 88 (1976) S. 6ff, mit Diskussionsbeiträgen von LEFERENZ S. 40ff, J.E. MEYER S. 46ff, VENZLAFF S. 57ff; ROXIN Spann-FS, S. 457ff; SCHREIBER NStZ 1981 S. 46ff; SCHWALM JZ 1970 S. 492ff.
2 Dazu BGHSt 14 S. 30; BGH NStZ-RR 1999 S. 77; WITTER in: Handbuch der forensischen Psychiatrie, hrsg. von Göppinger und Witter, Bd. I, Teil B, 1972, S. 477ff, und Bd. II, Teil C, 1972, S. 1039ff.
3 Vgl. BGH bei Holtz, MDR 1983 S. 447f; BGH NStZ 1990 S. 231; JÄHNKE LK, § 20 Rdn. 24ff; RUDOLPHI SK I, § 20 Rdn. 10; SCH/SCH/PERRON § 20 Rdn. 14.
4 Vgl. BGHSt 11 S. 24; BGH NStZ 1990 S. 231; DIESINGER Der Affekttäter, 1977, S. 33ff; SALGER Tröndle-FS, S. 204ff; SASS NervA 1983 S. 557f.
5 Vgl. dazu KLESCZEWSKI in: Klesczewski (Hrsg.), Affekt und Strafrecht, 2004, S. 59ff; LACKNER/KÜHL § 20 Rdn. 7; SCH/SCH/PERRON § 20 Rdn. 15; TRÖNDLE/FISCHER § 20 Rdn. 10.

11   bb) Str. hingegen ist, ob die Schuldmilderung oder der Schuldausschluss bei verschuldetem Affekt entfällt. Die Rechtsprechung und ein Teil der Lehre nehmen dieses an und versagen eine Schuldmilderung oder den Schuldausschluss, wenn der Täter die ihm möglichen Vorkehrungen zur Vermeidung des Affekts nicht getroffen hat und die im Affekt begangene Tat für ihn vorhersehbar war (Vorverschulden).[6]

12   Diese Auffassung ist mit dem Wortlaut des § 20 StGB aber nur schwer vereinbar, weil dort nur auf das Vorliegen der Bewusstseinsstörung „bei Begehung der Tat" abgestellt wird. Gleichwohl ist eine Versagung des Schuldausschlusses oder der Schuldminderung in bestimmten Fällen des Vorverschuldens sachgerecht. Maßgeblich sind hier die Grundsätze, nach denen die „actio libera in causa" dem Täter zugerechnet wird[7]; dazu sogleich unter Rdn. 15 ff.

13   c) „Schwachsinn oder eine andere schwere seelische Abartigkeit" betrifft seelische Fehlanlagen und abgeschlossene seelische Fehlentwicklungen, d. h. abnorme Willens- oder Gefühlshaltungen und Triebneigungen ohne Begründung in einer Psychose oder einer nachweislichen organischen Störung (Psychopathien und Neurosen von Krankheitswert). – Maßgeblich ist, ob die Persönlichkeitsstörung Symptome aufweist, die in ihrer Gesamtheit das Leben des Täters vergleichbar schwer und mit ähnlichen – auch sozialen – Folgen stören, belasten oder einengen wie krankhafte seelische Störungen.[8]

3. Nicht willensgetragenes Verhalten

14   Verhaltensweisen, die überhaupt nicht mehr vom Willen getragen werden, z. B. Reflexe, Bewegungen im Schlaf, werden von § 20 nicht berührt. Hier fehlt es an der *faktischen Möglichkeit* des Täters zu einem anderen Verhalten. Schuldfähigkeit setzt Handlungsfähigkeit voraus.[9]

4. Die actio libera in causa

15   Trotz Schuldunfähigkeit im Zeitpunkt der unmittelbaren Tatausführung kann sich eine Strafbarkeit des Täters wegen vollverantwortlicher Deliktsverwirklichung nach den Grundsätzen der *actio libera in causa* ergeben. Danach wird der Täter wegen des verantwortlichen Ingangsetzens eines Geschehens, das im Zustand seiner Schuldunfähigkeit zu einer Tatbestandsverwirklichung führt, bestraft.

16   Streitig sind jedoch Konstruktion und Grenzen der actio libera in causa sowie ihre Vereinbarkeit mit § 20 StGB.[10]

---

6 Vgl. dazu BGHSt 35 S. 143 mit Anm. BLAU JR 1988 S. 514 ff; FRISCH NStZ 1989 S. 263 ff; BGH NStZ 1997 S. 333, 334; GEILEN Maurach-FS, S. 188 ff; KRÜMPELMANN Welzel-FS, S. 340 f; DERS. ZStW 99 (1987) S. 221 ff; RUDOLPHI Henkel-FS, S. 206 ff; TRÖNDLE/FISCHER § 20 Rdn. 10 c. – Zur Gegenansicht: BOCKELMANN/VOLK A. T., § 16 IV 2; MAURACH/ZIPF A. T. 1, § 36 Rdn. 38.

7 Vgl. auch BEHRENDT Affekt und Vorverschulden, 1983, S. 64 ff; BLAU JR 1988 S. 516; HRUSCHKA JuS 1968 S. 558; JESCHECK/WEIGEND A. T., § 40 III 2 b; OTTO Jura 1992 S. 329 f; SCH/SCH/ PERRON § 20 Rdn. 15 a. – Im Ergebnis gleich: FRISCH ZStW 101 (1989) S. 555 ff, 571 ff, 607 ff.

8 Vgl. BGHSt 34 S. 28; 37 S. 397; BGH StV 1988 S. 384; StV 1993 S. 240; BGH NStZ 1998 S. 30; 1999 S. 126; 2001 S. 243; RASCH StV 1991, S. 131; THEUNE ZStW 114 (2002) S. 300 ff.

9 Vgl. BGH bei Holtz, MDR 1994 S. 127.

10 Grundsätzlich gegen die Konstruktion HETTINGER Die „actio libera in causa": Strafbarkeit wegen Begehungstat trotz Schuldunfähigkeit?, 1988, S. 437 ff; DERS. GA 1989 S. 19; DERS. Geerds-FS, S. 637, 654; KÖHLER A. T., S. 397; PAEFFGEN ZStW 97 (1985) S. 522 ff; DERS. NK, Vor § 323 a Rdn. 28; SALGER/MUTZBAUER NStZ 1993 S. 565; SYDOW Die actio libra in causa nach dem Rechtsprechungswandel des Bundesgerichtshofs, 2002, S. 225.

a) Zur Einführung

Fall 1: A beschließt, den B zu verprügeln. Um aber wegen der Tat nicht zur Rechenschaft gezogen werden **17** zu können, berauscht er sich durch den Genuss einer Flasche Cognac bis zur Schuldunfähigkeit. Sodann verprügelt er den B.

Fall 2: A beschließt, den B zu verprügeln. Um sich Mut anzutrinken, nimmt er erhebliche Mengen Cognac zu sich. Er ist sich der Tatsache bewusst, dass er durch den Alkoholgenuss schuldunfähig werden wird.

Fall 3: Wie Fall 2, aber A erkennt nur die konkrete Gefahr, durch den Alkoholgenuss schuldunfähig zu werden. Dies hält ihn jedoch nicht davon ab, weiterzutrinken.

Fall 4: Wie Fall 2, aber A ist mit seinem Plan, den B zu verprügeln, so beschäftigt, dass er überhaupt nicht merkt, wie viel er trinkt, und kommt daher nicht auf den Gedanken, er könne durch den Alkoholgenuss schuldunfähig werden.

Fall 5: BGH bei Holtz, MDR 1991 S. 1020: A beginnt zu trinken, obwohl er weiß, dass er sein Trinkverhalten nicht mehr steuern kann, wenn er einmal angefangen hat. Er plant zwar nicht, den B zu verprügeln, ist sich aber der konkreten Gefahr bewusst, dass er den B in volltrunkenem Zustand verprügeln werde.

Fall 6: Wie Fall 5, aber A weiß lediglich, dass er in volltrunkenem Zustand dazu neigt, andere zu verprügeln.

b) Die actio libera in causa als *scheinbare* Ausnahme gegenüber der Regelung des § 20 StGB

Nach dem Wortlaut des § 20 StGB handelt ohne Schuld, wem *„bei Begehung der Tat"* das **18** Einsichts- oder Steuerungsvermögen fehlt.

In den unter a) angeführten Fallkonstellationen handelt der Täter jedoch nur schuldhaft **19** in Bezug auf die Deliktsplanung und die Berauschung; die Tatbestandsverwirklichung selbst erfolgt im Zustand der Schuldunfähigkeit. Gleichwohl wird die Auffassung vertreten, dass die zeitliche Koinzidenz von Tat und Schuld vorliegt. Der Beginn der tatbestandsmäßigen Handlung wird nämlich bereits in der Herbeiführung des Rauschzustandes gesehen. Tat im Sinne des § 20 StGB sei nicht das Verhalten im Defektzustand, sondern bereits die der Tatbestandsverwirklichung vorausgehende Handlung, die die Schuldunfähigkeit herbeiführt (actio praecedens). Das wird unterschiedlich begründet.

Die einen sehen die actio praecedens, d. h. die „in causa" freie Handlung grundsätzlich als **20** tatbestandsmäßige Handlung an, weil sie als Vorbereitungshandlung der Tat schon Teil der Tat ist (Tatbestandsausdehnungstheorie)[11], die anderen, weil sie den Beginn der geplanten Tat, und zwar den Versuch dieser Tat darstelle (Vorverlagerungstheorie)[12] oder aber der Täter mit ihr das unerlaubte Risiko begründet habe, das er selbst mit sich als nicht mehr verantwortliches Werkzeug anschließend verwirklicht (Theorie der mittelbaren Täterschaft).[13]

---

11 Dazu HERZBERG Spendel-FS, S. 207 ff; JEROUSCHECK JuS 1997 S. 388 f; LAMPE JbRSoz 14 (1989) S. 286 ff, 292; SPENDEL LK, § 323 a Rdn. 28 ff; STRENG ZStW 101 (1989) S. 310 ff; DERS. JZ 1994 S. 709; DERS. MK, § 20 Rdn. 128 ff.

12 Vgl. BGHSt 17 S. 333, 334 f; BAUMANN/WEBER/MITSCH A. T., § 19 Rdn. 35 ff; KRAUSE Jura 1980 S. 169 ff; MAURACH JuS 1961 S. 373 ff; MAURACH/ZIPF A. T. 1, § 36 Rdn. 54; PUPPE JuS 1980 S. 346 ff; DIES. A. T. I, § 30 Rdn. 9 ff; ROXIN Lackner-FS, S. 311 ff; DERS. A. T. I, § 20 Rdn. 58 ff; RUDOLPHI SK I, § 20 Rdn. 28 ff; TRÖNDLE/FISCHER § 20 Rdn. 53 ff. – SCHMIDHÄUSER Die actio libera in causa: ein symptomatisches Problem der deutschen Strafrechtswissenschaft, 1992, S. 29 f, 31 ff, der auf den Unrechtsgehalt des Handelns abstellt, das bereits den Achtungsanspruch des geschützten Rechtsguts verletzt; dazu krit. HETTINGER JZ 1993 S. 513 ff.

13 Dazu HIRSCH JR 1997 S. 392 f; DERS. Nishihara-FS, S. 95 ff; JAKOBS A. T., 17/64; DERS. Nishihara-FS, S. 117 ff, 120; SCHILD Triffterer-FS, S. 206; SCHLÜCHTER Hirsch-FS, S. 354 f.

21   Auch wenn jedoch zugestanden wird, dass in der Herbeiführung des Defektzustandes bereits eine Vorbereitungshandlung zur Tat und damit ein Teil der Tat zu sehen ist, so ist damit noch nicht begründet, warum sich aus der Verantwortlichkeit im Zeitpunkt einer straflosen Vorbereitungshandlung die Verantwortung für die gesamte Straftat ergeben kann. Unabhängig davon aber haftet der Täter eines vorsätzlichen Erfolgsdelikts nicht schon deshalb, weil er den Kausalverlauf, der zu dem Erfolg geführt hat, ausgelöst hat. Der Erfolg wird ihm als sein Werk zugerechnet, weil er den Kausalverlauf soweit gesteuert hat, dass die von ihm begründete Gefahr sich selbständig im Erfolg realisieren kann. Mit dem Nachweis der Verantwortlichkeit beim Auslösen des Kausalverlaufs ist dieser Beweis aber nicht geführt; vgl. dazu oben § 6 Rdn. 13 ff.

22   Genau so wenig gelingt es den Vertretern der Vorverlagerungstheorie, die Herbeiführung des Defektzustandes deshalb als Tat im Sinne des § 20 zu erfassen, weil sie den Beginn der geplanten Tat darstelle und damit schon als Versuch dieser Tat anzusehen sei. Gegen dieses Argument spricht, dass hier ein Verhalten als Versuch bewertet wird, das sonst wegen seiner Ferne zur Tathandlung noch als Vorbereitungshandlung erfasst wird.

Beispiel: A will gegen 20.00 Uhr den dann nach Hause kommenden B erschießen. Um seine Hemmungen zu überwinden, beschließt A, sich zu berauschen. Er beginnt mit dem Trinken um 12.00 Uhr. Um 16.00 Uhr ist er unzurechnungsfähig betrunken.

Genauso wenig im Bereitstellen und Durchladen des Gewehrs kurz vor 16.00 Uhr ein Tötungsversuch gesehen werden könnte, liegt dieser bereits im Abschluss der Zurechnungsfähigkeit. In diesem Zeitpunkt fehlt es an einer *unmittelbaren* Gefährdung des Rechtsguts unter Berücksichtigung des Täterplans. Der Täter hat nach seiner Vorstellung von der Tat noch nicht *unmittelbar* zur Verwirklichung des Tatbestandes angesetzt; eingehend dazu unten § 18 Rdn. 22 ff.

23   Schließlich darf auch das *Bild* von der mittelbaren Täterschaft des Täters mit sich selbst als Werkzeug nicht mit einer tragfähigen Konstruktion verwechselt werden. Die mittelbare Täterschaft – eingehend dazu unten § 21 Rdn. 68 ff – des Hintermannes beruht auf seiner Herrschaft über das Werkzeug, der Steuerbarkeit des Geschehens kraft Tatherrschaft. Gerade diese Tatherrschaft geht dem „Hintermann" bei der Deliktsverwirklichung im Rahmen der actio libera in causa aber mit Eintritt der Schuldunfähigkeit verloren, denn die besondere Gefahr des Rauschzustandes liegt auch darin, dass der Berauschte auf Grund fehlender Einsichtsfähigkeit oder des Fehlens der Fähigkeit, sich nach seiner Einsicht zu richten, keineswegs zwangsläufig einem im schuldfähigen Zustand begründeten Steuerungsmechanismus unterworfen bleibt.

c) Die actio libera in causa als Ausnahme gegenüber der Regelung des § 20 StGB

24   Wird davon ausgegangen, dass die strafrechtlich relevante Tat die Tat im Defektzustand ist, so ist die Feststellung zwingend, dass die Schuld des Täters zur Zeit der Tathandlung ausgeschlossen war. Der Konstruktion der actio libera in causa kommt dann aber die Funktion zu, dem Täter die Berufung auf die Schuldunfähigkeit im Tatzeitpunkt zu versagen, weil für diesen Zustand verantwortlich ist. Insofern stellt die actio libera in causa eine Ausnahme gegenüber der Regelung des § 20 StGB dar.[14]

---

14 Dazu Hruschka Strafrecht, S. 335 ff; ders. JZ 1989 S. 310 ff; Jähnke LK, § 20 Rdn. 76; ders. BGH-FS, S. 403 ff; Jescheck/Weigend A. T., § 40 VI 1; Joerden Strukturen des strafrechtlichen Verantwortlichkeitsbegriffs: Relationen und Verkettungen, 1988, S. 30 ff, 46 ff; Krey A. T. 1, Rdn. 672 ff; Kühl A. T., § 11 Rdn. 9, 18; Küper Leferenz-FS, S. 573 ff, 592; Neumann Zurechnung und „Vorverschulden", 1985, S. 44 f; ders. Arthur-Kaufmann-FS, S. 589 ff; ders. StV 1997 S. 25; Otto Jura 1986 S. 431; Ranft Jura 1988 S. 134; Sch/Sch/Perron § 20 Rdn. 33 ff; Streng JZ 2000 S. 25; Wessels/Beulke A. T., Rdn. 415.

Diese Ausnahme steht aber durchaus mit den Grundlagen der gesetzlichen Schuldzurech- **25** nung in Einklang. *Wann* dem Täter eine Tat als eigene, rechtswidrig und schuldhaft verwirklichte Tat zuzurechnen ist, kann den positivierten Regelungen des Allgemeinen Teils gerade nicht abschließend entnommen werden. Diese Zurechnungsregeln, z. B. das Kausalitätserfordernis bei der Erfolgszurechnung, und ihre Vereinbarkeit mit den gesetzlichen Regelungen gelten keineswegs „gewohnheitsrechtlich". Die Zurechnungsregeln sind im Strafgesetzbuch zwar enthalten, nicht aber vollständig entfaltet. Die hier verborgenen Zusammenhänge müssen Rechtsprechung und Lehre vielmehr in weiten Bereichen erst aufdecken.[15] – Im konkreten Fall liegt die Problematik in der Zurechnung sog. Vorverschuldens, die keineswegs – worauf der Begriff hinzuweisen scheint – auf die Schuldebene beschränkt ist.

Ein Grundsatz der Zurechnung sozialen Verhaltens, aufgrund sog. Vorverschuldens, und **26** zwar uneingeschränkt wirksam auf Tatbestands-, Rechtswidrigkeits- und Schuldebene, kommt in dem dahin konkretisierten Gedanken des Rechtsmissbrauchs zum Ausdruck, dass niemand sich zu seinen eigenen Gunsten auf seine Schändlichkeit berufen kann: Turpitudinem suam allegans non auditur. Zutreffend bezeichnet PAEFFGEN die Unmaßgeblichkeit von erschlichenen Rechtspositionen als „nachgerade naturrechtliches Gemeingut der Rechtsordnungen"[16]. – Ausdruck der Geltung des „Schändlichkeitsgrundsatzes" ist aber auch die Schuldzurechnung über die Konstruktion der actio libera in causa.[17]

Die Konstruktion der actio libera in causa ermöglicht die Zurechnung einer im Defekt- **27** zustand verwirklichten vorsätzlichen Tat zur Schuld des Täters, weil der Täter mit dem Einwand der Schuldunfähigkeit im Tatzeitpunkt nicht gehört wird, wenn er diese bewusst herbeigeführt hat, obwohl er den Plan, ein Delikt zu verwirklichen, gefasst hatte. – Hat der Täter hingegen den Defektzustand nur fahrlässig herbeigeführt, so bleibt lediglich Raum für eine Bestrafung nach § 323a StGB. Kommt in Bezug auf die Herbeiführung des Defektzustandes nicht einmal Fahrlässigkeit in Betracht, so kommt eine Bestrafung auch dann nicht in Frage, wenn die Tat den im Zustand der Zurechnungsfähigkeit geplanten und vorbereiteten Verlauf nimmt.

d) Anforderungen im einzelnen

Die Bestrafung wegen vorsätzlicher Tat über die Konstruktion der actio libera in causa setzt **28** voraus, dass der Täter sich in noch nicht schuldunfähigem Zustand zu der Ausführung einer bestimmten Tat, die er im Defektzustand tatsächlich begeht, mindestens mit bedingtem Vorsatz entschlossen hat und sich der konkreten Gefahr bewusst ist, dass der Defektzustand

---

15 Diese Zusammenhänge verkennt der 4. Strafsenat des BGH, der die Konstruktion der actio libera in causa grundsätzlich in Frage stellt, obwohl er sie vordergründig nur für Tätigkeitsdelikte ablehnt; vgl. BGHSt 42 S. 235, 236 mit Anm. AMBOS NJW 1997 S. 2296 ff, FAHNENSCHMIDT/KLUMPE DRiZ 1997 S. 77 ff, GEPPERT JK 97, StGB § 20/2 a, b, HARDTUNG NZV 1997 S. 97 ff, HIRSCH NStZ 1997 S. 230 ff, HORN StV 1997 S. 264 ff, HRUSCHKA JZ 1997 S. 22 ff, OTTO Jura 1999 S. 217 ff, NEUMANN StV 1997 S. 23 ff, SPENDEL JR 1997 S. 133 ff, M. WOLFF NJW 1997 S. 2032. – Eingehend zur Entwicklung der Rechtsprechung: OTTO BGH-FG, S. 119 ff, zur Auseinandersetzung, mit BGHSt 42 S. 235 vgl. S. 120 ff.
16 ZStW 97 (1985) S. 523 f.
17 Eine gesetzliche Regelung der actio libera in causa könnte die Rechtssicherheit fördern; vgl. DENCKER JZ 1984 S. 454; HRUSCHKA JZ 1996 S. 64 ff; NEUMANN Arthur-Kaufmann-FS, S. 591; DERS. StV 1997 S. 25; SALGER/MUTZBAUER NStZ 1993 S. 565; SICK/RENZIKOWSKI ZRP 1997 S. 487; STRENG JZ 1994 S. 709; DERS. JZ 2000 S. 26 f; TRÖNDLE/FISCHER § 20 Rdn. 55; WESSELS/BEULKE A. T., Rdn. 415. – Kritisch dazu aber HIRSCH JR 1997 S. 391 f.

durch sein Verhalten herbeigeführt wird. – Nicht erforderlich ist, dass der Täter sich berauscht, *um* die Tat zu begehen.[18]

In den unter Rdn. 17 angeführten **Fällen 1–3** und **5** sind diese Voraussetzungen erfüllt. Im **Fall 4** hat der Täter den Defektzustand nicht bewusst herbeigeführt; hier bleibt lediglich Raum für eine Bestrafung nach § 323 a StGB. Im **Fall 6** hatte der Täter die Körperverletzung nicht einmal bedingt vorsätzlich ins Auge gefasst.

e) Die actio libera in causa beim Fahrlässigkeitsdelikt

29 Nach h. M. liegt eine fahrlässige actio libera in causa vor, wenn der Täter sich vorsätzlich oder fahrlässig in den Zustand der Schuldunfähigkeit versetzt und dabei damit rechnen konnte, dass er in diesem Zustand ein bestimmtes Delikt verwirklichen werde.

30 In Betracht kommen drei Fallkonstellationen:

aa) Der Täter führt fahrlässig den Defektzustand herbei und führt dann eine zuvor geplante Straftat aus; vgl. unter Rdn. 17 Fall 4.

bb) Der Täter führt vorsätzlich den Defektzustand herbei, obgleich er damit hätte rechnen müssen, dass er in diesem Zustand ein bestimmtes Delikt verwirklicht; vgl. unter Rdn. 17 Fall 6.

cc) Der Täter führt fahrlässig den Defektzustand herbei, obwohl er damit hätte rechnen müssen, dass er infolgedessen ein Fahrlässigkeitsdelikt begeht.

Fall 7: A, der am Abend einen entfernt wohnenden Freund besuchen will, hat im Laufe des Nachmittags mehrere Gläser Alkohol getrunken, ohne zu merken oder auch nur daran zu denken, dass er schuldunfähig werden könnte. Als er schuldunfähig berauscht ist, fährt er mit dem Kraftfahrzeug los. Er selbst hält sich für fahrtüchtig und schuldfähig.

Er verursacht einen Unfall, bei dem X getötet wird.

31 Nach den hier herausgearbeiteten Grundgedanken der actio libera in causa ist die Zurechnung einer im bewusst herbeigeführten Defektzustand verwirklichten Fahrlässigkeitstat sowie einer im fahrlässig herbeigeführten Defektzustand verwirklichten fahrlässigen oder vorsätzlichen Tat über die actio libera in causa nicht möglich: der Vorwurf „schändlichen Verhaltens", auf Grund dessen dem Täter die Berufung auf den Defektzustand versagt wird, setzt nicht nur die bewusste Herbeiführung des Defektzustandes voraus, sondern *auch* die Planung der Tat im schuldfähigen Zustand.

32 Diese Begrenzung des Anwendungsbereichs der Konstruktion der actio libera in causa erweist sich bei der Zurechnung fahrlässig verwirklichter Rechtsgutsbeeinträchtigung jedoch nicht als Mangel. Die Konstruktion ist in diesem Bereich nämlich überflüssig.

33 Die fahrlässige Erfolgszurechnung beruht auf der Überlegung, dass einem Täter ein Erfolg als sein Werk zuzurechnen ist, weil er pflichtwidrig und vorhersehbar jene Gefahr über das erlaubte Maß hinaus für ein Rechtsgut begründet oder erhöht hat, die sich im Erfolg realisiert hat. Die sorgfaltspflichtwidrige Erfolgsherbeiführung kennzeichnet das Delikt. – Da der Versuch des Fahrlässigkeitsdelikts nicht möglich ist, besteht keine Notwendigkeit, die Fahrlässigkeitstat in Vorbereitungshandlung, Versuch und Vollendung aufzuspalten. Bei fahrlässig begangenen Delikten kann unmittelbar auf jene pflichtwidrige Gefahrbegründung oder -erhöhung zurückgegriffen werden, die sich in der Rechtsgutsbeein-

---

18 Zu den Anforderungen an Vorsatz und Kausalverlauf im Einzelnen sowie zum Problem des Eintritts des Defektzustandes nach Versuchsbeginn vgl. OTTO Jura 1986 S. 431 ff m. w. N.

trächtigung realisiert hat. Dieses pflichtwidrige Verhalten liegt in der Herbeiführung des Defektzustandes. Es begründet den Vorwurf der pflichtwidrigen Gefahrbegründung, aus der der Erfolg erwachsen kann.[19]

Mit diesem Verhalten verletzt der Täter die allgemein anerkannte Pflicht, sich nicht in **34** einen Zustand zu versetzen, in dem er den Anforderungen der Rechtsordnung nicht mehr gewachsen ist. War in diesem Zeitpunkt dem Täter die Rechtsgutsbeeinträchtigung im Defektzustand vorhersehbar, so haftet er aus dem fahrlässigen Delikt.

In den **Fällen 4** und **6** wäre danach eine Bestrafung des A gemäß § 230 möglich. Es kommt jedoch auch eine Bestrafung nach § 223 i.V.m. § 323 a in Betracht. Hier wird § 230 konsumiert. – Die Gegenmeinung kommt zur Annahme von Tateinheit, § 52, zwischen § 230 und § 323 a.[20]

Im **Fall 7** ist A gemäß § 222 strafbar.

III. Verminderte Schuldfähigkeit

1. Verminderte Schuldfähigkeit, § 21 StGB

§ 21 gewährt die Möglichkeit der Strafmilderung für Täter, deren Fähigkeit zur Unrechts- **35** einsicht oder deren Fähigkeit, nach dieser Einsicht zu handeln, aus den in § 20 aufgeführten Gründen erheblich vermindert war.[21]

Ist die Einsichtsfähigkeit des Täters zwar vermindert, steht jedoch fest, dass der Täter das **36** Unrecht im konkreten Fall eingesehen hat, so ist § 21 nicht anwendbar.[22]

Die verminderte Schuldfähigkeit ist ein *fakultativer* besonderer gesetzlicher Milderungs- **37** grund im Sinne des § 49 Abs. 1. Seine Anwendung lehnt der *3. Strafsenat* des BGH bei selbstverschuldeter Trunkenheit ab.[23]

In Fällen alkoholischer Beeinträchtigung liegt bei einer Blutalkoholkonzentration von 2 Promille aufwärts erheblich verminderte Schuldunfähigkeit zwar nahe, ist aber nicht zwingend gegeben.[24]

2. „Übergesetzliche Schuldmilderung"

Der Anerkennung eines „übergesetzlichen Schuldmilderungsgrundes" steht die höchstrichter- **38** liche Rechtsprechung ablehnend gegenüber.[25]

---

19 Vgl. dazu auch BGHSt 40 S. 341, 343; 42 S. 235, 236; Frisch ZStW 101 (1989) S. 608 ff; Hettinger actio, S. 450 ff; Neumann StV 1997 S. 24; Otto Jura 1986 S. 433; Paeffgen ZStW 97 (1985) S. 524; Puppe JuS 1980 S. 346; Roxin Lackner-FS, S. 312; Stratenwerth Armin Kaufmann-GedS, S. 489, Fn. 17; Streng MK, § 20 Rdn. 148. – Einschränkend Sternberg-Lieben Schlüchter-GedS, S. 238 ff.

20 Vgl. OLG Zweibrücken VRS 81 S. 282.

21 Dazu Göppinger Leferenz-FS, S. 411 ff; Rasch NStZ 1982 S. 177 ff; Rautenberg Verminderte Schuldfähigkeit, 1984, S. 180 ff.

22 BGHSt 21 S. 27; BGH NStZ 1990 S. 333.

23 Dazu BGH NJW 2003 S. 2394 mit Anm. Foth NStZ 2003 S. 597 ff, Frister JZ 2003 S. 1019 f, Geppert JK 03, StGB § 21/1, Neumann StV 2003 S. 527 ff, Streng NJW 2003 S. 2963 ff.

24 Vgl. dazu BGHSt 43 S. 66 mit Anm. Loos JR 1997 S. 514 ff.

25 Vgl. BVerfGE 54 S. 100 mit Anm. Hirsch JZ 1980 S. 801 f; BGH NJW 1978 S. 1336 f; LG Hamburg NJW 1976 S. 1756 mit Anm. Hanack S. 1758 f.

IV. Der Verbotsirrtum

1. Der Gegenstand des Verbotsirrtums nach den bisher gesetzten Prämissen

39   Nach § 17 StGB handelt der Täter ohne Schuld, wenn ihm bei Begehung der Tat die Einsicht, Unrecht zu tun, fehlt, und er diesen Irrtum nicht vermeiden konnte. Konnte der Täter den Irrtum vermeiden, so kann die Strafe nach § 49 Abs. 1 gemildert werden. – In Anlehnung an BGHSt 2 S. 197 lässt sich die Problematik des Verbotsirrtums schlagwortartig dahin umreißen, dass der im Verbotsirrtum handelnde Täter weiß, was er tat, aber irrig annimmt, es sei erlaubt.

40   a) Wird als „Einsicht, Unrecht zu tun" i. S. des § 17 das Bewusstsein des Täters – intellektuelle Erkenntnis – interpretiert, sich sozialschädlich zu verhalten, d. h. die sozialethischen Grundlagen der Rechtsordnung zu verletzen, so wäre das Fehlen dieses Bewusstseins nach dem Willen des Gesetzgebers Schuldausschließungsgrund und nicht Element des Unrechtstatbestandes, als das es oben – vgl. § 7 – erkannt wurde.

41   b) Unrechtsbewusstsein i. S. des § 17 ist daher mehr. Es ist Rechtswidrigkeitsbewusstsein, d. h. das Bewusstsein, die sozialethischen Grundlagen der Rechtsgesellschaft zu verletzen und damit gegen eine Rechtsvorschrift im Sinne des Art. 103 Abs. 2 GG zu verstoßen. *Unrechtsbewusstsein im Sinne des Rechtswidrigkeitsbewusstseins ist Kenntnis der Sanktionierbarkeit des Verhaltens durch eine positivgesetzliche Strafnorm.*[26] Die genaue Kenntnis des Gesetzesparagraphen ist nicht erforderlich, wohl aber die Kenntnis, dass gegen eine Strafvorschrift verstoßen wird.[27] Das Bewusstsein des Verstoßes gegen irgendwelche Normen des bürgerlichen oder öffentlichen Rechts ist irrelevant.

2. Der Gegenstand des Verbotsirrtums nach h. M.

42   Nach h. M. erfordert das Unrechtsbewusstsein die Kenntnis und das geistige Verstehen des Unwertgehalts der Tat. Der Täter muss sich zum einen der Wertwidrigkeit seines Verhaltens bewusst sein und zum anderen den Rechtsverstoß seines Verhaltens kennen, d. h. er muss die von dem verwirklichten Straftatbestand umfasste spezifische Rechtsgutsbeeinträchtigung als Unrecht erkannt haben.[28] Das Unrechtsbewusstsein muss sich danach sowohl auf die materielle Wertwidrigkeit des Verhaltens als auch auf die formelle Rechtswidrigkeit dieses Ver-

---

26 Vgl. GROTHEGUT Norm- und Verbots(un)kenntnis, § 17 S. 2 StGB, 1993, S. 111 ff; JAKOBS A. T., 19/23 f; JOECKS MK, § 17 Rdn. 15; LAUBENTHAL/BAIER GA 2000 S. 207 ff; NEUMANN NK, § 17 Rdn. 21; DERS. JuS 1993 S. 795; OTTO Jura 1990 S. 647; SCHROEDER LK, § 17 Rdn. 7.

27 Von sekundärer Bedeutung ist die Frage, ob das Bewußtsein, ordnungswidrig zu handeln, bereits hinreichende Kenntnis der Sanktionierbarkeit bedeutet; dazu vgl. einerseits OLG Celle NJW 1987 S. 78; OLG Stuttgart NStZ 1993 S. 344 mit Anm. GEPPERT JK 94, StGB § 17/2; NEUMANN NK, § 17 Rdn. 20; STRATENWERTH A. T. I, § 10 Rdn. 62, andererseits SCHROEDER LK, § 17 Rdn. 7 f. – Die Frage entscheidet sich danach, ob man zwischen Strafrecht und Ordnungswidrigkeitenrecht lediglich einen quantitativen oder auch einen qualitativen Unterschied sieht und welches Gewicht man dem qualitativen Unterschied zumisst.

28 Vgl. BGHSt 2 S. 194, 202; 15 S. 383; BGH NJW 1999 S. 2908, 2909; JESCHECK/WEIGEND A. T., § 41 I 3 a; KÜPER JZ 1989 S. 621; LACKNER/KÜHL § 17 Rdn. 2; LESCH JA 1996 S. 346; MAURACH/ZIPF A. T. 1, § 38 Rdn. 10; ROXIN A. T. I, § 21 Rdn. 12; RUDOLPHI Unrechtsbewußtsein, Verbotsirrtum und Vermeidbarkeit des Verbotsirrtums, 1969, S. 44 ff; SCH/SCH/STERNBERG-LIEBEN § 17 Rdn. 5; TRÖNDLE/FISCHER § 17 Rdn. 3; WESSELS/BEULKE A. T., Rdn. 428.

haltens erstrecken. Kennt der Täter allerdings die rechtliche Wertwidrigkeit seines Verhaltens, so soll es unbeachtlich sein, ob der Täter meint, gegen eine strafrechtliche, öffentlich-rechtliche oder zivilrechtliche Norm zu verstoßen. Das Bewusstsein, Unrecht zu verwirklichen, setze keine Kenntnis der Strafbarkeit voraus.[29] Es genüge, dass der Täter wisse, dass das, was er tut, rechtlich nicht erlaubt, sondern verboten ist.[30]

3. Grenzen der h. M.

Der Bezug des Unrechtsbewusstseins auf den Gesetzesverstoß schlechthin durch die h. M. **43** fasst das Unrechtsbewusstsein zu weit. Dem Täter wird nämlich ein strafrechtlich relevantes Unrechtsbewusstsein auch dann zugerechnet, wenn er die *Bedeutung* seines Rechtsverstoßes nicht erkannt hat. Das Bewusstsein des Rechtsungehorsams ist aber für ein Strafe konstituierendes Element zu wenig. Auch subjektiv muss der Täter sich der Schwere seines Rechtsverstoßes bewusst sein.

4. Aktuelles Rechtswidrigkeitsbewusstsein

Aktuelles Rechtswidrigkeitsbewusstsein, wie es das Vorsatzdelikt erfordert, bedeutet keines- **44** wegs, dass der Täter stets „daran denken" muss, dass er sich rechtswidrig verhält, d. h. dass er mit seinem Verhalten ein rechtliches Ge- oder Verbot verletzt. Es genügt auch hier ein aktuell verhaltenswirksames Bewusstsein der Rechtswidrigkeit. Aktuell bewusst ist sich der Täter der Rechtswidrigkeit seines Verhaltens daher auch dann, wenn er den Verstoß gegen die Rechtsnorm sachgedanklich erfasst hat derart, dass er sich des rechtlich relevanten Sinngehalts des Geschehens so bewusst ist, dass er diesen nicht erst als Gedächtnisleistung reproduzieren muss; vgl. dazu die entsprechenden Ausführungen unter § 7 Rdn. 8 in Verb. mit § 7 Rdn. 11. – Nicht hinreichend ist daher ein bloß potenzielles Rechtswidrigkeitsbewusstsein.

5. Bedingtes Bewusstsein der Rechtswidrigkeit

Entsprechend den verschiedenen Formen des Vorsatzes: dolus directus 1. Grades, dolus **45** directus 2. Grades, dolus eventualis – dazu vgl. oben § 7 Rdn. 27 ff – lassen sich auch verschiedene Formen des Rechtswidrigkeitsbewusstseins unterscheiden. Es ist nicht einsichtig, dass an die Rechtskenntnis höhere Anforderungen gestellt werden sollen als an die Tatsachenkenntnis, und zwar mit der Konsequenz, dass das Rechtswidrigkeitsbewusstsein stets schon dann zu bejahen ist, wenn der Täter es für möglich hält, sich rechtswidrig zu verhalten. Damit wird Rechtsfahrlässigkeit als Unrechtsbewusstsein eines Vorsatzdelikts für ausreichend erachtet.[31]

---

29 Vgl. BGHSt 2 S. 194, 202; 15 S. 377, 383; BGH NJW 1999 S. 2909; BAUMANN/WEBER/MITSCH A. T., § 21 Rdn. 48; KÜHL A. T., § 11 Rdn. 28; ROXIN A. T. I, § 21 Rdn. 13; RUDOLPHI SK I, § 17 Rdn. 5; TRÖNDLE/ FISCHER § 17 Rdn. 3.

30 TRÖNDLE/FISCHER § 17 Rdn. 3.

31 Dazu vgl. auch SPENDEL LK, § 323 a Rdn. 245. – Zur Gegenansicht: vgl. BGH NJW 1996 S. 1605; JOECKS MK, § 17 Rdn. 23; KUNZ GA 1983 S. 457; PAEFFGEN JZ 1978 S. 745; SEIER JuS 1986 S. 220; TIMPE Strafmilderungen des Allgemeinen Teils des StGB und das Doppelverwertungsverbot, 1983, S. 253; TRÖNDLE/ FISCHER § 16 Rdn. 27; WARDA Lange-FS, 1976, S. 119 ff.

6. Die Vermeidbarkeit des Verbotsirrtums

46   Die höchstrichterliche Rechtsprechung stellt nach ihrem eigenen Verständnis der Fahrlässigkeitsprüfung höhere Anforderungen an die Vermeidbarkeit des Verbotsirrtums als an die
Verletzung der Sorgfaltspflicht bei den Fahrlässigkeitsdelikten: „Ein Verbotsirrtum ist vermeidbar, wenn dem Täter sein Vorhaben unter Berücksichtigung seiner Fähigkeiten und
Kenntnisse hätte Anlaß geben müssen, über dessen mögliche Rechtswidrigkeit nachzudenken
oder sich zu erkundigen, und er auf diesem Wege zur Unrechtseinsicht gekommen wäre"[32].
In der Literatur ist die Frage, ob an die Vermeidbarkeit eines Verbotsirrtums strengere
Anforderungen zu stellen sind als an die Tatfahrlässigkeit, strittig. Gleichwohl verbirgt sich
hinter der Streitfrage ein Scheinproblem. Ein strengerer Maßstab gegenüber der Fahrlässigkeitsprüfung ist in den Anforderungen der Rechtsprechung an die Vermeidbarkeitsprüfung
nämlich nur dann zu erkennen, wenn man die Fahrlässigkeitsprüfung, wie die h. M., mit
einem doppelten Maßstab belastet und als Elemente des Unrechtstatbestandes objektive
(generelle) Sorgfaltspflichtverletzung und objektive (generelle) Erkennbarkeit voraussetzt,
hingegen den persönlichen Maßstab – individuelle Sorgfaltspflichtverletzung und Erkennbarkeit – erst in der Schuld berücksichtigt. Zieht man demgegenüber die Konsequenz aus
dem personellen Gehalt des Unrechtsvorwurfs, so ist der Doppelmaßstab zu verwerfen und
der persönliche individuelle Maßstab bereits im Unrechtstatbestand verbindlich. Dann erweist sich die Vermeidbarkeitsprüfung nach den Grundsätzen der Rechtsprechung der Sache
nach als klassischer Fall einer Fahrlässigkeitsprüfung.

47   Maßgeblich ist danach, ob der konkrete Täter bei seinen individuellen Fähigkeiten und
Kenntnissen unter Beachtung der ihn in seiner Position treffenden Rechtspflichten die Möglichkeit hatte, den Irrtum zu vermeiden; eingehender dazu oben § 10 Rdn. 11 ff.

48   Die Anforderungen im Einzelnen ergeben sich dabei aus der spezifischen Lebens- und
Berufssituation des Täters, seiner Vorbildung, entsprechenden Anlässen, Erkundigungen
anzustellen oder Rechtsauskünfte einzuholen, u. a.[33]

§ 14: Entschuldigungsgründe: Verbote, unter Umständen bestehende Schuld vorzuwerfen

Lernziel: Einsicht, dass im Rahmen der §§ 33, 35 die Argumentation nicht in die Richtung zielt, dass die Entscheidungsfreiheit ausgeschlossen ist.

I. Schuldausschluss und Entschuldigung

1   Von den Schuldausschließungsgründen sind die Entschuldigungsgründe zu trennen.[1] In
ihnen findet der Gedanke der *Unzumutbarkeit normgemäßen Verhaltens* Beachtung. Die Entschuldigungsgründe beschreiben nicht Situationen, in denen die Schuld des Täters ausge-

---

32 BayObLG JZ 1989 S. 600.

33 Eingehender dazu DUTTGE Zur Bestimmtheit des Handlungsunrechts von Fahrlässigkeitsdelikten, 2001,
  S. 279 ff; DERS. MK, § 15 Rdn. 23 ff; OTTO Jura 1990 S. 648 ff.

1 Den strukturellen Unterschied zwischen Schuldausschließungs- und Entschuldigungsgründen bestreiten:
  HIRSCH LK, Vor § 32 Rdn. 182; ROXIN Bockelmann-FS, S. 288 ff; DERS. A. T. I, § 19 Rdn. 49.

schlossen ist, sondern Situationen, in denen der Täter auf Grund einer besonderen Konflikt-
lage trotz rechtspflichtwidrigen Verhaltens die „Nachsicht der Rechtsordnung"[2] findet.[3]

Zwar kann z. B. in der Situation des § 35 – jemand verwirklicht zur Rettung eines Ver- 2
wandten einen Unrechtstatbestand – die Schuld infolge einer Panik ausgeschlossen sein, weil
der Täter nicht mehr fähig ist, sein Verhalten zu steuern. Im Regelfall wird aber die Einsicht
des Täters in das Unrecht des Verhaltens und seine Möglichkeit, anders zu handeln, vorliegen. Angesichts der Schwierigkeiten, in den entscheidenden Situationen das Maß der
Schuld nachträglich festzustellen, und in Anerkennung der Wirkungslosigkeit des Pflichtansinnens in den beschriebenen Situationen setzt der Gesetzgeber seine Forderung jedoch
nicht mit einem Strafanspruch durch. – Dem Richter wird gar nicht erst gestattet zu prüfen,
ob es dem Täter möglich war, sich nach seiner Einsicht, er werde Unrecht verwirklichen, zu
richten. Daher ist es sachlich treffender, hier von Verboten, unter Umständen bestehende
Schuld vorzuwerfen, zu sprechen als von Entschuldigungsgründen, jedoch ist dieser Ausdruck sprachlich eingängiger.

In der Literatur wird durchaus anerkannt, dass es hier nicht darum geht, dass der Täter in 3
der Situation der §§ 33, 35 nicht anders handeln konnte.

Z.T. wird daraus die Konsequenz gezogen, §§ 33, 35 als bloße Strafzweckregeln zu interpretieren[4]. Z.T. wird
von einer verminderten Schuld auf Grund des bestehenden Motivationsdrucks ausgegangen.[5] Die heute h. L.
sieht in den genannten Vorschriften Unrechts- *und* Schuldmilderungsgründe, ordnet sie dogmatisch aber
gleichwohl als Entschuldigungsgründe ein und zieht systematisch nicht die Konsequenzen aus der festgestellten Doppelnatur.[6]

II. Die Regelungen im Einzelnen

1. Der Entschuldigende Notstand, § 35 StGB

a) Zum Begriff der gegenwärtigen Gefahr vgl. oben § 8 Rdn. 165 ff. 4

Auch hier ist zu beachten, dass – im Gegensatz zum gegenwärtigen Angriff; dazu oben § 8
Rdn. 31 ff – eine Gefahr bereits dann als gegenwärtig anzusehen ist, wenn der Eintritt des
drohenden Schadens zwar *nicht* unmittelbar bevorsteht, jedoch der Schadenseintritt bereits
droht und feststeht, dass der spätere Schaden nur durch sofortiges Handeln abgewehrt werden kann.[7]

---

2 SCHRÖDER SchwZStr 76 S. 4.
3 Vgl. AMELUNG JZ 1982 S. 621 f; GÜNTHER SK I, Vor § 32 Rdn. 12; JESCHECK/WEIGEND A.T., § 43 II;
   LENCKNER Der rechtfertigende Notstand, 1965, S. 35 ff; RUDOLPHI SK I, Vor § 19 Rdn. 5 f; SCH/SCH/
   LENCKNER Vorbem. §§ 32 ff Rdn. 108/109; VOGLER GA 1969 S. 104. – Im Einzelnen zu den verschiedenen
   Versuchen, die Entschuldigung zu begründen: PAWLIK JbRE 11 (2003) S. 289 ff, 299 ff.
4 Vgl. ROXIN Bockelmann-FS, S. 282 ff.
5 Vgl. RGSt 66 S. 225; 66 S. 398; BOCKELMANN Strafrechtliche Untersuchungen, 1957, S. 84 f; HENKEL
   Mezger-FS, S. 291; SCHMIDHÄUSER A. T., 11/4.
6 Vgl. ESER/BURKHARDT I, Nr. 18 A 13; JESCHECK/WEIGEND A. T., § 43 III 2 b; KÜPER JZ 1983 S. 88 ff; RU-
   DOLPHI ZStW 78 (1966) S. 84 ff; DERS. SK I, Vor § 19 Rdn. 6, § 35 Rdn. 3; SCH/SCH/LENCKNER Vorbem.
   §§ 32 ff Rdn. 111; VOGLER GA 1969 S. 105. – Konsequent aber WOLTER GA 1996 S. 214 f. – Krit. zur
   „Doppelnatur" der Entschuldigungsgründe auch NEUMANN NK, § 35 Rdn. 4 f.
7 Vgl. dazu oben § 8 Rdn. 168 ff sowie: RGSt 60 S. 321; 66 S. 226; BGH NJW 1966 S. 1824; BGH NJW
   1979 S. 2054 mit Anm. HASSEMER JuS 1980 S. 69 f, HIRSCH JR 1980 S. 115 ff, HRUSCHKA NJW 1980 S. 21 ff,
   und SCHROEDER JuS 1980 S. 336 ff; NEUMANN NK, § 35 Rdn. 12.

5 b) Notstandsfähige Güter sind Leib, Leben und Freiheit, d. h. körperliche Bewegungsfreiheit. – Eine analoge Anwendung auf andere Güter ist nicht möglich.[8]

6 Das ungeborene Leben wird aus kriminalpolitischen Gründen weithin von der h. M. nicht als notstandsfähig angesehen. Diese Differenzierung findet im Gesetzeswortlaut jedoch keine Grundlage.[9]

7 c) Die Gefahr muss entweder dem Täter selbst, einem seiner Angehörigen oder einer ihm nahestehenden Person drohen.

aa) Zum Angehörigenbegriff: § 11 Abs. 1 Nr. 1.

bb) Eine Person steht dem Täter nahe i. S. des Gesetzes, wenn der Täter mit ihr in Hausgemeinschaft lebt oder diese Person ihm wie ein Angehöriger persönlich verbunden ist.[10]

8 d) Die Gefahr darf nicht anders abwendbar sein; dazu oben § 8 Rdn. 172. – Auch hier sind die Anforderungen an die Prüfungspflicht situationsbedingt.[11]

9 Stehen dem Täter mehrere in Eignung zur Abwehr und Schwere des Eingriffs unterschiedliche Mittel zur Verfügung, so ist es ihm zumutbar, ein Restrisiko auf sich zu nehmen, so dass er das weniger aussichtsreiche, aber auch weniger gravierende Mittel wählen muss.[12]

10 e) Die Handlung muss durch den Rettungsversuch motiviert sein.

Da der Täter in den hier relevanten Fällen rechtswidrig handelt, ist es die Motivation der Rettung, an die die Straffreiheit anknüpft. Bloße Kenntnis der Lage und Handeln aus anderen Motiven kann Straffreiheit nicht begründen.[13]

11 f) Versagt ist dem Täter gemäß § 35 Abs. 1 S. 2 die Berufung auf den entschuldigenden Notstand:

12 aa) Wenn es ihm, namentlich weil er die Gefahr selbst verursacht hat, zugemutet werden kann, die Gefahr hinzunehmen. Das ist aber erst dann der Fall, wenn der Täter sich ohne zureichenden Grund in die Gefahrenlage begeben hat, aus der vorhersehbar die Notstandslage erwachsen ist.[14] – Die bloße Verursachung der Gefahr ist kein hinreichender Grund, die Entschuldigung zu versagen.[15]

---

8 So die h. M., vgl. OLG Frankfurt StV 1989 S. 107; BAUMANN/WEBER/MITSCH A. T., § 23 Rdn. 20; JESCHECK/WEIGEND A. T., § 44 I 1; LACKNER/KÜHL § 35 Rdn. 3; MAURACH/ZIPF A. T. 1, § 34 Rdn. 13; RUDOLPHI SK I, § 35 Rdn. 5. – A. A. bei Sachgütern, deren Verlust der Beeinträchtigung eines Persönlichkeitsrechts im Gewicht entspricht: JAKOBS A. T., 20/9; STRATENWERTH A. T. I, § 10 Rdn. 104; TIMPE JuS 1984 S. 863 f. – Bei Persönlichkeitsgütern, deren Verletzung die Identität der Persönlichkeit berührt: Neumann NK, § 35 Rdn. 13.

9 Zur h. M. vgl. HIRSCH LK, § 35 Rdn. 12; LACKNER/KÜHL § 35 Rdn. 3; ROXIN JA 1990 S. 101.

10 Begr. zu § 40 E 1962 S. 161.

11 Vgl. BGH NStZ 1992 S. 487.

12 Vgl. ERB MK, § 35 Rdn. 28; LENCKNER Lackner-FS, S. 95 ff, 111.

13 So auch BGHSt 3 S. 273; KREY A. T. 1, Rdn. 730; MAURACH/ZIPF A. T. 1, § 34 Rdn. 15; ROXIN JA 1990 S. 102; SCH/SCH/PERRON § 35 Rdn. 16; TRÖNDLE/FISCHER § 35 Rdn. 8. – A. A. JAKOBS A. T., 20/10 f; TIMPE JuS 1984 S. 860.

14 Vgl. auch ERB MK, § 35 Rdn. 53 f; JESCHECK/WEIGEND A. T., § 44 III 2 a; LACKNER/KÜHL § 35 Rdn. 8; PAWLIK JbRE 11 (2003) S. 307; ROXIN A. T. I, § 22 Rdn. 35 ff; SCH/SCH/PERRON § 35 Rdn. 20. – Objektive Pflichtwidrigkeit lassen u. a. genügen: HIRSCH LK, § 35 Rdn. 39; MAURACH/ZIPF A. T. 1, § 34 Rdn. 5; RUDOLPHI SK I, § 35 Rdn. 15. – Auf die Zuständigkeit für die Gefahr stellen ab: HRUSCHKA Strafrecht, S. 281 f; TIMPE JuS 1985 S. 36 ff.

15 A. A. OLG Oldenburg NJW 1988 S. 3217; STREE JuS 1973 S. 470.

Zwischen der Schwere der Gefahr für die zu schützenden Rechtsgüter und der Verletzung **13** der Rechtsgüter, in die zur Rettung eingegriffen wird, muss eine gewisse Proportionalität bestehen. – Eine Gefahr für unerhebliche, unwesentliche körperliche Schäden entschuldigt nicht. Auch in derartigen Fällen besteht aber die Möglichkeit der Strafmilderung.

bb) Wenn die Gefahr einem Angehörigen oder einer nahestehenden Person droht und es **14** dieser Person zugemutet werden kann, die Gefahr hinzunehmen, weil sie sie selbst verursacht hat.[16]

cc) Wenn der Täter zum Bestehen besonderer Notsituationen verpflichtet ist, z. B. als Soldat, **15** Ersatzdienstleistender, Seemann in typischen Notsituationen auf See, Polizeibeamter, Feuerwehrmann, Wettermann, Arzt in Bezug auf Ansteckungsgefahren usw.

2. Überschreitung der Notwehr, der sog. Notwehrexzess, § 33 StGB

In § 33 normiert der Gesetzgeber ein Verbot, Schuld vorzuwerfen, für die Fälle der Über- **16** schreitung des Maßes der *erforderlichen* Verteidigung auf Grund von Verwirrung, Furcht oder Schrecken.[17]

Die Voraussetzungen der Notwehr im Übrigen müssen vorliegen. Ist dem Täter eine Beru- **17** fung auf Notwehr versagt – vgl. oben § 8 Rdn. 59 ff –, so kommt auch eine „Entschuldigung" nach § 33 nicht in Betracht.

Die Auseinandersetzung um die Problematik der Anwendbarkeit des § 33 in Fällen, in denen dem Täter die Berufung auf Notwehr versagt ist, wird wesentlich dadurch verdunkelt, dass der Streit, wann diese Versagung berechtigt ist, hier unter der Thematik der Anwendbarkeit des § 33 fortgesetzt wird.[18]

Dass der Angegriffene sich durch Flucht oder Einschaltung der Polizei dem Angriff hätte **18** entziehen können, steht der Entschuldigung nicht entgegen.[19] Ausgeschlossen ist diese jedoch, wenn er selbst einen Angriff unternommen hat, um einem späteren Angriff seines Gegners zuvorzukommen. Hier fehlt es am *gegenwärtigen* rechtswidrigen Angriff, gegen den sich der Verteidiger zur Wehr setzt.[20]

a) „Intensiver" und „extensiver" Notwehrexzess

Allgemein anerkannt ist, dass § 33 auf den sog. intensiven Notwehrexzess – der Verteidiger **19** geht im Maß, d.h. in der Intensität der Abwehrhandlung, über die Grenzen der erforderlichen Verteidigung hinaus – Anwendung findet.

Streitig ist die Anwendung auf den sog. extensiven Notwehrexzess, d.h. auf die Beurtei- **20** lung von Abwehrhandlungen gegen einen noch nicht begonnenen oder schon beendeten Angriff. Die h.M. hält dies für begrifflich unmöglich, da ein Notwehrrecht, das nicht oder nicht mehr bestehe, nicht ausgeübt und dabei überschritten werden könne.[21]

---

16 Vgl. auch RUDOLPHI SK I, § 35 Rdn. 17; TIMPE JuS 1985 S. 38. – A. A. HRUSCHKA Strafrecht, S. 263, Fn. 144; MAURACH/ZIPF A. T. 1, § 34 Rdn. 6; SCH/SCH/PERRON § 35 Rdn. 20; TRÖNDLE/FISCHER § 35 Rdn. 11.

17 Im Einzelnen zu diesen *asthenischen Affekten:* SPENDEL LK, § 33 Rdn. 60 ff.

18 Eingehend dazu – auch zu einer abweichenden Sicht der Problematik – RENZIKOWSKI Lenckner-FS, S. 249 ff, 264 f.

19 Vgl. BGH NStZ 1995 S. 177.

20 Vgl. BGHSt 39 S. 133 mit Anm. DRESCHER JR 1994 S. 425 f, LESCH StV 1993 S. 578 ff, MÜLLER-CHRIST-MANN JuS 1994 S. 649 ff, OTTO JK 94, StGB § 32/19, ROXIN NStZ 1993 S. 335 f.

21 Vgl. z. B. BGHSt 27 S. 339; BGH NStZ 1987 S. 20; BGH NStZ 2002 S. 141 mit Anm. GEPPERT JK 02, StGB § 33/3; BayObLG JR 1952 S. 113; OLG Frankfurt GA 1970 S. 286; GEILEN Jura 1981 S. 379; JESCHECK/

21   Das begriffliche Argument zwingt jedoch zu einer Differenzierung innerhalb der Fälle des sog. extensiven Notwehrezesses:

22   aa) Im Falle „vorzeitiger" Notwehr, sog. Präventivnotwehr, ist das begriffliche Argument zwingend: Der Täter, der sich zu früh, d.h. vor einem rechtswidrigen Angriff, zur Wehr setzt, überschreitet nicht die Grenzen der Notwehr, vielmehr handelt er in einer Situation, in der keine Notwehrlage besteht. Gleichgültig ob man den Begriff des Überschreitens der Grenzen der Notwehr auf das Maß oder die Zeit der Notwehr bezieht, von einem *Über*schreiten kann keine Rede sein.[22]

23   bb) Im Falle eines nachzeitig-extensiven Notwehrexzesses bleibt das begriffliche Argument jedoch ohne Überzeugungskraft. Vom Wortsinn her leuchtet es unmittelbar ein, dass nicht nur räumliche, sondern auch zeitliche Grenzen, dass tatsächlich das Maß der erforderlichen Verteidigung und rechtlich die Befugnis zur Verteidigung überschritten werden können. Erforderlich ist allerdings, dass zwischen der Abwehr des gegenwärtigen rechtswidrigen Angriffs und der folgenden Rechtsgutsbeeinträchtigung nach Beendigung des Angriffs ein unmittelbarer zeitlicher Zusammenhang derart besteht, dass die Verteidigungshandlung und ihre Fortsetzung bei natürlicher Betrachtungsweise als einheitliches Geschehen erscheinen.[23]

24   Auch die Rechtsprechung kommt im Ergebnis der hier vertretenen Anerkennung des nachzeitig-extensiven Notwehrexzesses nahe, da sie die Gegenwärtigkeit des Angriffs bis zur endgültigen Beseitigung der Angriffsgefahr ausdehnt.[24]

b) Bewusste oder nur unbewusste Notwehrüberschreitung

25   Str. ist, ob die bewusste Überschreitung der Notwehr noch von § 33 StGB erfasst wird oder allein die unbewusste oder gar nur die dem Täter nicht erkennbare Notwehrüberschreitung.

26   Diese Streitfrage kann jedoch auf die Alternative „bewusste oder nur unbewusste Notwehrüberschreitung" begrenzt werden, denn im Falle einer dem Täter nicht erkennbaren Überschreitung der Grenzen der Notwehr folgt die Entschuldigung bereits aus allgemeinen Grundsätzen der Schuldlehre. Darüber hinaus erscheint aber auch die Begrenzung des § 33 auf die Fälle unbewusster Notwehrüberschreitung nicht überzeugend. Der Wortlaut des § 33 differenziert nicht zwischen bewusster und unbewusster Überschreitung der Notwehr, und zwar erfolgte diese Entscheidung des Gesetzgebers in Kenntnis der Problematik.[25]

WEIGEND A. T., § 45 II 4; KREY A. T. 1, Rdn. 732; LACKNER/KÜHL § 33 Rdn. 2; MOTSCH Der straflose Notwehrexzess, 2003, S. 93 ff; RUDOLPHI JuS 1969 S. 463; SAUREN Jura 1988 S. 570 f; SCHMIDHÄUSER A. T., 11/27; TRÖNDLE/FISCHER § 33 Rdn. 2.

22 Dazu vgl. BAUMANN/WEBER/MITSCH A. T., § 23 Rdn. 43; HERZOG NK, § 33 Rdn. 12; KÜHL A. T., § 12 Rdn. 141; MOTSCH Notwehrexzess, S. 101 ff; OTTO Jura 1987 S. 605; SPENDEL LK, § 33 Rdn. 10.

23 Vgl. auch ERB MK, § 33 Rdn. 14; HERZOG NK, § 33 Rdn. 11; OTTO Jura 1987 S. 606; SPENDEL LK, § 33 Rdn. 4 ff; TIMPE JuS 1985 S. 120 f. – Grundsätzlich für Anwendung des § 33 auf den vorzeitigen und nachzeitigen Exzess: BEULKE Jura 1988 S. 643; JAKOBS A. T., 20/31; MÜLLER-CHRISTMANN JuS 1989 S. 718 f; ROXIN Schaffstein-FS, S. 111 ff; SCH/SCH/PERRON § 33 Rdn. 7.

24 Vgl. RGSt 62 S. 77; BGH NJW 1992 S. 516 f. – Dazu auch ROXIN A. T. I, § 22 Rdn. 86.

25 Vgl. auch RGSt 21 S. 191; 56 S. 34; BGH NStZ 1987 S. 20; BGH NStZ 1989 S. 474 mit Anm. BEULKE JR 1990 S. 380 ff, und OTTO JK 90, StGB § 33/1; BAUMANN/WEBER/MITSCH A. T., § 23 Rdn. 46; ERB MK, § 33 Rdn. 15; HEUCHEMER/HARTMANN JA 1999 S. 166; KÜHL A. T., § 12 Rdn. 148; JAKOBS A. T., 20/30; JESCHECK/WEIGEND A. T., § 45 II 3; LACKNER/KÜHL § 33 Rdn. 3; MAURACH/ZIPF A. T. 1, § 34 Rdn. 30; MOTSCH Notwehrexzess, S. 78 ff; OTTO Jura 1987 S. 606; ROXIN Schaffstein-FS, S. 107 ff; RUDOLPHI JuS 1969 S. 463; SPENDEL LK, § 33 Rdn. 52 ff; STRATENWERTH A. T. I, § 9 Rdn. 93; TIMPE JuS 1985 S. 117; TRÖNDLE/

Zu beachten ist, dass der Täter, der sich nicht der Notwehrüberschreitung bewusst ist, **27** u. U. davon ausgeht, dass der Angriff unmittelbar fortgesetzt wird, wenn er mit der Gegenwehr aufhört. Dann liegt ein vorsatzausschließender Irrtum über die tatsächlichen Voraussetzungen der Notwehr vor.[26]

c) Motivation durch die in § 33 genannten Affekte

Die in § 33 genannten asthenischen Affekte müssen, wenn sie mit weiteren Motiven – z. B. **28** Wut, Zorn – zusammentreffen, für den Exzess *zumindest mitbestimmend*, sie brauchen nicht die dominierenden Motive gewesen zu sein.[27]

3. Der Gewissenskonflikt

a) Rechtsprechung und Lehre im Strafrecht standen lange Zeit überzeugend auf dem Stand- **29** punkt, dass der Täter, der im Konflikt zwischen Rechtsüberzeugungen der Gesellschaft und eigenen Gewissens- oder Glaubensüberzeugungen diesen folgt und im Vollzug seiner Überzeugungen einen Deliktstatbestand verwirklicht, nicht von Strafe freizustellen sei. In der Verfassungsrechtslehre der sechziger und der beginnenden siebziger Jahre setzte sich demgegenüber zunehmend die Auffassung durch, dass das Grundrecht der Gewissensfreiheit auch die Freiheit umfasse, dem Gewissen gemäß zu handeln und sich daher in bestimmten Fällen aus Art. 4 Abs. 1 GG ein „Straffreistellungsanspruch" ergebe. Da der Täter in diesen Fällen die Rechtspflicht kennt und auch nicht auszuschließen ist, dass er über die *faktische* Möglichkeit verfügt, ihr zu folgen, handelt es sich unter strafrechtlichen Aspekten hier um einen Entschuldigungsgrund, d. h. um ein Verbot, u. U. bestehende Schuld vorzuwerfen.

BVerfGE 32 S. 106 ff: Zum Grundrecht der Glaubensfreiheit „gehört auch das Recht des Einzelnen, sein gesamtes Verhalten an den Lehren seines Glaubens auszurichten und seiner inneren Glaubensüberzeugung gemäß zu handeln. Dabei sind nicht nur Überzeugungen, die auf imperativen Glaubenssätzen beruhen, durch die Glaubensfreiheit geschützt. Vielmehr umspannt sie auch religiöse Überzeugungen, die für eine konkrete Lebenssituation eine ausschließlich religiöse Reaktion zwar nicht zwingend fordern, diese Reaktion aber für das beste und adäquate Mittel halten, um die Lebenslage nach der Glaubenshaltung zu bewältigen. Andernfalls würde das Grundrecht der Glaubensfreiheit sich nicht voll entfalten können. Wer sich in einer konkreten Situation durch seine Glaubensüberzeugung zu einem Tun oder Unterlassen bestimmen läßt, kann mit den in der Gesellschaft herrschenden sittlichen Anschauungen und den auf sie begründeten Rechtspflichten in Konflikt geraten. Verwirklicht er durch dieses Verhalten nach herkömmlicher Auslegung einen Straftatbestand, so ist im Lichte des Art. 4 Abs. 1 GG zu fragen, ob unter den besonderen Umständen des Falles eine Bestrafung den Sinn staatlichen Strafens überhaupt noch erfüllen würde. Ein solcher Täter lehnt sich nicht aus mangelnder Rechtsgesinnung gegen die staatliche Rechtsordnung auf; das durch die Strafdrohung geschützte Rechtsgut will auch er wahren. Er sieht sich aber in eine Grenzsituation gestellt, in der die allgemeine Rechtsordnung mit dem persönlichen Glaubensgebot in Widerstreit tritt, und er fühlt die Verpflichtung, hier dem höheren Gebot des Glaubens zu folgen. Ist diese Entscheidung auch objektiv nach den in der Gesellschaft allgemein herrschenden Wertvorstellungen zu mißbilligen, so ist sie doch nicht mehr in dem Maße vorwerfbar, daß es gerechtfertigt wäre, mit der schärfsten der Gesellschaft zu Gebote stehenden Waffe, dem Strafrecht, gegen den Täter vorzugehen. Kriminalstrafe ist – unabhängig von ihrer Höhe – bei solcher Fallgestaltung unter keinem

---

FISCHER § 33 Rdn. 3. – A. A. PAEFFGEN NK, Vor § 32 Rdn. 267; SCHMIDHÄUSER A. T., 11/26; SCH/SCH/ PERRON § 33 Rdn. 6; WELZEL Lb., § 14 II 5.

26 Dazu vgl. BGH NJW 1992 S. 516 f.

27 Dazu auch RG JW 1935 S. 431; BGHSt 3 S. 198; BGH NStZ 1987 S. 20; BGH StV 1999 S. 145; 1999 S. 148; HERZOG NK, § 33 Rdn. 23; OTTO Jura 1987 S. 606 f; RUDOLPHI SK I, § 33 Rdn. 3; SPENDEL LK, § 33 Rdn. 71. – A. A. ROXIN Schaffstein-FS, S. 121 f; SCH/SCH/LENCKNER § 33 Rdn. 5; TRÖNDLE/FISCHER § 33 Rdn. 3.

Aspekt (Vergeltung, Prävention, Resozialisierung des Täters) eine adäquate Sanktion. Die sich aus Art. 4 Abs. 1 GG ergebende Pflicht aller öffentlichen Gewalt, die ernste Glaubensüberzeugung in weitesten Grenzen zu respektieren, muß zu einem Zurückweichen des Strafrechts jedenfalls dann führen, wenn der konkrete Konflikt zwischen einer nach allgemeinen Anschauungen bestehenden Rechtspflicht und einem Glaubensgebot den Täter in eine seelische Bedrängnis bringt, der gegenüber die kriminelle Bestrafung, die ihn zum Rechtsbrecher stempelt, sich als eine übermäßige und daher seine Menschenwürde verletzende soziale Reaktion darstellen würde."

30 b) Auch in der Lehre hat die Berücksichtigung der Gewissensnot Beifall gefunden, doch ist streitig, ob diese – zumindest in Teilbereichen – rechtfertigend[28], entschuldigend[29] oder nur strafbefreiend[30] zu berücksichtigen ist und ob eine Strafbefreiung grundsätzlich oder nur in bestimmten Fällen durchgreift.

31 Dennoch überzeugen weder der strafrechtlich „rätselhaft" (DREHER) begründete Schuldausschluss noch eine Rechtfertigung, denn das BVerfG selbst umgeht die Aussage zu den Grundlagen eines derart weit reichenden Rechtfertigungs- oder Entschuldigungsgrundes, indem es das Gewissen als „ein (wie immer begründbares, jedenfalls aber) real erfahrbares Phänomen" bezeichnet, dessen Forderungen, Mahnungen und Wahrnehmungen für die Menschen unmittelbar evidente Gebote unbedingten Sollens sind."[31] – Damit werden Anklänge an die Interpretation des Gewissens als „Stimme der Wahrheit" oder auch der „Stimme Gottes" lebendig erhalten, die rechtliche Problematik des Phänomens jedoch verkannt.

Das Individuum lebt nicht nur in der (Rechts)gesellschaft, es hat Teil am Leben in einzelnen Gemeinschaften, mögen diese die Familie, eine religiöse oder weltanschaulich neutrale Gemeinschaft, eine kulturelle oder der Herkunft nach bestimmte Gemeinschaft sein. Gerade weil der Einzelne mehreren Gemeinschaften angehört, sind in seinem Lebensvollzug vielfältige Möglichkeiten eines Gewissenskonflikts angelegt, denn der Gewissenskonflikt ist nichts anderes als das Erlebnis des Zwiespalts zwischen den Normen, an denen der Einzelne qua Gemeinschaft teilhat und den Normen, die zu dieser Teilhabe im Widerspruch stehen. Ist nämlich der Gemeinschaftsbezug des Einzelnen ein habitueller Modus seiner Existenz, so setzt sich der Einzelne zugleich in Widerspruch zu sich selbst, wenn er sich dem Gemeinschaftsbezug, der Gemeinschaftsordnung, zuwider verhält. Entspricht sein Verhalten der Ordnung der Gemeinschaft, so befindet er sich mit sich selbst in Einklang. Widerspricht das Verhalten der Ordnung, so wird mit dem Gemeinschaftsbezug auch das Verhältnis des Einzelnen zu sich selbst gestört. Der Einzelne erlebt einen Identitätskonflikt. Die Möglichkeit, die eigene Identität zu wahren, ist in Frage gestellt. Dabei muss es sich keineswegs um einen

---

28 So z. B. für Unterlassen: PETERS H. Mayer-FS, S. 265 ff; DERS. JZ 1972 S. 85 f; RANFT Schwinge-FS, S. 118 ff. – Für Berücksichtigung der Glaubens- und Gewissensfreiheit im Rahmen des § 34 StGB: BÖSE ZStW 113 (2001) S. 46 ff.

29 BAUMANN/WEBER/MITSCH A. T., § 23 Rdn. 65 (begrenzt); BOPP Der Gewissenstäter und das Grundrecht der Gewissensfreiheit, 1974, S. 237 ff; EBERT Der Überzeugungstäter in der neueren Rechtsentwicklung, 1975, S. 40 ff, 58 ff; FIGUEIREDO DIAS Roxin-FS, S. 542 ff; JAKOBS A. T., 20/24 ff; JESCHECK/WEIGEND A. T., § 47 III (Unterlassen); KÜHL A. T., § 12 Rdn. 120 (begrenzt); MÜLLER-DIETZ Peters-FS, S. 91 ff; ROXIN A. T. I, § 22 Rdn. 122 ff; RUDOLPHI Welzel-FS, S. 630 ff; SCHLEHOFER MK, Vor § 32 Rdn. 207 ff; SCH/SCH/ LENCKNER Vorbem. §§ 32 ff Rdn. 120 (Unterlassen); TENCKHOFF Rauscher-FS, 1993, S. 450.

30 Vgl. dazu BGHSt 2 S. 194, 208; 8 S. 162, 163; BOCKELMANN Welzel-FS, S. 543 ff; DREHER JR 1972 S. 342 ff; GALLAS Mezger-FS, S. 319 f; HIRSCH Strafrecht und Überzeugungstäter, 1996, S. 26; JÄHNKE LK, § 212 Rdn. 31; ARTHUR KAUFMANN Das Schuldprinzip, 1961, S. 137 ff; MAURACH/ZIPF A. T. 1, § 35 Rdn. 7; RADTKE GA 2000 S. 35 f; TRÖNDLE JR 1974 S. 225; WELZEL Lb., § 22 IV.

31 BVerfGE 12 S. 45, 54.

Konflikt handeln, „an dem die Persönlichkeit zerbricht", oder der die „Existenz in Frage stellt". Das Erlebnis des Identitätszwiespalts ist das hier konstituierende Element. Dementsprechend ist es auch unrichtig, davon auszugehen, dass die Gewissensentscheidung sagt, was „gut" und was „böse" ist. Sie sagt dem Einzelnen nicht zwingend, was zu tun ist, sondern macht ihm bewusst, welches Verhalten mit seiner personalen Identität in Widerspruch steht.[32] Und die Widerspruchsmöglichkeiten sind vielfältig, damit aber auch die Möglichkeiten eines Gewissenskonflikts. Die Rechtsgesellschaft muss sich daher entscheiden, ob und wieweit sie anderen Normen Vorrang einräumt, die sie gerade auch für die Lebensgestaltung des Einzelnen akzeptiert und gutheißt. Art. 4 Abs. 3 GG ist insoweit eine vorbildliche Regelung. Aber auch sonst bieten die gesetzlichen Regeln Möglichkeiten der Berücksichtigung der Konfliktsituation durch Auslegung der Rechtsnormen im konkreten Fall. – Wo der Gesetzgeber aber keine Entscheidung zugunsten der Gewissensentscheidung getroffen hat und auch die Auslegung einer Norm keine Möglichkeiten bietet, die Entscheidung zu berücksichtigen, verlangen die gesetzlichen Regeln Vorrang. Die Strafrechtsordnung hat gleiche Wirksamkeit gegenüber allen Bürgern. Glaube und Gewissen bieten keine Eingriffsgrundlagen für Eingriffe in Rechte Dritter.

4. Die Unzumutbarkeit

a) Die Zumutbarkeit eines Verhaltens kann echtes Tatbestandsmerkmal sein, z.B. Zumutbarkeit der Hilfe in § 323c. Hinter der unscharfen Fragestellung: „Was mutet die Rechtsgesellschaft einem Täter in einer bestimmten Situation zu?" kann sich aber auch die Frage nach der Rechtswidrigkeit eines Verhaltens verbergen. In diesen Fällen geht es um die Frage, ob die Rechtsordnung einer Person die Aufopferung höherrangiger oder gleichrangiger Interessen „zumutet". Das ist zu verneinen. **32**

b) Hinter der Frage nach der Zumutbarkeit eines anderen Verhaltens in einer bestimmten Situation *kann sich auch ausnahmsweise* eine Schuldfrage verbergen. In Wirklichkeit geht es hier um einen nicht gesetzlich positivierten Ausschluss oder um eine Milderung der Schuld, weil der Entscheidungsspielraum des Täters in der konkreten Situation so gering ist, dass seine Situation der in § 35 beschriebenen *sachlich* vergleichbar ist, auch wenn die tatsächlichen Voraussetzungen ganz andere sind. – In diesem engen, ausnahmsweise in Betracht kommenden Rahmen können sog. Zumutbarkeitserwägungen angebracht sein.[33] **33**

Beispiel: Der A ist zum Wochenende schwer erkrankt und wird von fürchterlichen Schmerzen geplagt. Der Arzt B verschreibt ein schmerzstillendes Mittel. Mit dem Rezept begibt sich Frau A zur Apotheke. Der Apotheker C, der die Familie kennt, macht Frau A darauf aufmerksam, dass das Mittel auf Grund anderer Gebrechen des A tödlich sein könnte. Er fordert Frau A auf, sich bei B zu erkundigen, ob er versehentlich nicht die Gesamtkonstitution des A bedacht habe. B ist jedoch nicht zu Hause. C will gerade über das Wochenende verreisen. Er gibt Frau A das Medikament mit der ausdrücklichen Warnung, es nicht vor einer Unterredung mit B ihrem Ehemann zu geben.

---

32 Eingehend zur Gewissensentscheidung als „Rechtsquelle": OTTO Schmitt Glaeser-FS, S. 21 ff, 32 ff; vgl. auch SPIKER ZfL 2003 S. 121 ff.

33 Für einen allgemeinen übergesetzlichen Entschuldigungsgrund der Unzumutbarkeit: FREUDENTHAL Schuld und Vorwurf im geltenden Strafrecht, 1922, S. 25 ff; LÜCKE JR 1975 S. 58; WITTIG JZ 1969 S. 547 f. Dagegen z.B. ACHENBACH JR 1975 S. 492 ff; DERS. Jura 1997 S. 635 f; ESER/BURKHARDT I, Nr. 18 A 31 ff; ROXIN A. T. I, § 22 Rdn. 142 ff; SCH/SCH/LENCKNER Vorbem. §§ 32 ff Rdn. 122. – Für begrenzte Anerkennung (Fahrlässigkeits- und Unterlassungsdelikte): BAUMANN/WEBER/MITSCH A. T., § 23 Rdn. 63; KÜHL A. T., § 12 Rdn. 12; LACKNER/KÜHL Vor § 32 Rdn. 30; MAIWALD Schüler-Springorum-FS, S. 475 ff, 490 f; RUDOLPHI SK I, Vor § 19 Rdn. 10.

B erscheint auch im weiteren Verlauf des Tages nicht wieder. A, der zunächst das Medikament nicht anrühren wollte, bevor B befragt ist, brüllt inzwischen vor Schmerzen, verflucht die Ehe und sein herzloses Weib. – In ihrer Verzweiflung gibt Frau A ihrem Mann das Medikament. A stirbt.

Wiederholungsfragen

34　1. Was unterscheidet die §§ 33, 35 von den „Schuldausschließungsgründen"? – Dazu Rdn. 1 ff.

2. Skizziere die Voraussetzungen des § 35. Wie unterscheiden sich diese von denen des § 34? – Dazu Rdn. 4 ff.

3. Welche Problematik verbirgt sich hinter dem Schlagwort „Dauergefahr"? – Ordne den damit gemeinten Sachverhalt im Hinblick auf die §§ 34, 35 ein. – Dazu Rdn. 4.

4. Kann § 35 bei einer Gefahr für unwesentliche Körperschäden gegeben sein? – Dazu Rdn. 14.

5. Findet § 33 Anwendung, wenn der Täter aus Furcht bewusst die Grenzen der erforderlichen Verteidigung überschreitet? – Dazu Rdn. 25 ff.

Musterfall 5

35　(Erweiterung des Musterfalles 4):

Von einem Querschläger eines weiteren – in Bodenrichtung gehenden – Schusses wurde der Passant P getroffen. Sein Knöchelbein wurde durchschlagen.

Hat A sich strafbar gemacht?

Lösungsskizze:

Strafbarkeit des A gemäß § 229

1. Erfolg – Körperverletzung des P – eingetreten.

2. A hatte die Möglichkeit, das ihm vorgeworfene Verhalten willentlich zu steuern, er hätte den Schuss nicht abzugeben brauchen.

3. Von A begründete Gefahr realisierte sich in der Körperverletzung des P.

4. Dies war auch vorsehbar.

5. Pflichtbegrenzung

a) Notwehr, § 32. Zwar gegenwärtiger, rechtswidriger Angriff, aber Verletzung des P nicht Verteidigungshandlung, da nicht gegen Angreifer gerichtet.

b) Rechtfertigender Notstand, § 34

Hier ist alternativ zu entscheiden:

aa) P stand weit entfernt, so dass der Schuss, ex ante gesehen, objektiv nur geringe Gefahr bedeutete: dann überwiegt das geschützte Interesse (Leben des A) das beeinträchtigte Interesse (Gefährdung des Körpers des P) so wesentlich, dass Rechtfertigung durchgreift. (Zum Bewusstsein der Interessenabwägung durch A gilt das zum Verteidigungswillen oben zu Fall 4 Ausgeführte).

bb) War jedoch von vornherein – Abstand des P von der Stelle, auf die A schoss, sehr gering o.Ä. – eine erhebliche Gefahr für das Leben des P begründet, so entfällt die Möglichkeit einer Rechtfertigung gemäß § 34.

6. Dann gilt:

a) A hat den Unrechtstatbestand des § 229 erfüllt. – Mögliches Unrechtsbewusstsein gegeben, denn A hätte wissen müssen, dass er nicht rechtens das Leben eines unbeteiligten Dritten erheblich gefährden darf, um das eigene zu retten.

b) Entschuldigender Notstand, § 35

Gegenwärtige Gefahr für das Leben des A liegt vor. Gefahr nicht anders abwendbar, wenn kein Raum zur Verfügung steht, so dass A einerseits noch wirksam zur Verteidigung gegen B, C und D, andererseits ungefährlich für Dritte, schießen konnte. Da insgesamt wenig Platz, Unterstellung vertretbar, dass derartiger Raum nicht zur Verfügung stand. Rechtswidrige Tat geschah auch zur Abwendung der Gefahr, denn A wollte durch seinen Schuss die Gefährdung durch B, C und D abwenden. – A handelte in entschuldigendem Notstand.

c) *Anmerkung:* Fehlt dem Täter in der Situation des § 35 das Bewusstsein der Gefahr, oder ist seine Tat nicht wenigstens von einem allgemeinen Willen, eine bestimmte Gefahr abzuwehren, getragen, so kommt eine Entschuldigung nicht in Betracht. Die Entschuldigung beruht auf einer bestimmten psychischen Situation. Ihr Fehlen beseitigt die Entschuldigungsmöglichkeit.

Drittes Kapitel
Systematische Konsequenzen

§ 15: Irrtum im Bereich des Unrechtstatbestandes

Lernziel: Verständnis für den Prozess der Konkretisierung der im Aufbau der Straftat gesetzten Prämissen in den verschiedenen Rechtsinstituten.

I. Die Bedeutung der sog. Irrtumslehren

1. Schon bei der Behandlung des sog. error in persona vel obiecto und der aberratio ictus – **1** wiederhole oben § 7 Rdn. 93 ff – wurden „Irrtumsfälle" erörtert. Wenn dieses gleichsam „am Rande" geschehen konnte, so deshalb, weil die Prämissen, die sich in der Lösung dieser Irrtumsfälle konkretisierten, allein in der Sicht einzelner Tatbestandsmerkmale begründet waren, über diesen Bereich nicht hinausragten und daher nicht in eine Auseinandersetzung über die Grundlagen des Verbrechensaufbaus führten. Unabhängig von den Problemen des zwei- oder dreistufigen Verbrechensaufbaus und unabhängig von der Frage des systematischen Orts einzelner Verbrechenselemente konnte zu diesen Irrtumslagen Stellung bezogen werden.

2. Ganz anders ist die Ausgangsposition in den von den § 16 (Tatbestandsirrtum) und zu § 17 **2** (Verbotsirrtum) erfassten Irrtumsbereichen. Da die Unkenntnis eines „Umstandes, der zum gesetzlichen Tatbestande gehört" (§ 16), den Vorsatz ausschließt, hingegen das Fehlen der „Einsicht, Unrecht zu tun" (§ 17), lediglich die Schuld betrifft, wird hier die Irrtumsproblematik zu einem Problem der Inhaltsbestimmung des Vorsatzbegriffs. Sie wird – nimmt man den Wortlaut des Gesetzes ernst, dass im Falle des § 16 der Täter „nicht vorsätzlich handelt" – zu einem Prüfstein der Sachgerechtigkeit kriminalpolitischer und dogmatischer Prämissen des Verbrechensaufbaus. Die Problematik verweist unausweichlich auf die Frage, worauf sich das Bewusstsein des Täters – Sachverhaltskenntnis – erstrecken muss, damit gegen ihn der Vorwurf erhoben werden kann, er habe die personalen Beziehungen der Rechtsgenossen in der Rechtsgesellschaft in so unerträglicher Weise verletzt, dass die Bestrafung aus dem Vorsatzdelikt als angemessene Reaktion auf sein Verhalten erscheint.

3. Wird der Vorsatz – gleichgültig ob umfassend oder nur das finale Element beschreibend – **3** als Kenntnis der Tatumstände und ihres sozialen Bedeutungsgehalts definiert, so ist deutlich, dass § 16 bei einem Irrtum über ein Merkmal des objektiven Gesetzestatbestandes nur deklaratorische Bedeutung zukommt. Der Täter, der einen Tatumstand nicht kennt, kann diesen nicht vorsätzlich verwirklichen; dazu oben § 7. – Problematisch aber wird die Irrtumsfrage, wenn feststeht, dass der Täter über einen nicht vom Gesetzestatbestand erfassten Umstand geirrt hat, der gleichwohl aber zum Ausschluss des Unrechtsbewusstseins geführt hat.

II. Die Irrtumslehren

1. Zur Einführung:

Fallgruppe 5

Fall 1: Baculus, ein Lehrer, geht in seiner Freizeit – obwohl schon etwas kurzsichtig – der Jagd nach. Eines **4** Tages auf der Pirsch meint er plötzlich, einen kapitalen Bock im Unterholz auszumachen. B legt an und schießt. Leider aber handelt es sich bei dem vermeintlichen Bock um X, der schwer verletzt zu Boden sinkt.

Fall 2: Nach diesem groben Missgeschick lässt B sich vom Optiker O eine Brille anfertigen. Er bezahlt diese auch, doch unter stets neuen Vorwänden verweigert O die Herausgabe der Brille. So verhindert O, dass B abends am Stammtisch die Runde mit den neuesten Jagderlebnissen langweilen kann. Als O eines Tages abwesend ist, erscheint B im Laden des O, lenkt den anwesenden Lehrling ab und nimmt die Brille an sich. Er ist der Auffassung, diese gehöre ihm, da sie für ihn angefertigt und von ihm bezahlt wurde.

Fall 3: Wieder im Revier sieht B den Wilderer W hinter einem Gebüsch sitzen und direkt auf ihn, den B, zielen. B, auf den vor kurzem schon einmal geschossen wurde, glaubt, W wolle ihn erschießen. Blitzschnell reißt er die Flinte hoch und schießt. Er verwundet den W am Arm. – Nun stellt sich heraus, dass W den B überhaupt nicht wahrgenommen hatte, weil er gerade auf einen Waschbären zielte, der zwei Meter neben B in einer Baumgabel hockte.

Fall 4: Auf dem Heimweg sieht B, dass einige fremde Knaben, nachdem sie eine alte Frau geärgert haben, davonlaufen. Als der frechste der Burschen an ihm vorbeiflitzt, greift er ihn und gibt ihm eine Ohrfeige, denn er ist der Auffassung, ein Erwachsener dürfe freche Knaben – auf frischer Tat ertappt – aus erzieherischen Gründen angemessen züchtigen.

Fall 5: Weiter geht B im Unterricht mit Züchtigungen. Schon bei geringen Anlässen drischt er auf seine Schüler ein. Er weiß, dass die Schulbehörde und die Eltern diese Art der Erziehung missbilligen, hält dies aber für eine irrige Rechtsauffassung, die die Jugend zur Frechheit ermuntere und zwangsläufig das Volk zu einer Herde von Schwächlingen werden lasse.

Fall 6: Garstig geht es schließlich bei B zu Hause zu. Er schlägt seine 10jährige Tochter, wenn diese sich nur wenige Minuten verspätet, mit dem Riemen derart, dass das Kind schwere Blutergüsse und andere Verletzungen erhält. Hin und wieder sperrt er das sich tödlich ängstigende Mädchen nachts in den Keller. – Er weiß, dass sein Verhalten allgemein als grobe Verletzung der Personenwürde seines Kindes angesehen wird, glaubt aber, er mache sich nicht strafbar.

2. *Die Lösung der Irrtumsproblematik nach den im Unrechtstatbestand gesetzten Prämissen: Die modifizierte Vorsatztheorie*

5   a) Nach den im Aufbau des Unrechtstatbestandes gesetzten Prämissen enthält der Vorsatz – wiederhole oben § 7 – zwei Elemente: er ist Träger der *Finalität* und des *Handlungsunwerts*. Das *finale Element* umfasst die Kenntnis der objektiven Merkmale des Tatbestandes und ihres Bedeutungsgehaltes sowie den Verhaltenswillen. Der *Handlungsunwert* beruht auf der Kenntnis der Sozialschädlichkeit, d. h. der Sozialgefährlichkeit der Verwirklichung der Tatbestandsmerkmale. Fehlt dem Täter das Bewusstsein dieses Sinngehalts, so bedeutet dies, dass ein Element des Vorsatzes fehlt und damit der Vorsatz nicht gegeben ist.

6   Danach liegt ein den Vorsatz des Täters ausschließender Irrtum stets vor, wenn:

aa) der Täter über das Vorliegen oder den Bedeutungsgehalt einzelner Merkmale des objektiven Gesetzestatbestandes irrt,

bb) der Täter einen Sachverhalt gegeben glaubt, der, läge er in Wirklichkeit vor, keine Pflicht zu einem anderen Verhalten begründen würde, z. B. der Täter irrt über die tatsächlichen Voraussetzungen eines Rechtfertigungsgrundes,

cc) der Täter sich bei seinem Verhalten nicht der Tatsache bewusst ist, innerhalb der Rechtsgemeinschaft könnte sein Verhalten als sozialschädlich angesehen werden.

7   b) Irrelevant ist hingegen ein Irrtum des Täters, der in seiner Auffassung begründet ist, er könne die Grenzen des sozialangemessenen oder -nützlichen Verhaltens sachgerechter bestimmen als die anderen Mitglieder der Rechtsgesellschaft (sog. *Überzeugungstäter*).

8   c) War der den Vorsatz ausschließende Irrtum dem Täter vermeidbar, d.h. beruhte dieser Irrtum auf Fahrlässigkeit, so kommt – soweit ein entsprechender Fahrlässigkeitstatbestand gegeben ist – eine Haftung aus dem Fahrlässigkeitsdelikt in Betracht.

d) Das bedeutet für die Entscheidungen in der **Fallgruppe 5:**   9

Fall 1: Beim Schuss auf den X meinte B, auf einen Rehbock zu zielen. Dass er einen Menschen vor sich hatte, wusste er nicht. B irrte sich über das Vorliegen eines Tatbestandsmerkmals des § 223. Eine Bestrafung wegen vorsätzlicher Körperverletzung entfällt. – Zu prüfen aber § 230!

Fall 2: Im Falle des Brillenkaufs kannte B den Sachverhalt, er irrte aber über die Bedeutung der Bezahlung des Kaufpreises als er meinte, auf Grund dieser Zahlung Eigentümer der Brille geworden zu sein. Damit irrte er über den Bedeutungsgehalt des Merkmals „fremd" i.S. des § 242. – Mangels Vorsatzes entfällt eine Bestrafung wegen Diebstahls.

Fall 3: Als B auf W schoss, war er sich der Gefahr der Rechtsgutsbeeinträchtigung bewusst. Infolge eines Irrtums über einen Sachverhalt, dessen Vorliegen einen Rechtfertigungsgrund bedeutet hätte, meinte B aber, sich auf dem Boden des Rechts zu bewegen, d.h. er wollte die Pflichtgebote der Rechtsordnung keineswegs verletzen oder auch nur missachten. Er meinte vielmehr, infolge seines Irrtums, sich in den ihm gesetzten Grenzen zu bewegen. *Der Irrtum über die tatsächlichen Voraussetzungen eines Rechtfertigungsgrundes* nahm dem B die Möglichkeit, sein Verhalten als sozialschädlich zu erkennen. – Eine Bestrafung wegen vorsätzlicher Körperverletzung ist nicht möglich, zu prüfen ist aber das Vorliegen einer fahrlässigen Körperverletzung.

Fall 4: Bei der Züchtigung des fremden Knaben wusste B, dass er ein Rechtsgut beeinträchtigt. Er irrte auch nicht über Tatsachen, deren Vorliegen sein Verhalten gerechtfertigt hätten. Er meinte vielmehr, zu seinem Verhalten berechtigt zu sein, weil er an *die Existenz eines Rechtfertigungsgrundes glaubte, den die Rechtsordnung nicht anerkennt.* Seine Wertung dessen, was als sozialwidrig anzusehen ist, wich von der Wertung durch die Rechtsordnung ab.

Die Glaubwürdigkeit der Einlassung des Täters wird in derartigen Fällen genau zu untersuchen sein. Bei einem Abweichen der Täterwertung von den Wertungen der Allgemeinheit werden Anhaltspunkte gegeben sein müssen – z.B. besondere „ortsübliche Bräuche", o.Ä. –, damit die Einlassung glaubwürdig erscheint. Bei den im Strafgesetzbuch und in den strafrechtlichen Hauptgesetzen unter Strafe gestellten Rechtsgutsbeeinträchtigungen handelt es sich um Verhaltensweisen, deren Sozialschädlichkeit auf Grund des Aufwachsens in der Rechtsgesellschaft jedem Mitglied dieser Rechtsgesellschaft bewusst ist. Nur dort, wo es sich um Tatbestände handelt, die „sozialethisch neutrale" Verhaltensweisen regeln und nicht Grundprinzipien der Rechtsordnung konkretisieren, fehlt es an dem entsprechenden Bewusstsein, Unrecht zu verwirklichen.[1] Hier ist Kenntnis der Rechtspflicht erforderlich und zutreffend sieht die Rechtsprechung in dieser Kenntnis ein Erfordernis vorsätzlichen Handelns.[2]

Aus diesem Grunde sind auch der „Rechtsfeind", der „Rechtsblinde" oder der in seinem „Rechtsempfinden" abgestumpfte Täter" keine problematischen Figuren innerhalb der hier entwickelten Irrtumslehre: Der Rechtsfeind kennt die Überzeugungen der anderen Mitglieder der Rechtsgesellschaft, denn deren Überzeugung ist gerade der Gegenstand seiner Feindschaft. – Der Täter, der unter Dieben, Mördern, Hehlern und Huren aufgewachsen ist, endlich selbst erwachsen ist und meint, das Verhalten dieser Personen sei das sozialübliche Verhalten, dürfte in der Realität nicht auffindbar sein. – Wird dies berücksichtigt, so bedarf es keines Hinweises, dass der Richter einen positiven Nachweis erbringen muss, dass ein Angeklagter die Unwahrheit sagt, wenn dieser sich z.B. dahin einlässt, er habe geglaubt, stehlen sei erlaubt. Glaubt der Richter dem Angeklagten, so wird er ihn dem Psychiater zuführen, glaubt er ihm nicht, so wird er diese Einlassung in seinen Urteilsgründen würdigen. – Nur wenn nach Abwägung aller Umstände die Einlassung des B glaubwürdig erscheint, entfällt daher die Bestrafung aus § 223.

Fall 5: Bei der Gestaltung seines Unterrichts weiß B, dass sein Verhalten von der Rechtsgesellschaft als sozialschädlich angesehen wird. Er meint jedoch, nicht rechtswidrig zu handeln, weil er seine eigenen Vorstellungen von dem, was rechtens ist, höher bewertet als die der Rechtsgesellschaft. – Diesen Vorrang der Überzeugung Einzelner braucht die Rechtsgesellschaft nicht anzuerkennen. B ist wegen vorsätzlicher Körperverletzung im Amt zu bestrafen.

---

1 Zur Tradition und heutigen Bedeutung dieser „Zweibereichsdifferenzierung" vgl. Burckhardt in: Eser/Nishihara (Hrsg.), Rechtfertigung und Entschuldigung IV, 1995 S. 408 ff.
2 Vgl. dazu Fn. 7.

Fall 6: Bewusst ist dem zu Hause wütenden B, dass sein Verhalten als sozialschädlich angesehen wird. Allerdings meint B, nicht gegen eine positive Rechtsnorm zu verstoßen. Dieser Glaube hindert die Bestrafung wegen vorsätzlicher Körperverletzung nicht. – Immerhin bietet aber § 17 die Möglichkeit einer Strafmilderung wegen eines vermeidbaren Verbotsirrtums.

10   e) Die hier entwickelte Irrtumslehre ist ihrem Wesen nach eine modifizierte *Vorsatztheorie.* Sie beruht auf den in der Literatur von Arthur Kaufmann[3] und Schmidhäuser[4] entwickelten Gedankengängen.[5] – Die ihr eigene Schwäche soll angeblich in der relativen Unschärfe des Begriffs der Sozialschädlichkeit liegen, doch handelt es sich hier um ein Scheinproblem. Es geht um die Kenntnis der Rechtsgutsbeeinträchtigung und ihres sozialen Bedeutungsgehalts, d.h. um das Wissen, dass die soziale Vertrauensgrundlage durch Beeinträchtigung eines Wertes verletzt wird, dessen Achtung die Rechtsgesellschaft als Grundlage ihrer sozialen Beziehungen ansieht[6]; dazu oben § 7 Rdn. 62 ff.

11   f) Das gegenüber der sog. strengen und sog. eingeschränkten Vorsatztheorie – dazu sogleich unter Rdn. 12ff – zutreffende Argument, diese Lehren seien mit dem Gesetz, d.h. mit § 17, nicht mehr vereinbar, berührt die modifizierte Vorsatztheorie nicht, auch wenn dies in der Literatur z.T. behauptet wird. Da nach h.M. das Unrechtsbewusstsein i.S. des § 17 anderes erfordert als das Bewusstsein der Sozialschädlichkeit – dazu vgl. oben § 13 Rdn. 39 ff –, enthält § 17 nach der hier und der von der h.M. vertretenen Auffassung überhaupt keine Aussage über die Konsequenzen aus dem Fehlen des Bewusstseins der Sozialschädlichkeit. Das Argument trifft hingegen die sog. eingeschränkte Schuldtheorie; dazu sogleich unten Rdn. 18 ff. Im Übrigen zeigt die Praxis im Bereich des Nebenstrafrechts und des OWiG, dass die modifizierte Vorsatztheorie keineswegs nur theoretische Bedeutung hat oder gar mit dem Gesetz unvereinbar ist.[7]

3. Die strenge und die eingeschränkte Vorsatztheorie

12   a) Wird als Element des Unrechtsbewusstseins das *Bewusstsein des Täters, gegen eine Rechtsnorm zu verstoßen,* gefordert, und das so verstandene Unrechtsbewusstsein *als Vorsatzelement*

---

3 Das Unrechtsbewusstsein in der Schuldlehre des Strafrechts, 1949, S. 143 ff.

4 H. Mayer-FS, S. 317 ff.

5 Zur eingehenden Begründung modifizierter Vorsatztheorien: Schmidhäuser A. T., 10/64 ff; ders. NJW 1975 S. 1807 ff und JZ 1979 S. 361 ff; sodann D. Geerds Jura 1990 S. 421 ff; Hardwig Grundprobleme der Allgemeinen Strafrechtslehre, 1984, S. 38 f; Arthur Kaufmann Lackner-FS, S. 185 ff; Langer GA 1976 S. 193 ff.

6 Vgl. auch Arthur Kaufmann Lackner-FS, S. 185 ff, 188.

7 Wenn die Rechtsprechung – vgl. z. B. BGH wistra 1987 S. 139; BFH wistra 1987 S. 151; BayObLG MDR 1990 S. 655; OLG Bremen StV 1985 S. 282 – ausdrücklich betont, dass im Steuerstrafrecht zum Tatbestandsvorsatz die Kenntnis der „steuerrechtlichen Bedeutung des Tuns" gehört – zur Auseinandersetzung: Reiss wistra 1987 S. 161ff m.w.N. –, so entspricht diese Aussage voll der hier vertretenen modifizierten Vorsatztheorie und ist nicht mit der sonst vom BGH verteidigten eingeschränkten Schuldtheorie vereinbar; anders allerdings Tiedemann Geerds-FS, S. 95 ff, der von einer „modifizierten Schuldtheorie" ausgeht, die sachlich jedoch weit eher der „modifizierten Vorsatztheorie" entspricht. – Zum Irrtum über die Normen für echte und voll genusstaugliche Lebensmittel als Tatbestandsirrtum vgl. BGH GA 1962 S. 25; BayObLGSt 1957 S. 253 f. – Zum Irrtum über die Berechtigung zur weiteren Inhaftierung eines Festgenommenen als Tatbestandsirrtum vgl. OLG Frankfurt NJW 2000 S. 2037. – Allgemein zur Kenntnis der gebotenen Handlung als Vorsatzelement: BayObLG NStZ-RR 1998 S. 78. Zur grundsätzlichen Geltung der Vorsatztheorie im Nebenstrafrecht vgl. Ziegert Vorsatz, Schuld und Vorverschulden, 1987, S. 156 ff m.w.N.

interpretiert, so führen diese Prämissen in der Irrtumslehre *zur sog. strengen Vorsatztheorie*, die mit § 17 allerdings nicht mehr in Einklang zu bringen ist.

Konsequenterweise hätten die Anhänger dieser Theorie in der Fallgruppe 5 nicht nur in den **Fällen 1–4**, sondern auch in den **Fällen 5** und **6** das Vorliegen des Vorsatzes verneinen müssen. Und in der Tat ist gegen diese Theorie stets geltend gemacht worden, sie begünstige „rechtsfeindliche" und „in ihrem Rechtsempfinden abgestumpfte Täter" in unerträglicher Weise.

b) Um die Mängel der strengen Vorsatztheorie zu umgehen, wurde versucht, die Vorsatztheorie als *eingeschränkte Vorsatztheorie* zu halten, indem der Täter *wie ein Vorsatztäter bestraft werden sollte*, wenn er rechtsfeindlich handelte oder sein Irrtum auf Vorstellungen beruhte, die unvereinbar waren mit den allgemeinen Rechtsvorstellungen. **13**

Abgesehen von der geringen praktischen Relevanz dieser Einschränkungen schwächten sie die Position der Vorsatztheorie, denn mit den Prämissen der auf das formelle Rechtswidrigkeitsbewusstsein abstellenden Vorsatztheorie waren sie konstruktiv nicht in Einklang zu bringen. **14**

4. Die strenge Schuldtheorie

In sich folgerichtig und mit dem Wortlaut des § 16 ohne weiteres vereinbar ist hingegen die *sog. strenge Schuldtheorie*. Sie ist auf den Prämissen eines streng dreistufigen Verbrechensaufbaus, in dem der Vorsatz als Tatbestandsmerkmal erscheint, fundiert. Da der Vorsatz sich allein auf die objektiven Merkmale des Gesetzestatbestandes bezieht, ist jeder Irrtum über Merkmale außerhalb des Gesetzestatbestandes ungeeignet, den Vorsatz zu tangieren.[8] **15**

a) Innerhalb der Fallgruppe 5 läge nur in den **Fällen 1** und **2** ein Vorsatzausschluss vor, Im Übrigen käme jeweils ein Verbotsirrtum in Betracht. **16**

b) Sachlich identifiziert diese Lehre das Unrecht, das der Täter einer vorsätzlichen Tötung verwirklicht, mit dem Unrecht, das derjenige begeht, der in der irrigen Annahme der Voraussetzungen eines Rechtfertigungsgrundes, z.B. der Notwehr, einen anderen tötet. Das erscheint grob sachwidrig. – Formal steht und fällt diese Lehre mit dem dreigliedrigen Verbrechensaufbau; dazu oben § 5 Rdn. 25 ff. **17**

5. Die eingeschränkte Schuldtheorie

Die h.M. vertritt die Auffassung, die Bestrafung aus einem Vorsatzdelikt sei nicht nur bei einem Irrtum über ein objektives Merkmal des Gesetzestatbestands und dessen Bedeutungsgehalt ausgeschlossen, sondern auch im Falle der irrigen Annahme der tatbestandlichen Voraussetzungen eines anerkannten Rechtfertigungsgrundes (Erlaubnistatbestandsirrtum), nicht aber beim Irrtum über die Grenzen eines anerkannten Rechtfertigungsgrundes oder das Vorliegen eines nicht von der Rechtsordnung anerkannten Rechtfertigungsgrundes (Erlaubnisirrtum): *sog. eingeschränkte Schuldtheorie*. **18**

Nach den Prämissen dieser Lehre ist in der Fallgruppe 5 ein Vorsatzausschluss in den **Fällen 1–3** anzunehmen.

Die hier vertretenen Konstruktionen weichen erheblich voneinander ab. Sie leiden jedoch sämtlich darunter, dass das erwünschte Ergebnis mit den in die Bestimmung des Vorsatzes eingebrachten Prämissen kaum in Einklang zu bringen ist, denn diese Lehre ist nicht auf rechtsdogmatische, sondern auf kriminalpolitische Prämissen gegründet. **19**

---

8 Dazu Welzel Lb., § 22 III; im Übrigen: Fukuda JZ 1958 S. 143 ff; Hirsch Die Lehre von den negativen Tatbestandsmerkmalen, 1960, S. 311 ff; ders. LK, Vor § 32 Rdn. 8, 52; Armin Kaufmann JZ 1955 S. 37 ff; Maurach/Gössel/Zipf A. T. 2, § 44 Rdn. 69; Paeffgen Armin Kaufmann-GedS, S. 399 ff, 412; ders. NK, Vor § 32 Rdn. 109 ff; Schroeder LK, § 16 Rdn. 36 f, 52 ff.

20 Darüber hinaus entzieht das Argument der Anhänger dieser Lehre, die modifizierte Vorsatztheorie sei mit dem Gesetz nicht zu vereinbaren, dieser Lehre selbst die Grundlage. Wenn nämlich gemäß § 16 der Gesetzgeber ausdrücklich festgesetzt hätte, dass *nur* ein Irrtum über ein Merkmal des Gesetzestatbestandes im engeren Sinne den Vorsatz ausschließt, wäre jede weitergehende direkte oder analoge Anwendung des § 16 ausgeschlossen. Gerade dieses ist dem § 16 jedoch nicht zu entnehmen. Er besagt lediglich, dass jedenfalls bei Unkenntnis der zum objektiven Gesetzestatbestand gehörenden Umstände der Vorsatz entfällt. Eine Aussage zum Irrtum über andere Elemente des Unrechtstatbestandes enthält § 16 nicht.[9]

a) Die rechtsfolgenverweisende Schuldtheorie

21 Die heute wohl h.M. beurteilt den Irrtum über die tatbestandlichen Voraussetzungen eines Rechtfertigungsgrundes zwar nicht als vorsatzausschließend, unterwirft diesen Irrtum aber „wegen Fehlens der Vorsatzschuld" den Rechtsfolgen des § 16.[10]

b) Tatbestandsanalogie zu § 16

22 aa) Zum Teil wird in der Lehre die Ansicht vertreten, im Falle des Irrtums über die tatbestandlichen Voraussetzungen eines Rechtfertigungsgrundes sei zwar nicht der tatbestandsbezogene Verwirklichungswille ausgeschlossen, wohl aber der durch den Vorsatz begründete Handlungsunwert. Definiert wird der Vorsatz selbst allerdings lediglich als finaler Verwirklichungswille.[11]

23 bb) Andere meinen, hier sei § 16 Abs. 1 S. 1 analog anzuwenden und damit der Vorsatz auszuschließen.[12]

c) Die Lehre von den negativen Tatbestandsmerkmalen

24 Zum gleichen Ergebnis wie die unter a) und b) Genannten kommen andere, indem sie die Rechtfertigungsgründe als „negative Tatbestandsmerkmale" interpretieren.[13]

---

9 Dazu auch D. GEERDS Jura 1990 S. 427 f; GRÜNWALD Noll-GedS, S. 184 ff.
10 Vgl. z.B. BOCKELMANN/VOLK A.T., § 16 C II 6 d; DREHER Heinitz-FS, S. 223 ff; GALLAS Bockelmann-FS, S. 169 ff; HERDEGEN BGH-FS, S. 195 ff; JESCHECK/WEIGEND A.T., § 41 III 2 d; LACKNER/KÜHL § 17 Rdn. 15; MAURACH/ZIPF A.T. 1, § 37 Rdn. 41 ff; SCHLÜCHTER Irrtum über normative Tatbestandsmerkmale im Strafrecht, 1983, S. 171 ff; TRÖNDLE/FISCHER § 16 Rdn. 27; WESSELS/BEULKE A.T., Rdn. 478 f.
11 Vgl. z.B. FRISCH in Eser/Perron (Hrsg.), Rechtfertigung und Entschuldigung, Bd. III, 1991, S. 268 ff; PUPPE NK, § 16 Rdn. 155 ff; RUDOLPHI SK I, § 16 Rdn. 12; STRATENWERTH A.T. I, § 9 Rdn. 157 ff.
12 Vgl. z.B. BGHSt 2 S. 194 ff; 3 S. 105 ff; 17 S. 91; BGH NStZ 1983 S. 500; NStZ 1987 S. 322; BAUMANN/WEBER/MITSCH A.T., § 21 Rdn. 43; HERZBERG JA 1989 S. 295 ff; (differenzierend aber DERS. Stree/Wessels-FS, S. 204 ff und JZ 1993 S. 1017 ff); KÜHL A.T., § 13 Rdn. 73; KUHLEN Die Unterscheidung von vorsatzausschließendem und nicht-vorsatzausschließendem Irrtum, 1987, S. 330; ROXIN A.T. I, § 14 Rdn. 62 ff; SCHEFFLER Jura 1993 S. 621 ff; SCH/SCH/STERNBERG-LIEBEN § 16 Rdn. 14; SCHUMANN Strafrechtliches Handlungsunrecht, 1986, S. 33.
13 Vgl. z.B. ENGISCH ZStW 70 (1958) S. 600; HRUSCHKA Strafrecht, S. 195 ff; JOECKS MK, § 16 Rdn. 91; ARTHUR KAUFMANN Lackner-FS, S. 194 ff; KINDHÄUSER Gefährdung als Straftat, 1989, S. 111; SCHAFFSTEIN OLG Celle-FS, S. 175 ff; SCHÜNEMANN GA 1985 S. 348 ff; DERS. Coimbra-Symposium, hrsgeg. von Schünemann/Figueiredo Dias, 1995, S. 175 ff.

d) Zur Auseinandersetzung

Ihr Gemeinsames finden die unter a) bis c) skizzierten Lehren im Ergebnis: Der „Erlaubnis- **25** tatbestandsirrtum" wird hier dem Irrtum über das Vorliegen eines objektiven Merkmales des Gesetzestatbestandes gleichgestellt, denn: „Wer Umstände annimmt, deren Vorliegen die Tat rechtfertigen würde, handelt auf Grund einer Zielsetzung, die mit den Normen des Rechts völlig übereinstimmt. Was er will, ist nicht nur nach seiner – unmaßgeblichen – subjektiven Meinung, sondern auch nach dem objektiven Urteil des Gesetzgebers rechtlich einwandfrei"[14].

Umstritten ist allerdings unter den Vertretern der eingeschränkten Schuldtheorie, ob als **26** vorsatzausschließender Erlaubnistatbestandsirrtum lediglich der Irrtum über *tatsächliche* Voraussetzungen eines anerkannten Rechtfertigungsgrundes anzuerkennen ist oder ob jeder Irrtum über die *tatbestandlichen* Voraussetzungen, d.h. auch über normative Merkmale eines Rechtfertigungsgrundes, die Vorsatzstrafe ausschließt.

BayObLG NJW 1965 S. 1924: A, der Eigentümer eines Grundstücks, über das ein tatsächlich öffentlicher Weg verlief, verletzte einen Benutzer dieses Weges durch Stöße körperlich, um ihn an der Benutzung des Weges zu hindern. A hielt sich als Eigentümer irrtümlich für berechtigt, einzelne Personen von der Benutzung des Weges auszuschließen.

BayObLG: A handelte nicht in einem Erlaubnistatbestands-, sondern lediglich in einem Verbotsirrtum, da er sich bei richtiger Kenntnis aller Tatumstände über den Inhalt der Befugnisse geirrt hat, die er als Besitzer eines tatsächlich öffentlichen Weges ausüben darf.

OLG Karlsruhe NJW 1973 S. 378: Der leicht alkoholisierte A, der beim Ausparken das Fahrzeug des X erheblich beschädigt hatte, überreichte X seine Visitenkarte und ließ ihn das amtliche Kennzeichen seines Fahrzeugs notieren. Als A danach Anstalten machte davonzufahren, stellte sich X ihm in den Weg und forderte ihn auf, das Eintreffen der Polizei abzuwarten, die den Unfall aufnehmen sollte. In der irrigen Annahme, zu weiterem Abwarten nicht verpflichtet zu sein, fuhr A auf den ihn nach seiner Meinung rechtswidrig aufhaltenden X mit dem Pkw zu und zwang ihn, zur Seite zu springen.

OLG Karlsruhe: A handelte im Erlaubnistatbestandsirrtum.

Während die Rechtsprechung überwiegend den Erlaubnistatbestandsirrtum auf Sachverhalts- **27** irrtümer beschränken will, sprechen sich die Vertreter der eingeschränkten Schuldtheorie in der Literatur in der Mehrzahl dafür aus, auch Irrtümer über normative Merkmale eines anerkannten Rechtfertigungsgrundes als Erlaubnistatbestandsirrtümer zu erfassen. In einem die Vorsatzstrafe ausschließenden Irrtum soll danach nicht nur derjenige handeln, der auf Grund falscher Sachverhaltssicht irrig von einem rechtswidrigen Angriff i.S.d. § 32 ausgeht, sondern auch derjenige, der infolge falscher Bewertung eines in tatsächlicher Hinsicht richtig erkannten Geschehens über die Rechtswidrigkeit des Angriffs irrt.[15]

Allerdings sollen nicht sämtliche Bewertungsirrtümer über normative Rechtfertigungs- **28** voraussetzungen einen Erlaubnistatbestandsirrtum begründen. Eine verbreitete Auffassung im Schrifttum stuft einzelne Merkmale von Rechtfertigungsgründen als sog. gesamttatbewertende Merkmale ein, d.h. als Merkmale, die in so starkem Maße als allgemeine Werturteile abgefasst sind und dabei so viel normativen Gehalt in sich aufgenommen haben, dass der

---

14 ROXIN A. T. I, § 14 Rdn. 62.
15 Zur überwiegenden Literaturmeinung vgl. z. B.: DREHER Heinitz-FS, S. 226; ENGISCH ZStW 70 (1958) S. 584 f; HERDEGEN BGH-FS, S. 207; JESCHECK/WEIGEND A. T., § 41 IV 1; LACKNER/KÜHL § 32 Rdn. 19; SCHLÜCHTER Irrtum, S. 175 ff; DIES. JuS 1985 S. 618; SCH/SCH/STERNBERG-LIEBEN § 16 Rdn. 20; SCH/SCH/PERRON § 32 Rdn. 65; TRÖNDLE/FISCHER § 32 Rdn. 27. – Zur Gegenmeinung (Verbotsirrtum): SCHAFFSTEIN OLG Celle-FS, S. 193; MAURACH/ZIPF A. T. 2, § 38 Rdn. 17 f.

Vorsatz sich nur auf die tatsächlichen Voraussetzungen dieser Merkmale, nicht aber auf das damit verbundene Werturteil selbst, beziehen muss. Gesamttatbewertende Merkmale in diesem Sinne sollen etwa das überwiegende Interesse und die Angemessenheit des Mittels in § 34 sowie die Sittenwidrigkeit der Einwilligung bei § 228 sein.[16]

29   Diese Differenzierungen zeigen letztlich nur, dass es den Anhängern der eingeschränkten Schuldtheorie nicht gelingt, dem Erlaubnistatbestandsirrtum klare Konturen zu geben und ihn damit vom Verbotsirrtum abzugrenzen, sofern der Erlaubnistatbestandsirrtum nicht auf reine Sachverhaltsirrtümer begrenzt wird. Zudem kann die Redeweise von den tatbestandlichen Voraussetzungen eines anerkannten Rechtfertigungsgrundes nicht darüber hinwegtäuschen, dass auch der Täter, der bei zutreffender Sachverhaltssicht über ein normatives Merkmal eines Rechtfertigungsgrundes irrt, sich in einem Irrtum über die Reichweite eines Rechtfertigungsgrundes befindet, d. h. in der Diktion der h.M. in einem Verbotsirrtum.[17]

30   Offen bleibt darüber hinaus bei den Anhängern der eingeschränkten Schuldtheorie, wieso das Bewusstsein des Täters, sich aufgrund eines Erlaubnistatbestandsirrtums „rechtstreu" zu verhalten, zu den gleichen Konsequenzen führen soll wie ein Irrtum des Täters über objektive Merkmale des Tatbestands, obwohl zuvor ausdrücklich – wegen der andersartigen Sachvoraussetzungen – der Vorsatz nur in Bezug auf diese Merkmale definiert wurde, so dass das Fehlen einer „Vorsatzschuld" oder eines „Handlungsunwertes" den Vorsatz, dessen Ausschluss in § 16 geregelt ist, gerade nicht berühren kann. Erstaunlich ist darüber hinaus, dass die Anhänger dieser Lehre mehrheitlich davon ausgehen, dass erst die Kenntnis der rechtfertigenden Tatsachen (subj. Rechtfertigungselement) das Handlungsunrecht der vorsätzlichen Tat beseitigt. Hingegen soll die gleiche Vorstellung nur zur Beseitigung der Schuld führen, wenn sie falsch ist. Das ist mit Sicherheit nicht miteinander in Einklang zu bringen.[18] In der Sache – und das verbergen die verschiedenen Konstruktionen nur mühsam – wird hier anerkannt, dass sich der Vorsatz doch auf einen Teil der das Unrecht konstituierenden Merkmale erstreckt, auf jenen nämlich, der die tatbestandlichen Voraussetzungen eines Rechtfertigungsgrundes betrifft.[19] Für diese Differenzierung jedoch bietet § 17 keinen Raum, wenn der Vorsatz – wie die Vertreter dieser Ansichten meinen – wirklich unabhängig vom Unrechtsbewusstsein ist. – Damit sind diese Lehren sicher nicht verfassungswidrig[20], wohl aber unschlüssig nach den eigenen Prämissen ihrer Vertreter. Doch selbst wenn die eigenartige Differenzierung akzeptiert wird, bleibt die Konstruktion unbefriedigend: der Irrtum über den Bedeutungsgehalt eines normativen Merkmals des Gesetzestatbestandes (z. B. „fremd" i. S. des § 242) schließt – wie der Irrtum über das tatsächliche Vorliegen eines derartigen Merkmals – den Vorsatz aus. Ausgeschlossen ist der Vorsatz auch beim Irrtum über das Vorliegen der tatbestandlichen Merkmale eines anerkannten Rechtfertigungsgrundes. Der Irrtum über den rechtfertigenden Bedeutungsgehalt einer Situation berührt hingegen den Vorsatz nicht, obwohl die rechtfertigende Situation strukturell nichts anderes ist als ein etwas kompliziert zusammengesetzter normativer Begriff.

---

16 Zur Lehre von den gesamttatbewertenden Merkmalen grundlegend WELZEL JZ 1952 S. 19 f, 133 ff, 208 f, 340 ff; ROXIN Offene Tatbestände und Rechtspflichtmerkmale, 2. Aufl. 1970, S. 132 ff. Speziell zu §§ 34, 226 a: JESCHECK/WEIGEND A. T., § 41 IV 1; RUDOLPHI SK I, § 16 Rdn. 13 b; SCHAFFSTEIN OLG-Celle-FS, S. 194 ff; SCH/SCH/STERNBERG-LIEBEN § 16 Rdn. 20; SCH/SCH/PERRON § 34 Rdn. 51; SCH/SCH/STREE § 228 Rdn. 12; WESSELS/BEULKE A. T., Rdn. 484.

17 Zur Auseinandersetzung: OTTO Meyer-GedS, S. 551 ff; D. GEERDS Jura 1990 S. 425 ff.

18 Vgl. auch KINDHÄUSER StGB, Vor § 32 Rdn. 36; PUPPE NK, § 15 Rdn. 3; DIES. A. T. I, § 27 Rdn. 4.

19 Dazu auch GRÜNWALD Noll-GedS, S. 189 ff.

20 Dazu BVerfGE 41 S. 121.

Sachlich bleibt Im Übrigen unklar, warum der Täter, der über die Grenzen einer Rechts- **31** norm irrt, weniger rechtstreu sein soll als der Täter, der über die tatbestandlichen Voraussetzungen eines anerkannten Rechtfertigungsgrundes irrt. Mit der Begründung, dass der im Erlaubnisirrtum Handelnde sich nach Mustern entscheidet, die von den Entscheidungsmaßstäben der Rechtsordnung abweichen, ist nur eine Wertungsdifferenz dargetan, nicht aber bewiesen, dass der Täter Vorsatzunrecht verwirklicht hat. Auch mit dem Hinweis auf das „verdorbene Wertegefühl" (SCHAFFSTEIN) eines derartigen Täters ist die Vorsatzstrafe nicht zu rechtfertigen.[21]

Rechtswidriges Handeln auf Grund fehlenden Bewusstseins des materiellen Unrechts **32** begründet allenfalls den Vorwurf der Rechtsfahrlässigkeit. Die Bewertung eines Verhaltens als Vorsatzunrecht wird nicht bereits durch die Diskrepanz zum Rechtsbewusstsein der Allgemeinheit begründet, sondern erst durch die bewusste Auflehnung gegen die tragenden Grundlagen der Rechtsgesellschaft. Vorsatz ist Entscheidung für das Unrecht![22]

Wenn die Differenzierung trotz konstruktiver Schwächen und des Fehlens sachlicher **33** Gründe aufrechterhalten wird, so sind hierfür letztlich kriminalpolitische Erwägungen maßgeblich: Noch beim Irrtum über tatbestandliche Voraussetzungen eines Rechtfertigungsgrundes, insbesondere wenn dieser auf Sachverhaltsirrtümer beschränkt wird, lassen sich objektive Indizien dafür finden, ob der Täter wirklich geirrt hat. Dies ist beim Wertungsirrtum ungleich schwieriger. Um eventuelle Schutzbehauptungen des Täters daher von vornherein abzuschneiden und die Möglichkeit des Vorsatzausschlusses insbesondere dort zu begrenzen, wo dieser wegen Fehlens eines Fahrlässigkeitstatbestandes zur Straffreiheit führen müsste, wird dieser Irrtum hier für irrelevant erklärt und nur in der Wertung des § 17 berücksichtigt.

Wie bei jeder dogmatisch nicht fundierten, sondern allein kriminalpolitisch begründeten **34** Lösung eines strafrechtlichen Problems weist die Rechtsanwendung selbst jedoch auf die Grenzen der gewählten Konstruktion und damit – in diesem Fall – auf die Grenzen der eingeschränkten Schuldtheorie. In Fällen, in denen der Rechtsprechung letztlich eine Bestrafung sachwidrig erschien, weil dem Täter das Bewusstsein der Sozialschädlichkeit fehlte, wird – um den Freispruch mit der eingeschränkten Schuldtheorie begründen zu können – ein eindeutiger sog. Verbotsirrtum als Tatbestandsirrtum interpretiert.[23]

Diese Entwicklung ist umso bedauerlicher, als die Fälle, in deren Lösung es zu einem **35** praktischen Unterschied zwischen der eingeschränkten Schuldtheorie und der modifizierten Vorsatztheorie kommt, zum einen Ausnahmen sind[24]. Zum anderen ist hier die vom Gesetzgeber eröffnete Chance sachgerechter Fortentwicklung des Rechts nicht genutzt worden.

MEURER NJW 1986 S. 175: „Die auf der sog. rechtsfolgenverweisenden Schuldtheorie beruhenden Vorschriften der §§ 15 ff. E 1962, insbes. die Definition von Vorsatz und Fahrlässigkeit sowie die Regelung des § 20 E 1962 bezüglich des Irrtums über rechtfertigende Umstände, sind nämlich deshalb nicht Gesetz geworden, weil nach Ansicht des Sonderausschusses durch eine gesetzliche Fixierung die Gefahr der Erstarrung weiterer dog-

---

21 So aber SCHAFFSTEIN OLG Celle-FS, S. 197; FRISCH in: Rechtfertigung, S. 273. – Dagegen KORIATH Jura 1996 S. 122 ff.

22 Vgl. bereits HARDWIG ZStW 74 (1962) S. 38 ff. – Zur Auseinandersetzung: D. GEERDS Jura 1990 S. 430; KORIATH Jura 1996 S. 114 ff; OTTO Jura 1990 S. 647.

23 Dazu BGHSt 31 S. 264 mit Anm. GEERDS JR 1983 S. 465; BGHSt 35 S. 246 mit Anm. GEPPERT JZ 1988 S. 1024 ff, MÜLLER-DIETZ JuS 1989 S. 280 ff; BGH NJW 1989 S. 1939 mit Anm. DÖLP NStZ 1989 S. 475 f, OTTO JK 90, StGB § 16/2; OLG Stuttgart NJW 1987 S. 2883. – Zur Praxis im Steuerstraf- und Lebensmittelstrafrecht vgl. Fn. 7. – Eingehend zur Auseinandersetzung mit der Rechtsprechung: OTTO Meyer-GedS, S. 583 ff.

24 Vgl. TISCHLER Verbotsirrtum und Irrtum über normative Tatbestandsmerkmale, 1984, S. 359.

matischer Entwicklung bestand. Deshalb hat der Gesetzgeber die „definierende Ausfüllung" dieser Problembereiche ausdrücklich der Fortbildung durch Rechtsprechung und Wissenschaft überlassen (BT-Dr. V/4095, S. 7 ff.)."

36 Diese Mängel kann auch die Lehre von den negativen Tatbestandsmerkmalen nicht beseitigen, denn sie bleibt gleichfalls konstruktiv unbefriedigend; dazu oben § 5 Rdn. 17 ff. – Auch machen ihre Anhänger keineswegs ernst mit ihr, denn eine Vorsatzdefinition, die das Fehlen der tatsächlichen Voraussetzungen aller Rechtfertigungsgründe zum positiven Bewusstseinsinhalt erhebt, ist bisher nicht erfolgt. – Darüber hinaus ist auch mit dieser Lehre die Diskrepanz in der Beurteilung des auf einer Wertung beruhenden Irrtums im Bereich des Tatbestandes gegenüber dem im rechtfertigenden Bereich nicht erklärbar.

III. Die Problematik des sog. Doppelirrtums

37 Irrt der Täter sowohl über die tatsächlichen Voraussetzungen eines Rechtfertigungsgrundes (Erlaubnistatbestandsirrtum) als auch über die Grenzen eines Rechtfertigungsgrundes bzw. das Vorhandensein eines nicht von der Rechtsgesellschaft anerkannten Rechtfertigungsgrundes (Erlaubnisirrtum), so begründet dieser Irrtum keine eigenständige dogmatische Problematik. Je nach der Entscheidung zu den einzelnen Irrtumstheorien sind vielmehr die Konsequenzen zu ziehen. Nach der strengen Schuldtheorie handelt es sich lediglich um zwei Verbotsirrtümer gemäß § 17, nach der eingeschränkten Schuldtheorie ist zunächst zu prüfen, ob der Erlaubnistatbestandsirrtum den Vorsatz ausschließt und – falls das nicht der Fall ist – sodann die Bedeutung des Erlaubnisirrtums zu erörtern. Nach der modifizierten Vorsatztheorie stellt sich die Frage, ob einer der beiden Irrtümer das Bewusstsein der materiellen Rechtswidrigkeit ausschließt, und – falls das nicht der Fall ist – ob hier ein Irrtum gemäß § 17 vorliegt.[25]

Beispiel: A sieht von fern, dass einige Knaben eine alte Frau ärgern. Er eilt hinzu, sieht den 12jährigen X am „Tatort" und gibt diesem eine kräftige Ohrfeige, weil er ihn für einen der Übertäter hält. – X war jedoch an dem Geschehen völlig unbeteiligt. A ging davon aus, dass er zu erzieherischen Maßnahmen auch fremden Kindern gegenüber berechtigt ist.

Ergebnis: Auch wenn die tatsächliche Vorstellung des A zutreffend gewesen wäre, dass X einer der Übeltäter gewesen wäre, so hätte kein Rechtfertigungsgrund für die Ohrfeige vorgelegen. Zu differenzieren ist danach:

a) strenge Schuldtheorie: vermeidbarer Verbotsirrtum

b) eingeschränkte Schuldtheorie: Da der Irrtum über die tatsächlichen Gegebenheiten nicht zu einem Vorsatzausschluß geführt hätte, lag auch hier nur ein vermeidbarer Verbotsirrtum vor.

c) modifizierte Vorsatztheorie: Die Vorstellung des A stand dem materiellen Unrechtsbewusstsein des A nicht entgegen. Er wusste (wenn er nicht in einem ganz anderen Kulturkreis aufgewachsen war), dass er in sozial nicht akzeptierter Weise in das Erziehungsrecht Dritter eingriff. Da er sein Verhalten aber nicht als strafbar ansah, kommt gleichfalls ein vermeidbarer Verbotsirrtum in Betracht.

Zur Wiederholung und Einübung

38 Musterfall 6:

A war am Vorabend der Tat und noch einmal am Vormittag des Tattages von mehreren Landsleuten zusammengeschlagen worden. Am frühen Abend traf er beim Besuch einer Gastwirtschaft, in der bevorzugt Gastarbeiter verkehren, erneut auf diese Gruppe. Deshalb verließ er sofort wieder das Lokal durch den Hintereingang. Der rückwärtige Hof des Gebäudes war jedoch allseits von einem hohen Maschendrahtzaun

---

25 Vgl. dazu auch den Überblick bei PLASCHKE Jura 2001 S. 236 f.

umgeben. Als A sich umwandte, sah er einen aus dem Kreis seiner Widersacher aus der nur zwei Meter entfernten Tür treten, ein anderer wurde gerade sichtbar. A nahm an, er sollte erneut zusammengeschlagen werden. Daher zog er eine Pistole und schoss in Richtung auf die Tür, wobei er davon ausging, dass eine tödliche Verletzung nicht eintreten konnte. Der erste der aus der Tür tretenden Männer wurde am Oberschenkel verletzt. Wie sich später herausstellte, hatte die Gruppe den A noch gar nicht bemerkt. Die zwei vermeintlichen Verfolger hatten sich auf dem Weg in die nur über den Hof erreichbaren Toiletten befunden.

Wie ist das Verhalten des A strafrechtlich zu bewerten?

Hinweise zur Lösung

Strafbarkeit des A: Der Schuss auf die beiden Landsleute

1. Körperverletzung: § 223 Abs. 1

a) Körperliche Misshandlung + (ggf. auch: Gesundheitsbeschädigung +).

b) Zumindest bedingter Vorsatz +.

c) Feststellungen zur Pflichtbegrenzung:

aa) Es liegt kein Angriff auf A vor, daher keine Rechtfertigung über § 32.

bb) Weitere Rechtfertigungsgründe sind nicht ersichtlich.

d) Unrechtsbewusstsein des A: Der Irrtum des A:

A glaubte, er solle erneut zusammengeschlagen werden. – Wäre diese Vorstellung zutreffend gewesen, so hätte ihm ein gegenwärtiger, rechtswidriger Angriff auf seine körperliche Integrität gedroht. Der Schuss als Verteidigungshandlung hätte sich gegen die Angreifer gerichtet und wäre auch erforderlich gewesen, da dem A in dieser Situation und angesichts der Schwere der drohenden körperlichen Verletzungen kein anderes wirksames Abwehrmittel zur Verfügung stand. Welche Konsequenz dieser Irrtum für die strafrechtliche Haftung des A hat, ist str.:

aa) Nach der *modifizierten Vorsatztheorie* ist der Vorsatz des A ausgeschlossen, denn A irrte über die Pflichtwidrigkeit seines Verhaltens. Ihm fehlte das Bewusstsein, sich sozialschädlich zu verhalten. Konsequenz: Der Unrechtstatbestand des § 223 ist nicht erfüllt.

bb) Nach der *strengen Schuldtheorie* ist der Irrtum über das Vorliegen eines Rechtfertigungsgrundes nicht geeignet, den Vorsatz auszuschließen.

Konsequenz: §§ 223, 224 +, über § 17 nur Strafmilderung möglich, da der Irrtum des A bei größerer Aufmerksamkeit vermeidbar gewesen wäre, denn die vermeintlichen Angreifer hatten noch keinerlei Aggression bekundet.

cc) Nach der *eingeschränkten Schuldtheorie* entfällt der Vorsatz bei einem Irrtum über die tatsächlichen Voraussetzungen eines Rechtfertigungsgrundes.

e) Auseinandersetzung mit den verschiedenen Theorien nötig, da sie zu verschiedenen Ergebnissen führen.

aa) Konsequenz bei Anwendung der strengen Schuldtheorie: §§ 223, 224 +.

bb) Konsequenz bei Anwendung der modifizierten Vorsatztheorie oder der eingeschränkten Schuldtheorie: Prüfung des § 229:

2. Fahrlässige Körperverletzung, § 229

a) Körperliche Misshandlung; vgl. 1 a.

b) A hatte nicht nur die Möglichkeit zu erkennen, dass er einen anderen am Körper verletzte, sondern er wusste dieses sogar.

c) Feststellungen zur Pflichtwidrigkeit:
Keine Rechtfertigung durch § 32 oder andere Rechtfertigungsgründe (wie oben 1 c).

d) A hatte auch die Möglichkeit, die Pflichtwidrigkeit seiner Handlung zu erkennen und sich somit der Sozialschädlichkeit seines Verhaltens bewusst zu werden.

e) Schuld +, § 229 +.

§ 16: Irrtum im Bereich der Schuld

Lernziel: Einübung in den folgerichtigen Umgang mit den in §§ 14, 15 des Grundkurses gesetzten Prämissen.

I. Zur Einführung

Fallgruppe 6

1 **Fall 1:** A ist am 1.4. und am 1.9. wegen Beleidigung der Nachbarn X und Y angeklagt und jedes Mal wegen eines Verfolgungswahns als schuldunfähig freigesprochen worden. Am 1.10. entwendet A dem Z ein Fahrrad und steht am 1.11. deswegen erneut vor Gericht. Der Sachverständige bescheinigt ihm volle Schuldfähigkeit für diese Tat. – A beruft sich darauf, dass er davon ausgegangen sei, er könne wegen Schuldunfähigkeit nicht bestraft werden.

Fall 2: A hatte dem B am 1.9. sein Kraftfahrzeug verkauft und übereignet. Als beide den Kauf „begießen" wollten, kam es zwischen ihnen zum Streit, denn plötzlich glaubte A, in B einen alten Widersacher zu erkennen, und beschimpfte ihn unflätig.

Nachdem A in einem Strafverfahren wegen Beleidigung als schuldunfähig freigesprochen worden ist, entwendet er dem B das veräußerte Kraftfahrzeug, denn er meint, die Übereignung sei nichtig gewesen, weil er schuldunfähig gewesen sei. In dem nunmehr anhängigen Prozess erklärt der Sachverständige, die Schuldunfähigkeit bezüglich der Beleidigung durch B habe auf einem Verfolgungswahn beruht, der aber das Rechtsgeschäft über das Kfz nicht berührt habe.

Fall 3: BGHSt 5 S. 371: Die A ist in zwei Strafverfahren gegen den F vor Gericht zunächst eidlich, sodann zweimal uneidlich und schließlich nochmals eidlich als Zeugin vernommen worden. Sie hat jedes Mal zugunsten des F wissentlich falsch ausgesagt. F hat sie dazu durch die Drohung bestimmt, er werde sie töten, wenn sie nicht die unwahren Aussagen erstatte. – Der BGH verneint das Vorliegen einer gegenwärtigen Gefahr, gesteht der A aber einen Irrtum über das Vorliegen einer gegenwärtigen Gefahr zu.

Fall 4: A glaubt sich von B irrtümlicherweise angegriffen. Er schlägt den B nieder. In seiner Furcht vor B überschreitet er aber das Maß der erforderlichen Verteidigung, das zulässig gewesen wäre, wenn B ihn wirklich angegriffen hätte.

Fall 5: B täuscht dem A vor, er wolle ihm eine Ohrfeige versetzen. In seiner Verwirrung überschätzt A die Bedeutung des Geschehens und sticht den B nieder.

II. Die Problemstellung

1. Irrtum über einen Schuldausschließungsgrund

2 Die Schuldfähigkeit ist Voraussetzung der Verantwortlichkeit des Täters, und zwar entscheidet allein der objektive Sachverhalt. Die Vorstellung des Täters von seiner eigenen Schuldunfähigkeit ist als solche irrelevant.

2. Irrtum über einen Entschuldigungsgrund, d. h. über ein Verbot, u. U. bestehende Schuld vorzuwerfen

a) Entschuldigender Notstand, § 35

3 Da der Täter gemäß § 35 Abs. 1 auf Grund einer *psychischen* Situation entschuldigt wird, unabhängig davon, ob seine Entscheidungsfreiheit realiter gegeben ist oder nicht – Verbot, u.U. bestehende Schuld vorzuwerfen –, ist es nur konsequent, ihn beim Irrtum über das Vorliegen der „entschuldigenden" Situation so zu behandeln, als läge diese wirklich vor, § 35 Abs. 2.

Die Einschränkung, dass der Täter nur bei unvermeidbarem Irrtum freizusprechen ist, **4**
hingegen bei einem vermeidbaren Irrtum nur die Möglichkeit einer Strafmilderung gegeben
ist, stellt keinen Bruch im System des § 35 dar: Die Berücksichtigung des Verschuldens des
Täters auch im Rahmen des § 35 Abs. 1: „Dies gilt nicht, soweit den Täter nach den Umständen, namentlich weil er die Gefahr selbst verursacht hat ...", findet in dieser Differenzierung
in § 35 Abs. 2 ihr Äquivalent.

b) Überschreitung der Notwehr, § 33: sog. Putativnotwehrexzess

§ 33 knüpft die „Entschuldigung" an das Vorliegen der Notwehrsituation *und* an eine be- **5**
stimmte psychische Situation des Täters. Liegt die Notwehrsituation nicht vor, so kann
§ 33 nicht angewendet werden. Fragwürdig erscheint es aber, ob § 33 analog anwendbar ist,
wenn der Täter über das Vorliegen einer Notwehrsituation irrt.

aa) Die einen lehnen eine Analogie mit der Begründung ab, im Falle der Putativnotwehr **6**
fehle es an dem rechtswidrigen Angriff der Person, in deren Rechtsgüter jetzt eingegriffen
werde. Im Gegensatz zum Angreifer könne diese Person daher nicht mit den Folgen eines
Exzesses des vermeintlichen Verteidigers derart belastet werden, dass ihr Strafrechtsschutz
gegen dieses Verhalten versagt werde. – Soweit die Voraussetzungen vorliegen, kommt aber
eine Anwendung des § 17 in Betracht.[1]

bb) Eine Mindermeinung will § 33 analog anwenden, wenn der Irrtum unvermeidbar war **7**
oder nicht auf Fahrlässigkeit beruhte.[2]

cc) Angesichts der Tatsache, dass der Gesetzgeber den Strafrechtsschutz in einer Situation **8**
versagt, die das jetzige Opfer durch einen rechtswidrigen Angriff zunächst mitgestaltet hat,
erscheint es angemessen, die Analogie dann zu bejahen, wenn den durch die vermeintliche
Verteidigungshandlung Betroffenen ein erhebliches Verschulden am Irrtum des Verteidigers
trifft.[3]

dd) Unter diesen Voraussetzungen – Irrtum über rechtfertigende Situation, erhebliches Ver- **9**
schulden des jetzt Betroffenen – kommt auch eine analoge Anwendung des § 33 auf andere
Rechtfertigungslagen in Betracht.[4]

III. Konsequenzen

Zur Fallgruppe 6

Fall 1: A irrt über seine eigene Schuldfähigkeit. Da es aber nicht auf das Bewusstsein der Schuldfähigkeit, **10**
sondern auf deren objektives Vorliegen ankommt, ist der Irrtum irrelevant.

---

1 Dazu BGH NJW 1962 S. 308 f; BGH NStZ 1983 S. 453; BGH StV 1997 S. 292; BGH NStZ 2003 S. 600;
  ESER/BURKHARDT I, Nr. 11 A 42 ff; JESCHECK/WEIGEND A. T., § 45 II 4; MAURACH/ZIPF A. T. 1, § 38
  Rdn. 19; SPENDEL LK, § 33 Rdn. 32; WESSELS/BEULKE A. T., Rdn. 449.
2 Dazu BAUMANN/WEBER/MITSCH A. T., § 23 Rdn. 48; RUDOLPHI JuS 1969 S. 463 f; SCH/SCH/PERRON § 33
  Rdn. 8; STRATENWERTH A. T. I, § 10 Rdn. 121.
3 Eingehender dazu ERB MK, § 33 Rdn. 18; HARDTUNG ZStW 108 (1996) S. 55 ff, 60; HERZOG NK, § 33
  Rdn. 16; OTTO Jura 1987 S. 607; ROXIN Schaffstein-FS, S. 118 ff; DERS. A. T. I, § 22 Rdn. 94 ff; TIMPE JuS
  1985 S. 122.
4 Vgl. RUDOLPHI SK I, § 33 Rdn. 1a; NOLL SchwZStr 68 (1956) S. 185 ff. – A. A. ROXIN A. T. I, § 22 Rdn. 98;
  SCH/SCH/PERRON § 34 Rdn. 52; SPENDEL LK, § 33 Rdn. 76.

Fall 2: A irrt über seine Schuldfähigkeit. Dieser Irrtum führt aber zu einem Irrtum über den Bedeutungs-gehalt seines Tuns bei der Übereignung seines Kfz, das A auf Grund des Irrtums nach wie vor für sein eigenes hält. Er irrt damit über das Merkmal „fremd" in § 242.

Fall 3: A irrt über das Vorliegen einer entschuldigenden Notstandssituation. In ihrer Vorstellung ist diese Situation gegeben. § 35 Abs. 2 findet Anwendung.

Fall 4: Hier liegt ein sog. Putativnotwehrexzess vor. A hat nicht die Grenzen einer berechtigten Notwehr über-schritten, sondern in vermeintlicher Notwehr den bei Vorliegen der Notwehr zulässigen Rahmen verletzt. § 33 findet keine Anwendung.

Fall 5: Hier kommt eine analoge Anwendung des § 33 in Betracht, da A sich in der psychischen Situation befindet, die § 33 voraussetzt, und B es verschuldet hat, dass A in diese Situation geraten ist.

§ 17: Gegenüberstellung der verschiedenen Aufbauschemata des vollendeten Erfolgsdelikts

I. Einheitliches Aufbauschema für die verschiedenen Deliktsarten

1 *1. Tatbestand*

a) Rechtsgutsbeeinträchtigung:

Ist die im Gesetzestatbestand beschriebene *Rechtsgutsbeeinträchtigung* eingetreten? – Weitere objektive Merkmale des Tatbestandes, z. B. besonders geforderte Tätereigenschaft oder Tat-modalitäten sowie objektive Bedingungen der Strafbarkeit?

b) Handlungsmöglichkeit

War das dem X vorgeworfene Verhalten/das von X geforderte Verhalten seiner Willenssteue-rung zugänglich?

c) Zurechnungsgrund:

aa) *Begehungsdelikt:* Hat X eine *Gefahr* für das beeinträchtigte Rechtsgut *begründet oder er-höht?*

bb) *Unterlassungsdelikt:* Hatte X eine *Garantenstellung* inne?

d) Zurechnungszusammenhang:

aa) *Begehungsdelikt: Realisierte sich* in der Beeinträchtigung des Rechtsguts die von X be-gründete oder erhöhte *Gefahr*, die seiner Steuerbarkeit unterlag, oder eine andere Gefahr?

bb) *Unterlassungsdelikt: Realisierte sich* in der Beeinträchtigung des Rechtsguts *die Gefahr, die* X auf Grund seiner Garantenstellung *abzuwenden oder zu vermindern* verpflichtet war?

e) Subjektive Merkmale:

aa) *Vorsatzdelikt: Vorsatz* des X (hier nur finales Unrechtselement)? – Sonstige subjektive Merkmale des Tatbestandes, z. B. besondere Absichten oder Motive des Täters?

bb) *Fahrlässigkeitsdelikt:* Hatte X bei seinen Fähigkeiten die *Möglichkeit, den Sachverhalt zu erkennen?*

2. *Rechtswidrigkeit*

a) Rechtspflichtverletzung

aa) *Vorsatzdelikt:* Gefahrerhöhung (Begehungsdelikt) oder Untätigkeit (Unterlassungsdelikt) über das erlaubte Maß hinaus oder liegen z. B. Rechtfertigungsgründe vor?
– Objektive Merkmale eines Rechtfertigungsgrundes?
– Subjektive Merkmale eines Rechtfertigungsgrundes?

bb) *Fahrlässigkeitsdelikt:* Gefahrerhöhung (Begehungsdelikt) oder Untätigkeit (Unterlassungsdelikt) über das erlaubte Maß hinaus oder liegen z. B. die objektiven Voraussetzungen eines Rechtfertigungsgrundes vor?

b) Unrechtsbewusstsein:

aa) *Vorsatzdelikt:* Bewusstsein der Sozialschädlichkeit des X (Gesinnungselement des Vorsatzes)?

bb) *Fahrlässigkeitsdelikt:* Möglichkeit des X, sich der Sozialschädlichkeit seines Verhaltens bewusst zu werden?

3. *Schuld?*

a) Schuldausschließungs- oder Entschuldigungsgründe?

b) (Potenzielles) Unrechtsbewusstsein im Sinne des § 17?

II. Das vorsätzliche Begehungsdelikt nach dem finalen Aufbau der h. M.[1]   2

Vorprüfung

a) „Handlung" im Sinne des Strafrechts?

b) Positives Tun oder Unterlassen?

1. *Tatbestand:*

a) Objektiver Tatbestand

aa) Eintritt des tatbestandsmäßigen Erfolges? Weitere objektive Merkmale des Tatbestandes, z. B. besonders geforderte Tätereigenschaft oder Tatmodalitäten?

bb) Verursachung des Erfolgs durch den Täter?

cc) Objektive Zurechnung: Von Fall zu Fall weitere objektive Zurechnungskriterien, z. B. ob der Erfolg außerhalb des Schutzbereichs der Norm liegt, ob ein Fall eigenverantwortlicher Selbstgefährdung des Opfers oder der Risikoverringerung durch den Täter vorliegt?

---

1 Zum Aufbauschema der h. M.: GEILEN Methodische Hinweise zur Bearbeitung von Strafrechtsfällen, in: Jura Extra, 2. Aufl. 1983, S. 83 ff; JESCHECK Fälle und Lösungen zum Lehrbuch des Strafrechts, Allgemeiner Teil mit Aufbaumustern, 3. Aufl. 1996, S. 115 f; WESSELS/BEULKE A. T., Rdn. 872.
Zum Schema des Straftataufbaus nach der teleologischen Straftatsystematik: SCHMIDHÄUSER A. T., Anhang A (S. 859 ff).

b) Subjektiver Tatbestand

Vorsatz und sonstige subjektive Merkmale des Tatbestandes, z. B. besondere Absichten oder Motive des Täters?

2. Rechtswidrigkeit

Aufhebung der unrechtsindizierenden Wirkung des vorliegenden Gesetzestatbestandes durch einen *Rechtfertigungsgrund* mit seinen

a) objektiven *und*

b) subjektiven Merkmalen?

– Von Fall zu Fall unabhängig von diesem Ergebnis zusätzliche Erwägungen, z. B. rechtfertigende Pflichtenkollision, „fehlender Erfolgsunwert".

3. Schuld

a) Schuldausschließungs- und Entschuldigungsgründe?

b) Unrechtsbewusstsein i. S. des § 17?

III. Das fahrlässige Begehungsdelikt (nach h. M.)

3   *Vorprüfung*

aa) „Handlung" i. S. des Strafrechts?

bb) Positives Tun oder Unterlassen?

1. Tatbestand

a) Eintritt und Verursachung des Erfolgs?

b) Objektive Vorhersehbarkeit?

c) Objektive Sorgfaltspflichtverletzung?

d) Objektive Zurechnung?

Von Fall zu Fall Prüfung, ob z. B. der Erfolg außerhalb des Schutzbereichs der Norm liegt, ob ein Fall eigenverantwortlicher Selbstgefährdung des Opfers oder der Risikoverringerung durch den Täter vorliegt.

2. Rechtswidrigkeit, vgl. hierzu II.2.

3. Schuld

a) Subj. Vorhersehbarkeit?

b) Subj. Sorgfaltspflichtverletzung oder liegen z. B. Schuldausschließungs- oder Entschuldigungsgründe vor?

c) Möglichkeit der Unrechtseinsicht im Sinne des § 17?

IV. Das vorsätzliche unechte Unterlassungsdelikt (nach h. M.)

Vorprüfung 4

aa) „Handlung" i. S. des Strafrechts?

bb) Positives Tun oder Unterlassen?

1. Tatbestand

a) Objektiver Tatbestand

aa) Ist der tatbestandsmäßige Erfolg eingetreten?

bb) Hätte das Eingreifen des Täters den Erfolg mit an Sicherheit grenzender Wahrscheinlichkeit abgewendet?

cc) Hatte der Täter eine Erfolgsabwendungspflicht (Garantenstellung)?

b) Subjektiver Tatbestand

Vorsatz und sonstige subjektive Merkmale des Tatbestandes, z. B. besondere Absichten oder Motive des Täters?

2. Rechtswidrigkeit vgl. II 2.

3. Schuld vgl. II 3.

V. Das fahrlässige unechte Unterlassungsdelikt (nach h. M.)

Vorprüfung 5

aa) „Handlung" i. S. des Strafrechts?

bb) Positives Tun oder Unterlassen?

1. Tatbestand

a) Ist der tatbestandsmäßige Erfolg eingetreten?

b) Hätte das Eingreifen des Täters den Erfolg mit an Sicherheit grenzender Wahrscheinlichkeit abgewendet?

c) Garantenstellung und eventuell weitere besondere Tätermerkmale?

d) Objektive Vorhersehbarkeit

e) Objektive Sorgfaltspflichtverletzung

f) Objektive Zurechnung

Von Fall zu Fall Prüfung, ob z. B. der Erfolg außerhalb des Schutzbereichs der Norm liegt, ob ein Fall alternativ rechtmäßigen Verhaltens vorliegt o. Ä.?

2. Rechtswidrigkeit vgl. II 2.

3. Schuld vgl. III 3.

VI. Das Aufbauschema – ein Denkschema

6 1. Für den Leser, der der stufenweisen Entwicklung des Aufbauschemas gefolgt ist, dürfte es selbstverständlich sein, dass das Aufbauschema ein *Denkschema* ist. Es soll die Prüfung des Sachverhalts dadurch erleichtern, dass der Bearbeiter zum schrittweisen Vorgehen in einer Weise gezwungen wird, die es ihm ermöglicht, etwaige Probleme eines Falles zu erkennen und in einem vernünftigen Zusammenhang zu erörtern. Dies wird sich auch beim Niederschreiben der Erkenntnisse auswirken, doch wäre es verfehlt, stets sklavisch an das Schema gefesselt, die Sachverhaltsprüfung zu Papier zu bringen. Nur im Tatbestand jener Erfolgsdelikte, die die Herbeiführung des Erfolgs recht farblos beschreiben (z. B. „wer einen Menschen tötet") ist das Schema – gleichgültig welchem gefolgt wird – durchzuhalten. In den meisten Tatbeständen ist die Rechtsgutsbeeinträchtigung in einem weit fasslicheren Sinnzusammenhang beschrieben, so dass die Beschreibung der Erfolgsherbeiführung schon eine ausschließliche Argumentation von der „Kausalität" des Täters oder der Handlungsmöglichkeit des Täters, verbietet.

a) **Beispiel:** Heißt es im Sachverhalt: A nennt B einen „krummen Hund", so wäre es durchaus verfehlt, die Prüfung der Frage, ob A den B beleidigt hat, mit der Erwägung zu beginnen, durch das Öffnen seines Mundes und das Ingangsetzen von Schallwellen sei A kausal dafür geworden, dass das Ohr des B bestimmte Schallwellen empfangen habe usw. usf. – Gleichfalls verfehlt wäre es jedoch, nach der Feststellung, dass die Bezeichnung „krummer Hund" eine Minderung des sozialen Geltungsanspruchs des B darstelle und daher als Beleidigung (Verletzung des Rechtsguts Ehre des B) anzusehen sei, Ausführungen darüber zu machen, dass A eine Gefahr für das Rechtsgut Ehre des B dadurch begründete, dass er eine bestimmte Bewegung der Schallwellen verursachte usw. usf.

b) Genauso steht es in dieser Beziehung z. B. mit den Begriffen „eindringen" in § 123; „wegnehmen" in § 242; „Urkunde herstellen" in § 267.

7 2. Wird dies beachtet, so ergibt sich von selbst, dass Deliktsprüfungen, die im Wesentlichen ohne Probleme sind oder ihre Problematik in einzelnen Tatbestandsmerkmalen finden, durchaus überzeugend nach dem Schema der h. M. dargestellt werden können:

8 1. Tatbestand

a) obj. Tatbestand

b) subj. Tatbestand, incl. Vorsatz

2. Rechtswidrigkeit

3. Schuld.

9 Wichtig ist nur, dass der Bearbeiter weiß, dass dieses Schema nicht der alleinige Weg zur wahren Erkenntnis ist, sondern dass das Schema in problematischen Fällen (Irrtumsfälle, fehlendes Pflichtansinnen, Unterbrechung des Zurechnungszusammenhangs) durch das differenzierte, der Struktur des Delikts gemäßere Schema ersetzt werden muss.

Dritter Teil
Versuch und Rücktritt

§ 18: Der Versuch

Lernziel: Einblick in das Deliktsstadium vor der Vollendung des Delikts. – Begriffsbestimmungen im Rahmen der §§ 22, 23 StGB.

I. Die Stufen der Straftat

1. Tatentschluss

Jede vorsätzliche Straftat setzt notwendigerweise den Entschluss des Täters, den Tatbestand eines Delikts zu verwirklichen, voraus. Der bloße Entschluss ist strafrechtlich aber noch irrelevant. **1**

2. Vorbereitungshandlungen

Grundsätzlich straflos sind auch noch *Vorbereitungshandlungen*, d. h. Verhaltensweisen, die erst Bedingungen für die anschließende Verwirklichung der Straftat schaffen sollen. – Sachliche Vorbereitungshandlungen zu verschiedenen schweren Verbrechen sind aber in besonderen Tatbeständen zu eigenständigen Straftatbeständen erhoben worden; vgl. z. B. §§ 83, 87, 149, 234 a Abs. 3, 316 c Abs. 4. Bestimmte gemeinschaftliche Vorbereitungshandlungen sind nach § 30 Abs. 2 unter Strafe gestellt. **2**

3. Der strafbare Versuch

Der *Versuch* eines Verbrechens ist stets strafbar, der Versuch eines Vergehens nur dann, wenn das Gesetz es ausdrücklich bestimmt, § 23 Abs. 1. – *Strafgrund* des Versuchs ist die Betätigung, d. h. die Manifestation eines verbrecherischen Willens in einem bestimmten äußeren Verhalten. Bestraft wird daher nicht nur eine bestimmte Gesinnung, sondern die Betätigung dieser Gesinnung, mit der der Täter seine – zumindest abstrakte – Gefährlichkeit zu erkennen gibt, und zwar in einem Verhalten, das *aus der Sicht des Täters bereits eine konkrete Gefährdung des geschützten Rechtsguts* darstellt. **3**

Bei der Bestimmung des Strafgrunds des Versuchs sind in der Literatur zwei Hauptströmungen auszumachen, die gemeinhin als *subjektive* Theorie und als *Eindruckstheorie* gegenübergestellt werden. Nach der *subjektiven Theorie* liegt der Strafgrund des Versuchs in dem betätigten rechtsfeindlichen Willen, der durch Handlungen in der Außenwelt manifest geworden ist. Die *Eindruckstheorie* ergänzt diesen Strafgrund des Versuchs dahin, dass durch die manifestierte Willensäußerung das Vertrauen der Allgemeinheit in die Geltung der Rechtsordnung erschüttert und das Gefühl der Rechtssicherheit und damit des Rechtsfriedens beeinträchtigt wird.[1] **4**

---

1 Zur subj. Theorie: HILLENKAMP LK, Vor § 22 Rdn. 60 ff; KÜHL A.T., § 15 Rdn. 39; LACKNER/KÜHL § 22 Rdn. 11. – Zur Eindruckstheorie: BAUMANN/WEBER/MITSCH A.T., § 26 Rdn. 19; JESCHECK/WEIGEND A.T., § 49 II 3; MAURACH/GÖSSEL/ZIPF A.T. 2, § 40 Rdn. 41; PAPAGEORGIOU-GONATAS Wo liegt die Grenze zwischen Vorbereitungshandlung und Versuch?, 1988, S. 201 ff; RANFT Jura 1987 S. 532; RUDOLPHI SK I, Vor § 22 Rdn. 14; SCH/SCH/ESER Vorbem. §§ 22 ff Rdn. 22; SCHÜNEMANN GA 1986 S. 323 f; STRENG ZStW 101 (1989) S. 273; DERS. ZStW 109 (1997) S. 865; TRÖNDLE/FISCHER § 22 Rdn. 40; ZStW 98 (1986) S. 332 f. – Ablehnend: KÖHLER A.T., S. 454; ZACZYK NK, § 22 Rdn. 12.

5   Da aber auch die Anhänger der subjektiven Theorie straflose Vorbereitungshandlungen anerkennen, kann für sie der Strafgrund des Versuchs nicht schlechthin in einer Betätigung rechtsfeindlichen Willens liegen. In den Formulierungen der Vertreter der Eindruckstheorie wird hingegen gerade nicht das Element definiert, auf dem der rechtserschütternde Eindruck beruht. Die hier vertretene Ansicht versucht letztlich den Gegensatz beider Theorien aufzuheben.[2]

6   Unabhängig von diesen Theorien stehen Auffassungen, die das Versuchsunrecht eigenständig begründen.[3]

4. Die Vollendung der Tat

7   *Vollendet* ist die Tat, wenn alle Merkmale des Tatbestandes erfüllt sind.

8   Hinweis zu den sog. Unternehmenstatbeständen: Tatbestände, in denen das „Unternehmen" eines bestimmten Verhaltens unter Strafe gestellt ist, vgl. z. B. §§ 81 Abs. 1, 307 Abs. 1, 316 c Abs. 1 Nr. 2, umfassen sowohl Versuch als auch Vollendung. Eine Versuchshandlung, materiell gesehen, genügt bereits zur Vollendung des Delikts im formellen Sinne.

5. Die Beendigung der Tat

9   Trotz Verwirklichung aller Merkmale des Tatbestandes soll die Tat erst *beendet* sein, wenn auch die Umstände verwirklicht sind, „die nach dem jeweiligen Deliktstypus infolge Vorverlegung der Vollendung zwar nicht mehr zur Tatbestandsbeschreibung gehören, aber das Unrecht der Tat mitprägen"[4].

10   a) Unstr. ist bei den sog. *Dauerdelikten* das Delikt mit der Verwirklichung der Tatbestandsmerkmale vollendet, beendet jedoch erst, wenn die Rechtsgutsbeeinträchtigung abgeschlossen ist.

Fall: A steigt nachts in die Wohnung des B ein. – Hausfriedensbruch vollendet mit Eindringen des A; beendet mit Fortgang des A aus der Wohnung.

11   b) Unstr. liegt ein vollendetes aber noch nicht beendetes Delikt vor, wenn eine einheitliche Tathandlung über den Vollendungszeitraum hinaus weitergeführt und die Rechtsgutsbeeinträchtigung intensiviert wird.

Fall: A versetzt dem B 10 Schläge auf das Gesäß. – Körperverletzung vollendet nach dem 1. Schlag, beendet nach dem 10. Schlag.

---

2   In gleicher Richtung: ROXIN Nishihara-FS, S. 158 ff; DERS. A. T. II, § 29 Rdn. 10 ff.

3   Als abstraktes Gefährdungsdelikt interpretieren den Versuch KRATZSCH Verhaltenssteuerung und Organisation im Strafrecht, 1985, S. 64 ff, 438, und GRAUL Abstrakte Gefährdungsdelikte und Präsumtionen im Strafrecht, 1991, S. 135 f. – Je nach den betroffenen Rechtsgütern und den unterschiedlichen Mängeln im objektiven Tatbestand bestimmt ZACZYK Das Unrecht der versuchten Tat, 1989, S. 126 ff, 229 ff, das Unrecht des Versuchs. – Eine Beschränkung des Versuchs auf „Zielversuch" und „Gefährdungsversuch" nehmen vor: ALWART Strafwürdiges Versuchen, 1982, S. 158 ff; SCHMIDHÄUSER Strafrecht, A.T., Stub., 11/15 ff. – Auf die Gefährdung des konkret angegriffenen Rechtsguts stellt ab: JÄGER Der Rücktritt vom Versuch als zurechenbare Gefährdungsumkehr, 1996, S. 62 ff, (ähnlich HERZBERG MK, § 22 Rdn. 4 ff; HIRSCH Roxin-FS, S. 725; MALITZ Der untaugliche Versuch beim unechten Unterlassungsdelikt, 1998, S. 132, 155, 230; ZIESCHANG Die Gefährdungsdelikte, 1998, S. 135, 141), auf die Verletzung des Rechtsverhältnisses zwischen den Rechtssubjekten: RATH JuS 1998 S. 1008 f, auf general- und spezialpräventive Erwägungen: HECKLER Die Ermittlung der beim Rücktritt erforderlichen Rücktrittsleistung anhand der objektiven Vollendungsgefahr, 2002, S. 77 ff, 107.

4   LACKNER/KÜHL Vor § 22 Rdn. 2.

c) Str. hingegen ist, ob auch Handlungen, die selbst kein Tatbestandsmerkmal erfüllen, die **12** Beendigung des Delikts hinausschieben können. – Dies soll zum einen gelten, solange der deliktische Erfolg noch vertieft werden kann, zum anderen dann, wenn der Erfolgseintritt selbst nicht zum Tatbestand gehört, solange der Erfolg noch nicht eingetreten ist.

Fall 1: Der Dieb A läuft mit den gestohlenen Schmuckstücken aus dem Laden des B. B verfolgt ihn und stellt ihn nach 20 Metern. – Darf B noch Notwehr üben?

Dazu vgl. oben § 8 Rdn. 34.

Fall 2: A hat den B durch Drohung mit einer Strafanzeige wegen einer früheren Verfehlung zur Zahlung eines Schweigegeldes genötigt. Das Geld soll B zu einer bestimmten Zeit an einem bestimmten Ort aus dem Vorortzug werfen. – Die Erpressung, § 253, ist mit dem Hinauswurf des Geldes durch B vollendet. Nach h. M. soll Beendigung des Delikts erst erfolgen, wenn A das Geld erlangt.

Schon die beiden Beispielsfälle machen deutlich, dass die Differenzierung zwischen Beendi- **13** gung und Vollendung auf ganz unterschiedlichen kriminalpolitischen Bedürfnissen beruht. Sie ist daher auch nicht nach einem einzigen Kriterium ohne Rücksicht auf die jeweiligen Systemzusammenhänge für alle Problemkonstellationen zu entscheiden. Bei der Frage der Notwehr (Fall 1) erscheint es durchaus angemessen, den Strafrechtsschutz dem Deliktsopfer gegenüber so weit auszudehnen, dass gegenüber dem auf frischer Tat betroffenen Täter noch Notwehr möglich ist. Gleichfalls ist es sachgerecht, die Erlangung der erpressten Sache (Fall 2) nicht als eigenständiges Delikt zu erfassen, um der Konsequenz zu entgehen, im Erlangen des Geldes eine – weitere – Unterschlagung annehmen zu müssen.[5]

II. Der Tatbestand des Versuchs

Nach § 22 versucht eine Straftat, wer nach seiner Vorstellung von der Tat zur Verwirklichung **14** des Tatbestandes unmittelbar ansetzt.

1. Die bestimmenden Elemente des Versuchs

Den Versuch kennzeichnen die *vollständige Erfüllung des subjektiven und ein Mangel* – Fehlen **15** eines Merkmals – *im objektiven Unrechtstatbestand.* – Sein Tatbestand setzt demnach voraus:

a) Den vorbehaltlosen (unbedingten) Entschluss, eine Straftat zu begehen. – Der Entschluss **16** entspricht dem subjektiven Tatbestand des vollendeten Delikts.

In der bis zum 1.1.1975 geltenden Fassung des Gesetzes war der „Entschluß, ein Verbrechen oder Vergehen zu verüben", ausdrücklich im Gesetz (§ 43 StGB a.F.) genannt. In das neue Gesetz ist diese Formulierung nicht aufgenommen worden. Da aber die Beurteilung, ob der Täter zu einer bestimmten Tat ansetzt, die Kenntnis dessen voraussetzt, was der Täter beabsichtigt, ergibt sich das Erfordernis des Tatentschlusses zwingend.[6]

---

5 Für eine Beendigungsphase nach der Vollendung des Tatbestands auch bei nicht tatbestandsverwirklichendem Verhalten: BGHSt 4 S. 132; 19 S. 323; 28 S. 224, 229; Furtner JR 1966 S. 169; Hau Die Beendigung der Straftat und ihre rechtlichen Wirkungen, 1974, S. 36 ff, 107; Hillenkamp LK, Vor § 32 Rdn. 30 ff; Otto Lackner-FS, S. 716 ff; Stratenwerth JZ 1961 S. 95; Wessels/Beulke A. T., Rdn. 591 ff; Zaczyk NK, § 22 Rdn. 60; A. A. Bitzilekis ZStW 99 (1987) S. 723 ff; Gössel ZStW 85 (1973) S. 644; Hruschka JZ 1983 S. 217; Köhler A. T., S. 536; Kühl Roxin-FS, S. 673 ff; ders. JuS 2002 S. 729 ff.

6 Dazu auch Alwart Versuchen, S. 140 ff; Roxin Schröder-GedS, S. 145 ff; ders. JuS 1979 S. 2 f; Zaczyk NK, § 22 Rdn. 13.

17 b) Die Betätigung des Entschlusses durch ein Verhalten, mit dem der Täter nach seiner Vorstellung von der Tat zur Verwirklichung des Tatbestandes unmittelbar ansetzt.

2. Der vorbehaltlose (unbedingte) Tatentschluss

18 a) Die h. M. fordert einen sog. *unbedingten Tatentschluss.* Diese Ausdrucksweise verleitet zu unrichtiger Differenzierung, denn die *Ausführung der Tat* kann durchaus von einer Bedingung abhängig gemacht werden. Gemeint ist vielmehr, dass die *Fassung des Tatentschlusses* nicht von weiteren Überlegungen (Bedingungen) abhängen darf. Es erscheint daher sinnvoller, von einem vorbehaltlosen Tatentschluss zu sprechen.[7]

19 aa) Tatentschluss unter Vorbehalt: Der Täter behält sich die letzte Entscheidung über das „Ob" der Tat noch vor.

20 bb) Vorbehaltloser Tatentschluss: Der Tatplan steht fest; dass die Verwirklichung der Tat noch von bestimmten äußeren Umständen abhängig sein kann, ist dann unwesentlich.

b) Zur Einübung:

21 aa) BGHSt 12 S. 309: A und B sitzen in Strafhaft. Sie beschließen auszubrechen und nach geglücktem Ausbruch die Gastwirtin G zu berauben.

Ergebnis: A und B haben den vorbehaltlosen Entschluss gefasst, einen Raub zu begehen. Allein die Ausführung ist von einer Bedingung abhängig.

bb) BGH JZ 1967 S. 608: X und B hatten ein Portemonnaie geraubt. A vermutete darin eine größere Geldmenge. Er bekundete, dass er einen Teil dieser Summe haben wolle. Das Portemonnaie war jedoch leer.

Ergebnis: A hat den vorbehaltlosen Entschluss zu einer Hehlerei gefasst.

cc) BGH bei Holtz, MDR 1980 S. 271 f: Der A hielt sich unerlaubt in der Wohnung des W auf. Um den W am gewaltsamen Eindringen in seine Wohnung zu hindern, ergriff A eine Axt und wollte damit „notfalls" auf den W einschlagen.

Ergebnis: Ein vorbehaltloser Tatentschluss zur Tötung liegt noch nicht vor.

3. Die Abgrenzung der Vorbereitungshandlung von der Versuchshandlung

22 Nach § 22 liegt der Versuchsbeginn in dem Verhalten, mit dem der Täter „nach seiner Vorstellung von der Tat zur Verwirklichung des Tatbestandes unmittelbar ansetzt". – Der Gesetzgeber hat damit der von Welzel begründeten sog. *individuell-objektiven Abgrenzungstheorie* Gesetzeskraft verliehen.

23 a) Die Entscheidung des Gesetzgebers hat die schon früher streitigen Abgrenzungsfragen jedoch nicht gelöst. Schon beim Versuch des unechten Unterlassungsdelikts passt die Formel nicht, denn wer nichts tut, setzt nicht „zur Verwirklichung des Tatbestandes" an, es sei denn, man lässt hier den Entschluss, die pflichtgemäße Handlung nicht auszuführen, bereits als Versuchsbeginn gelten und erhebt damit den Entschluss zum strafbaren Verhalten. Das aber wird gerade nicht gewollt. Doch auch beim Begehungsdelikt ist der relevante Zeitpunkt keineswegs hinreichend sicher durch die gesetzliche Formel bestimmt. Die Formel weist lediglich den Weg zur Konkretisierung und Präzisierung dieses Zeitpunkts. Dieser ist in zwei Denkschritten zu ermitteln: Zunächst ist die Sicht der Situation durch den Täter festzustellen und sodann ist objektiv wertend zu beurteilen, ob auf Grund dieses Situationsbildes ein

---

7 Eingehend dazu LESS GA 1956 S. 33 ff; ROXIN Schröder-GedS, S. 145 ff; W. SCHMID ZStW 74 (1962) S. 48 ff.

unmittelbares Ansetzen vorliegt. Die Beurteilungsgrundlage ist danach subjektiv, der Bewertungsmaßstab hingegen objektiv zu ermitteln. – In welchen objektiven Verhaltensweisen ein *unmittelbares Ansetzen* jedoch zu erkennen ist, wird nicht einheitlich bestimmt.

aa) Nach der *Zwischenakttheorie* wird darauf abgestellt, ob zwischen dem Verhalten des Täters und der Tatbestandsverwirklichung noch – mindestens – ein weiterer wesentlicher Zwischenakt liegt oder nicht.[8]   **24**

bb) Nach der *Sphärentheorie* ist ein Versuch dann gegeben, wenn der Täter (vermeintlich) in die Schutzsphäre des Opfers eingebrochen und zwischen Tathandlung und erwartetem Erfolgseintritt ein enger zeitlicher Zusammenhang festzustellen ist.[9]   **25**

cc) Eine mehr *subjektive Abgrenzung* geht von der „Feuerprobe der kritischen Situation" aus. Eine Versuchshandlung soll dann vorliegen, wenn der Täter die Schwelle zum „jetzt geht es los" überschritten, d.h. sein Tatplan „die Feuerprobe der kritischen Situation" bestanden hat.[10]   **26**

dd) Nach der *Gefährdungstheorie* ist der maßgebliche Zeitpunkt des Versuchsbeginns mit der *unmittelbaren* konkreten Gefährdung des geschützten Rechtsguts erreicht.   **27**

b) Dem Anliegen des Gesetzgebers, als Versuchszeitpunkt den Moment unmittelbar vor der Tatbestandsverwirklichung zu erfassen, wird am ehesten die *Gefährdungstheorie* gerecht.   **28**

Da die Zwischenakttheorie das Fehlen weiterer Zwischenakte nicht streng von den einzelnen Bewegungsabläufen her entscheiden, sondern wertend ermitteln will – das Ziehen der entsicherten Pistole mit Tötungsabsicht ist bereits Versuch, obwohl der Täter noch anlegen und zielen muss –, bleibt die Theorie zu unbestimmt. Wird hingegen die Notwendigkeit weiterer Zwischenakte akzeptiert und die Versuchshandlung bereits dann angenommen, „wenn die Handlung in ungestörtem Fortgang unmittelbar zur Tatbestandserfüllung führen soll oder in unmittelbarem räumlichen und zeitlichen Zusammenhang mit ihr steht", so wird die Möglichkeit eröffnet, den Versuchsbeginn in den Vorbereitungsbereich vorzuverlagern. Handlungen weit vor einer konkreten Gefährdung können nämlich nach dem Tatplan durchaus in ungestörtem Fortgang zur Rechtsgutsbeeinträchtigung führen. – Der Sphärentheorie ist zwar im Erfordernis des engen räumlichen und zeitlichen Zusammenhangs zwischen Tathandlung und erwartetem Erfolg zuzustimmen. Dieser Zusammenhang ist jedoch mit dem Verweis auf die Beeinträchtigung der Sphäre des Opfers oder die Überschreitung des erlaubten Risikos nicht hinreichend zu präzisieren. – Das Abstellen auf die Feuerprobe der kritischen Situation bietet zwar ein hübsches Bild, doch Bewertungskriterien sind damit nicht verbunden. – Alle hier genannten Theorien haben daher den Vorzug, in Einzelbereichen das   **29**

---

8 Dazu vgl. BGHSt 26 S. 203; 28 S. 163; 35 S. 8 f; 36 S. 250; 37 S. 297 f; BGH NStZ 1997 S. 83; 1999 S. 395, 396; 2001 S. 415 mit Anm. GEPPERT JK 02, StGB § 22/20; BayObLG NJW 1991 S. 855; BAUMANN/WEBER/MITSCH A.T., § 26 Rdn. 54; BERZ Jura 1984 S. 514; KREY A.T. 2, Rdn. 414; HILLENKAMP LK, § 22 Rdn. 77; KÜHL JuS 1980 S. 650 f; RUDOLPHI SK I, § 22 Rdn. 13; WESSELS/BEULKE A.T., Rdn. 601.

9 Dazu BGHSt 22 S. 82; 28 S. 163; BGH StV 1992 S. 62 mit Anm. OTTO JK 92, StGB § 22/16; JAKOBS A.T., 25/66 ff; ROXIN JuS 1979 S. 5 f; DERS. A.T. II, § 29 Rdn. 139 ff. – Auf die Überschreitung des erlaubten Risikos im Hinblick auf die vom Täter intendierte Tatbestandsverwirklichung stellt ab: VEHLING Die Abgrenzung von Vorbereitung und Versuch, 1991, S. 113 ff, 171.

10 Dazu BGHSt 26 S. 203; BGH NJW 1980 S. 1759; BGH StV 1987 S. 529; BOCKELMANN JZ 1954 S. 473. – In neuerer Zeit verbindet der BGH oftmals die Kriterien der Sphärentheorie und der subjektiven Abgrenzung mit den Kriterien der Zwischenaktstheorie; vgl. BGHSt 44 S. 34, 40 mit Anm. OTTO NStZ 1998 S. 513 f; BGH NStZ 1993 S. 133; BGH NJW 1993 S. 2125; BGH NStZ 1996 S. 38.

Anliegen des Gesetzgebers zu konkretisieren, verallgemeinerungsfähig sind sie hingegen nicht, wohl aber können die einzelnen Kriterien zur Konkretisierung und Präzisierung der unmittelbaren Gefährdung des Rechtsguts herangezogen werden.

30 c) Der maßgebliche Zeitpunkt, der Vorbereitungshandlung und Versuch trennt, ist demnach in zwei Schritten zu erfassen:

aa) Individuelle Vorstellung des Täters: Wie sieht der Täter die Situation?

bb) Objektive Beurteilung auf der Basis der Tätervorstellung: Liegt – unterstellt, die Tätervorstellung entspricht der Realität – im Verhalten des Täters bereits *eine unmittelbare, konkrete* Gefährdung des geschützten Rechtsguts?

31   Eine unmittelbare Gefährdung setzt einen räumlichen und zeitlichen Zusammenhang zwischen Täterverhalten und erwartetem Erfolgseintritt genauso voraus, wie das Fehlen einer echten Zäsur zwischen der Tathandlung und dem erwarteten Erfolg. Danach beginnt das Versuchsstadium im Sinne des § 22 mit Handlungen, die im ungestörten Fortgang unmittelbar zur Tatbestandsverwirklichung führen sollen oder die im unmittelbaren räumlichen und zeitlichen Zusammenhang mit ihr derart stehen, dass sie das geschützte Rechtsgut unmittelbar (konkret) gefährden.[11]

32   In den Fällen, in denen der Täter bereits ein Tatbestandsmerkmal verwirklicht hat („Teilverwirklichung" des Tatbestandes) wird in der Regel eine unmittelbare Gefährdung des geschützten Rechtsguts vorliegen, doch keineswegs ausnahmslos. Sie ist daher auch in diesen Fällen positiv festzustellen. – An einer unmittelbaren Gefährdung des geschützten Rechtsguts fehlt es z. B., wenn zwar eine artgleiche, aber nicht „tatbestandsspezifische"[12] Handlung vorliegt. Tatbestandsspezifisch ist z. B. beim Betrug nur die Täuschung, die auf einen Irrtum gerichtet ist, der seinerseits eine Vermögensverfügung bewirken soll, nicht aber eine Täuschung, mit der ein Vertrauensverhältnis aufgebaut werden soll, innerhalb dessen sodann die weitere, auf die irrtumsbedingte Vermögensverfügung gerichtete Täuschung ins Werk gesetzt wird. Auch in diesen Fällen ist die unmittelbare Gefährdung daher sachlich festzustellen.[13]

33 d) Die Gefährdungsformel gilt für alle Versuchskonstellationen. Sie ist von dem jeweils relevanten Tatbestand her zu konkretisieren. Keineswegs sind für einzelne Versuchskonstellationen abweichende Kriterien heranzuziehen, wie es zum Teil in der Lehre gefordert wird. – Unabhängig davon, dass ein Begriff nicht inhaltlich unterschiedlich definiert werden kann, wenn der logische Grundsatz der Identität beachtet und Strafrecht wissenschaftlich und nicht gefühlsmäßig betrieben werden soll, besteht auch kein kriminalpolitisches Bedürfnis für die unterschiedliche Bestimmung des Versuchsbeginns.[14]

---

11 Vgl. BGHSt 30 S. 364; 38 S. 85; 43 S. 177, 179f mit Anm. Otto NStZ 1998 S. 243f; BGH MDR 1983 S. 685; BGH StV 1984 S. 420 mit Anm. Otto JK, StGB § 22/13; BGH JZ 1985 S. 100; BGH NStZ 1987 S. 20; BGH NJW 1993 S. 2254; BGH StV 1994 S. 240; BayObLG NJW 1990 S. 781; OLG Bremen NJW 1981 S. 2711; OLG Celle NJW 1986 S. 78; Herzberg MK, § 22 Rdn. 145, 156f (unmittelbares Bevorstehen der Verwirklichung des Tatbestandes); Küper JZ 1992 S. 340f; Sch/Sch/Eser § 22 Rdn. 42; Tröndle/ Fischer § 22 Rdn. 10; Zaczyk Unrecht, S. 306 ff.
Kritisch gegenüber der Leistungskraft einzelner Theorien zur Präzisierung der Ansatzformel: Kratzsch JA 1983 S. 587; Sonnen/Hansen-Siedler JA 1988 S. 18 ff.
12 Vogler LK, 10. Aufl. 1978 ff, § 22 Rdn. 35 a. – Darüber hinaus: Roxin A. T. II, § 29 Rdn. 110 ff.
13 Vgl. dazu BGHSt 37 S. 294 mit Bespr. Küper JZ 1992 S. 338ff; BGH StV 2003 S. 444, 446 mit Anm. Otto JK 04, StGB § 22/23; OLG Hamm NStZ-RR 1997 S. 133; Hillenkamp LK, § 22 Rdn. 94.
14 Dazu auch Hillenkamp LK, § 22 Rdn. 86.

Gleichwohl wird in der Literatur die Auffassung vertreten, der Versuchsbeginn sei bei den **34** verschiedenen Deliktstypen unterschiedlich zu bestimmen.

aa) *Versuchsbeginn beim Unterlassungsdelikt* soll danach bereits vorliegen, wenn der Täter **35** „die erste ihm mögliche Maßnahme, die zur Vermeidung des Erfolgs sinnvoll und tauglich gewesen wäre", mit Tatbestandsvorsatz unterlässt.[15] Andere wollen den Versuchsbeginn erst dann annehmen, wenn der Täter die letzte Rettungschance verstreichen lässt.[16] Wieder andere vertreten die Auffassung, Versuch liege dann vor, wenn nach dem Täterplan eine unmittelbare Gefährdung des geschützten Rechtsguts eingetreten ist, aber auch schon dann, wenn der Täter die Herrschaft über das Geschehen aus der Hand gibt.[17] Schließlich wird die objektive, d. h. unabhängig vom Täterplan festzustellende konkrete Gefährdung des Rechtsguts für entscheidend gehalten und daraus die Konsequenz gezogen, die Strafwürdigkeit bzw. Strafbedürftigkeit des untauglichen Versuchs des unechten Unterlassungsdelikts abzulehnen.[18] Damit wird jedoch ein Unterschied in der Strafbarkeit von Tun und Unterlassen begründet, der mit dem Gesetz, §§ 13, 22, nicht in Einklang zu bringen ist.[19]

bb) Auch beim *Begehungsdelikt* wird davon ausgegangen, dass ein Versuch unabhängig von **36** der unmittelbaren Gefährdung stets schon dann vorliege, wenn der Täter seinerseits alles Erforderliche getan hat, um den Erfolg herbeizuführen.[20]

cc) Schließlich versagt die Gefährdungsformel auch nicht beim *abstrakten Gefährdungsdelikt*, **37** wie STRATENWERTH[21] meint. Die Ansatzformel ist hier vielmehr, wie TIEDEMANN[22] gezeigt hat, überhaupt nur sinnvoll anwendbar, wenn sie durch den Gefährdungsgedanken ergänzt wird. Festzustellen ist hier, welches Verhalten der Gesetzgeber als rechtsgutgefährdend erfasst hat. Danach ist die Gefahrensituation zu bestimmen. Sodann ist zu fragen, durch welches Verhalten des Täters – nach seinem Vorstellungshorizont – die unmittelbare, konkrete Gefahr begründet wird, dass die vom Gesetzgeber beschriebene abstrakte Gefahrensituation eintritt.

e) *Zur Einübung:*

aa) BGHSt 26 S. 201: Die Angeklagten wollten einen Tankwart berauben. Vor seiner Haustür zogen sie **38** Strumpfmasken über. Dann läutete K. Er hatte eine Pistole in der Hand. Die Angeklagten nahmen an, dass

---

15 So z. B. HERZBERG MDR 1973 S. 96; LÖNNIES NJW 1962 S. 1950 ff; MAIHOFER GA 1958 S. 297 f; MAURACH/GÖSSEL/ZIPF A. T. 2, § 40 Rdn. 106.

16 So z. B. ARMIN KAUFMANN Die Dogmatik der Unterlassungsdelikte, 1959, S. 210 ff; WELZEL Lb., § 28 A IV.

17 So z. B. JESCHECK/WEIGEND A. T., § 60 II 2; LACKNER/KÜHL § 22 Rdn. 17; ROXIN Maurach-FS, S. 213 ff; DERS. A. T. II, § 29 Rdn. 271 ff; WESSELS/BEULKE A. T., Rdn. 744 f.

18 So z. B. NIEPOTH Der untaugliche Versuch beim unechten Unterlassungsdelikt, 1994, S. 287 ff, 339; RUDOLPHI SK I, Vor § 13 Rdn. 55; SCHMIDHÄUSER A. T., 17/26. – Als verfassungswidrig beurteilt BOTTKE – BGH-FG, S. 135 ff, 159 ff die Bestrafung des untauglichen Versuchs; dagegen HERZBERG GA 2001 S. 262 ff. – Gegen die Strafbarkeit *ungefährlicher* untauglicher Versuche HIRSCH Roxin-FS, S. 720 ff.

19 Dazu BGHSt 38 S. 356, 358 f m. N. mit Anm. OTTO JK StGB, § 22/17.

20 So z. B. HERZBERG MDR 1973 S. 92 f; ROXIN Maurach-FS, S. 221; DERS. A. T. II, § 29 Rdn. 192, 195 ff; SCHMIDHÄUSER A. T., 15/88. – Grundsätzlich will MURMANN Versuchsunrecht und Rücktritt, 1999, S. 18 f, den Versuchsbeginn dann sehen, wenn der Täter unmittelbar dazu angesetzt hat, das Geschehen aus der Hand zu geben. Darauf, dass der Täter das Tatmittel aus seinem Herrschaftsbereich entlässt, stellt ZACZYK NK, § 22 Rdn. 29, ab.

21 A. T. I, § 11 Rdn. 33; vgl. auch HILLENKAMP LK, § 22 Rdn. 84.

22 JR 1973 S. 412.

auf ihr Läuten der Tankwart oder eine andere Person erscheinen werde. Sogleich bei ihrem Erscheinen sollte die öffnende Person mit der Pistole bedroht, gefesselt und zur Ermöglichung und Duldung der Wegnahme genötigt werden. Auf das Läuten kam aber niemand.

BGH: Versuchsbeginn des Raubes bereits gegeben. – Damit wird die Gefährdung des Rechtsguts zu früh angesetzt, denn nach der Vorstellung der Täter wäre die *unmittelbare Gefährdung* erst eingetreten, wenn sich jemand – und sei es auch nur in ihrer Vorstellung – der Tür genähert hätte.[23]

39   bb) BGH StV 1984 S. 420: A wollte seine Ehefrau umbringen, die von ihm getrennt in der Wohnung ihrer Mutter lebte. Eines Abends rief er dort an und teilte mit, „heute würden alle umgelegt". Mit einem späteren Anruf bekräftigte er seine Drohung. Anschließend begab er sich, mit einem geladenen Revolver im Hosenbund, zum Eingang des Hauses, in dem seine Schwiegermutter wohnte. Er hatte die Absicht, seine Frau sofort zu erschießen, nachdem sie ihm die Tür geöffnet hatte. Sein Klingeln, auch bei anderen Hausbewohnern, blieb jedoch erfolglos. Wenig später wurde A festgenommen.

BGH: Noch kein Totschlagsversuch. – Dem ist zuzustimmen. Eine konkrete Gefährdung des Lebens der Ehefrau lag – auch nach der Vorstellung des A – mit dem Klingeln an der Eingangstür des Mietshauses noch nicht vor[24].

40   cc) BGH NJW 1954 S. 567: A und B wollten eine Kassiererin überfallen, wenn diese sich einem Hauseingang in der Mitte eines dunklen Ganges näherte. A stellte sich in der Nähe des Hauseingangs hinter einen Mauervorsprung, während B mit dem Knüppel am Eingang des Ganges wartete. Beide hatten ihre Plätze eingenommen, doch betrat in demselben Augenblick ein Mann den dunklen Gang, der auch zu den Hinterhäusern führte. A trat nun aus seinem Versteck mit dem Bemerken vor, der Mann habe ihn gesehen; er hat dabei auch aus Angst gehandelt. B musste nunmehr von der Fortführung absehen. Es ist nicht festgestellt, wo sich in dem fraglichen Augenblick die Kassiererin befand.

BGH: Noch kein Versuchsbeginn, es lag erst eine Vorbereitungshandlung vor. – Dem ist zuzustimmen. Eine unmittelbare Gefährdung der Kassiererin auf der Grundlage des Tatplanes hätte erst vorgelegen, wenn die Kassiererin nach der Vorstellung der Täter in den Gang getreten wäre. Die Vorbereitungshandlung ist im vorliegenden Falle allerdings strafbar gemäß §§ 249, 30 II.[25]

41   dd) BGHSt 2 S. 380: A hatte sich mit zwei Bekannten nach H. begeben, um dort einen Einbruchsdiebstahl in ein Textilgeschäft zu verüben. Beim Auskundschaften der näheren Verhältnisse des Tatortes stellten sie fest, dass die Fenstergitter nur mit einer Winde auseinanderzubiegen seien. Sie beschafften sich eine solche Winde, brachten sie zum Tatort und versteckten sie zwischen dem Haus und Eisenträgern, die vor dem Haus lagerten. Nach drei Tagen gingen sie zum Tatort, und holten gerade die Winde aus dem Versteck hervor, um mit deren Hilfe die Gitter zu öffnen. Sie wurden durch den Wächter gestört und flohen.

BGH: Es liegt bereits ein versuchter Diebstahl vor. – Dem ist entgegenzusetzen, dass ein *unmittelbares* Ansetzen zur Verwirklichung des Diebstahlstatbestandes und eine *unmittelbare* Gefährdung des Eigentums des Textilgeschäftsinhabers erst in dem Ansetzen der Winde zu erblicken wären.

---

23 Insgesamt bietet die neuere Rechtsprechung zur Abgrenzung Vorbereitungshandlung – Versuch bei Raub und räuberischer Erpressung kein einheitliches Bild; vgl. einerseits: BGH bei Holtz, MDR 1978 S. 985: Noch kein Versuchsbeginn bei Vorfahren vor eine Bank, um diese zu überfallen; desgl. BGH NJW 1979 S. 378 für den Kauf von Nachschlüsseln; BGH NStZ 1996 S. 38 f: Noch kein Versuchsbeginn beim Raub im Supermarkt, wenn die Angekl. sich noch nicht beim Betreten der Geschäftsräume maskiert hatten oder die Verwirklichung des Plans davon abhängig gemacht hatten, ob die Situation diese Verwirklichung zuließ. – Andererseits: BGH NJW 1980 S. 1759: Versuchsbeginn des Raubes bei Manipulation am Kfz, dessen Fahrer später überfallen werden soll, wenn die Manipulation zur Panne geführt hat; BGH bei Holtz, MDR 1983 S. 620: Versuchsbeginn, nachdem Täter mit verborgenen Waffen den Kassenraum betreten hatten. Auf ein Kopfnicken einer der Mittäter sollten die Waffen hervorgeholt und der Kassierer bedroht werden.
    – Zur Auseinandersetzung im Einzelnen vgl. OTTO JA 1980 S. 643 f.

24 Eingehender zu dieser Entscheidung: OTTO JK, StGB § 22/13; ROXIN A.T. II, § 29 Rdn. 151.

25 Dazu auch BGH bei Dallinger, MDR 1973 S. 900; BGH StV 1989 S. 526 mit Anm. OTTO JK 90, StGB § 22/14.

ee) BayObLG NJW 1990 S. 781: A, der wusste, dass er HIV infiziert war, besuchte einen Bordellbetrieb und **42** forderte die Prostituierte E zum ungeschützten Geschlechtsverkehr auf. Diese lehnte ab.

BayObLG: Aufforderung noch Vorbereitungshandlung und nicht Versuch, da die Aufforderung nach dem **43** Plan des A nicht unmittelbar zur Tatbestandserfüllung führen, sondern diese erst ermöglichen sollte.

ff) BGHSt 43 S. 177, 180 ff: In das Haus des A war eingebrochen worden, wobei die Täter verschiedene im Haus vorgefundene Getränke zu sich genommen hatten. Da die Täter einige Elektrogeräte auf den Dachboden geschafft hatten, hielt die Polizei es für möglich, dass die Täter zum Abtransport dieser Sachen noch einmal zurückkehren würden. Sie ließ daher das Haus durch mehrere Beamte observieren. Der A seinerseits – von Beruf Apotheker – deponierte eine mit einer hochgiftigen Flüssigkeit gefüllte und mit der Aufschrift „Echter Bayerwaldbärwurz" versehene Flasche im Erdgeschoss des Hauses. Er hielt es für möglich, dass die Täter beim nächsten „Besuch" aus der Flasche trinken und sich eine tödliche Vergiftung zuziehen würden. – Am nächsten Tage entfernte er die Flasche, nachdem die Täter in der Nacht nicht zurückgekehrt waren.

BGH: Zu fragen ist, „wann sich die Tathandlung nach dem Tatplan dem gefährdeten Rechtsgut ausreichend nähert, um die Strafbarkeit des Täters zu begründen." Das wäre zu dem Zeitpunkt der Fall, in dem für den Täter feststeht, dass das Opfer erscheinen und sein für den Taterfolg eingeplantes Verhalten bewirkt wird. „Hält der Täter – wie hier – ein Erscheinen des Opfers im Wirkungskreis des Tatmittels hingegen für lediglich möglich, aber noch ungewiß oder gar für wenig wahrscheinlich, so tritt eine unmittelbare Rechtsgutsgefährdung nach dem Tatplan erst ein, wenn das Opfer tatsächlich erscheint, dabei Anstalten trifft, die erwartete selbstschädigende Handlung vorzunehmen, und sich deshalb die Gefahr für das Opfer verdichtet."

Dem ist zuzustimmen, denn damit wird eine akzeptable Abgrenzung in den Fällen erreicht, in denen der Täter keine sichere Vorstellung von der Gefahrrealisierung hat, sondern diese nur für möglich hält.[26]

gg) BGH NJW 2002 S. 1057 mit Anm. GAEDE JuS 2002 S. 1058 ff, JÄGER JR 2002 S. 383 ff, OTTO JK 02, **44** StGB § 22/22: A wollte seine Ehefrau E umbringen. Er betäubte sie, packte sie in den Kofferraum seines Wagens und fuhr an einen entfernten Ort. Dort wollte er die E zwingen, ihm eine Generalvollmacht zu erteilen, und sie sodann töten. – E erstickte aber bereits im Kofferraum.

BGH: Da das Betäuben und Verbringen der E an den anderen Ort noch in keinem unmittelbaren Zusammenhang mit der Tötung standen, liegt in diesen Handlungen noch kein unmittelbares Ansetzen zur Tötung.

Dem ist zuzustimmen. Bei sukzessiver Anstrebung des Erfolgs liegt das Ansetzen zur Verwirklichung des Erfolgs erst in den Handlungen, die das Rechtsgut nach der Vorstellung des Täters unmittelbar gefährden. – Auch eine unwesentliche Abweichung des vorgestellten vom wirklichen Kausalverlauf liegt nicht vor, da der Irrtum, noch im Vorbereitungsstadium zu sein, während die Versuchssituation objektiv schon vorliegt, stets eine wesentliche Abweichung begründet.

hh) WESSELS/BEULKE A. T., Rdn. 742: Eine Stunde vor Ankunft des nächsten Zuges findet der Strecken- **45** wärter S seinen Bruder B sinnlos betrunken auf den Schienen einer D-Zug-Strecke liegend vor.

WESSELS: Versuch ist zu bejahen, wenn S auch in dem Zeitraum, in welchem mit dem Herannahen des Zuges zu rechnen ist, keine Rettungschance ergreift, oder wenn S sich (gleichgültig zu welchem Zeitpunkt) von der Gefahrenstelle fortbegibt und den B seinem Schicksal überlässt.

Dem ist in der ersten Alternative zuzustimmen, denn in dem Zeitpunkt, in dem mit dem Herannahen des Zuges zu rechnen ist, liegt eine unmittelbare Gefährdung des Lebens des B vor. – Nicht so in der zweiten Alternative: Auch wenn S fortgeht, ändert sich der Zeitpunkt des Versuchsbeginns nicht. Da S aber in Kenntnis seiner Pflicht die Gefahr nicht beseitigte, kann er sich nicht darauf berufen, dass ihm in dem entscheidenden Moment – S ist weit weg – die Erfüllung seiner Pflicht unmöglich geworden ist. Begründet ist die Pflicht mit Kenntnis der Situation. – Dieser Zeitpunkt ist jedoch vom Versuchsbeginn zu unterscheiden, wie auch

---

26 Vgl. auch BGH NStZ 2001 S. 475 mit Anm. ENGLÄNDER JuS 2003 S. 330 ff, Otto JK 02, StGB § 22/21. – Zur Auseinandersetzung mit BGHSt 43 S. 177 vgl. BÖSE JA 1999 S. 342 ff; DERKSEN GA 1998 S. 592 ff; DORNIS Jura 2001 S. 664 ff; GEPPERT JK 98, StGB § 22/18; GÖSSEL JR 1998 S. 293 ff; HECKLER NStZ 1999 S. 79 f; HERZBERG JuS 1999 S. 225; KUDLICH JuS 1998 S. 596 ff; MARTIN JuS 1998 S. 273 f; OTTO NStZ 1998 S. 243 f; ROSENAU/KLÖHN Jura 2000 S. 432 f; ROXIN JZ 1998 S. 211 f; DERS. A.T. II, § 29 Rdn. 215 ff; STRENG Zipf-GedS, S. 330; WOLTERS NJW 1998 S. 578 ff.

beim Begehungsdelikt Entschluss, Vorbereitung und Versuch verschiedene Stadien der Deliktsverwirklichung sind. – Oft werden allerdings die unmittelbare Gefährdung und das „Aus-der-Hand-Geben" des Geschehensablaufes zusammenfallen.

III. Aufbauschema

46 1. Bevor Erörterungen zur Frage gemacht werden, ob der Täter ein bestimmtes Delikt versucht hat, ist darzulegen, dass ein *vollendetes Delikt nicht vorliegt*, denn es kann vorkommen, dass nach dem Sachverhalt ein Versuch vorzuliegen *scheint*, obwohl das Delikt in Wirklichkeit vollendet ist. Da aber auch das vollendete Delikt einmal durch das Stadium des Versuchs gegangen ist, wird Überflüssiges erörtert, wenn zunächst der Versuch geprüft und bejaht wird, obwohl das Delikt vollendet wurde. Daher ist mit der Prüfung des vollendeten Delikts zu beginnen. Diese ist abzubrechen, nachdem feststeht, dass der objektive Tatbestand nicht erfüllt ist. In offensichtlichen Fällen kann dieses mit einem einzigen kurzen Satz geschehen.

2. Ist der objektive Tatbestand eines Delikts nicht erfüllt, so ist als nächstes zu prüfen, ob der *Versuch dieses Delikts überhaupt strafbar* ist. Bei Verbrechen stets, bei Vergehen nur, wenn besonders genannt (§ 23 Abs. 1). Steht fest, dass der Versuch des betreffenden Delikts strafbar ist, so beginnt die sachliche Erörterung des Versuchs.

3. Zu prüfen ist sodann:

a) Hat der Täter den *Entschluss* gefasst, ein bestimmtes Delikt zu begehen, d.h. wollte er bewusst den obj. Tatbestand eines Delikts erfüllen und hat er auch evtl. geforderte subj. Einstellungen zu dem Geschehen (z.B. Zueignungsabsicht, Bereicherungsabsicht usw.)? – Beim unechten Unterlassungsdelikt ferner: Bewusstsein der Garantenstellung des Täters?

b) Hat der Täter nach seiner Vorstellung von der Tat zur Verwirklichung des Tatbestandes unmittelbar angesetzt, d.h. ist unter Zugrundelegung seines Vorstellungsbildes von der Situation in seinem Verhalten bereits eine unmittelbare Rechtsgutsgefährdung zu erkennen? – Bei Sonderpflichtdelikten ferner: Vorliegen der Sonderpflichtposition des Täters, z.B. Garantenstellung.

c) Feststellungen zur Pflichtbegrenzung, z.B. Rechtfertigungsgründe?

Hier geht es um die Prüfung, ob das Verhalten des Täters – unterstellt seine Vorstellung von der Situation ist zutreffend – rechtspflichtwidrig ist.

d) Unrechtsbewusstsein, d.h. Bewusstsein der Sozialschädlichkeit?

e) Schuld?

IV. Besondere Problemstellungen

1. Das Fehlen des subjektiven Rechtfertigungselementes

47 a) Konstruktive Konsequenzen

Nach heute fast einhelliger Ansicht erfordern die Rechtfertigungsgründe auf der subjektiven Seite die Kenntnis von der rechtfertigenden Situation – vgl. z.B. zur Notwehr oben § 8 Rdn. 52 f –, sog. subjektives Rechtfertigungselement. Fehlt dieses Element, so ist zu differenzieren:

48 aa) Die Vertreter des dreistufigen Verbrechensaufbaus müssten zur Annahme eines vollendeten Delikts kommen.

Bilden Tatbestand und Rechtswidrigkeit sachlich voneinander getrennte, völlig abgeschlossene und je eigener Wertung unterliegende Komplexe derart, dass das Vorliegen des Tatbestandes die Rechtswidrigkeit indiziert, wenn kein Rechtfertigungsgrund gegeben ist, so ist es allein konsequent, ein vollendetes Delikt anzunehmen. Ein Rechtfertigungsgrund liegt nicht vor, da eines seiner Tatbestandselemente fehlt.[27]

bb) Anders stellt sich die Problematik bei einem zweistufigen Verbrechensaufbau dar: **49**

Bilden Tatbestand und Vermeidepflichtverletzung eine Einheit, so ist der Unrechtstatbestand nur gegeben, wenn alle seine Elemente vorliegen, d.h. wenn erwiesen ist, dass der Täter objektiv und subjektiv (gesetzes)tatbestandsmäßig sowie objektiv und subjektiv rechtspflichtwidrig gehandelt hat. Hier fehlt aber eines der Elemente: objektiv handelt der Täter nicht pflichtwidrig. Die Vermeidepflichtverletzung verlangt aber ein objektiv *und* subjektiv pflichtwidriges Verhalten. Der Unrechtstatbestand des vollendeten Delikts ist nicht gegeben. Die Situation – der Täter will das verbrecherische Vorhaben realisieren, er beginnt mit der Ausführung, der verbrecherische, d.h. pflichtwidrig begründete Erfolg tritt aber nicht ein – ist die des Versuchs.[28]

cc) Leider halten nur wenige Vertreter des dreistufigen Verbrechensaufbaus in der Lösung **50**
einschlägiger konkreter Fälle ihre in der Verbrechenslehre gesetzten Prämissen hier durch. Mit dem Hinweis auf das Fehlen des sog. Erfolgsunwertes, dem sie in ihrem Verbrechensaufbau aber keinen *eigenständigen* Platz einräumen, kommt die überwiegende Zahl zu dem Ergebnis, es liege nur eine Versuchssituation vor. Die Regeln über den Versuch werden teils unmittelbar, teils entsprechend angewendet.[29]

Damit wird in Wirklichkeit die Prämisse, dass der Tatbestand i.S. des Gesetzestatbestandes die „Verbotsmaterie" beschreibe, so dass ein Verhalten rechtswidrig sei, wenn kein Rechtfertigungsgrund vorliege (Tatbestand indiziert Rechtswidrigkeit), für diese Fälle aufgegeben. **51**

dd) Soweit das subjektive Rechtfertigungselement als Bestandteil der Rechtsfertigungsgründe abgelehnt wird (objektive Unrechtslehre), liegt der jeweilige Rechtfertigungsgrund und damit Straflosigkeit hinsichtlich des betreffenden Deliktes vor.[30] **52**

---

27 So z.B. BGHSt 2 S. 114 (anders aber BGHSt 38 S. 144, 155 f mit Anm. Otto JR 1992 S. 210 ff); Alwart GA 1983 S. 454 f; Gössel Triffterer-FS, S. 99; Graf zu Dohna Der Aufbau der Verbrechenslehre, 4. Aufl. 1950, S. 32; Hirsch LK, Vor § 32 Rdn. 59; Köhler A.T., S. 323; Krey A.T. 1, Rdn. 421, 423; Lenckner H. Mayer-FS, S. 165 ff; Paeffgen NK, Vor § 32 Rdn. 127; Schmidhäuser A.T., 9/106; Triffterer Oehler-FS, S. 220 ff; Welzel Lb., § 14 IV. – Differenzierend: Gallas Bockelmann-FS, S. 177; Zielinski Handlungs- und Erfolgsunwert im Unrechtsbegriff, 1973, S. 260 ff; Zaczyk NK, § 22 Rdn. 57.
28 Vgl. auch Puppe A.T. 1, § 25 Rdn. 3ff.
29 Für unm. Anwendung der Versuchsregeln: KG GA 1975 S. 215; Amelung JR 1985 S. 477; Baumann/Weber/Mitsch A.T., § 16 Rdn. 68; Frisch Lackner-FS, S. 138 ff; Gropp A.T., § 13 Rdn. 95; Herzberg JA 1986 S.192 f; Hruschka GA 1980 S. 16 f; Kindhäuser StGB, Vor § 32 Rdn. 19; Prittwitz Jura 1984 S. 76; Roxin A.T. I, § 14 Rdn. 101; Rudolphi SK I, § 32 Rdn. 29; Schünemann GA 1985 S. 373. – Für analoge Anwendung: Günther SK I, Vor § 32 Rdn. 91; Hillenkamp LK, § 22 Rdn. 200; Jescheck/Weigend A.T., § 31 IV 2; Kühl A.T., § 6 Rdn. 16; Lackner/Kühl § 22 Rdn. 16; Lenckner Der rechtfertigende Notstand, 1965, S. 195; Maurach/Zipf A.T. 1, § 25 Rdn. 34; Sch/Sch/Lenckner Vorbem. §§ 32 ff Rdn. 15; Steinbach Zur Problematik der Lehre von den subjektiven Rechtfertigungselementen bei den vorsätzlichen Erfolgsdelikten, 1987, S. 312 ff; Stratenwerth A.T. I, § 9 Rdn. 148; Tröndle/Fischer § 32 Rdn. 14; Wessels/Beulke A.T., Rdn. 279.
30 Dazu Spendel DRiZ 1978 S. 330 f; ders. Bockelmann-FS, S. 258 f.

b) *Zur Verdeutlichung:*

53 Der Förster F will den Wilderer W töten. Eines Tages sieht er ihn hinter einem Busch sitzen. Er reißt die Flinte hoch und schießt. W wird tödlich getroffen. – Später stellt sich heraus, dass W seinerseits den F erschießen wollte. Er hatte gerade angelegt, als F schoss. Hätte F auch nur eine Sekunde gewartet, wäre er selbst erschossen worden. – Dies wusste F im Augenblick seines Schusses aber nicht.

aa) Hinweise zur Lösung des Falles nach dem Konzept des Grundkurses:

(1) Strafbarkeit gem. § 212

F hatte die Möglichkeit, das ihm vorgeworfene Verhalten zu vermeiden.

Er begründete eine Gefahr für das Leben des W, die sich im Tode des W realisierte. Dieses Sachverhalts war er sich auch bewusst.

Die objektiven Voraussetzungen der Notwehr liegen jedoch vor. Eine objektive Missbilligung des Verhaltens des F durch die Rechtsordnung ist damit nicht gegeben. Der Unrechtstatbestand des vollendeten Tötungsdelikts ist nicht erfüllt.

(2) Strafbarkeit gem. §§ 212, 23 I, 22

Da F jedoch den Entschluss, den W rechtswidrig zu töten, in einer Versuchshandlung betätigt hat, ist er wegen versuchten Totschlags zu bestrafen.

bb) Ergebnisse nach den unter a) geschilderten Positionen:

– zu aa): Vollendetes Tötungsdelikt des F

– zu bb): Versuchtes Tötungsdelikt (vgl. Lösungsskizze)

– zu cc): Bestrafung des F nach den Regeln des Versuchs

– zu dd): Keine Bestrafung des F.

2. *Versuch mit dolus eventualis*

54 a) Der bedingte Vorsatz genügt nach h. M. dort als Entschluss, eine Straftat zu begehen, wo bedingter Vorsatz auch zur Vollendung des Delikts ausreicht.[31]

55 b) Problematisch erscheint der Versuch mit bedingtem Vorsatz allerdings in den Fällen, in denen der Täter ein Rechtsgut beeinträchtigt, dabei aber nicht genau weiß, ob ein Rechtfertigungsgrund vorliegt oder nicht[32]. – Die Problematik dieser Fälle löst sich aber in der Rechtfertigungsprüfung. Maßgeblich ist nämlich, ob der Täter unter den konkreten Umständen das Risiko, ein Rechtsgut zu beeinträchtigen, eingehen durfte, weil die Begründung dieses Risikos nach den Grundsätzen des § 34 gerechtfertigt ist.

c) *Zur Verdeutlichung*

56 aa) A, ein unsicherer Schütze, will eine Taube von einem Dach schießen. Er erkennt, dass er auch eine alte Dame treffen kann, die 2 m unterhalb der Taube aus dem Fenster schaut, er schießt dennoch. Die Taube wird getroffen.

Ergebnis: Hier ist die Begründung des Risikos gegenüber der alten Dame nicht gerechtfertigt. Es liegt ein versuchter Totschlag vor.

---

31 Vgl. BGHSt 22 S.332ff; 31 S.378; Herzberg NStZ 1990 S.315; Jescheck/Weigend A.T., § 49 III 1; Roxin Schröder-GedS, S. 145 ff; Rudolphi SK I, § 22 Rdn. 2; Sch/Sch/Eser § 22 Rdn. 17. – A. A. Lampe NJW 1958 S.332f; Puppe NStZ 1984 S.491; Schmidhäuser A. T. Stub., 11/19. – Beschränkt auf den untauglichen Versuch: Kötz-Ott Eventualvorsatz und Versuch, 1974, S.147.
32 Hierzu auch Paeffgen JZ 1978 S. 743 ff.

bb) A sieht bei einem Waldspaziergang, dass B auf den X anlegt. Ihm ist klar, dass X zu Tode kommt, wenn B schießt. Ob B aber wirklich den X erschießen oder nur erschrecken will, weiß A nicht. Er ist sich beider Möglichkeiten bewusst. – Dennoch – ein Rufen würde nicht gehört werden – schießt er auf B, als dieser abdrücken will, B kommt zu Tode. – Es stellt sich heraus, dass B im Begriff war, den X zu ermorden.

Ergebnis: Die Tötung des B ist durch Nothilfe, § 32, gerechtfertigt. – Aber auch bzgl. der Begründung des Risikos, u. U. einen anderen Menschen, den B, rechtswidrig zu verletzen oder sogar zu töten – falls dieser nämlich nur den X erschrecken will –, ist A gemäß § 34 gerechtfertigt [33]; vgl. § 8 Rdn. 216, Musterfall 1.

3. Untauglicher, abergläubischer (irrealer) und grob unverständiger Versuch

Fallgruppe 7:

Fall 1: BGHSt 41 S. 94 mit Anm. GEPPERT, JK 95, StGB § 23 III/1, RADTKE JuS 1996 S. 878 ff: Die A sprühte ein Insektenmittel auf das Vesperbrot ihres Ehemannes. Sie meinte, die Menge sei tödlich. In Wirklichkeit war diese aber nicht einmal geeignet, gesundheitsstörend zu wirken.   **57**

Fall 2: Beim Hinausgehen aus einer Gaststätte will A an Stelle seines eigenen arg ramponierten Schirmes einen fremden Schirm mitnehmen. In der Aufregung vergreift er sich jedoch. Zu Hause stellt er fest, dass er seinen eigenen Schirm erwischt hat.

Fall 3: A ärgert sich, dass oftmals Düsenmaschinen über sein Haus hinwegdonnern. Eines Tages beschließt er, ein Exempel zu statuieren. Er legt sich auf die Lauer und schießt mit seinem Luftgewehr gezielt auf eine in etwa 1300 m Höhe vorbeiziehende Maschine.

Fall 4: Nachdem X die A geküsst hat, meint diese, jetzt sei sie schwanger. Um die Frucht abzutreiben, nimmt sie einen ordentlichen Schluck Rizinusöl, das ihr als „Abführmittel" bekannt ist.

Fall 5: In Anlehnung an RGSt 33 S. 321: A glaubte, durch bestimmte Beschwörungsformeln aus dem 7. Buche Moses dem Teufel befehlen zu können. Unter Gemurmel der entsprechenden Formel befahl A dem Teufel, ihren Ehemann zu holen.

a) Problemstellung

Die vom Gesetzgeber gewählte Abgrenzung von Vorbereitungshandlung und Versuch unter Berücksichtigung der Vorstellung des Täters führt zur Strafbarkeit des sog. *untauglichen Versuchs*. Auch der Täter, der sich im Mittel vergreift, seinen Versuch am falschen Objekt durchführt oder – mit Ausnahme des Irrtums über eine Sonderpflichtenposition; dazu sogleich unten Rdn. 75 ff. – Tatsachen annimmt, die, lägen sie vor, eine besonders geforderte Tätereigenschaft begründen würden, setzt mit der Verwirklichung seines Tatplans unmittelbar zur Rechtsgutsgefährdung an. Die Strafwürdigkeit liegt in diesen Fällen in der abstrakten Gefahr, die der Täter dadurch begründet, dass er seinen verbrecherischen Willen nach außen in einem Verhalten manifestiert, das aus seiner Sicht bereits eine konkrete Gefährdung des geschützten Rechtsguts darstellt.   **58**

Konstruktiv macht es dabei keinen Unterschied, ob das gewählte Mittel z. B. nur in der bestimmten Situation untauglich oder absolut untauglich ist. – Dennoch wird von der Strafbarkeit des untauglichen Versuchs grundsätzlich eine Ausnahme gemacht: **59**

Der sog. *abergläubische Versuch* soll straflos sein. Dies ist historisch zu erklären: Arg spät nahmen die Juristen im Gefolge der Aufklärung Abschied vom Tatbestand der Zauberei, weil die Einsicht, dass das dort verpönte Tun nicht sozialgefährlich, sondern unsinnig ist, nicht zu umgehen war. In dieser Situation hätten sie kaum mit Verständnis dafür rechnen können, dass sie die versuchte Zauberei – wenn auch unter anderem Namen versteckt – bestraften. Offen   **60**

---

[33] Für Entschuldigung in derartigen Fällen: ROXIN A. T. I, § 14 Rdn. 87 ff, 90.

blieb damit jedoch, warum in anderen Fällen, die auf schlichte Dummheit des Täters, nicht aber auf eine latente verbrecherische Energie deuteten, deren untauglicher Versuch strafbar bleiben sollte. In der Struktur ist nämlich auch der abergläubische ein untauglicher Versuch.

61 Zwar lässt sich abstrakt zwingend darlegen, dass der abergläubische Versuch kein Versuch ist, weil dem Täter der Erfolgsverwirklichungswille fehlt. Er geht von der Wirksamkeit nicht existenter magischer Kräfte aus, die gerade durch seinen Willen nicht steuerbar sind, daher ist sein Tatverwirklichungswille hier lediglich irrelevantes Wünschen des Erfolges. – Im konkreten Fall zeigt sich jedoch, dass die dogmatische Abgrenzung von untauglichem und abergläubischem Versuch letztlich mit den gleichen Abgrenzungsschwierigkeiten verbunden ist wie die des tauglichen vom untauglichen Versuch.[34]

62 Vor diesem Hintergrund ist es zu begrüßen, daß der Gesetzgeber in § 23 Abs. 3 für den *schlicht blödsinnigen Versuch* die Möglichkeit des Absehens von Strafe bzw. der Strafmilderung schuf. – In durchaus zutreffender – angesichts der derzeitigen Gesetzgebungspraxis aber zu feinsinniger – logischer Deduktion wurde jedoch nun in der Lehre geschlossen: § 23 Abs. 3, der nur ein Absehen von Strafe oder eine Strafmilderung vorsehe, sei auf den abergläubischen Versuch nicht anwendbar, weil dieser nach einhelliger Ansicht beim Inkrafttreten des Gesetzes nicht strafbar und eine grundsätzliche Änderung dieses Zustandes vom Gesetzgeber nicht beabsichtigt war. Damit wird die Notwendigkeit zu jenen diffizilen Unterscheidungen begründet, die seit den Tagen Feuerbachs zu keiner verständigen Abgrenzung strafbarer und straffreier Fälle des untauglichen Versuchs geführt haben. – Nach den Gesetzesmaterialien besteht für diese Differenzierung jedoch kein Anlass, denn die Überlegungen des Gesetzgebers waren keineswegs so feinsinnig, wie seine Interpreten meinen. Dem Gesetzgeber ging es offenbar darum, Möglichkeiten für ein Absehen von Strafe oder für eine Strafmilderung über die bisher straffreien Grenzen hinaus zu schaffen. Auf die dem Verfahren angemessene differenzierte Technik wurde verzichtet.

b) Konsequenzen

63 § 23 Abs. 3 ist daher auf *alle* schlicht blödsinnigen Versuchshandlungen anwendbar, sei es, dass der Täter aus Aberglauben oder aus sonst wie begründetem groben Unverstand handelt. – Im Falle des abergläubischen Versuchs wird man aber den § 23 Abs. 3 so auslegen müssen, dass hier das Ermessen des Richters dahin gebunden ist, in diesen Fällen von Strafe abzusehen.[35]

Danach ist in der Fallgruppe 7 zu entscheiden:

64 aa) In den **Fällen 1** und **2** liegt jeweils ein strafbarer (untauglicher) Tötungs- bzw. Diebstahlsversuch vor.

bb) In den **Fällen 3** und **4** weicht das Verhalten des Täters bzw. der Täterin derart weit vom allgemeinen Verständnishorizont ab, dass es als grob unverständiges Verhalten angesehen werden kann, § 23 Abs. 3.

cc) Im **Falle 5** liegt ein abergläubischer Versuch vor; Straffreiheit nach § 23 Abs. 3 ist obligatorisch.

---

34 Z.T. wird beim abergläubischen Versuch das Vorliegen von Versuchsunrecht bestritten – vgl. z.B. BAUMANN/WEBER/MITSCH A.T., § 26 Rdn. 36; GÖSSEL GA 1971 S. 235; HERZBERG MK, § 22 Rdn. 87; LACKNER/KÜHL § 23 Rdn. 5; MAURACH/ GÖSSEL/ZIPF A.T. 2, § 40 Rdn. 142; ROXIN JuS 1973 S. 331; DERS. A.T. II, § 29 Rdn. 373; RUDOLPHI SK I, § 23 Rdn. 8; SANCINETTI Subjektive Unrechtsbegründung und Rücktritt vom Versuch, 1995, S. 201 ff –, z.T. das Vorliegen des Vorsatzes – vgl. z.B. EBERT A.T., S. 113; HILLENKAMP LK, § 22 Rdn. 190; DERS. Schreiber-FS, S. 148 f; JAKOBS A.T., 25/22 f; JESCHECK/WEIGEND A.T., § 50 I 6; KINDHÄUSER StGB, § 22 Rdn. 6; SEIER/GAUDE JuS 1999 S. 460; WESSELS/BEULKE A.T., Rdn. 620.

35 Dazu auch BLOY ZStW 113 (2001) S. 108 f; FREUND MK, Vor § 13 Rdn. 404; GUHRA Das vorsätzliche tatbestandsmäßige Verhalten beim beendeten Versuch, 2002, S. 41 f; HEINRICH Jura 1998 S. 398; STRATENWERTH A.T. I, § 11 Rdn. 61 ff.

4. Untauglicher Versuch und Wahndelikt

a) Beim untauglichen Versuch irrt der Täter über Tatsachen oder nicht dem Strafrecht an- **65** gehörige Rechtsbegriffe, deren tatsächliches Vorhandensein einem gesetzlichen Straftatbestand entspräche. Wäre die Situation so, wie er sie irrig annimmt, so würde sein Verhalten diesen Tatbestand verwirklichen. – Beim Wahndelikt kennt der Täter den tatsächlichen Sachverhalt genau, er meint aber irrig, dieser Sachverhalt sei als Delikt unter Strafe gestellt, d. h. er irrt darüber, was der Gesetzgeber in einem bestimmten Tatbestand unter Strafe gestellt hat.

b) *Zur Verdeutlichung*

aa) Zwei Knaben, A und B, gehen am Fluss spazieren. Dort ist ein Kahn angebunden. Sie binden ihn los und **66** lassen ihn abtreiben. Sie meinen, sie hätten eine Abtreibung i. S. des § 218 begangen.

Ergebnis: Wahndelikt, denn der Sachverhalt, den A und B sich vorstellen, erfüllt nicht den Tatbestand des § 218.

bb) A will ihren Ehemann umbringen. Sie bittet ihren Liebhaber, den Chemiker B, um ein Gift. B will mit **67** einem Mord nichts zu tun haben. Er gibt der A ein harmloses Pulver. A streut dieses ihrem Ehemann in das Essen. Der gewünschte Erfolg tritt natürlich nicht ein.

Ergebnis: Untauglicher Versuch. – Wäre das Pulver ein Gift gewesen, so hätte ein Versuch vorgelegen, als A das Pulver in das Essen streute.

cc) A verkehrt geschlechtlich mit seiner Nichte N. Er meint, er begehe Beischlaf zwischen Verwandten. **68**

Ergebnis: Wahndelikt. Der gesetzliche Tatbestand, § 173, verbietet nicht den Beischlaf zwischen Verwandten schlechthin, sondern nur den Beischlaf mit leiblichen Abkömmlingen, leiblichen Verwandten absteigender Linie oder leiblichen Geschwistern. Die Vorstellung des A von den Voraussetzungen des strafbaren Beischlafs zwischen Verwandten ersetzen diese nicht.

dd) BGHSt 8 S. 263: A hat bei einem Verkehrsunfall sein Kfz beschädigt. Weiterer Schaden ist nicht eingetre- **69** ten. A fährt fort, um Unfallflucht zu begehen.

Ergebnis: Verkehrsunfall i. S. des § 142 ist nur ein Unfall, bei dem andere zu Schaden kommen. Die Flucht nach einer Selbstschädigung ist in § 142 nicht unter Strafe gestellt, daher Wahndelikt des A.

c) Trotz übereinstimmender Anerkennung dieser grundsätzlichen Differenzierung besteht **70** Streit über die Abgrenzung von Wahndelikt und Versuch, wenn der Täter über ein normatives Tatbestandsmerkmal – dazu oben § 7 Rdn. 12 ff – oder über den Inhalt der Ausfüllungsnorm eines Blanketttatbestands – dazu oben § 2 Rdn. 5 ff – irrt, weil er über den Inhalt der Ausfüllungsnorm irrt, auf die der normative Begriff oder der Blanketttatbestand Bezug nimmt.

Fall 1: BGHSt 10 S. 272: A wurde in einem Verfahren der freiwilligen Gerichtsbarkeit eidlich vernommen, obwohl das Gesetz die Möglichkeit einer eidlichen Vernehmung in diesem Verfahren nicht vorsah. Dies wusste A allerdings nicht, er hielt den Richter für zuständig, Eide in diesem Verfahren abzunehmen.

BGH: Ein vollendeter Meineid, § 154, liegt nicht vor, denn es ist nicht Aufgabe des Strafgesetzes, die „Reinheit eines Schwurs" zu sichern, den die Rechtsordnung überhaupt nicht kennt. Da A das Gericht aber für zuständig hielt, liegt ein Versuch vor.

Fall 2: A wird in einer Verkehrssache als Zeuge von der Polizei verhört. Der Polizist, der nicht zuständig für die Abnahme von Eiden ist, vereidigt den A, der der Ansicht ist, auch die Polizei dürfe Zeugen vereidigen.

Einheitliche Ansicht: A beging lediglich ein Wahnverbrechen.

Fall 3: OLG Stuttgart NJW 1962 S. 65: A verkaufte seinen PKW an B, wobei er glaubte, dieser gehöre ihm wegen einer vorherigen Sicherungsübereignung nicht mehr. In Wirklichkeit war die Sicherungsübereignung nichtig.

OLG Stuttgart: A hat eine versuchte Unterschlagung begangen.

71 In allen Fällen kennt der Täter den Sachverhalt, er irrt aber über den Inhalt der Norm, auf den ein Merkmal des Straftatbestands Bezug nimmt.

72 Die Rechtsprechung und ein Teil der Literatur[36] grenzen das Wahndelikt vom untauglichen Versuch mit Hilfe eines *Umkehrschlusses* ab: Danach müsse der Täter alles, was ihn im Bereich des Tatbestandsirrtums entlaste, beim Versuch belasten. Der untaugliche Versuch sei daher durch einen umgekehrten Tatbestandsirrtum gekennzeichnet, während im Falle des umgekehrten Verbotsirrtums ein Wahndelikt vorliege. – Jedoch aus der für die Straflosigkeit wegen vorsätzlicher Tat notwendigen Bedingung der Unkenntnis von Tatumständen, § 16 Abs. 1 S. 1, folgt nicht, dass ihre Umkehrung eine hinreichende Begründung für die Annahme strafbaren Verhaltens darstellt.[37]

73 Andere wollen einen Irrtum im „Vorfeld eines Straftatbestands" stets als vorsatzbegründend bewerten[38], während die Gegenmeinung in diesen Fällen Straflosigkeit annehmen will.[39] Erkennbar ist darüber hinaus in der Literatur die Tendenz, ein Wahndelikt anzunehmen, wenn der Täter sich durch irrige Überdehnung einer außerstrafrechtlichen Norm zu Unrecht für einen Normadressaten hält, während ein Irrtum über „normbereichszentrale Normen" zu einem strafbaren untauglichen Versuch führen soll.[40] – Schließlich wird aus dieser Diskussion die sachlich überzeugende, und eine klare Abgrenzung ermöglichende Konsequenz gezogen, von der „Unterscheidung von normativen Begriffen und Blankettmerkmalen auszugehen und dem Irrtum bei der Wertung im Rahmen eines normativen Merkmals strafbarkeitsbegründende Funktion zuzuweisen, hingegen dem Irrtum über den Inhalt einer blankettausfüllenden Norm vorsatzausschließende Bedeutung.[41] – In den oben genannten *Fällen* 1 und 2 lag danach ein Wahndelikt vor, in *Fall* 3 ein untauglicher Versuch.

5. Versuch bei irriger Annahme einer Sonderpflichtenposition

74 In einer *besonderen* Pflichtenposition stehen Personen, denen auf Grund ihrer Rechtsposition besondere Schutzfunktionen für bestimmte Rechtsgüter übertragen sind. Sonderpflichten i. d. Sinne sind die „besonderen persönlichen Merkmale" gemäß §§ 14, 28.

Beispiele für Sonderpflichtträger: § 203 Abs. 1 Nr. 1, 3: „Arzt, Apotheker, Rechtsanwalt, Notar"; § 336: „Amtsträger, Richter, Schiedsrichter"; § 343: „Amtsträger"; § 354 Abs. 2: „Bedienstete der Post".

---

36 Vgl. RGSt 72 S. 112; BGHSt 13 S. 239 f; 14 S. 350; BGH NStZ 1997 S. 431, 432 mit Anm. ARZT JR 1997 S. 49 ff, KUDLICH NStZ 1997 S. 432 ff; HILLENKAMP LK, § 22 Rdn. 201; JESCHECK/WEIGEND A. T., § 50 II, I; SCH/SCH/ESER § 22 Rdn. 69; SCHÜNEMANN GA 1986 S. 312 ff; TRÖNDLE/FISCHER § 16 Rdn. 9; WESSELS/BEULKE A. T., Rdn. 621.
37 Vgl. auch SCHMITZ Jura 2003 S. 595 f; SPENDEL ZStW 69 (1957) S. 441 ff; ZACZYK NK, § 22 Rdn. 44.
38 Vgl. HERZBERG JuS 1980 S. 472 ff (anders aber HERZBERG Schlüchter-GedS, S. 206, wo zwischen Definitionsirrtum und Irrtümern unterhalb der Definition differenziert wird); NIERWETBERG Jura 1985 S. 238 ff; RUDOLPHI SK I, § 22 Rdn. 32 a, b.
39 Dazu auch BayObLG JZ 1981 S. 715 mit Anm. BURKHARDT JZ 1981 S. 681 ff; OLG Düsseldorf NStZ 1989 S. 370; BURKHARDT wistra 1982 S. 178 ff; DENCKER NStZ 1982 S. 459; JAKOBS A.T., 25/38 ff; KÜHL JuS 1981 S. 193; KREY B. T. 1, Rdn. 559; REISS wistra 1986 S. 193 ff, 199.
40 Vgl. dazu mit unterschiedlichen Akzentuierungen: HEIDINGSFELDER Der umgekehrte Subsumtionsirrtum, 1991, S. 152 ff; ARMIN KAUFMANN Klug-FS, Bd. 2, S. 289 ff; KUHLEN Die Unterscheidung zwischen vorsatzausschließendem und nichtvorsatzausschließendem Irrtum, 1987, S. 558; LACKNER/KÜHL § 22 Rdn. 15; PUPPE GA 1990 S. 154; SCHLÜCHTER Der Irrtum über normative Tatbestandsmerkmale, 1983, S. 145 ff; ROXIN JZ 1996 S. 986 f; DERS. A.T. II, § 29 Rdn. 409 ff.
41 Eingehend dazu SCHMITZ Jura 2003 S. 595 f; sachlich nahe: PUPPE NK, § 16 Rdn. 18 ff.

Als strafwürdig hat der Gesetzgeber in diesen Fällen allein das tatbestandsmäßige Verhalten   **75**
des Sonderpflichtträgers angesehen. Die Übertragung der Schutzfunktion konstituiert nämlich zugleich die *besondere Pflichtenstellung* des Betroffenen wie auch das *besondere Vertrauen*
der Rechtsgesellschaft in das Verhalten des Sonderpflichtträgers. Die Vorstellung einer Person, mit Schutzfunktionen betraut zu sein, kann den Akt selbst nicht ersetzen, kein besonderes Vertrauen der Rechtsgesellschaft begründen. Der Täter, der daher in der irrigen Annahme
einer Sonderpflichtposition zum Versuch eines Sonderdelikts ansetzt, *wähnt* nur, einen
strafwürdigen, das Vertrauen der Rechtsgesellschaft gefährdenden, Versuch zu begehen. In
Wirklichkeit ist sein Verhalten nicht strafwürdig, der Versuch nicht strafbar.

Da die Rechtsgesellschaft in ihn kein besonderes Vertrauen setzt, gefährdet er dieses   **76**
nicht. Konstruktiv liegt gleichwohl ein untauglicher Versuch vor, und es wäre Aufgabe des
Gesetzgebers, die Entscheidung zu treffen, ob derartige Versuche strafbar sind oder nicht.
Die Sachargumente sprechen mehr für Straflosigkeit.[42]

6. Der Versuch des erfolgsqualifizierten Delikts

Fall 1 (nach BGHSt 21 S. 194): A schoss auf das Geschlechtsteil der B, wobei er sich der konkreten Gefahr   **77**
bewusst war, dass B durch die Schussverletzung die Zeugungsfähigkeit verlieren könnte. – Dazu kam es jedoch
nicht, obwohl B durch den Schuss verletzt wurde.

BGH: Versuch des § 226 (Die Entscheidung des BGH erging zu § 224 a.F.).

Fall 2 (Abwandlung): Der Schuss geht fehl.

Ergebnis: wie Fall 1

Fall 3: BGHSt 20 S. 230: A wollte eine an ein Wohnhaus gebaute Trinkhalle in Brand setzen, um die Versiche-
rungssumme für das Inventar und die Warenvorräte der Trinkhalle zu erlangen. Er goss Benzin aus. Als er
anschließend einen Zünder in das ausgegossene Benzin warf, kam es zu einer Explosion. Trinkhalle und
Wohnhaus stürzten ein, bevor Gebäudeteile zu brennen begannen. Unter den Trümmern wurden fünf Haus-
bewohner verschüttet. Sie erlagen ihren Verletzungen. Das hatte A nicht vorhergesehen.

BGH: Versuch des § 306 b Abs. 1 (Die Entscheidung des BGH erging zu § 307 Nr. 1 a.F.).

Der Versuch eines erfolgsqualifizierten Delikts ist in zwei Formen denkbar. Entweder der   **78**
Täter versucht oder vollendet das Grunddelikt mit Vorsatz in Bezug auf die besondere Folge,
diese tritt jedoch nicht ein (Fall 1 und Fall 2: versuchte Erfolgsqualifizierung), oder aber die
besondere Folge wird vom Täter beim Versuch des Grunddelikts vorsätzlich, leichtfertig oder
fahrlässig herbeigeführt (Fall 3: erfolgsqualifizierter Versuch). – Die Möglichkeit eines strafbaren Versuchs ist in beiden Sachverhaltskonstellationen streitig.

---

42 So auch: Foth JR 1965 S. 371; Hardwig GA 1957 S. 174 ff; Armin Kaufmann Klug-FS, Bd. 2, S. 283 ff;
Langer Das Sonderverbrechen, 1972, S. 497 f; Schmidhäuser A.T., 15/59; Schmitz Jura 2003 S. 601;
Stratenwerth Bruns-FS, S. 68 f; Welzel Lb., § 24 V 2; Zaczyk NK, § 22 Rdn. 39.
Die h.M. nimmt beim Irrtum des Täters über Tatsachen, die – lägen sie vor – eine Sonderpflicht begrün-
den würden, einen strafbaren untauglichen Versuch an; vgl. z.B. Baumann/Weber/Mitsch A.T., § 26
Rdn. 30; Bruns Der untaugliche Täter im Strafrecht, 1955, S. 13 ff; ders. GA 1979 S. 161 ff; Hillenkamp
LK, § 22 Rdn. 232 ff; Kühl A.T., § 15 Rdn. 105; Jescheck/Weigend A.T., § 50 III 2 c; Krey A.T. 2,
Rdn. 447; Maurach/Gössel/Zipf A.T. 2, § 40 Rdn. 169 ff; Rudolphi SK I, § 22 Rdn. 28; Sch/Sch/Eser
§ 22 Rdn. 76; Tröndle/Fischer § 22 Rdn. 55; Wessels/Beulke A.T., Rdn. 623. – Differenzierend zwi-
schen Statuspflichten und Allgemeinpflichten: Jakobs A.T., 25/43 ff; Roxin A.T. II, § 29 Rdn. 356 ff;
Schünemann GA 1986 S. 317 ff.

79   a) Im Falle der versuchten Erfolgsqualifizierung bejaht die h. M. die Annahme des Versuchs, und zwar auch dann, wenn das Grunddelikt nur versucht ist[43] und der Versuch des Grunddelikts nicht strafbar ist.[44]

80   Das ist folgerichtig, denn da sowohl das vorsätzliche Grunddelikt als auch die besondere Folge bei der vorsätzlichen Verwirklichung „versucht" werden können, handelt es sich sachlich um ein Delikt, das gleichsam aus zwei Vorsatzdelikten zusammengesetzt ist. Im Hinblick auf die Versuchsstrafbarkeit besteht kein Unterschied zu den normalen Vorsatzdelikten.

81   Die Gegenmeinung interpretiert die erfolgsqualifizierten Delikte als Straftaten, die durch einen besonderen Handlungs- und Erfolgsunwert, den mindestens fahrlässig herbeigeführten besonderen Erfolg, qualifiziert sind oder als „fahrlässige Straftaten, die durch eine vorsätzliche Sorgfaltswidrigkeit" gekennzeichnet sind.[45]

82   Dann muss das „Fahrlässigkeitsdelikt" in vollem Umfang erfüllt sein, damit eine Bestrafung aus dem erfolgsqualifizierten Delikt erfolgen kann. Die versuchte vorsätzliche Herbeiführung des besonderen Erfolgs kann den gemäß § 22 StGB ausgeschlossenen Versuch des Fahrlässigkeitsdelikts nicht ersetzen.

83   b) Im Falle des erfolgsqualifizierten Versuchs ist es folgerichtig, einen Versuch des erfolgsqualifizierten Delikts zu bejahen, wenn sich im Erfolg die typische Gefahr der Handlung des Grunddelikts realisiert hat und in der besonderen Gefährlichkeit der Handlung des Grunddelikts, bezogen auf die besondere Folge, der Grund der erhöhten Strafe der erfolgsqualifizierten Delikte gesehen wird. Der für den Gesetzgeber relevante straferhöhende Umstand wird nicht nur im Falle der Vollendung des Grunddelikts verwirklicht, sondern bereits beim Versuch.[46]

84   Soweit hingegen davon ausgegangen wird, dass die Eigenart der erfolgsqualifizierten Delikte eine Anwendung der Versuchsregeln grundsätzlich nicht zulässt, kommt auch in dieser Sachverhaltskonstellation ein Versuch nicht in Betracht.[47]

85   c) Die grundsätzliche Differenzierung wird jedoch in der Rechtsprechung und Literatur z. T. nicht durchgehalten. Die Argumentation aus einem gemeinsamen Grundgedanken der erfolgsqualifizierten Delikte wird aufgegeben und aus der Verschiedenheit der tatbestandlichen Struktur der einzelnen Delikte werden unterschiedliche Konsequenzen für die Versuchsstrafbarkeit gezogen.

---

43 Vgl. z. B. JAKOBS A.T., 25/26; JESCHECK/WEIGEND A.T., § 49 VII 2 b; GROPP A.T., § 9 Rdn. 49 d; KÜHL Jura 2003 S. 20; RENGIER Erfolgsqualifizierte Delikte und verwandte Erscheinungsformen, 1986, S. 247; ROXIN A.T. II, § 29 Rdn. 319 ff; RUDOLPHI SK I, § 18 Rdn. 8; SCH/SCH/STERNBERG-LIEBEN § 18 Rdn. 12; TRÖNDLE/FISCHER § 18 Rdn. 4.

44 Vgl. dazu RGSt 61 S.179; HARDTUNG Versuch und Rücktritt bei den Teilvorsatzdelikten des § 11 Abs. 2 StGB, 2002, S. 244 ff; HILLENKAMP LK, Vor § 22 Rdn. 115; JAKOBS A.T., 25/26; LACKNER/KÜHL § 18 Rdn. 10, 11; LAUBENTHAL JZ 1986 S. 1086; TRÖNDLE/FISCHER § 18 Rdn. 4. – A.A. PAEFFGEN NK, § 18 Rdn. 113; SCHMOLLER JurBl 1984 S. 659.

45 Vgl. BINDING B.T. 1, S. 17; ESER III, Nr. 8 A 30; GÖSSEL Lange-FS, S. 235 f; MISERÉ Die Grundprobleme der Delikte mit strafbegründender besonderer Folge, 1997, S. 48, 60; SCHMOLLER JBl 1984 S. 654 ff; SEEBALD GA 1964 S. 167.

46 So OTTO Jura 1986 S. 671; SCHRÖDER JZ 1967 S. 368; STREE GA 1960 S. 292 f; WOLTER GA 1984 S. 445; vgl. auch BGHSt 7 S. 39; BGHSt 48 S. 34, 37 ff mit Anm. HARDTUNG NStZ 2003 S. 261 ff, KÜHL JZ 2003 S. 637 ff, PUPPE JR 2003 S. 123 ff.

47 Vgl. MAURACH/GÖSSEL/ZIPF A.T. 2, § 43 Rdn. 117; SCHMIDHÄUSER A.T. Stub., 11/107. – Unter Ablehnung eines Versuchs kommt HARDTUNG zu einer „Strafschärfungslösung" vgl. HARDTUNG Versuch, S. 35 f, 265 ff; DERS. MK, § 18 Rdn. 74 f, dagegen KÜHL Jura 2003 S. 21.

Bei Tatbeständen, bei denen es genügt, dass die schwere Folge bereits durch die tat- **86**
bestandsmäßige Handlung verursacht werden kann – genannt werden z. B. §§ 178, 227, 251 –,
soll ein Versuch möglich sein, nicht hingegen bei den Tatbeständen, bei denen sich die qualifizierende Folge gerade aus dem vorsätzlich herbeigeführten Erfolg des Grunddelikts ergeben
muss, wie es z. B. bei §§ 226, 306 b der Fall sein soll.[48]

Fraglich bleibt gegenüber dieser Auffassung aber, ob der Struktur der einzelnen Tatbe- **87**
stände wirklich diese Unterschiede zu entnehmen sind. Dass Differenzen in den Formulierungen der Tatbestände auf derart weitreichende Konsequenzen verweisen sollen, erscheint
zweifelhaft. Auch die Praxis führt zu wenig überzeugenden Differenzierungen, wenn der
BGH z. B. im oben angeführten Fall 3 danach unterscheidet, ob beim Inbrandsetzen des
Gebäudes ein Mensch durch brennenden Zündstoff verletzt wird (dann Versuch möglich)
oder der Tod durch den Versuch des Inbrandsetzens herbeigeführt wird, ohne dass es zu
einem Brand kommt.

d) Auch soweit die Möglichkeit eines Versuchs des erfolgsqualifizierten Delikts trotz nicht **88**
vollendeten Grundtatbestandes bejaht wird, ist streitig, ob diese Konstruktion dann zulässig
ist, wenn der Versuch des Grundtatbestandes selbst – wie z. B. im Falle des § 221 Abs. 1 –
straflos ist oder ob dann der Gedanke der Erfolgsqualifikation zusammenbricht, weil der
Erfolg hier nicht qualifizierend, sondern strafbegründend berücksichtigt wird.

Da der strafwürdige Unrechtsgehalt des erfolgsqualifizierten Delikts sich aus dem Un- **89**
rechtsgehalt des Grundtatbestandes und der Verwirklichung des besonderen Erfolges ergibt,
kann die Tatsache, dass der bloße Handlungsunwert der Verwirklichung des Grundtatbestandes noch nicht strafwürdig erscheint, noch kein zwingendes Argument gegen die Strafwürdigkeit des versuchten erfolgsqualifizierten Delikts, bei dem der Erfolg eingetreten ist,
begründen. Auch hier hat sich der Strafgrund des erfolgsqualifizierten Delikts realisiert.[49]

Wiederholungsfragen

1. Für welche Fragen wird die Unterscheidung zwischen Vollendung und Beendigung der Tat wesentlich? – **90**
   Dazu Rdn. 7 ff.
2. Was ist mit dem Begriff des Unternehmens gemeint? – Dazu Rdn. 8.
3. Wann liegt ein unbedingter Tatentschluss vor? – Dazu Rdn. 18.
4. In welchen Denkschritten ist der Zeitpunkt, in dem der Täter „nach seiner Vorstellung von der Tat zur
   Verwirklichung des Tatbestandes unmittelbar ansetzt", zu ermitteln? – Dazu Rdn. 30 ff.
5. Welche Vorschläge, den Beginn des Versuchs eines unechten Unterlassungsdelikts festzulegen, werden in
   der Literatur gemacht? – Dazu Rdn. 33 ff.
6. Wie sieht das Aufbauschema eines versuchten Delikts aus? – Dazu Rdn. 45.
7. Wie ist der Versuch zu begründen, wenn das subjektive Rechtfertigungselement fehlt? – Dazu Rdn. 46 ff.
8. Wie lässt sich die Straflosigkeit des abergläubischen Versuchs begründen? – Dazu Rdn. 60 f.
9. Welcher Vorstellungsgehalt des Täters kennzeichnet das sog. Wahndelikt? – Dazu Rdn. 65 ff.
10. In welchen Formen ist der Versuch bei erfolgsqualifizierten Delikten denkbar? – Dazu Rdn. 78 ff.

---

48 Vgl. ESER III, Nr. 8 A 25 ff; HILLENKAMP LK, Vor § 22 Rdn. 110 ff; JAKOBS A. T., 25/26; JESCHECK/WEI-
GEND A. T., § 49 VII 2 a; LACKNER/KÜHL § 18 Rdn. 9; LAUBENTHAL JZ 1987 S. 1067; RENGIER Erfolgsquali-
fizierte Delikte, S. 234 ff; ROXIN A. T. II, § 29 Rdn. 328 ff; RUDOLPHI SK I, § 18 Rdn. 7; SCH/SCH/STERN-
BERG-LIEBEN § 18 Rdn. 9; SOWADA Jura 1995 S. 651; TRÖNDLE/FISCHER § 18 Rdn. 5.

49 So auch BAUMANN/WEBER/MITSCH A. T., § 26 Rdn. 11; LAUBENTHAL JZ 1987 S. 1067; OTTO JK, StGB
§ 221/2; RENGIER Erfolgsqualifizierte Delikte, S. 241, 246; SOWADA Jura 1995 S. 652 f; STREE GA 1960
S. 294. – A. A. HARDTUNG Versuch, S. 276 ff; DERS. MK, § 18 Rdn. 77; HILLENKAMP LK, Vor § 22 Rdn.
109; JÄHNKE LK, § 221 Rdn. 25; KÜHL JuS 1981 S. 196; DERS. Jura 2003 S. 21; PAEFFGEN NK, § 18 Rdn.
109; SCHROEDER LK, § 18 Rdn. 38.

§ 19: Rücktritt vom Versuch

Lernziel: Einblick in die Regelung des § 24 StGB und Einübung in seine Anwendung.

I. Die Intention des Gesetzgebers

1   Mit § 24 eröffnet der Gesetzgeber dem Täter die Möglichkeit, von dem Versuch einer Straftat strafbefreiend zurückzutreten.

1. Der Grundgedanke des § 24 StGB

2   Die Vorschrift beruht auf der Überlegung, dass der Täter, der zum Ausdruck gebracht hat, dass es nicht erst staatlicher Strafe bedarf, um ihn von seinem rechtsgutsgefährdenden Tun abzubringen, nicht bestraft zu werden braucht, wenn ein Sühneinteresse nicht vorliegt, weil es an einem über eine bloße Gefährdung hinausgehenden, tatbestandlich vertypten Erfolg fehlt. – Weder Gesichtspunkte des Opferschutzes (Opferperspektive) noch solche der Vergeltung schuldhaft verwirklichten Unrechts (Täterperspektive) fordern hier eine Bestrafung. – Strafbefreiend wirkt demgemäß nur der *freiwillige* Rücktritt.[1]

3   Wenn in der Literatur gleichwohl verschiedene Theorien gegenübergestellt werden – *Gnadentheorie:* Verzicht auf Strafe sei eine Gnade, die das Gesetz dem Täter für verdienstliches Verhalten gewährt; *Strafzwecktheorie:* Straffreiheit, weil eine Bestrafung des Täters zur Erreichung der dem Strafrecht obliegenden Aufgaben nicht notwendig ist –, so finden in dieser Auseinandersetzung weniger grundsätzliche Differenzen Ausdruck, sondern mehr unterschiedliche Akzentuierungen.

4   Im Wesentlichen herrscht heute Einigkeit über den Grundgedanken des § 24. Unterschiede sind allerdings durch die jeweilige Betonung einzelner Akzente begründet. Zum einen werden Strafzweckgesichtspunkte stärker betont, zum anderen werden Strafwürdigkeitsaspekte in den Vordergrund gestellt[2]. Die Schulderfüllungstheorie HERZBERGS[3] beschreibt zutreffend die Regelung des § 24 StGB: Straffreiheit, wenn der Täter durch eigene Leistung sein Unrecht wiedergutgemacht hat, sie gibt aber keine Kriterien dafür, welche Grenzen hier sachlich zu beachten sind. – Insoweit aber konkretisierend und ergänzend JÄGER[4], der das Wesen des Rücktritts in der Gefahrenumkehr erkennt.

---

1   Vgl. BERZ Formelle Tatbestandsverwirklichung und materialer Rechtsgüterschutz, 1986, S. 18 ff, 51; JESCHECK/WEIGEND A.T., § 51 I 4; KRAUSS JuS 1981 S. 888; MAURACH/GÖSSEL/ZIPF A.T. 2, § 41 Rdn. 13; SCH/SCH/ESER § 24 Rdn. 2; STRATENWERTH A.T. I, § 11 Rdn. 70; WEINHOLD Rettungsverhalten und Rettungsvorsatz beim Rücktritt vom Versuch, 1990, S. 39 f.

2   Vgl. einerseits BGHSt 9 S. 52; 14 S. 80; BAUMANN/WEBER/MITSCH A.T., § 27 Rdn. 8; ESER II, Nr. 32 A 21 ff; LILIE/ALBRECHT LK, § 24 Rdn. 38; RANFT Jura 1987 S. 532; ROXIN Heinitz-FS, S. 269 ff; DERS. A.T. II, § 30 Rdn. 7 ff; RUDOLPHI SK I, § 24 Rdn. 2 ff; SCH/SCH/ESER § 24 Rdn. 1 ff; andererseits z.B. von BURKHARDT Der „Rücktritt" als Rechtsfolgebestimmung, 1975, S. 195 ff; JESCHECK/WEIGEND A.T., § 51 I 3; KÜHL A.T., § 16 Rdn. 6; LANG-HINRICHSEN Engisch-FS, S. 366 ff; SCHMIDHÄUSER A.T., 15/69; v. SCHEURL Rücktritt vom Versuch und Tatbeteiligung mehrerer, 1972, S. 25 ff.

3   Vgl. Lackner-FS, S. 342 ff; DERS. MK, § 24 Rdn. 9 ff.

4   Der Rücktritt vom Versuch als zurechenbare Gefährdungsumkehr, 1996, S. 62 ff; DERS. NStZ 1998 S. 161; sachlich übereinstimmend: HECKLER Die Ermittlung der beim Rücktritt vom Versuch erforderlichen Rücktrittsleistung anhand der objektiven Vollendungsgefahr, 2002, S. 121 ff, 125.

2. Die Rechtsnatur des Rücktritts

Werden Strafzweckgesichtspunkte als tragend für den Rücktritt erkannt, so beseitigt der 5
Rücktritt Unrecht und Schuld der Versuchstat nicht mehr. Er ist *persönlicher Strafaufhebungsgrund*.[5]

Werden Versuchstat und Rücktritt als Einheit angesehen, so ist es möglich, den Rücktritt als Ausschluss des 6
Tatbestandes[6], als Fall quantitativ und qualitativ geminderten Unrechts[7] oder als Fall der Schuldmilderung
bzw. Entschuldigung zu interpretieren[8]. Konsequent als Entschuldigungsgrund interpretiert erscheint der
Rücktritt, wenn die Schuld selbst ausschließlich präventiv, d. h. von den Strafzwecken her verstanden wird.[9]

II. Der Rücktritt des Alleintäters, § 24 Abs. 1 StGB

Straffreiheit gewährt das Gesetz für den erfolgreichen Rücktritt vom unbeendeten und be- 7
endeten Versuch gemäß § 24 Abs. 1 S. 1 sowie für das ernsthafte Bemühen des Täters, die
Vollendung des Delikts zu verhindern, in den Fällen des § 24 Abs. 1 S. 2.

1. Unbeendeter, beendeter und fehlgeschlagener Versuch

§ 24 Abs. 1 S. 1 unterscheidet zwei verschiedene Ausgangssituationen: den unbeendeten und 8
den beendeten Versuch. Beim Rücktritt vom *unbeendeten* Versuch erlangt der Täter Straffreiheit, wenn er „freiwillig die weitere Ausführung der Tat aufgibt", beim *beendeten* Versuch
muss er „freiwillig deren Vollendung verhindern".

Unbeendet ist der Versuch, wenn der Täter nach seiner Vorstellung noch nicht alles getan 9
hat, was ihm für die Verwirklichung des Tatbestandes notwendig erscheint. – *Beendet* ist der
Versuch, wenn der Täter es zumindest für möglich erachtet, das seinerseits zur Verwirklichung des Tatbestandes Erforderliche bereits getan zu haben[10] oder sich im Bewusstsein
einer möglichen Rechtsgutsbeeinträchtigung, z. B. nach Verletzung des Opfers durch einen in
Tötungsabsicht abgegebenen Schuss, keine Gedanken über die weitere Entwicklung des
Geschehens macht.[11] Nicht erforderlich ist das Bewusstsein des Erfolgseintritts im Sinne

---

5 So auch BGHSt 7 S. 299; BAUMANN/WEBER/MITSCH A.T., § 27 Rdn. 5; BOCKELMANN/VOLK A.T., § 27 V;
JESCHECK/WEIGEND A.T., § 51 I 3; KÜHL A.T., § 16 Rdn. 8; LACKNER/KÜHL § 24 Rdn. 1; LILIE/ALBRECHT
LK, § 24 Rdn. 43; STRATENWERTH A.T. I, § 7 Rdn. 30; TRÖNDLE/FISCHER § 24 Rdn. 3; WESSELS/BEULKE
A.T., Rdn. 626; im Grundsatz übereinstimmend, wenn auch zu eng: WALTER Der Rücktritt vom Versuch
als Ausdruck des Bewährungsgedankens im zurechnenden Strafrecht, 1980, S. 23.

6 v. HIPPEL Untersuchungen über den Rücktritt vom Versuch, 1966, S. 58 ff; v. SCHEURL Rücktritt, S. 27.

7 BLOY Die dogmatische Bedeutung der Strafausschließungs- und Strafaufhebungsgründe, 1976, S. 165.

8 KÖHLER A.T., S. 468 ff; ULSENHEIMER Grundfragen des Rücktritts vom Versuch in Theorie und Praxis,
1976, S. 90 ff; ZACZYK NK, § 24 Rdn. 5.

9 ROXIN Heinitz-FS, S. 269 ff; DERS. A.T. II, § 30 Rdn. 30; RUDOLPHI SK I, § 24 Rdn. 2 ff; ähnlich in Ausgangspunkt und Ergebnis BOTTKE Strafrechtswissenschaftliche Methodik und Systematik bei der Lehre
vom strafbefreienden und strafmildernden Täterverhalten, 1979, S. 603 ff; BURKHARDT Rücktritt, S. 116 f,
195 ff; HECKLER Ermittlung, S. 129 ff; STRENG ZStW 101 (1989) S. 322 ff.

10 Vgl. dazu BGH NStZ 1999 S. 299; 1999 S. 300; JESCHECK/WEIGEND A.T., § 51 II 1; KÜHL A.T., § 16 Rdn. 27;
LACKNER/KÜHL § 24 Rdn. 3; RUDOLPHI SK I, § 24 Rdn. 15; SCH/SCH/ESER § 24 Rdn. 6; TRÖNDLE/FISCHER
§ 24 Rdn. 14. – Gegen die Differenzierung zwischen unbeendetem und beendetem Versuch: HERZBERG JuS
1990 S. 277; DERS. Blau-FS, S. 97; DERS. MK, § 24 Rdn. 63 ff; JÄGER Rücktritt, S. 65.

11 Vgl. BGHSt 40 S. 304 mit Anm. HAUF JR 1996 S. 29 f, HECKLER NJW 1996 S. 2490 ff, MURMANN JuS
1996 S. 590 ff, OTTO JK StGB § 24/23, PUPPE NStZ 1995 S. 403 ff; vgl. auch KINDHÄUSER StGB, § 24 Rdn.
15; OTTO Jura 2001 S. 341; ROXIN A.T. II, § 30 Rdn. 166 ff.

eines dolus eventualis. Die Opferschutzgesichtspunkte erfordern hier einen weiter reichenden Schutz. Wer sich bewusst ist, reale Möglichkeiten, andere zu schädigen, realisiert zu haben, kann Straffreiheit nur erlangen, wenn er diese Möglichkeiten nach seiner Überzeugung beseitigt.[12]

10   Ein strafbefreiender Rücktritt kommt nicht mehr in Betracht, wenn der Versuch *fehlgeschlagen* ist. *Fehlgeschlagen* ist der Versuch, wenn der Täter zu der Ansicht kommt, das Ziel seines Handelns mit den ihm in dieser Handlungssituation zur Verfügung stehenden Mitteln nicht (mehr) erreichen zu können.[13] – In dieser Situation kann er seinen Tatplan nicht mehr aufgeben, denn aufgeben lässt sich nur, was sich fortsetzen lässt. Der Täter kann daher die strafbefreienden Voraussetzungen des § 24 nicht mehr erfüllen und *daher* ist ihm die Möglichkeit des strafbefreienden Rücktritts versagt. Ob ein rücktrittsfähiger oder ein nicht rücktrittsfähiger (fehlgeschlagener) Versuch vorliegt, ergibt daher die sorgfältige Prüfung der Voraussetzungen des § 24. Keinesfalls handelt es sich hier um eine selbstständige Versuchsform *neben* § 24, vielmehr kann diese Prüfung ergeben, dass ein fehlgeschlagener unbeendeter oder beendeter Versuch vorliegt.

11   Problematisch ist der Rücktrittszeitpunkt, d.h. der Rücktrittshorizont aus dem heraus das Vorliegen der Voraussetzungen des § 24 bestimmt wird. Die Wahl dieses Horizonts bestimmt zugleich den Anwendungsbereich des § 24.

12   a) Nach der früher h.L. und der damaligen höchstrichterlichen Rechtsprechung wurde auf den Tatplan des Täters bei Beginn der Ausführungshandlung abgestellt. Hatte der Täter zur Erreichung seines Zieles, z.B. einer Tötung, nur eine bestimmte Handlung ins Auge gefasst, so war der Tötungsversuch nach Vornahme dieser Handlung beendet. Hatte sich der Täter eine unbestimmte Anzahl von Handlungen, z.B. von Schüssen, vorgenommen und hörte er nach dem ersten Schuss auf, so kam es darauf an, welche Wirkungen er seinem bisherigen Tun beimaß. Gleiches sollte auch dann gelten, wenn der Täter zu Beginn der Tat seinen Vorsatz nicht auf eine einzige oder auf bestimmte Ausführungshandlungen beschränkt hatte, sondern davon ausging, solange tätig sein zu müssen, bis der Erfolg verwirklicht sei.[14]

13   Diese Bestimmung des Rücktrittshorizonts als *Planungshorizont* des Täters musste willkürliche Differenzierungen begünstigen. Die – nur in Ausnahmefällen nachprüfbare – Einlassung des Täters, er habe nur eine oder mehrere Tathandlungen ins Auge gefasst oder sich keine Gedanken über die Zahl und Art der Tathandlungen gemacht, war das entscheidende Kriterium für Strafbarkeit oder Straffreiheit. Diese – nachträgliche – Einlassung ist jedoch auch bei gutem Willen des Täters nicht geeignet, den realen Sachverhalt im Planungshorizont wiederzugeben. Einerseits bedeutet nämlich die Vorstellung des Täters, das Opfer z.B. mit einem Stich zu töten, keineswegs, dass der Täter sich damit endgültig auf *nur* einen Stich festgelegt hat. Andererseits wird auch der Täter, der sich über die Zahl seiner Tathandlungen keine konkrete Vorstellung gemacht hat, aus tiefer Überzeugung erklären, er habe nur einen Stich beabsichtigt, wenn er mit der Frage konfrontiert wird, ob er auf das Opfer einmal oder sogar mehrmals einstechen wollte. – Zufälligkeiten der Einlassung entscheiden über die Strafbarkeit.

---

12 Vgl. dazu BGH JZ 1989 S. 650; BGH bei Holtz, MDR 1989 S. 857.
13 Vgl. dazu Jescheck/Weigend A.T., § 51 II 6; Krey A.T. 2, Rdn. 464ff; Kühl A.T., § 16 Rdn. 11ff; Lackner/Kühl § 24 Rdn. 10; Lilie/Albrecht LK, § 24 Rdn. 61; Otto Jura 1992 S. 423 f; Roxin JuS 1981 S. 1ff; Roxin A.T. II, § 30 Rdn. 77; Rudolphi SK I, § 24 Rdn. 8 ff; Schmidhäuser A.T., 15/77; Wessels/Beulke A.T., Rdn. 628.
14 Vgl. BGHSt 14 S. 75, 79. – Im Einzelnen zur höchstrichterlichen Rechtsprechung: Otto GA 1967 S. 144 ff.

b) Inzwischen hat der BGH seine Auffassung geändert. Übereinstimmend mit der h. L. ver- **14** tritt er nunmehr die sog. *Gesamtbetrachtungslehre*: Maßgeblicher Rücktrittshorizont ist der *Ausführungshorizont*. Ein Versuch ist danach, unabhängig davon, welche Vorstellungen der Täter zu Beginn seiner Tat gehabt hat, *unbeendet*, wenn der Täter *nach der letzten von ihm konkret vorgenommenen Ausführungshandlung* – zutreffend oder irrig – annimmt, der Eintritt des Taterfolges sei auf Grund seines bisherigen Handelns nicht möglich, könne aber mit den ihm in der konkreten Situation zur Verfügung stehenden Mitteln noch herbeigeführt werden, so dass vorgenommene und noch vorzunehmende Akte in einem unmittelbaren räumlich-zeitlichen Zusammenhang stehen.[15] *Beendet* ist der Versuch hingegen, wenn der Täter in diesem Zeitpunkt – zutreffend oder irrig – den Eintritt des tatbestandsmäßigen Erfolgs für möglich hält oder dem Erfolgseintritt gleichgültig gegenübersteht. *Fehlgeschlagen* ist der Versuch, wenn der Täter nach Vornahme der letzten Ausführungshandlung – zutreffend oder irrig – annimmt, dass er das Ziel seines Handelns mit den ihm in dieser Situation zur Verfügung stehenden Mitteln nicht (mehr) erreichen kann.[16] In diesem Fall liegt genau betrachtet ein unbeendeter Versuch vor, von dem der Täter nicht mehr straffrei zurücktreten kann, weil er seinen Tatplan nicht mehr aufgeben kann. Aufgeben lässt sich nur, was sich noch durchsetzen ließe; dazu sogleich eingehender unter Rdn. 22. Der Täter kann daher nicht die Voraussetzungen des § 24 Abs. 1 S. 1, 1. Alt. erfüllen. Deshalb liegt ein unbeendeter Versuch vor, der fehlgeschlagen ist. – Zur Möglichkeit der Korrektur des Rücktrittshorizonts und ihren Konsequenzen vgl. unter Rdn. 56 ff.

c) Die Gegenposition ist die sog. *Einzelakttheorie*. Sie geht grundsätzlich davon aus, dass **15** jede auf die Tatbestandsverwirklichung gerichtete Handlung selbstständig und damit im Falle ihres Fehlschlages als selbstständiger fehlgeschlagener Versuch zu beurteilen ist. Rücktrittshorizont ist der Tatbeginn.[17]

Zu wesentlichen Unterschieden gegenüber der ursprünglichen Theorie der Rechtspre- **16** chung zum Planungshorizont hat allerdings erst die *Modifizierung der Einzelakttheorie* geführt.

aa) Die Vertreter der modifizierten Einzelakttheorie differenzieren zwischen dem „verselbst- **17** ständigten" und dem „noch nicht verselbstständigten" Versuch. Ein *unbeendeter* Versuch liegt danach vor, wenn der Täter einen Einzelakt vornimmt, der ihm für sich allein noch nicht zur Erfolgsherbeiführung geeignet erscheint und sich damit noch nicht verselbstständigt hat. Ein *beendeter* Versuch liegt vor, wenn dem Täter bei Tatbeginn sein Handeln

---

15 Vgl. Kühl A. T., § 16 Rdn. 35; Lackner/Kühl § 24 Rdn. 6; Lilie/Albrecht LK, § 24 Rdn. 97; Roxin JR 1986 S. 426; Zaczyk NK, § 24 Rdn. 17. – Auf Tatidentität stellen ab: Bottke JZ 1994 S. 74; Schlüchter Baumann-FS, S. 82 ff.
16 Vgl. dazu BGHSt 31 S. 170 mit Anm. Kienapfel JR 1984 S. 72 ff, Küper JZ 1983 S. 264 ff, H.-W. Mayer MDR 1984 S. 187 ff, Rudolphi NStZ 1983 S. 361 ff; BGHSt 33 S. 295 mit Anm. Puppe NStZ 1986 S. 15 ff, Roxin JR 1986 S. 424 ff; BGHSt 34 S. 53 mit Anm. Fahrenhorst NStZ 1987 S. 278 f, Kadel JR 1987 S. 116 ff, Ranft Jura 1987 S. 527 ff, Rengier JZ 1986 S. 963 ff; BGHSt 35 S. 90 mit Anm. Rengier JZ 1988 S. 931 ff; BGH StV 1990 S. 63 mit Anm. Schall JuS 1990 S. 623 ff, Streng JZ 1990 S. 212 ff; BGH JZ 1991 S. 524 mit Anm. Rudolphi S. 525 ff; BGH NJW 1992 S. 989; BGH StV 1994 S. 181; BGH NStZ-RR 2003 S. 40; Jescheck/Weigend A. T., § 51 II 3; Kühl A. T., § 16 Rdn. 11; Krauss JuS 1981 S. 884; Lackner/Kühl § 24 Rdn. 10; Lilie/Albrecht LK, § 24 Rdn. 61, 104; Otto Jura 2001 S. 342 f; Roxin A. T. II, § 30 Rdn. 187 ff; Schmidhäuser A. T., 15/78; Walter Rücktritt, S. 119 ff; Wessels/Beulke A. T., Rdn. 628 f.
17 Vgl. Bergmann ZStW 100 (1988) S. 329 ff, 351 f; Heintschel-Heinegg ZStW 109 (1997) S. 51; Jakobs ZStV 104 (1992) S. 89 ff; Maiwald Die natürliche Handlungseinheit, 1964, S. 92.

bereits geeignet erscheint, auch ohne weitere Akte den Erfolg herbeizuführen, er aber meint, den Erfolgseintritt noch durch einen Gegenakt aufhalten zu können, so z. B., wenn der Täter dem Opfer Gift verabreicht, das aber erst in mehreren Stunden wirksam wird und gegen das es Gegenmittel gibt. Dann soll sich der Versuch nämlich erst „relativ verselbstständigt" haben. *Fehlgeschlagen* ist der Versuch hingegen, sobald sich das Handeln des Täters „absolut verselbstständigt" hat, indem er Einzelakte vornimmt, die ihm zur Erfolgsherbeiführung geeignet und in ihren Auswirkungen nicht beherrschbar erscheinen, so z. B. wenn der Täter einen Schuss auf das Opfer abgibt, der das Opfer tödlich verletzen soll.[18]

18   Die Vertreter der modifizierten Einzelakttheorie sehen ihre Ansicht der Gesamtbetrachtung gegenüber als überlegen an, weil diese nach ihrer Auffassung besonders skrupellose Täter privilegiere, jene Täter nämlich, die bereits so viel kriminelle Energie entfaltet haben, dass das Ausbleiben des Erfolges nur auf einem Zufall beruhe. – Dieses Argument richtet sich jedoch letztlich gegen die gesetzliche Regelung des § 24, dem eine Differenzierung zwischen relativ und absolut verselbstständigtem Versuch fremd ist. Maßgeblich für die Entscheidung, ob das Unterlassen weiterer Deliktsverwirklichung zu belohnen ist, kann sachlich nur das Urteil sein, ob unter Rücktrittsgesichtspunkten der Verzicht auf die mögliche Rechtsgutsverletzung einer aktiven Abwendung des Erfolgs gleichzusetzen ist. Das aber ist zu bejahen, wenn der Täter nach einer Ausführungshandlung deren Fehlschlag erkennt, aber über Möglichkeiten verfügt, den Erfolg noch herbeizuführen, denn weder Opferaspekte noch Täteraspekte verlangen hier zwingend eine Strafe. Dem Opfer ist gedient, wenn der Täter es nicht erneut in Gefahr bringt, beim Täter kann auf eine Vergeltung des schuldhaft verwirklichten Unrechts verzichtet werden, wenn die Tat nicht über eine Gefährdung hinausgekommen ist und er selbst freiwillig von der Realisierung weiteren Unrechts Abstand nimmt.

19   bb) Gleichen Einwänden ist der Versuch HERZBERGS ausgesetzt, eine *Synthese zwischen Gesamt- und Einzelbetrachtung* zu finden. Mit der Einzelakttheorie sieht er den Rücktrittshorizont im Tatbeginn, widerspricht jedoch der Differenzierung in relativ und absolut verselbstständigte Versuche beim beendeten Versuch. Hier verteidigt er die grundsätzliche Rücktrittsmöglichkeit durch aktives erfolgverhinderndes Tun, beim bloßen Verzicht auf weitere Ausführungsakte sieht er hingegen nur eine Strafmilderungsmöglichkeit eröffnet, weil der Täter den schon verwirklichten Akt – z. B. die Lebensgefährdung durch einen fehlgehenden Schuss – nicht rückgängig machen könne. Aufgeben könne der Täter daher nur weitere, über die realisierte Rechtsgutsgefährdung hinausgehende Ziele, nämlich das Ziel der Rechtsgutsverletzung, mit der Konsequenz, dass er nunmehr nur noch wegen eines Versuchs mit dolus eventualis hafte, wobei HERZBERG auf diesen Versuch § 23 Abs. 3 anwenden will.[19]

2. § 24 Abs. 1 S. 1, 1. Alt.: Der Rücktritt vom unbeendeten Versuch

20   Straffrei wird der Täter, wenn er freiwillig die weitere Ausführung der Tat aufgibt.

a) Aufgabe der weiteren Tatausführung

21   aa) Aufgeben erfordert den Entschluss, auf die konkrete Tat endgültig zu verzichten. – Einigkeit besteht darüber, dass der Täter die weitere Ausführung der Tat aufgibt, wenn er

---

18 Vgl. Im Einzelnen dazu SCH/SCH/ESER § 24 Rdn. 21, sowie mit unterschiedlichen Akzentuierungen: BURKHARDT Rücktritt, S. 43 ff; GEILEN JZ 1972 S. 337 f; JAKOBS ZStW 104 (1992) S. 89, 99 ff; ULSENHEIMER Grundfragen, S. 239 ff.
19 Im Einzelnen HERZBERG NJW 1988 S. 1561 f; DERS. NJW 1991 S. 1635 f, 1642. – Zum Versuch mit dolus eventualis: HERZBERG NStZ 1990 S. 311 ff.

sich entschließt, die Vollendung nicht mehr anzustreben, auch wenn er später *erneut* den Plan fasst, die Tat auszuführen. Einigkeit besteht weiter darüber, dass ein bloßes Unterbrechen der verbrecherischen Tätigkeit noch kein Aufgeben der weiteren Tatausführung ist, d. h. keinen Entschluss, auf die konkrete Tat endgültig zu verzichten, darstellt. Der Vorbehalt, nach einem Abbruch der Tat mit Handlungen fortzufahren, die mit dem bisherigen Geschehen in einem engen zeitlich-räumlichen Zusammenhang stehen und sich im Hinblick auf Angriffsobjekt und Angriffsmodalitäten als Fortsetzung des begonnenen Rechtsgüterangriffs darstellen, steht einem Verzicht auf die konkrete Tat entgegen. – Wird die weitere Tatausführung aber so weit hinausgeschoben, dass eine Änderung der Gesamtumstände des Geschehens eintritt, so ist die dann durchgeführte Tat nicht mehr mit der ursprünglichen identisch. Dass der Täter sein Ziel noch nicht endgültig aufgegeben hat, ist demgegenüber unwesentlich.[20]

Beispiel: A will bei B einbrechen. Er geht zum Hause des B und macht sich an der Haustür zu schaffen, als ein Gewitter beginnt. A, der kein Regenzeug bei sich hat, macht, dass er schnell nach Hause kommt. Den Einbruch will er am nächsten Abend durchführen.

Keine Aufgabe des Tatentschlusses, wenn A an die bisher geleistete Arbeit anknüpfen will. Er hat z. B. das Schloss bereits so gelockert, dass es bei einem geringen Stoß herausbricht. Mit diesem Stoß will A am nächsten Abend beginnen. – Aufgabe des Tatentschlusses, wenn das Aufbrechen des Schlosses am nächsten Tag neu beginnen soll oder A einen Einstieg durch das Fenster plant.

bb) *Aufgeben* der weiteren Tatausführung setzt begrifflich eine Wahlmöglichkeit voraus, **22** nämlich die Möglichkeit, das Tatziel zu verwirklichen oder nicht. Verfügt der Täter über derartige Möglichkeiten nicht, so kann er den *Wunsch* aufgeben, die Tat zu vollenden, nicht aber den allein relevanten *Tatverwirklichungswillen*. – In diesen Fällen ist der Versuch entweder fehlgeschlagen oder aber der Tatplan des Täters ist erfüllt worden, weil er das Tatziel bereits verwirklicht hat.

Fehlgeschlagen ist der Versuch zum einen, wenn der Täter erkennt, dass ihm die geplante **23** Tatbestandsverwirklichung physisch unmöglich ist.

Beispiele: Der Täter erkennt, dass er den Einbruch mit dem ihm zur Verfügung stehenden Werkzeug nicht durchführen kann. – Nach einem fehlgegangenen Schuss hat der Täter keine weitere Munition, das Opfer entflieht. – Die Kassette, deren Inhalt der Täter stehlen will, ist leer.

Gleichfalls fehlgeschlagen ist der Versuch zum anderen, wenn ein Weiterhandeln dem Täter **24** zwar physisch möglich, nach seinem Tatplan aber sinnlos geworden ist.[21]

Beispiele: A reißt die B zu Boden, weil er sie vergewaltigen will. Die B spiegelt ihm geistesgegenwärtig vor, dass sie am Abend mit dem Geschlechtsverkehr einverstanden sei, nicht aber jetzt an diesem nassen und kalten

---

20 Wie hier (konkrete Betrachtungsweise): BGH NStZ 1992 S. 537 mit Anm. OTTO JK 93, StGB § 31/2 (zu § 31); HERZBERG MK, § 24 Rdn. 106 ff; DERS. H. Kaufmann-GedS, S. 723 ff (maßgebliches Kriterium: Rücktritt aus Versuchssituation); JAKOBS A. T., 26/10; LENCKNER Gallas-FS, S. 303; LILIE/ALBRECHT LK, § 24 Rdn. 143 ff; MAURACH/GÖSSEL/ZIPF A. T. 2, § 41 Rdn. 52; ROXIN A. T. II, § 30 Rdn. 159 f; TIMPE Strafmilderungen des Allgemeinen Teils des StGB und das Doppelverwertungsverbot, 1983, S. 128, Fn. 117; ZACZYK NK, § 24 Rdn. 50. – Eine endgültige Aufgabe des Tatplans (abstrakte Betrachtungsweise) fordern: BGHSt 7 S. 296, 297; BGH NJW 1980 S. 602; HRUSCHKA JZ 1969 S. 498; während JESCHECK/WEIGEND A. T., § 51 III 1; KÜHL § 16 Rdn. 45; KÜPER JZ 1979 S. 779; SCH/SCH/ESER § 24 Rdn. 38; TRÖNDLE/FISCHER § 24 Rdn. 5; WESSELS/BEULKE A. T., Rdn. 641, das Aufgabeerfordernis dahin einschränken, dass der Vorbehalt, die Tat irgendwann einmal zu begehen, nicht schadet.

21 So auch BAUER wistra 1992 S. 204 ff; HERZBERG MK, § 24 Rdn. 94 f; KÜHL A. T., § 16 Rdn. 15; LILIE/ALBRECHT LK, § 24 Rdn. 86 ff; OTTO Jura 1992 S. 429; ROXIN JuS 1981 S. 3 f; RUDOLPHI SK I, § 24 Rdn. 9; SCH/SCH/ESER § 24 Rdn. 9. – A. A. BGHSt 39 S. 246 f; FELTES GA 1992 S. 407 ff.

Platz. A glaubt das und verabredet sich mit B. – A will seinen Erbonkel O umbringen, weil er ihn beerben will. Nach Beginn des Versuchs erfährt A, daß O mittellos ist. – A will seinen alten Schirm im Kaffeehaus gegen einen neuen „tauschen". Als er zugreift, erkennt er, dass der einzige fremde im Schirmständer befindliche Schirm in noch schlimmerem Zustand ist als der eigene.

25 Ein Fall der *Tatplanerfüllung* liegt hingegen vor, wenn der Täter, der eine Rechtsgutsverletzung, z. B. eine Tötung, um eines weiteren Ziels willen bewusst in Kauf genommen hat, dieses Ziel erreicht, ohne dass es zu der ins Auge gefassten Rechtsgutsverletzung kommt.

Fall 1: BGH NJW 1990 S. 522: Nach einem Überfall schoss A auf den Verfolger P, um ihn von der Verfolgung abzuhalten, wobei er dessen Tod in Kauf nahm. P wurde aber – wie A erkannte – nur harmlos verletzt, ergriff jedoch seinerseits die Flucht.

Fall 2: BGHSt 39 S. 221: A stieß dem M, über den er sich geärgert hatte, mit bedingtem Vorsatz ein Messer mit 12 cm langer Klinge in den Leib, um ihm einen „Denkzettel" zu verpassen. Danach wandte A sich von M ab. M war schwer verletzt, konnte aber gerettet werden.

26 Mit Verwirklichung seiner Zielsetzung hat sich der Plan des Täters erfüllt. Sein Tötungsentschluss hatte sich erledigt.

27 Zwar ist der Täter, bezogen auf den „tatbestandsmäßigen Erfolg", d. h. die Tötung des Opfers, durchaus noch in der Lage, auf die Verwirklichung des Erfolgs zu „verzichten". Fraglich ist jedoch, ob dieser „Verzicht" den Entschluss darstellt, die weitere Tatausführung aufzugeben. – Diese Frage war auch unter den einzelnen Senaten des BGH strittig.

28 Der *Große Senat in Strafsachen*[22] hatte die Streitfrage im Leitsatz seines Beschlusses dahingehend entschieden: „Ein strafbefreiender Rücktritt vom unbeendeten Versuch ist auch in den Fällen möglich, in denen der Täter von weiteren Handlungen absieht, weil er sein außertatbestandsmäßiges Handlungsziel erreicht hat."

29 Damit schien die lang andauernde Kontroverse über die Möglichkeit eines strafbefreienden Rücktritts nach Erreichen des außertatbestandsmäßigen Handlungsziels durch den Täter jedenfalls in der Rechtsprechung des BGH ein Ende gefunden zu haben. In den Gründen hatte der *Senat* jedoch darauf hingewiesen, dass ein fehlgeschlagener Versuch vorliege, von dem kein strafbefreiender Rücktritt mehr möglich sei, in den Fällen, „in denen aufgrund der Entwicklung des Geschehensablaufs ein erneutes Ansetzen zur Vollendung der Tat nur so erfolgen könnte, daß kein einheitlicher Lebenssachverhalt, der sich auch für einen Dritten als zusammengehöriges Tun darstellen würde, mehr vorliege, sondern eine auf neuem Tatentschluß beruhende Versuchstat." – Wurde dieser Satz ernstgenommen, so bedeutete das, dass die Entscheidung des *Großen Senats* nur einen, und zwar den weitaus kleineren Teil der Fälle der Tataufgabe nach Erreichen des außertatbestandsmäßigen Handlungsziels, betraf: Die sog. Denkzettelfälle, d. h. die Fälle, in denen der Täter von einer ursprünglich ins Auge gefassten Intensivierung der Rechtsgutsbeeinträchtigung absieht, vgl. dazu Fall 2.

30 Für diese Fallgruppe hatte zuvor bereits STRENG[23] die Möglichkeit eines strafbefreienden Rücktritts verteidigt. Er argumentierte, dass speziell bei (teilweiser) Rechtsgutsidentität zwischen dem Tatbestand, in dem das ursprüngliche Handlungsziel verkörpert ist, und dem nur mit Eventualvorsatz angegriffenen Straftatbestand die Möglichkeit zu freiwilliger Tataufgabe trotz Wegfalls des ursprünglichen Tatinteresses gegeben sein könne. Ausweitungen des zu-

---

22 BGHSt 39 S. 221 mit zust. Anm. BECKEMPER JA 2003 S. 203 ff, HAUF MDR 1993 S. 929 ff, PAHLKE GA 1995 S. 72 ff (vgl. auch ders. Rücktritt bei dolus eventualis, 1993, S. 116 ff), und abl. Anm. BAUER NJW 1993 S. 2590, OTTO JK 94, StGB § 24/20, ROXIN JZ 1993 S. 896 ff. – Vgl. auch BGH NJW 1993 S. 943 mit Anm. BAUER StV 1993 S. 356 f, PUPPE JZ 1993 S. 361, STRENG NStZ 1993 S. 257.
23 NStZ 1993 S. 259.

nächst nur begrenzten Schädigungsversuches seien hier nach kriminologischer Erkenntnis naheliegend. Das gelte insbes. für die Fälle, in denen jemand einen anderen vorsätzlich am Körper verletze und dabei bereits mit Eventualvorsatz hinsichtlich der Tötung handele. In derartigen Fällen wohne regelmäßig der zunächst nur in Körperverletzungsabsicht durchgeführten Aktion eine Dynamik zum Weiterhandeln inne, die letztlich auf die Tötung des Angegriffenen hinauslaufe. Die „Begrenzung der Vollendungsneigung" eröffne hier die Möglichkeit eines strafbefreienden Rücktritt.

Von einer „Begrenzung der Vollendungsneigung" kann jedoch in der überwiegenden Zahl **31** der Fälle „des Rücktritts" nach Erreichen des außertatplanmäßigen Ziels keine Rede sein. Wie Fall 1 beispielhaft zeigt, wäre ein weiterer Schuss auf den Fliehenden mit dem bisherigen Tatplan nicht mehr in Einklang zu bringen. Der bisherige Tatplan hat sich erfüllt und das Unterlassen eines weiteren tödlichen Schusses stand in keiner Beziehung zu dem ursprünglichen Tatplan. Ein Absehen von einem derartigen Schuss kann daher weder ein Aufgeben des ursprünglichen Tatplans, noch ein freiwilliger Rücktritt von dieser Tat sein. Der erneute Schuss wäre nur erklärbar aufgrund eines neuen Tatplans, der mit dem ursprünglichen Tatplan allein in einem zeitlichen Zusammenhang stünde, so dass das Absehen davon, einen derartigen neuen Tatplan zu fassen, auch nicht als Rücktritt von dem ursprünglichen Tatplan interpretiert werden kann.[24] Mit den Worten des *Großen Senats in Strafsachen* könnte ein erneutes Ansetzen zur Vollendung der Tat nur so erfolgen, dass kein einheitlicher Lebenssachverhalt, der sich auch für einen Dritten als zusammengehöriges Tun darstellen würde, mehr vorläge, sondern eine auf neuem Tatentschluss beruhende Versuchstat. – Diese Konsequenz hat der *5. Strafsenat des BGH* inzwischen auch gezogen.[25]

Dass damit dem mit dolus directus handelnden Täter länger Rücktrittsmöglichkeiten ein- **32** geräumt werden, als dem mit dolus eventualis tätigen Täter ist richtig, aber situationsbedingt und nicht geeignet, ein Argument gegen die Lösung zu begründen, denn es kann nicht davon ausgegangen werden, dass zwischen dolus directus und dolus eventualis ein quantitativer Unwertunterschied begründet ist und der mit dolus directus handelnde Täter zumindest in der Regel der kriminell gefährlichere ist.[26]

cc) Den Entschluss, die weitere Tatausführung aufzugeben, kann der Täter daher nicht **33** mehr fassen, wenn er weiß, dass er die Tat objektiv nicht mehr verwirklichen kann, wenn die weitere Tatausführung nach seinem Tatplan sinnlos geworden ist oder wenn der Tatplan in vollem Umfang erfüllt ist.

Die frühere Rechtsprechung und ein Teil der Lehre haben diese Problematik erst unter dem Aspekt der Freiwilligkeit behandelt – dazu sogleich unter Rdn. 32 ff –, indem sie die „freiwillige Aufgabe der weiteren Tatausführung" einheitlich erörterten. Das war begrifflich nicht korrekt, hatte aber den Vorteil offensichtlicher

---

24 Vgl. auch BAUMANN/WEBER/MITSCH A.T., § 27 Rdn. 25; GÖTTLICHER/HEISE/GERJETS/WESTERMANN Mschrkrim 1996 S. 128 ff, 139; KÜHL A.T., § 16 Rdn. 39; LACKNER/KÜHL § 24 Rdn. 12; PUPPE NStZ 1986 S. 17; ROXIN A.T. II, § 30 Rdn. 58 ff; RUDOLPHI JZ 1991 S. 526; SCHALL JuS 1990 S. 629; TRÖNDLE/FISCHER § 24 Rdn. 15; WALTER Bewährungsgedanke, S. 107 f; ZACZYK NK, § 24 Rdn. 53. – Die Freiwilligkeit des Rücktritts lehnen ab: MAURACH/GÖSSEL/ZIPF A.T. 2, § 41 Rdn. 109; STRENG JZ 1990 S. 212. – Dem *Gr. Senat* folgend: HAUF MDR 1993 S. 929; KREY A.T. 2., Rdn. 486; KUDLICH JuS 1999 S. 354; LILIE/ALBRECHT LK, § 24 Rdn. 124 ff; SCHROTH GA 1997 S. 151 ff.
25 Vgl. BGH NStZ 1994 S. 493 mit Anm. OTTO JK 95, StGB § 24/22; dazu auch KUDLICH JuS 1999 S. 354 ff. – Anders dagegen BGH NStZ-RR 1996 S. 195; BGH NStZ 1997 S. 593; BGH NStZ-RR 1998 S. 134.
26 Dazu vgl. KÜHL A.T., § 16 Rdn. 40; OTTO Jura 1992 S. 427; PUPPE Vorsatz und Zurechnung, 1992, S. 63 ff; SCHALL JuS 1990 S. 628.

Überzeugungskraft des Ergebnisses, denn dass der Täter in diesen Fällen jedenfalls nicht freiwillig von der weiteren Tatausführung Abstand nahm, ist augenfällig.

b) Freiwilligkeit des Rücktritts

34 Die Bestimmung der Freiwilligkeit des Rücktritts ist in den letzten Jahren zunehmend streitig geworden. Einer mehr faktisch-psychologischen Betrachtungsweise werden normative Beurteilungen gegenübergestellt.

35 aa) Ausgangspunkt der faktisch-psychologischen Bestimmung der Freiwilligkeit war und ist z.T. noch – als grobe Faustregel – die sog. Frank'sche Formel[27]. Danach handelt freiwillig, wer sich sagt: „Ich will nicht zum Ziele kommen, selbst wenn ich es könnte", unfreiwillig, wer einsehen muss: „Ich kann nicht zum Ziele kommen, selbst wenn ich es wollte".

36 Die Formel weist jedoch über die Problematik der Freiwilligkeit hinaus, denn in der 2. Alternative kennzeichnet sie lediglich die Situation des fehlgeschlagenen Versuchs und damit eine Situation, in der die Aufgabe der weiteren Tatausführung ausgeschlossen ist.[28]

37 Die Frage der Freiwilligkeit des Rücktritts stellt sich daher nur dann, wenn feststeht, dass dem Täter die weitere Ausführung seiner Tat noch möglich ist. Sodann aber ist die psychologische Betrachtungsweise legitim, indem zwischen *autonomen* und *heteronomen* Motiven als Maßstab für das Freiwilligkeitskriterium differenziert wird:

38 *Freiwillig* handelt derjenige, der sich auf Grund autonomer Motive zum Rücktritt entschließt, d.h. in freier Selbstbestimmung von der weiteren Tatausführung Abstand nimmt. Entscheidend ist, ob der Täter noch „Herr seiner Entschlüsse ist" und die Ausführung seiner Tat noch für möglich hält.[29] *Unfreiwillig* hingegen handelt, wer durch heteronome Motive bestimmt wird, d.h. durch eine Sachverhaltslage, in der die Tatausführung ihm zwar objektiv noch möglich ist, aber mit Nachteilen verbunden ist, die ein Täter *vernünftigerweise* nicht mehr auf sich nimmt.[30]

39 Nach diesen Kriterien ist ein Rücktritt z.B. *freiwillig*, wenn der Täter aus Scham und Mitleid mit dem Opfer oder aus Gewissensbissen die Tathandlung abbricht[31], wenn er sich zur Aufgabe seines Tatplanes überreden lässt[32], wenn ihm beim Anblick seines blutüberströmten Opfers die Folgen seiner Tat zum Bewusstsein kommen[33] oder wenn er nach Beruhigung durch Dritte den Tatplan aufgibt. – Zweifel an der Freiwilligkeit des Rücktritts sind zu Gunsten des Täters zu berücksichtigen.[34]

---

27 FRANK StGB, § 46 Anm. II.

28 Vgl. BOTTKE Methodik, S. 469; JESCHECK/WEIGEND A.T., § 51 III 2, Fn. 32; KÜHL A.T., § 16 Rdn. 49; LACKNER/KÜHL § 24 Rdn. 10, 17; ROXIN Heinitz-FS, S. 254; RUDOLPHI SK I, § 24 Rdn. 19; ULSENHEIMER Grundfragen, S. 319 f.

29 BGHSt 35 S. 186; BGH NStZ 1992 S. 536, 537 mit Anm. OTTO JK 93, StGB § 24/19; BGH NStZ 1992 S. 587; BGH StV 1994 S. 18; BGH NStZ-RR 2003 S. 199. – Einen abweichenden Maßstab schlägt JÄGER ZStW 112 (2000) S. 794 – vor, indem er die Freiwilligkeit nach den Grundsätzen bestimmen will, die bei der mittelbaren Täterschaft unter dem Aspekt der Autonomie anerkannt sind. Damit werden jedoch Freiwilligkeit und Eigenverantwortlichkeit identifiziert. – Zu weiteren Konzeptionen vgl. LILIE/ALBRECHT LK, § 24 Rdn. 155.

30 Vgl. dazu JESCHECK/WEIGEND A.T., § 51 III 2; KRAUSS JuS 1981 S. 886 f; KREY A.T. 2, Rdn. 497; KÜHL A.T., § 16 Rdn. 55 ff; LACKNER/KÜHL § 24 Rdn. 17; LILIE/ALBRECHT LK, § 24 Rdn. 158; MAURACH/GÖSSEL/ZIPF A.T. 2, § 41 Rdn. 100, 109; SCH/SCH/ESER § 24 Rdn. 42 ff; ZACZYK NK, § 24 Rdn. 68.

31 BGHSt 39 S. 247; BGH StV 1999 S. 596, 597; OLG Düsseldorf NJW 1983 S. 767; NJW 1999 S. 2911.

32 BGHSt 21 S. 321.

33 BGH bei Dallinger, MDR 1952 S. 531.

34 BGH StV 2003 S. 615.

Unfreiwillig ist der Rücktritt z. B., wenn der Täter infolge eines Schocks oder infolge von Erregung nicht   **40**
weiterhandeln kann[35], wenn er bei einer Vergewaltigung in einen derartigen Angstzustand gerät, dass dadurch
sein Triebverlangen beseitigt wird[36] oder wenn sich dem Täter nach den gesamten Umständen die Gefahr bal-
diger Entdeckung und Bestrafung so aufdrängt, dass er sie vernünftigerweise nicht auf sich nehmen will und
daher von der Ausführung der Tat absehen muss[37]; anders aber für den Fall, dass die Entdeckungsgefahr den
Täter von vornherein nicht an der Tatbegehung hinderte[38].

Beim Rücktritt vom Vergewaltigungsversuch, den der Täter unternimmt, weil er annimmt, er könne ohne
Gewaltanwendung zum Geschlechtsakt kommen, bejaht der BGH die Freiwilligkeit, wenn dem Täter nach
seiner Vorstellung die Erzwingung des Beischlafs noch möglich ist[39]. – Das ist angreifbar, denn in dieser Situation dürfte dem Täter die weitere Tatverwirklichung grob unvernünftig erscheinen.[40]

bb) Gegen die faktisch-psychologische Betrachtungsweise erheben die Anhänger einer nor-   **41**
mativen Bestimmung der Freiwilligkeit den Vorwurf, dass sie den Grund des Rücktritts-
privilegs – Rückkehr des Täters auf den Weg des Rechts – nicht hinreichend erfasse, da eine
sozial-ethische Wertung des Rücktrittsmotivs nicht stattfinde. – Die Berechtigung dieses Ein-
wands ist durchaus zuzugestehen. Er ist jedoch durch Auslegung des Gesetzes nicht aus-
zuräumen, denn der Begriff „freiwillig" lässt eine rein normative Deutung nicht zu.[41]

Entscheidend ist daher nicht, ob das Rücktrittsmotiv aus der Sicht der Verbrechermoral vernünftig oder   **42**
unvernünftig ist[42], ob es bei strafzweckorientierter Bewertung eine Rückkehr zu rechtsgetreuem Verhalten
bedeutet[43], ob der Täter den mit der Versuchshandlung hervorgerufenen Eindruck persönlicher Gefährlichkeit
nachträglich widerlegt[44], ob er eine hinreichende Normbefolgungsbereitschaft[45] oder respektvolle Haltung
gegenüber der Legalität erkennen lässt, bzw. ob das Rücktrittsmotiv verdienstlich ist[46].

cc) Der BGH lehnt diese normative Betrachtungsweise bei der Auslegung des Freiwilligkeits-   **43**
merkmals ab: „Entscheidend für die Frage der Freiwilligkeit ist, ob aus der Sicht des Täters
ein für ihn zwingendes Hindernis vorlag oder ob er noch Herr seiner Entschlüsse geblieben
ist. Meinte der Angeklagte, er werde die Tat nicht vollenden können, so war er nicht mehr
Herr seiner Entschlüsse. Unfreiwilligkeit wegen psychischen Unvermögens ist aber nur anzunehmen, wenn beim Täter innere Hemmungen solcher Art auftreten, die für ihn einen
zwingenden Grund darstellen, von der Vollendung der Tat abzusehen"[47].

---

35 BGH bei Dallinger, MDR 1958 S. 12; BGH NStZ-RR 1998 S. 203.
36 BGH bei Dallinger, MDR 1971 S. 363.
37 BGHSt 9 S. 50; vgl. auch BGH NStZ 1993 S. 76, S. 279.
38 BGH StV 1992 S. 224.
39 Vgl. BGHSt 39 S. 244 mit Anm. BAUER MDR 1994 S. 132 f, BOTTKE JZ 1994 S. 71 ff, GEPPERT JK 94,
    StGB, § 177/2 a, b, STRENG NStZ 1993 S. 582 ff, VITT JR 1994 S. 199 ff.
40 Vgl. auch RGSt 75 S. 393.
41 Dazu HERZBERG Lackner-FS, S. 328 ff; DERS. MK, § 24 Rdn. 122 ff; KREY A. T. 2, Rdn. 500; LACKNER/
    KÜHL § 24 Rdn. 18.
42 So ROXIN Heinitz-FS, S. 255 ff; DERS. A. T. II, § 30 Rdn. 379 ff; RUDOLPHI SK I, § 24 Rdn. 25; vgl. auch
    KREY A. T. 2, Rdn. 500.
43 So BOTTKE JR 1980 S. 441.
44 So KRAUSS JuS 1981 S. 886 f.
45 So WALTER GA 1981 S. 406.
46 Vgl. einerseits ULSENHEIMER Grundfragen, S. 103, andererseits BOCKELMANN/VOLK A. T., § 27 V 4.
47 BGH StV 1986 S. 149; im Übrigen vgl. BGHSt 35 S. 184 mit Anm. BLOY JR 1987 S. 70 ff, JAKOBS JZ 1988
    S. 519 f, LAMPE JuS 1989 S. 610 ff; BGH StV 1992 S. 224; StV 1993 S. 189; NStZ 2003 S. 265 f; StV 2003
    S. 615.

3. § 24 Abs. 1 S. 1, 2. Alt.: Der Rücktritt vom beendeten Versuch

Straffrei wird der Täter, wenn er freiwillig die Vollendung der Tat verhindert.

44 a) Vollendung der Tat heißt Vollendung des Delikts, das sich bereits im Versuchsstadium befindet.

45 b) Die Anforderungen an das Verhindern der Tat durch den Täter sind umstritten.

46 aa) Übereinstimmung besteht weithin, daß der *Täter, der allein bei der Erfolgsverhinderung tätig wird,* Straffreiheit erlangt, wenn ihm nach allgemeinen Kriterien die Erfolgsverhinderung als sein Werk zuzurechnen ist. Wer als einziger Tätiger mit eigener Hand den Erfolg abwendet, hat nach dem Wortlaut des § 24 Abs. 2 S. 1 Straffreiheit verdient, unabhängig davon, ob er noch bessere Möglichkeiten hätte ergreifen können. In gleicher Weise erlangt danach Straffreiheit, wer gleichsam als Täter, Mittäter oder mittelbarer Täter den Erfolgseintritt verhindert.

47 bb) Problematisch ist die Beurteilung der Situation der Veranlassung eines Dritten zur Erfolgsverhinderung. Die Vertreter der „Chanceneröffnungstheorie" lassen hier – vergleichbar der insoweit auch vertretenen Auffassung, dass für ein Bestimmen im Sinne des § 26 StGB die bloße Verursachung des Tatentschlusses genügt – die bloße Verursachung der Rettungs- bzw. Verhinderungshandlung genügen.[48]

48 cc) Die Anhänger der *„Erforderlichkeitstheorie"* müssen hier – vergleichbar der Definition des Bestimmens in § 26 StGB als Einflussnahme auf den Willen des Bestimmten – eine Einflussnahme auf den Willen des Dritten, die nötigen Maßnahmen zu veranlassen, fordern. Diese Einflussnahme kann durch eine Bitte, ein Versprechen, einen „Hilferuf" gegenüber berufsmäßigen Helfern (z. B. Notarzt, Feuerwehr) erfolgen. Die bloße Verursachung der Erfolgsverhinderung aber genügt genauso wenig wie die bloße Hilfe bei der Erfolgsverhinderung.[49]

49 dd) Die „Erforderlichkeitstheorie" erscheint gerade im Hinblick auf den Wortlaut des § 24 Abs. 2 S. 1 angemessen, denn dieser gewährt Straffreiheit demjenigen, der die Tatvollendung verhindert. Das aber ist der Täter (Mittäter, mittelbare Täter), dem der Anstifter gleichgestellt werden kann, da auch § 26 StGB das von diesem verwirklichte Unrecht dem Täterunrecht gleichstellt, nicht aber ein bloßer Gehilfe.

50 ee) Unabhängig von der Frage, ob der Täter nur für die Erfolgsverhinderung kausal sein muss, oder diese ihm gleichsam als ein als Täter oder Anstifter verwirklichtes Werk zuzurech-

48 Vgl. dazu BGHSt 33 S. 295, 301 mit Anm. Otto JK, StGB § 24/10; 44 S. 204; BGH NJW 1985 S. 813; BGH StV 1997 S. 519; 1999 S. 204 mit Anm. Otto JK, StGB § 24/28; BGH NStZ 2003 S. 266; Bloy JuS 1987 S. 533; Jäger Rücktritt, S. 94 ff; Köhler A. T., S. 475 f; Kühl A. T., § 16 Rdn. 70, 76; Lilie/ Albrecht LK, § 24 Rdn. 196 ff; Puppe NStZ 1984 S. 489; Rudolphi NStZ 1989 S. 508; Sch/Sch/Eser § 24 Rdn. 59; Tröndle/Fischer § 24 Rdn. 7; Wessels/Beulke A. T., Rdn. 644. – Auf den Einsatz berechenbarer – den Zufall ausschließender – Maßnahmen stellt Zieschang GA 2003 S. 358 f, ab.
49 Vgl. dazu BGHSt 31 S. 46, 49; BGH StV 1997 S. 518 mit Anm. Otto JK, StGB § 24/25; Baumann/ Weber/Mitsch A. T., § 27 Rdn. 28; Boss Der halbherzige Rücktritt, 2002, S. 143 ff, 160; Jakobs A. T., 26/21; Murmann Versuchsunrecht und Rücktritt, 1999, S. 60 ff, 65; Roxin Hirsch-FS, S. 336 ff; ders. A. T. II, § 30 Rdn. 243 ff; Schmidhäuser Strafrecht, A. T., Stub., 11/89 ff. Im Ansatz übereinstimmend: Rau Ernsthaftes Bemühen beim Rücktritt nach § 24 Abs. 1 S. 1 StGB?, 2002, S. 153 ff. – Auf sorgfaltspflichtgemäßes Verhalten stellt Herzberg – MK, § 24 Rdn. 163, 159 – ab.

nen ist, ist die Frage, ob der Täter, der mehrere Erfolgsverhinderungsmöglichkeiten hat, *verpflichtet* ist, die Bestmögliche zu ergreifen. – Eine solche Verpflichtung kennt das Gesetz nicht, doch trägt der Täter ein erhebliches Risiko, wenn er sich für eine wenig erfolgversprechende Möglichkeit entscheidet.[50]

c) Zum Merkmal „freiwillig" vgl. oben Rdn. 32 ff.

4. § 24 Abs. 1 S. 2: Das ernsthafte Bemühen des Täters, die Vollendung der Tat zu verhindern

Wird die Tat ohne Zutun des Täters nicht vollendet, weil z. B. ein Dritter den Erfolgseintritt abwendet oder – beim untauglichen Versuch – eine Vollendung von vornherein nicht möglich war, so erlangt der Täter Straffreiheit, wenn er sich *freiwillig* und *ernsthaft* bemüht, die Vollendung zu verhindern. **51**

Bei der Bestimmung der *Ernsthaftigkeit* des Bemühens hatte die Rechtsprechung zunächst gefordert, dass der Täter seinen Rücktrittswillen durch Handlungen manifestieren muss, die auf eine Vereitelung der Tatvollendung abzielen und objektiv oder wenigstens aus der Sicht des Täters dazu ausreichen.[51] Die neuere Rechtsprechung tendiert hingegen dazu, die Ernsthaftigkeit nur dann zu bejahen, wenn der Täter die von ihm erkannten Möglichkeiten der Erfolgsabwendung auch wirklich ausgeschöpft hat, d. h. die ihm erkennbar beste Verhinderungsmöglichkeit ergreift[52]. Das scheint im Hinblick auf § 24 Abs. 1 S. 1, 2. Alt. widersprüchlich, da es dort nur darauf ankommt, ob die vom Täter ergriffene Erfolgsverhinderungsmöglichkeit erfolgreich war. Zu beachten ist aber, dass der Täter gemäß § 24 Abs. 1 S. 1, 2. Alt. das Risiko des Fehlschlags trägt, während § 24 Abs. 1 S. 2 dieses Risiko nicht kennt. – Gleichwohl erscheint es nicht konsequent, auf die *bestmögliche* Maßnahme abzustellen, sondern auf eine aus der Sicht des Täters sichere Maßnahme. Maßgeblich für die Ernsthaftigkeit des Bemühens ist danach zum einen, dass der Täter selbst überzeugt ist, durch sein Bemühen den Erfolgseintritt zu verhindern. Zum anderen ist zu fordern, dass die Überzeugung des Täters aus der Sicht eines Dritten unter Zugrundelegung der Situationskenntnis des Täters Bestätigung findet. **52**

Beispiel: BGH JZ 1986 S. 303; BGH bei Holtz, MDR 1992 S. 16: A hatte den B in Tötungsabsicht mit dem Messer verletzt, dann aber die weitere Durchführung der Tat freiwillig aufgegeben. Er hielt den Eintritt des Todes auf Grund des bisherigen Geschehens für möglich, in Wirklichkeit war B aber nicht tödlich verletzt. Auf Bitten des B benachrichtigte A den Notarzt.

1. Alternative: Sodann entfernte sich A.

2. Alternative: A wartete bis der Notarzt kam und entfernte sich sodann.

Ergebnis: Im Gegensatz zur 2. Alt. lag in der 1. Alt. zwar ein Bemühen des A vor, nicht aber ein *ernsthaftes* Bemühen, denn er schöpfte die von ihm als notwendig erkannten Maßnahmen nicht aus.

---

50 Vgl. dazu mit Nachweisen zur Lit.: BGH NJW 2002 S. 3719 (Anfragebeschl.) mit Anm. Otto JK 03, StGB § 24/31 sowie BGHSt 48 S. 147 (endgültiger Beschl.) mit Anm. Engländer JuS 2003 S. 641 ff, Jakobs JZ 2003 S. 743 ff, Neubacher NStZ 2003 S. 576 ff, Puppe NStZ 2003 S. 309 f Zwiehoff StV 2003 S. 631 ff; BGH NJW 2002 S. 3720; BGH NJW 2003 S. 1057 f mit Anm. Kudlich JR 2003 S. 380 ff; Herzberg Kohlmann-FS, S. 42 ff.
51 Vgl. BGHSt 31 S. 49.
52 Vgl. BGH JZ 1986 S. 303 mit Anm. Otto JK, StGB § 24/11; vgl. auch Maiwald E.A. Wolff-FS, S. 353 ff.

5. *Der Irrtum des Täters über die Rücktrittssituation*

53   a) § 24 Abs. 1 S. 1 bestimmt, dass der Täter Straffreiheit erlangt, der die weitere Ausführung der Tat aufgibt bzw. deren Vollendung verhindert. Da die Frage, ob ein unbeendeter oder ein beendeter Versuch vorliegt, nach dem Vorstellungsbild des Täters entschieden wird, stellt sich das Problem, ob der Täter, der verkennt, dass er objektiv alles zum Erfolgseintritt Erforderliche getan hat, und daher davon ausgeht, der Versuch sei noch unbeendet, Straffreiheit erlangt, wenn er vor Erfolgseintritt von weiteren ihm möglichen Maßnahmen, den Erfolg herbeizuführen, Abstand nimmt.

Fall: A hat in Tötungsabsicht auf B geschossen. Er glaubt, der Schuss sei fehlgegangen. Obwohl er davon ausgeht, sein Ziel mit einem weiteren Schuss zu erreichen, sieht er davon ab und entfernt sich. In Wirklichkeit war B schwer verletzt. – Er stirbt nach zwei Stunden.

54   In der Literatur wird durchaus die Auffassung vertreten, dass der Täter in diesem Fall vom Versuch des Totschlags straffrei zurückgetreten ist,[53] so dass nur eine fahrlässige Tötung in Betracht kommt oder eine Haftung wegen einer Tötung durch Unterlassen nach vorangegangenem gefährlichen Tun,[54] soweit der Täter die wahre Situation in einem Zeitpunkt erkennt, in dem der Erfolg noch abgewendet werden kann. – Verkannt wird damit jedoch der Regelungsbereich des § 24. Dieser regelt nicht den Rücktritt in der Versuchs*situation*, sondern den *Rücktritt vom Versuch*. Kommt die Tat zur Vollendung, so ist kein Raum für einen strafbefreienden Rücktritt, gleichgültig welche Bemühungen der Täter zuvor unternommen hat.[55] Nur dieses entspricht dem Grundgedanken des Rücktritts; dazu oben Rdn. 2. – Das gilt einheitlich für den Rücktritt von Begehungs- und Unterlassungsdelikt.

BGH NJW 2000 S. 1730, 1732: A hatte durch Hungernlassen und Quälen das Pflegekind P in Lebensgefahr gebracht. Das war ihr bewußt. Bevor jedoch der Tod bei P eintrat, alarmierte sie den Arzt. – Dieser konnte den Erfolg aber nicht mehr abwenden.

BGH: Strafbefreiender Rücktritt vom Versuch ist nur dann anzunehmen, wenn es beim Versuch geblieben ist. Der Täter trägt das Risiko, daß trotz eines Rücktritts der tatbestandliche Erfolg eintritt.

55   b) Geht der Täter hingegen davon aus, der Versuch sei beendet, obwohl er in Wirklichkeit unbeendet ist, so erlangt er Straffreiheit unter den Voraussetzungen des § 24 Abs. 1 S. 2. – § 24 Abs. 1 S. 1, 2. Alt. kommt nicht in Betracht, da die Vollendung der Tat nicht verhindert werden kann. Der Versucht, die Vollendung zu verhindern, ist aber als ernsthaftes Bemühen im Sinne des § 24 Abs. 1 S. 2 anzusehen.

Fall: A hat auf den B in Tötungsabsicht geschossen, ihn aber verfehlt, da B sich in letzter Sekunde zu Boden warf. A hält den B für lebensgefährlich verletzt.

Ergebnis: A erlangt Straffreiheit, wenn er sich ernsthaft um eine Rettung des Lebens des B bemüht.

---

53 Vgl. Gropp A.T., § 9 Rdn. 66; Herzberg Oehler-FS, S. 173; Jakobs A.T., 26/13; Schroeder LK, § 16 Rdn. 34; Wolter ZStW 89 (1977) S. 697 f.

54 Dazu vgl. BGHR StGB § 24 Abs. 1 S. 1, Versuch, unbeendeter 15.

55 Vgl. auch Jäger Rücktritt, S. 67, 89 ff; Jescheck/Weigend A.T., § 51 III 3; Kühl A.T., § 16 Rdn. 79 ff; Krauss JuS 1981 S. 886; Lackner/Kühl § 24 Rdn. 20; Lilie/Albrecht LK, § 24 Rdn. 57; Otto Jura 2001 S. 344; Roxin A.T. II, § 30 Rdn. 37 ff; Rudolphi SK I, § 24 Rdn. 16; Wessels/Beulke A.T., Rdn. 627; Zaczyk NK, § 24 Rdn. 78. – Zu einem strafbefreienden Rücktritt vom Versuch, aber gleichwohl zur Bestrafung aus einem vollendeten Delikt kommt Schliebitz Die Erfolgszurechnung beim „misslungenen" Rücktritt, 2002, S. 36 ff. Damit würde aber das vollendete Delikt auf einem straffreien Versuch aufbauen.

6. Korrektur des Rücktrittshorizonts

Strittig ist die Möglichkeit einer Korrektur des Rücktrittshorizonts. Die Problematik stellt **56** sich hier – unabhängig von Einzelfragen – jedoch *grundsätzlich* unterschiedlich dar, je nachdem, ob der Täter zunächst davon ausgeht, es liegt ein beendeter Versuch vor und anschließend erkennt, dass der Versuch unbeendet war, oder ob er zunächst von einem unbeendeten Versuch ausgeht und später erkennt, dass der Versuch beendet war.

a) Hält der Täter den Eintritt des tatbestandlichen Erfolgs nach der letzten Ausführungs- **57** handlung zunächst für möglich, erkennt er sodann aber, dass er sich geirrt hat und geht er nunmehr davon aus, dass der Erfolg noch nicht eintreten kann, sondern weitere – ihm mögliche – Handlungen erforderlich sind, erscheint es problematisch, ob ein beendeter oder unbeendeter Versuch vorliegt.

BGHSt 36 S. 224: A stach auf den Z mit einem Messer ein, um ihn zu töten. Schließlich ließ er von Z ab und äußerte: „Jetzt bist zu erledigt". Er war der Meinung, er habe Z tödlich verletzt. Z erwiderte jedoch: „Ich lebe noch, ich rufe die Polizei". Er wandte sich ab und lief davon. A verfolgte den Z nicht, obwohl er erkannte, dass dieser nicht lebensgefährlich verletzt war.

Der BGH geht davon aus, dass dann, wenn der Täter in derartigen Fällen nach Erkennen des **58** Irrtums und in engem zeitlich-räumlichen Zusammenhang mit der vorausgegangenen Ausführungshandlung sein deliktisches Werk fortsetzt, das gesamte Tatgeschehen als *eine Tat* zu beurteilen sei. Damit aber ist für den Rücktrittshorizont nicht mehr die ursprüngliche Vorstellung nach der letzten Ausführungshandlung maßgeblich, sondern die unmittelbar im Anschluss an diese Vorstellung korrigierte Vorstellung.

Diese Auffassung überzeugt im Ergebnis. Zwar mag dahinstehen, ob die verwirklichten **59** Einzelakte und die anschließende Ausführungshandlung wirklich eine natürliche Handlungseinheit im Sinne der Konkurrenzlehre gebildet hätten.[56]

Darauf kommt es weder hier noch grundsätzlich an. Maßgeblich unter Opfer- und **60** Täteraspekten ist, ob der Täter in der konkreten Handlungssituation und in unmittelbarem räumlich-zeitlichen Zusammenhang mit der letzten Ausführungshandlung auf die ihm möglich erscheinende Erfolgsverwirklichung verzichtet. Dieser Zusammenhang ist aber durch eine irrige Beurteilung, die unmittelbar darauf korrigiert wird, noch nicht unterbrochen. Entscheidend für den Rücktrittshorizont ist damit „die an der wahrgenommenen Wirklichkeit korrigierte Vorstellung" des Täters.[57]

b) Hält der Täter den Versuch zunächst für unbeendet, erkennt er sodann aber, dass er be- **61** endet ist, scheinen sich für eine mögliche Korrektur des Rücktrittshorizonts die gleichen Kriterien wie unter a) anzubieten: Korrekturmöglichkeit in engem zeitlichen und räumlichen Zusammenhang zu der vorausgegangenen Ausführungshandlung.

---

56 Z. T. wird auf den einheitlichen Lebensvorgang abgestellt – vgl. BGHSt 40 S. 75, 77; Lackner/Kühl § 24 Rdn. 6; Lilie/Albrecht LK, § 24 Rdn. 79 –, z.T. auf die in der Konkurrenzlehre entwickelte natürliche Handlungseinheit – vgl. Dreher JR 1969 S. 107; Rudolphi SK I, § 24 Rdn. 14 –, oder darauf, ob die Tat im Vollendungsfall als eine materiell rechtliche Tat im Sinne des § 52 anzusehen wäre – vgl. Schlüchter Baumann-FS, S. 83 –, z.T. aber wird allein die Nähe der Zweithandlung zur Ersthandlung als entscheidend beurteilt – vgl. Murmann Versuchsunrecht, S. 47 – oder die verschiedenen Kriterien werden nebeneinandergestellt – vgl. BGHSt 36 S. 224, 226; Hauf wistra 1995 S. 262 –.

57 BGHSt 36 S. 224; BGH NJW 1992 S. 990; BGH NJW 1993 S. 2126; BGH StV 1994 S. 181; 1995 S. 462; 1997 S. 128; BGH NStZ-RR 2002 S. 74; Kühl A.T., § 16 Rdn. 32; Lackner/Kühl § 24 Rdn. 4; Lilie/Albrecht LK, § 24 Rdn. 116; Otto Jura 2002 S. 344 f; Wessels/Beulke A.T., Rdn. 637; Zaczyk NK, § 24 Rdn. 42. – Krit. dazu Ranft JZ 1989 S. 1129.

BGH NStZ 1998 S. 614: A stach dem G mit bedingtem Tötungsvorsatz ein Messer in die linke Brusthälfte. Sodann wendete er sich von G ab. Er ging davon aus, dass die Verletzung des G nicht lebensgefährlich war. In der Nähe des Tatorts verweilte er noch, weil er an einem Pizzastand etwas essen wollte. Von dort aus erkannte er, dass G lebensgefährlich verletzt war.

62 Der BGH sieht keine Probleme darin, die unter a) genannten Kriterien auch auf diesen Fall anzuwenden.[58] Das aber ist mit dem Wortlaut des § 24 Abs. 1 S. 1, 2. Alt. nicht in Einklang zu bringen. Dieser eröffnet dem Täter die Möglichkeit, Straffreiheit dadurch zu erlangen, dass er *den Erfolgseintritt verhindert.* Damit aber erweist sich die *Rücktrittssituation* in dem Fall, dass der Täter einen *objektiv für das geschützte Rechtsgut gefährlichen Kausalverlauf eingeleitet* hat, als *unabhängig von der Tätervorstellung.* Das Gesetz verlangt insoweit *allein* die freiwillige Erfolgsabwendung. Es fordert nicht die Vornahme unverzüglicher oder sofortiger Rücktrittshandlungen. Es ist dem Täter nicht verwehrt, über den Rücktritt nachzudenken oder einen einmal gefassten Entschluss rückgängig zu machen. Der Täter trägt das Erfolgsrisiko der Rücktrittshandlung, aber das Gesetz versagt es ihm nicht, mit der Vornahme von Rücktrittshandlungen zu warten. Als Rücktrittshorizont ist bei einer objektiv gefährlichen Versuchshandlung daher der gesamte Zeitraum zwischen Gefahrbegründung und Gefahrrealisierung anzusehen.

c) Daraus folgt die Notwendigkeit einer Differenzierung:

63 aa) Steht objektiv fest, dass die Versuchshandlung nicht zu einer Verletzung des Angriffsobjekts führen kann, so entscheidet der räumlich-zeitliche Zusammenhang über die Möglichkeit der Korrektur des Rücktrittshorizonts und des straffreien Rücktritts.

Fall: A hat dem B in Tötungsabsicht Gift geben wollen, versehentlich aber Puderzucker gegriffen.

1. Alternative: Er geht zunächst davon aus, die Menge reiche noch nicht, unmittelbar darauf kommt er aber zu der Überzeugung, dass die Menge lebensgefährlich ist.

Ergebnis: Beendeter Versuch; Straffreiheit nach § 24 Abs. 1 S. 2 möglich, wenn A sich ernsthaft um die Erfolgsabwendung bemüht.

2. Alternative: A geht zunächst davon aus, dass der dem B eine tödliche Menge verabreicht hat, unmittelbar darauf kommt er aber zu der Überzeugung, dass die Menge zu gering war.

Ergebnis: Unbeendeter Versuch, Straffreiheit nach § 24 Abs. 1 S. 1, 1. Alt. durch freiwilliges Absehen von weiteren Giftgaben.

3. Alternative: Unabhängig von seiner ersten Vorstellung erkennt A unmittelbar darauf, dass er überhaupt kein Gift gegeben hat. In der jetzigen Tatsituation verfügt er auch über kein anderes Tatmittel.

Ergebnis: A kann weder nach § 24 Abs. 1, 1. Alt. noch nach § 24 Abs. 1 S. 1, 2. Alt. oder nach § 24 Abs. 1 S. 2 Straffreiheit erlangen. Der Versuch ist fehlgeschlagen.

64 bb) Steht objektiv fest, dass die Versuchshandlung zu einer Verletzung des Angriffsobjekts führen kann, so ist zu differenzieren:

65 Geht der Täter von einem unbeendeten Versuch aus und erkennt er später, dass ein beendeter Versuch vorliegt, so kann er – unabhängig von dem inzwischen verstrichenem Zeitraum – Straffreiheit erlangen, wenn er den Erfolgseintritt freiwillig verhindert. Geht der Täter hingegen von einem beendeten Versuch aus und tritt der Erfolg ein, so haftet er aus dem vollendeten Delikt. Die u.U. später begründete Vorstellung, der Versuch sei unbeendet geblieben, ist irrelevant; vgl. dazu oben Rdn. 53 ff.

---

58 BGH NStZ 1998 S. 614, 615 mit Anm. OTTO JK 99, StGB § 24/26.

cc) Grundsätzlich spricht die nötige Differenzierung für das von JÄGER[59] vorgeschlagene **66** Konzept, dem objektiv gefährlichen (Eintritt des Erfolges ist möglich) den objektiv ungefährlichen (Eintritt des Erfolges ist ausgeschlossen) Versuch gegenüberzustellen. Sodann wäre der objektiv gefährliche Versuch als beendeter Versuch im Sinne des § 24 anzusehen, beim objektiv ungefährlichen Versuch könnte weiterhin nach der subjektiven Einschätzung des Täters zwischen dem Rücktritt vom unbeendeten und beendeten Versuch unterschieden werden. – Die erforderliche Rücktrittsleistung wäre dann beim gefährlichen Versuch die „Gefährdungsumkehr".

III. Rücktritt bei mehreren Tatbeteiligten: § 24 Abs. 2 StGB

Sind an einem Versuch mehrere beteiligt, sei es als Mittäter, mittelbarer Täter und Werkzeug **67** oder als Teilnehmer – dazu unten §§ 21, 22 –, so regelt § 24 Abs. 2 die Voraussetzungen der Straffreiheit im Falle eines Rücktritts,[60] der auch hier – persönlicher Strafaufhebungsgrund – nur dem Beteiligten Straffreiheit bringt, der selbst zurückgetreten ist.

1. Verhinderung der Tatvollendung: § 24 Abs. 2 S. 1

Straffrei wird – wie beim Alleintäter –, wer die Vollendung der Tat freiwillig verhindert. – Im **68** Gegensatz zum Alleintäter ist es hier jedoch möglich, dass der Zurücktretende die Vollendung durch bloßes Unterlassen verhindert, in den Fällen nämlich, in denen ein aktives Tun durch ihn zur Vollendung der Tat nötig ist.[61]

Beispiel: A und B, die zusammen mit C in einer Brauerei angestellt sind, wollen den C töten. A soll den C in einen Gärbottich stoßen und B soll sodann die Wasserzuleitung aufdrehen, so dass C, der nicht schwimmen kann, ertrinkt. – A stößt den C in den Bottich, B hat es sich jedoch anders überlegt, er dreht den Hahn nicht auf.

Ergebnis: Strafbefreiender Rücktritt des B; er hat die Vollendung der Tat verhindert.

Der Rücktritt durch Verzicht auf weitere Ausführungshandlungen kann auch durch mehrere **69** Tatbeteiligte gemeinschaftlich erfolgen, wenn diese davon ausgehen, dass der Eintritt des Taterfolges von ihrer weiteren Tätigkeit abhängig ist und sie übereinkommen, auf diese weitere Tätigkeit zu verzichten.[62]

---

59 JÄGER Rücktritt, S. 65 ff; DERS. NStZ 1999 S. 608 f; sachlich übereinstimmend: HECKLER Ermittlung, S. 124 f, 184 ff.

60 Z. T. werden angestiftete Alleintäter – vgl. z. B. Loos Jura 1996 S. 518 f; ROXIN Lenckner-FS, S. 269 –, und auch der unterstützte Alleintäter – vgl. LILIE/ALBRECHT LK, § 24 Rdn. 48; MITSCH Baumann-FS, S. 89 ff; ROXIN A. T. II, § 30 Rdn. 306 ff – dem Regelungsbereich des § 24 Abs. 1 zugewiesen. Diese Zuweisung begründet Abgrenzungsprobleme, aber keinen dogmatischen Vorteil, vor allem aber führt sie bei der Erörterung des Rücktritts des Anstifters oder Gehilfen in Übungsarbeiten im Regelfall zu hoffnungsloser Verwirrung; vgl. dazu auch HERZBERG MK, § 24 Rdn. 189.

61 Vgl. BGH NJW 1992 S. 990; GORES Der Rücktritt des Tatbeteiligten, 1982, S. 165 ff; LENCKNER Gallas-FS, S. 295 f; LILIE/ALBRECHT LK, § 24 Rdn. 272; OTTO JA 1980 S. 708 f; SCH/SCH/ESER § 24 Rdn. 89; ZACZYK NK, § 24 Rdn. 98.

62 Vgl. dazu BGH NStZ 1989 S. 317; EISELE ZStW 112 (2000) S. 750 f.

2. Freiwilliges und ernsthaftes Bemühen, wenn die Tat nicht vollendet wird:
§ 24 Abs. 2 S. 2, 1. Alt.

70 Wird die Tat ohne Zutun eines Beteiligten nicht vollendet, so genügt zu seiner Straflosigkeit sein freiwilliges und ernsthaftes Bemühen, die Vollendung der Tat zu verhindern.

Im Einzelnen zu den Merkmalen vgl. oben Rdn. 49 f.

3. Tatvollendung ohne wirksamen Tatbeitrag des Beteiligten, § 24 Abs. 2 S. 2, 2. Alt.

71 Kommt die Tat zwar zur Vollendung, jedoch ohne dass der Tatbeitrag des Beteiligten für die vollendete Tat noch in irgendeiner Weise wirksam wird, so kann der Tatbeteiligte, der sich freiwillig und ernsthaft bemüht hat, die Tat zu verhindern, gleichfalls Straffreiheit erlangen, § 24 Abs. 2 S. 2, 2. Alt.

72 Die bloße Unwirksamkeit des ursprünglichen Tatbeitrages in der vollendeten Tat bringt nach der Regelung des Gesetzes jedoch noch keine Straffreiheit. Weiß der Beteiligte oder rechnet er damit, dass er durch die Beseitigung seines Tatbeitrages die Vollendung der Tat nicht verhindert, so bleibt er strafbar.

Beispiel 1: A besorgt B einen Nachschlüssel für einen Einbruchsdiebstahl im Hause des X. Anschließend kommen ihm jedoch Bedenken und er holt sich den Schlüssel von B zurück. Er weiß allerdings, dass sich B nun für sein Vorhaben von C einen Nachschlüssel beschaffen wird. Dies geschieht.

Ergebnis: Kein wirksamer Rücktritt.

73 a) Zu beachten ist aber, dass der Zurücktretende, dem es gelingt, seinen Tatbeitrag rückgängig zu machen, nicht aber die Vollendung der Tat zu verhindern, nur wegen Versuchs, nicht aber wegen eines vollendeten Delikts haften kann, da im vollendeten Delikt kein von ihm geleisteter Tatbeitrag enthalten ist.[63]

74 b) Keine Haftung des zurückgetretenen Tatbeteiligten tritt ein, wenn die vollendete Tat nicht mehr mit der ursprünglichen Tat identisch ist.

75 Maßgeblich für die Bestimmung der Tatidentität ist eine wertende Betrachtungsweise, bei der die zeitlich-räumliche Kontinuität des deliktischen Vorgeschehens, aber auch die Identität des Angriffsobjekts und die Vergleichbarkeit der Angriffsweise wertend zu beurteilen sind.[64]

Beispiel 2: wie Beispiel 1, aber nachdem A den Schlüssel von B zurückgeholt hat, bricht B statt dessen durch gewaltsames Öffnen der Tür in das Haus des Y ein.

Ergebnis: Keine Haftung des A, da keine Tatidentität mehr vorliegt.

4. Rücktritt auf Grund von Willensübereinstimmung

76 Entgegen dem Wortlaut des § 24 Abs. 2 gewährt die Rechtsprechung auch dem Tatbeteiligten die Wohltat des strafbefreienden Rücktritts, der seine eigene Willensentschließung von der eines anderen abhängig gemacht hat, wenn dieser Beteiligte selbst zurücktritt.[65]

63 Vgl. dazu Eisele ZStW 112 (2000) S. 751; Grünwald Welzel-FS, S. 708; Roxin Lenckner-FS, S. 272 ff; Walter JR 1976 S. 101 f.

64 Dazu im Einzelnen BGH NStZ 1992 S. 537 mit Anm. Otto JK 93 StGB § 31/2; Gores Rücktritt, S. 217; Krey A.T. 2, Rdn. 524; Küper JZ 1979 S. 778; Lenckner Gallas-FS, S. 303; Lilie/Albrecht LK, § 24 Rdn. 279; Otto JA 1980 S. 710; Roxin Lenckner-FS, S. 283 ff; ders. A.T. II, § 30 Rdn. 345 ff; Streng JZ 1984 S. 652; Zaczyk NK, § 24 Rdn. 106.

65 Dazu auch RGSt 47 S. 358; BGHSt 44 S. 204, 208 mit Anm. Müssig JR 2001 S. 228 ff, Otto JK 99, StGB § 24/27, Rotsch NStZ 1999 S. 239 f, Schroeder JR 1999 S. 297; Kudlich JuS 1999 S. 451; Lilie/Albrecht LK, § 24 Rdn. 274; Otto Jura 1992 S. 430 f; Rotsch GA 2002 S. 165 ff.

Beispiel, BGH – 1 StR 172/76: A und B lernten die C in einer Kneipe kennen. C lud die beiden in ihre Wohnung ein. Dort kamen A und C überein, geschlechtlich miteinander zu verkehren, gerieten jedoch bereits bei den Vorbereitungshandlungen in Streit. A verlor dadurch die Lust und wandte sich von der C ab. Nunmehr bekundete B, er wolle für A einspringen. Dem widersetzte sich aber die C. Daraufhin gab A ihr mehrere Ohrfeigen und begann sich anzuziehen. Auch B schlug der C mehrfach in das Gesicht, bis diese ihren Widerstand aufgab. Daraufhin zog B sich aus. A verließ die Wohnung und ging nach Hause. Ihm war das weitere Geschehen gleichgültig. – Als B den Geschlechtsverkehr mit der C ausüben wollte, zeigte diese sich allerdings so apathisch, dass er die Lust verlor. Er gab sein Vorhaben – freiwillig, wie zu seinen Gunsten unterstellt werden musste – auf.

Der BGH kommt zu dem Ergebnis, dass auch A straffrei vom Versuch zurückgetreten ist, falls B freiwillig zurücktrat, wenn A „mit dessen Willensrichtung übereinstimmte".

IV. Rücktritt und Unterbrechung des Zurechnungszusammenhangs

Grundsätzlich setzt § 24 voraus, dass die Tat nicht mit einem wirksamen Beitrag des Zurücktretenden vollendet wird. Misslingen seine Bemühungen, den Erfolg zu verhindern oder unterschätzt er die Versuchsgefahr, so dass es zum Erfolgseintritt kommt, so haftet er grundsätzlich aus dem vollendeten Delikt. Problematisch wird die Situation, wenn dem Täter/Tatbeteiligten, der die Vollendung der Tat verhindern will und kann, dieses durch einen Dritten unmöglich gemacht wird.[66] **77**

Hier gilt: Der zwischen Täterverhalten und Erfolg nötige Zurechnungszusammenhang wird unterbrochen, wenn der Tatbeteiligte von einer Person, die sich des Risikos in vollem Umfang bewusst ist, von der Herrschaft über das Geschehen ausgeschlossen wird mit der Folge, dass es dem Tatbeteiligten unmöglich wird, seinen Tatbeitrag unschädlich zu machen. **78**

Beispiel 1: A hat dem B Gift gegeben. Bevor dieses wirksam werden kann, reut den A die Tat. Er holt einen Arzt, der das Gegengift geben will. – B weigert sich, es zu nehmen, da er aus dem Leben scheiden will.

Ergebnis: Der Tod des B ist dem A nicht zuzurechnen. B hat den Zurechnungszusammenhang im Stadium des Versuchs unterbrochen. Aber A ist auch nicht wegen Versuchs zu bestrafen, da er von diesem nach § 24 Abs. 1 S. 2 zurückgetreten ist, denn der Tod des B ist auf Grund der Unterbrechung des Zurechnungszusammenhangs nicht mehr der Erfolg der Tat des A.

Beispiel 2: A, B und C haben zur Durchführung eines Sprengstoffattentats die von A hergestellte Bombe eingebaut; später bekommt A Gewissensbisse und will die Bombe wieder unschädlich machen, woran ihn B und C jedoch hindern, indem sie ihn niederschlagen und fesseln. Ehe A sich befreien kann, explodiert die Bombe, und der Mordanschlag gelingt.

Ergebnis: Entsprechend der Argumentation im Beispiel 1 ist es auch hier konsequent, einen strafbefreienden Rücktritt des A nach § 24 Abs. 2 S. 2 anzunehmen (str.).

V. Besondere Probleme des Rücktritts

1. Versuch und vollendetes Delikt

a) Der Rücktritt erstreckt sich nur auf die versuchte Tat, nicht aber auf Delikte, die beim Versuch schon vollendet werden. **79**

Beispiel: A will den B mit mehreren Messerstichen töten. Nach dem ersten Stich bekommt er plötzlich Mitleid und unterlässt weitere Stiche.

Ergebnis: A ist strafbefreiend zurückgetreten vom Tötungsversuch. Das Körperverletzungsdelikt wird dadurch nicht berührt.

---

66 Zum Streitstand vgl. einerseits LENCKNER Gallas-FS, S. 281 ff; ROXIN A. T. II, § 30 Rdn. 327 ff; andererseits KÜHL A. T., § 16 Rdn. 82; OTTO Maurach-FS, S. 99; ZACZYK NK, § 24 Rdn. 55.

80 b) Soweit materielle Versuchshandlungen, insbes. in den sog. Unternehmensdelikten, als formell vollendete Delikte mit Strafe bedroht sind, ist nach einhelliger Ansicht die Anwendung des § 24 ausgeschlossen.[67]

81 Möglich ist aber eine analoge Anwendung der speziell gesetzlich geregelten Rücktrittsvorschriften einzelner Unternehmenstatbestände – z. B. §§ 83 a, 320 – auch auf die Unternehmenstatbestände, bei denen derartige Vorschriften fehlen.[68]

82 c) Schießt und verletzt der Täter das Opfer durch einen Schuss mit Tötungsvorsatz in einer Situation, in der eine Körperverletzung gerechtfertigt oder entschuldigt gewesen wäre, so will der BGH nach einem strafbefreienden Rücktritt vom Tötungsversuch die Rechtfertigung bzw. Entschuldigung hinsichtlich der vollendeten Körperverletzung durchgreifen lassen.[69] Das überzeugt nicht, der strafbefreiende Rücktritt vom Tötungsdelikt kann nicht positiv das zur Rechtfertigung bzw. zur Entschuldigung nötige Bewusstsein der Rechtfertigung (subjektives Rechtfertigungselement) oder der Entschuldigung (Kenntnis der entschuldigenden Situation) begründen.

2. Rücktritt vom Versuch des erfolgsqualifizierten Delikts

83 Beim Rücktritt vom Versuch des erfolgsqualifizierten Delikts ist zwischen den beiden unterschiedlichen Möglichkeiten des Versuchs des erfolgsqualifizierten Delikts, der versuchten Erfolgsqualifizierung (Alternative 1) und dem erfolgsqualifizierten Versuch (Alternative 2), zu unterscheiden; dazu oben § 18 Rdn. 78 ff.

a) *Alternative 1:* Der Täter strebt die schwere Folge vorsätzlich an, sie tritt jedoch nicht ein. – Rücktritt unproblematisch nach den Voraussetzungen des § 24.

b) *Alternative 2:* Die schwere Folge tritt bereits beim Versuch des Grunddelikts ein.

84 Hier ist streitig, ob der Rücktritt vom Grunddelikt möglich ist mit der Konsequenz, dass auch eine Strafbarkeit aus dem erfolgsqualifizierten Delikt entfällt. Das ist zu bejahen, denn da das Delikt trotz Eintritts des schweren Erfolgs noch im Versuchsstadium steckt, ist § 24 anwendbar.[70] Unberührt bleibt aber die Haftung aus einem Tatbestand, der die Herbeiführung des besonderen Erfolges eigenständig unter Strafe stellt.

---

67 Vgl. BGHSt 15 S. 199; BURKHARDT JZ 1981 S. 387; GRIBBOHM LK, § 11 Rdn. 90; LACKNER/KÜHL § 24 Rdn. 29; RUDOLPHI SK I, § 11 Rdn. 25; SCH/SCH/ESER § 11 Rdn. 51.

68 So auch JESCHECK/WEIGEND A. T., §§ 49 VIII 2, 51 V 3; SCH/SCH/ESER § 11 Rdn. 51, § 24 Rdn. 116; SCHRÖDER Kern-FS, S. 463. – A.A. BGHSt 15 S. 199; BERZ Formelle Tatbestandsverwirklichung, S. 131 f m. w. N.; BURKHARDT JZ 1971 S. 357 f; RUDOLPHI SK I, § 11 Rdn. 26.

69 Vgl. BGHSt 41 S. 10 mit Anm. OTTO JK 95, StGB § 17/3.

70 So auch BGHSt 42 S. 158, 160 f; ANDERS GA 2000 S. 72 ff; GEPPERT JK 97, StGB § 251/5; HARDTUNG Versuch und Rücktritt bei den Teilvorsatzdelikten des § 11Abs. 2 StGB, 2002, S. 255 ff; KÜHL Jura 2003 S. 22; KÜPER JZ 1997 S. 231 f; LACKNER/KÜHL § 24 Rdn. 22; LILIE/ALBRECHT LK, § 24 Rdn. 316; RENGIER Erfolgsqualifizierte Delikte und verwandte Erscheinungsformen, 1986, S. 244 f; RUDOLPHI SK I, § 18 Rdn. 8a; SCH/SCH/ESER § 24 Rdn. 26; SCHROEDER LK, § 18 Rdn. 42. Die Gegenansicht – vgl. ROXIN A. T. II, § 30 Rdn. 289 ff; ULSENHEIMER Bockelmann-FS, S. 415 f; WOLTER JuS 1981 S. 178; ZACZYK NK, § 24 Rdn. 81 – hat das Sachargument für sich, dass die besondere Gefahr, die dem Verhalten ihren wesentlichen Unwertgehalt gibt, sich bereits realisiert hat. Das ändert am Vorliegen der Versuchssituation aber nichts. Es wäre hier Aufgabe des Gesetzgebers, den Rücktritt auszuschließen; vgl. dazu auch LACKNER/KÜHL § 24 Rdn. 22; SOWADA Jura 1995 S. 653.

BGHSt 42 S. 158: Beim Versuch, den X zu berauben, erschießt A den X leichtfertig. Nunmehr flüchtet er ohne Beute, weil ihn das Verbrechen reut.

Ergebnis: Rücktritt von § 249 entzieht auch dem § 251 die Grundlage, daher Bestrafung nur aus § 226 (§ 227 StGB n. F.) anstatt aus §§ 251, 23.

3. *Rücktritt vom Versuch eines unechten Unterlassungsdelikts*

Strittig ist, ob beim Versuch des unechten Unterlassungsdelikts überhaupt zwischen unbe- **85** endetem und beendetem Versuch zu differenzieren ist, da diese Differenzierung nicht zu unterschiedlichen Rücktrittsanforderungen führt, denn der Rücktritt beim unechten Unterlassungsdelikt setzt *stets* ein erfolgabwendendes aktives Tun voraus.[71]

a) Unter Anlehnung an die grundsätzliche Differenzierung in § 24 Abs. 1 S. 1 können unbe- **86** endeter und beendeter Versuch begrifflich allerdings auch beim unechten Unterlassungsdelikt unterschieden werden. Dadurch kann die pflichtgemäße Handlung präzisiert werden.[72]

Unbeendet ist der Versuch, solange der Täter den Eintritt des Erfolges nach seiner Vorstel- **87** lung noch mit der Handlung verhindern kann, zu der er ursprünglich verpflichtet war.

Beispiel: Die Mutter A will ihr Kind verhungern lassen. Sie begibt sich aus dem Haus, obwohl sie weiß, dass das Kind nach 4 Stunden erneut Nahrung braucht. – Nach 6 Stunden überlegt sie es sich anders. Sie kehrt zurück. Das Kind nimmt freudig die angebotene Nahrung zu sich.

Beendet ist der Versuch, wenn nach der Vorstellung des Täters die ursprünglich pflicht- **88** gemäße Handlung nicht mehr ausreicht, sondern weiter Maßnahmen erforderlich sind.

Beispiel: Wie unter aa), aber die A überlegt es sich erst nach 2 Tagen anders. Das Kind verweigert jetzt die Nahrungsaufnahme. Künstliche Ernährung ist nötig.

b) Wird für den Versuchsbeginn auf die letzte Rettungschance abgestellt oder eine objektive, **89** von der Beurteilung des Tatplans unabhängige Gefährdung vorausgesetzt – vgl. dazu oben § 18 Rdn. 35 –, so sind nur Fälle des beendeten Versuchs denkbar.

Wiederholungsfragen

1. Welcher Grundgedanke trägt den § 24 StGB? – Dazu Rdn. 2 ff. **90**
2. Skizziere die unterschiedlichen Meinungen über die Rechtsnatur des Rücktritts. – Dazu Rdn. 5 f.
3. Wo ist der Rücktritt des Alleintäters und wo der mehrerer Tatbeteiligter geregelt? – Dazu Rdn. 7 ff u. Rdn. 51 ff.
4. Wann liegt ein unbeendeter, wann ein beendeter Versuch vor. – Dazu Rdn. 8 ff
5. Wann ist ein Rücktritt freiwillig? – Dazu Rdn. 32 ff.
6. Wie ist die Situation zu beurteilen, in der dem Täter oder Tatbeteiligten, der die Vollendung der Tat verhindern will und kann, eine Verhinderung durch einen Dritten unmöglich gemacht wird? – Dazu Rdn. 61 f.
7. Erstreckt sich ein freiwilliger Rücktritt auch auf eventuell neben der Versuchsstat schon vollendete Delikte? – Dazu Rdn. 73 ff.
8. Welcher Sachverhalt muss bei dem in der Rechtsprechung vertretenen „Rücktritt auf Grund von Willensübereinstimmung" vorliegen? – Dazu Rdn. 65.

---

71 Vgl. dazu BGH NStZ 1997 S. 485 mit Anm. Brand/Fett NStZ 1998 S. 507 f, Kudlich/Hannich StV 1998 S. 370 ff, Küpper JuS 2000 S. 225 ff; Herzberg MDR 1973 S. 93; Jäger NStZ 1998 S. 163; Roxin Maurach-FS, S. 232, Fn. 54: Rudolphi SK I, Vor § 13 Rdn. 56; Zaczyk NK, § 24 Rdn. 47.

72 Eingehend dazu Küper ZStW 112 (2000) S. 9 ff; vgl. auch Gropp A. T., § 9 Rdn. 72; Jescheck/Weigend A. T., § 60 II 2; Jescheck LK, § 13 Rdn. 48; Kühl A. T., § 18 Rdn. 154; Lilie/Albrecht LK, § 24 Rdn. 320; Maihofer GA 1958 S. 298; Sch/Sch/Eser § 24 Rdn. 28 f; Wolter Objektive und personale Zurechnung, S. 100.

§ 20: Persönliche Strafausschließungs- und Strafaufhebungsgründe

1. Persönliche Strafausschließungsgründe

1   Persönliche Strafausschließungsgründe sind Sachverhalte in der Person des Täters, die – unabhängig von der Rechtswidrigkeit des Verhaltens und der Schuld des Täters – aus kriminalpolitischen Gründen eine Strafbarkeit des Täters nicht entstehen lassen.

Beispiel: Indemnität von Abgeordneten (§ 36), Beteiligung an der Vortat bei Begünstigung (§ 257 Abs. 3) oder Strafvereitelung (§ 258 Abs. 5).

2. Persönliche Strafaufhebungsgründe

2   Persönliche Strafaufhebungsgründe sind Sachverhalte in der Person des Täters, die – unabhängig von Rechtswidrigkeit und Schuld – eine begründete Strafbarkeit rückwirkend wieder beseitigen, weil das ursprünglich vorhandene Strafbedürfnis nicht mehr besteht.

Neben § 24 sind hier z.B. zu nennen §§ 31, 163 Abs. 2, 306 e Abs. 2.

3. Fakultative Strafmilderung

3   In bestimmten Fällen hat das Gericht die Möglichkeit, von Strafe abzusehen oder die Strafe zu mildern; vgl. z. B. §§ 60, 139 Abs. 1, 157, 306 e Abs. 1, 314 a Abs. 2.

4. Irrtum über einen Strafausschließungs- oder Strafaufhebungsgrund

4   Da die Strafausschließungs- und Strafaufhebungsgründe unabhängig von der Rechtswidrigkeit des Verhaltens und der Schuld des Täters sind, entscheidet grundsätzlich allein ihr objektives Vorliegen über die Strafausschließung bzw. Strafaufhebung. Wenn die Anwendung dieses Grundsatzes in Einzelfällen – z. B. §§ 173 Abs. 3, 257 Abs. 3 – streitig ist, so deshalb, weil diese Strafausschließungsgründe als Fälle geringer Schuld (notstandsähnliche Situation) interpretiert werden. Dann aber sollte die dogmatische Konsequenz gezogen werden, diese Fälle als Entschuldigungsgründe, d. h. als Verbote, u. U. bestehende Schuld vorzuwerfen, einzuordnen.

Vierter Teil
Täterschaft und Teilnahme

§ 21: Täterschaft

Lernziel: Einblick in die verschiedenen Weisen, eine Straftat als Täter zu verwirklichen.

I. Täterschaft als Positionsproblem

1. Die Unterscheidung zwischen Täterschaft und Teilnahme

a) Kommt für die Verwirklichung eines Tatbestandes nur eine Person in Betracht, weil weitere **1** Mitwirkende an dem Geschehen – sei es als tätige oder pflichtwidrig unterlassende Personen – nicht beteiligt sind, so sind keine Täterschaftsprobleme begründet. Wer den Tatbestand eines Strafgesetzes objektiv und subjektiv sowie rechtswidrig verwirklicht, ist Täter der Deliktsverwirklichung. Der Gesetzgeber bringt dieses zum Ausdruck, indem er als Täter den bezeichnet, der „die Straftat selbst begeht", § 25 Abs. 1. – Täterschaftsfragen tauchen erst auf, wenn mehrere Personen an einer Straftat mitwirken, denn da der Gesetzgeber in den §§ 25 ff zwischen Täterschaft und Teilnahme unterscheidet, begründet er die Notwendigkeit zu differenzieren, wem ein deliktisches Geschehen als Täter und wem als Teilnehmer zuzurechnen ist.

Mit der Differenzierung zwischen Täterschaft und Teilnahme hat der Gesetzgeber dem Gegenmodell, der **2** Zusammenfassung aller Beteiligungsformen in dem sog. Einheitstäterbegriff, eine Absage erteilt. Im Einheitstäterbegriff wird auf die Unterscheidung zwischen Täterschaft und Teilnahme (Anstiftung und Beihilfe) verzichtet. Entweder werden alle für den Erfolg kausalen Tatbeiträge unterschiedslos als Form der Täterschaft begriffen oder aber verschiedene Mitwirkungsformen anerkannt, diese jedoch in den Rechtsfolgen gleichstellt.[1]

b) Der Gesetzgeber selbst hat allerdings bewusst darauf verzichtet, Täterschaft und Teil- **3** nahme umfassend zu definieren. Er setzt die grundsätzliche Unterscheidung und Erkennbarkeit von Täterschaft und Teilnahme voraus und wollte in der Klärung von Einzelaspekten Rechtsprechung und Rechtslehre nicht zu stark festlegen.

Diese Zurückhaltung des Gesetzgebers war durchaus berechtigt, denn die juristische **4** Differenzierung zwischen Täterschaft und Teilnahme knüpft an bekannte soziale Phänomene an. Im Sozialleben – unabhängig von Fragen strafrechtlicher Zuordnung – ist durchaus eine unterschiedliche Zuordnung bestimmter Geschehnisse zu bestimmten Personen üblich. In einzelnen Sachverhalten werden mehrere Personen als Einheit erfasst (Mittäterschaft), in anderen wird trotz Zusammenwirkens mehrerer Personen nur eine als für das Geschehen verantwortliche Person angesehen (mittelbare Täterschaft) und schließlich gibt es Sachverhalte, in denen die Verantwortung für das Geschehen unterschiedlich gewichtet wird (Täter-Teilnehmer).

c) Gleichwohl ist damit der Gesetzgeber nicht auf eine vorrechtliche, seiner Bestimmung **5** entzogene Zuordnung rechtlich relevanter Verhaltensweisen verwiesen. Durch Akzentuierung des relevanten Tatgeschehens sowie durch die Begründung besonderer Voraussetzungen in der Person des Täters und entsprechende Fassung der Gesetzestatbestände des Besonderen

---

1 Dazu im Einzelnen Roxin LK, Vor § 25 Rdn. 3 ff; ders. A. T. II, § 25 Rdn. 1 ff.

Teils kann er den Zuordnungsprozess strukturieren und damit die Position des Täters und die des Teilnehmers vorzeichnen. Denn wenn vorausgesetzt wird, dass die Position des Täters und die des Teilnehmers innerhalb eines sozialen Geschehens als verschiedene erkennbar sind, so tangiert eine Änderung der Tatbeschreibung automatisch die Position des Täters und die etwaiger Teilnehmer. Auf diese Weise gelingt es dem Gesetzgeber durch besondere Tatbestandsvoraussetzungen, z. B. Sonderpflicht des Täters oder Eigenhändigkeit der Tatbegehung, den Kreis der möglichen Täter unabhängig von den allgemeinen Tätervoraussetzungen zu begrenzen.

6   Damit ist dem Gesetz auch die Entscheidung für den sog. restriktiven und die Ablehnung des sog. extensiven Täterbegriffs zu entnehmen. Dem extensiven Täterbegriff entsprechend werden alle kausalen Beiträge zur Tatbestandsverwirklichung als gleichwertig und damit als täterschaftsbegründend angesehen, so dass die Teilnahmevorschriften als Begrenzung der Strafbarkeit, als sog. Strafeinschränkungsgründe, erscheinen. – Der restriktive Täterbegriff geht hingegen davon aus, dass die Tatbestandsbeschreibung gleichzeitig eine Beschreibung des Täters darstellt, so dass die Teilnahmevorschriften des Allgemeinen Teils als Erweiterung der Strafbarkeit, als sog. Strafausdehnungsgründe, anzusehen sind.[2]

2. Unterschiede in der Verantwortungszuweisung als Abgrenzungskriterium

7   Versucht man die Phänomene Täterschaft und Teilnahme *bildlich* zu erfassen, so drängt sich die Vorstellung auf, der Täter ist „von einer Schar dienstbarer Geister umgeben" (MAKAREVICZ). Der Täter ist die zentrale Gestalt des im Unrechtstatbestand beschriebenen Geschehens, die Teilnehmer haben – von ihm abhängige – Nebenrollen inne. *Juristisch* erschließt sich diese Zuordnung von der Position des Täters zum geschützten Rechtsgut her: *Der Täter ist der für die im Tatbestand beschriebene Rechtsgutsverletzung primär Verantwortliche, Teilnehmern kommt nur eine Position sekundärer Verantwortung zu.*

8   Die Differenzierung in der Verantwortung für die Rechtsgutsverletzung findet ihre Grundlage in der verschiedenen Art und Weise der Verletzung der in den einzelnen Tatbeständen erfassten Vermeidepflicht.

9   Zwei strukturell unterschiedliche Weisen der strafrechtlich relevanten Vermeidepflichtverletzung sind zu unterscheiden:

10   a) Beim *Begehungsdelikt* geht die relevante Rechtspflicht, ein bestimmtes Verhalten oder einen bestimmten Erfolg zu vermeiden, dahin, den eigenen Handlungsspielraum nicht durch Begründung oder Erhöhung von Gefahren für Rechtsgüter anderer auszudehnen. Hier ist der für die Rechtsgutsverletzung primär Verantwortliche, d.h. der Täter, derjenige, der den gefährlichen Kausalverlauf steuernd beherrscht, das Geschehen gestaltet, soweit der Gesetzestatbestand nicht weitere Voraussetzungen aufstellt. Die Rechtsgutsgefährdung der Teilnahme ist eine mittelbare, unselbstständige, in der Realisierung vom Verhalten des Täters abhängige Gefährdung.

11   b) Beim *Unterlassungsdelikt* geht die Vermeidepflicht hingegen dahin, von einem Rechtsgut bestimmte Gefahren abzuwenden oder zumindest drohende Gefahren zu vermindern. Auch hier ist Täter derjenige, der zum Schutz des Rechtsguts primär verpflichtet ist. Er ist verantwortlich dafür, dass das Geschehen nicht eine bestimmte Gestalt findet. Diese Verantwortungsposition wird durch die Nähe zum geschützten Rechtsgut bestimmt. Ist daher das Verhalten mehrerer Verpflichteter zu beurteilen, so ist – auch wenn die Verantwortung für

---

2   Dazu im Einzelnen BLOY Die Beteiligungsform als Zurechnungstypus im Strafrecht, 1985, S. 115 ff; ROXIN LK, Vor § 25 Rdn. 9–12; SCHILD NK, Vor §§ 25 ff Rdn. 133 ff.

die Rechtsgutsverletzung auf verschiedenen Vermeidepflichten beruht – wertend zu ermitteln, wer als primär Verantwortlicher anzusehen ist und wem nur die Position eines sekundär Verantwortlichen zukommt.

II. Abgrenzung von Täterschaft und Teilnahme bei Begehungsdelikten

Die Kriterien, nach denen zwischen Täterschaft und Teilnahme zu differenzieren ist, sind **12** streitig.

1. Die subjektive Theorie der älteren Rechtsprechung

Die subjektive Theorie der Rechtsprechung hat ihre theoretischen Grundlagen in der Dolus- **13** und in der Interessentheorie, die den Täter zum einen nach der beherrschenden Willensposition, zum anderen nach dem Interesse am Taterfolg bestimmten. Die Rechtsprechung vereinigte diese theoretischen Ansätze der beiden Theorien. Maßgebliches Täterkriterium ist danach die Willensrichtung der am Tatgeschehen Beteiligten:
Täter ist, wer mit Täterwillen (animus auctoris) einen objektiven Tatbeitrag leistet und die Tat **14** *als „eigene" will. – Teilnehmer ist, wer mit Teilnehmerwillen (animus socii) einen objektiven Tatbeitrag leistet und die Tat als „fremde" will.* – Wesentliches Indiz des Täterwillens ist das Eigeninteresse am Taterfolg, doch sind in der neueren Rechtsprechung auch deutlich Tendenzen nachweisbar, den Täterwillen von der Tatherrschaft her zu bestimmen; dazu sogleich unter Rdn. 28 ff.

BGHSt 16 S. 12: Diebstahl eines Kfz durch A, zu dem B und C aufgefordert hatten, weil sie anschließend das Kfz benutzen wollten: Mittäterschaft von A, B und C.

OLG Hamm 35 Ss 2858/80: „Schmierestehen" vor einem Haus, in dem ein anderer Beteiligter einen Diebstahl begeht: Mittäterschaft.

BGH GA 1973 S. 184: Bestellung eines falschen Passes unter Lieferung von Lichtbild und Personalangaben: Mittäterschaft bei der Urkundenfälschung.

BayObLG RReg. 3 St 25/80: A beauftragt den B, eine gefälschte TÜV-Plakette zu besorgen und am Auto anzubringen: Auch A ist Täter der Urkundenfälschung.

2. Die Tatherrschaftslehren

a) Die subjektive Theorie ist von Anfang an mit objektiven Lehren angegriffen worden. **15**

Die größte Bedeutung unter diesen Lehren erlangte die sog. formal-objektive Theorie: Sie bestimmte als Täter **16** denjenigen, der eine Tatbestandshandlung mit eigener Hand ausführt. – Teilnahme war demgegenüber durch Setzung bloß fördernder Bedingungen gekennzeichnet.

Diese Theorie war bis 1930 h.L. Sie ist heute aufgegeben, da sie die mittelbare Täterschaft nicht erklären **17** konnte und zur Privilegierung nicht am Tatort selbst agierender Bandenchefs führte. Mit § 25 Abs. 1, 2. Alt. StGB ist sie nicht in Einklang zu bringen.

b) Die herrschende Lehre im Schrifttum ist heute die *Tatherrschaftslehre*, deren Vertreter **18** jedenfalls bei den allgemein begehbaren Delikten das entscheidende Kriterium der Täterschaft – wenn auch mit unterschiedlichen Akzentuierungen im Einzelnen – in der Tatherrschaft erkennen. Die Lehre ist als Synthese der Dolustheorie und der objektiven Lehre zu verstehen.

Gemeinsames Anliegen der Tatherrschaftslehre ist das Bemühen, die Willkür in der **19** Abgrenzung dadurch zu beseitigen, dass bestimmte täterschaftsbegründende Elemente besonders herausgestellt werden. Sie beschreibt den Täter übereinstimmend als Zentralgestalt des relevanten Geschehens, als Tatherren. Unterschiede bestehen allerdings in der Gewichtung subjektiver und objektiver Elemente bei der Bestimmung des Tatherrschaftsbegriffs.

20 Die stärker *subjektiv akzentuierte Tatherrschaftslehre* sieht die wesentlichen Elemente der Tatherrschaft im Fassen des Tatentschlusses und der „Gestaltung der Tat durch den planvoll steuernden Verwirklichungswillen".[3]

21 Die stärker *objektiv akzentuierte Tatherrschaftslehre* stellt mehr auf die Tatbestandsverwirklichung ab: Täter ist, wer den Erfolg derart arbeitsteilend anstrebt, dass er, ohne zum bloßen Werkzeug eines anderen herabzusinken, Inhaber der Tatherrschaft bleibt, d.h. den tatbestandsmäßigen Geschehensablauf in den Händen hält.[4]

3. Stellungnahme

22 Die subjektive Theorie geht davon aus, dass jeder objektive Tatbeitrag gleichwertig ist, so dass die Abgrenzung allein im subjektiven Bereich erfolgen müsse. Jedoch schon die Prämisse, dass jeder objektive Tatbeitrag gleichwertig sei, ist unrichtig. Unter wertender Betrachtungsweise ist es z.B. für einen Totschlag etwas anderes, ob jemand dem Täter ein Messer leiht oder ob er selbst das Opfer ersticht. Darüber hinaus aber führt diese Theorie zu beliebigen und damit willkürlichen Abgrenzungen, wenn der Täter- bzw. Teilnehmerwille nicht streng auf die Verwirklichung der einzelnen Tatbestandsmerkmale bezogen wird, sondern von irgendwelchen im Tatbestand nicht genannten Interessen her bestimmt wird.

23 a) Dieser einseitigen und damit letztlich sachwidrigen Betonung der subjektiven Seite der Deliktsverwirklichung stellt die Tatherrschaftslehre ein Konzept gegenüber, in dem objektive und subjektive Elemente den Täter als Zentralgestalt des Geschehens kennzeichnen. Die Beherrschung eines Geschehens ist stets auf Willensherrschaft gegründet, die aber im objektiven Bereich manifestiert wird.

24 *Täter ist damit derjenige, der verantwortlich ist für die Tatbestandsverwirklichung, weil er allein oder arbeitsteilig mit anderen das „Ob" und „Wie" der Tatbestandsverwirklichung bestimmt und die Rechtsgutsverletzung verwirklicht.*

25 *Teilnehmer ist, wer durch Bestimmen zur Tat oder durch Förderung der Tat zur Rechtsgutsbeeinträchtigung beiträgt, das „Ob" und „Wie" der Tat aber vom Willen eines anderen abhängig macht.*

26 Damit wird weder dem objektiven noch dem subjektiven Element ein grundsätzlicher Vorrang eingeräumt. Maßgeblich ist die wertende Betrachtungsweise subjektiver und objektiver Elemente.[5]

---

3 WELZEL Lb, § 15 I 1. – Dazu SCHILD NK, Vor §§ 25 ff Rdn. 19 ff.

4 Vgl. dazu GALLAS Beiträge zur Verbrechenslehre, 1968, S. 78 ff; JOECKS MK, § 25 Rdn. 10 ff, 29; KÜHL A.T., § 20 Rdn. 29; MAURACH/GÖSSEL/ZIPF A.T. 2, § 47 Rdn. 52 ff. – ROXIN Täterschaft und Tatherrschaft, 7. Aufl. 2000, S. 127 ff; DERS. A.T. II, § 25 Rdn. 27 ff, arbeitet eigenständige Tatherrschaftstypen – Handlungs-, Willensherrschaft und funktionale Tatherrschaft – heraus. – Zur Entwicklung und Auseinandersetzung im Einzelnen: SCHILD NK, Vor §§ 25 ff Rdn. 22 ff.

5 Vgl. auch ESER II, Nr. 37 A 19 ff; HERZBERG Täterschaft und Teilnahme, 1977, S. 8; JAKOBS A.T., 21/35 f; JESCHECK/WEIGEND A.T., § 61 V 1; LACKNER/KÜHL Vor § 25 Rdn. 6; RUDOLPHI Bockelmann-FS, S. 369 ff; STRATENWERTH A.T. I, § 12 Rdn. 17; WESSELS/BEULKE A.T., Rdn. 517.
   Gegen einen Vorrang des Herrschaftselements und für eine wertende Gesamtbetrachtung bei der Abgrenzung von Täterschaft und Teilnahme: GEERDS Jura 1990 S. 173 ff; SCHMIDHÄUSER A.T., Stub., 10/163 ff; DERS. Stree/Wessels-FS, S. 343 ff. – Einen methodisch schon abweichenden Ansatz wählt STEIN Die straf-

b) Zu beachten ist allerdings, dass das Kriterium der Tatherrschaft nur die Entscheidung **27** ermöglicht, wem die tatbestandsmäßige Ausführungshandlung oder die Herbeiführung des tatbestandsmäßigen Erfolgs als eigenes Werk zuzurechnen ist. Stellt der Tatbestand jedoch besondere Anforderungen an die Person des Täters – setzt er z. B. besondere Tätereigenschaften wie „Richter" in § 339 oder „Amtsträger" in § 340 voraus –, so genügt auch bei den Begehungsdelikten die Tatherrschaft nicht zur Begründung der Täterschaft.

4. Tendenzen der neueren Rechtsprechung

Nach wie vor hält die Rechtsprechung insoweit an der subjektiven Theorie fest, als sie die **28** Floskeln von der als eigene und der als fremde gewollten Tat gebraucht und auch im Interesse an der Tat oder am Taterfolg ein wesentliches Täterkriterium erkennt. Dennoch ist eine Gesamttendenz von der subjektiven Lehre zur Tatherrschaftslehre deutlich erkennbar, denn mit Tatherrschaftskriterien werden diese Floskeln zunehmend konkretisiert: Anhaltspunkte für die Frage, ob jemand die Tat als eigene gewollt hat und deshalb als Mittäter anzusehen ist, können im Grad des eigenen Interesses am Erfolg der Tat, im Umfang der Tatbeteiligung und in der Tatherrschaft oder doch wenigstens dem Willen zur Tatherrschaft gefunden werden, so dass Durchführung und Ausgang der Tat maßgeblich auch vom Willen des jeweiligen Täters abhängen.[6]

5. Zur Einübung

Fallgruppe 8:

Fall 1: BGHSt 8 S. 393 f: A hatte sich mit B angefreundet. Als er ohne Wohnung war, nahm B ihn vorüber- **29** gehend auf. Die Eheleute B lebten in Unfrieden miteinander. Frau B drängte den A wiederholt, ihren Mann zu töten. A fand sich schließlich dazu bereit. Beide führten den von Frau B ersonnenen, von beiden festgelegten Tatplan in folgender Weise aus: A verbarg unter seiner Kleidung ein Beil, das ihm Frau B gegeben hatte. Sie selbst legte zwei große Ziegelsteine in ihre Einkaufstasche. So ausgerüstet, warteten beide an der Arbeitsstelle des B. Dort schlug ihm Frau B vor, noch einen Waldspaziergang zu unternehmen. Unterwegs gingen sie auf Vorschlag von Frau B einen schmalen Waldweg entlang. Dort gab Frau B dem A das verabredete Zeichen. A schlug daraufhin mit der stumpfen Seite des Beils kräftig auf den Hinterkopf des vor ihm gehenden B. Dieser fiel zu Boden und gab nur einen schwachen Laut von sich. Auf die Aufforderung von Frau B versetzte ihm A noch zwei weitere wuchtige Schläge mit dem Beil auf die Schädeldecke. Frau B sagte daraufhin: „Jetzt ist er tot". A lief weg. Frau B rief ihn zurück. Sie verscharrten gemeinsam den Leichnam.

---

rechtliche Beteiligungsformenlehre, 1988, S. 221 ff, der die Differenzierung aus der Unterscheidung von Verhaltens- und Sanktionsnormen herleitet; dazu Küper ZStW 105 (1993) S. 445 ff. – Grundsätzlich gegen die Tatherrschaftslehren wendet sich M. Heinrich Rechtsgutszugriff und Entscheidungsträgerschaft, 2002, S. 143 ff, 182 ff. Für ihn ist der Entscheidungsträgerschaft das Kriterium vorsätzlicher Täterschaft. Täter ist danach, wer als Normadressat eine tatbestandsgerichtete Entscheidung trifft, als deren unmittelbare Umsetzung das in Rede stehende tatbestandsberührende Geschehen anzusehen ist.
Gegen die Tatherrschaftslehre wendet sich Schild NK, Vor §§ 25 ff Rdn. 234 ff, 331 ff. Er versteht die Täterlehre als Handlungstheorie, die die Kriterien der Tatherrschaftslehre auf ihren Grund in der wirklichen Beherrschbarkeit und damit in der Setzung eines tauglichen Handlungsprogramms zur Herbeiführung eines tatbestandsmäßigen Erfolgs zurückführt.

6 Vgl. dazu BGHSt 37 S. 291; BGH GA 1977 S. 306; BGH NStZ 1982 S. 243; BGH StV 1983 S. 501; BGH NStZ 1985 S. 165 mit Anm. Roxin StV 1985 S. 278; BGH StV 1986 S. 384 mit Anm. Roxin S. 384 f, und Otto JK 87, StGB § 25 II/4; BGH NStZ 1987 S. 233; BGH StV 1990 S. 264; BGH wistra 1994 S. 57; BGH NStZ 1999 S. 451; BGH wistra 2001 S. 420; BGH wistra 2002 S. 255. – Chronologische Darstellung und Analyse der Rechtsprechung bei Roxin Täterschaft, S. 90-106, 557-643; ders. LK § 25 Rdn. 16 ff; ders. BGH-FG, S. 177 ff; Schild NK, Vor §§ 25 ff Rdn. 8 ff, 199 ff.

A hat – wie der Sachverständige feststellt – nur einen schwach entwickelten Willen. Er ist ein stumpfer, gleich-gültiger „Befehlsempfänger" und ordnet sich Willensstärkeren leicht unter. Am Tode des B hatte er keinerlei eigenes Interesse.

BGH: A und Frau B sind Mittäter des Mordes. – Dem ist zuzustimmen. A und Frau B verwirklichten den Erfolg nach gemeinsamem Plan arbeitsteilig.

Diese Überlegung begründet auch das Ergebnis des BGH, denn eine extrem subjektiv interpretierte Täterlehre hätte hier zu einem anderen Ergebnis kommen können.

30   **Fall 2:** BGHSt 11 S. 268: P, M und T versuchten nachts in ein Lebensmittelgeschäft einzudringen, um dort zu stehlen. Jeder von ihnen war mit einer Pistole bewaffnet. Sie hatten vereinbart, daß gefeuert werden sollte, falls einem von ihnen die Festnahme drohte. Als P eine Fensterscheibe eingedrückt hatte und in das Haus ein-dringen wollte, stellte sich ihm der Inhaber des Lebensmittelgeschäfts entgegen und schrie laut um Hilfe. T und M ergriffen daraufhin die Flucht, ihnen folgte – ebenfalls flüchtend – P. Als P um die Hausecke bog, schoss M auf ihn und traf ihn in den Arm. M hielt P für einen Verfolger und fürchtete, von ihm ergriffen zu werden. Er wollte den Verfolger töten, um einer Festnahme und der Aufdeckung seiner Tatbeteiligung zu ent-gehen.

Problem: Kann auch der beinahe erschossene P als Täter eines Mordversuchs in seiner Person zur Verantwor-tung gezogen werden?

BGH S. 272: P hat „den ganzen Erfolg der Straftat als eigenen mitverursachen ... wollen". Das sei „mit der Feststellung des ein für allemal verabredeten Waffengebrauchs zur Verhinderung drohender Festnahme und der auf dieser Abrede beruhenden Gefahrengemeinschaft aller drei Männer, die M gewissermaßen zum Schießen „verpflichtete", hinreichend begründet".

Dem BGH ist zu folgen, wenn man davon ausgeht, dass das Geschehen sich im Rahmen des verabredeten Tat-plans hielt. – War der Irrtum des M hingegen nach Sachlage völlig unverständlich und nur erklärlich, weil M sich *nicht* an den Tatplan hielt, so läge ein Exzess des M vor, der den anderen Beteiligten nicht zuzurechnen war.[7]

31   **Fall 3:** BGH GA 1963 S. 187: Der Kraftfahrer K hatte in angetrunkenem Zustand einen Fußgänger angefah-ren, der durch den Zusammenprall so unglücklich auf den Kraftwagen geschleudert wurde, dass er sofort tot war. Der Körper fiel jedoch nicht von dem Kraftwagen herunter, weil ein Fuß zwischen Wagen und rechter Tür eingeklemmt war, die sich durch den Aufprall geöffnet hatte. Dennoch hielt der K nicht an, sondern for-derte den A, der rechts neben ihm saß, auf, den Fuß aus der Verklemmung zu befreien. A, der wie auch K, davon ausging, dass der Verunglückte noch lebte, tat dies auch, obwohl er sich bewusst war, dass der Ver-unglückte durch das Abwerfen vom fahrenden Pkw getötet werden konnte. Er billigte auch diese mögliche Folge.

BGH: Ausgehend vom Vorstellungsbild der Beteiligten, dass F nach dem Anprall noch lebte, ist A nur Ge-hilfe des Totschlagsversuchs, K hingegen Täter. – Dieses Ergebnis ist nur vom Standpunkt der subjektiven Theorie haltbar. Nach den Kriterien der Tatherrschaftslehren ist Mittäterschaft zu bejahen.

32   **Fall 4:** RGSt 74 S. 84 (*Badewannenfall*): Die A hatte in bewusstem und gewolltem Zusammenwirken mit ihrer Schwester R deren neugeborenes uneheliches Kind, das nach der Geburt deutlich hörbar atmete, in der Weise getötet, dass sie es in eine Badewanne legte, in der das Kind ertrank.

Das RG hat die A nur wegen Beihilfe zur Kindestötung, § 217, verurteilt. Damit zeigte sich, dass die animus-Formel zur Begründung eines jeden beliebigen Ergebnisses benutzt werden konnte. – Dennoch eignet sich dieser Fall wenig zu einer allgemeinen Kritik der Rechtsprechung des RG. Auch das RG ging nämlich davon aus, dass die A Täterin der Tötung war. Da bei der A aber nicht die Voraussetzungen des § 217 vorlagen, hätte sie zum Tode verurteilt werden müssen. Dieses Ergebnis hielt das RG nicht für erträglich.[8]

---

7   Wie der BGH auch: Baumann JuS 1963 S. 126f; Loewenheim JuS 1966 S. 314. – A. A. Roxin Täter-
    schaft, S. 287; Herzberg Täterschaft, S. 63; Jescheck/Weigend A. T., § 63 I 2; Scheffler JuS 1992
    S. 922 f; Schmidhäuser A. T., 14/19; Spendel JuS 1969 S. 318; Tröndle/Fischer § 25 Rdn. 8 a.
8   Dazu Hartung JZ 1954 S. 430.

Fall 5: BGHSt 18 S. 87 f (*Staschynskij-Fall*): St tötete zwei Exilpolitiker. – Das Gericht stellte folgendes fest: **33** Beide Attentate seien von höchster sowjetischer Stelle befohlen worden. Die Auftraggeber St's hätten bei der Anordnung der Attentate Opfer, Waffe, Art ihrer Anwendung, Tatzeiten, Tatorte und Reisen vorher genau festgelegt. Die Tatwaffe – eine Giftpistole – sei auf ihr Geheiß angefertigt worden. St habe kein eigenes Interesse an den Taten gehabt und habe die Befehle nur widerstrebend befolgt. Er habe befürchtet, vor und bei den Attentaten vom russischen Geheimdienst überwacht zu werden und bei einem Übertritt in den Westen der Rache seiner Auftraggeber ausgesetzt zu sein.

BGH: (Mittelbare) Täter der beiden Mordtaten waren die Auftraggeber St's im KGB. – St war in beiden Fällen nur Mordgehilfe.

Auch dieses Urteil ist nur haltbar von einer extrem subjektiven Täterlehre her. – Nach den Kriterien der Tatherrschaftslehren wäre eine Täterschaft des St anzunehmen gewesen.

Fall 6: BGH bei Dallinger, MDR 1973 S. 16 f: A drohte dem B mit der Anzeige einer noch nicht entdeckten **34** Tat und nötigte ihn dadurch, bei verschiedenen Firmen Elektrogeräte herauszuschwindeln und an A weiterzugeben.

BGH: Allein aus der Gesamtbetrachtung von Tatbeitrag, Willen zur Tatherrschaft und Interesse am Erfolg der Tat kann hier auf die (für die Abgrenzung von Täterschaft und Beihilfe maßgebende) innere Willensrichtung geschlossen werden. Die Wertung dieser Faktoren führt zu einer Bejahung der Täterschaft des A bei den Betrugstaten.

Da die Entscheidungsfreiheit des B nicht im Sinne einer Notstandssituation beeinträchtigt war, er über „Ob" und „Wie" der Taten entschied und ihre Ausführung vollbrachte, ist B unter Tatherrschaftsgesichtspunkten Täter, während A nur als Anstifter anzusehen wäre.

Fall 7: BGHSt 19 S. 135: A und die 16jährige B empfanden Zuneigung zueinander. Die Eltern der B miss- **35** billigten jedoch diese Verbindung. B fasste deshalb den festen Entschluss, aus dem Leben zu scheiden. A versuchte vergeblich, die über ihr Alter hinaus gereifte B umzustimmen. Er beschloss, mit ihr gemeinsam in den Tod zu gehen. Beide fuhren im Pkw des A auf einen Parkplatz. A schloss – wie mit B besprochen – einen Schlauch an das Auspuffrohr an und führte ihn durch das linke Wagenfenster in das Wageninnere. Sodann drehte er, nachdem er sich in den Wagen gesetzt hatte, beide Fenster hoch, ließ den Motor an und trat das Gaspedal durch, bis das einströmende Kohlenoxyd ihm die Besinnung raubte. Einige Stunden später wurden A und B gefunden. B war tot. A überlebte.

BGH: A ist einer Tötung auf Verlangen, § 216, schuldig. – Ausdrücklich hat der BGH hier jedoch die subjektive Theorie zur Abgrenzung der straflosen Beihilfe zur Selbsttötung von der Tötung auf Verlangen für untauglich erklärt. Denn nach seiner Auffassung „sind jedenfalls für den Sonderfall der tatbestandlichen Abgrenzung des § 216 StGB gegenüber der straflosen Beihilfe zur Selbsttötung subjektiv bestimmte Kriterien, ob nämlich der Handelnde die Tat als eigene wollte, ob er den Täterwillen, den Willen zur Tatherrschaft oder ein eigenes Interesse an der Tat hatte, nicht geeignet, sinnvolle Ergebnisse zu gewährleisten". Es könne nur darauf ankommen, „wer das zum Tode führende Geschehen tatsächlich beherrscht hat". Dieses sei im vorliegenden Falle A gewesen.

Die Anwendung des Tatherrschaftskriteriums in dieser Weise ist jedoch sachwidrig. Das auch im Sozialleben als Doppelselbstmord bezeichnete Ereignis der gemeinsamen Beendigung des Lebens durch zwei Menschen lässt sich nicht sachgerecht in zwei Tötungen jeweils des einen durch den anderen oder – nach Eintritt der Handlungsunfähigkeit einer der beteiligten Personen – in eine Tötung des Handlungsunfähigen aufspalten. Verwirklichen zwei Menschen gemeinsam ihre Selbsttötung, so sind beide Träger der Tatherrschaft, weil sie den Erfolg arbeitsteilig auf Grund eines einheitlichen Plans anstreben. Sie handeln deshalb bezüglich der straflosen Selbsttötung gleichsam als Mittäter.[9]

Fall 8: BGH NStZ 1985 S. 165: A unternahm mit J einen Raub, für den er sein Fahrzeug, das er selbst fuhr, **36** zur Verfügung stellte. Er postierte sich am Tatort und übernahm dort die Aufgabe, am Pkw des überfallenen Geldboten den Zündschlüssel abzuziehen und diesen einzustecken sowie die Begleiterin des Geldboten mittels der ihm von J überlassenen Gaspistole in Schach zu halten. Schließlich gab er aus dieser Pistole einen Schuss auf den Überfallenen ab, um diesen von der weiteren Verfolgung abzuhalten.

---

9 Übersicht über den Streitstand: OTTO Jura 1987 S. 250, Fn. 27.

BGH: A ist nur Gehilfe des von J als Täter verübten Raubes, weil die Initiative zu dem Raub von J ausgegangen sei und A nur „innerlich widerstrebend" dem Drängen des J nachgegeben habe, der allein ein starkes Interesse am Taterfolg gehabt hätte. – Angesichts der entscheidenden Beiträge des A während der Tatbestandsverwirklichung müsste die Tatherrschaftslehre hier zur Mittäterschaft des A kommen.

III. Abgrenzung von Täterschaft und Teilnahme bei Unterlassungsdelikten

37   Da demjenigen, dem eine Vermeidepflichtverletzung durch Unterlassen vorgeworfen wird, gerade vorgehalten wird, dass er das Geschehen *nicht* steuernd kausal gelenkt hat, ist der Aspekt der Tatherrschaft, d. h. der steuernden Lenkung des Tatgeschehens, hier ungeeignet als Kriterium der Täterschaft. Dieser Sachverhalt hat in der Lehre dazu geführt, bei Delikten, die eine Sonderpflichtverletzung voraussetzen, z. B. bei den unechten Unterlassungsdelikten die Verletzung der Garantenpflicht, die Pflichtverletzung zum alleinigen Täterschaftskriterium zu erheben. Damit wird ein Tatbestandsmerkmal, das den Täterkreis begrenzen soll, zum alleinigen konstituierenden Täterschaftselement. Missachtet wird dabei die Einsicht, dass auch die allgemeinen Begehungsdelikte eine Vermeidepflichtverletzung voraussetzen. Ist es dort aber die Art und Weise der Pflichtverletzung, die die Differenzierung zwischen Täterschaft und Teilnahme begründet, so könnte allein der Gesetzgeber bestimmen, warum er hier die unterschiedliche Art und Weise der Pflichtverletzung nicht als relevant ansieht. Richtig ist daher, dass die Sonderpflichtverletzung haftungsbegründendes Tatbestandsmerkmal der Sonderpflichtdelikte ist. Sie begründet aber – genauso wenig wie die Vermeidepflichtverletzung bei den allgemein begehbaren Delikten – allein noch keine Täterschaft.

38   Im Unterlassungsbereich erweist sich die Bestimmung der Täterposition vielmehr als originäre Zuweisung eines besonderen Verantwortungsbereichs, nämlich der primären Verantwortung für eine Rechtsgutsverletzung.

1. Die soziale Verantwortungsposition Unterlassender

39   Die soziale Verantwortungsposition eines Unterlassenden ist wiederum relativ einfach zu bestimmen, wenn nur das Verhalten einer einzigen Person in Frage steht. Hat der Garant in einer solchen Situation die ihm mögliche Vermeidung des Erfolges nicht erbracht, zu der er verpflichtet war, so ist er als Zentralgestalt des Geschehens, als primär Verantwortlicher, anzusehen.

Fall: Der Vater V verhindert nicht, dass sein Sohn S ertrinkt, obwohl er dieses verhindern könnte.

Ergebnis: V ist Täter der Tötung des S.

40   Ob der Garant darüber hinaus sogar eine Tätigkeit entfaltet hat, die als Beihilfe anzusehen wäre, wenn ein Dritter gehandelt hätte und er nicht Garant gewesen wäre, ist irrelevant.

41   In gleicher Weise unproblematisch ist die Positionsbestimmung als Täter dann, wenn nur einer von mehreren Unterlassenden als Garant in Betracht kommt.

Fall: Der Vater V und der zufällige Passant P verhindern – unabhängig voneinander – nicht, dass der Sohn S des V ertrinkt, obwohl ihnen dieses möglich wäre.

Ergebnis: V ist Täter der Tötung des S, P hingegen hat als Täter eine unterlassene Hilfeleistung, § 323 c StGB, verwirklicht. – Der Unterschied in der Verantwortung und damit in der Nähe zum geschützten Rechtsgut hat in der unterschiedlichen Qualität der relevanten Rechtspflichten Ausdruck gefunden.

42   Schließlich erweist sich die Bestimmung der Verantwortungsposition mehrerer Träger der gleichen Garantenpflicht als relativ einfach, wenn diese, sei es auf Grund gemeinsamer Absprache oder unabhängig voneinander, ihrer Vermeidepflicht nicht nachkommen.

Fall: Der Vater V und die Mutter M sehen, dass ihr Sohn S zu ertrinken droht. Sie retten ihn nicht, obwohl dieses jedem von ihnen möglich wäre.

Ergebnis: Sowohl V als auch M haften als Täter der Tötung des S.

2. Die Konkurrenz der Rechtsgutsbeeinträchtigung durch aktives Tun und pflichtwidriges Unterlassen

Die Zuweisung der Verantwortungsposition erweist sich als problematisch, wenn ein Beteiligter durch aktives Steuern des Geschehens das geschützte Rechtsgut beeinträchtigt und der zum Schutz dieses Rechtsguts berufene Garant die Rechtsgutsbeeinträchtigung nicht verhindert, obwohl er dazu in der Lage ist. **43**

Zunächst allerdings scheint sich der Ausweg zu bieten, die Problematik als bloßes Scheinproblem abzutun. Da z.B. der Vater V Täter der Tötung seines Sohnes S ist, wenn er – obwohl dazu in der Lage – nicht verhindert, dass S von einem Stein erschlagen wird, erscheint es nicht folgerichtig, dass es anders sein sollte, wenn nicht ein Stein, sondern der Deliktstäter T den S erschlägt. – Damit wird jedoch eine Grundkategorie strafrechtlicher Haftung außer Kraft gesetzt: Weil das Strafrecht von der Eigenverantwortung der je handelnden Personen ausgeht, stellt sich in dem Falle, dass ein Stein den Tod des S verursacht, nicht die Frage einer differenzierten Verantwortungszuweisung, wohl aber in dem Fall, dass T den S durch positives Tun tötet. Hier wird die bisher noch wenig erhellte Problematik relevant, wieweit soziale Zurechnungsregeln eine wertende Differenzierung begründen, so dass es möglich ist, zwischen demjenigen, der die zentrale Verantwortungsposition innehat und denjenigen, denen die Rolle von – auch verantwortlichen – Randfiguren zukommt, zu unterscheiden. Dabei ist bereits die Ausgangsfrage problematisch, ob abstrakte Verantwortungsregeln ausformulierbar sind oder ob die soziale Wertung im Einzelfall ausschlaggebend ist. **44**

Fall 1: Der Polizist P hindert den H nicht, den B zu verprügeln. – Ist auch P Täter der Körperverletzung an B durch H oder nur Gehilfe des H?

Fall 2: Die Mutter M sieht, wie der X ihr Kind K umbringen will. Sie verhindert die Tat nicht. – Ist auch M Täterin der Tötung des K oder ist M nur Gehilfin des X?

a) Schon die Position des Beschützergaranten gegenüber dem Schützling deutet auf eine sozial nähere Beziehung, als sie im Verhältnis eines Überwachungsgaranten zu möglicherweise gefährdeten Personen gegeben ist. Daraus wird in der Literatur z.T. die Konsequenz gezogen, den Beschützergaranten grundsätzlich als Täter anzusehen, während in der Konkurrenzsituation das Unterlassen des Überwachungsgaranten nur als Teilnahme eingestuft wird.[10] **45**

Auch der Beschützergarant haftet jedoch nur als Teilnehmer, wenn in seiner Person eine besondere im Tatbestand geforderte Täterqualität oder Absicht fehlt, z.B. die Amtsträgereigenschaft, oder wenn es sich bei dem in Frage stehenden Delikt um ein sog. eigenhändiges Delikt handelt. **46**

b) Andere wollen die Möglichkeit der Beihilfe grundsätzlich auf die Fälle beschränken, in denen der Unterlassende als Täter des Delikts tatbestandlich ausgeschlossen ist, oder in **47**

---

10 Vgl. dazu ESER II, Nr. 27 A 22 f; HERZBERG Täterschaft, S. 82 ff; KREY A.T. 2, Rdn. 381 ff; RENZIKOWSKI Restriktiver Täterbegriff und fahrlässige Beteiligung, 1997, S. 32 f; SCH/SCH/HEINE Vorbem. §§ 25 ff Rdn. 104 f; SCHÜNEMANN Grund und Grenzen der unechten Unterlassungsdelikte, 1971, S. 377 f.

denen er als Garant verpflichtet ist, die Beihilfe eines anderen zum Delikt eines Dritten zu verhindern.[11]

48 c) Die Gegenmeinung vertritt die Position, dass der gegen einen aktiv handelnden Täter nicht einschreitende Garant stets Gehilfe sei, soweit der aktiv Tätige vollverantwortlich für sein Handeln ist.[12]

49 d) Die Rechtsprechung differenziert wertend auf der Grundlage einer rein subjektiven Täterlehre und trägt damit die gesamten Unsicherheiten der sog. animus-Formel in diesen Problembereich hinein.

> „Die Beurteilung im konkreten Fall hängt davon ab, ob die auf Grund *wertender* Betrachtung festzustellende innere Haltung des Unterlassenden zur Begehungstat des anderen – insbesondere wegen des Interesses am abzuwendenden Taterfolg – als Ausdruck eines sich die Tat des anderen zueigen machenden Täterwillens aufzufassen ist oder ob seine innere Einstellung davon geprägt ist, daß er sich dem Handelnden – etwa weil er dessen bestimmenden Einfluß besonders unterliegt – im Willen unterordnet und das Geschehen ohne innere Beteiligung und ohne Interesse am drohenden Erfolg im Sinne bloßen Gehilfenwillens lediglich ablaufen läßt"[13].

50 e) Dem Ausgangspunkt der Rechtsprechung, nach wertenden Kriterien zu differenzieren, ist durchaus zuzustimmen, denn die Frage, wer Zentralfigur eines Geschehens ist und wem nur eine Position am Rande zukommt, ist wertend zu ermitteln, allerdings umfassend und nicht nur auf subjektive Elemente bezogen. Innerhalb dieser Wertung kann die persönliche Nähe des Unterlassenden zum Tatopfer nicht ausgeklammert werden. Ihr kommt im Gegenteil erhebliches Gewicht zu, so dass Beschützergaranten in der Regel die Position eines Täters neben oder mit dem aktiv handelnden Täter einnehmen werden. Damit werden Gefahrenabwehrgaranten aber nicht grundsätzlich als Gehilfen eingestuft. Weiß der Gefahrenabwehrgarant z. B., dass der aktiv Handelnde nur tätig wird, weil er sich darauf verlassen kann, dass der Garant untätig bleibt, so kommt dem auch Bedeutung zu für die Deliktsverwirklichung durch den aktiv Handelnden. In diesen Fällen ist es daher durchaus berechtigt, den Unterlassenden als Täter anzusehen. Für Teilnahme kann hingegen sprechen, dass dem aktiv Handelnden das Verhalten des Unterlassenden gleichgültig ist und dieser z. B. aus Angst, Scheu oder bloßer Bequemlichkeit dem Geschehen seinen Lauf lassen will.[14]

51 Der Hauptbereich der Teilnahme dürfte gleichwohl dort liegen, wo der Unterlassende auf Grund der Besonderheiten eines Tatbestandes als Täter ausgeschlossen ist.

---

11 Dazu eingehend ROXIN LK, § 27 Rdn. 43, § 25 Rdn. 209 f; DERS. A.T. II, § 31 Rdn. 140 ff; im Übrigen: BLOY Beteiligungsform, S. 216 ff; MITSCH Jura 1989 S. 197; RUDOLPHI SK I, Vor § 13 Rdn. 41 f; SOWADA Jura 1986 S. 399 ff; STRATENWERTH A.T. I, § 12 Rdn. 11.
   Gegen die Möglichkeit einer Beihilfe durch Unterlassen grundsätzlich: BLOY Beteiligungsform, S. 216; GRÜNWALD GA 1959 S. 110 ff; ARMIN KAUFMANN Die Dogmatik der Unterlassungsdelikte, 1959, S. 291 ff.
12 Vgl. GALLAS Beiträge, S. 187; JESCHECK/WEIGEND A.T., § 64 III 5; RANFT ZStW 94 (1982) S. 828 ff, 845; SCHMIDHÄUSER A.T., Stub., 13/12 ff.
13 BGH NStZ 1992 S. 31; vgl. auch BGHSt 13 S. 162; BGH MDR 1960 S. 939; BGH StV 1986 S. 59 mit Anm. ARZT S. 337 f, GEPPERT JK, StGB § 13/8, RANFT JZ 1987 S. 917; BGH NJW 1998 S. 1568, 1573; BAUMANN/WEBER/MITSCH A.T., § 29 Rdn. 71.
14 Differenzierend auch BOTTKE Coimbra-Symposium, hrsg. von Schünemann/Figueiredo Dias, 1995, S. 244. Sein Kriterium der über die Sonderpflicht hinausgehenden „relevant überlegenen Gestaltungsherrschaft" verweist jedoch in zu hohem Maße auf den Begehungstäter.

IV. Die einzelnen Tätertypen

1. Der unmittelbare Täter

a) Unmittelbarer Täter, und zwar Alleintäter ist, wer die Tat selbst begeht, § 25 Abs. 1, 1. Alt. **52**

Aus dieser Bestimmung der Alleintäterschaft als unmittelbarer Täterschaft wird im Anschluss an ROXIN die Ansicht vertreten, aus § 25 Abs. 1, 1. Alt. StGB folge zwingend, dass derjenige, der einen Tatbestand eigenhändig verwirklicht, *immer* Täter sei.[15] Die Möglichkeit, jemanden, der den Tatbestand in eigener Person erfüllt habe, nur als Gehilfen anzusehen, wie es die Rechtsprechung unter Heranziehung der subjektiven Theorie gemacht habe, sei nunmehr jedenfalls durch den Gesetzgeber beseitigt worden.

Dieser Argumentation ist zuzugeben, dass sie zu einem sachlich angemessenen Ergebnis **53** führt und dass die Formulierung „Wer die Straftat selbst … begeht" darauf hinzuweisen scheint, dass der Gesetzgeber den als Täter ansieht, der den Tatbestand eigenhändig verwirklicht. Zwingend ist ein derartiger Schluss keineswegs, denn mit Recht hat SCHROEDER[16] darauf aufmerksam gemacht, dass die subjektive Theorie das materielle Prinzip bei der Bestimmung der Täterschaft so konsequent durchgeführt hat, dass auch der eigenhändig Ausführende als Teilnehmer erscheinen kann. Trennt man nämlich Täterschaft und Teilnahme nicht schon im objektiven Bereich, so ist für die Entscheidung, ob jemand die Tat „selbst" begangen hat oder nicht, allein die subjektive Einstellung, mit der der Tatbeteiligte seinen Tatbeitrag geleistet hat, relevant.[17]

b) Alleintäter ist auch der sog. *Nebentäter*, d.h. derjenige, der mit einem oder mehreren anderen, die gleichfalls die Täterqualifikation aufweisen, zeitgleich den Deliktserfolg herbeiführt, ohne Mittäter zu sein.[18] – Dem Begriff „Nebentäter" kommt keinerlei eigenständige Bedeutung zu. **54**

2. Der Mittäter

Mittäterschaft ist gemäß § 25 Abs. 2 StGB gemeinschaftliche Begehung der Tat. **55**

Mittäter ist, wer im bewussten und gewollten Zusammenwirken mit einem oder mehreren anderen einen Unrechtstatbestand derart erfüllt, dass die Tätermerkmale in der Person eines jeden Mitwirkenden vorliegen und dass jeder Mitträger des Tatentschlusses ist. **56**

Das Urteil gemeinsamer, gleichwertiger Verantwortung für ein strafrechtliches Geschehen kann sich auf die **57** gemeinsame Innehabung der Tatherrschaft, die planmäßige, einverständliche Vermeidepflichtverletzung von

---

15 ROXIN JuS 1973 S. 335; im Übrigen vgl. CRAMER Bockelmann-FS, S. 392; HERZBERG ZStW 99 (1987) S. 51 ff; HOYER SK I, § 25 Rdn. 29; JESCHECK SchwZStr 91 (1975) S. 31; KÜPPER JuS 1991 S. 640; MAIWALD ZStW 88 (1976) S. 729; ROXIN A. T. II, § 25 Rdn. 41 f. – Offengelassen hat der BGH die Entscheidung in BGH NStZ 1987 S. 224 f mit Anm. OTTO JK 90, StGB § 25 I/2. Für Täterschaft auch bei fehlendem Eigeninteresse aber BGHSt 38 S. 315 mit Anm. WIEGMANN JuS 1993 S. 1003 ff; BGH bei Miebach, NStZ 1992 S. 227.

16 Der Täter hinter dem Täter, 1965, S. 38 ff.

17 A. A. BAUMANN Jescheck-FS, Bd. 1, S. 108 ff; GÖSSEL GA 1977 S. 60; JOECKS MK, § 25 Rdn. 32; LACKNER/KÜHL § 25 Rdn. 1; SCHMIDHÄUSER A. T., 14/168.

18 Weiter MURMANN Die Nebentäterschaft im Strafrecht, 1993, S. 183 ff, der als Nebentäterschaft auch die gemeinsame Herbeiführung des Erfolgs in Fällen alternativer und kumulativer Kausalität ansieht.

Unterlassenden oder die gemeinsame Zuweisung der Verantwortung auf Grund tatherrschaftlicher Lenkung des Geschehens und pflichtwidrigen Unterlassens gründen.[19]

a) Der gemeinsame Tatplan

58 aa) Das bewusste und gewollte Zusammenwirken setzt einen gemeinsamen Tatplan oder Tatentschluss, d. h. das – u. U. stillschweigend oder konkludent – erklärte Einvernehmen der Beteiligten voraus, eine bestimmte Tat durch gemeinsames – beim Begehungsdelikt arbeitsteiliges – Verhalten zu begehen. Bloße Kenntnis, Billigung und Ausnutzung der durch einen anderen geschaffenen Situation genügt nicht.[20]

59 bb) Aus der Voraussetzung des gemeinsamen Tatplans für die gegenseitige Zurechnung des Tatbeitrages der einzelnen Mitwirkenden folgt, dass der *Exzess eines Beteiligten* den übrigen nicht zugerechnet werden kann. Haben die Beteiligten z. B. eine Körperverletzung oder einen Raub verabredet und tötet einer der Beteiligten überraschend für die anderen das Tatopfer, so haftet dieser als Alleintäter für die Tötung. Der gemeinsame Tatplan begründet und begrenzt die Mittäterschaft zugleich.

60 Allerdings müssen die einzelnen Tatbeteiligten die Handlungen ihrer Komplizen nicht in allen Details kennen. Der gemeinsame Tatplan kann das gemeinschaftliche Tun allgemein umfassen und den einzelnen Tatbeteiligten in der konkreten Gestaltung ihrer Handlungen einen – situationsbedingten – mehr oder minder großen Freiraum lassen, wenn die Dimension des Unrechts feststeht und die konkrete Tatausführung in ihren wesentlichen Geschehensverläufen umrissen ist.[21]

b) Die gemeinsame Tatausführung

61 Die Mitwirkung an der Tatausführung setzt einen objektiven Tatbeitrag voraus. Dieser braucht nicht die Tatbestandsverwirklichung unmittelbar zu betreffen, sondern kann bereits im Vorbereitungsstadium geleistet worden sein. Das wird offensichtlich im wirtschaftlichen Bereich, z. B. bei der Produkthaftung, wo die für Herstellung und Vertrieb eines Produkts Verantwortlichen in der Regel im Vorbereitungsstadium tätig werden. Allerdings kann hier nicht jeder Tatbeitrag genügen. Er muss vielmehr so bedeutsam sein, dass die fehlende Tatunmittelbarkeit durch das Gewicht des Tatbeitrages für die Verwirklichung der Tat und durch die Stellung des Täters innerhalb der Gesamtorganisation ausgeglichen wird, so dass auch die unmittelbare Tatausführung nur als ein Teil der arbeitsteilig verwirklichten Tat

---

19 Als „wechselseitige Repräsentation" der Beteiligten erfasst KINDHÄUSER Hollerbach-FS, S. 645, die Mittäterschaft.

20 Vgl. dazu BGH NStZ 1985 S. 70, 71 mit Anm. OTTO JK, StGB § 25 II/3; BGH GA 1985 S. 233; BGH bei Holtz, MDR 1987 S. 281; BGH wistra 1988 S. 106; BGH NStZ 1996 S. 227; BGH NStZ 1997 S. 336; BGH NStZ 2003 S. 85; BGH NStZ 2003 S. 254; HERZBERG ZStW 99 (1987) S. 57; HOYER SK I, § 25 Rdn. 127; KINDHÄUSER StGB, § 25 Rdn. 48; KREY A. T. 2, Rdn. 29; KÜHL A. T., § 20 Rdn. 104; KÜPPER ZStW 105 (1993) S. 301 f; ROXIN LK, § 25 Rdn. 173 f; DERS. A. T. II, § 25 Rdn. 190 ff. – Einen „Einpassungsentschluss" an Stelle des Tatplans lassen genügen: DERKSEN GA 1993 S. 163 ff; JAKOBS A. T., 21/43; LESCH ZStW 105 (1993) S. 271 ff; STEIN Beteiligungsformenlehre, S. 326 ff. – Auf ein Handlungsprogramm, das den Tatbeitrag der jeweils anderen einplant, stellt SCHILD ab, vgl. NK, § 25 Rdn. 89 ff.

21 Vgl. OLG Düsseldorf NJW 1987 S. 268 mit Anm. OTTO JK 87, StGB § 25 II/5; KÜHL A. T., § 20 Rdn. 117 f; ROXIN A. T II, § 25 Rdn. 196.

erscheint.[22] – Die Gewichtung des Tatbeitrags im Vorbereitungsstadium wird in der Rechtsprechung zugunsten einer mehr subjektiven Akzentuierung oft vernachlässigt.[23]

c) Sog. sukzessive Mittäterschaft

Unstreitig müssen nicht alle Mittäter bereits vor Beginn einer Ausführungshandlung Mitträger des Tatplanes sein oder diesen sogar gemeinsam gefasst haben. Auch der mittäterschaftsbegründende Eintritt in eine schon begonnene Ausführungshandlung ist möglich, wenn der Eintritt im Einverständnis aller Mitwirkenden erfolgt und diese ihre Tatbeiträge im wechselseitigen Einverständnis leisten. **62**

Fall: A kommt hinzu, als B und C den D verprügeln. Auf die Frage von B und C, ob er nicht mittun wolle, prügelt nunmehr auch A auf D ein.

Ergebnis: A, B und C sind Mittäter der Körperverletzung.

Streitig ist jedoch, bis zu welchem Zeitpunkt der mittäterschaftsbegründende Eintritt in die schon begonnene Ausführungshandlung möglich ist, und ob dem später hinzukommenden Mittäter Erschwerungsgründe, die schon vor seinem Eintritt verwirklicht worden sind, zugerechnet werden können. **63**

aa) Die Zurechnung eines schon vollzogenen deliktischen Geschehens unter dem Gesichtspunkt sukzessiver Mittäterschaft ist nach Auffassung der Rechtsprechung möglich, „wenn jemand in Kenntnis und Billigung des bisher Geschehenen in eine bereits begonnene Ausführungshandlung als Mittäter eintritt. Sein Einverständnis bezieht sich dann auf den Gesamtplan und hat die Wirkung, dass ihm das gesamte Verbrechen strafrechtlich zugerechnet wird. Das bedeutet, dass der die Mittäterschaft begründende Eintritt noch möglich ist, solange der zunächst allein Handelnde die Tat *noch nicht beendet* hat, mag sie strafrechtlich auch schon vorher *vollendet* gewesen sein"[24]. **64**

bb) Diese weite mittäterschaftliche Zurechnung ist sachwidrig. Die sukzessive Mittäterschaft als mittäterschaftsbegründender Eintritt in eine schon begonnene Ausführungshandlung ist möglich, soweit die Deliktsausführungshandlung noch nicht vollendet ist. In dieser Situation **65**

---

22 Vgl. auch Beulke JR 1980 S. 423 f; Cramer Bockelmann-FS, S. 400 ff; Graul Meurer-GedS. S. 91 ff; Jakobs A. T., 21/52; Joecks MK, § 25 Rdn. 171 ff; Kühl A. T., § 20 Rdn. 110 ff; Lackner/Kühl § 25 Rdn. 11; Seelmann JuS 1980 S. 571; Stratenwerth A. T. I, § 12 Rdn. 93 f. – A. A. Bloy GA 1996 S. 442; Gimbernat-Ordeig ZStW 80 (1968) S. 931 ff; Herzberg JZ 1991 S. 856 ff; Hoyer SK I, § 25 Rdn. 136; Krey A. T. 2, Rdn. 199; Renzikowski Täterbegriff, S. 102 f; Roxin Täterschaft, S. 292 ff, 687 ff; ders. JR 1991 S. 206 ff; ders. A. T. II, § 25 Rdn. 198 ff; Rudolphi Bockelmann-FS, S. 372 ff; Zieschang ZStW 107 (1995) S. 371 ff.

23 Im Einzelnen zur Rechtsprechung: BGHSt 33 S. 53; 37 S. 289 mit abl. Anm. Erb JuS 1992 S. 197 ff, Geppert JK 91, StGB § 25 II/6, Puppe NStZ 1991 S. 571 ff, Roxin JR 1991 S. 206 ff, Stein StV 1993 S. 411 ff; BGHSt 39 S. 88, 90 mit Anm. Küpper JR 1993 S. 292 ff; BGHSt 39 S. 381, 386 mit Anm. Schirrmacher JR 1995 S. 386 ff; BGH NStZ 1995 S. 122 mit Anm. Geppert JK 95, StGB § 25 II/10, Küpper NStZ 1995 S. 331 ff; BGH NStZ 1995 S. 285; BGH NJW 1995 S. 2933; OLG Celle NJW 1994 S. 143; BGH StV 1999 S. 317; BGH NStZ-RR 2000 S. 327; BGH NStZ 2002 S. 200. – Überblick über die Rechtsprechung bei Zieschang, ZStW 107 (1995) S. 361 ff.

24 BGH JZ 1981 S. 596 mit Anm. Geilen JK, StGB § 25 II/1, Küper JZ 1981 S. 568 ff; BGH bei Holtz, MDR 1982 S. 446; BGH StV 1984 S. 507; BGH NStZ 1985 S. 70 mit Anm. Otto JK, StGB § 25 II/2; BGH NStZ 1996 S. 227 mit Anm. Otto JK 96, StGB § 25 II/11; BGH NStZ 1999 S. 609; BGH JR 2000 S. 423 mit Anm. Krack S. 424 f; BGH NStZ 2003 S. 85 f mit Anm. Otto JK 03, StGB § 25 II/14.

können die einzelnen Tatumstände noch arbeitsteilig verwirklicht werden. Auch eine Zurechnung schon verwirklichter Tatbestandshandlungen, z. B. bei einem mehraktigen Delikt, einem
Dauerdelikt oder bei der Wegnahme der restlichen Stücke nach Entwendung eines Teils der
Beute beim Diebstahl, ist durchaus konstruktiv möglich, wenn nämlich die Gesamtwertung
des Geschehens zu einer Bewertung der verschiedenen Tatteile als einheitlicher Tat führt, sei
es aufgrund natürlicher oder rechtlicher Handlungseinheit; dazu eingehend § 23 Rdn. 8 ff.

Fall: A will dem X mit Gewalt die Brieftasche wegnehmen. Wider Erwarten leistet X jedoch erhebliche
Gegenwehr. Als B erscheint, weiht A ihn durch Zuruf in seinen Plan ein. B signalisiert sein Einverständnis,
sich zu beteiligen. Während A den X festhält, nimmt B die Brieftasche an sich. Die Beute teilen A und B
anschließend.

Ergebnis: A und B sind Mittäter des Raubes.

66   Nach Abschluss der tatbestandsmäßigen Handlungen ist jedoch ein mittäterschaftsbegründender Eintritt in das Geschehen ausgeschlossen. Das ist nach den Tatherrschaftslehren offensichtlich, denn Tatherrschaft setzt – unabhängig davon, ob diese mehr subjektiv oder mehr
objektiv akzentuiert wird – funktionsbedingte Arbeitsteilung bei der Verwirklichung der Tatbestandsmerkmale voraus, denn diese und nicht nur die Rechtsgutsverletzung als solche
kennzeichnet das strafrechtsrelevante Tatgeschehen.[25]

67   cc) Auf Grund der Ablehnung der Zurechnung schon verwirklichter Tatbestandshandlungen
ist auch die von der Rechtsprechung geübte sukzessive Zurechnung von Qualifikations-
merkmalen, die schon vor Eintritt des später Hinzukommenden verwirklicht wurden, auszuschließen. Auch derartige, selbständig das Unrecht erhöhende Merkmale muss die arbeits-
teilende Verwirklichung des Erfolges mitumfassen.[26]

3. Der mittelbare Täter

68   Als mittelbarer Täter wird bestraft, wer die Straftat „durch einen anderen begeht“, § 25
Abs. 1, 2. Alt. StGB. Die Konstruktion beruht auf der Erwägung, dass eine Person (Hintermann) ein Delikt durch eine andere Person (Werkzeug) begehen kann, weil sie deren Verhalten kraft ihres planvoll steuernden Willens beherrscht. Durchführung und Ausgang der
Tat müssen maßgeblich vom Willen des Hintermanns abhängen.[27] – Da der Hintermann
Täter ist, müssen besondere Täterqualifikationen – z. B. Pflichtenposition bei Sonderdelikten –
in der Person des Hintermannes erfüllt sein. Bei eigenhändigen Delikten hingegen ist die

---

25 Durch das Erfordernis eines „Für die Tatbestandsverwirklichung ursächlichen Beitrags" in neueren Entscheidungen – vgl. BGH NStZ 1997 S. 272; 1997 S. 336; 1998 S. 565 – wird der Bereich der sukzessiven
Mittäterschaft nur begrenzt, doch keineswegs sachgemäß, denn für die Mittäterschaft ist ein arbeitsteiliger,
nicht aber ein in der Person eines jeden Mittäters ursächliche Tatbeitrag erforderlich; vgl. auch GEPPERT
JK 99, StGB § 25 II/12. – Eingehender dazu KÜHL A.T., § 20 Rdn. 128; OTTO Jura 1987 S. 253; ROXIN LK,
§ 25 Rdn. 192.

26 So auch z. B. ESER II, Nr. 40 A 16 ff; KREY A.T. 2, Rdn. 181; ROXIN LK, § 25 Rdn. 193; DERS. A.T. II, § 25
Rdn. 227; SCH/SCH/HEINE § 25 Rdn. 91; SCHMIDHÄUSER A.T., 14/21. – A.A. BGHSt 2 S. 344; BGH JZ
1981 S. 596 mit abl. Anm. GEILEN JK, StGB § 25 II/1; BGH StV 1994 S. 240; HAUF Strafrecht, A.T.,
S. 106; KÜPER JZ 1981 S. 568 ff.

27 Dazu vgl. BFHE 159 S. 188 m.e.N. S. 191f. – Das Herrschaftsmoment wird in der Rechtsprechung des
BGH inzwischen bis auf Spurenelemente preisgegeben; vgl. BGHSt 39 S. 381, 388 ff mit abl. Anm. OTTO
JK 94, StGB Vor §§ 324 ff/2, SCHIRRMACHER JR 1995 S. 386, 388 ff. – Eingehender zur Auseinanderset-
zung WOHLERS ZStW 108 (1996) S. 61 ff, 68 ff.

Konstruktion ausgeschlossen, da der unmittelbar Handelnde nicht Täter ist, der Hintermann hingegen den Tatbestand nicht unmittelbar selbst erfüllt.

Die Steuerung des Werkzeuges durch den Hintermann ist nur bei Konstellationen mög- **69** lich, in denen das Werkzeug in seiner Willensbildung oder Willensbetätigung nicht frei ist, da der unmittelbar Handelnde gerade deshalb als bloßes „Werkzeug" angesehen werden kann, weil er unter dem Aspekt rechtlicher Verantwortung unter einem Mangel leidet:

Der Hintermann beherrscht durch Nötigung des Tatmittlers das Geschehen (a), er be- **70** nutzt einen unzurechnungsfähigen Tatmittler oder nicht strafmündigen Jugendlichen (b), er lenkt durch Erregung oder Ausnutzung eines Irrtums das Geschehen (c). – In den z. T. daneben vertretenen Konstruktionen der mittelbaren Täterschaft kraft organisatorischer Machtapparate (d), bei der Nutzung eines sog. qualifikationslosen dolosen Werkzeugs (e) und eines sog. absichtslosen dolosen Werkzeugs (f) sowie bei der „Öffnung einer Rechtsschranke" fehlt es hingegen gerade an der *Beherrschung* des unmittelbar Handelnden durch den angeblichen Täter.

a) Willensherrschaft kraft Nötigung

Fall 1: A bedroht den B mit dem Tode, wenn er nicht den X umbringt. Aus Angst um das eigene Leben bringt **71** B den X um. – A ist Täter des Totschlags an X, denn er beherrscht den Willen des B in rechtlich relevanter Weise. B befindet sich in der Situation des sog. entschuldigenden Notstands.

Fall 2: Der A unterhält ein Liebesverhältnis zu der Ehefrau E. Eines Tages bestimmt er diese dazu, ihren Ehemann umzubringen, indem er der leicht beeinflussbaren und psychisch ihm hörigen E droht, sich sonst der X zuzuwenden. – Eindeutig nimmt A hier Einfluss auf den Willen der E. Dass E jedoch im Rechtssinne unfrei handelt, ist nicht festgestellt.

In § 35 StGB hat der Gesetzgeber zum Ausdruck gebracht, wo er im Falle einer Nötigung die **72** Grenze eines freiverantwortlichen Verhaltens sieht. Damit kennzeichnet diese Grenze auch den Punkt, von dem an das Verhalten eines anderen unfrei ist, so dass er als Werkzeug angesehen werden kann.[28]

b) Willensherrschaft bei Benutzung von Unzurechnungsfähigen
   oder nicht strafmündigen Jugendlichen

Fall: A veranlasst den 12jährigen B durch Zahlung von 5,– €, die Schaufensterscheibe des X einzuwerfen.

Auch hier bestimmt die Verantwortungszurechnung des Gesetzes zugleich die Grenzen der **73** Beherrschbarkeit des Werkzeugs; vgl. §§ 19, 20 StGB, § 3 JGG.[29]

---

28 So auch BLOY Beteiligungsform, S. 345 f; BOTTKE Täterschaft und Gestaltungsherrschaft, 1992, S. 64 f; JESCHECK/WEIGEND A. T., § 62 II 6; JOECKS MK, § 25 Rdn. 52; KÜHL A. T., § 20 Rdn. 62 ff; KÜPER JZ 1989 S. 948; RANDT Mittelbare Täterschaft durch Schaffung von Rechtfertigungslagen, 1997, S. 58 ff; RENZIKOWSKI Täterbegriff, S. 84; ROXIN LK, § 25 Rdn. 62 ff; DERS. A. T. II, § 25 Rdn. 48 ff; SCH/SCH/PERRON § 35 Rdn. 33. – Auf die Grenze des § 34 stellen ab: JAKOBS A. T., 21/84; M.-K. MEYER Ausschluß der Autonomie durch Irrtum, 1984, S. 157 f. – Den „Grenzbereich des Notstandes" bezieht ein: SCHROEDER Täter, S. 120 ff. – Jede Nötigung lässt ausreichen: SCHILD Täterschaft, S. 15 f.

29 Vgl. BOTTKE Täterschaft, S. 64 f; HERZBERG Täterschaft, S. 30; HOYER SK I, § 25 Rdn. 51; JAKOBS A. T., 21/96; JESCHECK/WEIGEND A. T., § 62 II 4; KINDHÄUSER StGB, § 25 Rdn. 30; KÜHL A. T., § 20 Rdn. 66 f. – Differenzierend bei § 21: BOTTKE Täterschaft, S. 70; HERZBERG Täterschaft, S. 31; KÜHL A. T. § 20 Rdn. 68; ROXIN LK, § 25 Rdn. 120; DERS. A. T. II, § 25 Rdn. 139 ff. – Die Situation des § 21 lassen genügen: RENZIKOWSKI Täterbegriff, S. 87; SCHAFFSTEIN NStZ 1989 S. 157.

c) Willensherrschaft kraft Irrtums

74 Die mittelbare Täterschaft auf Grund der Ausnutzung eines irrenden Werkzeugs beruht auf Willensherrschaft kraft Irrtums. Das bedeutet, dass die bloße Begründung oder Ermöglichung eines Irrtums keineswegs allein schon Täterschaft konstituiert. Der Hintermann muss auch hier das Verhalten des unmittelbar Handelnden kraft seines planvoll steuernden Willens beherrschen und damit über das „Ob" und „Wie" der Tatbestandsverwirklichung bestimmen.[30]

75 Mittelbare Täterschaft durch Ausnutzung eines irrenden Werkzeugs ist in drei verschiedenen Weisen möglich; streitig ist eine vierte Konstellation.

aa) *1. Stufe:* Irrtum über ein Merkmal des objektiven Gesetzestatbestandes

76 **Fall:** A geht mit dem sehr kurzsichtigen Förster F im Wald spazieren. Plötzlich entdeckt er im Unterholz den ihm verhassten B und ihm kommt die Idee, wie er diesen beseitigen kann. Er deutet auf B und flüstert dem F scheinbar aufgeregt zu: „Schnell, ein kapitaler Bock!" F meint einen Rehbock zu erkennen, legt an und schießt. B wird tödlich getroffen.

Ergebnis: Täter der vorsätzlichen Tötung ist A.

77 Der vorsatzausschließende Irrtum des unmittelbar Handelnden begründet die Täterschaft des Hintermannes.

bb) *2. Stufe:* Irrtum über die materielle Rechtswidrigkeit (Sozialschädlichkeit)

78 In dieser Konstellation sind drei Fallgestaltungen möglich:

79 Der Tatmittler handelt als rechtmäßiges Werkzeug, er irrt über die tatsächlichen Voraussetzungen eines Rechtfertigungsgrundes oder über die materielle Rechtswidrigkeit seines Verhaltens.

80 **Fall 1:** A zeigt den B wegen eines Tötungsdelikts an, nachdem er eine Spur gelegt hat, die auf B als Täter weist. B kommt in Untersuchungshaft.

Ergebnis: Die Verhaftung des B erfolgt zu Recht, da er nach den Umständen dringend tatverdächtig ist. Insoweit aber hat A das Verhalten der rechtmäßig handelnden Strafverfolgungsorgane, die den wirklichen Sachverhalt nicht kennen, gesteuert.

81 **Fall 2:** Wie im Fall unter Rdn. 76, doch A flüstert dem F zu: „Schnell, dort hinten, der Wilderer W, er legt an, um dich zu töten!" F meint die Gefahr zu erkennen, legt an und schießt. B wird tödlich getroffen.

Ergebnis: F meint in einer Notwehrsituation zu handeln, er irrt über die Rechtmäßigkeit seines Verhaltens. – Diesen Irrtum hat A hervorgerufen und er nutzt ihn aus. Das begründet die Tatherrschaft des A.

82 **Fall 3:** BGHSt 35 S. 347: R lebte mit H und P in einem von „Mystizismus, Scheinerkenntnis und Irrglauben geprägten neurotischen Beziehungsgeflecht" zusammen. Durch Vorspiegelungen und mystische Kulthandlungen brachten H und P den R dazu, an die Existenz des „Katzenkönigs" zu glauben, der seit Jahrtausenden das Böse verkörpere und die Welt bedrohe. Sie machten ihm weis, der Katzenkönig verlange ein Menschenopfer in der Gestalt von Frau N. Falls die Tat nicht umgehend geschehe, müsse R sie verlassen und Millionen von Menschen würden vom Katzenkönig getötet. R tötete die N. – Der BGH geht davon aus, dass R in einem vermeidbaren Verbotsirrtum handelte.

BGH: H und P sind als mittelbare Täter für die Tötung der N verantwortlich. – Maßgeblich ist in Fällen des vermeidbaren Verbotsirrtums des Vordermannes die vom Täterwillen getragene Tatherrschaft des Hintermannes.

---

30 Eingehend dazu m. N. Renzikowski Täterbegriff, S. 267 ff.

Während Konsens darüber besteht, dass die Ausnutzung eines Tatbestandsirrtums (Fall 1) **83** oder Erlaubnistatbestandsirrtums (Fall 2) Tatherrschaft begründet, ist die Bewertung des Verbotsirrtums strittig. Zum einen wird die Ansicht vertreten, auch die Ausnutzung eines vermeidbaren Verbotsirrtums könne Tatherrschaft begründen.[31] Die Gegenmeinung stellt heraus, dass der im vermeidbaren Verbotsirrtum handelnde Täter keineswegs entschuldigt ist und sieht in diesem Bereich nur die Ausnutzung eines unvermeidbaren Verbotsirrtums als täterschaftsbegründend für den Hintermann an.[32,33]

Diese Differenzierung überzeugt nicht. Sie macht nur deutlich, dass die Einordnung des **84** Irrtums über die Sozialschädlichkeit des Verhaltens als Verbotsirrtum in der Täterlehre zu sachwidrigen Ergebnissen führt. Für die Frage der Herrschaftsposition des Hintermannes kann es nämlich nicht darauf ankommen, welches Wissen der Handelnde hätte haben können, sondern nur darauf, ob er Kenntnisse hat, die ihn veranlassen müssen, von seinem Vorhaben Abstand zu nehmen. Derartige Kenntnisse fehlen ihm aber beim Irrtum über die materielle Rechtswidrigkeit seines Verhaltens, während der Täter, der sich des materiellen Unrechts seines Verhaltens bewusst ist, erkannt hat, dass sein Tun schädigend in die Rechtssphäre anderer eingreift und damit sozialschädlich, -gefährlich ist. Die bewusste Verwirklichung des sozialschädlichen, -gefährlichen Sachverhalts verdient den vollen Schuldvorwurf, während der Irrtum über diesen Sachverhalt die soziale Bedeutung des Geschehens ändert.[34]

Fall 4: A, der im Gespräch mit seinem Nachbarn B merkt, dass B überhaupt nicht weiß, dass der Anbau von **85** Haschisch verboten ist (§§ 29 Abs. 1 Nr. 1, 3 Abs. 1 Nr. 1 BtMG), überredet den B, wegen des hübschen Anblicks Haschisch anzupflanzen.

Ergebnis: B ist sich der Sozialschädlichkeit oder Sozialgefährlichkeit seines Verhaltens nicht bewusst. Er irrt über die materielle Rechtswidrigkeit seines Verhaltens. Das begründet die Tatherrschaft des A.

cc) *3. Stufe:* Irrtum über eine entschuldigende Situation

Fall: A redet dem B ein, der C werde ihn erschießen, wenn er nicht den X töte. In Angst um das eigene Leben **86** tötet B den X. – C ahnt von dem Geschehen nicht einmal etwas.

Ergebnis: B handelt im Irrtum über die Voraussetzungen des entschuldigenden Notstandes. A beherrscht das Verhalten des B auf Grund dieses Irrtums.

Wie sich aus § 35 Abs. 2 StGB ergibt, kennzeichnet auch ein Irrtum über eine entschuldi- **87** gende Situation gemäß § 35 Abs. 1 einen Verantwortungsausschluss im Rechtssinne. – Zum Verbotsirrtum i. S. des § 17 vgl. oben Rdn. 83 ff.

---

31 Vgl. BGHSt 35 S. 347, 353; 40 S. 257, 265 ff mit Anm. Otto JK 95, StGB § 25 I/4, Schöch NStZ 1995 S. 153 ff, Vogel MDR 1995 S. 338 f; Baumann/Weber/Mitsch A. T., § 29 Rdn. 139; Herzberg Täterschaft, S. 23; ders. Jura 1990 S. 22 ff; Küper JZ 1989 S. 935 ff; Lackner/Kühl § 25 Rdn. 4; Schaffstein NStZ 1989 S. 153 ff; Schöch NStZ 1995 S. 157; Sch/Sch/Heine § 25 Rdn. 38; Schroeder Täter, S. 76 ff, 126 ff; Schumann NStZ 1990 S. 32 ff; Tröndle/Fischer § 25 Rdn. 3a; Wessels/Beulke A. T., Rdn. 542.

32 Vgl. Bloy Beteiligungsform, S. 347 ff; Bottke JuS 1992 S. 768 f; Jescheck/Weigend A. T., § 62 II 5; Krey A. T. 2, Rdn. 128, 151 ff; Maiwald ZStW 88 (1976) S. 736 f; ders. ZStW 93 (1981) S. 892 f; Spendel Lüderssen-FS, S. 609; Stratenwerth A. T. I, § 12 Rdn. 53.

33 Daneben wird vereinzelt die Auffassung vertreten, auch ein unvermeidbarer Verbotsirrtum begründe nicht zwingend Täterschaft des Hintermannes – vgl. Welzel Lb., § 15 II 2 a –, das relevante Täterkriteriums sei die Art der Herbeiführung des Irrtums – vgl. Schaffstein NStZ 1989 S. 157 – oder der Verbotsirrtum begründe nur dort Täterschaft, wo der Täter dem Opfer gegenüber verpflichtet ist, die Irrtumsbegründung zu unterlassen – vgl. Murmann GA 1998 S. 80 ff –.

34 Vgl. dazu Hünerfeld ZStW 99 (1987) S. 244; Otto Jura 1987 S. 255; ders. Roxin-FS, S. 491 ff, 501; Roxin Täterschaft, S. 193 ff; ders. LK, § 25 Rdn. 89; ders. A. T. II, § 25 Rdn. 84 ff. – In der Sache auch Köhler A. T., S. 509 in Verb. mit S. 414.

dd) *4. Stufe:* Irrtum über den konkreten Handlungssinn

88 Beim Irrtum über den konkreten Handlungssinn handelt der unmittelbar Tätige tatbestands-mäßig, rechtswidrig und schuldhaft. Er würde aber nicht gehandelt haben, wenn er nicht über einen Sachverhaltsumstand getäuscht worden wäre.

Beispiele: A überredet den B, auf ein angeblich wertloses Gemälde im Hause des C Lack zu sprühen. In Wirklichkeit handelt es sich bei dem Gemälde um ein Werk von Picasso. – A spiegelt dem B vor, der C sei für den Tod der Ehefrau des B verantwortlich. Darauf erschießt B den C, wie von A geplant. – A täuscht den B darüber, dass C mit der Ehefrau des B Ehebruch treibt. B verprügelt den C, was A gewollt hat.

89 In diesen Fällen steht zwar fest, dass der unmittelbar Tätige ohne den in ihm erregten Irrtum nicht gehandelt hätte. Der Irrtum selbst schließt aber die Verantwortung nicht aus, ist daher nicht geeignet, Tatherrschaft des Hintermannes zu begründen, wenn die Tatbestandsbezogen-heit der Tatherrschaft nicht aufgegeben werden soll.

90 Damit ist die Konsequenz zwingend: Der Irrtum über den konkreten Handlungssinn begründet keine Täterschaft. Derjenige, der den Irrtum begründet und ausnutzt, haftet viel-mehr als Anstifter.[35]

91 Dieses gilt auch bei der Ausnutzung des Irrtums eines schon Tatentschlossenen, denn ver-mag auch ein error in persona des Tatentschlossenen seine eigene Strafbarkeit nicht zu berühren, so liegt doch in der Ausnutzung des Irrtums eine Änderung des sozialen Sinn-gehaltes des Geschehens, der in der konkreten Situation die Bedeutung einer anstiftenden Einflussnahme auf den Willen des Tatentschlossenen zukommt.[36]

Fall: A weiß, dass B den X erschießen will, wenn dieser, wie stets, um 22 Uhr nach Hause kommt. A trifft mit X an diesem Abend eine Verabredung, so dass er erst später nach Hause kommt. Unter einem Vorwand aber schickt er den Y um 22 Uhr zum Hause des X. – B, der 80 m vom Hauseingang entfernt auf der Lauer liegt, erkennt aufgrund der schlechten Lichtverhältnisse nicht, dass Y, nicht aber X um 22 Uhr zur Haustür geht. Er erschießt den Y.

Ergebnis: B ist wegen eines vollendeten Tötungsdelikts strafbar, A wegen Anstiftung zu diesem Delikt.

d) Willensherrschaft kraft organisatorischen Machtapparates

92 Eine mittelbare Täterschaft durch Organisationsherrschaft wird dort erörtert, wo jemand einen Machtapparat zur Durchführung von Straftaten einsetzt, wie dieses z. B. bei der sog. Endlösung der Judenfrage durch die Machthaber des NS-Regimes der Fall war. Hinsichtlich des Schießbefehls bei Grenzverletzung in der DDR stellt sich die gleiche Problematik. – Charakteristisch ist hier, dass der unmittelbar Handelnde wesentlich bestimmt ist durch das Bewusstsein, er werde für seine Taten nicht zur Verantwortung gezogen und dass er durch andere Personen ohne weiteres ersetzt werden kann, wenn er seine Mitwirkung verweigert. Das aber begründet noch keine Herrschaft „der Planer" ihm gegenüber. Mit seinem Verhal-

---

35 Vgl. BLOY Beteiligungsform, S. 358 ff; BOTTKE Täterschaft, S. 71; HERZBERG Täterschaft, S. 24 f; JAKOBS A. T., 21/101; JESCHECK/WEIGEND A. T., § 62 II 2; JOECKS MK, § 25 Rdn. 106; RENZIKOWSKI Täterbegriff, S. 82; SCHROEDER Täter, S. 147 ff, 162 ff; STRATENWERTH A. T. I, § 12 Rdn. 60 ff. – A.A. KÜHL A. T., § 20 Rdn. 75; LACKNER/KÜHL § 25 Rdn. 4; M.-K. MEYER Ausschluß, S. 99 ff; ROXIN Täterschaft, S. 212 ff; DERS. LK, § 25 Rdn. 96 ff; DERS. Lange-FS, S. 189 ff; SCHMIDHÄUSER A. T., 14/49; SCH/SCH/HEINE § 25 Rdn. 22 ff. – Differenzierend HOYER SK I, §25 Rdn. 66 ff; MAURACH/GÖSSEL/ZIPF A. T. 2, § 48 Rdn. 71.
36 Vgl. auch HERZBERG Täterschaft, S. 24f; JESCHECK/WEIGEND A. T., § 62 II 2; KREY A. T. 2, Rdn. 162; RENZIKOWSKI Täterbegriff, S. 83. – Für mittelbare Täterschaft: KÜHL A. T., § 20 Rdn. 74; LACKNER/KÜHL § 25 Rdn. 4; M.-K. MEYER Autonomie, S. 100 f; ROXIN Täterschaft, S. 212 ff; DERS. LK, § 25 Rdn. 105; DERS. A.T. II, § 25 Rdn. 102 ff.

ten macht er sich vielmehr den verbrecherischen Plan konkludent zu eigen. Unmittelbar Handelnde und Machthaber sind daher als Mittäter anzusehen, denn das hierarchische Über- und Unterordnungsverhältnis im Sozialleben hindert nicht die arbeitsteilige Verwirklichung eines Deliktstatbestandes.[37] – Z. T. wird die Konstruktion der mittelbaren Täterschaft kraft Organisationsherrschaft sogar auf Wirtschaftsunternehmen übertragen. Damit verliert die Konstruktion jedoch ihre Konturen. Wirtschaftsunternehmen sind keine „Machtapparate" mit entsprechend straffer Organisation und Befehlsstruktur, in denen die Geltung des staatlichen Rechts außer Kraft gesetzt ist.[38]

e) Mittelbare Täterschaft bei sog. qualifikationslosen dolosen Werkzeug

Nach h. M. soll auch ein Fall mittelbarer Täterschaft vorliegen, wenn bei einem Sonderdelikt **93** ein qualifizierter Hintermann ein nichtqualifiziertes Werkzeug zur Durchführung der tatbestandsmäßigen Handlung veranlasst.

Beispiel: Ein Beamter veranlasst einen Nichtbeamten, eine falsche Eintragung in ein öffentliches Register vorzunehmen (§ 348).

Die Tatsache einer besonderen Pflichtenstellung des Hintermannes begründet keine Herr- **94** schaftsposition über den unmittelbar Handelnden. Ist diese Herrschaft nicht durch eine besondere Herrschaftsposition (Nötigung, Irrtum) begründet worden oder kann dem „Hintermann" nicht auf Grund der allgemeinen Voraussetzungen der Täterschaft eine Tatherr-

---

37 So auch BAUMANN/WEBER/MITSCH A.T., § 29 Rdn. 147; JAKOBS NStZ 1995 S. 27; JESCHECK/WEIGEND A.T., § 62 II 8; OTTO Jura 2001 S. 758 ff. – Den Einsatzleiter, der telefonisch, durch Funkspruch u.a. den Einsatz dirigiert, will im Übrigen auch ROXIN als Mittäter ansehen; vgl. ROXIN LK, § 25 Rdn. 183.
Für mittelbare Täterschaft: BGHSt 40 S. 218, 230 f mit Anm. GROPP JuS 1996 S. 13 ff, JAKOBS NStZ 1995 S. 26 f, JUNG JuS 1995 S. 173 f, OTTO JK 95, StGB § 25 I/13, ROXIN JZ 1995 S. 49 ff, SCHROEDER JR 1995 S. 177 ff, SCHULZ JuS 1997 S. 109 ff; BGHSt 42 S. 65, 68 ff; 44 S. 204, 206 f mit Anm. KUDLICH JA 1999 S. 624 ff, OTTO JK 99, StGB § 24/27, ROTSCH NStZ 1999 S. 239 f, SCHROEDER JR 1999 S. 297; BGHSt 45 S. 270, 296. – Vgl. sodann ROXIN Täterschaft, S. 242 ff; DERS. GA 1963 S. 193 ff; DERS. NJW – Sonderheft für G. Schäfer, 2002, S. 52 ff; DERS. A.T. II, § 25 Rdn. 105 ff; AMBOS GA 1998 S. 233 f; BLOY GA 1966 S. 441; BOTTKE Täterschaft und Gestaltungsherrschaft, 1992, S. 71 f; FREUND A.T., § 10 Rdn. 91; GROPP JuS 1996 S. 16; HEINE Die strafrechtliche Verantwortlichkeit von Unternehmen, 1995 S. 104 f, HOYER, in: Amelung (Hrsg), Individuelle Verantwortung ..., 2000 S. 191; JOECKS MK, § 25 Rdn. 129 f; KÜHL A.T., § 20 Rdn. 73; KÜPPER GA 1996 S. 523 ff; KUHLEN BGH-FG, S. 670 ff; LAMPE ZStW 106 (1994) S. 743; MAURACH/GÖSSEL/ZIPF A.T. 2, § 98 Rdn. 88; MUNOZ CONDE Roxin-FS, S. 618 ff; ROGALL BGH-FG, S. 424 ff; RUDOLPHI Lackner-FS, S. 871; SCHÜNEMANN BGH-FG, S. 628 ff; STRATENWERTH A.T. I, § 12 Rdn. 65 ff; WESSELS/BEULKE A.T., Rdn. 541. – Mit *abweichender* Begründung gelangen in dieser Fallgruppe zu mittelbarer Täterschaft: SCHLÖSSER Soziale Tatherrschaft, 2004, S. 231 ff; SCHROEDER Der Täter hinter dem Täter, 1965, S. 152 ff; SCHULZ JuS 1997 S. 116.
Für Anstiftung: HERZBERG in: Amelung (Hrsg.), Individuelle Verantwortung ..., S. 48 ff; KÖHLER A.T., S. 510; KREY A.T. 2, Rdn. 201; RENZIKOWSKI Täterbegriff, S. 89 f; ROTSCH NStZ 1998 S. 491.
38 Vgl. auch AMBOS GA 1998 S. 239 f; BOSCH Organisationsverschulden in Unternehmen, 2002, S. 251 ff; BOTTKE Täterschaft, S. 73; HEINE Verantwortlichkeit, S. 104; JOECKS MK, § 25 Rdn. 131 f; KÜPPER GA 1998 S. 525; MERKEL ZStW 107 (1995) S. 555 f; MURMANN GA 1996 S. 278 ff; OTTO Jura 2001 S. 759; RENZIKOWSKI Täterbegriff, S. 90 ff; ROTSCH NStZ 1998 S. 493 f; ROXIN Täterschaft, S. 682 f; DERS. BGH-FG, S. 192; DERS. A.T. II, § 25 Rdn. 129 ff; SCHULZ JuS 1997 S. 113. – A.A. BGHSt 40 S. 218, 236 f; BGH NJW 1998 S. 767, 769 mit Anm. OTTO JK 98, StGB § 25 I/7; KÜHL A.T., § 20 Rdn. 73 b; KUHLEN BGH-FG, S. 671; LACKNER/KÜHL § 25 Rdn. 2; RANSIEK Unternehmensstrafrecht, 1996, S. 48 f; SCHILD Täterschaft, S. 23; SCHÜNEMANN Unternehmenskriminalität, 1979, S. 103 f. – Nach den in BGH NStZ 1999 S. 503, 504 f genannten Voraussetzungen des organisatorischen Machtapparats dürfte eine Übertragung der Konstruktion auf Wirtschaftsunternehmen nicht in Betracht kommen.

schaftsposition zuerkannt werden, so entfällt die Möglichkeit, ihn als Täter zu bestrafen.[39] Z.T. wird in der Literatur versucht, die Tatherrschaft normativ zu begründen, womit der Ansatz dieser Lehre, der auf einer Tatherrschaft i.S. realer Beherrschung des Geschehensablaufs beruht, aufgegeben wird.

95   Eine andere Auffassung kommt zum gleichen Ergebnis, weil sie die Sonderdelikte als Pflichtdelikte interpretiert und die Täterschaft an die Pflichtverletzung knüpft.[40]

96   Beide Meinungen können eine Herrschaft des Hintermannes nicht begründen, sie kaschieren nur mühsam, dass es ihnen allein darum geht, befürchtete Strafbarkeitslücken zu schließen. Das aber wäre Aufgabe des Gesetzgebers.

f) Mittelbare Täterschaft bei sog. absichtslosen dolosen Werkzeug

97   Mittelbare Täterschaft erkennt die h.M. auch bei der Benutzung eines sog. absichtslosen dolosen Werkzeugs an, d.h. eines unmittelbar Handelnden, der sich des Sachverhalts bewusst ist, dem aber eine im entsprechenden Tatbestand vorausgesetzte Absicht fehlt.

Fall: Der A bittet den X, ihm den Schirm herauszubringen, den B im Cafe in den Schirmständer gestellt hat. Nach einem kurzen Gang werde er zurückkommen und den Schirm zurückstellen, bevor B aufbricht. X zweifelt zwar an den Worten des B und erkennt die Gefahr einer rechtswidrigen Zueignung durch B, holt aber den Schirm dennoch. – Dem X fehlt hier die Zueignungsabsicht, weil er auch hinsichtlich einer Drittzueignung nur mit dolus eventualis, nicht mit Absicht handelt.

Auch hier gilt jedoch wie unter Rdn. 93: Das Fehlen einer im Gesetz geforderten Absicht beim unmittelbar Handelnden begründet als solche keine Herrschaftsposition des „Hintermannes".[41]

g) Mittelbare Täterschaft durch „Öffnen der Rechtsschranke"

98   Im Anschluss an entsprechende Konstruktionen im Bereich der Umweltdelikte wird neuerdings die mittelbare Täterschaft durch „Öffnen der Rechtsschranke" diskutiert. Wer im Rahmen seiner Amtsstellung eine Rechtsschranke beseitigt, z.B. durch Erteilung einer rechtswidrigen Genehmigung zur Nutzung der Umwelt, soll als mittelbarer Täter nach den §§ 324 ff. haften, wenn der Genehmigungsempfänger von der Genehmigung Gebrauch macht. – Von einer *Herrschaft* des Amtsträgers über das Handeln des Genehmigungsempfängers kann jedoch auch hier keine Rede sein.[42]

---

39 Vgl. auch JAKOBS A.T., 21/104 f; KÖHLER A.T., S. 511 f; KREY A.T. 2, Rdn. 146; SCHROEDER Täter, S. 164 ff; STRATENWERTH A.T. I, § 12 Rdn. 40. – A. A. GALLAS Beiträge, S. 100 ff; HÜNERFELD ZStW 99 (1987) S. 240; JESCHECK/WEIGEND A.T., § 62 II 7; LACKNER/KÜHL § 25 Rdn. 4; WELZEL Lb., § 15 II 2.

40 Vgl. CRAMER Bockelmann-FS, S. 399; HERZBERG Täterschaft, S. 31 ff; ROXIN LK, § 25 Rdn. 134 ff; DERS. A.T. II, § 25 Rdn. 275.

41 Wie hier FREUND A.T., § 10 Rdn. 70; HERZBERG Täterschaft, S. 34 f; KREY A.T. 2, Rdn. 145; RENZIKOWSKI Täterbegriff, S. 91 f; ROXIN Täterschaft, S. 341 ff; DERS. LK, § 25 Rdn. 140 f; DERS. A.T. II, § 25 Rdn. 156; SCHMIDHÄUSER A.T., 14/52; SCHROEDER Täter, S. 88; STRATENWERTH A.T. I, § 12 Rdn. 37. – A. A. BAUMANN/WEBER/MITSCH A.T., § 29 Rdn. 128 f; CRAMER Bockelmann-FS, S. 398; JESCHECK/WEIGEND A.T., § 62 II 7; KÜHL A.T., § 20 Rdn. 55; LACKNER/KÜHL § 25 Rdn. 4; WELZEL Lb., § 15 II 3; WESSELS/BEULKE A.T., Rdn. 537.

42 Vgl. auch KÜHL A.T., § 20 Rdn. 60; OTTO Jura 1991 S. 314 f; RANDT Täterschaft, S. 102 ff; RENZIKOWSKI Täterbegriff, S. 93 f; ROGALL Die Strafbarkeit von Amtsträgern im Umweltbereich, 1991, S. 196 f; TRÖNDLE/FISCHER Vor § 324 Rdn. 17; WOHLERS ZStW 108 (1996) S. 80 ff. – A.A. BGHSt 39 S. 381, 387 ff mit Anm. OTTO JK 94, StGB Vor §§ 324 ff/2; BECKEMPER wistra 2002 S. 404; HORN NJW 1981 S. 4; RUDOLPHI Dünnebier-FS, S. 566; STEINDORF LK, § 324 Rdn. 59.

4. Selbstschädigung nicht frei verantwortlich Handelnder und Verantwortung Dritter

a) Die Frage, ob und wieweit Garanten verpflichtet sind, frei verantwortliche Handlungen **99** anderer, die auf Selbstvernichtung gerichtet sind, zu verhindern, berührt nicht unmittelbar die Täterproblematik. Hier geht es um die Bestimmung der Grenzen und Tragweite einzelner Garantenstellungen, z. B. der Ehegatten untereinander.

Dazu vgl. oben § 9 Rdn. 57 ff.

b) Die Täterschaftsproblematik wird jedoch berührt, wenn es um die Verantwortung für die **100** selbstschädigenden Handlungen von Personen geht, die schuldunfähig oder in einem Irrtum befangen sind, denn fraglich ist hier, ob eine Zurechnung des Erfolges nach den Regeln der mittelbaren Täterschaft erfolgen kann oder ob hier die Bestimmung der Eigenverantwortlichkeit nach anderen Kriterien erfolgen muss.

Fall 1, BGHSt 32 S. 38: Die T hatte den A kennengelernt, zu dem sie im Laufe der Zeit tiefes Vertrauen fasste. Seinen Worten vertraute sie blindlings. Als A ihr einredete, er sei ein Bewohner des Sirius, der den Auftrag habe, besonders wertvolle Menschen von der Erde auf den Sirius zu holen, die dort nach dem völligen Zerfall ihrer Körper mit ihrer Seele weiterleben könnten, glaubte sie auch dieses. Sie wurde auch nicht misstrauisch, als A ihr auf dem Wege zur nötigen philosophischen und geistigen Weiterentwicklung vorschlug, bisher in ihrem Bewusstsein vorhandene Sperren durch die Vernichtung des alten und die Beschaffung eines neuen Körpers zu beseitigen. Wie A es ihr vorgeschlagen hatte, setzte sie sich in eine Badewanne und ließ einen eingeschalteten Fön ins Wasser fallen. Der tödliche Stromstoß blieb jedoch aus.

BGH: A hat sich eines versuchten Mordes schuldig gemacht.

Fall 2, nach BGH GA 1986 S. 508: A wollte sich ihres Ehemannes M durch Gift entledigen. Sie vermischte das Gift mit Likör, schlug dem M vor, gemeinsam aus dem Leben zu scheiden und reichte ihm die Flasche mit dem Gift. M war einverstanden, weil er mit der A „für immer zusammenbleiben wollte", und trank einen tödlichen Schluck. Anschließend erkannte er, dass A ihn getäuscht hatte. Er starb.

Ergebnis: A ist der vorsätzlichen Tötung des M schuldig.

c) In der Literatur wird z.T. die Zurechnung der Selbstschädigung einer Person nach den **101** *Regeln der mittelbaren Täterschaft* vorgenommen: Ein Dritter kann danach dann für die Selbstschädigung eines anderen verantwortlich sein, wenn der sich selbst Schädigende unter Umständen handelt, die im Falle einer Fremdschädigung seine Verantwortlichkeit nach § 3 JGG, §§ 19, 20, 35 StGB ausschließen würden, oder wenn er über die schädigende Wirkung seines Verhaltens getäuscht wird.[43]

d) Diese Begrenzung des nicht freiverantwortlichen Willensentschlusses nach den gesetz- **102** lichen Zurechnungsregeln und damit die Eingrenzung der Möglichkeit einer mittelbaren Täterschaft hat im Falle einer Fremdschädigung ihre Berechtigung. Dort geht es nicht nur um die Beeinträchtigung der Rechtsgüter anderer, sondern auch um die Überwindung der normativen Schranken, die dieser Beeinträchtigung entgegenstehen, indem sie diese bei Strafe verbieten. Tatherrschaft, d.h. die Fähigkeit, einen anderen kraft eigenen Willens zu beherrschen, erfordert einen Irrtum über die rechtliche Relevanz des Verhaltens oder die Ausnutzung einer Situation, in der die rechtliche Verantwortlichkeit des unmittelbar Handelnden ausgeschlossen ist.

---

43 Vgl. BGHSt 32 S. 41 f; BOTTKE Suizid und Strafrecht, 1982, S. 247 ff; DERS. Täterschaft, S. 77 ff; v. DEL-LINGSHAUSEN Sterbehilfe und Grenzen der Lebenserhaltungspflicht des Arztes, 1981, S. 262 f; DÖLLING GA 1984 S. 76; HIRSCH JR 1979 S. 432; ROXIN Dreher-FS, S. 343 ff; DERS. A. T. II, § 25 Rdn. 54, 70, 144; STRATENWERTH A. T. I, § 12 Rdn. 72.

103   Mit dieser Problemlage ist die eigenmächtige Selbsttötung nicht vergleichbar. Hier geht es nicht um die Feststellung, wer für den Einbruch in die Rechtssphäre eines anderen verantwortlich ist, sondern darum, ob die Verfügung des Suizidenten über sein Leben als freiwillige und bewusste Verfügung angesehen werden kann oder nicht. Als solche eigenverantwortliche Verfügung über das Leben kann eine Selbsttötung aber angesehen werden, wenn der Suizident Bedeutung und Tragweite seines Entschlusses überblicken kann und überblickt. Insoweit gelten hier – abgesehen von der Fähigkeit des Betroffenen, über das Rechtsgut verfügen zu können – die *Grundsätze einer rechtsverbindlichen Einwilligung:* Der Suizident muss seinen Entschluss frei von Willensmängeln gefasst haben und sich der Tragweite seiner Entscheidung bewusst sein.[44]

e) Konsequenzen

104   aa) Ist der Willensentschluss des sich selbst Schädigenden nicht als freiverantwortlich anzusehen, so macht sich ein Dritter, der dieses erkennt und dennoch *aktiv* an der Selbstschädigung mitwirkt, der Tötung bzw. Körperverletzung des sich selbst Schädigenden schuldig. Er begründet das Risiko, das sich im Tode bzw. der Körperverletzung des anderen realisiert und beherrscht das Geschehen aufgrund seiner Einflussnahme.

105   bb) Lässt ein Lebensschutzgarant, z. B. eine Person, mit der der Betroffene in enger Lebensgemeinschaft lebt, oder ein Arzt, der die Behandlung des Betroffenen übernommen hat, den Suizid oder die Körperverletzung des nicht freiverantwortlich Handelnden geschehen, so haftet er als Täter.

V. Besondere Problemstellungen in der Täterlehre

1. Der Täter eines eigenhändigen Delikts

106   Eigenhändige Delikte – dazu oben § 4 Rdn. 21 – setzen nach der Intention des Gesetzgebers ein unmittelbares Handeln des Täters voraus. Täter ist daher nur, wer die Tathandlung unmittelbar selbst ausführt, z. B. einen Meineid leistet, § 154. Mittelbare Täterschaft ist hier ausgeschlossen.

2. Der Täter eines Sonderdelikts

107   Sonderdelikte – dazu oben § 4 Rdn. 20 – setzen besondere Tätereigenschaften voraus, z. B. Amtsträger zu sein in § 348. Nur wer diese Eigenschaft (Sonderpflicht) hat, kann Täter bzw. Mittäter eines derartigen Delikts sein. Die Tatherrschaft allein genügt nicht.[45]

3. Mittelbare Täterschaft durch Unterlassen

108   *Mittelbare Täterschaft eines bloß unterlassenden Garanten* ist konstruktiv nicht möglich, weil er das Handeln des „Werkzeugs" nicht beherrscht. Auch wenn der über einen Schuldunfähi-

---

44 Grundsätzlich übereinstimmend: AMELUNG Coimbra-Symposium, hrsgeg. von Schünemann/Figueiredo Dias, 1995, S. 251 ff; DERS. NJW 1996 S. 2395 f; CHRISTMANN Jura 2002 S. 681; GEILEN JZ 1974 S. 151 f; HERZBERG JA 1985 S. 336 ff; JÄHNKE LK, Vor § 211 Rdn. 25 ff; LACKNER/KÜHL Vor § 211 Rdn. 13; MITSCH JuS 1995 S. 891 f; NEUMANN JuS 1985 S. 679 ff; OTTO Jura 1987 S. 257 m. w. N. Fn. 58; SPENDEL Lüderssen-FS, S. 605 ff. – Im Übrigen vgl. § 8 Rdn. 108 ff.
45 Dazu LANGER Das Sonderverbrechen, 1972, S. 110 ff; OTTO Jura 1987 S. 257 m. w. N.

gen Aufsichtspflichtige seine Pflicht verletzt – z. B. der Pfleger verhindert nicht, dass der Geisteskranke im Verfolgungswahn einen Dritten tötet –, liegt nicht mittelbare, sondern unmittelbare Täterschaft vor. Nicht die Herrschaft über den anderen ist hier maßgeblich, sondern die Verantwortungsposition auf Grund einer Garantenstellung und die Verletzung der damit verbundenen Pflicht.[46]

4. Der Täter eines fahrlässigen Erfolgsdelikts

a) Die Differenzierung zwischen Täterschaft und Teilnahme im Fahrlässigkeitsbereich

In der Literatur wird weithin davon ausgegangen, dass das geltende Strafrecht nicht zwischen **109** der fahrlässigen Täterschaft und der fahrlässigen Teilnahme differenziert, vielmehr auf Abstufungen verzichtet und nur den Einheitstäter als Einzeltäter kennt.[47]

Andere stellen darauf ab, dass jeder, der unvorsätzlich aber sorgfaltspflichtwidrig einen **110** tatbestandlichen Erfolg mitverursacht, als Täter des Fahrlässigkeitsdelikts anzusehen sei. „Jedes Maß der Mitursächlichkeit für den unvorsätzlich herbeigeführten tatbestandlichen Erfolg durch eine Handlung, die die im Verkehr erforderliche Sorgfalt nicht beachtet, begründet die Täterschaft des betreffenden fahrlässigen Delikts."[48]

Diese Pauschalbetrachtung kann der Problematik nicht gerecht werden, denn von dem **111** Täter des Vorsatzdelikts unterscheidet sich der Täter des Fahrlässigkeitsdelikts allein dadurch, dass er das Geschehen nicht bewusst auf einen Erfolg hin steuert, dennoch aber als Steuerungssubjekt des tatbestandlich erfassten sozialen Sinngehalts erscheint, weil er derjenige ist, der die Rechtsgutsverletzung unmittelbar zu verantworten hat. In der objektiven Zurechnung – dazu vgl. oben § 6 Rdn. 13 ff – ist kein Unterschied zum Vorsatztäter begründet. Es gilt vielmehr grundsätzlich, dass derjenige für einen Erfolg verantwortlich ist, der die Gefahr begründet oder erhöht hat, die sich selbständig im Erfolg realisiert hat.

Es geht demnach um eine Positionsbestimmung im sozialen Raum, d. h. um eine Differen- **112** zierung nach Verantwortungsbereichen, auf die STRATENWERTH zutreffend hingewiesen hat. Die Frage, auf wen eine Rechtsgutsbeeinträchtigung – unabhängig von der bewussten Determinierung eines Kausalverlaufs – als Steuerungssubjekt zurückzuführen ist, dürfte identisch sein mit jener nach der Person, die auf Grund ihrer sozialen Position die Verantwortung trägt für ein rechtlich relevantes Geschehen.

Ausgangspunkt der Bestimmung von Verantwortungspositionen ist auch hier das Verant- **113** wortungsprinzip: Jede Person ist grundsätzlich verantwortlich für ihr eigenes Verhalten und nicht für das Verhalten anderer. Darüber hinaus ist jedoch auch die Verantwortung für jene Rechtsgutsbeeinträchtigungen begründet, die sich erst durch ein anknüpfendes pflichtgemäßes oder pflichtwidriges Verhalten Dritter in der Rechtsgutsbeeinträchtigung realisieren, die aber bereits in der „Erstgefährdung" mit angelegt waren.[49]

---

46 So z. B. auch BOCKELMANN/VOLK A. T., § 26 I 1 a; JESCHECK/WEIGEND A. T., § 60 III 1; KINDHÄUSER StGB, § 25 Rdn. 43; KREY A. T. 2, Rdn. 385; ROXIN Täterschaft, S. 471 f; DERS. A. T. II, Rdn. 175; SCH/SCH/HEINE § 25 Rdn. 55; STRATENWERTH A. T. I, § 14 Rdn. 12. – A. A. BGHSt 48 S. 77, 81 ff mit Anm. DREHER JuS 2004 S. 17 f, KNAUER NJW 2003 S. 3101 ff, OTTO JK 03, StGB § 13/34, RANFT JZ 2003 S. 582 ff; BRAMMSEN NStZ 2000 S. 337 f; BAUMANN/WEBER/MITSCH A. T., § 29 Rdn. 119; SCHMIDHÄUSER A. T., 17/7; SCHROEDER Täter, S. 105 ff.
47 Vgl. GÜNTHER JuS 1988 S. 386, Fn. 3; JAKOBS, A. T., 21/111 f; SCHMIDHÄUSER, A. T., 14/9.
48 WELZEL Lb., § 15, 2 a. – Vgl. auch BAUMANN/WEBER/MITSCH A. T., § 28 Rdn. 13; GALLAS Beiträge, S. 90 ff; HERZBERG Täterschaft, S. 99 ff; JESCHECK/WEIGEND A. T., § 61 VI; KÜHL A. T., § 20 Rdn. 10; ROXIN Tröndle-FS, S. 178; STRATENWERTH, A. T. I, § 15 Rdn. 78.
49 Im Einzelnen dazu oben § 6 Rdn. 48 ff.

b) Mittäterschaft beim Fahrlässigkeitsdelikt

114 Unter dem Aspekt der Frage nach der Verantwortung für einen bestimmten Erfolg ist auch der Begriff einer Mittäterschaft beim Fahrlässigkeitsdelikt möglich und sinnvoll, in jenen Fällen nämlich, in denen die Verantwortung für die Vermeidung eines bestimmten Erfolges mehrere Personen *gemeinsam* trifft.[50]

115 Die h. M. in der Literatur lehnt demgegenüber die Möglichkeit einer fahrlässigen Mittäterschaft ab.[51] Diese Ablehnung bleibt jedoch nichtssagend, denn letztlich wird nur der Beweis geführt, dass die Kriterien, nach denen der Täter des Vorsatzdelikts bestimmt wird, nicht geeignet sind, den Täter und damit den Mittäter des Fahrlässigkeitsdelikts zu definieren. Die Argumentation beruht nämlich auf der Feststellung, dass das fahrlässige Deliktsverhalten im Rahmen eines Erfolgsdelikts nicht durch die arbeitsteilige Steuerung des Geschehens auf den Deliktserfolg hin charakterisiert ist, das im Vorsatzbereich die Mittäterschaft konstituiert. Dieses ist jedoch eine Selbstverständlichkeit, denn sie bringt nur zum Ausdruck, dass das Vorsatzelement der finalen Steuerung des Geschehens auf den Erfolg hin dem Fahrlässigkeitsdelikt fehlt und dass daher Täterschaft beim Fahrlässigkeitsdelikt nicht mit Vorsatzkriterien begründet werden kann.

116 Ausgangspunkt der Bestimmung der Mittäterschaft im Fahrlässigkeitsbereich können daher nicht die Kriterien sein, die die Mittäterschaft beim Vorsatzdelikt begründen, sondern die *allgemeinen täterschaftskonstituierende* Kriterien.

aa) Mittäterschaft im Begehungsbereich

117 Liegt das täterschaftskonstituierende Element beim *Begehungsdelikt* in der Begründung oder Erhöhung jener Gefahr, die sich in der Rechtsgutverletzung realisiert hat, so kann auch nur dieses Element Anknüpfungspunkt für die Bestimmung einer möglichen Mittäterschaft sein. Die gemeinschaftliche Gefahrbegründung oder -erhöhung, die sich in der Rechtsgutsverletzung realisiert hat, begründet die Mittäterschaft. Erforderlich im Fahrlässigkeitsbereich ist entsprechend dem Tatplan im Vorsatzbereich das Bewusstsein der Beteiligten über das arbeitsteilige, der gemeinsamen Steuerbarkeit unterliegende Vorgehen bei der Gefahrbegründung oder -erhöhung. Die Gefahr selbst braucht nicht erkannt zu sein, jedoch muss die Realisierung der Gefahr in der Rechtsgutverletzung den Beteiligten vorhersehbar sein. *Wer daher im bewussten, arbeitsteiligen Zusammenwirken mit anderen Gefahren begründet oder erhöht, die sich – vorhersehbar – im Erfolg realisieren, ist gemeinschaftlich für den Erfolg verantwortlich.* Diese Personen haften als Mittäter.

---

50 Konstruktiv für möglich halten die fahrlässige Mittäterschaft hingegen: BEULKE/BACHMANN JuS 1992 S. 744; BINDOKAT JZ 1979 S. 434; BRAMMSEN Jura 1991 S. 537 f; DENCKER Kausalität und Gesamttat, 1996, S. 179; HOYER SK I, § 25 Rdn. 154; JOECKS MK, § 25 Rdn. 243; KAMM Die fahrlässige Mittäterschaft, 1999, S. 175 ff, 208 f; KNAUER Die Kollegialentscheidung im Strafrecht, 2001, S. 190 ff; KÜPPER GA 1998 S. 526; KUHLEN BGH-FG, S. 669 f; LAMPE ZStW 106 (1994) S. 705; OTTO Jura 1990 S. 48 ff; DERS. Spendel-FS, S. 281 ff; RANSIECK Unternehmensstrafrecht, S. 67 ff; RENZIKOWSKI Täterbegriff, S. 282 ff; RIEDO/CHVOJKA SchwZStr 120 (2002) S. 160 ff; ROXIN Täterschaft, S. 694 f; DERS. A. T. II, § 25 Rdn. 242; SCHMID-HÄUSER A. T., 14/30; DERS. Strafrecht, A. T., Stub., 10/68; WALTHER Eigenverantwortlichkeit und strafrechtliche Zurechnung, 1991, S. 117 ff; WEISSER Kausalitäts- und Täterschaftsprobleme bei der strafrechtlichen Würdigung pflichtwidriger Kollegialentscheidungen, 1996, S. 146; DIES. JZ 1998 S. 230 ff. – Im Ergebnis auch BGH NStZ 2001 S. 144 f.

51 Vgl. BAUMANN/WEBER/MITSCH A. T., § 29 Rdn. 5; BOTTKE GA 2001 S. 474 ff; GÜNTHER JuS 1988 S. 386; HERZBERG Täterschaft, S. 72 ff; JESCHECK/WEIGEND A. T., § 61 VI; PUPPE GA 2004 S. 129 ff; SCHILD NK, Vor §§ 25 ff Rdn. 231; VASSILAKI Schreiber-FS, S. 502 ff.

Fall 1: A und B werfen gemeinsam schwere Balken aus dem Dachgeschoss eines Hauses auf die nicht hinreichend abgesicherte Straße. Der Passant P wird durch einen Balken tödlich getroffen.

Ergebnis: A und B haften als Mittäter einer fahrlässigen Tötung, § 222.

Fall 2: A und B werfen je einen Balken aus dem Dachgeschoss eines Hauses auf die nicht hinreichend abgesicherte Straße. Der Passant P wird von einem Balken tödlich getroffen. Es ist nicht festzustellen, ob A oder B diesen Balken geworfen hat.

Ergebnis: Wie in Fall 1.[52]

bb) Mittäterschaft im Unterlassungsbereich

Im *Unterlassungsbereich* entspricht der gemeinschaftlichen Gefahrbegründung oder Gefahr-erhöhung die Übereinkunft der Beteiligten, die Gefahr nicht abzuwenden oder zu vermeiden, zu deren Abwendung oder Minderung sie rechtlich verpflichtet sind. Auch hier brauchen die Beteiligten die Gefahr nicht erkannt zu haben, doch muss ihre Realisierung in der Rechtsgutsverletzung vorhersehbar gewesen sein. **118**

Fall: A und B, die bei einem Steinbruchunternehmen tätig sind, haben die Aufgabe, bei Sprengungen die nahegelegene Straße zu sichern. Eines Tages beschließen sie, in der Baubude zu bleiben und nichts zu tun, weil sie davon überzeugt sind, dass sich sowieso niemand auf der Straße befindet. – Durch die Sprengung wird der Passant P getötet.

Ergebnis: A und B haften als Mittäter der fahrlässigen Tötung, § 222.

cc) Mittäterschaft auf Grund gemeinschaftlicher Verantwortung im Unterlassungsbereich

Das Bewusstsein der beteiligten Garanten, gemeinsam eine sie treffende Pflicht zu einem bestimmten Verhalten nicht zu erfüllen, ist – entsprechend dem Tatplan im Vorsatzbereich – das wesentliche *tatsächliche Element* der Mittäterschaft durch Unterlassen im Fahrlässig-keitsbereich. Wird auf dieses Element verzichtet, indem an die Stelle der gemeinschaftlichen Übereinkunft, bestehende Gefahren nicht abzuwenden oder zu vermeiden, die gemeinsame rechtliche Verantwortung für die Vermeidung oder Verminderung bestimmter Gefahren gesetzt wird, so wird der Schritt zu einer rein normativen Begründung der Mittäterschaft im Bereich der fahrlässigen Unterlassungsdelikte getan. **119**

Fall: In einem Theater ist der Direktor D dafür verantwortlich, dass die Löschanlage mit Wasser gefüllt ist. Der Feuerwehrmann F hat die Aufgabe, die Anlage zu bedienen. Als eines Tages ein Brand ausbricht, ist F betrunken und daher nicht in der Lage, die Anlage in Betrieb zu setzen. Bei dem Brand kommt X zu Tode. – Später stellt sich heraus, dass der Brand durch Ingangsetzen der Anlage nicht verhindert worden wäre, da diese am betreffenden Tage nicht mit Wasser gefüllt war.

Stellt man bei dieser Fallkonstellation die Frage nach der strafrechtlichen Verantwortung der Beteiligten für den Tod des X getrennt voneinander, so ist die Ablehnung dieser Verantwortung geradezu zwingend: Hätte D sich pflichtgemäß verhalten, so hätte dieses das Unfall-geschehen nicht beeinflusst. Gleiches gilt für F. Erst wenn eine gemeinsame Verantwortung von D und F begründet ist, so dass ihr Verhalten als Einheit gesehen werden kann, lässt sich das Urteil begründen, *ihr* pflichtgemäßes Verhalten hätte zur Vermeidung des Unfalles geführt. Da aber weder eine ausdrückliche, noch eine konkludente Vereinbarung zwischen D und F getroffen war, gefahrenabwendende Maßnahmen zu unterlassen, fehlte es an dem mit-täterschaftsbegründenden tatsächlichen Element in dem Geschehen. **120**

---

52 Vgl. dazu auch OTTO Jura 1990 S. 87 ff.

121   Sieht man hingegen in der Gefahrensituation eine gemeinsame Verantwortung von D und F begründet, der sie nur quasi arbeitsteilig gerecht werden können, und erfasst daher beide Personen als Einheit, so eröffnet sich die Möglichkeit, beide auf Grund ihres pflichtwidrigen Unterlassens für den Erfolg haften zu lassen. – Damit aber wird eine mittäterschaftliche Struktur begründet, für die es bisher im Vorsatzbereich keine Entsprechung gibt. Die Mittäterschaft wird ausschließlich normativ begründet.[53] Gleichwohl hat der BGH inzwischen diesen Weg beschritten.

BGHSt 37 S. 106, 130 ff: Die Angeklagten waren Geschäftsführer einer GmbH, die u. a. ein Lederspray herstellte und vertrieb. Die Nutzung dieses Sprays führte zu Körperverletzungen bei den Anwendern. Ein Rückruf des Produkts hätte diese Verletzungen vermieden. Zu diesem Rückruf waren jedoch nur alle Geschäftsführer gemeinsam berechtigt und der BGH geht davon aus, dass nicht alle bei dem Rückruf mitgewirkt hätten.

BGH: Die Geschäftsführer haften für die Körperverletzungserfolge gemeinschaftlich. Von der strafrechtlichen Mitverantwortung wäre nur derjenige befreit worden, der alles ihm Mögliche und Zumutbare getan hätte, um den gebotenen Beschluss zu erwirken.

122   Die möglichen Konsequenzen aus diesem dogmatischen Schritt zur rein normativen Begründung der Mittäterschaft im Fahrlässigkeitsbereich können in ihrer Bedeutung gar nicht hoch genug eingeschätzt werden. Es wird die Möglichkeit einer Haftung für die rechtsgutsverletzenden Folgen arbeitsteiliger, aber organisatorisch in unterschiedlicher Verantwortung ausgeübter Tätigkeit in Großunternehmen eröffnet. Die Zeit der Großunternehmen als „organisierte Unverantwortlichkeit" geht ihrem Ende entgegen.

c) Mittelbare Täterschaft im Fahrlässigkeitsbereich

123   Eine mittelbare Täterschaft auf Grund planvoll steuernden Willens des unmittelbar Tätigen kommt im Fahrlässigkeitsbereich nicht in Betracht. Wohl aber ist es angemessen, den Hintermann als mittelbaren Täter haften zu lassen, der – vorhersehbar – eine Gefahrenbegründung oder -erhöhung durch nicht vollverantwortliche Dritte ermöglicht oder fördert.

Fall: A leiht dem 12-jährigen B sein Kraftfahrzeug, damit B schneller in die nächste Ortschaft kommt. B überfährt den C auf diesem Wege.

124   In derartigen Fallkonstellationen ist es berechtigt, den unmittelbar handelnden „Zweittäter" als Werkzeug anzusehen, weil die in der Selbstverantwortung begründete Steuerung rechtsgutsgefährdenden Verhaltens in seiner Person nicht vorhanden ist und dem Hintermann daher die gleichsam durchschlagende Gefährdung zugerechnet werden kann.[54]

5. Versuch bei Mittäterschaft und mittelbarer Täterschaft

a) Versuch bei Mittäterschaft

125   Bei der *Mittäterschaft* beginnt der Versuch für alle Mittäter, wenn zumindest einer der Mittäter in Vollzug des gemeinsamen Tatplans zur Verwirklichung des Tatbestandes unmittelbar ansetzt. Das folgt aus § 22 in Verb. mit § 25 Abs. 2: § 22 stellt klar, dass die Versuchshandlung beginnt, wenn der Täter nach seinem Tatbild zur Verwirklichung des Tatbestandes unmittel-

---

53 Dazu vgl. LACKNER/KÜHL § 25 Rdn. 13.
54 Vgl. dazu auch OTTO Spendel-FS, S. 286 ff; RENZIKOWSKI Täterbegriff, S. 272 ff.

bar ansetzt. § 25 Abs. 2 ermöglicht es, diese Handlung allen Mittätern zuzurechnen, weil sie als Einheit erfasst werden; sog. Gesamtlösung.[55]

Beispiel: A, B und C wollen eine mobile Sparkassenzweigstelle überfallen, wenn diese abends von der Tour über Land in die Stadt zurückkommt. Vor einer Kurve steht A Posten. Wenn das Fahrzeug eine bestimmte Stelle erreicht hat, soll er ein Lichtzeichen geben. Auf das Zeichen hin bringen B und C einen Baum zum Fallen, der die Straße sperren und das Fahrzeug zum Anhalten bringen soll.

Versuchsbeginn für A, B und C mit dem Lichtzeichen des A.

Da die Zurechnung des § 25 Abs. 2 an die nach § 22 für den Versuch notwendige Versuchs-handlung anknüpft, kann die *irrige Vorstellung* eines Tatbeteiligten, ein anderer Tatbeteiligter habe unmittelbar zur Verwirklichung des Tatbestandes angesetzt, den Versuchsbeginn nicht ersetzen. Es fehlt an der zurechenbaren Versuchshandlung. Diese aber ist neben dem gemeinsamen Tatentschluss Mindestvoraussetzung der mittäterschaftlichen Zurechnung, nicht aber der Glaube an eine derartige Handlung.[56]   **126**

b) Versuch bei mittelbarer Täterschaft

Bei der *mittelbaren Täterschaft* gelten keine Besonderheiten. Der Versuch beginnt mit der unmittelbaren Gefährdung des geschützten Rechtsguts, die nach dem Vorstellungsbild des Täters vom Sachverhalt wertend zu ermitteln ist.[57]   **127**

Andere wollen – entsprechend ihrer grundsätzlichen Differenzierung – den Versuchs-beginn bereits dann annehmen, wenn der Täter das Geschehen aus den Händen gibt, bzw.   **128**

---

55 Vgl. dazu BGHSt 39 S. 236 mit Anm. OTTO JK 94, StGB § 25 II/7; BGH NStZ 1981 S. 99; BGH wistra 1987 S. 27; BGH wistra 2000 S. 381; BAUMANN/WEBER/MITSCH A. T., § 29 Rdn. 104; DENCKER Kausalität, 1996, S. 191 ff; GORES Der Rücktritt des Tatbeteiligten, 1982, S. 125; HAUF Strafrecht, A. T., S. 166; HILLENKAMP LK, § 22 Rdn. 173; JESCHECK/WEIGEND A. T., § 63 IV 1; KREY A. T. 2, Rdn. 439; KÜHL JuS 1983 S. 181; KÜPER Versuchsbeginn und Mittäterschaft, 1978, S. 11 ff, 69 ff; KÜPPER GA 1986 S. 446; LACK-NER/KÜHL § 22 Rdn. 9; OTTO JA 1980 S. 646; STOFFERS MDR 1989 S. 211 ff; SCH/SCH/ESER § 22 Rdn. 54 a; ZACZYK NK, § 22 Rdn. 67. – A. A.: Der Versuch ist nach dem Verhalten jedes Mittäters selbstständig zu bestimmen; sog. Einzellösung: BLOY Beteiligungsform, S. 265 ff; DA CONCEICAO VALDAGUA ZStW 98 (1986) S. 870 ff; ROXIN Odersky-FS, S. 491 ff; DERS. LK, § 25 Rdn. 198 f; DERS. A. T. II, § 29 Rdn. 297 ff; RUDOL-PHI Bockelmann-FS, S. 383 ff; SCHILLING Der Verbrechensversuch des Mittäters und des mittelbaren Täters, 1975, S. 104 ff.

56 So auch BGHSt 39 S. 236; DENCKER Kausalität, S. 239 ff; GUHRA Das vorsätzliche tatbestandsmäßige Verhalten beim beendeten Versuch, 2002, S. 159 f; HILLENKAMP Roxin-FS, S. 708 ff; DERS. LK, § 22 Rdn. 176; INGELFINGER JZ 1995 S. 704 ff; JOECKS MK, § 25 Rdn. 228; KINDHÄUSER StGB, § 22 Rdn. 41; KREY A. T. 2, Rdn. 440; KRACK ZStW 110 (1998) S. 623 f; RATH JuS 1999 S. 144; RIEMENSCHNEIDER JuS 1997 S. 631; ROXIN A. T. II, § 29 Rdn. 314; STRENG Zipf-GedS, S. 330 ff; DERS. ZStW 109 (1998) S. 891 ff; ZACZYK NK, § 22 Rdn. 68 ff. – A. A. BGHSt 40 S. 229 mit abl. Anm. ERB NStZ 1995 S. 424 ff, GEPPERT JK 95, StGB § 25 II/9 a, b, JOERDEN JZ 1995 S. 735 f, ZOPFS Jura 1996 S. 19 ff; zust. Anm. HAUF NStZ 1994 S. 263 ff; differenzierend: BUSER Zurechnungsfragen beim mittäterschaftlichen Versuch, 1998, S. 150 f; GRAUL JR 1995 S. 427 ff; HECKLER GA 1997 S. 76 ff; ROßMÜLLER/ROHER MDR 1996 S. 986 ff; WEBER Lenckner-FS, S. 446 ff.

57 Im Grundsatz übereinstimmend: BGHSt 30 S. 363, 364; 43 S. 177, 179 f; BGH NStZ 1986 S. 547; GÖSSEL JR 1976 S. 250; HERZBERG Roxin-FS, S. 756 ff; HILLENKAMP Roxin-FS, S. 708; DERS. LK, § 22 Rdn. 157 ff; MAURACH/GÖSSEL/ZIPF A. T. 2, § 48 Rdn. 112, 119; J. MEYER ZStW 87 (1975) S. 608; SCH/SCH/ESER § 22 Rdn. 54; STRATENWERTH A. T. I, Rdn. 838 ff. – Zur Auseinandersetzung mit BGHSt 30 S. 363, 365 f; HILLENKAMP LK, § 22 Rdn. 155 f; KADEL GA 1983 S. 299 ff; KÜHL JuS 1983 S. 180; KÜPER JZ 1983 S. 361 ff, insbes. S. 370; SIPPEL NJW 1983 S. 2226; v. SPIEGEL NJW 1984 S. 110.

die in der Hand behaltene Entwicklung zu einer unmittelbaren Gefährdung führt.[58] Daneben wird die Ansicht vertreten, der Versuchsbeginn liege bereits in der Einwirkung auf den Tatmittler.[59] Schließlich wird die Auffassung vertreten, es komme auf das Ansetzen zur Ausführungshandlung durch den Tatmittler an. Das Verhalten von Tatmittler und „Tatherr" bilde die Gesamttat, die erst durch das unmittelbare Ansetzen des Tatmittlers in das Versuchsstadium gelange.[60]

6. Haftung des Mittäters nach erfolglosem Rücktritt vom Versuch

129   Ist ein im Vorbereitungsstadium geleisteter Tatbeitrag für den Erfolg wirksam geblieben, obwohl der Tatbeteiligte sich im Versuchsstadium geistig von der Tat distanziert und sich ernsthaft bemüht hat, die Vollendung zu verhindern, so kommt dem Tatbeteiligten Straffreiheit nach § 24 nicht zugute; vgl. im Einzelnen oben § 19 Rdn. 56 ff. Er haftet demgemäß aus dem vollendeten Delikt. Strittig ist aber, ob er nur als Gehilfe oder aber als Täter haftet, wenn sein ursprünglicher Tatbeitrag als täterschaftliches Verhalten gewollt war.

130   Die einen lehnen eine Haftung als Mittäter schon mit dem Argument ab, dass Akte im Vorbereitungsstadium niemals zur Begründung der Mittäterschaft genügen. Diese formelle Betrachtungsweise kann jedoch nicht überzeugen; vgl. oben Rdn. 61.

131   Nichtsdestoweniger wird sich regelmäßig feststellen lassen, dass die Herrschaft über das Geschehen nur in Ausnahmefällen noch von demjenigen mitgetragen wird, der sich von der Tat bereits distanziert hat. Sein Tatbeitrag ist nur noch für das Gesamtgeschehen förderlich. Ausnahmsweise kann er aber Mitträger der Tatherrschaft bleiben.

Fall 1: A und B wollen den C ermorden. A verabredet sich mit C an einer einsamen Stelle. Später distanziert er sich von dem Plan und versucht B zu überreden, ebenfalls von der Tatausführung Abstand zu nehmen. B führt die Tat gleichwohl allein durch. A wusste, dass C nur auf Grund seiner Verabredung zum Tatort kommen würde.

Ergebnis: Hier ist die Annahme von Mittäterschaft durchaus angemessen.

Fall 2: BGHSt 28 S. 346: A und die beiden Frauen B und S verabredeten einen Überfall auf eine Bank und kundschafteten gemeinsam den Tatort aus. A und S hatten bereits zwei Fahrräder gestohlen, mit denen die beiden Frauen zur Bank fahren sollten. B und S sollten mit Pistolen das Personal bedrohen, während A über den Tresen springen und verlangen sollte, dass eine mitgebrachte Plastiktüte mit Geld gefüllt werde. Kurz vor der Bank bekam A Bedenken und versuchte, wenigstens B von der Tatausführung abzuhalten. Obgleich A nicht in die Bank mit hineinging, führten B und S den Überfall allein aus.

BGH: A ist Mittäter oder Gehilfe der vollendeten Tat. Er hat auf der Grundlage gemeinsamen Wollens die Tatbestandsverwirklichung fördernde Vorbereitungs- und Unterstützungshandlungen geleistet, die ebensowenig wie der in der Mitverabredung der räuberischen Erpressung liegende psychische Tatbeitrag des A ihre Bedeutung verloren haben, als A sich entschloss, an den Ausführungshandlungen nicht teilzunehmen.

Hier wäre eine Haftung des A als Teilnehmer anzunehmen.[61]

---

58 Vgl. ENGLÄNDER JuS 2003 S. 334 ff; HERZBERG JuS 1985 S. 7 ff; JESCHECK/WEIGEND A.T., § 62 IV 1; LACKNER/KÜHL § 22 Rdn. 9; ROXIN LK, § 25 Rdn. 152; DERS. Maurach-FS, S. 227 ff; DERS. A.T. II, § 29 Rdn. 230, 244 ff; RUDOLPHI SK I, § 22 Rdn. 20a.

59 Vgl. BAUMANN JuS 1963 S. 92 ff; BAUMANN/WEBER/MITSCH A.T., § 29 Rdn. 155; JAKOBS A.T., 21/105; SCHILLING Verbrechensversuch, S. 100 ff.

60 Vgl. KADEL GA 1983 S. 299 ff; KÖHLER A.T., S. 541 f; KRACK ZStW 110 (1998) S. 628 ff; KREY A.T. 2, Rdn. 437; KÜHL A.T., § 20 Rdn. 91; KÜPER JZ 1983 S. 361 ff; KÜPPER GA 1986 S. 447 ff.

61 A.A. BACKMANN JuS 1981 S. 336 ff, der zur Straflosigkeit des A kommt.

Fall 3: BGHSt 37 S. 289: A und D waren aus einem Hafturlaub nicht zurückgekehrt. D hatte sich und A mit Waffen ausgestattet und sie waren übereingekommen, sich im Falle einer möglichen Verhaftung gegenseitig Schützenhilfe zu geben. Als A und D von einer Polizeistreife kontrolliert wurden, zog D seine Waffe und erschoss zwei Polizeibeamte. A hatte keine Waffe gezogen, sich zu Boden geworfen und war sodann weggelaufen.

BGH: A und D haften als Mittäter des Mordes.[62]

VI. Hinweise zum Deliktsaufbau

1. Vollendetes Delikt

Stehen die Verhaltensweisen mehrerer Personen in Frage, so ist stets mit der Person zu beginnen, die der Tatausführung am nächsten steht, d.h. zunächst mit demjenigen, der die Tat mit eigener Hand ausführt. Sodann ist das Verhalten weiterer beteiligter Personen nacheinander zu erörtern, und zwar unter der Fragestellung, ob diese Person auf Grund ihrer Stellung zur Tat als Täter (Mittäter, mittelbarer Täter, Nebentäter) oder Teilnehmer anzusehen ist. **132**

a) Mittäterschaft

Für den Deliktsaufbau bei mittäterschaftlicher Tatbegehung sind im Wesentlichen drei Fallkonstellationen zu unterscheiden. **133**

aa) A verwirklicht die tatbestandsmäßige Handlung, B leistet einen anderweitigen Tatbeitrag. **134**

Beispiel: A erschießt das Opfer, B hat das Opfer in die Falle gelockt.

Hier ist mit der Prüfung des A, als des Tatnächsten, zu beginnen. Auch wenn A und B Mittäter sein sollten, ist es aufbautechnisch sinnvoll, die Strafbarkeit des A wie die eines Alleintäters zu prüfen und auf die Problematik der mittäterschaftlichen Erfolgszurechnung erst dort einzugehen, wo sie problematisch wird, nämlich bei der Strafbarkeit des B. **135**

bb) A und B streben den Erfolg gemeinsam an, ohne dass zwischen der tatbestandsmäßigen Handlung und anderen Tatbeiträgen der einzelnen Beteiligten differenziert werden kann. **136**

Beispiel: A und B geben dem Opfer je eine Menge Gift, die erst zusammen tödlich wirken.

Kann nicht nach der Tatnähe zwischen den Beteiligten unterschieden werden, steht es dem Bearbeiter frei, welchen Tatbeteiligten er zuerst auf seine Strafbarkeit hin untersuchen möchte. Bei der Frage der Gefahrbegründung oder -erhöhung ist dann jeweils zu erörtern, ob dem Beteiligten die Gefahrbegründung oder -erhöhung als Mittäter zuzurechnen ist, weil er den Erfolg *arbeitsteilig* anstrebte. Sodann ist die Prüfung mit der Frage fortzusetzen, ob sich diese Gefahr realisiert hat oder eine andere. **137**

Es ist grundsätzlich unzulässig, mehrere Personen zugleich zu erörtern. Von dieser Regel gibt es eine Ausnahme, wenn mehrere Personen im Sachverhalt wie eine einzige Person geschildert werden. Es heißt z.B.: „A und B steigen bei C ein, nehmen die Schmucktruhe an sich und verkaufen sie an einen Hehler." Hier ist überhaupt nicht auszumachen, welche Einzelhandlungen A und B begangen haben. Auch eine innere Trennung nach der subjektiven Einstellung ist nicht möglich. Hier ist es ausnahmsweise erlaubt, zwei Personen zugleich zu prüfen. **138**

---

62 A. A. Erb JuS 1992 S. 197 ff; Herzberg JZ 1991 S. 856 ff; Puppe NStZ 1991 S. 571 ff; Roxin JR 1991 S. 206 ff; Stein StV 1993 S. 411 ff.

139   cc) A erfüllt bei zweiaktigen Delikten den einen Teil des Tatbestandes, B den anderen.

Beispiel: Um einen gemeinsamen Raub zu begehen, hält A das Opfer fest, während B dem Opfer die Geld-börse aus der Jacke zieht.

140   Hier empfiehlt es sich, gleichfalls mit einer Person zu beginnen und an dem Punkt, an dem das Verhalten der anderen Person aktuell wird, kurz darzulegen, dass beide Personen gewollt zusammenwirken und der erste Täter sich daher das Handeln des zweiten zurechnen lassen muss, um sodann kurz zu prüfen, was der zweite Täter vollbracht hat.

b) Mittelbare Täterschaft

141   Die Konstruktion der mittelbaren Täterschaft beruht auf der Erwägung, dass eine Person (Hintermann) ein Delikt durch eine andere Person (Werkzeug) begehen kann, weil sie deren Verhalten kraft ihres planvoll steuernden Willens beherrscht hat. Daher ist mit der Prüfung der Strafbarkeit des Werkzeugs – entsprechend dem jeweiligen Aufbauschema für den Alleintäter – zu beginnen, denn das Werkzeug ist die Person, die die Tat eigenhändig ausführt. Erst wenn diese Prüfung zu dem Ergebnis kommt, dass das Werkzeug in seiner Willensbildung oder -betätigung nicht frei war, ist auf die Strafbarkeit des Hintermannes einzugehen. Hier ist dann die Frage zu stellen, ob sich der Hintermann das Verhalten des Werkzeugs zurechnen lassen muss, weil er das Verhalten kraft seines planmäßig steuernden Willens beherrscht hat.

c) Nebentäterschaft

142   Die Nebentäterschaft birgt keine besonderen Aufbauprobleme. Der Nebentäter ist als Alleintäter zu prüfen.

2. Versuch

143   Da auch beim Versuch die täterschaftliche Verwirklichung des Delikts in Allein-, Mit- oder mittelbarer Täterschaft erfolgen kann, ist bereits im Tatentschluss darzulegen, ob der Täter nach seiner Vorstellung bei der Deliktsverwirklichung eine Position einnehmen wollte, die ihn zum Täter, Mittäter oder mittelbaren Täter gemacht hätte. Das ist beim Alleintäter in der Regel problemlos, erfordert aber eine Stellungnahme bei einer ins Auge gefassten Mittäterschaft oder mittelbaren Täterschaft.

Wiederholungsfragen

144   1. Worauf stellt die sog. „subjektive" Abgrenzungstheorie der Rechtsprechung bei der Abgrenzung von Täterschaft und Teilnahme ab? – Dazu Rdn. 13 f.

2. Welche Formen der Tatherrschaftslehre sind zu unterscheiden? – Dazu Rdn 19 ff.

3. Wie sind die Begriffe Täter und Teilnehmer zu definieren? – Dazu Rdn. 24 f.

4. Wie hat die Rechtsprechung im sog. „Badewannenfall" und bei der Beurteilung eines sog. Doppelselbstmordfalles die Abgrenzung der Täterschaft von der Teilnahme vorgenommen? – Dazu Rdn. 32, 35.

5. Wie lässt sich die Abgrenzungsproblematik bei den Unterlassungsdelikten lösen? – Dazu Rdn. 39 ff.

6. Wonach sind Täterschaft und Teilnahme bei gleichzeitigem rechtsgutsbeeinträchtigenden Tun und Unterlassen zu bestimmen? – Dazu Rdn. 43 ff.

7. Welche Tätertypen gibt es? – Dazu Rdn. 52 ff.

8. Welche Rolle spielt der Tatplan bei der Mittäterschaft? Wie weit muss er konkretisiert werden? – Dazu Rdn. 58 ff.

9. Setzt die Mittäterschaft eine Mitwirkung an der Tatbestandsverwirklichung voraus? – Dazu Rdn. 61.

10. Was wird als sog. „sukzessive Mittäterschaft" bezeichnet? Bis zu welchem Zeitpunkt ist eine sukzessive Mittäterschaft möglich? – Dazu Rdn. 62 ff.

11. Welche Formen der sog. mittelbaren Täterschaft gibt es? – Dazu Rdn. 68 ff.

12. Welche Stufen der „Willensherrschaft kraft Irrtums" sind zu unterscheiden? – Dazu Rdn. 76 ff.

13. Wie bestimmt sich die Strafbarkeit Dritter bei der Unterstützung einer Selbstschädigung nicht frei verantwortlich handelnder Personen? – Dazu Rdn. 100 ff.

14. Warum können die sog. eigenhändigen Delikte nicht in mittelbarer Täterschaft begangen werden? – Dazu Rdn. 107.

15. Wie bestimmt sich die Täterschaft bei den sog. Sonderdelikten? – Dazu Rdn. 108.

16. Kann bei den Fahrlässigkeitsdelikten auch zwischen Täterschaft und Teilnahme unterschieden werden? – Dazu Rdn. 110 ff.

17. Wonach bestimmt sich die Mittäterschaft beim fahrlässigen Erfolgsdelikt? – Dazu Rdn. 115 ff.

18. In welchen Fällen kommt eine mittelbare Täterschaft beim fahrlässigen Erfolgsdelikt in Betracht. – Dazu Rdn. 124 f.

19. Wann beginnt der Versuch bei einer mittäterschaftlichen Deliktsverwirklichung? – Dazu Rdn. 126 f.

20. An welcher Stelle des Deliktsaufbaus ist in der Regel die Frage der Mittäterschaft zu erörtern. – Dazu Rdn. 134 ff.

Zur Einübung: Musterfall 7

1. Sachverhalt

BGH bei Dallinger, MDR 1974 S. 547: A, B und C beschlossen eines Tages, den Landstreicher X zu überfallen **145** und zu verprügeln. C beobachtete, wie X mit Schlägen auf den Kopf, Messerstichen und Fußtritten misshandelt wurde; er bemerkte auch, dass X von hinten einen Schlag mit einer gefüllten Flasche auf den Kopf erhielt. Er beteiligte sich jedoch nicht an diesen Schlägen, forderte im Gegenteil B auf, mit den Misshandlungen Schluss zu machen. Erst als B dem C ein Messer mit den Worten in die Hand drückte, „Sei kein Feigling, komm stich auch", stieß dieser dem bereits zu Boden gegangenen Opfer die Messerklinge in den Bauch und ließ sie dort stecken. A versetzte dem X daraufhin ebenfalls noch mehrere Stiche in den Bauch. – X starb.

2. Aus den Entscheidungsgründen

(1) Für die Abgrenzung von Beihilfe und Mittäterschaft ist die innere Willensrichtung des Teilnehmers maß- **146** gebend.

(2) Diese muss beim Mittäter so beschaffen sein, dass sein Tatbeitrag nicht als bloße Förderung fremden Tuns, sondern als ein Teil der Tätigkeit aller erscheint und dementsprechend die Handlungen der anderen als eine Ergänzung seines eigenen Tatanteils.

(3) Ob ein Beteiligter dieses enge Verhältnis zur Tat wünscht, ist nach den gesamten Umständen zu beurteilen; wesentliche Anhaltspunkte dafür können sein: der Grad des eigenen Interesses am Erfolg der Tat, der Umfang der Tatbeteiligung und die Tatherrschaft oder doch wenigstens der Wille zur Tatherrschaft, so dass Durchführung und Ausgang der Tat maßgeblich auch von seinem Willen abhängen.

(4) Die eigenhändige Ausführung kann zwar für die Annahme einer Täterschaft oder Mittäterschaft sprechen,

(5) doch gilt dies nicht schlechthin; denn selbst wer alle Tatbestandsmerkmale in seiner Person erfüllt, kann als bloßer Gehilfe angesehen werden, sofern sein Wille dahin ging, nur eine fremde Tat zu unterstützen.

(6) Das eigenhändige Zustechen in dem Bestreben, nicht als Feigling in den Augen der anderen zu erscheinen, spricht eher dafür, dass er sich deren Willen untergeordnet hat.

(7) Auch die Anwesenheit am Tatort und die bloße Kenntnis des Vorgehens der anderen, selbst die nachträgliche Billigung genügen nicht zur Annahme der Mittäterschaft.

3. Aufgabe

147 Analysiere die Entscheidungsgründe und nimm Stellung zur Ablehnung der Täterschaft des C durch den BGH.

4. Kontrolle der eigenen Überlegungen

148 Zu (1) Entscheidung des BGH für die subjektive Täterlehre („Innere Willensrichtung maßgebend").

Zu (2) Distanz zur extrem subjektiven Abgrenzung. Im Gegenteil: strenger Bezug des Willens auf das objektive Geschehen führt zu voller Übereinstimmung mit Tatherrschaftslehre. „Arbeitsteilung" wird in den Blick genommen.

Zu (3) Mit der selbstverständlichen Berücksichtigung der *Wünsche* des Betroffenen und seiner Interessen am Erfolg der Tat wird der Boden einer objektiven Abgrenzung dann aber verlassen. Während der auf der Kenntnis der Tatumstände und ihres Bedeutungsgehalts fundierte Wille des Täters, den Tatbestand zu verwirklichen, dem vom Gesetzgeber unter Strafe gestellten Sachverhalt seine Struktur gibt, erweist sich ein davon unabhängiges *Wünschen* als Mittel, das relevante Tatgeschehen auszutauschen. Der vom Gesetzgeber für relevant erachtete Tatbestand wird willkürlich erweitert. Daran ändert die Anerkennung objektiver Faktoren (Umfang der Tatbeteiligung, Wille zur Tatherrschaft) nichts.

Zu (4) Im Zuge dieser Gedankenführung wird die „eigenhändige Tatausführung" zu einem bloßen Indiz für die Täterschaft des C.

Zu (5) Diesem Indiz kommt aber kein besonderes Gewicht zu. Unklar der Gebrauch des Wortes „Wille": Zutreffend die Aussage, wenn C sich – nach dem Sachverhalt allerdings ausgeschlossen – keine richtige Vorstellung über das Geschehen machte, daher über die Bedeutung seines Tatbeitrages irrte. – Unzutreffend die Aussage, wenn C sah, dass er „gleichberechtigt arbeitsteilig" tätig wurde, dieses aber nicht *wünschte*.

Zu (6) Der Einbezug des Wunsches des C, „nicht als Feigling in den Augen des anderen zu erscheinen", wäre *rechtlich* nur relevant, wenn § 211 diese Motivation besonders berücksichtigen würde. Da das nicht der Fall ist, wird hier der vom Gesetzgeber beschriebene Sachverhalt wiederum erweitert.

Zu (7) Zutreffend, dass diese Indizien allein nicht zur Begründung der Täterschaft des C genügt hätten. Ihre Würdigung im Rahmen des Gesamtgeschehens hätte das Urteil, auch C war Mittäter des Tötungsdelikts, jedoch wesentlich gestützt.

§ 22: Teilnahme

Lernziel: Kenntnis des Rahmens, innerhalb dessen die Beteiligung an der Tat „eines anderen" strafbar ist.

I. Die Akzessorietät der Teilnahme

1. Der Grundsatz der limitierten Akzessorietät

1 Die Teilnehmer – Anstifter und Gehilfen – beteiligen sich an einer für sie fremden Tat, nämlich an der Tat des Haupttäters. Der Täter ist die „Zentralgestalt des handlungsmäßigen Geschehens" (ROXIN), sie aber bleiben Randfiguren. Teilnahme setzt daher eine fremde Tat voraus, und zwar gemäß §§ 26, 27 StGB eine vorsätzlich begangene rechtswidrige Tat, die mindestens in das Stadium eines strafbaren Versuchs gelangt sein muss. Schuld des Haupttäters wird nicht gefordert, § 29 StGB: *Grundsatz der limitierten Akzessorietät.*

2. Der Strafgrund der Teilnahme

2 Mit der Voraussetzung der vorsätzlich rechtswidrigen Tat des Täters ist zwar der Bezug des strafbaren Verhaltens des Teilnehmers festgestellt, der Grund seiner Strafbarkeit aber bleibt offen. Haftet er, weil er den Täter in „Schuld und Unrecht verstrickt", den rechtswidrigen Erfolg mitverursacht oder am Unrecht der Tat teilgenommen hat?

a) Die sog. Schuldteilnahmetheorie

Die sog. *Schuldteilnahmetheorie* wird in der Regel dahin interpretiert, dass der Anstifter den **3** Täter „korrumpiere" und zur schuldhaften Auflehnung gegen die Strafrechtsordnung verführe, während der Gehilfe ihn noch tiefer in den „Sumpf von Schuld und Unrecht" verstricke.

Diese Interpretation wird der Schuldteilnahmelehre allerdings nicht gerecht. Sie stellt den **4** Korrumpierungsgedanken vielmehr neben den der Mitwirkung an der Tat des Täters durch einen kausalen Tatbeitrag und sieht den Strafgrund der Teilnahme darin, „dass einerseits die Tat wirklich geschehen ist, andererseits aber der Teilnehmer seinen Willen mit dem schuldhaften Täterwillen vereinigt und diesen Entschluss zum Zweck der Tatunterstützung auch hinreichend betätigt" (H. MAYER) hat. Doch auch diese Erweiterung der relevanten Strafgründe ist mit den in den §§ 26, 27, 29 niedergelegten Grundsätzen nicht vereinbar. Der gegen den Teilnehmer zu erhebende wesentliche Vorwurf läge in der „sozialen Desintegration" des Täters. Das Maß des in dieser Desintegration liegenden Unrechts wäre abhängig vom Widerstand des Täters, von der Festigkeit seines Tatplanes, von der Gefahr, dass der Täter nunmehr weitere Straftaten begeht usw. Der in den §§ 26, 27 geforderte Bezug zur Haupttat läge nur im zweiten Strafgrund – Verursachung des Taterfolgs – vor.[1]

b) Die Lehre vom Teilnehmerdelikt (reine Verursachungstheorie)

Die Vertreter der Lehre vom Teilnehmerdelikt gehen davon aus, dass der Strafgrund der Teil- **5** nahme in der *Mitverursachung der tatbestandsmäßigen und rechtswidrigen Tat* liege. Auch der Teilnehmer verletze das tatbestandlich geschützte Rechtsgut, nur weise er nicht die täterschaftsbegründenden Merkmale auf. Strukturell sind danach die Teilnahmebestimmungen als Modifizierungen der Tatbestände des Besonderen Teiles zu interpretieren, so dass diese, bezogen auf den Täter, das „Täterdelikt", bezogen auf den Teilnehmer, das „Teilnehmerdelikt" beschreiben. Dem eigenen „Täterdelikt des Täters" wird das eigene „Teilnehmerdelikt des Teilnehmers" gegenübergestellt. Dem Akzessorietätsgrundsatz kann nur noch strafbegrenzende Funktion zukommen.

Auch dann erscheint jedoch die in den §§ 26, 27 geforderte Akzessorietät der Teilnahme **6** von der Haupttat nach den Prämissen dieser Lehre, wonach „Täterdelikt" und „Teilnehmerdelikt" grundsätzlich selbstständige Straftaten sind, sinnwidrig. Ein *notwendiger*, gegenseitiger Bezug zwischen ihnen besteht nicht. Gerade diesen fordert jedoch das Gesetz, das keineswegs den Rechtsgutsangriff durch den Teilnehmer negiert, diesen Angriff vielmehr als einen mittelbaren, durch den Täter vermittelten Angriff begreift.[2]

---

1 Darstellung der Schuldteilnahmelehre: H. MAYER Rittler-FS, S. 243 ff; TRECHSEL Der Strafgrund der Teilnahme, 1967, S. 55. – Zur Kritik dieser Lehre: SCHROEDER Der Täter hinter dem Täter, 1965, S. 206 ff; STRATENWERTH A.T. I, Rdn. 852 ff. – Eine schuldhafte Haupttat setzt nunmehr auch JAKOBS für die Teilnahme voraus. Er erkennt als Teilnehmer denjenigen, der schuldhaft einen Grund dafür setzt, dass ihm die schuldhafte Ausführung eines anderen zugerechnet wird; vgl. GA 1996 S. 263 ff, 268.

2 Zum „Teilnehmerdelikt" vgl. LANGER Das Sonderverbrechen, 1972, S. 462 ff; LÜDERSSEN Zum Strafgrund der Teilnahme, 1967, S. 119 ff; DERS. Miyazawa-FS, S. 449 ff, 462 ff; M.-K. MEYER GA 1979 S. 252 ff; RENZIKOWSKI Restriktiver Täterbegriff und fahrlässige Beteiligung, 1997, S. 123 ff; SCHILD NK, Vor §§ 25 ff Rdn. 350 ff, § 26 Rdn. 6 ff, § 27 Rdn. 9 ff; SCHMIDHÄUSER A.T., 14/57.

c) Die Unrechtsteilnahmetheorie (Förderungs- oder auch
akzessorische Verursachungstheorie)

7 Sachlich besteht heute weitgehend Einigkeit darüber, dass der Strafgrund der Teilnahme in
der Förderung der Haupttat durch den eigenen, aber in seiner Wirksamkeit von der Haupttat
abhängigen Rechtsgutsangriff des Teilnehmers liegt.[3]

8 Die Möglichkeit, den Täter als Zentralgestalt, den Teilnehmer als Randfigur des Geschehens zu begreifen, die Tat dem Täter als eigene, dem Teilnehmer als fremde zuzurechnen,
wie überhaupt zwischen den Phänomenen Täterschaft und Teilnahme zu differenzieren,
beruht auf einer unverzichtbaren Prämisse: die Tat ist eine für Täter und Teilnehmer identi-
sche Tat, ihre Positionen in dem Tatgeschehen sind hingegen verschieden. Insoweit geht es
bei der Bestimmung von Täterschaft und Teilnahme um eine Positionsbestimmung im sozialen Raum. Die Tat ist die Tat des Täters, an der der Teilnehmer „teilnimmt“. Der Teilnehmer
verwirklicht das in den Tatbeständen des Besonderen Teils beschriebene Unrecht nicht selbst,
er trägt vielmehr zu dessen Verwirklichung durch einen anderen bei und nimmt damit am
Unrecht der Haupttat teil. „Der Teilnehmer übertritt ... nicht selbst die im Besonderen Teil
des StGB geschützten Normen, sondern das daraus abgeleitete in den §§ 26 und 27 formulierte
Verbot, einen anderen zu solcher Übertretung zu veranlassen oder ihn dabei zu unterstützen.
Der Unrechtsgehalt der Teilnahme bestimmt sich deshalb primär nach dem Unrechtsgehalt
der Tat, zu der sie geleistet wird“ (STRATENWERTH), sekundär sodann nach der bei der Mitwirkung aufgewendeten kriminellen Energie.

Das bedeutet:

9 Gemeinsam ist dem Täter und dem Teilnehmer des Vorsatzdelikts, dass sie die Vertrauensgrundlage der Rechtsgesellschaft durch sozialschädliches Verhalten gefährden, indem sie
bestimmte Rechtsgutsbeeinträchtigungen anstreben.

10 In der Art der Gefährdung unterscheiden sich hingegen Täter und Teilnehmer.

11 aa) Die Gefährdung durch den Täter ist eine unmittelbare. Seine Gefahr „für die anderen“
findet ihren Ausdruck in seiner letzten Entscheidung über „Ob“ und „Wie“ der Tat, deren
Realisierung beginnt, indem der Täter nach seiner Vorstellung unmittelbar zur Rechtsgutsbeeinträchtigung ansetzt.

12 bb) Die Gefährdung durch den Teilnehmer ist eine mittelbare, unselbstständige, in der Realisierung vom Entschluss des Täters abhängige Gefährdung.[4]

---

3 Z.T. wird der Strafgrund der Anstiftung unabhängig von dem der Beihilfe bestimmt und in der bindenden
Unrechtsvereinbarung, der Planherrschaft des Anstifters, gesehen; dazu vgl. PUPPE GA 1984 S. 101 ff, 112;
SCHULZ Die Bestrafung des Ratgebers, 1980, S. 137 ff; DERS. JuS 1986 S. 938 ff. – Wieder anders HEGH-
MANNS GA 2000 S. 478 ff, der den Strafgrund der Beihilfe in der Steigerung der Gefahr des Täters durch
einen Beistandspakt und den Strafgrund der Anstiftung in der Verursachung der sich im Rechtsgutsangriff
manifestierenden Gefahr erkennt.

4 Vgl. auch BAUMANN/WEBER/MITSCH A. T., § 30 Rdn. 6 ff; ESSER GA 1958 S. 333; GEPPERT Jura 1997 S. 300;
HOYER SK I, Vor § 26 Rdn. 17 ff; JESCHECK/WEIGEND A. T., § 64 I 2; KREY A. T. 2, Rdn. 236 ff; LACKNER/
KÜHL Vor § 25 Rdn. 8; LANGE JR 1949 S. 168; MAURACH/GÖSSEL/ZIPF A. T. 2, § 50 Rdn. 57; OTTO Lange-
FS, S. 207 ff; DERS. JuS 1982 S. 557; ROXIN LK, Vor § 26 Rdn. 2 ff; DERS. Stree/Wessels-FS, S. 369 ff;
RUDOLPHI GA 1970 S. 365; SCH/SCH/HEINE Vorbem. §§ 25 ff Rdn. 17; WELZEL Lb., § 16 I 3.

3. Durchbrechungen des Akzessorietätsgrundsatzes

a) Durchbrochen wird die Akzessorietät der Teilnahme gemäß § 28 Abs. 2, soweit „besondere **13** persönliche Merkmale" die Strafe „schärfen, mildern oder ausschließen".

Der Inhalt des Begriffs der „besonderen persönlichen Merkmale" ist umstritten. Einigkeit **14** besteht zwar weithin, dass Sonderpflichtmerkmale, z. B. die Beamteneigenschaft, als besondere persönliche Merkmale anzusehen sind. Sodann aber bereitet die Abgrenzung der „besonderen persönlichen Merkmale" von den sonstigen persönlichen Merkmalen Lehre und Rechtsprechung erhebliche Schwierigkeiten.

Die h. M. betont zwar den *höchstpersönlichen Charakter der besonderen persönlichen Merk-* **15** *male*, differenziert dann aber zwischen tatbezogenen und täterbezogenen Merkmalen. *Tatbezogen* sollen Unrechtsmerkmale sein, die den sachlichen Unrechtsgehalt der Tat erfassen, wie z. B. die Beschreibung des tatbestandlichen Erfolgs, der Tatmittel und der Begehungsweise. *Täterbezogen* sollen die Merkmale sein, die im Schwergewicht die Tat oder die Persönlichkeit des Täters kennzeichnen. – Als „besondere persönliche Merkmale" werden nur die täterbezogenen Merkmale anerkannt.[5]

Vergleicht man die Stellungnahmen im Einzelnen, so fällt sehr schnell ins Auge, dass die **16** Vertreter dieser Differenzierung im Einzelfall zu völlig konträren Ergebnissen kommen. Die Gemeinsamkeit der Problemkennzeichnung verdeckt die differierenden Problemlösungen. Das ist kein Zufall, denn zutreffend hat ROXIN darauf hingewiesen, dass das Begriffspaar Täter- und Tatbezogenheit in die Irre führe, denn das Problem des besonderen persönlichen Merkmals liege darin, „wie man unter den überwiegend oder ausschließlich persönlichen Merkmalen die unter § 28 fallenden „besonderen" persönlichen Merkmale auswählen soll. Zu seiner Lösung kann der Begriff der Täterbezogenheit nichts beitragen".[6]

In gleicher Weise unbefriedigend bleibt der Versuch SCHÜNEMANNS[7], als besondere per- **17** sönliche Merkmale jene Merkmale anzusehen, „die man nicht nach den Regeln der mittelbaren Täterschaft verwirklichen kann". Und auch der Vorschlag HERZBERGS[8], als besondere persönliche Merkmale tatunwertrelevante, im Gegensatz zu sachlich funktionellen oder für den Tatunwert bedeutungslosen Merkmalen zu verstehen, bleibt Einwänden ausgesetzt, da alle Merkmale der Tatbestände unrechtskonstituierend sind und daher auch die unrechtstypisierenden Merkmale nicht wertneutral sind.

Die besonderen persönlichen Merkmale sind aus der Funktion des § 28 zu erschließen. **18** Diese ist darin zu sehen, mögliche Differenzen im Unrecht des Teilnehmers zu dem des Täters und umgekehrt auszugleichen, die sich durch verschiedene, in Sonderpflichten begründete Pflichtpositionen ergeben. Damit werden die besonderen persönlichen Merkmale

---

5 So z. B. BGHSt 6 S. 262; 17 S. 217; 24 S. 108; 39 S. 326, 327 mit Anm. DIPPEL NStZ 1994 S. 182 f, OTTO JK 94, StGB § 28/1; BGHSt 41 S. 2; BAUMANN/WEBER/MITSCH A. T., § 32 Rdn. 9 ff; ESER II, Nr. 42 A 7 ff; GROPP A. T., § 10 Rdn. 111; HAKE Beteiligtenstrafbarkeit und „besondere persönliche Merkmale", 1994, S. 97 ff; JESCHECK/WEIGEND A. T., § 61 VII 4; JOECKS MK, § 28 Rdn. 17 ff; KÜHL A. T., § 20 Rdn. 154; MAURACH/GÖSSEL/ZIPF A. T. 2, § 53 Rdn. 148; PREISENDANZ § 28 Anm. 2; WESSELS/BEULKE A. T., Rdn. 558. – Von der Rechtsgutsbezogenheit her bestimmen die Tatbezogenheit: GEPPERT ZStW 82 (1970) S. 63 f, 73; GRÜNWALD Armin Kaufmann-GedS, S. 559 ff; HOYER SK I, § 28 Rdn. 21; SCH/SCH/HEINE § 28 Rdn. 16, 20.

6 ROXIN LK, § 28 Rdn. 28; DERS. A. T. II, § 27 Rdn. 32 ff. – Dazu auch Puppe NK, § 28 Rdn. 16.

7 Jura 1980 S. 365 ff; DERS. GA 1986 S. 336 ff. – Dazu HAKE Beteiligtenstrafbarkeit, S. 97; ROXIN LK, § 28 Rdn. 33 ff; DERS. A. T. II, § 27 Rdn. 42 ff.

8 GA 1991 S. 145 ff, 176. – Dazu HAKE, Beteiligtenstrafbarkeit, S. 96; ROXIN LK, § 28 Rdn. 43 ff.

mit den Sonderpflichtmerkmalen identifiziert[9] und abschließend mit diesen erfasst, während spezielle Schuldmerkmale den Regelungsbereich des § 29 zugewiesen werden.[10]

19 Trifft den Täter oder Teilnehmer auf Grund seiner persönlichen Stellung in der Rechtsgesellschaft eine erhöhte Vermeidepflicht – vgl. z. B. das Verhältnis der Beteiligten in den §§ 223, 340 –, so liegt ein strafschärfendes persönliches Merkmal vor. Strafmildernde besondere persönliche Merkmale würden dort vorliegen, wo das Gesetz eine besondere Pflichtenposition strafmildernd berücksichtigt. – Derartige Fälle kennt das Gesetz aber nicht. Strafausschließende Unrechtsmerkmale schließlich können nicht in Betracht kommen, da ihr Vorliegen den Unrechtstatbestand beseitigen würde, an dem teilgenommen wird, bzw. das Unrecht der Teilnahme ausschließen würde. – Hier macht es sich bemerkbar, dass auch der Gesetzgeber wenig Überblick darüber besaß, was er eigentlich regelte.

20 b) Fehlen beim Teilnehmer „besondere persönliche Merkmale", welche die Strafbarkeit des Täters begründen, so ist die Strafe des Teilnehmers zu mildern, § 28 Abs. 1. Ob ein persönliches Merkmal die Strafe begründet, entscheidet sich danach, ob das Verhalten auch strafbar ist, wenn dieses Merkmal fehlt.

Bedeutung erhält § 28 Abs. 1 insbes. bei den sog. echten Amtsdelikten, vgl. z. B. § 336; im Übrigen vgl. die Beispiele in § 18 Rdn. 75 ff.

21 c) Die Tatbestände des Besonderen Teils beschreiben nur das Täterverhalten. Daher enthält § 28 keine Regelung für den Fall, dass besondere persönliche Merkmale die Strafbarkeit des Teilnehmers begründen. Solche Merkmale gibt es nicht.[11]

22 d) Da die Garantenstellung eine besondere Pflichtenposition des Verpflichteten erfasst, die auf einer besonderen Vertrauenserwartung beruht, ist auch die Garantenposition besonderes persönliches Merkmal i. S. des § 28.[12] – Diese Aussage gilt jedoch nicht für die Garantenstellung aus vorangegangenem gefährlichen Tun, denn „Vortäter" kann jedermann sein, ohne durch einen besonderen Vertrauensakt in diese Position gelangt zu sein.[13]

---

9 Eingehend dazu OTTO Jura 2004, Heft 7. – Im Grundsatz übereinstimmend: ARZT JZ 1973 S. 685; BRAMMSEN Die Entstehungsvoraussetzungen der Garantenpflichten, 1986, S. 103 ff; LANGER Sonderverbrechen, S. 456; DERS. E. Wolf-FS, S. 335 ff; DERS. JR 1993 S. 137; PUPPE NK, § 28 Rdn. 126; SCHMIDHÄUSER A. T., 8/85 f; STEIN Beteiligungsformenlehre, S. 218 ff, 252; STRATENWERTH Bruns-FS, S. 66 ff. – Differenzierend nach den besonderen Unrechtsmerkmalen der einzelnen Tatbestände: SCHWERDTFEGER Besondere persönliche Unrechtsmerkmale, 1992, S. 193 ff.

10 So auch HAKE Beteiligtenstrafbarkeit, S. 160 f; JAKOBS A. T. 23/5; JESCHECK/WEIGEND A. T., § 42 III 2; KÜPER ZStW 104 (1992) S. 587 ff; WESSELS/BEULKE Rdn. 422. – A. A. KÖHLER A. T., S. 551; LACKNER/KÜHL § 28 Rdn. 1; NIEDERMAIR ZStW 106 (1994) S. 400; ROXIN A. T. II, § 27 Rdn. 9 ff; SCH/SCH/HEINE § 28 Rdn. 3 ff. – Differenzierend zwischen strafbegründenden und strafändernden Merkmalen: HERZBERG ZStW 88 (1976) S.70 ff; GROPP A. T., § 10 Rdn. 119; KÜHL A. T. § 20 Rdn. 155.

11 Dazu LANGER Sonderverbrechen, S. 491 f; OTTO ZStW 87 (1975) S. 596 f; SCH/SCH/HEINE § 28 Rdn. 26.

12 So auch ARZT JA 1980 S. 557; BAUMANN/WEBER/MITSCH A. T., § 32 Rdn. 18; BRAMMSEN Entstehungsvoraussetzungen, S. 107 ff, 387 ff; HAKE JR 1996 S. 164 f; ROXIN LK, § 28 Rdn. 64; STRATENWERTH A. T. I, § 12 Rdn. 191; TRÖNDLE/FISCHER § 28 Rdn. 6; VOGLER Lange-FS, S. 265 ff. – A. A. GEPPERT ZStW 82 (1970) S. 40 ff; JESCHECK/WEIGEND A. T., § 61 VII 4 a; LACKNER/KÜHL § 28 Rdn. 6; RANFT JZ 1995 S. 1186 f; SCHLÜCHTER Salger-FS, S. 145; SCH/SCH/HEINE § 28 Rdn. 19; STEIN Beteiligungsformenlehre, S. 337.

13 Eingehender dazu OTTO Gössel-FS, S. 109 ff; vgl. auch HERZBERG GA 1991 S. 161 ff; JAKOBS A. T. 23/24 f, die Gefahrenabwehrgaranten grundsätzlich nicht als Sonderpflichtige in diesem Sinne anerkennen.

e) Im Hinblick auf die Rechtsfolgen zieht § 28 unterschiedliche und wenig befriedigende **23** Konsequenzen. Bei strafbegründenden besonderen persönlichen Merkmalen sieht das Gesetz eine Strafzumessungslösung vor, § 28 Abs. 1: Der Teilnehmer wird aus dem Deliktstatbestand bestraft, den der Haupttäter verwirklicht hat, jedoch wird seine Strafe gemildert. Bei strafändernden Merkmalen hat der Gesetzgeber sich für eine Tatbestandslösung entschieden, § 28 Abs. 2. Der Teilnehmer, bei dem ein strafänderndes Merkmal nicht vorliegt, wird aus dem Grundtatbestand bestraft, nicht aber aus dem qualifizierten oder privilegierten Tatbestand bzw. freigesprochen.[14]

f) *Hinweis:* Zur Einübung in den Umgang mit § 28: OTTO Grundkurs Strafrecht, B. T., § 8. **24**

II. Voraussetzungen der Anstiftung

Als Anstifter wird bestraft, wer einen anderen vorsätzlich zu dessen vorsätzlich begangener **25** rechtswidriger Tat bestimmt hat, § 26.

1. Die vorsätzlich begangene rechtswidrige Tat (Haupttat)

a) Die Haupttat kann ein Begehungs- oder Unterlassungsdelikt, ein vollendetes oder ver- **26** suchtes Delikt sein.

b) Die Haupttat muss vorsätzlich begangen worden sein. Anstiftung zum Fahrlässigkeits- **27** delikt ist nicht möglich.

aa) Dem Gesetz ist kein Hinweis dafür zu entnehmen, dass die Anforderungen, die hier an **28** den Vorsatz zu stellen sind, nicht mit denen übereinstimmen, die sonst für den Vorsatz verlangt werden.

Das Vorsatzerfordernis bringt einige Anhänger der sog. eingeschränkten Schuldtheorie hier in Argumenta- **29** tionsschwierigkeiten. Obwohl sie nämlich bei einem Irrtum des Täters über die tatsächlichen Voraussetzungen eines Rechtfertigungsgrundes den Vorsatz oder zumindest die Vorsatzstrafe ausschließen, vertreten sie die Ansicht, ein derartiger Irrtum des Haupttäters berühre im Rahmen der Teilnahme das Vorliegen der vorsätzlichen Haupttat nicht, es genüge hier das bloße Wissen und Wollen der Tatbestandsverwirklichung. Begründet wird die Divergenz zu den Anforderungen, die sonst an den Vorsatz oder zumindest an die Vorsatzstrafe gestellt werden, mit dem Hinweis auf unerträgliche Strafbarkeitslücken im Bereich der „Anstiftung zum Sonderdelikt".[15]

Beispiel: OLG Köln MDR 1962 S. 591: A täuschte den Arzt B darüber, dass die Einwilligung des Patienten P zur Offenbarung eines ärztlichen Geheimnisses, das P betraf, vorlag. B gab daraufhin das Geheimnis preis.

Ergebnis: B kann nicht nach § 203 Abs. 1 Nr. 1 bestraft werden, weil sein Irrtum den Vorsatz oder zumindest die Vorsatzstrafe ausschließt. – A kann nicht mittelbarer Täter sein, weil er nicht Träger der Sonderpflicht (Schweigepflicht) ist. – Eine Anstiftung kommt mangels Vorsatztat nicht in Betracht, es sei denn, man begnügt sich hier mit dem Bewusstsein des Täters, dass er ein Geheimnis offenbart hat.

---

14 So auch BGHSt 6 S. 308; 8 S. 208; KÜPER ZStW 104 (1992) S. 581; LACKNER/KÜHL § 28 Rdn. 1; MITSCH ZStW 110 (1998) S. 202; SCH/SCH/HEINE § 28 Rdn. 28; TRÖNDLE/FISCHER § 28 Rdn. 8; WESSELS/BEULKE A. T., Rdn. 557. – Für eine einheitliche Strafzumessungslösung: CORTES ROSA ZStW 90 (1978) S. 440 ff; HIRSCH Schreiber-FS, S. 157 ff, 167 ff; HOYER SK I, § 28 Rdn. 5; ROXIN A. T. II, § 28 Rdn. 19 ff.

15 Vgl. FRISCH Vorsatz und Risiko, 1983, S. 252; LACKNER/KÜHL Vor § 25 Rdn. 9; ROXIN LK, Vor § 26 Rdn. 26; RUDOLPHI SK I, § 16 Rdn. 13; TRÖNDLE/FISCHER § 16 Rdn. 27. – Dagegen aber GEPPERT Jura 1997 S. 303; HERZBERG Täterschaft, S. 111.

30 Sicher ist dann, wenn der Vorsatzbegriff einheitlich interpretiert wird, in den Fällen des vorsatzausschließenden Irrtums über einen Rechtfertigungsgrund eine Strafbarkeitslücke gegeben. Sie ist jedoch weder „unerträglich" noch „bedenklich", zumal der hier praktisch durchaus bedeutendere Irrtum über ein Merkmal des gesetzlichen Tatbestandes der Strafbarkeit auch nach Ansicht jener entgegensteht, die beim Irrtum über die tatsächlichen Voraussetzungen eines Rechtfertigungsgrundes die Strafbarkeitslücke schließen wollen.

31 bb) Irrt der „Anstifter" über den Vorsatz des Haupttäters, d. h. glaubt er, der Haupttäter werde vorsätzlich handeln, während dieser fahrlässig oder noch nicht einmal fahrlässig handelt, so fehlt es an der vorsätzlichen Haupttat.

Beispiel: A gibt dem B, der sich über C geärgert hat, ein Mittel mit den Worten, dieses werde den C „still machen". B glaubt, es handele sich um ein Beruhigungsmittel und gibt es dem C, der stirbt. A ging davon aus, dass B erkannt hatte, was er dem C verabreichte.

Ergebnis: Eine vorsätzliche Tat des B liegt nicht vor. Wollte man den A dennoch wegen Anstiftung bestrafen, so würde man ihn bestrafen, als *hätte* er es bewirkt, dass es zur vorsätzlichen Haupttat gekommen ist. Das aber ist der klassische Fall einer verbotenen Analogie. – Mittelbare Täterschaft scheidet aus, weil A sich seiner Tatherrschaft nicht bewusst ist. – In Betracht kommt in diesem Fall nur eine Bestrafung nach § 30 Abs. 1 S. 1, 1. Alt.[16]

2. Das Bestimmen des Haupttäters

a) Mögliche Definitionen des Begriffes „Bestimmen"

32 „Bestimmen" i. S. des § 26 wird definiert als „Hervorrufen des Tatentschlusses". Dennoch ist die Weite des Begriffs streitig. Die einen begnügen sich mit der bloßen Verursachung des Tatentschlusses: „Bei der Anstiftung reicht jedes Mittel der intellektuellen Beeinflussung für die Tatbestandserfüllung aus, auch wenn es als solches von dem zu Beeinflussenden nicht erkannt wird".[17]

33 Andere fordern zumindest einen *geistigen Kontakt* zwischen dem Anstifter und dem Anzustiftenden mit dem Ziel der Verursachung des Tatentschlusses beim Haupttäter, so dass die Schaffung einer zur Tat anreizenden Situation noch kein geeignetes Anstiftungsmittel ist.[18]

34 Schließlich wird gefordert, dass das Bestimmen nicht nur psychischen Kontakt voraussetzt, sondern auch dort, wo diese Kommunikation gegeben ist, auf eine erkennbare Beeinflussung, Aufforderung, Anregung zur Tat gerichtet sein muss: „Eine bloße Angabe rein theoretischer Möglichkeit und Belehrung, ohne dass darin zugleich mindestens versteckt der Rat, die Aufforderung und Bestimmung, in dieser Weise zu verfahren, gelegen wäre, genügt noch nicht".[19]

---

16 Im Ergebnis übereinstimmend z. B.: KG NJW 1977 S. 819; BOCKELMANN Gallas-FS, S. 261 ff; JESCHECK/WEIGEND A. T., § 61 VII 3; KINDHÄUSER StGB, Vor § 25 Rdn. 65; MAURACH/GÖSSEL/ZIPF A. T. 2, § 51 Rdn. 24; ROXIN LK, § 25 Rdn. 143 f; DERS. A. T. II, § 25 Rdn. 159 f. – A. A. z. B. BAUMANN/WEBER/MITSCH A. T., § 30 Rdn. 27 f; KÖHLER A. T., S. 513; SCHÖNEBORN ZStW 87 (1975) S. 911, Fn. 38.

17 BGHSt 45 S. 374; BGH NJW 1985 S. 924; vgl. auch HERZBERG JuS 1976 S. 41; HILLENKAMP JR 1987 S. 256; LACKNER/KÜHL § 26 Rdn. 2; TRÖNDLE/FISCHER § 26 Rdn. 3; WIDMAIER JuS 1970 S. 242 f. – Die Schaffung eines gegenüber dem Alltag erhöhten Risikos lässt HILGENDORF Jura 1996 S. 10 ff, genügen.

18 Vgl. JESCHECK/WEIGEND A. T., § 64 II 2a; KÜHL A. T., § 20 Rdn. 172; PLATE ZStW 84 (1972) S. 295; SCHMIDHÄUSER A. T., 14/104; SCH/SCH/HEINE § 26 Rdn. 7; WELZEL Lb, § 16 II 1.

19 BUSCH LK, 9. Aufl. 1974, § 48 Rdn. 14; vgl. auch FREUND A. T., § 10 Rdn. 115; FUHR Die Äußerung im Strafgesetzbuch, 2001, S. 65 f; HOYER SK I, § 26 Rdn. 10; JOECKS MK, § 26 Rdn. 19; KREY A. T. 2, Rdn. 257; D. MEYER JuS 1970 S. 529; DERS. MDR 1975 S. 983; OTTO JuS 1982 S. 560; ROXIN Stree/Wessels-FS, S. 377 ff; DERS. A. T. II, § 26 Rdn. 74 ff; SCHILD NK, § 26 Rdn. 23; SCHLÜCHTER/DUTTGE NStZ 1997

b) Stellungnahme

Der restriktiven Interpretation des Begriffs „Bestimmen" ist der Vorzug zu geben: Nach § 26   **35**
wird der Anstifter wie der Haupttäter bestraft. Vergegenwärtigt man sich aber, welche kriminelle Energie der Haupttäter im Regelfall aufbringt und wie gering der Aufwand des Anstifters ist, wenn jede Verursachung eines Tatentschlusses genügt, so ist die Diskrepanz augenfällig. Um die hier nötige Vergleichbarkeit des Unrechtsgehalts zu gewährleisten, ist es daher nötig, den Begriff „Bestimmen" restriktiv zu interpretieren: *Bestimmen ist eine Verhaltensweise, mit der der Anstifter unmittelbar auf den Willen des Täters beeinflussend einwirkt.* Die bloße Schaffung einer zur Tat anreizenden Sachlage, die Eröffnung der Möglichkeit, ein Delikt zu begehen, genügt dafür nicht, jedoch ist auch der Nachweis einer faktischen Bindung des Haupttäters an den Tatplan des Anstifters nicht erforderlich, da dann bereits eine Täterposition des Hintermannes begründet wäre.

Das kam in der exemplarischen Aufzählung von Anstiftungsmitteln in § 48 a. F. recht gut zum Ausdruck, da allen genannten Mitteln das Element der Einwirkung auf den Willen des Täters gemeinsam war.

§ 48 Abs. 1 a.F.: Als Anstifter wird bestraft, wer einen anderen zu der von demselben begangenen mit Strafe bedrohten Handlung durch Geschenke oder Versprechen, durch Drohung, durch Missbrauch des Ansehens oder der Gewalt, durch absichtliche Herbeiführung oder Beförderung eines Irrtums oder durch andere Mittel vorsätzlich bestimmt hat.

c) *Zur Verdeutlichung*

Beispiel 1: A wird nach einem Bankraub von einer Menschenmenge verfolgt. Er wirft eine Handvoll 100-   **36**
EUR-Scheine hinter sich. Der größte Teil der Verfolger lässt von der Verfolgung ab und macht sich mit dem Geld davon. Das hatte A bezweckt.

Ergebnis: Keine Anstiftung zur Unterschlagung; die Vertreter der „Verursachungstheorie" müssen hier eine Anstiftung bejahen.

Beispiel 2: Nach einem von ihm verursachten Verkehrsunfall während eines Gewitters will der Kraftfahrer K aussteigen und sich zur Unfallstelle begeben. Der Mitfahrer A weist darauf hin, dass man sich bei diesem Wetter den Anzug ruiniert, wenn man aussteigt. Daraufhin fährt K weiter. Das hatte A gewollt.

Ergebnis: Auch hier kann von einer erheblichen Willensbeeinflussung keine Rede sein, daher entfällt eine Anstiftung zum unerlaubten Entfernen vom Unfallort. – Anders wäre zu entscheiden gewesen, wenn A den K gebeten, aufgefordert oder durch ein Versprechen veranlasst hätte, weiterzufahren.

Beispiel 3: BGH GA 1980 S. 183: A hatte die Z vergewaltigt. Anschließend wandte er sich an den anwesenden und bisher noch nicht zur Tat entschlossenen P mit der Frage: „Willst Du auch noch?" P entschloss sich daraufhin auch zur Tat. Mit dieser Entscheidung auf seine Frage hatte A gerechnet.

BGH: A hat P zur Vergewaltigung angestiftet. – Dieses Ergebnis kann nicht überzeugen, da A erkennbar den Willen des P nicht beeinflussen wollte. Anstiftung hätte erst vorgelegen, wenn A den P aufgefordert hätte, tätig zu werden oder wenn er hätte durchblicken lassen, dass er den P sonst für einen Feigling hielte.

d) Der sog. omnimodo facturus

Ist der Täter bereits zur konkreten Tat entschlossen (sog. omnimodo facturus), so ist eine   **37**
Anstiftung nicht mehr möglich, da der Täter nicht mehr zur Tat „bestimmt" werden kann. –
Zu beachten ist aber § 30 Abs. 1.

S. 595; Schumann Strafrechtliches Handlungsunrecht, 1986, S. 51 f; Stratenwerth A. T. I, § 12 Rdn. 143; Wessels/Beulke Rdn. 568. – Enger: Jakobs A.T., 22/21 ff (Abhängigkeit des Willens des Täters vom Anstifter); Puppe GA 1984 S. 101 ff (Unrechtspakt zwischen Täter und Anstifter); Renzikowski Täterbegriff, S. 124 (Inaussichtstellen einer positiven oder negativen Sanktion); Schulz JuS 1986 S. 937 ff (Planherrschaft des Anstifters).

Beispiel: A bietet dem B eine Belohnung, falls dieser den X umbringe. B ist aber in diesem Zeitpunkt schon entschlossen, den X zu töten, und hat die Tat in allen Einzelheiten genau geplant.

Ergebnis: Anstiftung des B nicht mehr möglich, aber § 30 Abs. 1 S. 1, 1. Alt.

e) Auf-, Um- und Abstiftung

38 Wird jedoch der zur Begehung eines Grunddelikts (z. B. Raub, § 249) Entschlossene zur Tat in qualifizierter Form (z. B. Raub mit Waffen, § 250 Abs. 1 Nr. 1) bestimmt – sog. Aufstiftung –, so genügt das für die Anstiftung zum schweren Raub, denn die qualifizierte Tat ist eine eigenständige, im Unrecht nicht aufteilbare Tat.[20] – Gleiches gilt für die sog. Umstiftung, d. h. für den Fall, dass der Täter zu einer anderen als der ursprünglich geplanten Tat bestimmt wird und nicht nur zu einer Modifizierung der bisherigen Tat. Der Anstifter haftet wegen Anstiftung zu der neuen Tat.[21]

Wird der zur Begehung einer qualifizierten Tat Entschlossene veranlasst, nur das Grunddelikt zu begehen, sog. Abstiftung, so fehlt es an einer Einflussnahme zu einer Rechtsgutsbeeinträchtigung, die über das bereits vom Haupttäter Gewollte hinausgeht. Der „Abstifter" haftet daher nicht für den Erfolg.

f) Anstiftung durch Unterlassen

39 Wird im „Bestimmen" mehr gesehen als eine bloße Verursachung des Tatplanes, dann ist eine Anstiftung durch bloßes Unterlassen nicht möglich. Das Unterlassen des Garanten entspricht lediglich der Verursachung des Tatplanes durch positives Tun. Zu diesem Unterlassen müsste daher ein Verhalten hinzukommen, das dem Unterlassen den Sinngehalt des „Bestimmens" gibt. – Welches Verhalten hier maßgeblich sein könnte, ist nicht ersichtlich.[22]

g) Anstiftung in Mittäterschaft, Beihilfe zur Anstiftung

40 Da die Differenzierung zwischen Mittäterschaft und Teilnahme an soziale Phänomene anknüpft, die der Gesetzgeber ins Strafrecht übertragen hat, ist auch eine nichttäterschaftliche Anstiftung oder eine Beihilfe bei der Anstiftung eines anderen möglich.[23]

---

20 Wie hier z. B. BGHSt 19 S. 339; BAUMANN/WEBER/MITSCH A. T., § 30 Rdn. 34; LACKNER/KÜHL § 26 Rdn. 2; MAURACH/GÖSSEL/ZIPF A. T. 2, § 51 Rdn. 11; OTTO JuS 1982 S. 561; ROXIN LK, § 26 Rdn. 39 ff; DERS. A. T. II, § 26 Rdn. 104 ff; SCHMIDHÄUSER A. T., 14/113; SCHULZ Bestrafung, S. 169; STREE Heinitz-FS, S. 277 ff; TRÖNDLE/FISCHER § 26 Rdn. 3.
   A. A. BEMMANN Gallas-FS, S. 273 ff; CRAMER JZ 1965 S. 31 f; ESER II, Nr. 43 A 8; GRÜNWALD JuS 1965 S. 313; LETZGUS Vorstufen der Beteiligung, 1972, S. 33; SCH/SCH/HEINE § 26 Rdn. 6: psychische Beihilfe zum Grundtatbestand und ggf. Anstiftung zum selbständig strafbaren erschwerenden Teil. – Differenzierend danach, ob schwere Tat eigenständiges Delikt oder bloße Qualifikation: KÜPPER JuS 1996 S. 24.
21 Vgl. dazu BGH StV 1996 S. 2; BEMMANN Gallas-FS, S. 277; KÜHL A. T., § 20 Rdn. 180; KÜPPER JuS 1996 S. 23; OTTO JuS 1982 S. 561; ROXIN A. T. II, § 26 Rdn. 91 ff. – A. A., wenn das „Maß der Rechtsgutsverletzung gleich bleibt", HOYER SK I, § 26 Rdn. 23 f; ROXIN LK, § 26 Rdn. 32.
22 Wie hier BAUMANN/WEBER/MITSCH A. T., § 30 Rdn. 67; GRÜNWALD GA 1959 S. 122 f; JESCHECK/WEIGEND A. T., § 64 II 6; ARMIN KAUFMANN Unterlassungsdelikte, S. 292; D. MEYER MDR 1975 S. 982 ff; ROXIN A. T. II, § 26 Rdn. 86 (mit der Ausnahme des Garanten für die Verhinderung der Anstiftungstat; dazu Rdn. 87); SCH/SCH/HEINE § 26 Rdn. 5.
   A. A. HERZBERG Die Unterlassung im Strafrecht und das Garantenprinzip, 1972, S. 119 ff; LACKNER/KÜHL § 26 Rdn. 3; MAURACH/GÖSSEL/ZIPF A. T. 2, § 51 Rdn. 17; RUDOLPHI SK I, Vor § 13 Rdn. 42; SCHMIDHÄUSER A. T., 17/10.
23 Vgl. dazu BGH NStZ 2000 S. 421 mit Anm. OTTO JK 01, StGB § 26/7; ROXIN LK, § 25 Rdn. 172, § 26

3. Der Vorsatz des Anstifters

Der Anstifter muss sich erstens der Tatsache bewusst sein, dass der Haupttäter eine vorsätz- **41** liche Tat begeht, d. h. er muss sich des konkreten Tatgeschehens in seinen wesentlichen Zügen bewusst sein, zweitens muss er wissen, dass er den Haupttäter zu dieser Tat bestimmt (sog. doppelter Vorsatz des Anstifters).

Der Vorsatz des Anstifters muss sich auf die Ausführung einer zwar nicht in allen Einzelheiten, wohl aber in ihren wesentlichen Merkmalen oder Grundzügen konkretisierten Tat beziehen.[24]

a) Der agent provocateur

Da der Strafgrund der Teilnahme in der mittelbaren Beeinträchtigung des geschützten **42** Rechtsgutes liegt (Unrechtsteilnahme), deren sich der Anstifter auch bewusst sein muss, bleibt derjenige, der zwar einen anderen zu einer vorsätzlichen, rechtswidrigen Tat bestimmt, aber die „Verwirklichung der Haupttat" verhindern will (sog. agent provocateur), straflos. Str. ist aber, ob dem agent provocateur der Anstiftungsvorsatz nur fehlt, wenn er es lediglich zur versuchten Haupttat kommen lassen will oder auch dann, wenn er zwar die Vollendung der Haupttat, nicht aber ihre Beendigung beabsichtigt.[25]

Beispielsfall 1: A stiftet den B zu einem Einbruch an, benachrichtigt aber vorher die Polizei, die den B beim Versuch des Einbruchs festnehmen soll.

Ergebnis: A ist nicht als Anstifter zur Tat des B strafbar.

Beispielsfall 2: A stiftet den B zu einem Diebstahl an, will es aber nicht zur materiellen Beendigung des Delikts kommen lassen, sondern sorgt dafür, dass B nach Vollendung der Tat auf frischer Tat betroffen und gefasst wird, d. h. vor materieller Beendigung der Tat.

Ergebnis: Auch hier fehlt es dem A an dem Willen, die Rechtsgutsverletzung durchzuführen.

Da auch im Falle der Vollendung des Delikts, die aber nach der Vorstellung des Täters nicht zur materiellen Beendigung führen soll, die Rechtsgutsverletzung gerade nicht eintreten soll, fehlt es auch noch in dieser Situation am Vorsatz des Anstifters.

Ist sich der Anstifter der konkreten Gefahr bewusst, dass die Rechtsgutsverletzung gelingen **43** kann, so handelt er bzgl. der Deliktsverwirklichung mit dolus eventualis und ist strafbar,

---

Rdn. 104 m. w. N; DERS. A. T. II, § 25 Rdn. 238, § 26 Rdn. 173 f; – A. A. HOYER SK I, § 26 Rdn. 32; MAURACH/GÖSSEL/ZIPF A. T. 2, § 50 Rdn. 130.

24 BGHSt 34 S. 63, 66 mit Anm. GEPPERT JK, StGB § 26/3, HERZBERG JuS 1987 S. 617 ff, ROXIN JZ 1986 S. 908 f; BGH NStZ 1996 S. 434; JESCHECK/WEIGEND A. T., § 64 II 2 b; KINDHÄUSER StGB, § 26 Rdn. 24; KÜHL A. T., § 20 Rdn. 192; WESSELS/BEULKE A. T., Rdn. 572. – Weiter (Verständnis der wesentlichen Dimension des Unrechts genügt): INGELFINGER Anstiftungsvorsatz und Tatbestimmtheit, 1992, S. 223 ff; HERZBERG JuS 1987 S. 617 f; ROXIN JZ 1986 S. 908 f; DERS. A. T. II, § 26 Rdn. 136 ff.

25 Zum Versuch: BAUMANN/WEBER/MITSCH A. T., § 30 Rdn. 44; BOCKELMANN/VOLK A. T., § 25 III 1 b, aa; HERZBERG GA 1971 S. 12; KELLER Rechtliche Grenzen der Provokation von Straftaten, 1989, S. 276; KÜHL A. T., § 20 Rdn. 203; KÜPER GA 1974 S. 321ff; LACKNER/KÜHL § 26 Rdn. 4; MITSCH Straflose Provokation strafbarer Taten, 1986, S. 102 ff.

Zum beendeten Delikt: GEPPERT Jura 1997 S. 362; JANSSEN NStZ 1992 S. 238; KREY A. T. 2, Rdn. 281ff; OTTO JuS 1982 S. 561 f; ROXIN LK, § 26 Rdn. 67 ff; DERS. A. T. II, § 26 Rdn. 156; RUDOLPHI Maurach-FS, S. 66 f; STRATENWERTH A. T. I, § 12 Rdn. 150; TRÖNDLE/FISCHER § 26 Rdn. 8.

soweit nicht im Einzelfall § 34 eingreift oder bei der Anstiftung zu einem abstrakten Gefährdungsdelikt eine Realisierung der Tat ausgeschlossen ist. [26]

b) Der Exzess des Haupttäters

44   Für einen Exzess des Haupttäters – A stiftet den B zu einem Diebstahl gegenüber X an, B begeht ohne Wissen des A einen Raub – haftet der Anstifter nicht, da dieser Teil der Tat – Anwendung der Gewalt – nicht von seinem Vorsatz umfasst ist.

c) Der „error in persona vel obiecto" des Haupttäters

45   Streitig ist, wie sich der error in persona des Haupttäters – dazu oben § 7 Rdn. 93 ff – in der Person des Anstifters auswirkt.

Fall Rose-Rosahl: Rosahl versprach dem Rose, ihn reichlich zu belohnen, wenn er den Schliebe erschösse. Rose legte sich auf die Lauer und erschoss einen Menschen in der Annahme, es sei Schliebe. In Wirklichkeit war es Harnisch.

46   Die Tat des Haupttäters muss vom Vorsatz des Anstifters umfasst sein, d. h. er muss sich des konkreten Tatgeschehens und seines Bedeutungsgehalts bewusst sein. Dieses Bewusstsein fehlt jedoch, wenn der Anstifter die relevante Tat z. B. als Mord an X sieht, hingegen der Y ermordet wird. Der soziale Sinngehalt der Tat ist aus seiner Sicht jeweils ein anderer. Da er nicht in der Tatsituation steht, kann die Tat in seiner Person nicht auf die Tötung des Menschen, der sich dem Täter nähert, reduziert werden. Für ihn ist die Tat Tötung eines ganz bestimmten, nicht irgendeines Menschen. Während aber für den Täter der bestimmte Mensch der vor ihm stehende Mensch ist, bleibt das Opfer für den Anstifter die konkrete Person, zu deren Tötung er den Täter bestimmt hat. Zumindest bei der Beeinträchtigung höchstpersönlicher Rechtsgüter stellt sich der „error in persona" des Haupttäters daher als „aberratio ictus" des Anstifters dar. Er kann nur – soweit strafbar – wegen versuchter (erfolgloser) Anstiftung, § 30, und u. U. wegen eines Fahrlässigkeitsdelikts bestraft werden.[27]

---

26 Vgl. dazu HOYER SK I, Vor § 26 Rdn. 66; JESCHECK/WEIGEND A.T., § 64 II 2 b; PLATE ZStW 84 (1972) S. 306 ff. – Grundsätzlich gegen die Möglichkeit einer Rechtfertigung nach § 34 StGB: KELLER Grenzen, S. 354 ff. – Zur Anstiftung zum abstrakten Gefährdungsdelikt: OLG Oldenburg NJW 1999 S. 2751.

27 Im Ergebnis ebenso: ALWART JuS 1979 S. 355; BEMMANN Stree/Wessels-FS, S. 397 ff; HILLENKAMP Die Bedeutung von Vorsatzkonkretisierungen bei abweichendem Tatverlauf, 1971, S. 63 ff; JESCHECK/WEIGEND A.T., § 64 II 4; KÖHLER A.T., S. 528 f; KÜHL A.T., § 20 Rdn. 209; LACKNER/KÜHL § 26 Rdn. 6; ROXIN Spendel-FS, S. 300 ff; DERS. A.T. II, § 26 Rdn. 119; RUDOLPHI SK I, § 16 Rdn. 30; STOFFERS JuS 1993 S. 839; TOEPEL JA 1997 S. 254 f.

Den error in persona des Haupttäters sehen für den Anstifter als unbeachtlich an: PREUSS. OBERTRIBUNAL GA 7 (1859) S. 337; BACKMANN JuS 1971 S. 119 f; GEPPERT Jura 1992 S. 166 ff; LOEWENHEIM JuS 1966 S. 314 f; MAURACH/ZIPF A.T. 1, § 23 Rdn. 26; MITSCH Jura 1991 S. 375; NIKOLIDATIS Grundfragen der Anstiftung, 2004, S. 178 f; PUPPE GA 1984 S. 120 f; DIES. NK, § 16 Rdn. 124 ff, 129; SCH/SCH/HEINE § 26 Rdn. 18; TRÖNDLE/FISCHER § 26 Rdn. 15.

Dem folgen, soweit nur eine unwesentliche Abweichung des vorgestellten vom realen Kausalverlauf vorlag, weil das Geschehen sich in den Grenzen des Vorhersehbaren hielt und keine andere rechtliche Bewertung erfordert: BGHSt 37 S. 217; BGH NStZ 1998 S. 294, 295 mit Anm. HERZBERG JuS 1999 S. 224 ff; BAUMANN/WEBER/MITSCH A.T., § 30 Rdn. 89; HAFT/EISELE Keller-GedS, S. 96 f; JAKOBS A.T., 22/29; KÜPPER JR 1992 S. 296; STRENG JuS 1991 S. 913 ff; DERS. ZStW 109 (1997) S. 896; WESSLAU ZStW 104 (1992) S. 130.

4. Anstiftung durch unzulässigen Lockspitzeleinsatz

Nach ständiger Rechtsprechung ist im Rahmen der Ermittlung und Bekämpfung besonders 47
gefährlicher und schwer aufklärbarer Straftaten der Einsatz polizeilicher Lockspitzel geboten
und rechtmäßig.[28]

Dem tatprovozierenden Verhalten polizeilicher Lockspitzel sind jedoch durch das Rechts- 48
staatsprinzip Grenzen gesetzt. Diese Grenzen sind überschritten, wenn der Lockspitzel den
anderen intensiv zum strafbaren Tun veranlasst und im weiteren Verlauf die Tat in jeder
Phase mitbeherrscht und mitsteuert. Hat das tatprovozierende Verhalten des Lockspitzels ein
solches Gewicht, dass demgegenüber der eigene Beitrag des Täters in den Hintergrund tritt,
so kann das die Strafbarkeit des Täters nicht nur mindern, sondern sogar ausschließen.

Ob das Verhalten des Lockspitzels nur im Rahmen der Strafzumessung relevant ist[29] oder ein Verfahrenshin- 49
dernis[30] bzw. ein Beweisverbot[31] begründet, ist strittig.

III. Voraussetzungen der Beihilfe

Gehilfe ist, wer vorsätzlich einem anderen zu dessen vorsätzlich begangener rechtswidriger 50
Tat Hilfe leistet, § 27.

1. Die vorsätzlich begangene rechtswidrige Tat (Haupttat)

Zur vorsätzlich begangenen rechtswidrigen Tat vgl. die entsprechenden Ausführungen oben 51
Rdn. 26 ff.

2. Hilfe leisten

a) Konkretisierung des Begriffes „Hilfe leisten"

Die h. L. betont nach wie vor, dass die Beihilfe kausal für den Erfolg der Haupttat (bzw. die 52
Tathandlung des Haupttäters) gewesen sein müsse. Es wird jedoch übereinstimmend darauf
hingewiesen, dass eine Kausalität nicht nur dann besteht, wenn ohne den Gehilfenbeitrag der
Erfolg entfallen wäre, sondern schon dann, wenn die Beihilfe den Erfolg ermöglicht, erleichtert, intensiviert oder sein Gelingen abgesichert hat.

Damit wird bereits deutlich, dass es in Wirklichkeit nicht um die Feststellung eines Kau- 53
salzusammenhanges zwischen Hilfeleistung und Erfolg geht, sondern um eine Wertung da-

---

28 Dazu vgl. BVerfGE 57 S. 284; BVerfG NStZ 1987 S. 276; BGHSt 32 S. 121 f; 32 S. 346; 33 S. 356; 47 S. 50.
29 So BGHSt 32 S. 345, 355 mit eingehendem Überblick über die verschiedenen auch in der Rechtsprechung
   vertretenen Lösungen; BGHSt(GS) 33 S. 356 ff; BGH NStZ 1986 S. 162 mit Anm. Puppe S. 404 ff; BGH
   StV 1987 S. 435; BGH StV 1999 S. 631; BGH JZ 2000 S. 363 mit Anm. Roxin S. 369 ff; Foth NJW 1984
   S. 221; K. Meyer NStZ 1985 S. 134 f; Rieß JR 1985 S. 45 ff; Seelmann ZStW 95 (1983) S. 831; Sieg StV
   1981 S. 638, der daneben kumulativ noch für ein Verfahrenshindernis eintritt. – Vgl. auch EuGHMR StV
   1999 S. 127 mit Anm. Kempf S. 128 ff, Kinzig S. 288 ff; van Gemmeren NJW-Sonderheft f. G. Schäfer,
   2002, S. 28 ff.
30 So BGH NJW 1981 S. 1626; BGH StV 1984 S. 408; Kudlich JuS 2000 S. 951; Lesch JA 2000 S. 454;
   Mache StV 1981 S. 599 ff; Maul 50 Jahre BGH-FS, S. 578; J. Meyer ZStW 95 (1983) S. 853; Taschke
   StV 1984 S. 178 ff; abweichend Bruns StV 1984 S. 393, der lediglich einen auf formale Rüge zu beachtenden Revisionsgrund bejaht.
31 So Berz JuS 1982 S. 416 ff; Creutz ZRP 1988 S. 415 ff; Franzheim NJW 1979 S. 2014; Lüderssen
   Peters-FS, S. 363; ders. Jura 1985 S. 113 ff.

hin, ob der Gehilfe für Verwirklichung des Erfolges durch den Täter nützlich war, so dass das Urteil begründet ist, der Gehilfe habe bei der Verwirklichung des Erfolges mitgewirkt. Dann nämlich ist die Feststellung berechtigt, die Hilfeleistung habe den Erfolg ermöglicht, erleichtert, intensiviert oder sein Gelingen abgesichert, war dem Täter bei der Ausführung der Tat nützlich, habe seine Lage verbessert oder ihm in diesem Sinne geholfen. Maßgeblich ist demnach ein *wertendes Verfahren*, in dem – und hier ist der unmittelbare Zusammenhang mit dem Strafgrund der Teilnahme: eigene Rechtsgutsbeeinträchtigung und Teilnahme an fremdem Unrecht, wiederum gegeben – festgestellt wird, ob der *Teilnehmer durch sein Verhalten jene Gefahr für das Rechtsgut erhöht hat, die sich – beim Erfolgsdelikt – in der Verletzung des Rechtsguts realisiert hat (Risikoerhöhungsprinzip)*. – Wenn der Gehilfe durch sein Verhalten das Risiko für das Rechtsgut erhöht hat, das sich in der Rechtsgutsverletzung realisiert hat, so liegt vollendete Beihilfe i. S. des § 27 vor. Ist eine derartige Risikoerhöhung nicht feststellbar, so ist nur eine – straflose – versuchte Beihilfe gegeben.[32]

b) Die psychische Beihilfe

54 Beihilfe kann durch Rat oder Tat gewährt werden, d. h. durch psychische oder physische Unterstützung des Haupttäters. Das ist unproblematisch, soweit die psychische Beihilfe als Rat geleistet wird, der die konkrete Ausführung der Tat erleichtert.

55 Streitig ist, ob und wie Beihilfe auch durch *Bestärkung des Tatentschlusses* geleistet werden kann. – Z. T. wird die Möglichkeit einer psychischen Beihilfe durch Stabilisierung des Tatentschlusses grundsätzlich abgelehnt, weil die Kausalität solcher inneren Einwirkungen kaum jemals mit hinreichender Sicherheit festzustellen sei[33] oder weil es sich hier um eine Einwirkung auf den Täter, nicht aber auf die Tat handele, die nicht als Beihilfe, sondern nur als Anstiftung erfassbar sei.[34]

56 Richtig ist an dieser Kritik, dass der endgültig zur Tat Entschlossene nicht durch Beifalls-, Zustimmungs- und Solidaritätsbekundungen noch „entschlossener" gemacht werden kann. Bloße Gesinnungsbekundung ist noch keine Hilfe. Wer demjenigen, der Schnee schaufelt, ein fröhliches „Bravo" zuruft, hilft ihm keineswegs bei der Beseitigung des Schnees. Auch bei der psychischen Beihilfe ist daher der Nachweis unerlässlich, dass das Verhalten des Gehilfen die Tat *objektiv* gefördert oder erleichtert hat. Das kann aber der Fall sein, wenn der Gehilfe vorhandene Bedenken des zur Tat entschlossenen Haupttäters hinsichtlich der Art und Weise der Tatbegehung zerstreut, noch vorhandene Tathemmungen beseitigt oder dem Täter ver-

---

32 Unter Hintanstellung terminologischer Differenzen dürfte insoweit sachlich Übereinstimmung bestehen zwischen den Vertretern der herrschenden, die *Kausalität* betonenden Ansicht – vgl. BAUMANN/WEBER/MITSCH A. T., § 31 Rdn. 17; BOCKELMANN/VOLK A. T., § 25 III 2 a; CLASS Stock-FS. S. 115 ff; DREHER MDR 1972 S. 553 f; ESER II, Nr. 45 A 7; JESCHECK/WEIGEND A. T., § 64 III 2 c; KÜHL A. T., § 20 Rdn. 214 ff; LACKNER/KÜHL § 27 Rdn. 2; MAURACH/GÖSSEL/ZIPF A. T. 2, § 52 Rdn. 14 ff; MURMANN JuS 1999 S. 550 f; ROXIN Miyazawa-FS. S. 501 f; SCHMIDHÄUSER A. T., 14/143; SCH/SCH/HEINE § 27 Rdn. 10; TRÖNDLE/FISCHER § 27 Rdn. 2 – und denjenigen, die auf die *Risikoerhöhung* abstellen: vgl. GEPPERT Jura 1999 S. 267 ff; OTTO Lange-FS. S. 197 ff; DERS. JuS 1982 S. 562 ff; SCHAFFSTEIN Honig-FS. S. 169 ff; STRATENWERTH A. T. I, § 12 Rdn. 158; – Auch die Rechtsprechung wendet sich ausdrücklich gegen das Erfordernis einer Kausalität der Hilfeleistung i. S. der conditio-sine-qua-non-Formel: vgl. RGSt 58 S. 113; 73 S. 54; BGHSt 2 S. 131; 14 S. 282; BGH NStZ 1985 S. 24; BayObLG StV 2000 S. 366; StV 2000 S. 368.
33 Vgl. SAMSON SK I, 6. Aufl., § 27 Rdn. 15.
34 Vgl. HRUSCHKA JR 1993 S. 177 f.

spricht, ihm ein Alibi zu geben, so dass im Falle etwaiger Nachforschungen die Aufdeckung der Tat erschwert wird (sog. vorgeleistete Vereitelungshandlungen).[35]

Beispiel: B teilt dem A mit, er wolle bei C einbrechen, habe jedoch Bedenken, weil er befürchte, von C entdeckt zu werden. Daraufhin versichert A dem B, dass C abends stets ein starkes Schlafmittel zu sich nehme und daher gewiss nichts hören werde. B führt die Tat aus.

Ergebnis: Beihilfe des A zur Tat des B liegt vor. A hat durch seine Äußerung die konkrete Gefahr für das Rechtsgut erhöht.

Die Rechtsprechung betont, dass auch die sog. Stärkung des Tatentschlusses zu einer nachweisbaren Förderung der Tat geführt haben muss, bleibt aber oft vage in der Führung dieses Nachweises, wenn die Bestärkung des Tatentschlusses sich aus der Anwesenheit des möglichen Gehilfens am Tatort ergeben soll. – Vereinzelt hat der BGH zwar nicht-garantenpflichtiges Unterlassen in eine psychische Beihilfe durch positives Tun umgedeutet[36], grundsätzlich wird aber betont, dass die bloße Anwesenheit am Tatort und die Billigung der Tat ohne *objektiv* fördernden Beitrag eine Beihilfe nicht begründen können.[37]   57

c) Beihilfe durch Unterlassen

Im Falle der Beihilfe durch Unterlassen ist der Nachweis erforderlich, dass der Garant die   58
Rechtsgutsgefährdung hätte abwenden oder vermindern können. Diejenigen, die für die objektive Zurechnung auf das Kausaldogma abstellen, müssen sogar fordern, dass der Garant den Erfolg mit an Sicherheit grenzender Wahrscheinlichkeit hätte abwenden können.

Im Bereich der Beihilfe durch Unterlassen argumentiert die Rechtsprechung seit langem auf dem Boden der   59
Risikoerhöhungslehre: Beihilfe setzt voraus, dass der Verpflichtete es trotz bestehender Erfolgsabwendungspflicht unterlässt, „den Ablauf der Tat zu verhindern, zu erschweren, abzuschwächen oder für den Täter riskanter zu machen".[38]

d) Beihilfe zum Unterlassungsdelikt

Die Möglichkeit einer Beihilfe zum Unterlassungsdelikt wird von der h. M. bejaht. Sie erkennt   60
die Möglichkeit eines Unterlassungsvorsatzes mit Recht an, denn der Entschluss, die pflichtgemäße Handlung zu unterlassen, entspricht durchaus den Anforderungen an den Versuch.[39]

---

35 Vgl. BGH NStZ 1993 S. 535; 1999 S. 609; BGH JR 2000 S. 423 mit abl. Anm. KRACK S. 424 f; CHARALAMBAKIS Roxin-FS, S. 636; GEPPERT Jura 1999 S. 270; OTTO Lenckner-FS, S. 198 f; ROXIN LK, § 27 Rdn. 13; DERS. Miyazawa-FS, S. 506; DERS. A. T. II, § 26 Rdn. 199 f; WEIGEND Nishihara-FS, S. 210. – Zur vorgeleisteten Strafvereitelung vgl. weiter Rdn. 69

36 Vgl. BGH StV 1982 S. 517. – Krit. GEPPERT JK 83 StGB § 27/3; RANFT JZ 1987 S. 861; ROXIN LK, § 27 Rdn. 15; RUDOLPHI StV 1982 S. 518 ff; SIEBER JZ 1983 S. 431 ff; STOFFERS Jura 1993 S. 15 f.

37 Vgl. BGH StV 1982 S. 516; 1993 S. 357 mit Anm. OTTO JK 93, StGB § 27/9; 1993 S. 468; 1994 S. 175; 1995 S. 363; 1996 S. 659; BGH NStZ 1998 S. 622 mit Anm. GEPPERT JK 99, StGB § 27/12; BGH NStZ-RR 2001 S. 40; BGH NStZ 2002 S. 139 mit Anm. Geppert JK 02, StGB § 27/17.

38 BGH StV 1982 S. 517; vgl. dazu auch BGH NJW 1953 S. 1838; BGH NStZ 1985 S. 318 mit Anm. OTTO JK 85, StGB § 27/4; BGH NJW 1998 S. 1568, 1573; JAKOBS A.T., 29/102; KÜHL A.T., § 20 Rdn. 229 ff; RANFT ZStW 97 (1985) S. 268 ff; SERING Beihilfe durch Unterlassen, 2000, S. 84 ff, 101 f. – A. A. GRÜNWALD GA 1959 S. 118; ROXIN LK, § 27 Rdn. 43; SCHMIDHÄUSER A. T. Stub., 13/14; SCH/SCH/HEINE § 27 Rdn. 10.

39 Eingehend dazu ROXIN Täterschaft, S. 510 ff; im Übrigen vgl. BGHSt 14 S. 282; 30 S. 393 f; BAUMANN/WEBER/MITSCH A. T., § 31 Rdn. 22; JESCHECK/WEIGEND A. T., § 60 III 2; RUDOLPHI SK I, Vor § 13 Rdn. 44; STRATENWERTH A. T. I, § 14 Rdn. 19. – A. A. ARMIN KAUFMANN Die Dogmatik der Unterlassungsdelikte, 1959, S. 195; WELZEL Lb, S. 206, 221.

61 Als Regelfall einer Beihilfe zum Unterlassungsdelikt wird allerdings weithin nur die Bestärkung des Tatentschlusses des Haupttäters genannt. Das darf aber nicht darüber hinwegsehen lassen, dass auch andere Formen der aktiven Beihilfe möglich sind, soweit sie den Tatentschluss des Haupttäters fördern, z. B. dadurch, dass dieser die Chance, das Delikt straffrei zu begehen, verbessert sieht o. Ä.[40]

Beispiel: A. der von einem Mordvorhaben an seiner Ehefrau E erfahren hat, will das Verbrechen verhindern und hat der abwesenden E einen entsprechenden Brief geschrieben. Nunmehr besinnt er sich eines anderen und lässt den Brief durch den eingeweihten B zurückholen. E wird getötet.

Ergebnis: Das Verhalten des B ermöglicht es dem A überhaupt erst, den Entschluss, die pflichtgemäße Rettung der E zu unterlassen in die Tat umzusetzen. B leistet Beihilfe zur Tötung durch A.

3. Der Vorsatz des Gehilfen

62 Der Gehilfe muss sich erstens der Tatsache bewusst sein, dass der Haupttäter eine vorsätzliche Tat begeht, d.h. er muss sich des vom Täter verwirklichten Tatunrechts und der wesentlichen Dimensionen dieses Unrechts bewusst sein,[41] zweitens muss er wissen, dass die Haupttat durch seinen Beitrag fördert (sog. doppelter Vorsatz des Gehilfen).

63 Ist sich der Gehilfe dieses doppelten Sachverhaltes bewusst, so berührt sein *Wunsch*, die Tat möge lieber unterbleiben, seinen Vorsatz nicht.[42]

64 Geht der Gehilfe hingegen davon aus, dass der Haupttäter die tatbestandsmäßige Rechtsgutsverletzung nicht verwirklichen kann, so fehlt es am relevanten Gehilfenvorsatz. Er bleibt – entsprechend den Ausführungen zum agent provocateur, vgl. oben Rdn. 42 – straflos.

BGH MDR 1954 S. 335: Die zur Abtreibung entschlossene B glaubte, die Tat mit einem Tee durchführen zu können. Sie bat A. ihr den Tee zu besorgen. A kam der Bitte nach, ging jedoch davon aus, dass der Tee als Abtreibungsmittel völlig ungeeignet sei. B versuchte die Abtreibung.

Ergebnis: A bleibt straflos.

4. Beihilfe zum untauglichen, nicht zu einer konkreten Rechtsgutsgefährdung führenden Versuch des Haupttäters

65 Wird mit dem Strafgrund der Beihilfe – Unrechtsteilnahme und eigenständige Gefährdung des geschützten Rechtsguts – ernst gemacht, so erscheint eine Strafbarkeit der Beihilfe zum *untauglichen Versuch des Haupttäters, der nicht zu einer konkreten Gefährdung* des angegriffenen Rechtsguts geführt hat, nicht strafbar.

Beispiel: B wollte C vergiften. Versehentlich gab er dem C aber ein harmloses Pulver statt des Giftes. A lenkte den C ab, als B dem C das Pulver ins Bier schüttete.

---

40 Vgl. auch BayObLG NJW 1990 S. 1861 mit Anm. Herzberg NZV 1990 S. 375 ff. Otto JK 91, StGB § 27/7. Seelmann JuS 1991 S. 290 ff.

41 Insoweit ist der Gehilfenvorsatz weiter als der Anstiftungsvorsatz: vgl. BGHSt 42 S. 135, 138 f mit Anm. Kindhäuser NStZ 1997 S. 273 ff. Loos JR 1997 S. 297 ff. Otto JK 97, StGB § 27/11, Roxin JZ 1997 S. 210 ff. Scheffler JuS 1997 S. 598 ff. Schlehofer StV 1997 S. 412 ff; BGH wistra 2000 S. 382: BayObLG NJW 1991 S. 2582 mit Anm. Wild JuS 1992 S. 911 ff; Roxin Salger-FS, S. 129 ff; ders. A.T. II, § 26 Rdn. 272 ff.

42 Vgl. BGH bei Holtz, MDR 1989 S. 305 mit Anm. Otto JK 89, StGB § 27/6; BGH bei Holtz, MDR 1990 S. 293.

Ergebnis: B haftet wegen versuchter Tötung, denn er hat den abstrakt gefährlichen Tatentschluss nach aussen manifestiert. – A bleibt straflos, denn eine konkrete Gefährdung des geschützten Rechtsguts trat durch seinen Tatbeitrag nicht ein, es handelt sich daher um einen Fall strafloser versuchter Beihilfe.[43]

5. *Der Zeitpunkt der Hilfeleistung*

Beihilfe kann unstreitig während der Ausführung der Tat, aber auch schon zu Vorbereitungs-   **66** handlungen geleistet werden. Streitig ist hingegen, ob eine Beihilfe auch nach Vollendung, aber vor Beendigung des Delikts möglich ist. – Für eine Beihilfe bis zur Beendigung der Tat spricht, dass bis zum Zeitpunkt der Beendigung – soweit Vollendungs- und Beendigungszeitpunkt überhaupt auseinanderfallen – ein einheitlicher Deliktsvorgang gegeben ist, und auch nach Vollendung der Tat, aber vor ihrer Beendigung, die Rechtsgutsbeeinträchtigung vertieft und die Chancen der deliktischen Schädigung des Opfers verbessert werden können.[44] Nach Beendigung der Tat kommt eine Beihilfe in keinem Fall mehr in Betracht.[45]

6. *Neutrale/sozialadäquate/berufsadäquate Handlungen und Beihilfe*

Kontrovers wird die Frage diskutiert, ob alltägliche, sozialadäquate Handlungen, z. B. der   **67** Verkauf von Gift oder von einem Messer durch einen Ladenverkäufer, der weiß, dass das Objekt zu einem Mord benutzt werden soll, strafbare Beihilfe sein können. – In der Literatur wird in dieser Problematik weithin ein grundsätzliches Problem gesehen, und es ist versucht worden, eine für die Beihilfe allgemein akzeptable Lösung der unterschiedlichen Fallgestaltungen zu finden. – Nach der von Welzel begründeten Lehre von der Sozialadäquanz sind Verhaltensweisen, die sich völlig im Rahmen der „normalen" geschichtlich gewordenen sozialen Ordnung des Lebens halten, auch dann keine tatbestandsmäßigen Verletzungshandlungen, wenn in ihrem Gefolge eine Rechtsgutsverletzung eintritt. – Nicht nur terminologisch, sondern auch sachlich an den Gedanken der Sozialadäquanz anknüpfend hat Hassemer die Bedeutung professioneller Adäquanz für das Strafrecht untersucht: Professionell adäquates Verhalten ist nach seinem Verständnis „normales, neutrales, sozial akzeptiertes und regelgeleitetes berufliches Handeln, welches sich vor strafrechtlicher Analyse und Beurteilung nicht zu verstecken braucht, weil es Strafrechtsnormen nicht neutralisiert, sondern ergänzt, konturiert, konkretisiert und auf bestimmte soziale Handlungsfelder bezieht, ohne dabei strafrechtlichen Verboten zu widersprechen". – An die Lehre vom Regressverbot knüpft Jakobs an, der denjenigen von der strafrechtlichen Haftung freistellen will, dessen „Verhalten zur Zeit seines Vollzugs nicht davon abhängt, dass die tatbestandsverwirklichende Handlung des Ausführenden überhaupt erfolgt". – Aus dem Prinzip der Selbstverantwortung, das der strafrechtlichen Zurechnung zugrunde liegt und das die Verantwortung des Handelnden grundsätzlich auf das eigene Verhalten beschränkt, soweit der Gesetzgeber die

---

43 Vgl. dazu auch Stein Beteiligungsformenlehre, S. 279 ff. – Zur entsprechenden Problematik der Anstiftung vgl. Nowak JuS 2004 S. 197 ff.

44 So auch BGHSt 3 S. 43 f; 6 S. 251; 19 S. 325; BayObLG NJW 1980 S. 412; BayObLG NStZ-RR 1999 S. 299; Baumann/Weber/ Mitsch A. T., § 31 Rdn. 25; Bockelmann/Volk A. T., § 25 III 2 b; Hau Die Beendigung der Straftat und ihre rechtlichen Wirkungen, 1974, S. 119 ff; Jescheck/Weigend A. T., § 64 III 2 b; Küper JZ 1981 S. 253 ff; Lackner/Kühl § 27 Rdn. 3; Sch/Sch/ Heine § 27 Rdn. 17; Tröndle/Fischer § 27 Rdn. 4; Wessels/Beulke Rdn. 583.
A. A. Geppert Jura 1999 S. 272; Herzberg Täterschaft, S. 71; Hoyer SK I, § 27 Rdn. 18; Jakobs A. T., 22/38 ff; Maurach/Gössel/Zipf A. T. 2, § 52 Rdn. 13; Roxin LK, § 27 Rdn. 35; ders. A. T. II, § 26 Rdn. 259 ff; Rudolphi Jescheck-FS, Bd. 1, S. 563 ff. – Differenzierend Kühl A. T., § 20 Rdn. 233 ff; ders., Roxin-FS, S. 679 ff.

45 Vgl. auch BGH JZ 1989 S. 759; Geppert Jura 1999 S. 272.

Verantwortung nicht ausnahmsweise ausgedehnt hat, leitet SCHUMANN die Straflosigkeit berufstypischer Handlungen ab. – In der Schaffung einer rechtlich missbilligten Gefahr durch *Solidarisierung* mit dem Haupttäter erkennt SCHALL das hier relevante Strafwürdigkeitselement, während FRISCH und LESCH auf den deliktischen Sinnbezug des Verhaltens abstellen, der als Solidarisierung mit dem Unrecht des Haupttäters anzusehen ist. – Grundsätzlich im „deliktischen Sinnbezug" sieht ROXIN das entscheidende Kriterium der Abgrenzung. Er will zunächst danach differenzieren, „ob der Deliktsbeitrag in sicherer Kenntnis der Deliktspläne des Täters (also mit dolus directus) erfolgt oder ob der Außenstehende mit einer Ausnutzung seiner Leistung für deliktische Zwecke nur im Sinne einer Möglichkeit rechnet, also mit dolus eventualis handelt". Kennt der Beteiligte den Deliktsplan des Täters, so soll trotz Förderung der Haupttat durch den Tatbeitrag eine strafbare Beihilfe nur dann anzunehmen sein, wenn der Tatbeitrag einen eindeutig „deliktischen Sinnbezug" hat. Handelt der Außenstehende hingegen mit dolus eventualis, so verwirklicht sein Verhalten nur dann ein *unerlaubtes* Risiko, wenn eine „erkennbare Tatgeneigtheit" des Haupttäters vorliegt. – Der BGH knüpft unmittelbar an diese Überlegungen an und differenziert danach, ob der Hilfeleistende weiß, dass er eine strafbare Handlung eines anderen fördert (dann Beihilfe) oder ob er es nur für möglich hält, dass sein Tun zur Begehung einer Straftat genutzt wird. Im letzteren Fall soll sein Handeln nicht als strafbare Beihilfe zu beurteilen sein, es sei denn, der Hilfeleistende war sich der Tatsache bewusst, mit seiner Hilfeleistung einen *erkennbar tatgeneigten Täter* zu fördern.[46]

68   Zutreffend ist der Ausgangspunkt dieser Differenzierung. Nicht das äußere Verhalten kann allein maßgeblich für die rechtliche Beurteilung sein. Erst seine Ziel- und Zwecksetzung verleiht ihm den sozialen Sinngehalt. Dieser soziale Sinngehalt aber ist der einer Beihilfe, wenn der Helfer weiß, dass er mit seiner Handlung die Gefahr für ein strafrechtlich geschütztes Rechtsgut erhöht. Sodann aber erscheint es angemessen zu differenzieren: Meint jemand bei schlichten – nicht berufsmäßigen – Alltagshandlungen, wie z.B. der Ausleihe eines Messers oder der Hergabe eines hochgiftigen Pflanzenschutzmittels, die konkrete Gefahr einer strafbaren Handlung zu erkennen (dolus eventualis), so ist er berechtigt, von ihm die Unterlassung jener Handlung zu fordern, die aus seiner Sicht das Delikt fördern würde. Anders ist es hingegen bei berufsmäßig tätigen Personen. Für eine rechtlich geregelte und diese Regeln beachtende berufliche Tätigkeit ist der subjektive Verdacht einer Straftat noch keine rechtlich verbindliche Schranke der Berufsausübung. Sie stellt daher keine Beihilfe dar.[47]

---

46 Im Einzelnen zu den unterschiedlichen Konstruktionen: HILLENKAMP 32 Probleme aus dem Strafrecht, A.T., 9. Aufl. 1999, 28. Problem; JOECKS MK, § 27 Rdn. 41 ff; OTTO Lenckner-FS, S. 200 ff. – Im Übrigen vgl.: WELZEL Lb., § 10 IV; HASSEMER wistra 1995 S. 41 ff, 85 ff; JAKOBS A.T., 24/15; FRISCH Tatbestandsmäßiges Verhalten und Zurechnung des Erfolgs, 1988, S. 295 ff; SCHUMANN Strafrechtliches Handlungsunrecht und das Prinzip der Selbstverantwortung des Anderen, 1986, S. 42 ff; SCHALL Meurer-GedS, S. 115 ff (zur Solidarisierung vgl. auch BGH wistra 2000 S. 460); FRISCH Lüderssen-FS, S. 546 f; LESCH JA 2001 S. 991 (ähnlich PAEFFGEN NK, Vor § 32 Rdn. 39); ROXIN Miyazawa-FS, S. 512 ff; DERS. LK, § 27 Rdn. 19; DERS. A.T. II, § 26 Rdn. 222 ff (vergleichbar: MOOS Trechsel-FS, S. 502 f, der vom legitimen Eigeninteresse des Helfers her argumentiert). – BGH NStZ-RR 1999 S. 184 mit Anm. OTTO JK 99, StGB § 27/13; BGH NStZ 2000 S. 34 mit Anm. OTTO JK 00, StGB § 27/14; BGHSt 46 S. 112 f; BGH wistra 2003 S. 388 (auf den ‚tatgeneigten Täter' stellen gleichfalls ab: FORSTER M. Schmid-FS, S. 136 ff; v. KÜHLWEIN JZ 2002 S. 1139 ff). – Allein den Förderungscharakter der konkreten Tat erkennen als maßgeblich: BECKEMPER Jura 2001 S. 169; KREY A.T. 2, Rdn. 303 ff; K. MÜLLER Schneider-FS, S. 354 ff.

47 Im Einzelnen dazu OTTO Lenckner-FS, S. 212 ff; DERS. JZ 2001 S. 444. – Grundsätzlich in der Sache übereinstimmend: AMBOS JA 2000 S. 724 f; RANSIEK Unternehmensstrafrecht, 1996, S. 54 f; DERS. wistra 1997 S. 44 ff; TAG JR 1997 S. 49 ff. – Stärker objektiv differenziert: WOHLERS SchwZStR 1999 S. 436; DERS.

7. „Vorgeleistete Strafvereitelung" und Beihilfe

Eine Beihilfe durch Bestärkung des Tatentschlusses des Haupttäters ist auch möglich durch **69** Handlungen, die zwar nicht die Haupttat selbst erleichtern, wohl aber die Strafverfolgung des Haupttäters erschweren, z. B. durch Lieferung einer Maske zur Tatausführung oder durch Versprechen eines Alibis. Handlungen, die nach der Tat begangen, eine Strafvereitelung darstellen, können, vor der Tat zugesagt, Bedenken des Haupttäters beseitigen und damit seinen Tatentschluss stärken. Problematisch aber ist in diesem Zusammenhang, dass das Gesetz als Strafvereitelungshandlungen nur Handlungen verbietet, die die Durchsetzung des Strafanspruchs *erschweren oder verhindern*. Es gebietet jedoch nicht, sie zu *ermöglichen oder zu erleichtern* dadurch, dass der Straftäter in seinen sozialen Bezügen isoliert wird. Das ist der Grund warum bestimmte Handlungen, die die Durchsetzung des Strafanspruchs beeinträchtigen können, z. B. die Gewährung von Unterkunft, der Verkauf von Benzin, ärztliche Versorgung, nur dann *als strafbare Vereitelungshandlungen beurteilt werden, wenn sie dem Täter gegenüber eine besondere Modifizierung in Richtung auf eine Verheimlichung des Geschehens erfahren*. – Daraus sind die Konsequenzen für die Beihilfe zu ziehen, wenn diese – straflosen – Vereitelungshandlungen vor der Tat geleistet werden und damit den Charakter „vorgeleisteter Vereitelungshandlungen" annehmen. Für diese Fälle gilt: Verhaltensweisen nach der Tat, die nicht als Strafvereitelung strafbar sind, weil sie den Unrechtsgehalt der Strafvereitelung nicht verwirklichen, können nicht als Beihilfe in der Gestalt „vorgeleisteter Strafvereitelung" strafbar sein. Was unter dem Gesichtspunkt der Reduzierung rechtlich akzeptierter sozialer Kontakte nicht als rechtlich missbilligte Erschwerung oder Verhinderung der Durchsetzung des Strafanspruchs als Strafvereitelung strafbar ist, darf dem Täter auch vor der Tat zugesagt werden. Die Rechtspflicht, Handlungen zu vermeiden, die das Risiko der erfolgreichen Tatbegehung erhöhen, geht nicht dahin, dem Täter die Aufrechterhaltung sozialer Beziehungen zu verheimlichen, deren Aufrechterhaltung nach der Tat rechtlich akzeptiert ist. Dass der sozial isolierte oder boykottierte Täter von der Tat Abstand nehmen würde, ist kein hier relevanter Gesichtspunkt, denn Erleichterungen der Durchsetzung des Strafanspruchs durch soziale Isolierung oder Boykottierung des Täters sind nicht Gegenstand der hier verbindlichen Rechtspflicht.[48]

IV. Die sog. notwendige Teilnahme

1. *Notwendige Teilnahme* an der Verwirklichung eines Delikts liegt vor, wenn ein Tatbestand **70** so gefasst ist, dass zu seiner Erfüllung begrifflich die Beteiligung von mehr als einer Person

---

NStZ 2000 S. 173 f. – Nach dem unterschiedlichen Anlass für das Gefahrenbewusstsein differenziert: AMELUNG Grünwald-FS, S. 24 f. – Zur aufbautechnischen Behandlung der „neutralen Beihilfe" in der Deliktsprüfung vgl. ROTSCH Jura 2003 S. 14 ff.

48 Eingehender dazu OTTO Lenckner-FS, S. 215 ff. – Vgl. im Übrigen OLG Stuttgart wistra 2000 S. 392 mit Anm. OTTO JK 01, StGB § 27/16; BRAUNACK Grenzfragen der strafrechtlichen Beihilfe, 1999, S. 162. – Grundsätzlich zur „vorgeleisteten Strafvereitelung" als Beihilfe: ROXIN LK, § 27 Rdn. 12; DERS. A.T. II, § 26 Rdn. 201.
Zur Beihilfe zur Steuerhinterziehung durch angebliche Vereitelung des Steueranspruchs aufgrund des Transfers von Vermögensobjekten ins Ausland durch Bankmitarbeiter: BGHSt 46 S. 107 mit Anm. BEHR BB 2000 S. 2240 f, JÄGER wistra 2000 S. 344 ff, KUDLICH JZ 2000 S. 1178 ff, LESCH JR 2001 S. 383 ff, OTTO JK 01, StGB § 27/15; BEHR wistra 1999 S. 249; DANNECKER Mangakis-FS, S. 283 ff; LÖWE-KRAHL wistra 1995 S. 201 ff; LÜDERSSEN Grünwald-FS, S. 329 ff; MOOS in: Leitner (Hrsg.), Finanzstrafrecht, 1997, S. 88 ff; OTTO Lenckner-FS, S. 220 ff; RANSIEK wistra 1997 S. 44 ff; SAMSON/SCHILLHORN wistra 2001 S. 1 ff.

erforderlich ist. Handelt es sich dabei um ein sog. *Begegnungsdelikt,* bei dem sich die Willensäußerungen der Beteiligten zwar auf dasselbe Ziel richten, aber von verschiedenen Seiten her, und ist nur die Strafbarkeit der einen Person im Gesetz erwähnt, so soll der andere Beteiligte straflos bleiben, wenn er das Maß der notwendigen Teilnahme nicht überschreitet.

Vgl. dazu z. B.: §§ 173, 174, 180, 181 a, 257, 258, 357.

71   2. Streitig ist, ob der notwendige Beteiligte auch dann straflos ist, wenn er den Täter zur Tat angestiftet oder ihn in „rollenüberschreitender Weise" unterstützt hat. – Hier wird nach verschiedenen Fallgruppen differenziert[49]:

72   a) Nach allgemeiner Ansicht bleibt der notwendig Beteiligte straflos, wenn das verletzte Strafgesetz gerade *seinem Schutz* dient.

Vgl. z. B. §§ 174, 174 a, 174 b, 176, 180, 181 a, 291.

Beispiel: Die 15jährige Schülerin S stiftet den Lehrer zum Beischlaf an. – Keine Strafbarkeit der S nach §§ 174, 26.

73   b) Straflos bleibt der Beteiligte, der sich in einer einem „Entschuldigungsnotstand ähnlichen Situation" befindet.

Beispiel: Der Kranke K bestimmt den X dazu, ihn zu töten. – Keine Bestrafung des K nach §§ 216, 26, 23, wenn K den Tötungsversuch überlebt.

74   c) Nach h. M. (a. A. Rechtsprechung) bleibt der Begünstigte im weiteren Sinne straflos, der sich an der Verwirklichung eines Tatbestandes beteiligt, der seine Begünstigung im weiteren Sinne unter Strafe stellt.

Vgl. aber § 257 Abs. 3 S. 2.

Beispiel: Der Gefangene G stiftet den X an, ihn zu befreien. – Keine Bestrafung des G nach §§ 120, 26.

75   d) Eine Straflosigkeit des Teilnehmers, weil die „Initiative zur Tat typischerweise von ihm ausgeht", ist hingegen nicht anzuerkennen (str.).

Beispiel: A stiftet den Rechtsanwalt R an, zu seinen Gunsten einen Parteiverrat zu begehen. – R: strafbar nach § 356, A: §§ 356, 26.

V. Teilnahme am erfolgsqualifizierten Delikt

76   Eine Beteiligung am erfolgsqualifizierten Delikt durch Mittäterschaft, Anstiftung oder Beihilfe ist möglich, §§ 11 Abs. 2, 18.

77   1. Ob Täterschaft oder Teilnahme vorliegt, ist nach der Beteiligungsform am Grunddelikt zu bestimmen.

---

49 Zur Vertiefung: Lange Die notwendige Teilnahme, 1940; Otto Lange-FS, S. 210 ff; Roxin LK, Vor § 26 Rdn. 27 ff; ders. A. T. II, § 26 Rdn. 44 ff; Wolter JuS 1982 S. 343 ff. – Aus der Analyse der einzelnen Delikte entwickeln Fälle notwendiger Teilnahme: Gropp Deliktstypen mit Sonderbeteiligung, 1992 (dazu Schroeder NJW 1993 S. 1967), Magata Jura 1999 S. 251 ff; Sowada Die „notwendige Teilnahme" als funktionales Privilegierungsmodell im Strafrecht, 1992 (dazu Stoffers GA 1993 S. 579 ff).

2. Die Haftung des Beteiligten für den qualifizierten Erfolg richtet sich nach seiner Beziehung (Fahrlässigkeit, Leichtfertigkeit) zu dem besonderen Erfolg. Gleichgültig ist, ob andere den Erfolg vorsätzlich, fahrlässig oder ohne Verschulden herbeigeführt haben.[50] **78**

VI. Der Versuch der Beteiligung, §§ 30, 31 StGB

Für den Fall, daß die *Haupttat nicht einmal in das Versuchsstadium gelangt,* werden in § 30 **79** bestimmte Vorbereitungshandlungen zu einem Verbrechen unter Strafe gestellt.[51]

1. Der Verbrechenscharakter der künftigen Tat

Hängt die Beurteilung als Verbrechen vom Vorliegen oder Fehlen eines besonderen persön- **80** lichen Merkmals i. S. des § 28 ab, so kommt es auf die Person des nach § 30 Handelnden, nicht auf die des in Aussicht genommenen Täters an, § 28 Abs. 2.[52]

2. Die einzelnen Tathandlungen

a) Versuch der Anstiftung zu einem Verbrechen (erfolglose Anstiftung),
§ 30 Abs. 1, 1. Alt.

Zum Begriff des *Bestimmens* vgl. oben Rdn. 32 ff. – Die Tat, die der andere begehen soll, **81** muss zwar nicht in allen Einzelheiten, wohl aber in ihren wesentlichen Merkmalen oder Grundzügen konkretisiert sein. Tatobjekt, Tatort, Zeit und sonstige Umstände der Tatausführung sind hier individualisierende Elemente. Das Verbrechen muss soweit bestimmt sein, „daß der andere es begehen könnte, wenn er wollte".[53] Aufforderungen zu Straftaten im allgemeinen oder nur zu lediglich gattungsmäßig umschriebenen Delikten genügen dem Bestimmtheitserfordernis nicht.[54]

Die Abgrenzung des Versuchs von straflosen Vorbereitungshandlungen erfolgt nach den **82** allgemeinen Grundsätzen; dazu oben § 18 Rdn. 22 ff. Danach beginnt der Versuch mit jenen Handlungen des Anstiftenden, die auf der Grundlage seines Vorstellungsbildes unmittelbar auf Bildung des Tatentschlusses des Täters zielen. Das bedeutet, die Aufforderung muss so in

---

50 Dazu BGHSt 19 S. 339; BGH NStZ 1994 S. 339 mit Anm. Otto JK 95, StGB § 226/5; Jescheck/Weigend A. T., § 54 III 2, § 64 III 4; Lackner/Kühl § 18 Rdn. 5, 6; Paeffgen NK, § 18 Rdn. 132; Rengier Erfolgsqualifizierte Delikte, S. 249 ff. – Unklar: BGH JZ 1986 S. 764 mit Anm. Geppert JK 86, StGB § 251/1. Die Möglichkeit der Teilnahme am erfolgsqualifizierten Delikt lehnen ab: Gössel Lange-FS, S. 222 ff; Hanack/Sasse DRiZ 1954 S. 217; Schneider JZ 1957 S. 751.
51 Dazu Kühl JuS 1979 S. 874 ff; Roxin JA 1979 S. 169 ff.
52 So auch Baumann/Weber/Mitsch A. T., § 32 Rdn. 48; Geppert Jura 1997 S. 549; Hoyer SK I, § 30 Rdn. 21; Kühl JuS 1979 S. 876; ders. A. T., § 20 Rdn. 247; Lackner/Kühl § 30 Rdn. 2; Langer Lange-FS, S. 249; Vogler/Kadel JuS 1976 S. 249. – A. A. BGHSt 6 S. 308; BGH StV 1987 S. 386; Letzgus Vorstufen, S. 201; Sax ZStW 90 (1978) S. 959. – Differenzierend Roxin A. T. II, § 28 Rdn. 27 f. – Das Vorliegen eines Verbrechens sowohl in der Person des Anstifters wie auch in der des präsumtiven Täters fordert Zaczyk NK, § 30 Rdn. 30.
53 Lackner/Kühl § 30 Rdn. 3; vgl. auch BGHSt 34 S. 63, 66 mit Anm. Roxin JZ 1986 S. 908 f; BGH NStZ 1998 S. 347, 348 mit Anm. Graul JR 1999 S. 249 ff, Kretschmer NStZ 1998 S. 401 ff; LG Zweibrücken NStZ-RR 2002 S. 136; Ingelfinger Anstiftungsvorsatz, S. 42 ff. – A. A. OLG Hamm JR 1992 S. 521 mit abl. Anm. Bloy S. 493 ff, Otto JK 93, StGB § 30/3.
54 Vgl. auch RGSt 69 S. 165; BGHSt 15 S. 276; Roxin LK, § 30 Rdn. 25; Tröndle/Fischer § 30 Rdn. 7.

den Machtbereich des Adressaten gelangen, dass er jederzeit ungehindert Kenntnis erlangen kann.[55]

83 Vorfragen, mit denen der Anstifter die Tatgeneigtheit des Opfers erkunden will, erreichen den hier nötigen Gefährdungsgrad noch nicht, wohl aber eine direkte Aufforderung, die auch in einem Brief enthalten sein kann.

84 Warum die Anstiftung erfolglos bleibt – der andere fasst keinen Tatentschluss, führt ihn nicht aus oder war schon vorher zur Tat entschlossen –, ist gleichgültig.

85 Zum *Vorsatz* des (erfolglos) Anstiftenden vgl. die entsprechenden Ausführungen oben Rdn. 41. – Dolus eventualis genügt, einer darüber hinausgehenden Ernstlichkeit des Handelnden bedarf es nicht.[56]

b) Erfolgloser Versuch, jemanden anzustiften, einen Dritten zur Begehung eines Verbrechens anzustiften, § 30 Abs. 1, 2. Alt.

86 § 30 Abs. 1, 2. Alt. stellt klar, dass auch *die sog. versuchte Kettenanstiftung*, d.h. der Versuch der Bestimmung eines Mittelsmannes dazu, einen Dritten zu einem Verbrechen anzustiften, strafbar ist. – Kenntnis des endgültigen Täters durch den (erfolglos) Anstiftenden ist nicht erforderlich.[57] – Zum Vorsatz vgl. die entsprechenden Ausführungen oben unter Rdn. 85.

c) Sich bereit erklären zu einem Verbrechen oder zur Anstiftung eines Dritten zu einem Verbrechen, § 30 Abs. 2, 1. Alt.

87 *Sich bereit erklären* ist die *ernstgemeinte* Kundgabe der Bereitwilligkeit zur Begehung eines Verbrechens einem Dritten gegenüber. Es erfasst das Sicherbieten, bei dem der Erklärende davon ausgeht, dass der Erklärungsempfänger an der Tat interessiert ist (Initiative geht vom Erklärenden aus) sowie die Annahme einer Aufforderung (Initiative geht von einem Dritten aus).

88 Streitig ist, ob das Angebot nur erklärt zu werden braucht oder ob es dem Empfänger zugegangen sein muss. Hier ist Zugang erforderlich, um die Bereiterklärung vom straflosen Versuch der Bereiterklärung deutlich abzugrenzen. Bei einer mündlichen Erklärung muss der Empfänger diese daher zur Kenntnis genommen, wenn auch nicht richtig verstanden haben. Eine schriftliche Erklärung muss so in seinen Machtbereich gelangt sein, dass er sie zur Kenntnis nehmen könnte.[58]

d) Annahme des Anerbietens eines anderen, ein Verbrechen zu begehen oder einen Dritten zu einem Verbrechen anzustiften, § 30 Abs. 2, 2. Alt.

89 Die *Annahme des Erbietens* ist die ernstgemeinte Erklärung, das Angebot eines anderen, ein Verbrechen zu begehen oder einen Dritten zu einem Verbrechen anzustiften, anzunehmen.

Zum Zugang dieser Erklärung vgl. die entsprechenden Ausführungen unter Rdn. 88.

---

55 So auch Jescheck/Weigend A. T. § 65 II 1; Stratenwerth A. T. I, § 12 Rdn. 175. – A. A. BGHSt 8 S. 262; Kühl JuS 1979 S. 877; Maurach/Gössel A. T. 2, § 53 Rdn. 15 f; Roxin A. T. II, § 28 Rdn. 12 f.
56 BGHSt 44 S. 99 mit Anm. Bloy JZ 1999 S. 157 ff, Otto JK 99, StGB § 30/5, Roxin NStZ 1998 S. 616 f.
57 Als rechtsstaats- und verfassungswidrig sieht Zaczyk – NK, § 30 Rdn. 32, 35 – diese und die Regelung des § 30 Abs. 2, 1. Alt. an.
58 So auch OLG Celle NJW 1991 S. 579; Hoyer SK I, § 30 Rdn. 39 f. – A. A. BGH GA 1963 S. 126; Sch/Sch/Heine § 30 Rdn. 23; Tröndle/Fischer § 30 Rdn. 10. – Differenzierend: Jescheck/Weigend A.T., § 65 III 3; Kross Jura 2003 S. 252; Schröder JuS 1967 S. 291.

e) Verabredung zu einem Verbrechen oder zu einer Anstiftung zu einem Verbrechen, § 30 Abs. 2, 3. Alt.

Verabredung ist die – ausdrückliche oder konkludente – ernstliche Übereinkunft von mindestens zwei Personen, ein bestimmtes Verbrechen als *Mittäter* zu begehen oder einen anderen gemeinschaftlich zu einem Verbrechen anzustiften. – Die Zusage bloßer Beihilfe genügt diesen Erfordernissen nicht.[59] **90**

3. Der Rücktritt vom Versuch der Beteiligung, § 31

Straffrei wird, wer freiwillig

a) den Versuch aufgibt, einen anderen zu einem Verbrechen zu bestimmen (§ 30 Abs. 1) und eine etwa bestehende Gefahr, dass der andere die Tat begeht, abwendet, § 31 Abs. 1 Nr. 1, **91**

b) nachdem er sich zu einem Verbrechen bereit erklärt hat (§ 30 Abs. 2, 1. Alt.), sein Vorhaben aufgibt, § 31 Abs. 1 Nr. 2, **92**

c) nachdem er ein Verbrechen verabredet oder das Erbieten eines anderen zu einem Verbrechen angenommen hat (§ 30 Abs. 2, 2. u. 3. Alt.), die Tat verhindert, § 31 Abs. 1 Nr. 3. **93**
   Unterbleibt die Tat ohne Zutun des Zurücktretenden oder wird sie unabhängig von seinem früheren Verhalten begangen, so genügt zur Straflosigkeit sein freiwilliges und ernsthaftes Bemühen, die Tat zu verhindern; dazu im Einzelnen die entsprechenden Ausführungen oben § 19 Rdn. 49 f. – Auch hier genügt es für die Straffreiheit, dass der Täter einen nach seiner Vorstellung für die Durchführung der Tat unerlässlichen Tatbeitrag nicht erbringt, um die Tat zu verhindern.[60] **94**

d) Die Subsidiarität der Verabredung im Verhältnis zum Versuch bleibt auch dann erhalten, wenn der Täter vom Versuch mit strafbefreiender Wirkung zurücktritt.[61] – Das gilt auch dann, wenn die versuchte Tat weniger schwer war als die verabredete, da der Täter durch den Rücktritt gezeigt hat, dass er von dem gesamten Deliktsplan Abstand genommen hat.[62] **95**

4. Das Verhältnis der versuchten Anstiftung zur gelungenen Anstiftung

Gegenüber der gelungenen Anstiftung kommt der versuchten Anstiftung keine Eigenständigkeit zu, sie wird von der gelungenen Anstiftung konsumiert – vgl. dazu unter § 23 Rdn. 38 f –, es sei denn, die zweite Anstiftungstat beruht auf einem neuen Tatentschluss. **96**

VII. Handeln für einen anderen (Organ- oder Vertreterhaftung), § 14 StGB

1. Der Regelungsgegenstand des § 14 StGB

Gemäß § 14 können strafbegründende persönliche Merkmale einem Vertretungsberechtigten oder Beauftragten auch dann zugerechnet werden, wenn sie nicht in seiner Person, sondern **97**

---

59 Vgl. BGH NStZ 1982 S. 244; 1988 S. 406; BGH StV 2002 S. 421.
60 Dazu BGHSt 32 S. 133; BGH NJW 1984 S. 2169 mit Anm. KÜHL JZ 1984 S. 292, KÜPER JR 1984 S. 265; BGH NStZ 1987 S. 118; BGH NStZ-RR 1997 S. 289 mit Anm. OTTO JK 98, StGB § 31/3; BOTTKE Rücktritt vom Versuch der Beteiligung nach § 31 StGB, 1980, S. 49; VOGLER ZStW 98 (1986) S. 352 ff.
61 Vgl. BGHSt 14 S. 378, 380; BGH NStZ 1999 S. 449 mit Anm. OTTO JK 00, StGB § 30/6; KÜPER JZ 1979 S. 782.
62 Vgl. ROXIN LK, § 30 Rdn. 82. – A. A. LACKNER/KÜHL § 31 Rdn. 7; VOGLER Bockelmann-FS, S. 728.

nur in der des Vertretenen oder der des Auftraggebers vorliegen. Bedeutung hat die Vorschrift besonders im Wirtschaftsstrafrecht. Sie erstreckt den Anwendungsbereich solcher Tatbestände, die sich an bestimmte Normadressaten richten, z. B. den Betriebsinhaber, Arbeitgeber, Steuerpflichtigen, auch auf deren Vertreter – § 14 Abs. 1: Organe; § 14 Abs. 2: Substituten –, soweit diese tatsächlich oder rechtlich die Erfüllung der dem Normadressaten obliegenden Sonderpflichten übernommen haben. – Ob ein *besonderes persönliches Merkmal* i. S. des § 14 vorliegt, ist danach zu entscheiden, „ob eine durch einen Tatbestand umschriebene Pflicht auch durch einen anderen als den dort Bezeichneten wahrgenommen werden kann"[63]. Ist das der Fall, so kann § 14 Anwendung finden.

2. Die Problematik des faktischen Organs

98   a) In den Fällen, in denen vertretungsberechtigte Organe oder Mitglieder des vertretungsberechtigten Organs einer Kapitalgesellschaft strafrechtlich verantwortlich sind – z. B. als Geschäftsführer einer GmbH –, ist es nach h.M. irrelevant, ob das vertretungsberechtigte Organ oder das Mitglied des vertretungsberechtigten Organs rechtswirksam mit der Vertretungsmacht betraut wurde oder nicht. Maßgeblich soll allein sein, dass der Betreffende seine Tätigkeit als vertretungsberechtigtes Organ oder als Mitglied dieses Organs aufgenommen und ausgeübt hat. Vertretungsberechtigtes Organ oder Mitglied des vertretungsberechtigten Organs der Kapitalgesellschaft ist deshalb auch, wer, ohne förmlich dazu bestellt und im Handelsregister eingetragen zu sein, im Einverständnis oder zumindest mit Duldung des maßgebenden Gesellschaftsorgans die *tatsächliche Stellung* eines Mitglieds des vertretungsberechtigten Organs ausübt.[64]

99   Dass andere Mitglieder für dieses Amt rechtswirksam bestellt worden sind und dieses Amt auch ausüben, soll der Annahme einer tatsächlichen Ausübung der Vertreterposition grundsätzlich nicht entgegenstehen.[65]

100   Durch diese *Weite der faktischen Betrachtungsweise* wird die Gefahr begründet, dass das vom Gesetzgeber ausdrücklich als Sonderpflichtverletzung begründete Unrecht in ein allein an ein bestimmtes Täterverhalten geknüpftes Allgemeinunrecht uminterpretiert wird. Das Sonderdelikt wird damit zum Jedermanndelikt.

101   aa) Richtig ist zwar, dass *zivilrechtliche Mängel des Bestellungsaktes* als Mitglied des vertretungsberechtigten Organs in gleicher Weise strafrechtlich unbeachtlich sind; vgl. auch § 14 Abs. 3 StGB.

102   b) Unbeachtlich ist weiter das Fehlen eines formellen – sei es rechtswirksamen oder rechtsunwirksamen – Bestellungsaktes, wenn die *Bestellung* nicht ausdrücklich, sondern *konkludent* erfolgte, d. h. letztlich, wenn der Betreffende mit Billigung oder auch nur Kenntnis des für die Bestellung zuständigen Organs die Tätigkeit tatsächlich ausübt.[66]

---

63 ROXIN LK, 10. Aufl., § 14 Rdn. 18.
64 Vgl. dazu BGHSt 3 S. 37; 6 S. 314; 21 S. 101; 31 S. 118; 46 S. 62; BGH NStZ 2000 S. 34, 35 f; FUHRMANN in: Erbs/Kohlhaas, Strafrechtliche Nebengesetze, § 399 AktG Anm. 4 a; DERS. Tröndle-FS, S. 139 ff; LÖFFELER wistra 1989 S. 121 ff; OTTO in: Heymann, HGB, Bd. 3, 2. Aufl. 1999, § 331 Rdn. 8 ff; DERS. Aktienstrafrecht, 1997, § 399 Rdn. 20 ff; K. SCHMIDT Rebmann-FS, S. 419 ff; SCHÜNEMANN BGH-FG, S. 643 ff.
65 Vgl. BGHSt 31 S. 118; BGH wistra 1990 S. 97; OLG Naumburg NZV 1998 S. 41. – A.A. OLG Düsseldorf NStZ 1988 S. 368 f. Zur Rechtsprechung: Hildesheim wistra 1993 S. 166 f.
66 Vgl. BGHSt 3 S. 38; 31 S. 122; TIEDEMANN NJW 1986 S. 1845.

c) Aus der Möglichkeit konkludent wirksamer Bestellung folgt, dass der bewusste *Missbrauch*   **103**
der Bestellungsmöglichkeit nicht zu einer Entlastung führen kann. Die bewusste Irreführung
über die Person des Handelnden durch Missbrauch zivilrechtlicher Gestaltungsmöglich-
keiten kann nicht von der Sonderpflicht befreien. Ein derartiger Missbrauch ist anzunehmen,
wenn z.b. das für die Bestellung zuständige Organ bewusst einen Geschäftsführer oder ein
Vorstandsmitglied bestellt, dem es nach seinen Kenntnissen und Fähigkeiten nicht möglich
ist, die Sachlage überhaupt zu überschauen, und dessen Funktion im Wesentlichen darin
besteht, davon abzulenken, daß das Unternehmen von anderen Personen geleitet wird (sog.
Sitzvorsitzender).

Gleiches gilt für den Fall, dass die *Bestellung* eines zuständigen Vertretungsorgans ganz   **104**
unterbleibt oder eine Neubestellung nicht erfolgt, weil die Geschäfte dadurch „besser" von
anderen Personen geführt werden können.[67]

Damit aber sind die Möglichkeiten der faktischen Betrachtungsweise ausgeschöpft.   **105**

d) Abzulehnen ist es im Strafrecht, die Vornahme von Geschäften, die üblicherweise von   **106**
einem Mitglied des vertretungsberechtigten Organs einer Kapitalgesellschaft vorgenommen
werden, zur Begründung der faktischen Organstellung ausreichen zu lassen, auch wenn ordnungsgemäß bestellte Organe vorhanden und tätig sind. Die Führung der laufenden Buch-
haltung, die Einstellung von Buchhaltungskräften und die Erteilung von Auskünften an den
Steuerberater kann entgegen der Auffassung des BGH nicht die faktische Stellung eines
Geschäftsführers neben dem ordentlich bestellten und tätigen Geschäftsführer begründen.
Eine derartige Ausdehnung des Kreises der Sonderpflichtigen sprengt in Wirklichkeit diesen
Kreis. Die Vornahme bestimmter Handlungen tritt an die Stelle der Sonderpflicht.[68]

VIII. Aufbauhinweise

1. Grundsätzliches

Niemals kann Anstiftung oder Beihilfe vor der Haupttat geprüft werden. *Das verbietet der*   **107**
*Grundsatz der Akzessorietät. Hat der Bearbeiter die Handlungen einer Person X erörtert, und
taucht nun die Frage der Anstiftung oder Beihilfe der Person X zu Handlungen einer anderen
Person Y auf, so ist die Erörterung des X abzubrechen. Nach Feststellung der Taten des Haupttäters ist sodann mit der Prüfung des Verhaltens des X fortzufahren. Stets ist mit der Prüfung
der Mittäterschaft zu beginnen, wenn Mittäterschaft, Beihilfe und Anstiftung in Betracht kommen,* denn jede Form der Täterschaft zehrt die schwächeren Formen der Teilnahme auf.

2. Prüfungsschemata

a) Anstiftung   **108**

(1) Haupttat (Unrechtstatbestand, d.h. tatbestandsmäßige vorsätzlich rechtswidrige Tat des
    Haupttäters).

---

67 Dazu vgl. auch KRATZSCH ZGR 1985 S. 533; TIEDEMANN NJW 1986 S. 1845.
68 Vgl. auch CADUS Die faktische Betrachtungsweise, 1984, S. 102 ff; DIERLAMM NStZ 1996 S. 155 ff; KRATZSCH
    ZGR 1985 S. 526 ff; OTTO Bankentätigkeit und Strafrecht, 1983, S. 21 ff; DERS. in: Heymann, § 331 Rdn. 8,
    12; DERS. Aktienstrafrecht, § 399 Rdn. 25; STEIN Das faktische Organ, 1984, S. 194 ff; TIEDEMANN GmbH-
    Strafrecht, 3. Aufl. 1995, § 84 Rdn. 31 ff; DERS. NJW 1986 S. 1845. – A. A. BGH StV 1984 S. 461 mit abl.
    Anm. OTTO S. 462 f; BRUNS GA 1982 S. 19 ff; DERS. JR 1984 S. 133 ff.

(2) Bestimmen des Haupttäters zum Tatentschluss i. S. des § 26.

(3) Vorsatz des Anstifters (besser: Kenntnis des Anstifters):

(a) in Bezug auf die vom Haupttäter ausgeführte Tat,

(b) in Bezug auf das Bestimmen des Haupttäters gerade zu dieser Haupttat.

(4) Rechtswidrigkeit.

(5) Schuld.

109 b) Beihilfe

(1) Haupttat (s. o. bei Anstiftung).

(2) Förderung der Haupttat durch Rat oder Tat derart, dass das Risiko für die bedrohten Rechtsgüter des Opfers erhöht wird.

(3) Vorsatz des Gehilfen (besser: Kenntnis):

(a) in Bezug auf die vom Haupttäter ausgeführte Tat,

(b) in Bezug auf die eigene Förderung gerade dieser Tat.

(4) Rechtswidrigkeit.

(5) Schuld.

Wiederholungsfragen

110 1. Was ist unter dem Grundsatz der „limitierten Akzessorietät" zu verstehen? – Dazu Rdn. 1.

2. Worin liegt der „Strafgrund der Teilnahme"? – Dazu Rdn. 2 ff.

3. Was sind „besondere persönliche Merkmale" i. S. des § 28? – Dazu Rdn. 13 ff.

4. Zähle stichwortartig die Voraussetzungen der Anstiftung auf. – Dazu Rdn. 26 ff.

5. Welche Anforderungen sind an das Merkmal „Bestimmen" in § 26 zu stellen? – Dazu Rdn. 32 ff.

6. Was ist ein sog. omnimodo facturus? – Dazu Rdn. 38 f.

7. Ist ein error in persona des Haupttäters auch für den Anstifter unbeachtlich? – Dazu Rdn. 45 f.

8. Wieweit ist Anstiftung durch Lockspitzel zulässig? – Dazu Rdn. 47 ff.

9. Wie wird das Merkmal „Hilfe leisten" in § 27 definiert? – Dazu Rdn. 52 f.

10. In welchen Fällen ist der „notwendige Teilnehmer" straflos, selbst wenn er das Maß der notwendigen Teilnahme überschreitet? – Dazu Rdn. 71 ff.

Fünfter Teil
Konkurrenzen und Wahlfeststellung

§ 23: Konkurrenzen

Lernziel: Erster Einblick in eine Problematik, deren Bedeutung erst im Besonderen Teil, beim Umgang mit den verschiedenen Deliktstatbeständen, deutlich wird.

Wird der Täter wegen einer einzelnen Straftat abgeurteilt, so bildet der Strafrahmen des betreffenden Deliktstatbestands den Rahmen, innerhalb dessen sich die Strafe halten muss. Eine Konkurrenzproblematik kann sich nicht ergeben. Allein in Strafzumessungserwägungen können – eigenständige – Probleme begründet sein. – Hat der Täter jedoch mehrere Delikte verwirklicht, die abgeurteilt werden sollen, so ist zu prüfen, ob die verschiedenen Tatbestände für den Schuldspruch oder die Strafzumessung selbstständige Bedeutung haben oder nicht. 1

I. Tatmehrheit – Realkonkurrenz – § 53 StGB

Am ehesten durchschaubar ist die Konkurrenzproblematik im Falle des Vorliegens mehrerer selbstständiger Straftaten. 2

1. Hat der Täter mehrere Straftaten unabhängig voneinander begangen, die gleichzeitig abgeurteilt werden, und dadurch mehrere zeitige Freiheitsstrafen oder mehrere Geldstrafen verwirkt, so müsste er an sich für jede Straftat die dafür angemessene Strafe erhalten, so dass die verschiedenen Strafen addiert würden. Diese Summierung könnte jedoch zu einer in ihrer psychologischen Wirkung unangemessen harten Strafe führen; daher ist eine Gesamtstrafe zu bilden, vgl. § 54 (Asperationsprinzip). 3

Beispiel: A wird am 1. 9. verurteilt wegen eines Diebstahls, den er am 5. 2., einer Vergewaltigung, die er am 5. 4., und eines Raubes, den er am 1. 6. begangen hat. Für den Diebstahl wird auf eine Freiheitsstrafe von 6 Monaten, für die Vergewaltigung auf eine Freiheitsstrafe von 8 Monaten und für den Raub auf eine Freiheitsstrafe von 2 Jahren erkannt.

Es wird eine Gesamtstrafe von 2 Jahren und 6 Monaten Freiheitsentzug gebildet; §§ 242, 177, 249, 53.

2. Zur nachträglichen Gesamtstrafenbildung vgl. § 55. 4

II. Tateinheit – Idealkonkurrenz – § 52 StGB

1. Grundsituation

„Verletzt dieselbe Handlung mehrere Strafgesetze oder dasselbe Strafgesetz mehrmals, so wird nur auf eine Strafe erkannt", § 52 Abs. 1. – Die Strafe ist dem Gesetz zu entnehmen, das die schwerste Strafe androht, doch darf sie nicht milder sein, als die anderen anwendbaren Gesetze es zulassen (Absorptionsprinzip), § 52 Abs. 2. Das entscheidende Kriterium ist hier das Vorliegen einer einzelnen Handlung. Daher kommt es darauf an, ob eine Handlung oder eine Mehrheit von Handlungen vorliegt.[1] 5

---

1 Einen eigenständigen Ansatz zur Bestimmung der Idealkonkurrenz wählt PUPPE (Idealkonkurrenz und Einzelverbrechen, 1979, S. 302 ff; DIES. GA 1982 S. 143 ff; DIES. Mangakis-FS, S. 225 ff): Ausgehend von

2. Ausgangspunkt der Argumentation: „dieselbe Handlung"

a) Die „natürliche Handlung"

6 Eine Handlung durch Begehen liegt vor, wenn ein Willensentschluss des Täters zu einer einzigen Willensbetätigung führt.

Beispiel: A gibt einen tödlichen Schuss auf B ab.

7 Eine Handlung durch Unterlassen liegt vor, wenn ein Willensentschluss zur Unterlassung einer Körperbewegung führt, mit der der Täter seiner Rechtspflicht nachgekommen wäre.

Beispiel: Obwohl A sieht, dass seine Ehefrau sich nichtsahnend einem Abgrund nähert, unterlässt er einen warnenden Zuruf.

b) Die „natürliche Handlungseinheit"

8 Mehrere Willensbetätigungen können bei natürlicher Betrachtungsweise als Einheit erscheinen und daher eine einheitliche Handlung bilden. Das ist der Fall, wenn „der Täter aufgrund eines einheitlichen Willens im Sinne derselben Willensrichtung handelt und die einzelnen tatbestandsverwirklichenden Handlungen in einem derart engen räumlichen und sachlichen Zusammenhang stehen, dass sie bei natürlicher, an den Anschauungen des Leben orientierten Betrachtungsweise als ein einheitliches zusammengehörendes Tun erscheinen."[2] – Anschaulich und anerkannt ist die natürliche Handlungseinheit daher bei iterativer[3] und sukzessiver Tatbegehung.[4]

Beispiel 1 (für iterative Tatbegehung): A verabreicht dem B eine Tracht Prügel, die aus zwanzig Hieben besteht.

Ergebnis: Eine Körperverletzung.

Beispiel 2 (für sukzessive Tatbegehung): A schießt auf B. Erst der zweite Schuss trifft den B tödlich.

Ergebnis: Eine (vollendete) Tötungshandlung.

c) Die tatbestandliche, rechtliche Handlungseinheit

9 In Einzelfällen ist dem Gesetz zu entnehmen, dass der Gesetzgeber mehrere Willensbetätigungen als eine Einheit erkennt, so z. B. bei mehraktigen Delikten[5] und Dauerdelikten.[6]

---

einem „tatbestandsabhängigen Handlungsbegriff" hält sie Idealkonkurrenz nur dann für möglich, wenn die verwirklichten Tatbestände „unrechtsverwandt" sind, d. h. mindestens ein gemeinsames Unrechtsmerkmal besitzen. Diese Auffassung ist jedoch mit dem Wortlaut der – allerdings sachlich wenig überzeugenden – gesetzlichen Bestimmung, § 52, kaum in Einklang zu bringen.

2 BGH St 43 S. 315; 46 S. 12; vgl. auch GEPPERT Jura 2000 S. 600 f; KINDHÄUSER StGB, Vor § 52 Rdn. 10; KÜHL A. T., § 21 Rdn. 10 ff; LACKNER/KÜHL Vor § 52 Rdn. 4 f; ROXIN A. T. II, § 33 Rdn. 29 ff; SOWADA Jura 1995 S. 252 f; TRÖNDLE/FISCHER Vor § 52 Rdn. 2 ff. – Krit. zur „natürlichen Handlungseinheit": JAKOBS A. T., 32/35 ff; JESCHECK/WEIGEND A. T., § 66 III 3; KINDHÄUSER JuS 1985 S. 104 f; SCH/SCH/STREE Vor § 52 Rdn. 22 ff.

3 Dazu GEPPERT Jura 2000 S. 601 f; KÜHL A. T., § 21 Rdn. 17 f; MAIWALD NJW 1978 S. 303; ROXIN A. T. II, § 33 Rdn. 32 ff; SAMSON/GÜNTHER SK I, Vor § 52 Rdn. 26; SCHMIDHÄUSER A. T., 18/10; WARDA Oehler-FS, S. 245 f.

4 Vgl. dazu auch KÜHL A. T., § 21 Rdn. 25; LACKNER/KÜHL Vor § 52 Rdn. 10; ROXIN A. T. II, § 33 Rdn. 42 ff; WOLTER StV 1986 S. 320.

5 Vgl. dazu auch KÜHL A. T., § 21 Rdn. 23; ROXIN A. T. II, § 33 Rdn. 27; SAMSON/GÜNTHER SK I, Vor § 52 Rdn. 46.

6 Vgl. dazu auch KÜHL A. T., § 21 Rdn. 24; ROXIN A. T. II, § 33 Rdn. 22 ff; SAMSON/GÜNTHER SK I, Vor § 52 Rdn. 49.

Beispiel 1: A schlägt den B nieder und entwendet ihm anschließend die Brieftasche.

Ergebnis: Eine Raubhandlung.

Beispiel 2: A fährt mehrere Stunden lang in fahruntüchtigem Zustand mit dem Kfz.

Ergebnis: Eine Trunkenheitsfahrt.

3. Die Verletzung mehrerer Strafgesetze durch „dieselbe Handlung"

Die Übertragung der unterschiedlichen Konstruktionen „derselben Handlung" auf die Verletzung mehrerer Strafgesetze bzw. die mehrmalige Verletzung desselben Strafgesetzes führt zur Annahme von Idealkonkurrenz in folgenden Fallgruppen: **10**

a) Idealkonkurrenz aufgrund des Vorliegens einer natürlichen Handlung

Eine natürliche Handlung verletzt mehrere Strafgesetze **11**

Beispiel 1: A sagt als Zeuge vor Gericht aus, X habe die B am 1.10. vergewaltigt, obwohl er genau weiß, dass Y der Täter gewesen ist.

Ergebnis: A hat sich durch diese Aussage einer falschen uneidlichen Aussage, § 153, einer falschen Verdächtigung, § 164, und einer Verleumdung, § 187, schuldig gemacht.

Die Strafe wird nach dem Gesetz bestimmt, das die schwerste Strafe androht, hier § 153. Der Unrechtsgehalt der übrigen verwirklichten Delikte findet im konkreten Strafmaß Berücksichtigung; §§ 153, 164, 187, 52.

Beispiel 2: A erkennt, dass in dem Campingwagen, in dem seine Ehefrau und das Ehepaar X nächtigen, die Frischluftzufuhr nicht funktioniert. Obwohl er durch Öffnen der Tür Abhilfe schaffen könnte, tut er nichts. Frau A und das Ehepaar X ersticken.

Ergebnis: A ist strafbar wegen Totschlags durch Unterlassen (Frau A) und unterlassener Hilfeleistung in zwei Fällen (Ehepaar X), §§ 212, 13, 323 c, 52.

b) Idealkonkurrenz kraft natürlicher Handlungseinheit

Umstritten ist, ob eine natürliche Handlungseinheit auch bei der Verwirklichung verschiedener Tatbestände möglich ist. Die Rechtsprechung und ein Teil der Lehre bejahen dies. **12**

Beispiel 1: A, der den B beleidigen und am Körper verletzen will, steuert auf den B zu, nennt ihn ein „dummes Schwein" und schlägt unmittelbar darauf zu.

Auch die Verletzung verschiedener Rechtsgüter steht einer Bewertung als Einheit nicht entgegen, wenn aufgrund des einheitlichen Willensentschlusses und des engen räumlichen und zeitlichen Zusammenhangs mehrere Akte bei natürlicher Betrachtungsweise als Einheit erscheinen.[7] **13**

aa) Z. T. wird die Möglichkeit einer „natürlichen Handlungseinheit" bei der Verletzung höchstpersönlicher Rechtsgüter verschiedener Personen abgelehnt, weil es bei der Verletzung höchstpersönlicher Rechtsgüter an einer nur quantitativen Steigerung des Unrechts fehle und **14**

---

7 So auch BGH VRS 28 S. 361; BGHSt 22 S. 76 f; BGH NJW 1977 S. 2321; BGH NStZ 1984 S. 215; BGH NJW 1984 S. 1568; BGH bei Holtz, MDR 1986 S. 622; GEERDS Zur Lehre von der Konkurrenz im Strafrecht, 1961, S. 289 f; LACKNER/KÜHL Vor § 52 Rdn. 4, 5; SAMSON/GÜNTHER SK I, Vor § 52 Rdn. 28; SCHROEDER Jura 1980 S. 241 f; TRÖNDLE/FISCHER Vor § 52 Rdn. 2 ff. – Zur Gegenansicht: ROXIN A. T. II, § 33 Rdn. 53 ff.

damit an dem inneren Grund, der den „natürlichen Betrachter" dazu veranlasse, das Geschehen als einheitliches zu erkennen.[8]

Beispiel: BGHSt 16 S. 398: A schlägt aufgrund seines zuvor gefassten Tatentschlusses auf die beieinanderstehenden B, C und D nacheinander mit dem Beil ein, um sie zu töten.

BGH: Keine Tateinheit aufgrund natürlicher Handlungseinheit. Anders nur, wenn A seine Opfer zugleich mit einem einzigen Schlage hätte töten wollen.

15   bb) Diese Differenzierung überzeugt nicht. Wird die natürliche Handlungseinheit aufgrund der subjektiven und objektiven Gegebenheiten nicht rechtlich differenzierend bewertet, sondern aufgrund des einheitlichen Eindrucks des Geschehens als Einheit angesehen, so kann die Höchstpersönlichkeit der Rechtsgüter dieses natürliche Bild gerade nicht zerstören. Auch hier ist es daher angemessen, eine natürliche Handlungseinheit anzunehmen, es sei denn, zwischen den einzelnen Handlungen besteht eine zeitliche Zäsur.[9]

Beispiel: A überrascht seine Ehefrau B und den C im Ehebett. Voller Wut zieht er seine Pistole und gibt unmittelbar hintereinander je zwei tödliche Schüsse auf B und C ab.

Ergebnis: Eine einheitliche Tat: §§ 212,212,52.

c) Idealkonkurrenz kraft rechtlicher Handlungseinheit

16   Den Gedanken der vom Gesetzgeber vorgegebenen tatbestandlichen Handlungseinheit hat die Rechtsprechung in unterschiedlicher Weise in der rechtlichen Handlungseinheit modifiziert.

aa) Idealkonkurrenz kraft rechtlicher Bewertungseinheit

17   Als eine rechtliche Bewertungseinheit erkennt der BGH die jeweils tatbestandsmäßige Betätigung einer Person innerhalb einer verbotenen Vereinigung: „Übernimmt ein Täter im Interesse eines mit einem Betätigungsverbot belegten Vereins ein auf eine gewisse Dauer angelegtes Amt oder einen bestimmten Tätigkeitsbereich mit dem Willen, zur Aufrechterhaltung oder zur Unterstützung der verbotenen Tätigkeit beizutragen, so verbindet das übernommene Amt sämtliche in seiner Ausübung begangenen Zuwiderhandlungen gegen das vereinsrechtliche Betätigungsverbot zu einer einzigen Tat."[10]

Beispiel: A veranstaltete als Vorstandsmitglied der verbotenen PKK Versammlungen von PKK-Funktionären, beschaffte Propagandamaterial und verteilte dies.

Ergebnis: Eine einheitliche Tat nach § 20 Abs. 1 Nr. 4 VereinsG

---

8 So z. B. BGHSt 2 S. 247; 16 S. 398; BGH StV 1981 S. 397; BGH NStZ 1984 S. 311; KÜHL A. T., § 21 Rdn. 19 f; MAIWALD Die natürliche Handlungseinheit, 1964, S. 80; DERS. NJW 1978 S. 301 f; SCHMIDHÄUSER A. T., 18/10; WARDA JuS 1964 S. 84.

9 So auch BGH JZ 1985 S. 250 mit abl. Anm. MAIWALD JR 1985 S. 513, und zust. Anm. OTTO JK 85, StGB § 52/5; BGH NStZ 1985 S. 217; BGH NStZ 1996 S.129 mit Anm. GEPPERT JK 96, StGB § 52/8; BGH NStZ-RR 2000 S. 139; BGH NStZ-RR 2001 S. 82; GEERDS Konkurrenz, S. 290; SOWADA Jura 1995 S. 252 f; TRÖNDLE/FISCHER Vor § 52 Rdn. 2 c.

10 BGHSt 46 S. 6. – Zur rechtlichen Bewertungseinheit im Zusammenhang mit dem Betäubungsmittelhandel vgl. BGHSt 30 S. 31; 31 S. 165; 40 S. 74; BGH JR 2003 S. 31 mit Anm. PUPPE S. 31 ff.

bb) Handlungseinheit durch „Klammerwirkung einer Straftat"

Nach einer zunehmend kritisch betrachteten Auffassung der höchstrichterlichen Rechtspre- **18**
chung können mehrere selbstständige Straftaten durch die „Klammerwirkung" einer Dauer-
straftat zu einer einheitlichen Handlung zusammengefasst werden.

Ausgangspunkt der Konstruktion ist die Prämisse der h.M., dass für die Tateinheit i.S. **19**
des § 52 eine *teilweise Identität* der Ausführungshandlungen genügt. Diese liegt bereits vor,
wenn nur ein Teilakt einer natürlichen oder rechtlichen Handlungseinheit zur Verwirklichung
eines anderen Tatbestandes beiträgt oder wenn mehrere natürliche oder rechtliche Hand-
lungseinheiten in einem Teilakt durch dieselbe Handlung verwirklicht werden. Aus diesem
Grundsatz folgt die Konsequenz, dass auch dann Tateinheit besteht, wenn zwei Ausführungshandlungen zwar nicht miteinander, wohl aber jeweils mit einer dritten Ausführungshandlung zumindest teilidentisch sind. So bilden Amtsanmaßung, Urkundenfälschung und
Betrug eine Tateinheit, wenn der Täter bei einem Teilakt eines fortgesetzten Betruges zugleich den Tatbestand der Amtsanmaßung verwirklicht, bei einem anderen Teilakt hingegen
den Tatbestand der Urkundenfälschung.

Ursprünglich stimmten Lehre und Rechtsprechung darin überein, dass Tateinheit aber **20**
nur dann vorliegt, wenn zwischen dem verklammernden Delikt und den verklammerten
Delikten annähernde Gleichwertigkeit bestand.[11]

Danach lag Realkonkurrenz vor, wenn das verklammernde Delikt weniger schwer war als eines der anderen **21**
Delikte. Ausgeschlossen war daher z.B. Tateinheit, wenn während einer Freiheitsberaubung zwei je fortgesetzte
Vergewaltigungen oder während eines Raubes mehrere Morde begangen wurden.

Diese gemeinsame Basis hat die Rechtsprechung jedoch verlassen. Sie lässt eine Verklamme- **22**
rung inzwischen nicht nur dann zu, wenn eines der beiden verklammerten Delikte schwerer
wiegt als das verklammernde Delikt,[12] sondern bejaht auch die Verklammerung zweier Verbrechen durch ein Vergehen zur Handlungseinheit, wenn im konkreten Fall der für das Vergehen anzuwendende Strafrahmen höher ist als derjenige, der für die Verurteilung wegen der
Verbrechen in Betracht kommt.[13]

Die Klammerwirkung soll bis zur *Beendigung* des verklammernden Delikts möglich **23**
sein.[14] Auch die Tatsache, dass die verklammernde Tat aufgrund einer Verfahrensbeschrän-
kung nach §§ 151, 154 a StPO aus dem Verfahren ausgeschieden ist, steht der Klammerwirkung nicht entgegen.[15]

Lässt man für die Tateinheit Teilidentität der verschiedenen Taten genügen, so ist der **24**
Schluss zwingend, dass eine Tat T1, die teilidentisch ist mit der Tat T2, zugleich identisch ist
mit der Tat T3, wenn T2 und T3 wiederum teilidentisch sind. – Sachlich führt diese Schluss-
folgerung zu dem Ergebnis, dass der Täter, der zugleich mit zwei selbstständigen Straftaten
ein Dauerdelikt oder eine fortgesetzte Handlung begeht, die mit jeder der selbstständigen
Straftaten in Idealkonkurrenz steht, nur geringer bestraft werden kann, als der Täter, der

---

11 Vgl. BGHSt 3 S. 165, 166; JESCHECK/WEIGEND A.T., § 67 II 3; GEERDS Konkurrenz, S. 280 ff; WESSELS/
BEULKE A.T., Rdn. 780.
12 Vgl. BGH St 31 S. 29, 31; BGH NStZ 1984 S. 408; 1988 S. 70; 1989 S. 20; 1993 S. 133; BGH JR 1995 S. 71
mit Anm. GEERDS S. 71 f; vgl. auch BAUMANN/WEBER/MITSCH A.T., § 36 Rdn. 30; LACKNER/KÜHL § 52
Rdn. 5; MAURACH/GÖSSEL/ZIPF A.T. 2, § 55 Rdn. 76 ff.
13 BGHSt 33 S. 4 mit Anm. OTTO JK 85, StGB § 52/4; BGH NStZ 1989 S. 20; 1993 S. 133.
14 Dazu BGH NStZ 1984 S. 262.
15 Vgl. BGH StV 1989 S. 247.

allein die selbstständigen Straftaten verwirklicht. Ein sachwidriges Ergebnis, das allerdings in der Gesetzesfassung des § 52 begründet ist.[16]

25   Die Bedenken gegen die Klammerwirkung verstärken sich, wenn man der heute noch h. M. folgt und idealiter miteinander konkurrierende Taten als eine Tat i. S. des § 264 StPO ansieht. Dann führt die Verurteilung wegen der verklammernden Tat zum Strafklageverbrauch auch der verklammerten Taten.

26   Gegen diese Konstruktion, von der die Rechtsprechung zunächst eine Ausnahme im Rahmen der §§ 129, 129a[17] und sodann beim Dauerdelikt des unerlaubten Waffenbesitzes[18] machte, werden zunehmend grundsätzliche Bedenken auch aus der Praxis geäußert.[19]

cc) Die fortgesetzte Handlung

27   b) Um sich die Ermittlung über Zeitpunkt und Umfang aller Einzeltaten zu ersparen, hatte die Praxis das Institut des *Fortsetzungszusammenhangs* entwickelt: Handlungen, die sich in ähnlicher Art gegen ähnliche Rechtsgüter richteten, wurden zu einer rechtlichen Handlungseinheit zusammengefasst, obwohl sie bei natürlicher Betrachtungsweise eindeutig eine Mehrheit darstellten.

28   Voraussetzungen einer fortgesetzten Tat:

aa) Gleicher Grundtatbestand (gleiches Rechtsgut, gleiche Rechtsgutsgruppe)

bb) Gleichartigkeit der Ausführungshandlung

cc) Zeitlich und räumlicher Zusammenhang der Teilakte

dd) Keine höchstpersönlichen Rechtsgüter verschiedener Personen betroffen

ee) Subjektives Element

Rechtsprechung und h. L.: Gesamtvorsatz, d. h. ein den Gesamterfolg in seinen wesentlichen Zügen umfassender Vorsatz

Mindermeinung: Fortsetzungsvorsatz, d. h. ein die vorangegangene Tat anknüpfender Vorsatz.

29   Diese Zusammenfassung mehrerer Einzelakte zu einer einzigen Handlung hatte einschneidende sachlichrechtliche und verfahrensrechtliche Wirkungen: So dauerte die Tatzeit vom ersten bis zum letzten Einzelakt fort; die Verjährung begann insgesamt mit dem letzten Teilakt; die Aburteilung einer fortgesetzten Tat verbrauchte die Strafklage grundsätzlich für alle Einzelakte. Mit aller Schärfe drängte sich daher die Frage auf, ob Gründe der Vereinfachung der Rechtsanwendung derart einschneidende Wirkungen zu legitimieren vermögen.

---

16 Kritisch zur Klammerwirkung daher mit Recht: GEPPERT Jura 2000 S. 652 f; JAKOBS A. T., 33/11 f; PUPPE Idealkonkurrenz, S. 199 ff, insbes. S. 203; ROXIN A. T. II, § 33 Rdn. 108; SCHMIDHÄUSER A. T. Stub., 14/36; R. SCHMITT ZStW 75 (1963) S. 48; STRATENWERTH A. T. I, § 18 Rdn. 33 f; WAHLE GA 1968 S. 107 ff; WERLE Konkurrenz, S. 48 ff.

17 Vgl. BGHSt 29 S. 288; BVerfGE 56 S. 22.

18 Dazu BGHSt 36 S. 151, 153 ff; BGH NStZ-RR 1999 S. 8, 9 mit Anm. GEPPERT JK 99, StGB § 52/11; BGH NStZ 2000 S. 641.

19 OLG Hamm MDR 1986 S. 253 mit Anm. GEPPERT JK 86, StPO § 264/7, GRÜNWALD StV 1986 S. 243 ff, KRÖPIL DRiZ 1986 S. 448 ff, MITSCH MDR 1988 S. 1005 ff, NEUHAUS NStZ 1987 S. 138 ff, PUPPE JR 1986 S. 205; OLG Zweibrücken MDR 1986 S. 692 mit Anm. MITSCH NStZ 1987 S. 457 f; KRAUTH Kleinknecht-FS, S. 215 ff; MAATZ MDR 1985 S. 881 ff; NEUHAUS wistra 1988 S. 57 ff.

In der Literatur mehrten sich die Stimmen, die einen Abschied vom Institut der fort- **30**
gesetzten Handlung forderten. Diesen Abschied hat der Große Senat für Strafsachen inzwischen vollzogen.[20]

III. Sog. Gesetzeskonkurrenz

Im Falle der Idealkonkurrenz hat der Täter mehrere Gesetzesverletzungen begangen, die **31**
miteinander konkurrieren. Im Falle der sog. Gesetzeskonkurrenz liegt hingegen nur eine
scheinbare Konkurrenz vor: Es scheinen die Tatbestände mehrerer Delikte verwirklicht zu
sein, doch wird nur ein einziger Deliktstatbestand angewendet, weil dieser die anderen ausschließt.[21]

1. Spezialität

Der spezieller gefasste Tatbestand schließt den allgemeiner gefassten aus (lex specialis derogat **32**
legi generali), und zwar dadurch, dass dem allgemeiner gefassten Tatbestand mindestens ein
weiteres Merkmal hinzugefügt wird.

a) Die Abwandlung des allgemeinen Delikts kann den Unrechtsgehalt dieses Delikts derart **33**
ändern, dass das „speziellere Delikt" einen eigenständigen Unwert hat. Dann schließt es den
allgemeinen Tatbestand schon sachlich aus. Der Gesetzgeber stellt das „speziellere Unrecht"
in einem eigenständigen Tatbestand unter Strafe. – Die lex specialis stellt eine *selbstständige*
Abwandlung des Grundtatbestands dar.

Beispiel: § 303 stellt die Zerstörung von Sachen, § 136 Abs. 1 die Zerstörung gepfändeter Sachen unter Strafe.
In § 136 hat daher die Zerstörung bestimmter Sachen eine eigenständige Lösung erfahren, weil der Gesetzgeber hier einen besonderen Unwert verwirklicht sieht. Daher ist § 136 Abs. 1 lex specialis gegenüber § 303.

b) Formal fallen auch *Qualifizierungen* und *Privilegierungen* unter die Definition der Speziali- **34**
tät, jedoch hat der Gesetzgeber hier nicht für bestimmte Fälle eine *selbstständige* gesetzliche
Lösung gewählt, weil er das Unrecht des Grundtatbestands nicht qualitativ verändert ansieht, sondern erhöht oder gemildert. Er nimmt daher in einer *unselbstständigen* Abwandlung
des Grundtatbestandes unmittelbar Bezug auf den Grundtatbestand. Im Falle der Qualifizierung und Privilegierung ist der Grundtatbestand Bestandteil des qualifizierten bzw. privilegierten Delikts, das gleichsam eine unselbstständige Regelung enthält. – Der Grundtatbestand wird nicht ausgeschlossen, sondern modifiziert.

aa) Vgl. §§ 242, 244, sowie §§ 212, 211 und §§ 212, 216.

bb) Im Verhältnis der Qualifizierung zur Privilegierung gilt: Die Privilegierung geht der Qualifizierung vor.

c) *Prüfungstechnisch gilt:* Weil die lex specialis die lex generalis ausschließt, ist mit der Er- **35**
örterung der lex specialis zu beginnen. Liegt sie vor, so genügt ein Hinweis, dass die lex generalis ausgeschlossen ist.

---

20 BGHSt 40 S. 138 mit Anm. ARZT JZ 1994 S. 1000 ff, GEISLER Jura 1995 S. 74 ff, ZSCHOCKELT NStZ 1994
S. 361 ff. – BRÄHLER Die rechtliche Behandlung von Serienstraftaten und -ordnungswidrigkeiten, 2000,
S. 239 ff; DANNECKER WiB 1994 S. 668 ff; GEPPERT NStZ 1996 S. 57 ff, 118 ff; RISSING – VAN SAAN BGH-
FS, S. 475 ff; RUPPERT MDR 1994 S. 973 ff; TENTER DRiZ 1995 S. 306 ff; ZIESCHANG GA 1997 S. 457 ff.
21 Im Einzelnen dazu GEERDS Konkurrenz, S. 146 ff; GEPPERT Jura 2000 S. 654 ff; PUPPE Idealkonkurrenz,
S. 322 ff; SEIER Jura 1983 S. 225 ff.

Hingegen: Da die Qualifizierung und die Privilegierung das Unrecht des Grundtatbestandes nicht in der Art ändern, sondern nur quantitativ ändern (z.t. auch nur die Schuld betreffen), ist mit der Prüfung des Grundtatbestandes zu beginnen und anschließend das Vorliegen der qualifizierenden oder privilegierenden Merkmale zu erörtern.

2. Konsumtion

36 Die intensivere verbrecherische Tätigkeit zehrt den Unrechts- und Schuldgehalt der geringeren auf, der in der Regel oder typischerweise in ihr enthalten ist.

Beispiel: Der Einbruchsdiebstahl, §§ 242, 243 Abs. 1 Nr. 1, zehrt den typischerweise bei dieser Diebstahlsform mitverwirklichten Hausfriedensbruch (§ 123) oder eine evtl. Sachbeschädigung (§ 303) auf.[22]

37 Ein besonderer Fall der Konsumtion ist die mitbestrafte Vor- oder Nachtat: Es geht hier um die Bewertung einer selbstständigen, tatbestandsmäßigen, rechtswidrigen und schuldhaften Handlung unter dem Gesichtspunkt der Strafbedürftigkeit. Der Unrechtsgehalt der mitbestraften Vor- bzw. Nachtat wird durch die Bestrafung der in erster Linie strafwürdigen Haupttat abgegolten.

Beispiel 1: A fordert den B auf, den C gegen Zahlung von 1 000,– € zu ermorden. B lehnt ab. – Nun führt A selbst den Mord aus. – Erfolglose Anstiftung zum Mord, §§ 30 Abs. 1, 211, mitbestraft durch Bestrafung wegen Mordes als Täter, § 211.

Beispiel 2: Der Dieb D stiftet den H an, ihm die gestohlenen Sachen abzukaufen. – Diebstahl zehrt die Anstiftung zur Hehlerei als Nachtat auf.

38 Kann eine Bestrafung der Haupttat nicht erfolgen, weil es z.B. an einem Strafantrag fehlt oder die Haupttat verjährt ist, so entfällt der Grund für die Straflosigkeit der Vor- bzw. Nachtat, ohne dass es darauf ankommt, weshalb die Haupttat straffrei bleibt.[23]

3. Subsidiarität

39 Der Unrechtsgehalt eines Delikts fällt neben dem Unrechtsgehalt eines – andersartigen – Delikts überhaupt nicht ins Gewicht; vgl. z.B. § 145 d.

Beispiel: A ersticht den B und beschädigt dabei die Kleidung des B. – Sachbeschädigung subsidiär gegenüber Totschlag.

40 Im Einzelnen ist die Zuordnung konkreter Fälle zu den verschiedenen Gruppen der Gesetzeskonkurrenz streitig; insbesondere werden Konsumtion und Subsidiarität oft miteinander identifiziert.

Wiederholungsfragen

41   1. Was besagt das „Asperationsprinzip"? – Dazu Rdn. 3.

     2. Beschreibe die Grundsituation der Idealkonkurrenz! – Dazu Rdn. 5 ff.

     3. Was ist unter „natürlicher Handlungseinheit" zu verstehen. – Dazu Rdn. 8 ff.

---

22 A. A. (Idealkonkurrenz) BGH NJW 2001 S. 150 mit Anm. GEPPERT JK StGB, § 243/5, KARGL/RÜDIGER NStZ 2002 S. 202 f, RENGIER JuS 2002 S. 850 ff, STERNBERG-LIEBEN JZ 2002 S. 514 ff.

23 Vgl. BGHSt 38 S. 366, 369 mit abl. Anm. GEPPERT JK 93, StGB Vor § 52/3, STREE JZ 1993 S. 476 f; 39 S. 235; GEERDS Konkurrenz, S. 169; OTTO Jura 1994 S. 276 f; ROXIN A. T. II, § 33 Rdn. 239; TRÖNDLE/ FISCHER Vor § 52 Rdn. 44; WESSELS/BEULKE A. T., Rdn. 796. – Für ein Rückgriffsverbot bei Verwertungs- und Sicherungshandlungen: GEPPERT Jura 2000 S. 657; JAKOBS A. T., 31/46; JESCHECK/WEIGEND A. T., § 69 II 3 a.

4. Was für eine Problematik verbirgt sich hinter der „Klammerwirkung einer Straftat"? Dazu Rdn. 22 ff.

5. Was bedeuten Spezialität, Konsumtion und Subsidiarität und unter welchem Oberbegriff gehören sie? – Dazu Rdn. 32 ff.

§ 24: Wahlfeststellung

Lernziel: Kenntnis eines mit dem prozessualen Grundsatz „in dubio pro reo" eng verknüpften *prozessualen* Problems, das gemeinhin im materiellen Strafrecht behandelt wird.

I. Anwendbarkeit des Grundsatzes „in dubio pro reo"

1. Gelangt das Gericht aufgrund des Beweismaterials nicht zu der Überzeugung, dass der **1** Angeklagte die Straftat begangen hat, derentwegen er angeklagt ist, so ist der Angeklagte freizusprechen: „in dubio pro reo". – Dieser Grundsatz ist ohne jede hier relevante Problematik, soweit nur *eine* Gesetzesverletzung in Rede steht.

Beispiel: A und B haben unabhängig voneinander einen Stein auf eine Scheibe geworfen. Nur einer der Steine hat getroffen und die Scheibe zerstört. Es kann nicht festgestellt werden, wessen Wurf erfolgreich war.

Ergebnis: Sowohl A als auch B können nur wegen versuchter Sachbeschädigung bestraft werden.

2. Aber auch wenn ein qualifizierter Tatbestand angeklagt ist, und das Gericht zu der Über- **2** zeugung gelangt ist, dass der Täter den Grundtatbestand erfüllt hat, jedoch Zweifel bezüglich der Verwirklichung der Qualifikation hegt, ist die Entscheidung eindeutig: der qualifizierte Tatbestand findet keine Anwendung, seine Voraussetzungen liegen nach der Überzeugung des Gerichts nicht vor. Es bleibt bei der Bestrafung aus dem Grundtatbestand.

Beispiel: A wird nach einem Diebstahl gefasst. Er trägt eine Pistole bei sich. Das Gericht kann nicht mit hinreichender Sicherheit feststellen, ob A diese Waffe bei dem Diebstahl schon bei sich trug oder erst später einsteckte.

Ergebnis: Voraussetzungen des § 244 Abs. 1 Nr. 1 nicht nachgewiesen, Bestrafung nur gemäß § 242.

3. Verallgemeinert bedeutet das: *„In dubio pro reo"* findet Anwendung, wenn die *Alternative:* **3** *Bestrafung oder Freispruch*, bzw. zwischen mehreren zur Debatte stehenden Delikten ein *Stufenverhältnis* besteht.

a) Ein solches Stufenverhältnis wird dann anerkannt, wenn die Tatbestände sich nur durch **4** die Hinzufügung eines weiteren Merkmals unterscheiden (sog. logisches Stufenverhältnis), wie es z. B. der Fall ist zwischen Grundtatbestand und Privilegierung, Grundtatbestand und Qualifizierung, Versuch und Vollendung des Delikts.

b) Streitig ist hingegen, ob ein Stufenverhältnis in diesem Sinne auch dann gegeben ist, wenn **5** sich die Tatbestände durch die verschiedene Intensität des Unrechtsgehaltes unterscheiden (sog. wertethisches Stufenverhältnis). Aktuell wird dieser Streit besonders im Verhältnis des Vorsatzdelikts zum Fahrlässigkeitsdelikt, im Verhältnis der Täterschaft zur Teilnahme sowie der Anstiftung zur Beihilfe.

Beispiel 1: A verletzt den B durch einen Messerstich. Mit Sicherheit hat er sich fahrlässig verhalten, vielleicht sogar vorsätzlich, als er mit dem Messer um sich stach.

Ergebnis: Wird zwischen Vorsatz und Fahrlässigkeit ein Stufenverhältnis anerkannt, so Bestrafung aus § 230.

Beispiel 2: Sicher ist, dass A dem B beim Erbrechen der Tür im Rahmen eines Einbruchs geholfen hat. Ob er darüber hinaus auch im Hause und an dem Diebstahl als Mittäter beteiligt war, bleibt zweifelhaft.

Ergebnis: §§ 242, 243 Abs. 1 Nr. 1, 27, soweit Stufenverhältnis hier anerkannt.

Beispiel 3: BGHSt 31 S. 136: A hatte einen Mord des B unterstützt, doch war nicht festzustellen, ob die Unterstützungshandlung zugleich eine Anstiftung zu dem Mord darstellte.

BGH: A ist strafbar wegen Beihilfe zum Mord.[1]

6   Auch wenn der Unterschied im Unrechtsgehalt sich nicht durch ein einziges begriffliches Merkmal, sondern nur in wertender Beurteilung erfassen lässt, ist in der Tat ein Stufenverhältnis im Unrecht anzunehmen, da sonst Besonderheiten des Ausdrucks und der Formulierung zu entscheidenden Strafbarkeitskriterien werden.[2]

II. Die Wahlfeststellung

1. Die Situation der Wahlfeststellung

7   In der *Situation der Wahlfeststellung* steht fest, dass der Täter von verschiedenen, selbstständigen Straftaten notwendigerweise eine begangen hat, zweifelhaft bleibt aber, welche.

Beispiel: A wird gefasst, als er nachts einen Fernsehapparat nach Hause schleppt. Dieser wurde bei X gestohlen. Es kann nicht mit Sicherheit bewiesen werden, ob A das Gerät selbst gestohlen (§ 242) oder ob er es bösgläubig vom Dieb erworben hat (§ 259).

2. Die einzelnen Kriterien der Wahlfeststellung

8   a) Nach ständiger Rechtsprechung und einer in der Lehre zunehmend Zweifeln ausgesetzten Ansicht ist die Wahlfeststellung zulässig, wenn die zur Wahl stehenden Verhaltensweisen *rechtsethisch und rechtspsychologisch* vergleichbar sind.[3]

9   b) Da der Formel von der „rechtsethischen und rechtspsychologischen Vergleichbarkeit" jegliche Konturen fehlen, ist es richtiger, die Zulässigkeit der Wahlfeststellung von der „Identität des Unrechtskerns" abhängig zu machen. Diese liegt vor, wenn sich ein deliktischer Angriff gegen dasselbe Rechtsgut oder ein Rechtsgut derselben Art, derselben Gattung, richtet und der Handlungsunwert der verschiedenen Delikte etwa gleichgewichtig erscheint.[4]

---

1   Dazu BAUMANN JZ 1983 S. 116 f; DINGELDEY NStZ 1983 S. 166 f; GEPPERT JK 83, StGB § 26/2; HRUSCHKA JR 1983 S. 177 ff.

2   Eingehender dazu OTTO Peters-FS, S. 375. – Zur Auseinandersetzung MYLONOPOULOS ZStW 99 (1987) S. 691 ff; WOLTER Wahlfeststellung und in dubio pro reo, 1987, S. 57 ff.

3   Dazu BGHSt 9 S. 393 f; 11 S. 28; 21 S. 153; 25 S. 183 f; 30 S. 78.

4   Dazu BayObLG MDR 1977 S. 860; DEUBNER JuS 1962 S. 23; HARDWIG Eb. Schmidt-FS, S. 484, Fn. 28; JAKOBS GA 1971 S. 270; JESCHECK/WEIGEND A. T., § 16 III 3; LÖHR JuS 1976 S. 720; MONTENBRUCK GA 1988 S. 538; OTTO Peters-FS, S. 389 ff; TRÖNDLE LK, 10. Aufl., § 1 Rdn. 104 ff. – Übereinstimmungen hierzu finden sich darüber hinaus z. B. in der Argumentation von GÜNTHER Verurteilungen im Strafprozeß trotz subsumtionsrelevanter Tatsachenzweifel, 1976, S. 218 ff; RUDOLPHI SK I, Anh. zu § 55 Rdn. 42; WOLTER Wahlfeststellung S. 117 ff, 128.

Unbeschränkt wollen eine Wahlfeststellung z. B. zulassen: DREHER MDR 1970 S. 369 ff; E. v. HIPPEL NJW 1963 S. 1533 ff; ZEILER ZStW 72 (1960) S. 14 ff.

Abgelehnt wird die Wahlfeststellung etwa von Endruweit Die Wahlfeststellung und die Problematik der Überzeugungsbildung, der Identitätsbestimmung, der Urteilssyllogistik sowie der sozialen und personalen Gleichwertigkeit von Straftaten, 1973, S. 105 ff; FRISTER NK, Nach § 2 Rdn. 93 ff, 107; H. MAYER A. T., 1953, § 78; SCHMIDHÄUSER A. T., 5/44.

3. Die Wahlfeststellung in der Praxis

a) In der Praxis ist die Wahlfeststellung anerkannt worden zwischen verschiedenen Begehungs- **10**
formen desselben Delikts[5], zwischen Meineid und falscher Verdächtigung[6], vor allem aber im
Bereich der Vermögensdelikte.

Beispiele: Betrug/Hehlerei[7], Diebstahl/Unterschlagung[8], Betrug/Unterschlagung[9], Unterschlagung/ Hehlerei[10];
Diebstahl/Unbefugter Gebrauch von Pfandsachen[11]. Die Alternative: Raub/Unterschlagung ist zunächst auf
die Alternative Diebstahl/Unterschlagung reduziert worden mit der Begründung, dass im Raube ein Diebstahl
enthalten ist. Sodann wurde die Wahlfeststellung bejaht[12]. – In gleicher Weise wurde die Alternative Raub/
Hehlerei auf die Alternative Diebstahl/Hehlerei reduziert[13].

Den Entscheidungen ist zuzustimmen, wenn man die Unterschlagung als eigenständigen Tat- **11**
bestand interpretiert und nicht als Grundtatbestand aller Vermögensdelikte. Im letzteren Fall
käme nur der Grundsatz „in dubio pro reo" zur Anwendung. Die Interpretation der Unterschlagung als Grundtatbestand der Vermögensdelikte verkennt jedoch, dass z. B. Betrug und
Diebstahl nicht Fälle qualifizierten Unrechts der Unterschlagung sein müssen, sondern der
Unterschlagung im Regelfall zumindest ein eigener gleicher Unrechtsgehalt zukommt.

b) *Keine* Wahlfeststellung ist möglich zwischen den Alternativen: Beteiligung an der Vortat **12**
und Strafvereitelung[14]; Verleumdung und Beischlaf mit Verwandten.

Fall: A erzählt, er habe mit seiner Tochter geschlechtlich verkehrt. Das Gericht kann nicht
feststellen, ob A gelogen oder aber seine Erzählung den Tatsachen entsprochen hat.

III. Die sog. Sachverhaltsalternativität

Eine „wahlweise, alternative" Verurteilung ist auch im Falle sog. Tatsachen- oder Sachver- **13**
haltsalternativität – es steht fest, dass der Täter einen Tatbestand erfüllt hat, unklar bleibt
jedoch, ob durch das Verhalten a oder b – zulässig.

Beispiel: A hat in einem Strafverfahren in 1. und in 2. Instanz sich widersprechende Aussagen als Zeuge gemacht.

Ergebnis: Verurteilung des A nach § 153.

Die Problematik der „wahlweisen", „alternativen" Verurteilung in dieser Problemkonstella- **14**
tion hat jedoch sachlich mit der unter II. behandelten Wahlfeststellung nichts gemein. –
Während die Problematik der Wahlfeststellung im Schuldspruch liegt, da der Täter nicht mit
einem Makel belastet werden darf, den er nicht verdient hat, ist die Problematik der Sachver-
halts- bzw. Tatsachenalternativität im Tatbegriff angelegt. Bei zeitlich weit auseinander-

---

5 BGHSt 22 S. 12.
6 BayObLG MDR 1977 S. 860.
7 BGH NJW 1974 S. 804 f.
8 OLG Köln GA 1974 S. 121 f.
9 OLG Hamm MDR 1974 S. 682.
10 BGHSt 16 S. 184.
11 OLG Düsseldorf NJW 1989 S. 116.
12 BGHSt 25 S. 182 ff mit Anm. Tröndle JR 1974 S. 133 ff, und Hruschka NJW 1973 S. 1804 f.
13 Vgl. BGH StV 1985 S. 92 mit Anm. Otto JK 87, StGB § 1/4.
14 BGHSt 30 S. 77 mit Anm. Günther JR 1982 S. 81 f.

liegenden Vorgängen kann zweifelhaft sein, ob noch Tatidentität nach § 264 StPO gegeben ist.[15]

Wiederholungsfragen

15
1. Was besagt der Grundsatz „in dubio pro reo" und wann findet er Anwendung? – Dazu Rdn. 1 ff.

2. Welche „Stufenverhältnisse" zwischen verschiedenen Delikten gibt es? – Dazu Rdn. 4 ff.

3. Wodurch ist die Situation der Wahlfeststellung gekennzeichnet? – Dazu Rdn. 7.

4. Unter welchen Voraussetzungen ist eine Wahlfeststellung zulässig? – Dazu Rdn. 8 f.

5. Was ist unter Sachverhaltsalternativität zu verstehen? – Dazu Rdn. 13 f.

---

15 Dazu BGHSt 36 S. 262, 269 mit Anm. OTTO JR 1990 S. 205 f; BGH MDR 1980 S. 948 f; OLG Celle NJW 1979 S. 228; OLG Düsseldorf JR 1980 S. 470; OLG Karlsruhe NJW 1980 S. 1859; OLG Zweibrücken NJW 1980 S. 2144; STEIN JR 1980 S. 444 ff; TRÖNDLE LK, 10. Aufl., § 1 Rdn. 79 m.w.N.

Sachregister

Die fetten Zahlen verweisen auf die Paragraphen, die mageren auf deren Randnummern.

www.ingramcontent.com/pod-product-compliance
Lightning Source LLC
Chambersburg PA
CBHW070216190526
45161CB00002B/93